中国职业经理人协会
China Association for Professional Managers

全国职业经理人培养
中国职业经理人协会1

# 职业经理人

## PROFESSIONAL MANAGER

# 培养教程

## 第四册

中国职业经理人协会　编写

主　编：周景勤

副主编：王若军　陈红军

经济管理出版社
ECONOMY & MANAGEMENT PUBLISHING HOUSE

图书在版编目（CIP）数据

职业经理人培养教程/中国职业经理人协会编．—北京：经济管理出版社，2023. 11
ISBN 978-7-5096-9432-9

Ⅰ. ①职…  Ⅱ. ①中…  Ⅲ. ①企业领导学—教材  Ⅳ. ①F292. 91

中国国家版本馆 CIP 数据核字（2023）第 223623 号

责任编辑：乔倩颖
助理编辑：詹　静　李光萌
责任印制：黄章平
责任校对：陈　颖

出版发行：经济管理出版社
　　　　　（北京市海淀区北蜂窝 8 号中雅大厦 A 座 11 层　100038）
网　　址：www.E-mp.com.cn
电　　话：（010）51915602
印　　刷：唐山昊达印刷有限公司
经　　销：新华书店
开　　本：787mm×1092mm/16
印　　张：157. 25
字　　数：3291 千字
版　　次：2024 年 1 月第 1 版　　2024 年 1 月第 1 次印刷
书　　号：ISBN 978-7-5096-9432-9
定　　价：668. 00 元（全五册）

# 编审委员会

支持单位：中国社会科学院工业经济研究所

北京经济管理职业学院（原北京市经济管理干部学院）

浙江量子教育科技股份有限公司

北京天问管理咨询有限公司

出版资助：XIMA希玛｜民银国际 DEEP MIND

民银国际控股集团有限公司

# 序

文海英

　　党的二十大报告明确以中国式现代化全面推进中华民族伟大复兴，强调要统筹教育、科技、人才发展，深入实施人才强国战略，加快建设规模宏大、结构合理、素质优良的人才队伍。推进中国式现代化，实现高质量发展，关键要依靠创新驱动，充分发挥人才引领、人才支撑作用。二十届中央财经委员会第一次会议提出"加快建设以实体经济为支撑的现代化产业体系"，这是党中央从全局上统筹经济社会发展，推进中国式现代化建设的新要求。

　　企业是实体经济的主体，也是现代产业的基础，企业兴则经济兴，企业强则国家强，企业要实现创新发展、可持续发展，关键在人才。职业经理人是人才队伍的重要组成部分，是企业经营管理人才中的中高端人才，担负着企业经营管理和创新发展的重要使命，既是企业经营战略的制定者、组织者，也是企业创新活动的推动者、引领者，在某种程度上决定着企业的成败兴衰。

　　中国职业经理人协会作为唯一以"职业经理人"命名的国家级人力资源行业协会，自成立以来，一直致力于推动建立中国职业经理人制度、推进建设中国特色职业经理人才队伍、推行建造中国职业经理人才市场服务体系。协会研究提出了中国特色职业经理人才理论体系框架，发布了职业经理人才职业资质社会培养、评价、认定、服务"四个工作指引"和《关于职业经理人认知的概述》；会同有关单位组织编写了企业管理通用能力培训、景区职业经理人资质评价与认定、健康服务业职业经理人专业能力培训等教材；探索建立了职业经理人线上线下相结合的人才培养新模式，围绕社会、行业、企业需要，开展了多种类型的职业经理人和职业化人才的培训工作，为各行各业培养了数以万计的人才。

　　培养造就中国式现代化需要的高素质职业经理人才，是中国职业经理人协会的使命和任务。为建立科学的职业经理人才资质评价体系和完善的教育培养体系，强化和提高我国职业经理人才自主培养能力，逐步形成统一规范的全国职业经理人才培养工作新格局，中国职业经理人协会组织编写了全国职业经理人培养规划教材《职业经理人培养教程》。这部教材力求突出系统性、针对性、指导性、实践性，重点围绕职业经理人才的职业化、专业化、市场化和国际化，总结和吸收了国内外有关职业经理人的理论研究和实践应用成果，以充分体现职业资质培养的新思维、新观念、新方法。希望本教程的出版发行能够更好地规范职业经理人才资质培养与评价工作，切实帮助职业经理人提升能力素质。

祝贺《职业经理人培养教程》在党的二十大后开局之年出版。

是为序。

2023 年 5 月 11 日于北京

# 前　言

当前，我国社会主义建设进入了一个新时代，世界政治经济也正面临一个前所未有的变局，中国的企业面临着划时代的变革。如何提高企业经营管理水平，如何实现企业的高质量发展，企业经营管理人才是关键因素之一。据统计，目前我国有8000多万家企业，需要职业化和专业化完备与具有优良职业资质的职业经理人才从事经营管理工作，有1.7亿多个市场主体在从事各类市场经营管理业务活动，需要提升经营管理业务学习能力。每年有数以千万计的人要进入经营管理工作领域，这些人都需要系统化的学习经验和管理知识，进行经营管理能力的提升和职业素质的训练。

职业经理人是长期从事企业经理社会职业的企业经理人，其核心工作是经营管理企业，必然要具备相应的从业资历和条件，即职业资质。因此，企业经理岗位或职位由具备职业经理人职业资质的人来担任，是企业经营管理与企业发展的必然要求，也是企业提高经营管理水平的必然要求。中国职业经理人协会《职业经理人才职业资质社会评价工作指引（2018年）》对职业经理人才职业资质评价设定了六个维度，即职业素养、职业能力与技能、职业知识及技术、职业经历、职业业绩、职位适配度。该指引规定了职业经理人才职业资质的组成结构和内容体系。

中国职业经理人协会《职业经理人才职业资质社会培养工作指引（2018年）》提出了职业经理人才社会培养工作的任务是推动建立以职业资质培养为核心的社会培养体系，提高职业经理人才队伍的职业资质水平和经营管理能力。职业经理人才社会培养的内容包括：①基础性培养，即对从事企业经理职业的人的基础性和普遍性培养；②个性化培养，是在基础性培养的基础上，针对职业发展和工作需要对职业经理人进行的补短板、强弱项的培养；③企业特殊需要的培养，即针对企业的特殊要求进行的培养；④行业特殊需要的培养，即针对企业所在行业的特殊要求进行的培养。

本教程是为中国职业经理人职业资质社会培养而编写的。

## 一、职业经理人"工作内容"与教材结构相结合

教程设计了企业概论、企业经营管理工作和企业发展管理工作实务模块，让学习

者能够通过学习对企业的层次和结构、企业经营管理和发展管理的工作拥有基本的了解，对自己的职业工作内容和"怎么干"拥有基本的认识和把握。此外，教程还设置了职业素养、职业能力与技能、职业知识模块，学习者能够通过学习本书掌握从事企业经理工作所需的能力、方法、技能和知识。

## 二、基础性、全面性、台阶性、开放性相结合

教程兼顾企业经理工作和职位岗位的层次，设计编写基础性的内容。力求初级职业经理人通过对本书的学习，为从事经营管理工作打好理论基础，并根据自身能力进行台阶式的学习。初学者可以根据基础的差异选择不同的学习起点，本教程兼顾了不同层次职业经理人的学习需要。同时，教程设计了职业经理人培养的基本框架，学习者可以根据知识更新和能力提升的需要，在相应模块里增设对应的学习内容。

## 三、专业性和应用性相结合

教程在每一个相关内容安排上力求做到理论、方法论、具体方法、发展趋势及案例、阅读资料的配套协调，使学习者通过学习阅读能够学到理论要点，掌握工作内容和方法，并通过案例学习掌握实践经验，也可以通过阅读专栏了解理论渊源与发展脉络，提高自身的工作适应能力。

## 四、系统性和发展性相结合

教程对职业经理人从事经营管理工作应当具备的职业素养、职业能力、职业知识进行了系统化的设计和论述，并从工作岗位与职位层级方面进行发展性设计。针对企业经营管理工作的基层、中层和高层管理者设计和选取知识提升、视野拓展和能力进阶等方面的学习培养内容和项目。在层次与岗位上，本教程将职业经理人职业化发展和专业化培养有机融合，为职业经理人才的培养制定了较为完整的专业学习训练体系。

## 五、纲要性和引示性相结合

职业经理人职业资质社会化培养，包括专业化教育和"干中学"锻炼两个基本层面。专业化教育主要是对职业知识、职业素养、职业能力、职业技能的系统化学习培养，体现为院校培养和社会培养。其中，对职业知识的学习主要在院校完成，对职业素养、职业能力、职业技能的学习主要在社会培养中完成。"干中学"锻炼主要在职业岗位上进行，其包括历练、职业业绩积累和职位适配的调适等培养锻炼内容。本教程为专业化培养提供了一个纲要，为职业经理人职业资质培养提供了训练框架。

本教程的编辑出版，可以为那些以经营管理企业为主要职业选择的人士提供系统化专业学习的内容体系框架；可以为正在企业经营管理岗位上工作的人士提供职业资质进阶的学习资料；可以为从事职业经理人培养和企业经营管理培训的职业工作者提供课程和项目开发参考。本教程对院校的经济管理人才培养改革也会有所裨益。

本教程为全国职业经理人培养规划教材，由中国职业经理人协会组织编写。中国职业经理人协会对有关职业经理人理论进行了系统研究，特别是在对职业经理人资质社会培养、评价、认定列出专项课题项目进行研究的基础上，制定了职业经理人资质社会培养教程编写方案。北京经济管理职业学院（原北京市经济管理干部学院）骨干教师承担了具体的编写任务，他们怀着不断完善职业经理人资质社会培养知识体系的情怀，在积极吸收有关工商管理培训教程、职业经理人培训相关教材和培训经验的基础上，结合新时代职业经理人社会培养的新要求，进行了相关的职业经理人素养、知识、能力体系的创新性整理和开发。中国社会科学院工业经济研究所提供了系统的学术支持。北京天问管理咨询有限公司提供了大量的咨询服务。经济管理出版社，特别是承担编辑校对工作的同志，付出了大量辛劳。民银国际控股集团有限公司提供倾力资助，使本教程得以顺利出版。浙江量子教育科技有限公司非常关注本教程的编写出版，提供了有力支持。在此，向他们表示诚挚的敬意和谢意！

在教程编写过程中，许多专家学者和从事职业经理人工作的同仁提出了诚恳的意见和建议，教程吸收采纳了国内外许多专家学者的学术和研究成果，恕不一一列出他们的名字，在此，一并表示衷心的感谢。

我们期待本教程的出版为我国职业经理人事业的发展，特别是为中国职业经理人资质培养与评价工作做出应有的贡献，期待为职业经理人才成长发展做出贡献，更期待广大读者的批评指正和宝贵意见。

周景勤

2023 年 5 月

# 本册目录

## 第五部分 职业经理人职业素养

# 第六部分　职业经理人职业能力与技能

# 第五部分

## 职业经理人职业素养

# 第三十章　职业经理人职业认知

## 学习目标

1. 掌握职业经理人的职业特征；

2. 懂得职业经理人职业生涯规划与发展管理；

3. 了解职业经理人的职业发展；

4. 会用职业经理人相关知识制定自己的职业经理人职业选择及发展要把握的方向和事项。

## 第一节　职业经理人职业认知

### 一、职业经理人的定义与含义

19世纪70年代，现代化的工商企业开始在西方出现。20世纪20年代是现代工商企业的成熟期，到20世纪中期，现代工商企业开始在西方占据主导地位。在传统企业向现代化工商企业过渡的过程中，随着企业的发展，其规模越来越大，需求越来越多，在这种情形下，企业家及其合伙人已经无法从事企业内部所有的管理工作，这就需要一些经理来担任企业的管理工作，这些经理可以说是职业经理人的早期雏形。随着企业的不断发展、技术的革新、市场的需求等各种原因，企业开始需要更多更专业的管理者来维持运转，而这往往是大多数企业所有者难以胜任的工作，这就加速了职业经理人的产生和发展。

职业经理人制度是建立在所有权和经营权相分离的基础上，企业所有者与职业经理人是委托代理关系。所谓职业经理人，是指在所有权、法人财产权和经营权分离的企业中承担法人财产的保值增值责任，负责企业经营管理，由企业从职业经理人市场中聘任，其自身以薪酬、股票期权等获取报酬的职业化企业经营管理专家。

自我国经过了四十多年的改革开放，经济得到了迅猛的发展，越来越多的跨国公司进入中国市场，中国的本土企业也开始向中国各地乃至世界各地发展，业务遍布全国甚至是全球，这就逐渐对职业经理人的需求量越来越大，同时也对职业经理人有了越来越多的要求。

我国社会主义市场经济体制建立以来，中国的企业得到了大力的发展，目前已经形成了一个庞大的职业经理人群体，对推动中国企业的发展起到了相当重要的作用，但由于中国职业经理人制度的发展尚不太完善，企业如何用好引入的职业经理人成了普遍存在的问题。

## 二、职业经理人的职业特性

依据中国职业经理人协会（简称中职协）的定义，职业经理人是指具有以下特征的人：一是企业的顶级雇员，二是企业的核心高管，三是人才市场能够配置的具有职业特质的企业高端经营管理人才。通俗地说，职业经理人有三个特点：①以企业经营与管理为职业，一生中未必只为一家企业服务。②代别人管理财物和事务，是掌柜而不是东家。③具有企业经营与管理的专业专门技能，能够为所服务的企业带来价值增值。

职业经理人的职业特征，可从以下三个方面具体分析：

（一）从社会职业分工类型上分析

从社会职业分工来看，职业经理人作为一个以管理企业为职业的专业工作者，与政府官员、法官、军官、学者、医生等职业相比较，表现出以下特性：

（1）职业工作的高度综合性。职业经理人的工作具有高度的综合性和复合性，涉及企业资源配置、组织构造、经营管理决策、内外信息交流、企业文化建设等方面，要求其对工作进行系统性的布局。

（2）职业工作的高度复杂性。职业经理人的工作极其复杂，他们的工作要利用多种因素，同时也受多种因素的制约，其工作决策变量多，目标取舍体系复杂，需要承受巨大的工作负荷，承担巨大的工作责任。

（3）职业工作的较高风险性。职业经理人所管理的是整个企业，工作面向的是市场，职业经理人的核心工作是驾驭整个企业在市场竞争的惊涛骇浪中，保持正确的航向、具备足够的能力和动力破浪前行，不被市场竞争的惊涛骇浪所吞噬，其工作的风险性极大。如何了解风险、分析风险、规避风险、利用风险，是职业经理人的职业基本功，必须具有应对风险的胆识和能力。

（4）职业目标的多维性。职业经理人所经营管理企业的组织特性，决定了其职业目标的多元性。他必须满足企业利益相关者的目标，包括企业所有者、投资者、职工、客户、供应商、竞争者等群体的目标，才能保障企业的正常运行；同时，职业经理人也有自己的职业目标。必须兼顾自身目标和企业利益相关者目标的统一，才能保证企业健康地运营和发展。

（5）职业工作手段的多样性。现代企业逐渐成为一个知识、技术、文化、观念的集合体，其要求职业经理人在经营管理中运用多样性的工作方法和管理手段；同时，企业各行为主体对企业的运行和目标不断提出新的诉求，要求职业经理人不断创新和变换管理方法和手段，从而满足这些不断产生的新诉求。所以，职业经理人必须适应这些诉求的变化，成为一个主动的学习者和创新的引领者。

（二）从企业（公司）治理结构上分析

职业经理人产生的逻辑和历史前提是企业的所有权和经营管理权的相对分离，考察职业经理人职业特性必须从企业（公司）治理结构上展开。

1. 职业经理人的角色是代理人，是企业的雇员

现代企业的发展，企业的所有者、投资者或出资人逐渐隐退到企业经营现场的背后，人们所看到的是职业经理人操控和管理着企业的运行；现实中也表现为职业经理人对企业的操控权力越来越大，出现了所谓的"内部控制"。但从制度的安排，即企业（公司）治理安排上，职业经理人的地位并没有发生变化，即代理人角色。职业经理人的权利是不完全权利，即企业所有权的部分让渡，受托于所有权，是按照制度安排的有限委托。由于企业所有者和职业经理人"委托—代理"链条的存在，出现了所谓代理问题，即企业所有者与职业经理人的目标差异，职业经理人也会利用"偷懒"窃取所有者利益并转移为自身利益。因此，除了制度的激励与约束外，必然要求职业经理人在素质上要忠诚于企业，信守承诺。在履职中，职业经理人不得利用信息优势和对其监督的盲区，为自己谋取不正当利益，必须履行好雇员职责。

2. 职业经理人职位获取的依据是其人力资本与岗位职位的匹配

职业经理人工作职位和权利的获取，不是随企业成立自然形成的，而是企业所有者通过设置职位匹配条件，在具备人力资本并与所设条件匹配度较高者中经过选择并达成雇佣协议而获取的。具体地讲，职业经理人的人力资本包括职业素养、职业知识和职业能力等具体内容，其中最为重要的是职业素养。职业经理人是市场配置资源的结果。作为一种特殊的人力资本要素，其具有流动性，这也是经理人职业化的重要特征。首先，企业选择职业经理人，赋予职业经理人与其岗位职责相匹配的权利与责任，必然要求职业经理人的素养、能力与岗位相匹配，这种匹配度决定职业经理人的市场价格；其次，职业经理人选择企业是根据自身人力资本价值最大化标准，与企业达成雇佣关系，形成契约。市场配置职业经理人，是企业和职业经理人谈判的过程，这种谈判构成了市场配置职业经理人的机制。市场配置是职业经理人价格发现、形成、达成的过程。

3. 职业经理人所获取的报酬是薪水，即劳动收入

职业经理人处于雇员地位，其所获报酬是通过管理素质能力的贡献而取得的，构成了企业生产经营的成本。报酬高低，与职业经理人素质和能力贡献相挂钩。一般地，要提高报酬，必须通过提高素质和能力贡献而实现。在这里，职业经理人与企业主有明显区分，企业主所获取的是企业利润，是企业生产经营的剩余，而职业经理人所获取的构成了企业生产经营成本。现代企业为了激励和提高职业经理人的贡献力，为企业增加利润，把一部分利润让渡给职业经理人，但职业经理人的报酬机制和地位没有根本改变。为了促使职业经理人从长远上推进企业持续发展，在企业治理结构中，也赋予职业经理人部分企业股权，其目的也是激励职业经理人树立长远意识，谋求企业长远发展，这从根本上说是属于职业经理人的激励与约束制度，没有改变企业的治理结构。

4. 职业经理人主要责任是企业生产经营管理活动

企业生产经营是一个由多个主体承担不同职能和责任的系统，但居于中心支配地位的是企业职业经理人组成的核心团队，企业首席执行官居于第一责任人的位置，对企业负有契约所规定的责任，因此，职业经理人必然也必须具有担当精神。

5. 职业经理人是企业多方利益的协调者

职业经理人在企业生产经营中，居于领导和指挥中心地位，需要完成投资者、劳动者、客户以及政府管理等利益关切，平衡各方利益诉求，必然成为企业多方利益的协调者。

6. 职业经理人是企业战略决策的执行者、经营管理决策的制定者

在企业（公司）治理结构中，职业经理人作为企业雇主的代理人，必须贯彻和落实企业的战略决策，成为企业战略决策的执行者；企业的战略决策又是通过经营管理活动和过程得以执行的，因而职业经理人必然成为企业经营管理决策的制定者，并将经营管理决策变为企业员工的行动。

（三）从中小型企业的职业经理分析

与大型企业相比，中小型企业规模小，经营决策权高度集中；员工人数较少，组织结构简单，个人在企业中的贡献容易被识别；具有较大的灵活性，能对不断变化的市场迅速作出反应，即所谓企业小、动力大、机制灵活且有效率。中小型企业人、财、物等资源有限，无法在单一产品大规模生产上与大企业竞争，往往在某一细小产品的细分市场上进行专业化经营，通过不断改进提高产品和服务质量，提高生产和服务效率，站稳市场，并通过与大企业建立密切的专业化协作关系，促进大企业的发展，同时也使自身建立稳固的发展基础。随着现代科技和信息化的发展，中小企业利用自己"小、专、精、快"的优势和特点，成为具有创新活力的市场主体和创新的主体力量。

与中小型企业的这些特点相适应，中小型企业职业经理人具有与大企业职业经理

人不同的职业特点：

（1）中小型企业组织层级较少，管理职能分工宽泛，要求职业经理人具有较强的综合通用能力和通用知识，以兼顾企业方方面面的工作。

（2）适应中小型企业对市场的快速反应，要求职业经理人具有反应敏捷、决策果断等决策特点。

（3）适应中小型企业创新的特点，要求职业经理人具有较强的创新探索精神。

（4）适应中小型企业需要开发各种协作渠道的特点，要求职业经理人具有较强的合作共赢意识。

（5）适应中小型企业经营灵活、但抵御风险的能力较低的特点，要求职业经理人具有较强的应对困难和敢于担当的职业心理。

## 三、企业经理和职业经理人

（一）企业经理

19 世纪后半叶，随着资本主义社会生产力的不断积累与发展，企业规模迅速扩大，生产经营规模和资金空前膨胀，科技成果在生产中广泛应用，使企业经营管理复杂起来，这引发了企业管理模式上的革命，于是在美国诞生了最早的经理人。企业经理是企业的经营管理人员，是由企业所有者指定的或聘用的企业管理层，他可以由公司股东（董事）兼任。企业经理人分为非独立经理人和独立经理人。

（二）职业经理人

职业经理，不仅是将经营管理工作作为职业的人，还是具有职业素养、能够带动他人共同实现企业目标的经理。它包含两方面的内容：一方面是经理的职业化，随着市场经济的发展，企业经营管理已成为一门科学性、专业性极强的社会职业，有着专业化的职业体系与行为规范，其职业标准与绩效已逐渐被社会广泛认同；另一方面是具有经营管理职业资格的经理人员，将经营管理活动视为职业生命，有相应的社会角色标准与约束机制，追求自身价值和社会价值，体现职业文化与职业精神，展示着经营管理创造智慧与奉献精神。

职业经理人是具有显著社会属性和职业特征的经理人，是使企业经理人走向职业化、市场化、专业化和国际化，形成一个新的社会职业人群科学管理企业的必然。

## 四、职业经理人管理能力资质

职业经理人的管理能力分为以下几种：

（一）角色认知能力

职业经理人既是团队生产中的监控者，内部分工的协调者，组织租金的创造者，又是企业外部风险的管理者；既是企业董事会的下属，又是下属的上级，同时又与其他平行部门为同级关系，另外还是外部的供应商和客户。因此，实际上职业经理人角色是多样的，需要经常转换不同的角色去思考问题，所以角色认知能力在其管理作用的实现方面起到了一定的基础作用。

（二）领导能力

职业经理人要具备领导者的素养，要成为管理的内行人，只要站到职业经理人的岗位上，就必须懂得管理科学，领导科学，必须成为具有现代经营管理知识的管理者。关于领导能力存在这样的误区：有一些职业经理，尤其是资深的职业经理，习惯于通过强硬地下命令的方式来实现自己的领导力，但实际上，现在的领导力更多的是在强调一种影响力，一种能够使下属自觉自愿地为公司服务、努力工作的能力。

（三）团队发展能力

现在，无论是跨国企业、民营企业，还是国有企业，它们都很注重团队精神和团队建设。实际上，一个企业发展的关键，30%是可以通过文字形式描述的管理制度，而70%则是靠团队协作完成的。在一个团队里，每个成员各有自己的角色，各有自己的长处和短处，成员间的互补能够实现团队的协作功能。中层管理人员必须善于发掘下属的优点，以及在成员间发生冲突时，提出解决的办法。

（四）人际沟通能力

职业经理人需要将自己的理念价值观进行内部和外部沟通，使员工、合作伙伴甚至竞争对手都能清楚并认同这种价值观。在企业内部，职业经理人应保持与员工的密切联系，增进与员工在感情上的联络，了解员工的需求和愿望，并把公司的目标和远景规划告诉员工，让员工充分了解企业的目标，有助于员工知道全局利益而懂得完成局部功能，从而做好自己的本职工作。职业经理人还肩负着企业与外部交际的职能，是企业与外界联系的一个重要桥梁。人们可以从他身上对企业有清楚地了解，比如了解企业在同行业中的口碑和市场地位等情况。

关于沟通还存在两个不同的说法：一是经理人70%的时间都用在了人际沟通方面，二是一个企业70%的问题可能都是由于沟通障碍所引起的。这些说法都说明了同一个问题：作为一个合格的职业经理人，必须花大量的时间和精力在人际沟通方面，这有利于企业有效地解决问题。

（五）教练能力

在企业里，员工70%的能力来源于他的上司，是他的上司在工作当中辅导或教导来的。另外的30%可能来自于企业的培训和教育活动。这就意味着，如果职业经理不懂得如何去教导、培养、辅导自己的下属，下属很可能不具备那70%的能力。在实际工作中，很多职业经理都会有这样的体会：感到下属能力不够，不敢把工作交给他们。

但是想一想，职业经理教给下属多少，下属的能力是不是在上司的辅导下成长和具备的？对于现代的职业经理来讲，教练能力是一个十分重要的能力。要当好教练，也就是说，不能只是自己懂了，自己的员工还一知半解，要让整个公司都开动脑筋，让他们明白自己在做什么事，为什么要这么做，结果会是什么，过程怎么控制，优秀的职业经理人必须让团队的每个人都负起责任。

（六）授权能力

有一些职业经理可能会以为高层对他的授权范围很小，因而他无法或没有必要对下属授权。实际上，有调查表明，普通员工对于职业经理在授权方面的要求比起中层对于高层在授权方面的要求更加强烈。由于管理一般要通过他人来达成工作目标，因而只有对下属进行有效授权，才能调动他们为实现共同目标而努力的积极性。一旦授权就不要横加干涉，不横加干涉并不意味着连监督机制都没有。授权者要把握好到底什么样的错误可以犯，哪些错误是致命的，即这样的错误犯一次公司就会垮掉。比如，在原则问题上、道德问题上，如果还用这种毫无约束的信任，那就是放任了。所以，如何授权对于职业经理也是非常重要的。

（七）激励能力

企业里的激励手段一般由高层提供，如提高薪酬、晋升、股票期权、显示地位等方式，而在职业经理队伍中占大部分的中层经理却没有这么多权力或者资源为其下属提供这些激励，所以对于职业经理的激励能力就有着更高的要求。

（八）绩效评估能力

企业每年都会对员工的工作进行绩效考核，目的是评估员工的工作状态和工作成果，并根据考核的结果进行人事决策，这个考核关系到员工的薪酬调整、职位升迁、任免等各个方面。过去，职业经理在这个过程中没有起到很大作用，但是现代的管理要求职业经理必须和下属保持绩效伙伴的关系，也就是要为下属工作绩效的提升负责。

（九）时间管理能力

优秀的经理人能够有效地利用时间管理能力，提高工作效率。职业经理人在企业中一般处在比较重要的枢纽位置，对时间的管理不仅影响自身的工作效率，同时也会影响他的上级、同级和下属。因此，高效的时间管理是职业经理人必备的能力。

（十）善于学习的能力

很多职业经理人在工作中发现并深刻地认识到学习对于个人和企业是非常有必要的。通过学习，能够不断地、系统地学到很多最先进的管理理念，学到他人的成功经验和做事方法，这些都比自己摸索要快得多。学习是一个需要经过长期积累的过程，需要持之以恒才能看出效果，要增强知识的紧迫感和危机感，在实践中学习，不断地更新管理理念，通过学习洞悉大势，找准自己所处的位置，敏锐地抓住现在、把握未来面对新形势，应对新挑战。

职业经理人必须具备一定的理论修养、战略思维、世界眼光和创新能力。要做到这些，就必须把学习能力放在最突出的位置，要有强烈的学习意识，学习经济，学习科学管理方法，学习他人的成功经验，只有具备较高的政治文化素质和良好的道德修养，才能深刻领会和贯彻执行，才能保持新的思想观念，掌握先进的工作方法。

## 第二节　职业经理人职业生涯规划与管理

### 一、职业生涯和职业生涯规划内涵

（一）职业生涯

在"生涯"一词中，"生"可以理解为生命；对于"涯"，可以据其本义理解为边际。"生"和"涯"合在一起，可以理解为经历或历程。那么，职业生涯就可以理解为一个人一生的工作经历，是人生当中的重要历程，对人生价值起着决定作用。

"职业生涯"早期概念是由沙特列（Shartle）提出。他认为，职业生涯是指一个人在工作和生活中经历的职业或职位的总和。学者麦克法兰德认为，职业生涯是指一个人依据理想的长期目标所形成的一系列工作选择，以及相关的教育或训练活动，是有计划的职业发展历程。还有的学者认为，职业生涯是一个人一生所有与职业相连的行为与活动以及相关的态度、价值观、愿望等连续性经历的过程，也是一个人一生中职业、职位的变迁及职业目标的实现过程。简单地说，一个人职业发展的状态、过程及结果构成了个人的职业生涯。一个人对其职业发展有一定的控制力，他可以利用所遇到的机会，从自己的职业生涯中最大限度地获得成功与满足。

综上所述，对于每个个体来说，但凡从事生产、参加劳动，其人生价值就不可避免地与职业生涯联系在一起。因此，从这个意义上来说，职业生涯既是工作的历程，也是个体实现自我人生价值的过程。在人生当中的特定时段，人们可能面对多种职业选择，每种选择都会带来不尽相同的人生，人生价值的实现程度甚至迥异，而且即便从事相同职业，不同的人最终也会呈现出非常大的差异。正如英国哲学家罗素所言，所谓正确的职业选择，就是对未来职业发展方向和人生道路的理性分析和选择。在职业生涯的起点，要作出恰当的职业选择。在作出选择之后，还要对职业进行合理的规划。

（二）职业生涯规划

美国哈佛大学商学院曾做过一项调查，询问学生期望自己10年后成为什么样的人。结果显示，几乎所有的人都希望能拥有财富、成就和影响力。但是，其中只有

10%的人写下目标并为此作出规划。10年之后的追踪调查发现，这些写下目标并作出规划的受访者，虽然只占受访者总人数的10%，却拥有受访者财富总数的96%。无独有偶，另一项调查发现，世界上约有3%的人拥有清晰的目标和计划，并将其写出来予以明确；世界上约有10%的人拥有目标和计划，但永远仅停留在头脑当中并未付诸实施；剩下的约占87%的人，多是随波逐流的状态，并没有目标和规划。拥有清晰目标和规划的人取得成功的概率更高，实现人生价值的程度也更高。通过上述调查研究可以看出，规划在职业生涯中的重要意义。

职业生涯规划就是个人在组织中的发展计划以及为实现目标所进行的阶段性活动。根据职业生涯规划主体的不同，可以将个人职业生涯的规划分为以下两种基本规划形式：其一是指个体的职业生涯规划由所属企业对其进行规划；其二是指个体对职业生涯的规划，由集体或个人所自主制定的、完全依照其个人实际意愿对未来从事职业的目标、发展的途径、具体发展行为的一个全盘考虑。这种职业生涯规划的主要内容是个体特有性格特征、内外社会环境的变化及其综合影响和作用。在这种背景下，个人为实现上述的目标、理想需要持之以恒地努力。对于企业自身职业生涯的规划，则主要是指一个企业从为了实现企业的利益、全体员工的利益及企业的目标与员工职业发展的目标最大限度的契合三个角度出发，利用自身具有的各类人力资源，协助员工实现自己的人生价值。

通过职业生涯规划，个体可以发现、开发自身潜能，满足人生发展需要，识别并突破人生障碍，提升职业生涯理念，推动自我价值实现，推动自我超越。有了职业生涯规划并不意味着一定能够取得成功，还要为之努力奋斗。正如哲学家所说的那样，没有思索的人生是没有意义的人生（苏格拉底），充满思索的人生不是轻松的人生（罗伯特·弗尔甘）。

## 二、职业生涯规划与管理的理论

职业生涯的规划管理又称员工职业发展规划管理或者简称员工职业生涯规划设计，是指企业因人而异地指导、帮助或协调员工制订相应的职业生涯规划，包括企业为其员工职业生涯规划而组织的一系列的计划、领导、风险控制、培训与人力资源开发等管理规划活动，是一种较为系统的企业人力资源管理配置手段，目的在于把员工的目标和组织的整体目标结合起来，以达到公司和个人互利双赢。

职业生涯管理是现代企业人力资源和社会管理的重要内容之一，对员工职业生涯管理应该是企业、员工、社会三方共同努力的过程。在具有完善的公司治理结构企业中，员工对自己工作所要求的个人能力、价值观、道德标准、职业操守等必须配位，而且还必须对自己职业选择的目标有较深地了解，以便于制定自己的目标；管理者在员工进行个人工作成果反馈时必须提供适当的帮助，还须引导和帮助员工作好自我的评价、培训、发展等。当企业个人的目标与社会组织的目标有机地结合起来时，职业生涯的管理就对社会的意义重大。因此，职业生涯的管理就是从社会和企业利益出发的职业生涯规划和管理的发展。

目前，学界关于职业生涯规划与管理的理论包括以下几个方面：

（一）人职匹配理论

人职匹配理论（又称特质因素理论或特质因素论），是指在职业生涯规划管理实践中，将个体特征与岗位属性进行充分有效的匹配，从而得出最优的选择。人职匹配理论，最早由美国弗兰克·帕森斯教授提出，并可分为两种类型。一是因素匹配，根据职业或岗位的特点去寻找、筛选合适的人员。例如，需要有专门技术和专业知识的职业与掌握该种技能和专业知识的择业者相匹配；或脏、累、苦劳动条件很差的职业，需要有吃苦耐劳、体格健壮的劳动者与之匹配。二是特性匹配，根据人员的特性寻找合适的工作岗位。例如，具有敏感、易动感情、不守常规、个性强、理想主义等人格特性的人，宜于从事审美性、自我情感表达的艺术创作类型的职业；一个人原则性很强，铁面无私，那么他就可以从事纪律考勤、监督和监察等工作。

特质因素理论强调个人所具有的特性与职业所需要的素质与技能（因素）之间的协调和匹配。为了对个体的特性进行深入详细的了解与掌握，特质因素理论十分重视人才测评的作用，可以说，利用特质因素理论进行职业指导是以对人的特性的测评为基本前提，奠定了职业生涯规划与管理的研究基础。由于帕森斯的人职匹配理论言简意赅、通俗易懂，很受社会各界人士特别是企业界人士的追捧和欢迎。

（二）职业生涯发展阶段理论

职业生涯发展阶段理论的主要观点是：任何一个人的职业生涯都是分阶段发展的，在不同的职业发展阶段有着不同的职业需求和发展特点。其中比较著名和具有代表性的理论就是格林豪斯的职业生涯发展规划理论，他在对人生各个特定年龄阶段及其基本职业生涯所可能面临的主要心理问题及所需完成的任务的基础上，提出将职业生涯规划划分为五个主要的阶段，即职业准备（0~18岁）、进入组织（18~25岁）、职业生涯初期（25~40岁）、职业生涯中期（40~55岁）和职业生涯后期（55岁至退休）。

关于以上的职业生涯管理发展战略规划理论，具体都阐述了其职业生涯的发展是分年龄阶段的。虽然每个人的职业需求和经历不同，但是同样年龄阶段的每个人在其职业发展的需求和特点方面具有共性的特征，这也就要求我们在制定和进行其职业生涯发展的战略规划时一定要严格遵循其职业生涯需求和发展的规律。职业生涯需求和发展的理论为我们归纳了职业需求和发展的规律，并在一定程度上准确地反映了大多数员工在不同的年龄阶段在其职业生涯上所可能面临的主要机遇和问题。

（三）职业锚理论

职业锚理论最早是源自美国著名的职业指导专家埃德加·H.施恩，他指出"职业锚"是职业发展的长期定位，是其如何开展职业生涯的关键和核心。当企业或个人需要对职业锚进行选择时，无论处于何种境况，"职业锚"所引领的方向无论如何都不会产生错误与轻易放弃的路径。所谓职业锚，其本质是个人自身的能力、工作的动机与形成个人的价值观三个体系的一种综合体现，它的重要性和形成与我们个人早期职业学习的经验和后来受过职业教育阶段经历的重要性有关，职业锚的基本概念是我们每个人的职业才能、动机和价值观中最高优先级的有机组合，更是一种指导人们对自身环境状况进行的判断、明确自身的职业特点和发展方向的重要工具和指南。

施恩教授的稳定性研究结果认为，一个属于年轻人的职业锚实际上应该由三个重要的部分组成：自我锻炼得到的职业技能、自我感知得到的工作动机、自我投入得到工作的态度。职业锚具有两个基本的特点：第一，形成于青少年时期，也就是个人早期的稳定性经验与其职业发展的经历，并随着其成长以及个人早期职业生涯的开展逐步趋于稳定、内化；第二，若存在多个稳定性选择，职业锚所选择的职业就是其最终具有发展职业意向的选择。

20世纪90年代，施恩通过多年的市场调查与经验研究，重新确定增加了三种技术职业锚，即安全的职业发展稳定型、生活型和提供一般性的职业发展服务型。这种技术职业锚的发展形态基本上涵盖了大部分人的职业发展锚类型。"职业锚"类型理论的重要性和核心意义在于：人的整个职业生涯发展过程是一个持续不断的探索自我认知和新职业概念形成的过程，每一个职业个体都认为他们应该在其职业生涯的过程中根据自己所特有的职业能力、需要、价值观等实际情况，探索自身的认知和新职业观念，并随着其探索程度的加深而逐渐形成一个具有指导作用的职业锚。职业锚理论是对职业生涯规划与管理研究所进行的一个非常形象地阐述。

## 三、职业经理人的内涵与特点

（一）职业经理人的内涵

关于职业经理人，学者从不同视角给出了不尽相同的解释。西方学者普遍认为，"职业经理人是指在企业中以担任管理职务为职业的专业人才，他们以其专业管理能力协助企业拥有者执行管理职责，并在自己的能力施展中获得股东的高度信赖和应有的回报"。人力资本理论学者则从企业产权的视角论证职业经理人权力的合法性。1983年，斯蒂格勒和弗里德曼认为，大企业的股东拥有对自己财务资本的产权和控制权，他们通过买卖股票来行使权力，而经理人则拥有对其管理知识的产权和支配权，他们在高级人才市场上出售自己的知识和能力，股份公司本质上是股东的财务资本与职业经理人的人力资本及其所有权之间的复杂合约，对企业的控制主要取决于企业要素提供者的谈判力。

国内学者李新春认为，职业经理人是一种职业性的企业家，其在市场上出售自己的企业家能力或在经营中实现自己的企业家精神，但他自己并不直接作为创业者而建造自己的组织。张维迎认为，职业经理人是以企业经营管理为职业的社会阶层，他们运用全面的经营管理知识和丰富的管理经验，独立对一个经济组织（或一个部门）开展经营或进行管理。

在现代社会中，职业经理人是以经营管理企业为职业，具有专业的管理知识和技能，通过管理经营企业来实现自身价值的专业管理者，他们把自己所经营企业的成功视为自己职业生涯的成功。职业经理人一方面从实际的经营管理中得到经营管理的经验，并根据这些经验提出技术变革和制度变革的要求，建立起以弹性为基本特征的企业组织结构，以适应多变的市场环境，为企业能够立足于本行业、立足于社会提供前提保证。另一方面，又以独特的眼光认识科学技术的价值，并将这些成果转化为产品，投放市场，成为推动社会进步的中坚力量。

（二）职业经理人特征

（1）职业性。职业经理人是以专门经营企业为职业的人，这个特征相比于其他职业来说更加明显。他们操控企业经营的全局，对企业员工进行指导，激励员工进行有利于企业绩效提高的创新活动，对企业在现阶段及以后的发展都有着相当重要的导向作用。

（2）时效性。时效性是指作为聘请而来的职业经理人有一定的任期年限。企业聘任职业经理人作为本企业的特殊员工为企业服务，期望其能为本企业创造出更好的绩效，如果职业经理人能满足企业的这一期望则有很大可能被留任，如果不能则会被企业解聘。

（3）不可预测性。这里的不可预测性是对企业和职业经理人双方来说的。对于企业和职业经理人来说，一方面是企业对经营业绩的殷切希望；另一方面是职业经理人的胜任能力和专业素质。在变幻莫测的市场经济体制下，经营业绩通常有着很大的不可预测性，而企业的业绩往往和职业经理人的专业知识、应变能力、经营能力呈正比关系的。

（4）高薪酬高社会效益性。被聘任的职业经理人通常都享有很高的薪酬，如果工作业绩突出，企业因职业经理人的付出而发展较好，企业所有者可能还会对职业经理人进行股权激励，以便和企业共荣共损，更加激发职业经理人的工作热情，职业经理人也因此获得更加丰厚的回报。

## 四、职业经理人职业生涯规划制定及其管理实施

（一）实施宗旨

职业经理人职业生涯规划制定及其实施的宗旨是，以人力资源的视野引导职业经

理人树立正确的职业生涯规划理念，掌握正确的职业生涯规划方法，运用人力资源专业知识探索职业生涯规划的有效途径，力求明确未来人生的奋斗目标，促进个性发展和综合素质的提升，实现"人职匹配"，为职业经理人职业生涯奠定坚实基础。

（二）实施原则

（1）针对性原则。针对性原则是指在制定职业生涯规划的过程中，职业经理人根据自身特点以及环境等客观条件，合理地确定规划内容，选择方法手段，使之符合实际需要。贯彻针对性原则首先必须了解自身的实际情况，其次从实际出发确定合理的规划。

（2）全面性原则。全面性原则是指职业生涯规划应全面发展自身兴趣爱好，符合自身性格特点，有利于充分发挥个人能力，并且追求身心的和谐发展。

（3）可行性原则。职业生涯规划应充分考虑环境等客观条件的影响，避免好高骛远、急于求成等心理，规划的实施方案应具有可行性。

（三）方法步骤

（1）自我探索——认知自我。系统化职业生涯规划是一个"由内而外"的过程，因此在进行职业生涯规划时，首先要正确认识自我。自我探索，包括职业性格探索、职业兴趣探索、职业技能探索和职业价值观探索四个维度。

（2）工作世界探索——认知职业环境。通过探索工作世界，可以了解职业环境，掌握职业的分类和内容、具体职业对工作人员的要求、教育方面的选择和获取职业信息的方法，从而找出适合自身发展需要的职业，并依据职业生涯发展的长远目标，结合自我探索的结论，突破障碍，实现个体与职业的最佳匹配，找到实现理想的道路和方法。

（3）做出决策，设立目标。做出决策，设立目标，就是找到自己的职业目标，认识到个人信念和假设对职业发展所产生的影响，辨识和纠正个人的非理性信念，愿意以开放的心态不断修正个人对自我和工作世界的认识，能够承担责任，自主决策，并落实到行动中。

（4）职业生涯规划方案的实施。有了科学合理的职业生涯规划方案仅仅是迈向成功的第一步，更为重要的是掌握职业生涯规划的应用方法，以实际行动来实施"方案"，并努力找出实现职业生涯规划的有效途径。一是要培养时间管理的意识，懂得时间管理；二是要将职业生涯规划分阶段实施。

（5）再评估调整。在实施职业生涯规划的过程中，审视规划是否合理可行，并根据各种因素的变化，结合实际情况进行调整，甚至重新规划。再评估的重点是理解动态平衡的意义，认识到职业规划是一个变化的过程，愿意在实践中深入探索自我，不断调整职业规划，为职业生涯发展的转变做好心理准备，并学习管理职业生涯，保持发展的观念。

# 第三节　职业与事业

## 一、职业经理人职业选择与拓展

### (一) 职业选择

职业选择是个体依据自己的职业期望和兴趣，凭借自身能力挑选职业，是使其自身能力与职业需求特征相符合的过程，也是员工与职业相互适应的过程。一方面是劳动者作为主体主动择业的过程，另一方面又是职业选择劳动者的过程，这一过程在人们的职业发展中可能会不止一次地发生。职业选择理论最早由美国波士顿大学的弗兰克·帕森斯教授提出，他在所著的《选择一个职业》中提出职业—人匹配理论，该理论很好地适应了当时社会发展的需要，有助于缓解组织化和城市化所带来的农业人口的结构性失业的压力，并解决了教育分流问题。然而，这种为了"人尽其才"而把人的特性品质与职业因素进行刚性匹配的理论，在其理论假设与方法论上仍存在困难。每个人都是一个系统性整体，人格特性之间是互相联系的，很难说哪种人格特性与某种职业相关，更不能因此而说明人职匹配，人的个性品质是很难进行客观测量的，因而很难根据人的个性品质进行精确匹配并形成"刚性"的匹配模式。

美国约翰·霍普金斯大学心理学教授约翰·霍兰德进一步完善了匹配理论，他提出了具有广泛影响的人业互择理论。该理论将个性按职业归纳为六种类型，即技能、研究、艺术、社会、组织、事务六种兴趣倾向。该理论具体阐述了职业和人如何互相匹配，其实质在于劳动者的人格类型与职业的类型互相适应，从而扩大了职业选择的范围，比前理论更加灵活与实用。但是，这种理论的目标落脚点和前理论相同，仍是为职业找到胜任工作的人，他的人格类型与职业类型的划分忽视了人的兴趣和需要，因此也存在一定的问题。

美国心理学家佛隆提出了解释员工行为激发程度的期望理论，即择业动机理论，从而较好地解决了上述问题。

总的来说，特质因素理论是在帕森斯职业指导的概念框架中发展出来的，强调选择职业涉及将个人和职业进行匹配，以满足人们的需求并使他们的工作表现令人满意。特质因素理论所提倡的方法被视为生涯指导中最早也是最广泛和最持久使用的方法，是个人职业选择的基本方法。

### (二) 职业拓展

一般地，在社会发展相对稳定的时期，一个人入职后基本不会有太大改变，但随着社会的发展，职业稳定性开始降低，社会的发展和职业的变动，促使人们更加注重发展性，强调职业的变化。

关于职业拓展，从管理的角度来看，企业管理由过去的监督与控制逐渐趋向于服务的理念，"职业发展服务"正是现代组织管理制度和实践所趋；从组织的角度来看，"职业生涯"强调一个人一生中的职业经历，个人的职业经历只可能是某一段时间在某个组织，该组织对他现在和未来的发展负有责任，而对他之前的职业经历并无任何作用和影响；从组织职业生涯管理出发，往往因组织的趋利行为导致员工职业发展受挫，进而影响组织本身的效益。

职业拓展可理解为职业计划的实施，它是动态变化的，并且贯穿整个职业过程。在职业发展中，员工将沿着原来设计的发展通道，在组织的参与配合和服务下不断地从较低的层级上升到较高的层级，或从一个岗位调配到另一个岗位。伴随着层级和岗位的变化，员工必须不断提高自身素质，调整其能力结构，以迎接新层级和新岗位的挑战。

事实上，越来越多的员工认识到培训不仅是谋生的手段，更是个人发展的手段，由此以组织为主导的面向发展的培训应成为辅助员工职业发展的有力工具。自我全面发展的深层思考是员工接受培训和自我培训的内在动力，而竞争的外部环境和知识更新加快则成为接受培训和自我培训的外部推动力量。

发展导向培训是建立在职业发展基础之上，以员工个体职业发展为指引方向的一种培训模式。与传统的培训相比，发展导向培训呈现出三个方面的变化：一是培训需求分析由一维变成双维，即在培训需求分析时一方面要考虑组织的发展需要，另一方面也要把员工个体的发展纳入进来；二是培训需求分析的长期性，即在培训需求分析中不仅要考虑组织目前和短期的需要，也要把员工和组织长期发展的需要考虑进来；三是培训需求分析的双主体性，即涉及每个员工的培训需求分析由员工和组织有关部门管理者共同进行，强调组织和员工的共同发展。发展导向培训也包括培训需求分析、培训设计与评估三个基本阶段。

## 二、现代社会、企业发展对职业经理人的新要求

（一）职业经理人具有较强的职业意识

职业意识是基于良知的道德伦理工程。西方国家在漫长的资本主义发展过程中，普遍采用两权分离制度和职业经理人制度，在国家与企业、老板与经理人、资方与劳方之间不断谈判与博弈的过程中，能够充分展现职业经理人的职业意识。职业意识包含的内容较多，从抽象范围理解，包括职业敏感、职业直觉、职业本能思维过程等。其中职业本能思维过程也就是在职业活动中涉及的社会、政治、经济、文化等方面的科学思维意识，包括对竞争规则的理解、对法治观念的理解、对合同契约的理解、对

双赢原则的理解等。从应用范畴理解，职业意识包含道德意识、创新意识、科技意识、全局意识、生态意识等。道德意识是职业经理人作为一个自然人的基本道德水准，作为一个职业者还应具有职业道德。创新意识在一定意义上是职业经理人的核心素质体现，没有创新也就没有职业经理人生存的必要和发挥作用的前提。科技意识与创新意识相结合，构成职业经理人的生存条件，因为科学技术在现代社会中的作用日益突出，企业的发展更多地依赖于技术创新和管理创新等，技术创新的前提一般来说是以科技创新为先导，因此科技意识就成为职业经理人必须不断更新和不断提高的基本素质。职业经理人的全局意识包含两个方面：一方面，要有全球化意识，因为凡是聘请职业经理人的企业，多是具有一定竞争力的企业，企业聘请职业经理人的一个重要目的就是企图使企业能够尽快与国际接轨，这也是当今世界经济全球化的必然所趋。从一定意义上讲，缺乏全球化意识的职业经理人是不完备的经理人。另一方面，职业经理人还要具有企业内部的全局意识，一个企业无论产品品种多寡和产业链条长短，都是一个完整的经济主体，职业经理人无论处在哪个层面上，都要用全局意识去观察事物、组织生产、强化管理，以此形成一个完整的企业经济循环体，降低成本，增加效益。职业经理人的生态意识是近年来新提出的素质要求。一般来说一个国家或地区在经济起飞初期，由于受社会生产力和科技进步的影响，或多或少地会以牺牲资源和环境为代价，然而当社会经济步入快车道，尤其是与国际接轨之后，保护环境越来越被社会和企业重视，尤其是被国际合作伙伴看重。因此，职业经理人只有在环保问题上，为企业发展主动献策，才能保证企业在国际合作和可持续发展的道路上立于不败之地。

（二）职业经理人具备良好的道德意识

职业道德主要指运用规则和范本的能力，它特别强调对公众负责和对社会负责。职业经理人的职业道德水准直接影响企业职业化发展的进程，职业化的特点是将道德伦理看作经理人事业的推动力量。经济学家张维迎说：职业经理人就是一个企业的保姆，用经济学术语讲就是企业代理人，如果职业经理人缺乏足够的、可以让人信赖的职业道德，这样的经理人不仅对企业没有好处，对整个国家也有很大的危害。在一个成熟的社会、一个健全的市场中，公德和信用是交往和经营的基础。不论什么样的经营行为，既要尊重市场规律，也要遵循一定的经济伦理，才能做到在自己获利的同时，不对他人和社会构成伤害。无数历史经验告诉我们，失信代价远高于守信成本。诚信是职业经理人的无形资产，不守诚信就等于破坏了自己的无形资产，会导致自己在市场上无法立足。职业经理人选择诚信一定比选择不诚信会得益更多。

在现代企业制度中，投资方货币资本和职业经理人的人力资本在分配利益的过程中处于不平等地位是个普遍现象，导致两者之间的契约存在不公平性，在这种情况下，作为职业经理人就应该对这种不公平作出理性反应，或选择与资方进行谈判的方式或修订原先订立的聘用合同。假如职业经理人此时利用手中的权力，通过各种不正当的手段来满足他们认为自己所应得到的那部分利益，而这部分利益的取得往往又损害投资方利益时，这种行为就完全失去了最起码的商业道德，为此付出的代价也是相当大的。

（三）职业经理人普遍具有敬业精神

西方人将敬业视作为一种"天职"，一种信仰。他们认为，任何一项事业背后，必然存在着一种无形的精神力量。敬业精神本质上是一种信仰。对于信仰而言，更重要的是形式和实践。信仰是要依靠形式来支撑和实现的。以西方学者的理解，所谓敬业，就是尊敬、尊崇自己的职业。如果一个人以一种尊敬、虔诚的心灵对待职业，甚至对职业有一种敬畏的态度，他就已经具有敬业精神。"天职"的观念使自己的职业具有了神圣感和使命感，也使生命信仰与自己的工作联系在一起。只有将自己的职业视为自己的生命信仰，才真正掌握了敬业的本质。工作是人分内的使命，是人分内应该做的事情。使命感是一种促使人们采取行动，实现自我理想和信仰的心理状态；是决定人们行为取向和行为能力的关键因素。富有使命感的员工，一心牵挂工作，即使没有他人的督促，也能出色地完成任务。最光荣的工作是在无人知晓的情况下完成的，那些不使自己的行为和工作成果在他人面前宣传的人是真正将工作当作使命的员工，他们只追求完成使命的欣慰和满足。使命就意味着自我牺牲和忘我奋斗，意味着尽职尽责、决不张扬。用现代观点理解敬业精神就是用一种恭敬严肃的态度对待自己的工作，认真负责，一心一意，任劳任怨，精益求精。敬业精神是个体以明确的目标选择、朴素的价值观、忘我投入的志趣、认真负责的态度，从事自己的主导活动时表现出的个人品质。敬业精神是做好本职工作的重要前提和可靠保障。

（四）职业经理人具有团队精神

所谓团队精神，简单来说就是大局意识、协作精神和服务精神的集中体现。团队精神的基础是尊重个人的兴趣和成就，核心是协同合作，最高境界是全体成员的向心力、凝聚力高度集中，反映的是个体利益和整体利益的统一，目的是保证组织的高效率运转。团队精神是企业文化的一部分，团队精神的形成不是团队成员的自我牺牲和个性扭曲，相反以挥洒个性、表现特长为前提，以保证成员共同完成任务为目的，以明确的协作意愿和协作方式为手段，而产生真正的内心动力。良好的团队精神和管理体制可以通过合适的组织形态将每个人安排在合适的工作岗位，以充分发挥个人潜能和集体力量。团队精神的培养，能够使组织内部的员工齐心协力，朝着一个目标努力。与传统的自上而下的行政指令管理模式不同，团队精神主要通过职业经理人对群体意识的培养，引导员工产生共同的使命感、归属感和认同感，从而产生一种强大的凝聚力。团队精神具有明显的激励和约束功能，团队精神通过员工之间正常的竞争实现激励功能，逐步培养员工自觉行为。约束机制则是通过团队内部所形成的一种观念的力量、氛围的影响，去约束规范和控制职工的个体行为。这种控制不是自上而下的硬性强制力量，而是通过职业经理人的个人表率作用和传导机制转化为职工的自我控制意识，这种自我控制一是更具有持久意义，二是更容易深入人心。

（五）职业经理人具有较强的执行力

执行是经理人最重要的工作。我们从职业经理人的概念了解到，职业经理人的职责就是受聘为企业的所有者经营和管理企业，企业的所有者承担企业发展战略的制定责任，而职业经理人主要负责企业战略的执行。执行力是一种内涵广泛、包含各学科理论、方法和行动的总概括，是企业发展的核心元素。职业经理人由于具备多种良好的素质，因此具备带领团队落实企业所有者制定的发展战略的能力，一个合格的职业经理人，他的执行力往往能够弥补策略的不足，而一个再完美的策略也会在没有执行力的经理人手中失败。职业经理人具有利用战略的眼光诠释"执行"的能力，成功的职业经理人执行战略不是简单和死板地落实发展战略，而是首先制定落实战略的策略，其次用策略去指导战略的落实，这就体现出好的策略与执行能力匹配的益处。职业经理人还有一个特点就是重视下属执行力的培养，这样就可以进一步强化团队意识，形成更有力量的团队执行力。职业经理人通常具有营造企业"执行文化"的能力。企业是由不同部门和员工构成的，所以不同的个体在设计、思考和行动时难免产生差异。如何尽可能使不同的"分力"最终成为一股推动企业前进的"合力"，可以依靠优秀的企业文化和职业经理人的作用。职业经理人在创造企业执行文化方面会运用自己的知识、能力、经验和非投资人的特殊身份，现身说法，带头执行，以此带动其他部门和企业群体，为实现企业最终目标而努力工作。职业经理人具备的执行力归纳为四个层次：一是什么事情该做，什么事情不该做；二是如何去完成该做的事情；三是清除所有的障碍；四是形成企业执行的制度和文化。

（六）职业经理人要保持经常学习的习惯

职业经理人要保持经常学习的习惯，不断更新自己的知识储备，提升多元化专业素养，要有强烈的创新意识和新的人才观念。

随着我国改革开放进入攻坚阶段以及国际政治经济形势日趋复杂严峻，我国企业承受的压力越来越大，对职业经理人的要求也越来越高。我国企业职业经理人是一支从旧体制中走出来的队伍，面对时代挑战和社会责任，只有大幅度提高整体能力水平才能胜任。

### 三、"新管理"与职业经理人职业发展

自20世纪80年代以来，新管理主义开始盛行，相对于传统官僚管理模式而言，新

管理主义更加强调经济、效率和效能，也就是说，新管理主义侧重技术理性与市场导向的观点。

（一）职业经理人职业发展的新途径

遵循社会主义市场经济规律和人才成长规律，走改革创新之路，勇于实践探索，不断推进企业经理人职业化、市场化、专业化和国际化的进程，以职业化为统领，以市场化为牵引，以专业化为支撑，用国际化去拓展，逐步创立职业经理人制度、创建职业经理人队伍、创设职业经理人人才择人求职公共服务市场体系，这是现代职业经理人的重要发展途径，也对职业经理人提出了更专业、更细致的要求。展望未来，人力资源已成为第一资源，加大力度促进职业经理人的培养和建设，使其队伍不断扩大，这不仅将进一步推动中国企业尽快建立起现代企业管理制度，并且能够大幅度提高企业的经营管理水平和经济效率、降低经营风险，促进企业更快更好的发展。

（二）职业经理人职业发展的新方法

在党中央、国务院关于人才工作方针政策指引下，在各级党委、政府的领导和支持下，充分发挥人才工作主管部门的牵头作用，广泛凝聚社会共识，汇聚方方面面的力量，积极发挥企业与出资人的参与和推动作用，充分发挥利益相关者的主动性、创造性，有效发挥全国职业经理人行业组织——中职协的引领、协同、管理和服务作用，广泛发挥有关社会团体和地方职协的积极作用，从局部社会实验探索开始，以实践成效检验和完善实验探索的工作思路，逐步形成系统的总体方案，有步骤地推向全国。

（三）职业经理人职业发展的新体制

中国职业经理人制度是一个系统的制度体系，是各种所有制企业都适用的制度。在现有企业经理人制度的基础上，要着重建立社会化的职业经理人资质评价制度、规范适用的职业经理人教育培训制度、市场化的职业经理人择人求职公共服务制度和行业自律的职业经理人资质持续管理与提高制度。这四项制度是相辅相成、相互关联、相互促进的，其目的都是为了提高中国职业经理人整体资质，加强对职业经理人资质持续管理与提高，推进中国职业经理人事业全面发展。

职业经理人在现代企业中已经成为不可或缺的重要组成部分，而成为一名优秀的职业经理人对于一个企业的发展有着非常重要的作用。如何成为一个优秀的职业经理人及职业经理人的职业发展情况也就显得尤为重要。对职业经理人职业发展的分析研究有助于企业在进行引进人才、评估薪酬和绩效等工作更稳定且有效。

## 四、职业经理人职业发展趋势

（一）职业经理人职业发展趋势

1. 职业经理人的市场化

（1）完善公开推荐选拔企业经营管理人才制度。建立和完善公开荐才制度，严格做到入选标准、选拔职位、资历条件、工作程序、推荐结果"五公开"。分层次、分行业、分类别确定各类优秀人才的具体衡量标准，通过新闻媒体宣传等形式，公开企业经营管理人才的举荐方向和方式，建立信息畅通、涵盖面宽的荐才网络，充分调动多个识人主体荐才的积极性。对各种途径和方式举荐人才的情况进行综合分析，重点锁定推荐集中的优胜者，深入进行考察核实，把德才兼备的优秀人才纳入人才信息库管理，根据需要随时起用。

（2）深化公开考试和竞争上岗选拔人才制度。按照规范发展的要求，进一步完善竞争上岗的各项配套措施，积极推动中层干部和单位负责人从"缺位竞争上岗"走向"全员竞争上岗"，从"职位竞争"走向"资格竞争"。竞争上岗的所有环节量化计分，变"伯乐相马"为"赛场选马"，由"领导点将"走向"制度选人"，从而促进优秀人才脱颖而出。

2. 职业经理人激励机制体系化

（1）构建职业经理人的评价体系。构建一套行之有效的职业经理人的评价体系，将市场中的所有职业经理人都纳入这个体系中，在统一的标准下，对每一个职业经理人作出一个客观的评价。当一个职业经理人的绩效差时，这套评价体系就会对其有一个较低的评价，他的人力资本就会贬值，于是就面临着被其他潜在的竞争对手所取代的威胁。因此，即使企业的股东不监督职业经理人的行为，通过市场的监督，他们也会努力工作。

（2）对职业经理人实行股权激励。股票期权制是一种比较理想的长期激励办法，它使经理人员的个人利益同公司股东的长期利益联系起来，可以很好地规避经理人员短期行为与机会主义行为，降低资本所有者的风险。企业也正是希望通过建立股票期权计划，避免以基本工资和年度奖金为主的传统薪酬制度下经理人员的行为短期化倾向，使经理人员从公司股东的长远利益出发，实现公司价值的最大化。

（3）对职业经理人实行非报酬约束激励。尽管职业经理人绩效的报酬补偿对提高职业经理人工作的努力程度有明显效果，但报酬激励同时也存在许多局限性，如果缺乏与激励机制相匹配的约束机制，就难以避免经理人的"机会主义"行为，从而可能使委托人对职业经理人的报酬激励机制失效。对职业经理人进行非报酬约束激励，以弥补职业经理人报酬激励的不完整性。非报酬约束激励包括职业经理人控制权约束激励、职业经理人竞争约束激励以及职业经理人市场声誉约束激励等。

3. 约束机制的法制化

职业经理人与企业所有者之间是责权利相统一的关系，这就要求企业在做好对经理人激励机制的同时，也要做好应有的约束机制，这是一种相辅相成的制衡机制，最终的法制化将会是最有利的保障机制。其中内部的约束机制是由企业所有者和职业经理人之间达成的协议，外部的约束机制就是法律、道德等方面。

4. 职业经理人的国际化

职业经理人的认证和考核的国际化，现在国内的资格证书还停留在国内承认的阶段，得不到国际上的认可，但是随着现代社会的发展，外资企业在我国已经非常普遍，这就需要加强证书的互通互认，使其在国际上也能被普遍认同。

（二）职业经理人发展要求

1. 加速培育规范的职业经理人市场体系

（1）完善的经理人供需信息系统，组建经理人人才库，将经理人通过各种渠道推荐给用人单位。

（2）经理人市场管理机制，对在市场上成交的经理人进行定期考核，并建立健全经理人的业绩档案，供企业在选择经理人时参考。

（3）配套的保障措施，如资格认证体系、市场指导价格、人事代理、社会保障等。

以上一系列的工作，有些已经取得了一定的进展，有些才刚刚起步，但就总体来说仅仅依靠企业自身是很难完成的，除了调动各种社会力量积极参与外，政府的有关部门也需要积极配合，承担责任。

2. 新时代需要复合型职业经理人

随着工作标准的不断提高，经理人单一的技能已经越来越不能适应企业的需要。如果说复合型在以前是作为对管理人才的高标准要求，眼下则已经逐渐成为基本要求。专业化的企业职业经理人应该具备管理学知识、行业知识、学习能力、经验积累、人际交往能力和良好的政治素质。达到这个要求不是一件容易的事情，是一个循序渐进的社会系统工程，需要政府、社会、企业和经理人自身共同努力，其中国有企业则扮演着十分重要的角色。在人员选择上，应放眼长远，着力挑选知识背景广阔、阅历丰富、意志品质坚韧的优秀经理人，这样在客观上也会逐渐在人才市场上对复合型用人标准形成一种导向。在人才培养上，要深入了解现有经理人各自的特点，在发挥其优势的同时寻找其新的亮点，综合运用"孤峰理论"和"木桶理论"，将其蕴藏着的多方面潜力全方位地发掘出来。

3. 完善职业经理人的激励和约束机制

要想从根本上改变我国企业职业经理人缺乏深层激励机制和深层约束机制的局面，必须使职业经理人树立起主人翁意识，以企业"当家人"的角色和自我认知去履行自己的职责。企业在选定职业经理人以后，就要赋予其足够的权限为出资人的利益去推行自己的主张，可以有监督，却不可以掣肘。一般情况下，职业经理人只需对自己的经营业绩负责，无需对自己的方式方法和经营措施做出细节层面的解释。此外，企业还要考虑经理人的职业生涯，为其描绘出可预期的发展空间，让他们能够比较清楚地看到通过自身的努力可以拥有怎样的未来。

4. 营造职业经理人成长的文化氛围和健康发展的环境

长期以来的中国化职业经理人传统思维方式，使企业职业经理人承载着沉重的精神负荷。将几千年的封建思想的影响力彻底去除是一个比较漫长的过程，其既需要政府和所有企业进一步解放思想，面向未来迈出企业文化建设的新步伐，也需要职业经理人自身以时代精英的荣誉感不断改造自己的主观世界，以最先进的观念打破旧有的思想藩篱，使自己的创造力得到最大限度的发挥，并使自己成为企业先进文化的建设者和引领者。"冰冻三尺，非一日之寒。"中国的职业经理人队伍建设中存在的问题都是多方面和深层次的。职业经理人成长综合推进机制的建设任重而道远，要想完成这一历史任务，探索出一条具有中国特色的企业职业经理人的成长道路，一方面要借鉴别国的成功经验，对职业经理人制度进行认真研究，另一方面还要对我国社会主义市场经济的特点进行深入考察，找到职业经理人制度与它们之间的最佳结合点，并在实践中不断总结经验，逐渐丰富完善。

## 推荐阅读

1. 孙朝阳，何真临，卢本清. 中国职业经理人认知学［M］. 长沙：湖南师范大学出版社，2019.

2. 科恩·迪瑞克斯，安东·范·杜根. 如果管理是你的职业［M］. 思腾中国，译. 北京：气象出版社，2009.

## 思考题

1. 职业经理人的职业特征有哪些？
2. 职业经理人职业生涯规划与发展管理包括哪些方面？
3. 职业经理人的职业发展包括哪些？
4. 职业经理人发展趋势有哪些？

# 第三十一章　职业经理人地位与角色

## 学习目标

1. 了解职业经理人在企业经营管理中的地位及角色作用；
2. 明确不同层级职业经理人的岗位职责、必备素质及能力要求；
3. 完成实践与案例分析、练习模拟训练。

在我国公司立法和实践中，职业经理是指由公司选任，依法享有独立的经营管理权的公司机关，在公司治理中处于非常重要的地位，行使公司最高业务执行权。对董事会负责，接受董事会的监督。

董事会和经理的关系主要是业务分工和监督关系。公司的经营管理权一分为二，决策权由董事会控制，执行权则由经理行使。经理成为独立的公司组织机构。公司的盈利本质驱使着公司权力在股东、董事、经理和监事之间予以合理分配。因此，作为职业经理人既不能无权，也不能权力至上，应建构在一个恰当的位置。

我国有关法律规定，职业经理的职责包括：①主持公司的生产经营管理工作，组织实施董事会决议；②组织实施公司年度经营计划和投资方案；③拟定公司内部管理机构设置方案；④拟定公司的基本管理制度；⑤制定公司的具体规章；⑥提请聘任或者解聘公司副经理、财务负责人；⑦聘任或者解聘除应由公司董事会聘任或者解聘以外的负责管理人员。

总体来说，职业经理在公司治理结构中的地位主要表现在以下四个方面：

第一，职业经理具有代理权。受董事会委托，从事公司经营管理活动，职业经理与董事会之间是委托与受托、代理与被代理的授权代理关系，是一种委任契约关系。

第二，职业经理具有代表权。职业经理代表权的产生，不仅是法律授权的结果，也是公司治理实践的必然要求和公司运作的结果。职业经理作为代理人，其权力受制于公司授权的权限。当然，职业经理的代表权与董事长的代表权是不同的，职业经理的对外代表权是公司业务执行权的必然要求，离开业务的执行，经理是不享有对外代表权的。

第三，职业经理身份是业务雇员。职业经理不同于一般雇员，除了雇员身份外，还具有基于授权而取得的职务资格。董事会与职业经理之间一般都会签订雇佣合同，约定经理的权利与义务。

第四，职业经理是业务执行机关。我国法律明确规定，经理为公司必设和常设机关，享有法律和公司章程赋予的独立职权。经理不但是独立的公司机关，而且是享有广泛经营管理权的法定常设业务执行机关。作为组织机构的职业经理，其存在具有常设性、独立性，但是作为个人的职业经理人是可以由董事会决定聘任或者解聘的。

按职业经理人在组织中所处的地位划分，可分为：初级经理人（基层管理者）、中级经理人（中层管理者）、高级经理人（高层管理者）。各个层级各履其职，共同推动企业发展。

# 第一节 初级职业经理人地位与角色

## 一、企业基层管理者和初级职业经理人

### （一）企业基层管理的特点

企业基层管理是对作业层实施的管理。各作业层是企业组织结构的基础，它们支撑和维持着企业的生产经营运作状况。所以，基层管理的状况是影响企业能否达成战略目标的重要因素。有效的基层管理可以保障各作业层分工明确、团结协作、运行有序，为企业战略管理的成功实施打下坚实的基础。

基层工作内容具体而细小，基层管理的主要特点：一是管理的内容丰富，涉及的人员多，接触面广；二是管理的形式多样、管理具有很强的个性化特点。

### （二）企业基层管理者和初级职业经理人

基层管理者，又称一线管理者，具体指工厂里的班组长、小组长等。他们的主要职责是传达上级计划、指示，直接分配每一个成员的生产任务或工作任务，随时协调下属的活动，控制工作进度，解答下属提出的问题，反映下属的要求。他们工作的好坏，直接关系到组织计划能否落实，目标能否实现，所以基层管理者在组织中有着十分重要的作用。对基层管理者的技术操作能力及驭下能力要求较高，但并不要求其拥有统筹全局的能力。

## 二、初级职业经理人基层管理者的地位和角色

基层管理者是企业最基层的管理者，是企业各项工作任务最重要、最基本的执行

层，也是对接客户、与企业员工接触最多的管理层。一般由技术高或德高望重的队员担任，对维护企业基本运作具有不可缺少的作用。

基层管理者的工作职责和任务是把企业战略管理目标具体地转化为作业层的目标，不断对照该目标查找工作中存在的问题，有针对性地加强管理，在具体实践中根据自己作业部门的特点，采用灵活的手段开展管理活动，以保证基层管理始终与企业战略管理的目标相一致。

基层管理者好像大树上的结点，将树根部分的养分分解、传递给小枝杈，因而基层管理者的作用又可以概括为"分解、传递"。如果将企业比作人的身体，那么企业的各项基础管理工作则是支撑着企业运作的骨架，而基层管理者恰恰就是牵动每个骨架的神经。这些神经的功能不仅要维持正常的机能运作、保证骨架可以灵活地完成各种动作，还要及时向大脑传递和反馈末梢信息。

所以，基层管理者的主要功能和任务是保证和促进个人和部门绩效达成，同时向中层汇报市场和部门运营情况等。

基层管理者是兵头将尾的角色，是最了解基层员工，也是对基层员工影响最直接的管理人员。在与员工朝夕相处、并肩工作的过程中，基层管理者对其下属员工的工作心态、工作技能水平了如指掌，同时基层管理者的自身素质、管理能力直接影响员工对企业的印象，影响员工对企业管理水平的评价。现实中很多员工的离职和辞职都与基层管理者的素质和管理水平有直接关系。

### 三、初级职业经理人基层管理者的素质和能力

基于基层管理者的角色和岗位职责需要，其素质能力体现在以下四个方面：

（一）过硬的业务能力和专业素质

基层管理者，就像球场上的队长，既是场上战斗员，又是场上指挥员。所以，个人过硬的业务能力和素质是在组织中"让人心服口服"的前提，其要求队员要达到的业务熟练程度和工作效率，自己首先要能够做到，否则，很难服众。过硬的业务能力对基层管理人员来说非常关键。

（1）专业知识技能扎实。具有精湛的生产技术，对工作流程、施工设施了如指掌，熟练掌握本专业的生产技术知识和与本部门生产有关的实际操作技能，了解本行业生产系统。

（2）具备在非正常情况下处置各种应急问题的业务能力。全面掌握本班组工作范围的薄弱环节和隐患，安全意识强，对容易发生事故的岗位、工种做到心中有数，具备对本岗位业务危险因素的预防和应急处理能力，并做出明确的提醒和布置防范措施。例如，对进入有电及易燃、易爆区域，进入作业环境复杂现场和天气情况恶化、路况

情况复杂等可能发生或导致危害安全的因素，具有前瞻性和预见性。

（二）亲和力

基层管理者虽然是"管理者"，但由于本身所处位置和角色，职位所赋予的权力较少，运用职权迫使他人去从事某项工作的可能性很小，而更多的需要依靠个人的品格魅力、领导力去影响他人，而非行政赋予的管理能力。就像球场上的"队长"一样，除了自己的业务能力过硬外，还要有能够与其他成员打成一片的亲和力。不能因为自己是个小领导，而拒人千里之外。

对于基层管理者来说，亲和力并非指简单地能够与成员在一起说说笑笑，而是要让成员心悦诚服地跟随，大家一起努力达成目标，因此必须做到以下几点：

（1）尊重。基层管理者必须尊重自己部门中的每个员工。尽管部门中每个员工的家庭背景可能各有不同，但是以平等的心对待每个人，才能谋求一个融洽的氛围。在力所能及的条件下，组织健康向上的文体活动，丰富职工业余文化生活，开创基层工作新局面。

（2）体恤关心。基层管理者直接接触的就是基层一线员工，因而他们的疾苦、心声，基层管理者必须要了然于心。真心实意地体恤员工，为员工排忧解难，关心员工成长，善于换位思考，做到"己所不欲，勿施于人"。

（3）率先垂范。在工作中脚踏实地，吃苦耐劳，默默奉献，为人诚实谦虚、清正廉洁，办事公道，用自己的感召力和亲和力，以人格的力量和求实的作风去感染人、引导人，带领团队成员出色地完成各项生产任务。

（三）团队建设能力

一个人的业绩如果非常优秀，但是只注重个人的业绩而忽视团队力量，充其量只是一个业务精英。只有具备让更多人一起发挥能量、使团队的效能发挥作用的能力，才可以称其为一个管理者。

因此，基层管理者除了要有过硬的业务能力外，还需要能体现管理者魅力和价值以及建设团队的能力。其能够在所领导的小组中创造一种良好的氛围，让大家能够互相信任、互帮互助，自由地表达真实观点，使小组具有很强的协作精神和团队精神。

（1）基层管理者要政治思想过硬。能够关心职工思想动态，带头搞好联防互控，构筑安全生产屏障；能雷厉风行地执行工作指令，确保有令则行，政令畅通。

（2）基层管理者要能够坚持各项制度和作业标准。牢固树立"落实第一、结果第一"的观念，根据岗位不同、责任大小、劳动强度进行分工作业。工作中求真务实、讲求实效，杜绝办事拖拉、推诿扯皮现象的发生。

（3）沟通协调能力强。作为基层一线的指挥者，善于听取不同意见、善于交流与沟通，善于协调各种关系，有行之有效的工作方法。掌握分寸，表达准确，协调到位。

（四）与上级相处的能力

在现实工作中有很多基层管理者赢得了下属的尊重，业务能力也非常优秀，但却忽视了与上级的沟通，导致上层领导不能及时了解和掌握基层工作情况，贻误决策。所以，基层管理者要保持与上级良好的沟通。

（1）随时让上级了解基层工作情况。这点非常关键，第一是出于尊重，第二避免滋生出太多的想法，如抢位、在暗中捣乱、轻视等。

（2）征询上级的意见获得支持。有时明明可以走的捷径，但因为忽视了与上级的沟通，而走了弯路。所以，在一些问题上多听听上级的意见，有利于基层工作的顺利开展。

# 第二节　中级职业经理人地位与角色

中层管理人员处于企业战略落地的纽带环节，是企业高层管理人员和基层管理人员之间的桥梁，处于"上传"和"下达"的枢纽位置，是被坊间调侃为"夹芯板"的职位：既是执行者，又是领导者，兼有领导者与被领导者双重身份。企业中级经理是企业的中坚力量，就像企业领导层的"腰"，上有来自高级管理层的重任、下有一线员工的困境难处。其主要作用是承上启下、沟通协调，如果作用发挥得好，是高层与基层沟通的良好桥梁。

中级经理的角色，既是企业战略和决策的执行者，同时也是部门战术决策的制定者。中级经理的角色定位，主要包括三种：对上司而言，中级经理是服从者、执行者、受训者、协助者、绩效伙伴；对下属而言，中级经理是企业代言人、上级授权者、计划者、指挥者、监督者、培育者、激励者；对同级而言，中级经理是内部服务者、支持配合者。中层管理人即中级职业经理人应有的特点地位与角色等如下：

## 一、企业中层管理的特点

每个企业就好比一座高楼大厦。它的外观代表着企业的形象。大厦的整体结构风格和功能是由企业中的高层管理者决定的。企业的中层管理就相当于支撑大厦的支柱。如果支柱没有力量或倾斜，大厦就会摇摇欲坠。所以，企业的中层管理非常重要。

（一）多维度管理

中层管理是多维的，不仅要管理各种资源的对接，还要管理人的思想、观念和认识的对接，也要考虑市场变化对部门运营的影响。

一方面，应充分考虑自己有哪些可供使用的资源。比如，人力资源、财务资源、时间资源、领导支持资源、其他部门的合作资源等。一个合格的中层管理者，应该能够把这些资源有效地整合起来，使之发挥综合效力从而使领导的工作安排得到有效的落实。

另一方面，对于企业内部上下级的思想、观念等也要保持敏感，包括组织的愿景、价值观、团队理念以及上层的想法及规划方向，首先要自我完全消化后，再准确、及时地传达给参与工作的人，还要选用大家比较好接受和理解的恰当方式，如例会、团建等，以促成较好的反馈和吸收。

同时，还要对市场变化、行业变动及企业内部的变动等保持敏感。可以时刻询问自己：这些变化和自己负责的业务、身处的公司及行业都会发生哪些可能的关联？并进一步思考：如何与这些信息建立起积极、高效的连接？如何做才能将信息转化为自己的资源，促进团队的绩效？

（二）以执行为核心

中层管理者在企业的管理结构里处于中间位置，起着上传下达的桥梁作用，其执行力的强弱是验证其能力水平的关键核心指标。

合格的中层管理者，必须具备较强的执行力，严格执行企业的决策、领导的指示和其他临时性的工作安排，使企业的任何决策都能通过中层管理者传达到基层员工，并通过中层管理者与员工的共同努力取得好的结果。

要提高执行力，中层管理者必须做好以下几点：

（1）认真理解领会上级领导的意图。

（2）与上级领导确认自己对上级有关指示和安排的理解。

（3）对上级领导的指示和安排进行有效的分解。

（4）把所分解的工作安排给下属，并制订具体的工作计划、措施和检查计划。

（5）与下属保持持续不断的沟通，并与下属一起共同努力把每项工作措施计划落实到位。

（6）与下属一起总结工作成果并形成工作总结向上级领导汇报。

（7）对下属在工作中表现出来的优秀特质进行鼓励，肯定他们的成绩，使下属得到激励和认可。

（三）综合性与专业性

中层管理需要专业性。比如，在促进部门职能和业务发展方面，中层管理必须要发挥部门的统领作用，在工作任务的执行、指导与监控、排除疑难、制度优化等方面展现专业性。

（1）在团队中扮演"主心骨"的角色，具有较强的组织能力、能够面对危机迅速作出决策，高效率地实施计划、取得成果的能力。以干练、果断和坚强的形象赢得成员的信任，同时要具有震慑力。

（2）对下属的工作提供指导与支持，促使其能力提升；对布置给下属的工作进行跟踪，要求其及时反馈，并根据情况做出相应对策的能力。对于工作中出现的问题，能够抓住其本质，提出创造性的解决方案，并付诸实施。

（3）能够分析和洞察组织内部管理制度中的缺口和薄弱环节，并有针对性地通过制度的建设、补充，不断优化企业管理制度体系，提升和强化行政管理效力。

同时，中层管理也需要综合性。中层管理要站在企业战略和整体运营的高度来看问题、做工作，才能带领部门工作产生好的效能，才能得到企业高层的认可，也才能获得资源和支持。比如，有些事情，放在部门局部来看可能是对的，但从企业大局和整体来看就未必如此。所以，中层管理要做好平衡和选择的工作，必须把务实的工作作风和抬头看路的本领结合起来，随时了解和掌握企业的整体变化趋势。

中层管理如果是片面的线性思维，容易导致视野和思考的局限，从而"顾此失彼"，忽略问题的本质。成熟的中层管理思维应该是兼容的、系统的、全方位的，站在整体管理的层面，不仅要有专业的角度，更要综合全局来思考和解决具体问题，实现部门和企业共赢。

（四）创新性与规范性

从中层管理的角色定位来看，中层管理者处于企业架构的中层位置，在决策层与执行层之间具有桥梁作用，是做好管理工作的重要一环，是企业实际意义上的管理和执行主体。其既是贯彻执行高层决策的"指挥部"，又是向高层反馈实际情况的基层总代表；既要求他们从整个组织的全局出发，做好本部门的工作，又需要其积极配合其他部门的工作，为组织的整体优化和整体实力的提升发挥作用；每一位中层管理者都管理着自己的"一亩三分地"，其行使权力的同时，也代表着高层管理者的意志。中层管理者既要精确自己的定位，又要形成从全局到局部、从整体到部分、从系统到环节、从过程到阶段谋划工作的能力。这就要求中层管理既要遵守一定的规范，贯彻执行上级的决策和指令，同时也要根据基层内外环境的变化及时做出适当调整，在执行过程中要有创新性。

所以，中层管理的职责不仅是不折不扣地执行上级决策，还要在执行过程中从实际出发，不断发现执行过程中的问题，探索和尝试用新的思想和新方法来解决实际问题，化解企业危机。深入基层而又跳出基层，将出现的问题理论化、系统化，并找出相应的解决办法。

这都需要中层管理具备创新思维。要具有科学的探索精神与批判精神，在尊重知识、尊重人才、尊重上级、珍视以往经验的同时，又不迷信他们，敢于否定过时的陈旧观念、敢于与时俱进，在产品创新、服务创新、流程创新等方面大胆探索，增强企业的竞争力。

## 二、中级职业经理人的地位与角色

（一）管理者角色

优秀的中级经理能够承担自己的管理职责，解决好自己团队的问题。对职责范围内的事情和问题，有自己的见解和方案，而不是简单地将问题和责任不经消化地上交。中级经理日常工作中最重要的一部分工作就是管理团队，提供指导和意见。中级经理的管理能力，主要包括以下三种：

（1）系统规划与沟通协调能力。在企业的战略目标下，带领本部门的团队执行或完成企业高层领导班子下达的任务、工作方案，妥善处理与上级、平级以及下级之间的关系。一方面，向下承担"下达"职责，即中级经理要负责分解高层制定的战略、经营目标和相关决策，准确、及时地传达给基层，确定部门的目标和发展方向，并为实现目标和发展方向制定最佳的方案，还要指导和协助基层制订科学、详细的执行计划和行动步骤，支撑战略和决策的实现，为计划的执行配置所需的资金、人力等资源，监督计划的执行情况，并及时进行调整和优化。另一方面，向上承担"上传"职责。中级经理在监督计划执行的过程中，要随时关注市场变化及部门运营情况，收集、汇总和分析市场最新动向及部门运营问题等信息，并将其反馈给高层管理者，帮助高层作出科学合理的决策。

（2）组织能力。能发掘下属才能，识别和发掘下属的优势与潜能，关注他们的潜能与可塑性，激发、引导和维持他人的工作热情，用人之长；善于合理有效的组织人力、物力、财力等资源。促成相互理解，获得支持与配合，促成各种资源最大限度地发挥作用，保证预定目标的完成。

（3）监督和纠偏能力。根据企业战略要求，保证本部门所管辖的业务工作能正常运行、取得好的业绩，要随时跟踪监控业务工作的开展情况，发现问题及时解决。以结果作为衡量工作成效的主要依据；重点关注提高绩效、实现目标和产出结果，及时反馈下属绩效和技能。

（二）领导者角色

海尔的张瑞敏关于管理者的领导力，有这样一些要求：员工的素质就是管理者的素质；你可以不知道下属的短处却不能不知道下属的长处；下属的素质低不是你的责任，但是不能够提升下属的素质就是你的责任。

中级经理存在的关键就是能够帮助公司更好地实现运营效率的协同化，并通过专业的服务，改善公司的工作环境，从而提升公司的整体价值。

中级经理领导力的核心是处理好与人的各种关系。要能巧妙处理人际关系，善于消除矛盾，有效地协调对内、对外关系并使之达到平衡。不能紧紧抱守"行政—控制"观念、把控制作为管理的使命，那样将会成为业务的障碍，无法得到其他部门、团队的理解和支持。

所以，中级经理一定要有凝聚力、亲和力、感召力，能凝聚人心，能使一个团队达到和谐而高效的能力。中级经理的领导力塑造，主要体现在两个方面：

（1）过硬的专业管理能力。主要包括：①全局观念。从企业整体战略和长期发展的角度，进行考虑决策、开展工作，保证企业健康发展。②学习能力。通过吸取自己或他人经验教训、科研成果等方式，增加学识、提高技能，从而与时俱进获得有利于未来发展的能力。③专业化。对本专业领域的发展动态非常敏感，有较强的领悟力和驾驭力，能做本专业的"专家"。对自己的专业能力有充分的信心、对专业敏感、技能娴熟，保持对其他岗位专业技能的开放心态，在转换工作任务时，表现出良好的适应性和快速的学习能力。

（2）过硬的个人基本素质。主要包括：①同理心。优秀的中级经理具备较高的体察自我和他人情绪和感受的能力，能够将心比心、能够站在当事人的角度和位置上，客观地理解当事人的内心感受，用同理心与他人沟通、处事。②责任心。优秀的中级经理不会忘记自己的工作在组织中的重要性，能够对工作内容、工作权利和职责有清晰而深刻的认识。③自我控制能力。有较强的自我认知能力，能够发现自己的优缺点，正确认识和评价自己，能够控制情绪，能够区分出核心与非核心工作目标，排除干扰，将绝大部分时间用在最重要的工作任务上。④自我激励能力。善于寻找工作中的乐趣和良好情绪的支点，敢于挑战，即使在工作中受到阻挠、遇到挫折和逆境时，仍然能够保持高昂的斗志和工作热情，直到实现预期的目标。

（三）教练者角色

中级经理要善于培养下属，授人以渔，帮助下属快速成长、成才、承担，摆脱焦头烂额亲力亲为的低效模式，提高团队整体默契与效率。

对于下属不明确、不知道的知识、技能、工作态度要求等，中级经理都可以用教练带学员的方式，给予下属指导与传授。教练的方式方法主要包括以下四种：

（1）在工作过程中可以直接教导、说明、建议、交谈等。

（2）让下属参与某项目工作，分担部分工作责任给下属，释放出一些工作许可权让下属发挥。比如，在工作过程中，要求下属写工作报告、促使下属多发表言论等，都是使下属快速成长的方法。

（3）在和下属一起工作的过程中，以身示范，让下属观察感受自己的处事风格、态度、行动、行为，从而见贤思齐、模仿学习。

（4）提供和给予下属主动学习的机会，激发下属的学习原动力和主动承担责任的能力。比如，将较难解决的工作交由下属处理，借以激发下属的潜能。自己从旁给予激励、赞美、安慰，接受下属的疑问，充当下属的咨询对象等。

（四）创新变革者角色

一个优秀的中级经理要有对新事物、新观念、新环境、新技术敏锐的感受和捕捉能力，在处理问题时可以不断使用新颖而实用的解决办法。必须要结合本部门的工作对未来的发展进行有效规划，与时俱进，不断对本部门工作进行改革和创新、谋求新的进步和发展，并把这些规划与企业的管理层进行有效的沟通，提出发展方案请领导做出选择，而不是事事都等待上级指示。

中级经理创新可以从以下两个方面入手：

（1）充分解读企业的战略目标和年度经营计划。通过解读，中级经理要弄清楚这几个问题：为完成企业战略和年度经营计划，本部门/团队承担的主要职责是什么？为完成这些职责，本部门/团队需要的资源和支持是什么？如何分解并向员工传达这些目标任务？为帮助员工实现目标，自己又该做哪些努力等。

（2）重新定义下属的工作。在充分解读企业战略目标和年度计划之后，中级经理一定要做好岗位职位说明书的后续管理工作，与下属员工一起重新定义他们的岗位工作职责。把岗位说明书用活，并在使用的过程中不断修订和完善。

（五）绩效伙伴角色

中层管理是关键的执行层。和下属一起完成企业总体战略目标或年度运营计划要求的绩效，这是中级经理的关键职责和角色要求。

绩效伙伴的含义有三层：第一，绩效共同体。中级经理的绩效依赖下属，下属的绩效也依赖中级经理。两者互相依存，谁也离不开谁。第二，双方平等。双方是平等的、协商的伙伴关系，而不是居高临下、发号施令的关系。中级经理通过平等对话指导和帮助下属，而不是通过指责、批评帮助下属。第三，从下属的角度考虑问题。中级经理要从对方的角度出发，考虑下属面临的挑战，及时帮助下属制订绩效改进计划，提升能力。

中级经理带领下属完成绩效可以从以下四个方面入手：

（1）帮助下属制定关键绩效指标（KPI）。合格的中级经理，首先要把自己的期望明确地告诉下属。要做到这一点，最好的办法就是把下属未来一段时间内的绩效目标——关键绩效指标明确地告诉他们。

（2）辅导帮助下属提高绩效能力。确定关键绩效指标以后，中级经理应时刻关注下属绩效目标的执行状况，结合下属的具体情况对他们进行有针对性的辅导，提供必需的资源和领导支持，帮助他们清除前进过程中的障碍，创造一个积极和谐的工作环境，使下属在实现绩效目标的同时提高能力和技能，做好挑战更高目标的准备。

（3）考核下属的表现并及时反馈。在制订绩效目标时，与下属约定好完成日期，也就是考核期限。当约定时间到来时，中级经理应及时对下属的绩效做出考核评价，并对下属进行反馈。

（4）帮助下属制订绩效改进计划。制订绩效改进计划一方面是帮助下属提高能力，另一方面是为下一绩效周期做好准备，使人力资本的功能得到充分的发挥。当绩效反馈完成后，中级经理和下属双方对下属存在的不足达成了共识，那么，就要根据下属的特点制定针对性的改进计划，以帮助下属在未来的时间内做得更好。

### 三、中级职业经理人的素质和能力

企业中级经理人，应该是企业六大角色的诠释者——企业战略执行者、企业文化传承者、企业变革推动者、沟通平台构建者、管理效率承载者、团队力量凝聚者。

中级经理人必须具备良好的品德和职业素养，能够运用所掌握的企业经营管理知识、所具备的经营管理企业的综合领导能力和丰富的实践经验，为企业提供经营管理服务，并承担企业资产保值增值责任。

中级经理人最重要的使命是经营管理企业，使企业获得最大的经济效益。其报酬及社会地位的高低取决于经营业绩的好坏，承担经营失败的职业风险。因此，对中级职业经理人有独特的评价标准、就业方式和利益要求。

## 第三节　高级职业经理人地位与角色

### 一、企业高层管理

企业治理层是企业的高级管理层，具有独立的价值体系和利益诉求，在劳资关系中有着特殊的地位，是劳资关系中的独立"第三方"，并且是参与劳资博弈的重要力量。他们不仅要具备对整个企业生产运营的计划、组织、协调和控制的能力，还需要具有影响企业员工的能力，能够激励和引导所有员工、下属共同为公司的目标而努力。其既是企业和谐劳资关系的重要构建者，又是企业劳资冲突的重要调解者。企业运营管理、劳动关系管理是企业治理层的重要职责。

（一）企业治理层经理的地位

随着社会经济的不断发展，现代经济对企业经营管理者素质的要求越来越高，若没有丰富的知识和全面的能力则越来越难以胜任公司的经营管理。

一方面，现代企业的规模空前庞大，其内部统一管理与协调的资源包括物质资源和人力资源空前庞大且品种繁多，结构复杂，技术性能高，流动快，变换快，企业领导者没有专业的科学管理知识和高超的管理技能将是一场灾难。另一方面，随着企业经营的发展，企业对环境的影响力越来越大，尤其是在一定的市场范围内具有某种程度的垄断权力，或寡头垄断的大公司，企业的经营行为已经不仅是对市场变化的反映，而且还会对市场行情与走向造成影响，对企业所在地的社会生活乃至政府行为造成影响。因此，企业经营的成败，不仅取决于内部管理、市场策略，还取决于如何运用企业对外部环境的巨大影响力，把企业影响力及范围内的全部可调度资源作为一个统一的"计划系统"来控制和利用。这就要求公司的经营管理者们必须拥有企业经营管理方面的专业知识和专业技能、拥有引领企业发展所需要的体魄和意志力，以及作为经营管理者所必须的创新能力。这种能力并不是每个人都能具备的。因此，从家族继承产业而登上公司决策高层的幸运儿越来越少。

20 世纪最初的几十年内，随着现代企业规模的进一步扩大，大公司股权逐步分散，各发达市场经济国家大公司的控制权逐步从家族企业手中转移到大的金融机构手中，公司的最高决策权也随之落入金融机构及其代表手中，公司股东对企业高层决策的影响力越来越小，专业经理阶层出现，高层经理人员职业日益专业化。

高层经理人员在公司最高层取得控制权的过程，一般被称作所有权与经营权的分离，同时还是企业当前经营决策与企业经营战略决策相分离的过程。

（二）企业治理层经理的作用

企业治理层的特殊地位决定了其在劳资关系管理中的重要性，一方面，企业治理层业绩与员工工作积极性息息相关，或者说员工权力在劳资博弈中的实现程度直接影响到企业治理层管理能力的实现。另一方面，企业治理层作为企业控制权和剩余索取权的分享者，又与董事会股东有着紧密的利益契合点。所以，企业治理层在劳资关系管理中起着积极构建和协调的重要作用。

1. 企业治理层是企业和谐劳资关系的重要构建者

从战略劳动关系管理上来讲，企业治理层担负着企业微观环境的劳资关系协调职责。构建一个和谐的劳资关系氛围，科学的劳动关系管理体制就显得尤为重要。

（1）企业治理层需要改变以往的劳资关系管理认知，明晰劳方、资方以及自身的角色定位和相互关系，将劳动关系管理提升到公司发展的战略高度，在强调成本控制和绩效管理的同时，着眼于构建企业劳动关系管理的最优模式。

（2）企业治理层要打破传统的静态劳动合同管理理念，将劳动关系融入企业用工的每一个环节，实现动态流程管理，保证用工期间劳资关系的稳定性、可控性和可预见性。具体来说，就是从员工入职、培训发展、绩效管理、薪酬管理直至劳资双方劳动合同的解除，每一环节都要融入劳资关系管理的理念，时刻关注劳资双方的动向及相关决策对双方的影响等，保证每个环节都能合法、合情、合理。

（3）企业治理层要随时保持与工会组织的有效沟通，借助外在组织以及非正式组织来保持与员工的密切联系；同时要积极构建信息传导机制，及时就公司的重大决策以及关系员工利益的问题进行沟通，保障员工参与企业管理的权益，使企业的决策能够符合、体现员工的利益诉求。

2. 企业治理层是企业劳资冲突的重要调解者

劳资关系难免发生一些利益冲突，当这些问题发生后企业治理层在其中的态度及应对方式就显得尤为重要。有一点是需要明确的，企业治理层在劳资关系中作为独立的"第三方"，在劳资冲突的调解中不能表露出任何的主观偏向，应该在充分尊重劳资双方利益诉求的基础上寻求折中或者更适合的协调方式。

（1）企业治理层作为企业劳资冲突的重要调解者，在日常劳资关系管理中要事先构建劳资冲突的预警机制以及冲突危机的调解预案。一旦发现劳资冲突的苗头就马上介入调解，及时消除冲突隐患。

（2）企业治理层在劳资冲突发生后，要积极了解双方利益诉求及冲突点，及时协调双方谈判事宜，同时主动接触工会、董事会、律师事务所等机构，形成劳资关系协调的联动机制。

（3）在劳资冲突协调后期，要积极参与利益保障事宜，保证双方协调的利益得以最终实现，同时采用多种渠道进行员工情绪安抚、了解员工心理动向，实现企业管理的正常化。

我国目前尚未形成完善的市场环境，转型期制度创新集中而频繁，企业面临的环境不确定性很大。企业生存发展急需一个强有力的企业领导班子，急需富有开拓创新精神的企业家。不难看出，随着改革的深入发展，具备专业知识技能和企业经营管理魄力的治理层高层经理人员的需求会越来越大，他们在我国企业经营中的重要性会越来越突出，这是现代经济发展的规律。

3. 治理层与企业委托机构（董事会）的关系及其机制

企业治理层的劳动是一种创造价值的管理劳动。一方面，企业治理层和委托机构资方董事会是雇佣关系，但同时两者又是委托代理关系；另一方面，企业治理层和其他劳动者同属劳方，但两者又是管理与被管理的关系。

在现代企业制度运行中，董事会股东与企业治理层之间也非单纯直接的委托代理关系，其间也存在一个委托代理链，如图31-1所示。在现代企业的公司制度建构中，全部股东构成了公司的权益层，其表现形式是股东大会；股东大会选举产生监事会和董事会两个常设机构，这就构成了公司的主要决策和监督层；由董事会提名聘用职业经理人（主要是高级职业经理人，如董事长），形成公司的治理层（或者说执行层）。

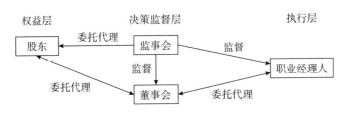

**图 31-1　股东与职业经理人之间的委托代理链式关系**

从股东到职业经理人所形成的委托代理链是这样的：

首先，股东根据公司章程通过股东大会产生董事会，将资产所有权委托董事会行使，也就形成了股东与董事会之间的委托代理关系，这也使公司的原始所有权分裂为终极所有权和法人所有权。

其次，由于分散的股东与董事间的专业知识和信息的不对称，很难进行有效地监督，因此股东通过股东大会产生监事会，将监督管理的权力委托给监事会行使，并进行公司决策、财务、执行等方面的监督，也就形成了股东与监事会间的委托代理关系。

最后，董事会通过选聘治理层高级职业经理人，将资产的经营管理决策权委托给治理层高级职业经理人行使，从而形成了董事会与治理层高级职业经理人间的委托代理关系。

企业治理层经理人员主要包括总经理、副总经理、总会计师、总经济师等，他们受聘于公司董事会，在董事会授权范围内拥有对公司事务的管理权和代理权，负责处理公司的日常经营事务。高层经理人员组成公司最高行政管理机构，其负责人为总经理。

根据有关法律规定，股份有限公司和有限责任公司的总经理皆由董事会聘任，对董事会负责，其职权包括：①主持公司的生产经营管理工作，组织实施董事会决议；②组织实施公司年度经营计划和投资方案；③拟订公司内部管理机构设置方案；④拟订公司的基本管理制度；⑤制定公司的具体规章；⑥提请聘任或者解聘公司副经理、财务负责人；⑦聘任或者解聘除应由董事会聘任或者解聘以外的负责管理人员；⑧公司章程和董事会授予的其他职权。总经理有权列席董事会会议。

在许多国家的公司治理结构中，在公司董事会之下有一个正式的行政执行委员会，或称经理委员会、管理委员会，它向董事会负责，直接承担公司日常经营管理职责，这个机构的负责人被称作首席执行官。在另一些国家的公司治理结构中则没有这个正式机构，但上述那些公司行政职位总是存在的，公司的高层行政官员由于日常工作上的联系、相互间权力与职责的关联性，结成一个关系密切的团体，即一个非正式的行政管理机构。这个委员会，或者非正式的机构，比董事会更加经常地在一起碰头开会，研究和讨论公司经营管理的各种问题，在公司权力结构中占有极其重要的地位。

企业治理层经理人员，特别是公司最高执行委员会的成员，与公司董事会成员在很大程度上是相互交叉的。

一方面，有些公司高层管理人员并不具有经理、副经理或总经济师、总会计师这类头衔，而只是在董事会占有执行董事或常务董事这类看似虚衔的职位，事实上董事会中的这类位置却是颇有实权的。

另一方面，现代大公司的高层行政管理人员大多在公司董事会中占有席位，这使他们在公司的经营决策和业务执行两个方面拥有权力，成为公司经营真正的领导者和推动者。相比之下，董事会中另外一些不占有公司行政职位的所谓外部董事，在公司治理结构中的地位则要弱得多。

其实，公司高层机构成员是否属于经理阶层，主要看其是否握有公司行政管理的实权，是否参与公司日常经营活动，以及是否将此作为专门职业而投入主要精力。哪些经理人员才算是高层经理人员，则主要看其是否进入公司董事会，是否进入董事会中所谓内部董事的圈子。至少在美、日等多数国家的大型公司中，这个标准是大体适用的。

总体上说，现代公司经营管理者在公司内部权力体系中代替了传统企业中所有者的位置，登上了公司权力阶梯的顶层，行使着公司资本运作的几乎所有权能。这样一个经济事实与法律、章程正式文本所构成的公司制度框架有较大出入。按照正式的法律文件，公司最高权力机构是股东大会，公司业务的全部执行权集中在董事会。实际上，公司经理阶层所拥有的权力超出了正式法律文件所载明的内容。

## 二、企业高层经理的地位和任务

公司高层经理是企业经营的高层管理者，主要职责是根据组织内外的全面情况，分析和制定该组织长远目标及政策，负责企业发展的战略管理。

著名经济学家茅于轼认为：职业经理人是一类彬彬有礼、懂得妥协、懂得怎么与合作者谋求利益，而内心仍有强烈的意志和高度原则的管理专业人才。可见，职业经理人是企业雇员中的重要群体，其主要职能和功能就是管理企业。在现代企业制度下，高层经理人受雇于企业，在双方协商后契约关系的制约下，对企业拥有部分控制权，并通过自身拥有的知识和经营管理能力，对企业现有资源进行重组和利用，代替企业所有者行使决策、监督、考核等管理职能。

（一）企业高层经理在企业中的主要功能

企业高层经理对企业负有经营管理职责，一方面，要向企业董事会负责，严格执行董事会决议。根据董事会投资战略计划，制订企业分阶段的计划战略，并有效落实实施方案。另一方面，要向企业广大职工负责。企业经营效益的好坏与否，直接关系到职工乃至职工家庭的稳定。优秀的企业高级经理能够不断带领企业创造较高的人均产值，实现企业、职工双赢，其不仅可以促使职工对企业拥有强大的归属感，也为社会的安定团结做出了应有的贡献。

因此，企业高层经理在企业经营管理中发挥重要功能。与中层经理功能相比，高层经理在企业中的功能主要体现在三个方面：

（1）中层经理靠执行能力，而高层需要利益绑定。在企业中，人际关系、利益关系错综复杂，势必会牵扯很多人的利益。中层经理属于执行层面的岗位，只要做好领头羊，带领大家把工作完成好就可以了，但高层经理完全不同，必须要绑定足够多人的利益，具备利他思维，才能赢得更多人的信任。

（2）中层经理重在内部管理，高层经理重在外部资源开发。企业中层管理者，更需要的是做好内部管理工作，管理好内部人员、协调好内部人员的正常流动、完成工作就算干得成功。高层管理者更多的要依靠资源置换，给公司带来源源不断的外部资源，才是最重要的。高层管理者要想维护自己的地位，必须要有资源作为基础，手中握有稀缺资源或拥有足够丰富的资源，才能得到大家的认可，也更有希望把企业做大做强。

（3）中层经理拼的是努力，高层经理拼的是格局。公司中层管理者只要肯干、踏实、能干，大多都能胜任岗位工作，但高层管理者，仅靠勤奋、努力是远远不够的。有句话说：不能用战术上的勤奋掩盖战略上的懒惰。高层经理必须要有大的格局，如制定公司长远战略发展方向、招募更优秀的人才等。这些事情都是关乎企业生死存亡的大事情，一旦格局不够，很容易费力不讨好，直接影响企业的生死存亡。

（二）企业高层经理在企业中的主要任务

所有有关企业的整体运营管理、人力资源管理等工作，都是企业高级经理要思考和解决的管理问题，包括：企业经营战略、核心竞争力、高效管理体系、人力资源开发、领导力、科学决策、组织变革、建立学习型组织等。比如，如何实现自身企业战略目标，让企业走得更远？如何整合企业资源处理各种突发事件？如何让企业文化渗透人心？如何维持职工队伍团结，让企业凝聚力日益增强？等等。这主要包括以下四大类：

（1）制订公司年度总体工作目标和年度计划。全面主持公司日常业务运营管理，建立完善规范的管理体系及运作流程，协调各部门间关系及事务处理，提升公司运营效率及管理能力。

（2）规划公司发展，促使经营目标实现。根据公司业务发展情况，规划公司发展，如业务规划，业务模式搭建，制定公司发展战略并推动组织实施、监管等，在经营管理活动中，善于观察旧事物的缺陷，准确地捕捉新事物的萌芽，提出大胆的设想，进行周密的论证，拿出可行的方案并付诸实施。

（3）敏锐地把握国内外市场的变化，并从变化中抓住机会。适时调整企业的战略和决策。根据需要不断拓展市场，创新业务经营模式及盈利模式。维护企业利益、确保企业资产保值、增值和实现股东投资价值最大化。

（4）善于塑造企业文化，重视人力资源开发。具有与时俱进的精神，随时掌握前沿知识信息和管理手段，注重员工的培训和教育，将企业培养成一个学习型和创新型组织。根据企业发展需要，不断进行观念创新、技术创新、组织创新和制度创新。

### 三、高级经理人的来源、选拔与聘用

企业高级经理的来源较为多样化，最初多来源于企业内部的技能型人才，为了便于协调管理被提拔为高层经理。伴随经理人市场和资本市场的发展，高层经理的来源日趋多元化。

现代高层经理的主要来源是高等院校等培训机构输送出来的、接受专业化训练的人才，如 MBA、EMBA 等专业培训。还有很多高层经理是通过企业在资本市场上融资、兼并等方式从企业主转变为高层经理人，当然也有很多高层经理通过管理层收购（MBO）形式转变成股东的。此外，市场的猎头公司、人才咨询机构等，也都成为企业高层经理的重要供给平台。

在传统观念中企业高级经理多是指企业的经营者，如总裁、CEO 等，其实在职业经理人阶层内部不同层级之间的人群也是处于流动状态的，伴随工作经验和阅历学识的增长，低层职业经理人会逐渐流向高层。当然在中国国有企业中还存在特殊政商间官员、企业高级经理角色互换的特殊性。

"千军易得，一将难求"。企业高层经理的选拔和聘用，要在组织选拔制的基础上不断拓宽、创新选拔聘用的渠道。

（一）推广公开招聘竞选制

除了对高层经理人资格的认证培训外，还要通过建立连续的、公开的业绩档案和信用档案，形成高层经理人的"优胜劣汰"法则和声誉竞争机制，促进高层经理人市场的正常人才流动和甄别。

（二）要重视专家学者或领导、成功企业家举荐制

由于这些人士具有的权威性、公认性，一般对干部的识别能力、培养能力优于常人，有知人之明的能力。对有些紧缺的或有特长的干部除正常招聘外，可以根据需要主动征求有关专家学者或领导、企业家的意见，并邀其推荐出公司需要的人选。

（三）注重社会涌现制和猎头公司推荐制

对在工作实践和重要活动、事件中涌现的各类突出人物，或者通过猎头公司等市

场化组织推荐的各类贤才、能人等给予足够重视，可注重考察、培养，及时调整引进到合适岗位发挥其能量。从根本上解决高层经理选拔动力不足、能上不能下流动性差等关键问题。

## 四、高级职业经理人力资本配置机制

公司运营管理权在高层经理人手中，公司的股东们不直接参与公司管理，但公司资本的所有权和公司营运的最终受益者仍然是公司股东，而高层经理人员的自身利益不可能与股东利益完全一致。因此，股东们最关心的问题是高层经理在公司运营管理中是否诚实和敬业。毕竟股东们并不掌握公司经营的详细信息，也不一定具备通过这些信息充分理解公司经营状况的专业知识，经理们利用这种"信息分配的不平等"是有可能做出许多不利于股东利益的事情。

为促进高层经理人力资本在企业管理中能够更好地发挥作用，企业必须完善高层经理人力资本配置的制度，构建一套既能充分调动经理阶层经营积极性的激励制度，又能有效的监督、检查的约束机制，以保证高层经理们能够在维护股东利益的同时开展有效的经营和管理活动。

（一）要建立明晰的高层经理人导入和评估机制

1. 通过市场化选聘方式导入高层经理人

这是最关键的一步。在高层经理人市场化选聘时，现公司人员可以同等条件应聘，被聘用后要放弃"体制内"身份，成为"市场人"。鉴于公司现行体制和人员结构特性，现有的管理人员与市场化高层经理人并存的局面将会持续较长的一个时期，这也是职业化发展不够成熟的特征。一方面，两者应当享有平等的法律地位，同岗位承担相同的责任和义务；另一方面，因来源、理念和市场化薪酬等因素又体现出各自的差异，这就必然要求在管理模式上会有所差异。

2. 推进高层经理人的法律与评估体系建设

培养高层经理人的社会责任意识，促进社会责任意识融入劳动关系管理，发展和规范高层经理人市场，促进高层经理人阶层的成长和成熟。

（1）我们要积极推动对高层经理人群体进行相关立法，对高层经理人的地位及其权责等做出明确的法律规范，既要保护高层经理人阶层的应有权益和推动其不断成长，又要对其行为作出应有的法律约束和规范。

（2）要完善资本市场和营造充分竞争的产品市场，这两个市场的完善有助于反映高层经理人对企业业绩贡献的真实水平，传导在相联动的资本市场上能够真正对高层经理人起到激励和约束作用。

（二）完善企业治理结构，构建企业信任机制，健全对高层经理人的激励约束机制

要完善企业现代治理结构，积极构建和引导企业信任机制，充分尊重高层经理人

的人力资本价值，通过充分授权和利润分享等形式保证高层经理人分享企业所有权；要推进市场的人力资本定价机制，保证高层经理人的人力资本产权得到应有的价值体现；着力于对高层经理人的精神慰藉、物质激励和培训发展，促进高层经理人的人力资本增值；此外要加快对高层经理人的相关立法，明确对高层经理人的权责范围和产权保护的法律规范，切实保证高层经理人的人力资本产权能在法律层面上得到有效保护。

1. 对高层经理人提供相对市场化薪酬

以市场标准为基础，确定具有一定竞争力的相对市场化薪酬，实现目前公司经营管理人员仍以内部层级制薪酬体系为主的"破冰"，建立高层经理人价值实现与企业发展相对统一的激励机制。同时，建立有效的约束机制，避免高层经理人的短期行为和高流动性带来的弊端，使管理人才不但能引进来，而且能用得好、留得住。对高层经理人可试行采取"风险年薪制+虚拟股权"的薪酬模式。

现代公司高层经理人员的货币报酬大体上可以分为四种形式：

一是工资。工资是各种报酬形式中最稳定的部分，并且通常还相当丰厚。

二是奖金。奖金是与经营绩效挂钩的报酬形式，具有很强的浮动性和刺激性，但由于只与短期指标挂钩，容易强化高层经理人员经营行为的短期性。

三是股票。以公司股票作为经营者报酬是国外公司制企业经常采用的激励形式，由于股票的取得使经营者成为公司股份资本的所有者之一，它对经营者行为的激励作用比奖金更为直接，而且较少有短期化倾向。但是股票作为有价证券是随时可以变现的，公司经理人员作为最了解公司内幕的人，很容易利用其有利地位在公司经营不良的消息被透露之前抢先弃售股票，从而获取不应得的收益。

四是股票期权。股票期权是近年来发展较快的又一种公司高层经理的报酬形式，它允许公司经理在一定期限内（如3~5年），以一定价格（一般为当前市场价）购买一定数额的本公司股票。如果在此期限内公司经营良好、发展迅速，股票市场价格上升，那么这种以一定价格购买股票的权利（股票期权）就有极高的含金量；相反，如果在此期间公司经营不善，股票价格下跌，这种期权就一文不值。显然，这种报酬形式对于鼓励经理人员关注公司中长期绩效，把精力更多地集中到与企业长期发展有关的问题上来，具有明显效果。

现代公司高层经理人员的报酬体系是一种结合收入的稳定性与浮动性、兼顾企业短期效益与长期效益的综合体系，它的形成是市场经济长期实践的结果。尽管人们还有这样那样的疑虑，但随着现代企业制度建设的深入，我国大中型企业高层管理者的报酬体系将逐步与世界经济接轨，这也是不可避免的趋势。

2. 确定几方的责、权、利关系

（1）高层经理人与"三会"的关系。董事、监事采取出资人委派方式，按照法定程序进入下属企业，身份是"体制内"的人，按既有方式管理和计酬。高层经理人采取市场化聘用方式，身份是"市场人"，按聘用合同与契约管理，根据市场与业绩计酬。股东会是最高权力机构；董事会负责重大事项决策，不干预高层经理人履行经营管理职权；监事会负责监督职权。同时，处理好高层经理人制度与党管干部的关系，党管干部重点放在制定选聘标准、程序、契约及过程监督上，确保在各环节都公开、公正、透明，并建立相应的监督机制和回避制度，防止暗箱操作和形成新的内部人员控制。

（2）高层经理人的责任与权利。高层经理人的主要责任体现在：完成企业董事会下达的年度经营管理目标任务；实现资产保值增值及财务安全；保证企业内部运行管理、服务质量、安全生产、综合治理达标和优化，员工队伍稳定。在承担责任的同时，拥有充分的日常经营管理权和费用处理权；组织架构调整建议权和用人权（聘与不聘、职务安排及处罚）；除董事、监事以外员工的考核与薪酬分配权。

（3）高层经理人与"体制内"人员的薪酬管理。企业中由公司委派的董事、监事，由企业提供报酬，由公司考核发放。高层经理人的薪酬由企业董事会考核发放，同时高层经理人对企业经营管理团队的薪酬拥有考核权与分配权。

必须强调的是，市场经济国家的公司投资者对于经营者并不是只会使用高薪刺激这一种手段，迫不得已时他们也会挥舞"大棒"，利用股东大会上的权力使不称职的经理人下台。比如，公司股东中的机构投资者，往往是公司的最大持股者，一旦公司经营出问题，他们的损失最大，因此关键时刻他们不会袖手旁观。曾经大名鼎鼎的数字设备公司、通用汽车公司、克莱斯勒汽车公司等首席执行官都被股东制裁而被迫下台。

3. 对高层经理人的契约化管理

对高层经理人实行聘任制，通过劳动合同和聘用合同，确立劳动关系，明确职业身份和聘用期限。同时，签订经营管理目标责任书，约定 KPI 指际、经营管理绩效责任和履行责任的相关要素，实现权、责、利相统一。同时，考虑现实情况，采取求同存异的差异化管理原则，以发挥各自优势，形成整体合力，即高层经理人与非高层经理人遵循相同的企业管理制度、规范，享受除薪酬之外相同的奖惩、福利、培训等待遇和服务，主要在聘任方式、考核要素和薪酬激励等方面体现两者差异。

强化对高层经理人以经营效益为关键要素的考核。相对非高层经理人，对高层经理人更加突出经营效益等 KPI 指标的考核，按照市场对标业绩和约定绩效责任进行客观评价，并作为高层经理人留用或退出的依据。

（三）规范市场约束与管理机制，促进高层经理人阶层的成长和成熟

如果仅有企业内部的约束机制与激励机制，企业投资者对经营者的产权约束仍然是不完整的。公司制度是一种高度依赖于法律体系、市场体系的制度安排，这就使公司投资者对公司经营者的监控也必然带有高度社会化的特征。

1. 发挥市场约束机制

（1）法治化、透明化管理是对经营者管理行为的重要约束。公司的组织和活动是高度法治化的，法律要求公司的经营有很高的透明度，特别对上市公司的财务要求高度公开。例如，《中华人民共和国公司法》规定："上市公司必须按照法律、行政法规的规定，定期公开其财务状况和经营情况，在每会计年度内半年公布一次财务会计报告。"这些规定使公司经营者的不良行为很容易曝光，从而受到法律制裁。这样，国家法律机关就成了代表投资者从公司外部监督公司经营者的重要机构。

（2）劳务市场竞争的激烈程度会对经营者行为起到约束作用。在高度发展的市场经济中，经营者劳务市场（劳动力市场）的激烈竞争构成经营者行为的重要约束。经营者与公司资本没有或较少在产权上联系，其职位和权利的稳定最终取决于公司的经营业绩。特别是现代大公司的高层经理人员大多数是沿着企业内部的职务阶梯从底层逐级升上来的，他们的成功来之不易，因此也特别珍惜。何况大公司高层管理人员的社会和经济地位非同寻常，已经远远超出一般工薪阶层，包括绝大多数高级科技人员所能够期望的标准。要维护这个既得利益，最体面最可靠的手段则是忠于职守、努力工作再加上行为检点，力争做一个称职而且公众形象良好的经营管理专家。现代大公司的高层经理人员大多有极高的工作热情，甚至有"工作狂"的倾向，这与经营者人才市场的激烈竞争不无关系。这是一场只能胜不能败的无休止的竞争，失败者将丢掉高级经理人员的饭碗，而且很少有人"复职"。

（3）发达的资本市场是对经营者行为更为重要的约束机制。股票持有人尽管可以在股东大会上利用投票机制来制裁经营者的不忠诚行为和懈怠行为，但是更多情况下，他们宁可利用所谓"用脚表决"这一更加方便而有效的"约束机制"。股东们在不满意公司经营时可以抛售股票，单个股东或者少数股东这样做对股市不会有什么影响，但当多数股东采取这一行动时，这家公司的股票市价就会明显下跌，影响公司商誉和筹资，也影响公司销售等，进而影响经理者本身的职业声誉，这对经理者已经构成巨大压力。更为危险的是，公司股票价格的下滑给资本市场上那些虎视眈眈的"恶意兼并者"提供了机会，使他们能够通过大量收购公司股票而取得公司控股权，从而实现改组公司董事会、夺取公司控制权的目的。这一打击对于公司高层经理人员来说是性命攸关的，它往往导致原有经理人员职业生涯的终结。不难看出，资本市场的这种特殊机制是投资者制约经营者的极其重要的社会化控制机制。

2. 规范高层经理人培育市场，促进高层经理人阶层的成长和成熟

高层经理人在劳资关系中作用的大小在某种程度上取决于其独立人格和话语权的强弱，而这些都有赖于其个体背后的高层经理人阶层的独立性和成熟度，因此我们要不断推动规范高层经理人市场，促进高层经理人阶层不断走向成熟。

一方面，要积极引导高层经理人市场的伦理导向，要着眼于高层经理人的素质提高，对高层经理人的培训和教育既要有技能的培训又要有职业道德的培养；要积极倡导企业家精神和社会责任意识，引导高层经理人更好地更高角度地去管理企业和承担责任；要引导高层经理人树立正确的职业道德观念，高层经理人作为企业的代理人，要维护企业利益相关者的利益诉求，高层经理人忠于的是企业和利益相关者、企业家精神和应有的社会责任，要克服传统的主仆观念等狭隘的职业道德观念。

另一方面，也要不断促进高层经理人阶层内部的交流，凸显高层经理人阶层的社会影响力和阶层标示，明确该阶层应有的社会地位和角色定位、增强其阶层的独立性，让高层经理人找到应有的归属感和支撑力，以此明确高层经理人在劳资关系中应有的角色定位、提高其在劳资关系管理中的话语权、保持其应有的独立人格。

## 推荐阅读

1. 赵继新. 经理人角色定位与技能提升［M］. 北京：经济管理出版社，2009.

2. 世界 500 强企业管理标准研究中心. 职业经理：任职资格与工作规范［M］. 北京：东方出版社，2004.

## 思考题

1. 职业经理人在企业经营管理中的地位及角色作用各有哪些？

2. 不同层级职业经理人的岗位职责、必备素质及能力要求各包括什么？

# 第三十二章　职业经理人职业道德

## 学习目标

1. 了解职业道德与行业道德规范的概念；

2. 理解职业道德的特点和作用；

3. 了解职业经理人职业道德的忠诚、责任、敬业、纪律与规矩、社会责任与担当、竞业避止和职业行为规范定义与内涵；

4. 会用职业经理人职业道德来评价职业经理人行为，体验和感悟职业道德的作用和意义，增强践行职业道德的自觉性，端正职业目的，树立积极的职业态度。

## 案例 32-1　李开复该怎样跳槽

2005 年 9 月 6 日，微软和 Google 对簿公堂，为李开复跳槽一案进行辩论。李开复原为微软全球副总裁，2005 年 7 月提出辞职申请，准备加盟 Google。根据李开复与微软事先签定的保密协议，李开复在离职一年之内，不得从事与微软展开竞争的工作。微软于是向美国法院提交了一份诉讼，申请法院禁止李开复在 2006 年 1 月前为 Google 工作，随后美国法院临时限制李开复工作。

微软律师表示，李开复利用自己在微软工作的内容和背景向 Google 谋职，甚至把微软的文件发给了 Google。李开复在 2005 年 4 月就开始和 Google 接触，他在给 Google 的邮件中这样写道："我现在是微软的高级副总裁，专门负责和 Google 非常相关的领域。"

微软还指出，李开复在离开微软前就经常协助 Google 策划中国战略，并为 Google 提供了很多建议，如办公地点设在哪里、应该聘请什么样的人才以及应考虑从微软挖人等。他的行为不仅违反了保密协定，也违背了职业准则。

对微软的指控，Google 认为：李开复离开微软的主要原因是，微软对于他的中国计划没有表现出足够的重视，李开复因为微软迟迟没有实际行动而深感失望。微软夸大了李开复的作用，夸大了他的工作，夸大了他计划在 Google 从事的工作，而且李开复送给 Google 的文件剥离了所有机密信息。同时，Google 也认为当初微软与李开复签订的竞业禁止协议不公平。

李开复对于自己跳槽一事的说法是，"我有选择的权利，我选择了 Google，我选择了中国"。"我的目标是让每一位用户都接触并使用上最先进的技术，同时我也想为中国的发展和创新贡献一份力量。加盟 Google 使我有机会实现上述两个理想。"

当然不能忽略的是，Google 的待遇也让他满意。Google 为了挖走这位微软的全球副总裁，提供了总金额为 1000 万美元的薪酬奖励，其中签约费就有 250 万美元。猎头行业的一名资深经理称，李开复得到的薪酬，已至少 8 倍于大型外企中国区总裁的平均薪酬。

在双方争执不下的局面下，外界有了质疑李开复职业操守的声音。李开复曾经给中国大学生写过四封信，在其中的一封信中还专门谈了"坚守诚信、正直的原则"，而且他还曾表示，微软是非常令人尊敬的公司，"我很确定微软是我服务的最后一个商业公司"。如今跳槽事件使他过去的言论成了笑柄，让他遭遇到诚信危机。对于外界的争论与质疑，李开复在接受采访时表示："我希望大家对我个人的信任和理解是靠长期的理解，而不是靠一件事情的误解……时间可以证明一切。"

此外，有人对李开复在 Google 的职业前景并不看好。此言论认为，李开复对 Google 来说，利用价值只有两到三年。Google 看好李开复，是因为李开复的广告效应不可估量，可以"最大限度地打击微软、最大限度地运营广告、最大限度地刺激股市"。一旦 Google 在中国市场成功站稳，李开复的广告效应减弱，其个人品牌的无形资产使用完毕，李开复就不会继续被重视。

2009 年 9 月 4 日，Google 全球副总裁、大中华区总裁李开复在四年任期结束后最终选择离开自主创业。

（资料来源：案例分析：李开复怎样跳槽：https：//www.docin.com.）

# 第一节　职业道德定义与内涵

## 一、道德

"道德"一词源远流长。在西方，"道德"一词指风俗和习惯，后被引申，含有规则、规范、行为品质和善恶评价等含义。老子《道德经》第五十一章说："道之尊，德之贵，夫莫之命而常自然"，这里"道"是指自然运行与人世共通的真理，是世人共同遵守的社会规则；"德"是指人的德性、品行、王道，是受社会推崇认可的个人行为规范。马克思主义伦理学认为，道德是人类社会特有的，由社会经济关系决定的，依靠内心信念和社会舆论、风俗习惯等方式来调整人与人之间、个人与社会之间以及人与自然之间关系的特殊行为规范的总和。道德通常是指那些用来明辨是非的规则或原则。根据这一定义，道德在本质上是规则或原则，这些规则或原则旨在帮助决策人判断某种行为是正确的或是错误的，或这种行为是否为组织所接受。根据道德的表现形式，通常我们把道德分为家庭美德、社会公德和职业道德三大领域。本书重点讨论职业道德。

## 二、职业道德

职业是指人们由于社会分工而从事具有专业业务和特定职责并以此作为主要生活来源的工作。职业道德就是指在一定的职业生活中，从业人员所应遵循的且具有自身职业特征的道德原则和规范的总和。职业道德规定人们在从事自己的职业生活时，必须遵循一定的道德规范，规定人们"应该"做什么，"不应该"做什么，"应该"怎么做，"不应该"怎么做。也就是说，职业道德是从道义上要求人们在其职业生活中以一定的思想、感情、态度、作风和行为去待人、接物、处事，完成本职工作。职业道德，是同人们的职业活动紧密联系的、具有自身职业特征的道德准则、规范的总和。职业道德有其鲜明的社会特征，具体来说，职业道德表现为"职业化""角色化"的特征。职业道德总是要鲜明地表达职业义务、职业责任以及职业行为上的道德准则，反映职业本身所具有的特别性质所带来的需求。职业道德具有范围上的有限性、内容上的稳定性和连续性、形式上的多样性的特征。

职业道德是人格的一面镜子，人的职业道德品质反映着人的整体道德素质。职业道德的提高有利于人的思想道德素质的全面提高。提高职业道德水平是人格升华的最重要的途径。

职业道德是企业文化的重要组成部分，是增强企业凝聚力的手段。这就要求企业所有的员工都应从大局出发，光明磊落、相互谅解、相互宽容、相互信赖、同舟共济，而不能意气用事、互相拆台，员工必须具有较高的职业道德觉悟。职业道德有利于企业提高产品和服务的质量、职业道德可以降低产品成本，提高劳动生产率和经济效益、职业道德可以促进技术进步。职业道德有利于企业摆脱困境，实现企业阶段性的发展目标。职业道德有利于树立良好的企业形象，创造企业著名品牌，可以提高企业的竞争力。

## 三、职业经理人职业道德

经理职业是社会诸多职业中的一个重要组成部分，职业经理人与常人一样，应该具有常人应具有的道德标准；另外，因为很多职业经理人身上担负的是企业的生死攸关，关系的是企业的长期战略发展的问题。其职业道德具有自己的特殊性，有一些自身的特点：

第一，突出观念层的建设。职业经理人作为一种高层次人才，既负有重大的责任，又享有崇高的社会地位。职业经理人作为管理层，其职业道德水平的高低往往影响着员工的道德表现；加强职业经理人职业道德，有助于改善企业全体员工的精神风貌和道德水准。

第二，强调自觉性。职业经理人的职业道德是一种内在的、柔性的、自律的道德管理。

第三，与企业活动联系的紧密性。职业经理人位于企业的领导层，其思想素质、道德修养的好坏不仅反映在日常的管理方式之中，也会对企业的经营宗旨、经营目标、经营手段的选择产生重大的影响，从而影响到企业的未来发展。

职业经理人道德标准规定了职业经理人在履行职责中应该怎么做和不应该怎么做，即从道义上规定了职业经理人在履行职责时应以什么样的思想、什么样的态度和什么样的作风去待人、接物、处事，去完成本职工作。具体地说，也就是职业经理人要对企业所有者负责，对董事会负责，尽量减小管理中的感情色彩，以公司利益为重、以盈利为重。职业经理人履行职务，具有契约规定的权利和责任，在许多方面体现为自主自决和自我判断行事，具有德性和德行是保障权力运用得当、担当责任的前提，因此职业道德应当充分反映和体现其约束性。所以，对职业经理人来说，其职业道德评价应包括忠诚、责任、敬业、纪律与规矩、社会责任担当、竞业避止和职业行为规范等方面的内容。

# 案例 32-2　个人利益与职业道德

2008 年 3 月 31 日，某航空公司云南分公司从昆明飞往大理、丽江、西双版纳、芒市、普洱市和临沧六地共 14 个航班返航。航班飞到目的地上空后，乘客被告知无法降落，又都飞回昆明，导致昆明机场更多航班延误。航空公司方面当时给出的解释是"因天气原因"，而同一天飞往上述地区的其他航空公司的航班则正常降落。事后调查表明，航班集体返航事件是由于飞行员与航空公司在薪酬待遇方面的矛盾以及机师跳槽遭遇天价索赔等原因引起的。

这一事件当时造成了广泛的社会影响，不仅引发了关于如何处理公司利益、员工利益以及顾客利益的思考，更引发了关于职业道德的探讨。

从本案例中折射出三个方面的问题：

（1）当员工个人利益与公众利益发生冲突的时候，应当以公众利益为先。

（2）当员工利益与企业利益发生冲突时，应当采取协商的方式解决，而不是以牺牲公众利益来要挟企业。

（3）案例中的飞行员集体返航是职业道德缺失的表现。

## 第二节　职业经理人职业道德：忠诚

忠诚主要表现在两个方面：一是对自己的职业的忠诚；二是对自己所在企业的忠诚。对职业的忠诚，主要是对于自己所从事职业的认真负责态度及愿意为此献身的精神；对企业的忠诚，即是职业经理人作为企业的顶级雇员和首席高管，应当恪尽职守、尽职尽责，充分施展并展现自己的管理才能，真正做到对企业所有者、对董事会负责。职业经理人的忠诚职守主要包括忠诚于职业、忠诚于企业这两个方面。

### 一、忠诚于职业：是经理人职业思想和信念要求

忠诚于职业是指忠实于服务对象并对自己的委托人认真担负责任、选择最佳手段以实现职责最优的结果，并努力规避风险。对于职业经理人来说，首先，就是要了解自己的岗位职责，知道自己必须做什么，做到什么程度。其次，职业经理人应该尽自己最大努力完成本职工作。最后，职业经理人不能为了自身利益而不去完成本职工作。

### 二、忠诚于企业：是对企业忠诚的内涵和行为要求

忠诚于企业最重要的是，认同企业的价值观、经营理念、公司文化。同时，当公司利益与个人利益相冲突的时候要以公司利益为重。职业经理人要认真负责地经营管理企业，促进企业发展、遵守同企业雇主或董事会所签订的履职契约，自觉维护任职企业的利益，不以私利而损害公利。例如，在职期间不得在另一个同行业企业兼职甚至任职，不得自行组织公司与雇主竞争；离职之前不得抢夺雇主客户，不得引诱其他雇员离职；离职后在特定时间或特定区域内，不得开展与原雇主竞争的业务或受雇于竞争对手的公司。

## 案例 32-3　忠于职业操守

某人在某国际知名企业中国公司工作多年，做到了部门总经理的位置。在和别人

聊天谈到这个公司的情况时，他总是说这个公司的好话。原来他在这个公司工作多年，耳濡目染，自觉遵守其企业文化中的重要规则：不能在背后说公司的坏话。一方面，公司提供了有效的提意见、发牢骚的正式渠道；另一方面，如果谁在背后议论公司，就会被周围人看不起，认为这个人人品有问题，以至于其不得不离开公司。据说西方国家都有这个规则，要么就忠于这个企业，要么你就离开，寻找你认为值得你服务的公司。对比某些文化现象——"端起碗来吃肉，放下碗来骂娘"，我们的职业经理人怎样才能走出自身文化的桎梏呢？

"大河无水小河干"，在一个企业内部，只有形成一种爱企如家的企业文化，才能使所有员工为企业的发展而努力，最终达到企业和员工的共赢。

## 第三节　职业经理人职业道德：责任

### 一、职业责任感的内涵与内容

职业责任感是从业者对所从事职业的一种总的认识和体悟，其中最为重要的是从业者对所从事职业的社会意义与社会价值的认知，它是一个人自觉做好某项事业的前提条件之一。黑格尔说：道德之所以是道德，全在于具有知道自己履行了责任这样一种意识。当一个人对自己所从事的职业有了敬畏感、神圣感、自豪感，有了一种不怕困难、勇往直前、实现职业要求的稳定意愿，标志着其职业责任感确立了，他或她才能始终如一地"敬业"。可见，责任感实质上是一种从业的、工作的态度，是对自己从事的职业怀有的一种基本信念。职业责任感所产生的力量，是一种观念的力量，是一种精神的动力，它只有落实到职业行为之中才能发挥实际的作用，放射出闪亮的光芒。

### 二、责任的表现形式

作为职业经理人，一定要有责任感，要对工作的对象负起责任。一是要对投资者负责。也就是说为自己所效力的企业全权负责，主要还是企业要有利润，股东要有回报。二是要对团队人员负责。作为职业经理人，必须具备保护团队中每一个人的能力，他们的生存、生活都因职业经理所管理的团队的变化而发生变化。随着公司业务的发展，他们个人也在谋求更大的发展，公司必须提供和创造一些平台，让每一个人在平台上展示才华并获得成长。三是要对客户负责。在职业经理所管的市场和区域中，客户参与经营你的品牌，意味着他们已经把成长的希望和机会交给你了，你一定要承担起帮助客户发展的责任，帮助他们提升价值，这样客户将永远跟随你。四是要对品牌负责。职业经理所管的企业，肯定有经营的产品，有产品固然有品牌，该品牌在该区域的发展必然就是职业经理的职责，只有把品牌做好、放大，整个市场才能做大。另外，职业经理人最主要的工作是要做好利益的分配工作。一个产品从成本到零售价，中间的利润如何分配一定是职业经理的责任，也是检验一个职业经理水平的表现，分得好，每一个环节大家都能动，分不好，单靠一个环节动，生意肯定都做不好。

职业经理人不应只看到本职工作以内的事情，要对上下游的工作也有一定的关注，会想着结合自身岗位工作体会，让上游工作做得更快更好，也会把自身岗位工作做得更完美，给下游工作提供便利。职业经理人要把企业利益当作个人利益，绝对不会容忍伤害企业利益的行为和事件出现，一旦发现，必定勇于揭发绝不姑息，对于自己的过失而造成的后果也绝不推卸，一定勇于承担责任。职业经理人要做一个被尊重的人，要努力做到在企业中能够努力地做好角色分内的工作并能够履行角色道德义务，不断地提升自己，享受更多角色拥有的权利，更好的为家庭、为朋友尽到责任，才能够被家庭、朋友所认可，成为一个受尊敬的人。同时，一个人责任心的多少，决定了事业的成功与否，事业有成者无论做什么，都力求尽心尽责，丝毫不会放松；成功者无论做什么职业，都不会轻率疏忽。

## 三、责任与心态

### （一）职业经理人需要积极心态：热忱与主动

有人说，一个优秀的领导者，就是在黑暗中点亮一盏灯的那个人。职业经理人需要阳光心态，能进行压力调节，能屈能伸，转变和控制自我的消极情绪，改变自己而不是怨天尤人，应是胸怀宽广、乐观豁达、与人为善。职业经理人必须有发现快乐的眼光，充满热情和朝气，真心地、习惯性地帮助别人，把工作当作愉快的带薪学习，享受过程，活在当下，精彩活出每一天。职业经理人要积极主动，以终为始，持续的进行学习，勇于接受新鲜事物和新的挑战，对绩效负责，带领员工去实现公司的目标，能够激励和唤醒人们的积极性与主动性。

### （二）职业经理人要有承诺心态：担当与达成目标

职业化的心态简单地讲就是一种承诺的心态。管理就是承诺，管理就是贡献，每一个管理者需要不断问自己，"我可以贡献什么"，而且德鲁克先生清晰地界定了管理者需要做出三个承诺，对目标承诺，解决为什么做的问题；对措施承诺，解决如何做的问题；对同事承诺，解决与谁做的问题。

### （三）职业经理人要有归零心态：超越经验与成功

这是对于职业经理人职业化心态中最重要的要求，因为一个优秀的职业经理人，一定是被证明成功的人，也是一个取得绩效的人，但是也正因为这样，职业经理人最容易出现的问题，也正是成功对其的影响，因此需要特别关注的两大障碍：一个是经验，另一个是业绩。

经验使职业经理人习惯于运用过去成功经验的判断，但是无数的事实告诉我们，不管过去如何成功，都不能揭示事物的规律；尤其是在信息、互联网时代，所有的行业都在被重塑，过去的经验只会成为障碍。

业绩使职业经理人会出现懈怠与自满，甚至有一些职业经理人会有英雄寂寞的感觉，失去奋斗激情；哪怕一些职业经理人依然会保持斗志，但是因为成功的范式固化了思维，也使业绩妨碍了对于变化的敏锐性。

## 阅读专栏 32-1　担当大任

我国伟大的科学家钱学森先生，年轻时留学美国，学有所成后，不顾美国政府的反对，执意回国效力。钱学森放弃了优越的生活环境，放弃了高额薪水，许多同行的朋友说钱学森太傻，竟放下了如此优越的条件。可是，钱学森虽放下了那些物质利益，双手重新抓住的却是中国的导弹事业，扶起的亦是中华民族不屈的灵魂！钱学森，放下的是物质，拿起的是不朽的高傲！

## 第四节　职业经理人职业道德：敬业

### 一、敬业的内容和要求

敬业就是尊重、尊崇自己的职业和岗位，以恭敬和负责的态度对待自己的工作，做到工作专心、严肃认真、精益求精、尽职尽责，要有强烈的职业责任感和职业义务感。

敬业既是一种端正的工作态度，也是一种崇高的职业精神。它是一个人做好工作、取得事业成功的前提条件，同时也直接关系到每一个部门或单位事业的发展壮大。荀子说：凡百事之成也，必在敬之；其败也，必在慢之。对于从业人员来说，缺少敬业精神，在职场中就难以生存；对企业来说，没有一大批拥有敬业精神的员工，其发展就缺乏坚实的基础。

敬业作为一种职业精神，是职业活动的灵魂，是从业人员安身立命之本。在职业活动中，人们可以从各个方面对从业人员提出这样那样的要求，但敬业是最根本、最核心的要求。在社会主义市场经济条件下，大力加强从业人员的职业道德建设，就必须努力培养敬业精神，以爱岗敬业为荣，努力提升职业素养，促进社会的繁荣发展。

敬业是一切职业道德基本规范的基础，也是做好本职工作的重要前提和可靠保障。敬业精神是个体以明确的目标选择、忘我投入的支取、认证负责的态度，从事职业活动时表现出的个人品质。主动、务实、持久成为敬业的典型特征，强化职业责任、坚守工作岗位、提高职业技能是对职业经理人敬业的基本要求。

## 二、敬业的行为形式和表现

职业经理人的敬业履职主要表现在职业责任感、职业热情、强烈的事业心、甘于奉献四个方面。

（一）职业责任感

职业经理人应用一种严肃认真的态度对待自己的工作，勤勤恳恳、兢兢业业、忠于职守、尽职尽责。

（二）职业热情

热爱本职工作，以饱满的工作热情全心全意地为企业、股东等利益相关者服务，尽职尽责。

（三）强烈的事业心

把工作当作事业，有干一番事业的强烈愿望，明白工作的社会意义，并为此而不懈努力。

（四）甘于奉献

愿意为公司更好地发展而忘我工作，放弃或牺牲个人利益，不断提高职业技能，积极用于实践，开拓创新。

## 三、敬业思想修炼方法

敬业精神是职业经理人事业成功的重要因素。敬业的主要特征表现为职业经理人的主动、务实和持久工作作风。职业经理人必须了解职业责任，强化责任意识；要坚守工作岗位，遵守规定、履行职责、临危不退；要提高职业技能，用于实践、开拓创新。职业经理人要提升自身的敬业意识，需要从以下四个方面进行自我培养：

（1）培养高度的责任感。高度的责任感能够促使职业经理人努力地做好本职工作，提升自身的敬业意识。

（2）树立远大的目标。努力工作是事业成功的不二法宝，远大的目标可以促使职业经理人具备高度的敬业精神。

（3）明确自己的工作职责。职业经理人要明确自己工作的职责，知道自己应该达到的目标。这样更有利于职业经理人敬业精神的提升。

（4）热爱自己的本职工作。我们常说的"爱岗敬业"表明了"爱岗"与"敬业"是不可分的，职业经理人只有热爱自己的本职工作，才能具备敬业的精神。

企业要提升职业经理人的敬业意识，需要做到以下三个方面：

（1）营造"敬业"的企业文化。将敬业精神作为考核员工的重要标准，只有具备敬业精神的员工才能得到晋升和重用，这样才可能形成敬业的企业文化。

（2）确立合理的薪酬制度。企业必须有合理的薪酬制度，才能激发职业经理人的工作热情，从而提升职业经理人的敬业意识。

（3）关心和信任职业经理人。人在物质需求得到满足以后，更需要精神上的满足，企业的关心与信任让职业经理人有种归属感。

## 阅读专栏 32-2　磨炼与敬业

一个女大学生利用假期到东京帝国饭店打工，分配到的工作是洗厕所。当她第一天刷洗马桶时，差点当场呕吐。勉强撑过几日后，实在难以为继，决定辞职，但就在此关键时刻，大学生发现，和她一起工作的一位老清洁工，居然在清洗工作完成后，从马桶里舀了一杯水喝下去。大学生看得目瞪口呆，但老清洁工自豪地表示，经他清理过的马桶，是干净得连里面的水都可以喝下去的！

这个举动给了大学生很大的启发，令她了解到所谓的敬业精神，就是任何工作，不论性质如何，都有理想、境界与更高的质量可以追寻。工作的意义和价值，不在其高低贵贱，而在于从事工作的人能否把重点放在工作本身，去挖掘或创造其中的乐趣，发挥积极性。

于是，此后再进入厕所时，大学生不再引以为苦，却将之视为自我磨炼与提升的场所。每次清洗完马桶，也总自问："我可以从这里面舀杯水喝下去吗？"

假期结束，当经理检查工作时，女大学生在所有人面前，从她清洗过的马桶里舀了一杯水喝下去。这个举动同样震惊了在场所有人，尤其让经理认为这名学生是绝对的人才！

毕业后，大学生顺利进入帝国饭店工作。凭着这种敬业精神，她成为东京帝国饭店最出色的员工和晋升最快的人。37 岁以后，她步入政坛，得到小泉首相赏识，成为日本内阁邮政大臣。这位女大学生的名字叫野田圣子。据说她每次自我介绍时总是说："我是最敬业的厕所清洁工和最忠于职守的内阁大臣！"

同样，在海尔，敬业精神是其企业文化最重要的组成部分。张瑞敏强调："把每一件简单的事情做好就不简单，把每一件平凡的事情做好就不平凡。"

可见，敬业精神对员工、对企业都有重要作用。作为合格的管理者也需要具备很强的敬业精神，敬业精神是事业成功的基本保证。

# 第五节 职业经理人职业道德：纪律与规矩

## 一、工作纪律规范和规矩

（一）职业纪律规范与规矩的内涵

职业纪律与规矩影响到企业的形象，关系到企业的成败。遵守职业纪律是企业选择员工的重要标准，关系到员工个人事业成功与发展。

从类别上看，职业纪律包括政府令、条例、制度、制定、公约、守则、管理办法、规程等。从层面上看，宏观上包括国家制定并以国家意志表现出来的法律、法规；中观上包括行业的规定、规范；微观上包括某一企业根据自身实际所制定的企业制度、规定、守则、要求、操作规程等。从领域上看，职业纪律包括劳动纪律、财经纪律、保密纪律等。

（二）职业纪律的特征

1. 职业性

职业纪律的职业属性明显以职业活动和职业性质的特色为根据，结合用人单位工作具体特点，以职业经理人职业行为为调整对象，对职业经理人产生约束力。

2. 安全性

职业纪律的重要价值目标在于实现工作安全，对职业经理人工作生产过程的安全展开起到重要的保证作用。

3. 自律性

职业经理人在长期的职业实践中为维持和保护自己的安全和健康，出于自身利益的考虑，也要求有一套能保证正常生产工作的规则和程序。因此，职业纪律又是职业经理人自觉自愿遵守的规则。

4. 制约性

职业经理人违反职业纪律要受到制裁。一般而言，违纪行为不仅要受到用人单位行政处分或经济惩罚，触犯法律的会受到刑事处罚。

## 二、严格自律，规范执行规章制度

从长期职业活动的实践看，遵守和践行工作纪律规范与规矩包括学习岗位规则、执行操作规程、遵守行业规范、严守法律规范几个层面。职业经理人要遵守纪律和法律，尤其要遵守职业纪律和与职业活动相关的法律法规。包括：劳动纪律、组织纪律、财经纪律、群众纪律、保密纪律、宣传纪律、外事纪律等基本纪律要求以及各行各业的特殊纪律要求。职业经理人尤其要提高执行规章制度的自觉性，在决策时，要做到如民银国际控股集团公司董事长何帮喜所说："没有专业律师或团队的意见，最好不要决策或签字，每一步（条款）都要严谨、慎重，对所需签字盖章的文件要有严格审核、校对、复核、报备等流程，要建立严格的管理体系和执行制度，绝不可掉以轻心"。

## 三、敢于和善于做斗争

同违反规矩和纪律的行为进行斗争，敢于和善于纠正违反规矩和纪律的行为，职业经理人必须学法、知法、守法、用法，必须了解与自己所从事的职业相关的岗位规范、职业纪律和法律法规。遵守企业纪律和规范，在实践中要严格要求自己，养成遵纪守法的良好习惯，要敢于同不良现象做斗争。

### 阅读专栏 32-3　无执行的恶果

2000 年 12 月 3 日，山西省某煤矿发生特大瓦斯爆炸，事故造成多人死亡，经济损失惨重，事后调查表明，矿井主风扇长时间不开，井下处于无风状况，造成瓦斯积聚爆炸。调查人员在爆炸地点不远处发现打火机和烟头。经分析认定，爆炸的直接原因是井下矿工吸烟。上述惨剧是矿井主管理不善、缺乏安全意识、违反劳动纪律、责任心不强造成的，是典型违反劳动纪律的行为。

## 第六节　职业经理人职业道德：社会责任担当

### 一、企业社会责任理论

社会责任，也称社会担当，是指职业经理人以一种有利于社会的方式经营和管理企业，实现企业对社会应承担的责任和义务。

企业履行社会责任主要应包括：注重产品和服务产量，保护消费者权益和安全；为员工提供良好的工作环境和发展机会，维护员工的合法权益；促进企业发展，增加就业机会；重视节能减排，保护生态环境；参与社会公益事业；等等。

业绩评价体系影响着职业经理人的经营行为，对于引导职业经理人树立科学发展观起着决定性的作用。建立以科学业绩观为指导的业绩评价体系，引导职业经理人健康成长，要改变过去在业绩考核中单纯注重财务指标的问题，增加科技投入、环境保护等关系到企业可持续发展和企业社会责任的指标，采取短期激励和中长期激励相结合的方式，引导职业经理人科学经营管理。

## 二、企业履行社会责任的主要内容和形式

（一）依法经营，照章纳税

西方国家流传一句谚语：人生不可避免的两件事，就是死亡和纳税。税收因国家而产生，国家因税收而存在。纳税就是爱国，就是爱人民，就是向社会履行自己的责任。

培养企业的诚信经营意识和依法纳税习惯，是法律和道德的共同要求。企业要持续发展，就需诚实守信、依法经营、照章纳税。企业应当树立"依法纳税光荣，偷逃税款可耻"的荣辱观，把税收放在重要位置考虑，自觉履行纳税义务。企业积极履行社会责任，可以培养企业的软实力，建立企业的长期竞争力，提高企业形象，增加无形价值。

依法诚信纳税，是纳税人社会责任感的具体表现，是爱国、爱民的试金石。在当前国家大幅减税降费促发展的背景下，各企业一定要高度重视，真正把"依法经营、照章纳税"意识提升到一定高度，职业经理人做守法经营的带头人，要严格遵守国家法律法规，依法经营，照章纳税，要在纳税义务上履行两个责任：一是依法建立健全财务制度，依法取得原始凭证，依法进行会计核算，准确反映财务状况，向社会提供的相关数据确保真实、一致；二是按时向税务机关报送财务会计报表，及时足额申报纳税，自觉接受税务部门的监督检查，做到不偷税、不欠税。

（二）尊重企业利益相关者

职业经理人履行社会责任应该是全面的，保持企业自身的可持续发展，为股东创造价值。尊重客户，认真听取、积极采纳客户意见，不断改进提高产品和服务质量，保护消费者权益和安全。尊重员工权益，推进民主管理，努力为员工创造良好的工作氛围和发展环境。

（三）保护环境，生态友好

职业经理人尤其是生产企业的职业经理人应考虑到环境卫生或自然生态的维持。

如果职业经理人只顾本企业的利益，为追求成本最小化而对自然环境造成短期或长期的破坏，自然也就造成对社会及个人的危害。保护自然环境，坚持科学发展是职业经理人对环境的道德责任。职业经理人致力于节能减排，清洁生产，保护生态环境，发展循环经济，坚持走可持续发展道路。

人们遵循环境道德规范的实质，要求我们在正确处理人类自身发展与自然环境发展之间关系的问题上要有科学的态度。这方面的一个首要问题，是应当确立对自然环境的正确价值观念。这里所说的价值观念，不仅是物质方面的，而且是精神方面的价值。人类社会的生活经验已经告诉我们，良好的自然生态环境，使人们的精神生活日益丰富、健康，培养人们高尚的道德情操，有着十分重要的价值。正是基于对自然生态环境的特殊精神价值的认识，爱护自然生态环境，把维护自然生态平衡作为自己的道德责任，已成为现代社会环境道德的一个基本要求。

环境道德的一个重要内容就是，人们应当热爱大自然。热爱大自然，实质上也是对人类本身的热爱，是对生活的热爱，是对生命价值的重视。自觉遵守这样的社会公德，从根本上说，是对大多数人利益的维护，是对人类生存利益的关心，也是对子孙后代利益的关心。有了这样高尚的道德情操和品质，就有助于我们自觉克服对自然界生物的自由主义和无政府主义错误态度，自觉遵守环境保护的共同行为准则。当然，我们应当把这些道德要求体现在具体的实际行动上，比如节约自然资源、爱护花草树木、绝不伤害国家规定要加以保护的野生动物、注意维护人文景观；按规定防治废渣、废水、废气和噪声污染；自觉维护公共卫生，不随地吐痰、不乱扔垃圾等。只要我们齐心协力，就能营造出一个美好的自然生态环境。

## 三、职业经理人应履行企业社会责任

职业经理人应贯彻落实国家宏观经济政策，服务国家经济建设和发展方式的转变，将业务拓展与全社会关注的问题紧密结合，大力促进民生改善，环境友好，社会和谐。关注社会困难群体，扶危济困，积极实施社会事业。保护劳动者的合法权益，改善企业同周边社区及利益相关者的关系，促进企业内部和谐和企业与外部的和谐。落实国家就业政策，促进社会和谐。

## 阅读专栏 32-4　董明珠：社会责任担当是最灿烂的企业文化

成名后的董明珠，除了日常管理和运营，她还担任产品代言人，出现在微电影中，甚至写书，做励志演讲。2014年9月17日，董明珠被联合国正式聘为"城市可持续发展宣传大使"。2015年4月28日，格力电器董事长董明珠在北京被授予"全国劳动模范"荣誉称号。熟悉董明珠的人都知道，董明珠获得过无数荣誉，如联合国"中国年度经济人物""杰出企业家""城市可持续发展宣传大使"等。其中，董明珠非常重视"全国劳动模范"的荣誉，因为在她眼里，这个奖项不仅是代表社会主义核心价值观的政府荣誉，更是一个企业家人格魅力和企业文化的具体体现。董明珠在接受记者采访时表示，中国企业在走出去、实施国际产能合作时，要依靠技术为当地消费者服务、合法经营，以社会责任为己任。

2015 年 5 月 19 日，由中国商务部和巴西工业和贸易部联合主办的中巴商务峰会在巴西利亚举行后，董明珠在接受新华社采访时说，中国和巴西都是发展中大国，巴西和中国在产能上可以互补，合作前景非常广阔。她认为中国企业在巴西投资首先要融入巴西，中国和巴西相距遥远，文化不同，只有不断提高认识，克服文化、地域、政策差异带来的障碍，才能适应不熟悉的环境，才能在巴西市场立足。格力于 2001 年在巴西马瑙斯建立了第一个海外生产基地。在过去的 15 年里，格力在巴西经历了各种"水土不服"，因此在巴西投资和中巴合作方面积累了丰富的经验。董明珠说，一个企业的经营理念和发展战略决定了它的责任，格力集团的国际化不是单纯因为公司本身需求的变化，也不是为了转移国内产能，它来自于自我挑战和用科技改变生活的责任感。"世界上仍然存在一些对中国制造业的偏见，"董明珠告诉记者，"的确，起初，我们的一些企业缺乏足够的责任感，这应该得到审查，但现在，我们应该给世界一个新的认识，证明中国制造绝不是低质低价的代名词，中国企业要走向世界，必须依靠技术、质量和全新的服务理念，这是企业的责任和国家的承诺。"

# 第七节 职业经理人职业道德：竞业避止

## 一、竞业避止理论和规则

竞业避止也叫竞业禁止，是指对与权利人有特定关系的竞争行为的禁止。竞业禁止所禁止的客体是特定行为，即与权利人构成竞业的行为；所禁止的主体限于特定人，即与权利人具有特定民事法律关系的义务人。

竞业禁止按其法律效力的来源可以分为法定竞业禁止和约定竞业禁止。在前者，特定人的竞业禁止义务直接来自于法律的禁止性规定；后者则源于当事人之间的协议。根据契约自由原则，当事人可以自由作出竞业禁止的约定，使一方或者双方承担不竞业义务。竞业禁止按其义务主体可以分为在职雇员的竞业禁止和离职雇员的竞业禁止。

在职雇员的竞业禁止主要为法定竞业禁止，雇主也可以与雇员通过协议的方式约定在职雇员的不竞业义务。离职雇员的竞业禁止则属约定的竞业禁止，即离职雇员承担的应是一种明示的不竞业义务，其产生依据应是合法有效的竞业禁止协议，雇主单方面制定的不竞业规章不能作为离职职工竞业禁止明示或默示义务的产生依据。

## 二、遵守竞业避止规定

遵守竞业避止规定：遵守《中华人民共和国公司法》《中华人民共和国劳动法》《中华人民共和国民法通则》《中华人民共和国民事诉讼法》等有关竞业避止的法律条款；遵守《关于禁止侵犯商业秘密行为的若干规定》；根据契约签订有关竞业避止合同，坚守商业道德准则。

## 三、保守企业商业秘密

保守商业秘密：对公司的产品配方、技术诀窍、财务信息、潜在客户名单服务、商机、计划或预测等有关的保密信息要严格保密，在规定期限内不以任何方式向外透漏；需要披露的信息应在明确要求的范围内披露，按照公司授权和申请程序使用有关保密信息；离职要提前向公司申请，允许后方可离职。

## 四、保护企业知识产权

保护企业知识产权：积极主动进行公司的品牌、商标及专利的申请保护；在职期间，若涉及公司拥有的专利、商标、著作等知识产权时，应事先征得公司书面同意，办理授权许可手续；在职期间，所有以职务取得的专利、商标、著作等知识产权归公司所有，未经许可不得向任何第三方透露。

## 阅读专栏 32-5　避止的案例

猎豹的×某是经理人背叛创始人的另一个例子。×某成长于 360，从一个一无所有的技术员成长为小有成就的产品负责人，后来，×某日趋膨胀，在要求高官厚禄未能如愿的情况下，"私开个人公司""泄露东家机密"，最后违反员工竞业协议，率团队集体投靠跟 360 有竞争关系的金山旗下，利用 360 的智慧成果，复制 360 的业务。×某最受诟病的还在于他对老东家 360 彻底反叛，与 360 的所有对手结盟，不遗余力打击老东家。×某赤裸裸的背叛和偷盗，则是竞业避止的典型案例。

## 第八节　职业经理人职业道德：职业行为规范

### 一、职业行为规范定义与内涵

社会是一个复杂的、有机的系统，每个系统都有其保持运转的规则与轨迹，保持秩序规范，社会发展才能平衡和协调。所谓规范，是指人们在一定情况下，应该遵守的各种规则。例如，一个人作为公民必须遵守国家法律法规，作为企业员工必须遵守规章制度、遵守职业道德等，这些规范都属于社会规范的范畴。社会规范是人创造的，又约束着人本身，它是人类自律活动的工具。社会规范的主要功能是向人们提供行为模式和准则，组织和协调社会活动，保证人们正常活动的进行和正常的社会秩序，保证人类活动的共同体——社会的存续。

职业行为规范是职业经理人在行为标准方面的职业化体现，也是最外在的一个层面，体现为"行业美德"。职业经理人遵守社会行为规范，主要体现在遵守国家法律法规、遵守行业（职业）规矩和行业（职业）道德三个方面。道德告诉人们在国家法律法规和行业规矩之外，要认真遵守职业道德操守基本行为规范。职业经理人以契约的方式与公司建立聘用关系，因此职业经理人的职业道德主要指契约签订之时、履约期间以及契约解除之后一段时间内职业经理人在职业行为方面应遵守的职业行为规范。

### 二、树立遵守职业规范观念

职业行为规范要求职业经理人遵守行业和组织的行为规范包括职业思想、职业语言、职业动作三方面的内容。

职业经理人要堂堂正正活在世上，首先要加强自己的道德修养，成为一个具有诚实正直、谦虚谨慎、关爱他人等高尚品德的人。在生活中要自尊自重，注重自己的言行举止，维护自己的尊严和人格。自重包含自省和自爱，自省就是经常主动检查自己的思想行为，找出不足，改正缺点，端正行为，完善自己。自爱就是使自己内外兼修，外表形象质朴庄重、文明，内在心灵良好、道德情操高尚等。在行动中，要加强职业化管理，重视职业道德与科学管理的统一，加强企业职业道德标准、企业文化与规章制度、流程管理、质量管理、技能标准和行为标准等规范与制度体系的标准化和规范化建设。

### 三、养成职业自律习惯，杜绝以权谋私，以位谋私

职业经理人要自律自守，要有自律意识，要自觉地认同社会道德规范，遵照道德

准则自觉按照规范的行为标准行事，自觉维护公正原则和社会秩序。要具有抗拒各种不正当欲望的能力，放弃自己的不良习惯，见利不贪，洁身自爱，自律自守，清白做人。要自制慎独。自觉地用理性控制自己的情感、欲望和行为。在思想上，要做到心诚意正，逐渐纠正自己不正确的行为动机；在行为上，做到以坚定的信念指导行为，自觉与信念保持一致。在无人注目的情况下，能做到符合道德要求。

面对激烈竞争和快速变化的时代，经理人要想事业之树常青，就必须有很强的自律能力，守得住清贫、耐得住寂寞、经得起诱惑、抗得住干扰、远离腐败深渊，这是现代职业经理人的必修课。纪律和规则是我们平时工作、学习和生活中不可缺少的。我们平时的一举一动都受到一定的约束，否则任何事情都毫无秩序可言。自律是一种品性，是可以培养出来的。只要职业经理人注意从平时的细节中，有目的地培养自己的自律能力，就能将自律化作自己的资产，最终带来效益。

## 阅读专栏 32-6　培养自律能力的几种做法

1. 养成自律的习惯

向一些高度自律的成功人士学习，就会从他们身上看到，自律并不是偶尔为之，必须成为一种习惯和思维方式。为自己制订系统常规的目标或计划，是培养自律的最佳方式，特别是在重要的、需要长期追求的目标上。

2. 向你的借口挑战

第一步，要做的就是破除自己喜欢找借口的习惯。

第二步，把自律习惯能带来的好处列个表，将这个表贴在每天可以看得见的地方，当自己无法自律时，就把表上的内容大声念给自己听。

第三步，把借口丢进垃圾桶。写下可能使自己放弃自律的一切理由，然后告诉自己，这些理由不能成为借口。就算其中有一两个看起来似乎合理，也必须找出驳倒它的证据。

3. 工作完成之前，先把奖励挪开

著名的管理学作家迈克·迪朗尼说：任何一个企业或组织，如果对散漫者和贡献者一视同仁，那他会发现前者越来越多，后者越来越少。一个缺乏自律的人，肯定会在工作完成之前，先享用奖励。这时，把奖励挪开是培养自制力最有效的方法。

4. 把注意力集中在目标上

如果一个人工作时，老是想着这项工作有多难、有多累，而不设想好的结果，就很容易灰心丧气。养成这样的习惯后，就会自然而然地患上自怜的毛病。所以，当自己面对一件不得不做的工作时，一旦有了想走捷径、省力气，不想踏踏实实地去完成的想法，就一定要设法打消这样的想法，把注意力集中到目标上，认真权衡利弊，一步一个脚印，按部就班地完成它。

### 推荐阅读

1. 君子. 本领升位：世界 500 强职业素养教程 ［M］. 北京：中国三峡出版社，2009.
2. 张鹤寿. 职业经理学 ［M］. 北京：清华大学出版社，2010.

### 思考题

1. 职业道德的特点和作用各有哪些？

2. 职业经理人职业道德的忠诚、责任、敬业、纪律与规矩、社会责任与担当、竞业避止和职业行为规范定义与内涵各是什么？

# 第三十三章  职业经理人职业作风

**学习目标**

1. 了解职业作风定义、内涵和意义；

2. 理解掌握职业经理人职业作风的基本特征；

3. 学习建立职业经理人优秀的职业作风；

4. 深入理解职业经理人独特的作风特征：进取与超越；

5. 把握职业经理人职业作风的时代特征。

## 第一节  职业作风定义及内涵

### 一、职业作风的定义

职业作风是反映和体现人们履职行为的表现形式和形式风格，是职业精神的外在表现。职业经理人的职业作风是一种巨大的无形的力量，是形成企业工作秩序和氛围的最关键动因。每一个职业经理人，由于所受教育、知识储备，行为修养以及实践经历不同，以及个性品质相关联的表现形式，在职业实践中会有不同的个性化作风，会对工作绩效和企业经营管理成果产生不同的影响，从而进一步影响着企业的信誉、形象和效益。

### 二、职业作风的内涵

职业作风是人们在工作中所体现出来的行为特点，是贯穿于工作过程中的一贯风格。简单地讲，职业作风就是一个人在履行职责中所表现出来的做事风格。职业作风是思想的外在表现，职业作风的好坏，决定一个人的发展和工作成效，所以我们每个人都要重视职业作风建设。

（一）职业作风的内涵

职业作风包含精神和行为两个层面的内容。精神层面包含了工作态度、思想观念、思维方式、自我认知、岗位专业知识、职业素养等内容，表现为一个人或一个团队的综合素质，这些都是职业作风的内涵基础；行为层面包含对工作的理解、计划、执行、完善、改进和评价等内容，表现为完成工作的控制性和时效性，这些是职业作风的实践状态，也是表现形式。

职业作风包含个人和团队两种表现主体，它关系着一个人、一个团队的发展与存亡，好的职业作风既体现了个人的成长，又体现了团队的协作力和凝聚力。职业作风建设是个人不断在工作中汲取知识、提高技能、提升品质的过程，只有在工作过程中形成良好的职业作风，才能实现个人人生价值的提升。

（二）职业作风的意义

职业作风是保证工作按时、保质保量完成的前提，没有良好的职业作风，完成工作就成了无源之水、无本之木。良好的职业作风也是团队发展的动力，而团队的职业作风体现了这个团队的凝聚力，它直接决定着一个团队的发展与兴衰。所以，全面认识和了解职业作风，将职业作风的内涵加以分解、策划，切实向优良转化，对形成团结奉献、务实高效的工作氛围至关重要。

一个团队的职业作风，是由认识、情感、意志和行为等多种因素构成，是在共同的目标与认识的基础上，经过长期努力逐步形成的一种稳定的精神状态和具有一定特色的行为规范。在企业中，职业经理人的工作态度是否热情，工作秩序是否严谨，是非的标准是否鲜明，都会对员工的行为有着深刻的影响。职业经理人良好的职业作风，是一种无形的力量和无声的命令，对员工的行为具有强大的约束力、推动力、感染力，使人很自然地接受其教育和感化，使行为举止适应工作的要求，对实现工作的目标和完成工作的任务起到推动作用。这里重点阐述职业经理人应具备职业作风的关键特征：求真务实、艰苦奋斗、方向与毅力、包容正派、廉洁自律、进取与超越。

# 第二节　求真务实

求真务实是辩证唯物主义和历史唯物主义一以贯之的科学精神，也是职业经理人重要的优良作风。

所谓"求真"，就是追求真理，是透过现象把握本质的认识过程，是以认真负责的精神、实事求是的态度、科学严谨的方法，查明事实真相、揭示客观本质、掌握变化规律。求真务实所求的"真"，是真实、真理、规律，因此要坚持一切从实际出发，制定决策、推动工作要符合客观实际，尊重事物的规律性，不能弄虚作假，不能蛮干、乱干，更不能好大喜功，急功近利。

所谓"务实"，就是在认识事物规律性的基础上去实践，把说实话、办实事、求实效作为认识和实践的主要内容，就是付诸实践、见诸行动、取得实效。求真务实的"实"，是实际、实话、实干，因此要真正把科学的管理理念和方法贯穿于工作中，落实在行动上，创造出经得起检验的工作业绩，做到不务虚功、不图虚名。

"求真"是"务实"的前提，没有正确的认识，就没有正确的行动。树立求真务实的职业作风，必须在"求真"上下功夫，在"务实"上求突破，在解决问题上取实效，求发展规律之真，做实际需要之事。

## 一、调查研究，全面了解企业发展实际状况

调查研究是指亲自深入现场进行考察，以探求事物的真相、性质和发展规律，它是人们认识社会、改造社会的一种科学方法。调查需要通过各种途径，运用各种方式方法，有计划、有目的地了解事物真实情况。

（一）调查研究的意义

"没有调查，就没有发言权"，是毛泽东同志的名言。习近平总书记进一步深化了调查研究的思想，赋予了调查研究以时代意义，提出"调查研究是谋事之基、成事之道。没有调查，就没有发言权，更没有决策权"。在实际工作中，只有深入基层、通过调查研究掌握企业的真实现状，才能及时发现企业经营管理中的新问题和新情况，并准确分析问题，进而提出符合客观实际的改进措施，更好地谋划工作、做出决策，推动各项工作跃上新台阶。调查研究是对客观实际情况的调查了解和分析研究，目的是把事情的真相和全貌调查清楚，把问题的本质和规律把握准确，把解决问题的思路和对策研究透彻。

（二）调查研究的主要方法

做好调查研究，关键要做到"深、实、细、准、效"。"深"，就是要深入基层；"实"，就是要实事求是；"细"，就是要能详尽详；"准"，就是要瞄准问题；"效"，就是要追求实效。在调查研究的过程中，常用的方法有实地考察、访谈调查、会议座谈、问卷调查、专家调查、部分抽样调研、典型个案研究、长期统计追踪研究、文献调查法等。在调查研究工作中，职业经理人要善于不拘泥于某种特定方法，善于根据需要灵活运用这些方法。

## 二、认识事物的本质，把握事物发展规律

一切事物都是现象和本质的对立统一。我们无法脱离现象去凭空认识事物的本质，

但不能使认识仅仅停留在现象上，而是要透过现象认识事物的本质和规律。认识事物本质和规律的前提是必须掌握既丰富全面又符合实际的感性材料。人类的认识过程总是从分析现象入手，没有大量的感性材料做基础，理性认识就成了无源之水、无本之木。但是感性材料是对事物现象的认识，是对事物表面特征、外部联系的认识，往往是片面的，真伪混杂。因此，要认识事物的本质，必须对感性材料去粗取精、去伪存真、由此及彼、由表及里。

（一）去粗取精——分主次

现象是有重要与非重要的区别的，因此面对生动而丰富的感性材料，哪些材料是精华的、重要的，哪些是芜杂的、次要的，需要进行去粗取精，即对感性材料进行比较，选择去掉无关紧要、可有可无、不能说明问题的材料，提炼出真正能表现事物本质的有意义的东西。明确材料筛取的原则很重要，坚持原则不为一些材料"绚丽的外表"所吸引更重要，舍弃次要的材料，才能接近反映本质的现象。

（二）去伪存真——辨真假

现象还有真相与假象、错觉的区别。职业经理人在任何工作中，要坚持不为任何假象、错觉做主观合理化解释，要有能力分清真伪，摒弃错觉，揭露假象，保留那些符合事物实际情况的材料。

（三）由此及彼——找联系

感性材料是对事物现象的反映，往往是对个别、片面的表面特征和外部联系的认识，因此要上升为对事物的本质、整体内部联系的理性认识，还需要把这些感性材料综合起来进行思考，把零碎的、孤立的材料联结起来，找出他们之间的固有联系。把事物的各个矛盾、矛盾的各个方面的情况和关系都研究清楚，而不是满足于局部，更不是抓住一点不及其余。

（四）由表及里——抓本质

表是现象，里是本质和规律。认识的根本任务是透过现象揭示事物的本质。只认识事物的表面现象，而没有抓住其内在的本质，认识的任务远未完成。认识的目的是指导实践，只有达到了对事物本质的认识，才能使人在实践中获得成功。因此，对事物的认识不能满足于零散的表面认识，把表面关系弄清楚后，还应追问本质根源，通过事物的外部联系，找到事物的内部联系，从而摸清事物内在的发展规律。

对感性材料进行去粗取精、去伪存真、由此及彼、由表及里的加工制作过程，是透过现象认识本质的过程，是一个发挥主观能动性、开动脑筋的能动过程，是运用科学的思维方法进行分析和综合的思考过程。

### 三、从实际出发，真实干，求实效

（一）从实际出发

从实际出发指从客观存在着的事物及其规律出发，从运动、变化、发展的实际情况出发，按照客观世界的本来面目去认识和改造世界。从实际出发，就是我们想问题、办事情要把客观存在的实际事物作为根本出发点，在认识和实践中承认周围事物及其规律的客观实在性，按照客观提供的可能性和条件，依据事物发展的客观趋势决定行动的方法和步骤。首先，主观思想要符合具体事物的状况，让自己的思想适应不断发展着的客观情况。新时代，我国社会主要矛盾已经发生转变，各种问题纷繁复杂。职业经理人身居决策高位，绝不能凭主观意愿和想当然办事、"拍脑袋决策，拍胸脯表态，拍屁股走人"，职业作风应符合形势发展的需要。其次，要自觉反对从主观出发，摒弃教条主义和经验主义。善于学习他人经验，但不是照抄照搬、拿来主义，要通过实践获得经验，结合实际情况加以借鉴和应用。最后，坚持用联系的、全面的、变化发展的观点看待事物的发展，反对用孤立的、片面的、静止的观点看待事物。因时因地制宜，具体问题具体分析，不能根据经验或指示盲目行事。

（二）真抓实干，务求实效

"真抓才能攻坚克难，实干才能梦想成真"，习近平总书记多次强调。真抓实干是我们党的优良传统，是我们事业干出成效的重要保证。那么如何做到"真抓实干、干出实效"，关键是要坚持"从小事做起、把大事干成"。可以说，"真抓实干、干出实效"是总要求，"从小事做起、把大事干成"是方法论，只有把两者有机统一起来，我们的事业才能无往而不胜。

作为职业经理人，负责经营所担负的经济责任和社会使命。首先，是大兴求真务实、干事创业之风。经营管理工作从来就没有现成的捷径可走，时代在前进，科技在发展，我们面临的新机遇、新情况、新问题前所未有。要实事求是地分析面临的形势，从干中要机遇，从干中要政策，从干中要支持，从干中要认可，从干中要成果。大胆创新理念、创新制度、创新产品、创新服务，创造性地开展工作。其次，真抓实干要在攻坚克难上狠下功夫。必须直面困难、正视矛盾，对于看准了的事情，就要尽全力克服困难，一抓到底、抓出成效。结合实际找出解决问题、落实工作措施的切入点、着力点和落脚点，细化工作目标，层层落实责任，对于确定的重点工作要不折不扣地推进，对于既定的奋斗目标要不折不扣地完成，一步一个脚印向前走，不出实绩不罢休。

## 案例 33-1　徐留平——国家聘用的职业经理人，以实干抓效果

徐留平，从 20 世纪 90 年代末期，就先后在中国兵器工业总公司、洛阳北方企业集

团有限公司、中国南方工业汽车股份有限公司、中国长安汽车集团股份有限公司、中国兵器装备集团公司任高级经理人职务，现任第一汽车集团有限公司董事长、党委书记，他给自己的定位是国家聘用的职业经理人。

2009年1月开始兼任重庆长安汽车董事长，中国长安汽车总裁、党委书记、董事长。随后的十二年，徐留平将理想、激情、智慧都献给了中国长安汽车自主品牌事业上，时间证明，徐留平是一位实干家，是得到了社会认可的企业家。2017年8月2日，徐留平赴任中国一汽集团董事长，这时的中国一汽，作为"共和国长子"的红旗品牌已经沉寂很久了。四年过去了，当站在2021年末回首望去，徐留平着力打造的新红旗品牌正在"中国第一、世界著名"的"新高尚品牌"的复兴之路上稳步前行。从2017年的4702辆，到2018年销量突破3万辆、2019年突破10万辆，再到2020年销量达到20万辆，一汽红旗品牌完成了三年增长42倍这一看似不可能完成的任务。

"红旗速度"背后居功至伟的徐留平仅用三年时间，是如何做到将一个"沉寂品牌"做到年销20万辆的？徐留平是真正的操盘手，他应用了在长安的营销战术，并在红旗因地制宜，比如产品下沉、性价比战术、确立造型风格，以及管理层面的效率与力度，虽然战术很常见，但正是那时红旗需要的东西。具体战术层面也很细化，比如员工激励、士气调动，包括结构调整，如将红旗从一汽轿车业务中独立，上升到集团层面直接运营。

自徐留平掌舵一汽集团以来，对红旗的改变除了做了大量的人事变动、架构调整外，他还重新梳理和制定了红旗品牌的产品研发及生产标准、制度、流程等，同时对于周期较长的新产品、新技术和服务提升也进行了布局。徐留平曾说："我们将集一汽集团之全力来打造红旗品牌的产品和服务"。在他的全新战略指引下，直接由一汽总部运营的红旗品牌开始不断完善产品矩阵，优化产品结构，规划了L系、S系、H系、Q系四大产品车系，从轿车到SUV、从汽油车到电动车全面布局，覆盖多个细分市场。徐留平所做的这一切，最终目标只有一个，那就是让红旗扛起"把中国民族汽车品牌搞上去"的重任。

职业经理人与一汽土生土长的干部最大的不同点在于，一汽的子弟兵更注重平衡，职业经理人更注重看得见的效果。这就是为什么徐留平一上任就力拼红旗——倾一汽之力大干红旗。在国际国内各种矛盾交织在一起的局面中，徐留平抓住了主要矛盾。纵观改革开放以来的改革者，空降一个单位通常看三年，这三年要么倒下，要么成功，徐留平这三年里在一汽锐意改革，打破了一汽几十年既有的盘根错节的关系，确立了全新的管理体系，尤其改变了用人机制。用人机制改变的核心目的，还是要确保红旗项目的成功。站在今天的位置回首三年，可谓惊涛拍岸，徐留平领航一汽集团这艘巨轮驶到了充满阳光的彼岸，树立了国企改革的典范。

徐留平取得的成果，不仅是一辆辆外观设计上气吞山河的新红旗车型，而且建成了一整套从营销到研发、制造的全数字化流程和体系，这在中国大国企中无疑是领先的。这套系统集柔性化、智能化、自动化、信息化于一体，其中总装车间智能化工位占到全部工位数量的80%以上，是名副其实的智能工厂和绿色工厂；以十大智能工位为代表的创新科技，为红旗工厂及其产品矩阵夯实了创新发展的土壤；在"智能面纱"的背后，既有红旗人对于当下科技革命与产业变革态势的审视，更代表着中国品牌以智能智造引领未来的底气与坚守。一汽改革获得的肯定，标志着中国民族品牌的发展进入了一个新的阶段。2021年7月15日，中国一汽在长春召开"十四五"发展规划纲要及技术创新战略发布会，中国一汽发布了"十四五"规划目标——"11245"，未来的"十四五"期间，红旗品牌销量要超100万辆，争取进入世界先进行列；红旗新能源智能汽车占比超40%，争取进入世界先进水平。积跬步，以至千里。红旗品牌正在徐留平的带领下，通过一个又一个目标的不断达成，让理想飞扬，向着自主第一高端乘用车品牌不断迈进！

（资料来源：百度文库，徐留平——国家聘用的职业经理人，以实干抓效果，https：//wenku. baidu. com）

# 第三节　艰苦奋斗

## 一、奋发进取，振奋精神

翻开古今中外的历史，大多数经营成功者并没有比别人更优越的条件，很多人都是从贫困的环境中打拼出来的，奋斗精神是取得成功的根本因素。

（一）自强不息

职场中总有许多人抱怨自己没资源、没机遇，消极行事。实际上，任何资源是靠人去主动挖掘开采的，任何机遇也是"精诚所至、金石为开"的，自强不息精神是获取成功的法宝。因为有了自强不息的精神就会产生信心，有了成功的信心就会设法发挥自己潜力的力量，这种力量用在自己的奋斗目标上，就可以排除万难，坚持下去，终会拥抱成功。自强不息，也是中华民族刚健有为、奋发图强精神的集中概括和生动体现。自强不息最核心的内容在于不停留不满足于当前的自我，不断地向"更新"的自我迈进。孔子提倡并努力实践"发愤忘食"的精神，鄙视"饱食终日，无所用心"的人生态度。如果说，这只是知识分子和上层人士自强自立、积极进取的表现，那么

"人穷志不短""刀不磨要生锈，人不学要落后"等民间俗语，则反映的是自强不息精神的全民化、普遍化和社会化。没有自强不息的精神，就会怨天尤人、自暴自弃，就找不到前进的动力源泉。只有自强不息，才能树立远大理想和目标，才能在困难面前不退缩；才能具备忧患、危机意识，居安思危，时常考虑所处环境，清醒地反思；才能在危机来临时从容不迫、沉着应对，有效地预防危机、排除危机。职业经理人必须有不断进取的决心和毅力，以顽强不屈、百折不挠的精神和行动追求个人素质日臻完善，那种不思进取、不学无术的人肯定不会有大的成功。千百年来犹太人人才辈出，精英遍布世界，处境恶劣与成果卓著形成的强烈反差，也是这个民族旺盛生命意识和自强不息的进取精神的反映。

（二）坚持不懈

新企业在创业前五年内可以成功者少于 10%，即便是侥幸存活下来的企业，大部分也会由于不能很好地适应业务量的增长，从而发展缓慢甚至萎缩，因为这些新公司往往不能建立有效的用来控制更大组织的管理系统，或是长期内不能展开竞争。接手这样企业的职业经理人必须追踪竞争对手的行动和市场的最新动态，根据市场状况持续改进业务流程和管理模式，运用出众的内部管理能力和市场驾驭能力才能盘活企业、驾驭企业走上正轨。坚持不懈是一个人在实现目标之前，每天、每分、每秒都要做出的个人决定，时刻伴随着紧张和压力，是攀登目标时，对困难与时间的权衡。坚持不懈、永不放弃，职业经理人必须具备这一特征，否则无法创造出非凡的业绩。任何经营战略目标，都必须投入百倍的心血，忍受各种苦难，矢志不渝地坚持，坚持再坚持。有勇于坚持的韧性，才必定会获得伟大成就。伟大成就，都是熬出来的！

（三）创新开拓

金一南教授指出：武器本身并不是战斗力，哪怕是再先进的武器。任何武器的效用，皆要通过人去实现。人要有点精神，军人最可宝贵的精神就是胜利精神。商场如战场，也需要"胜利精神"。胜利精神其实是一种重要的心理资源，是一个人创新、开拓，做成大事、成就大业的重要因素，是一种敢想、敢闯、敢作敢为、敢于决策的工作能力，是一种敢于克服困难、战胜困难的勇气，是一种敢于超前思考、敢于超前付诸行动的心理素质，是一种敢于承担风险、敢于临危不惧的英雄气概。没有这种精神，即使再有天赋、再努力，那也只能达到别人和前人一样的高度，而不能超越别人和前人。《西南航空：让员工热爱公司的疯狂处方》的作者凯文与贾姬·傅莱伯认为一个顶尖的领导者，所必须具备的最重要特质就是胆识，一种能够大胆尝试、勇于创新、推翻商业惯例，做出众人不敢做的牺牲，以成就不可能任务的能力。在风云诡谲的市场环境下，职业经理人身上担负重任，需要处理的问题复杂且繁杂。既是战略谋划者、企业领导者、抓住机遇敢冒风险的先锋者，又是主动迎接挑战，化危机为机遇、创造奇迹的思想者。职业经理人的创新思维和领导作用对制定和实施企业长远发展战略至关重要。

（四）激情振奋

对于企业家来说，激情或许是感性的一面，但对于事业的成功也是必不可少的。首先企业家要有属于自己的梦想，梦想是做一切事情的强大动力，有梦想才有可能激发自己的激情（逼出来的压力不是激情）才会真正的被一个目标所吸引，才会愿意不顾一切的去了解它，认识它，进而发展它，激情使人能够忘却其他，不害怕任何挫折，勇往直前。正如有"亚洲巴菲特"称号的孙正义所说：我不是天才，关键所在是要有激情。当你有一个强大的激情，而且工作重点非常明确的时候，你就可以变成专家了，你不断地工作，因为你有激情，因为你找到了朋友，你一旦有了工作重点，你就有了更深刻的了解，事情就变得很容易了。在被称为"打工皇帝"的唐骏看来，激情也是一种职业素质：在过去十多年中，我真正找到了什么是成功的原动力，就是激情，你要知道当你投入一件事的时候会产生什么效果？你投入一件事要专心做，你会发现在里面一定会找到能做成功的一点点诀窍，你投入了，做出成果，做出成果会满足。100多年前，英国首相本杰明·迪斯雷利也认为：一个人只要跟随自己内心的激情采取行动，就可以获得伟大的成就。这种人不管身在何处，都会比普通人更容易获得成功。激情并不是空洞的感情，激情工作，就是一个人保持高度的自觉性，将全身心都调动起来，最大化释放个人潜能，出色地完成各项工作。职业经理人的激情，会在内心形成一种积极的习惯，不管是处于顺境还是逆境都能保持昂扬的激情，通过言谈举止不自觉地表现出来，从而鼓舞带动其他人心潮澎湃地承担起使命并服务于组织的发展。

# 案例 33-2　美国《新闻周刊》封面人物——"中国农民"鲁冠球

鲁冠球和他的家族以 194 亿元的资产控制额荣登中国内地资本市场控制榜第一家族，他也是排行榜上控制上市公司数量最多的人之一。作为中国最受尊敬的第一代企业领袖之一，鲁冠球还见证了万向集团从一个小工厂发展成国内最大民营企业之一的全过程，只有初中文化的鲁冠球向世人展示了一个农民的传奇故事。

鲁冠球，这位说话带着浓重乡音的浙江老汉，15 岁辍学，做过打铁匠，3 年的铁匠生活使鲁冠球对机械农具产生狂热的爱好。他把一间农机小作坊打造成中国乡镇企业的佼佼者，在中国改革开放的第一波创业大潮里铸造起一座座丰碑！他登上了美国《新闻周刊》封面，创造了一个扩张到美国本土的企业。

鲁冠球的成功，有着许许多多的因素，但是最根本的还是他的独特精神：

一是梦想无尽。鲁冠球是一个有梦想的人，不但自己有梦想，他还将自己的这种追求梦想的气质带给了企业，感染了周围的人，使许许多多的人和他一起追梦，从家乡追到了全国，从全国追到了全世界。

二是务实进取。鲁冠球的成功，要看到整个浙商的大背景，在这个商业文化传统里，他受到了熏陶，并且以自己的实践反哺和丰富了浙商文化。务实、进取是浙商的一个突出特点，鲁冠球的务实进取表现在企业产品的创新上、企业战略的选择上，提及产品的创新，鲁冠球表示，要在有计划、有目标的前提下去创新，不是盲目去创新，同时也需要时间的沉淀，不能只靠一时的激情去做。"做事情一定要沉下心，踏实肯干，经过十几年的历练，一定会有收获。"话虽朴实，却字字如金。

三是善于学习。鲁冠球是一个真正懂得学习的人，从他当年在铁匠铺当学徒开始，他的一生都没有停止学习的脚步。

诚然，万向集团是一个不折不扣的胜利者，数字说明了一切：20 世纪 70 年代，企业日创利润 1 万元，员工的最高年收入为 1 万元；20 世纪 80 年代，企业日创利润 10 万元，员工的最高年收入为 10 万元；20 世纪 90 年代，企业日创利润 100 万元，员工的最高年收入超过了 100 万元。2001 年，企业日创利润 300 万元，员工的最高年收入为 303 万元。之后的万向更是进一步开疆拓土，在快速发展的道路上又快又稳地发展着，从国内走向国际，并且在国际上和世界强企展开竞争，并不断取得胜利！其先后在美国、英国、德国、加拿大等七个国家建立 18 家公司。

在经历了风风雨雨几十年艰难历程后，他被誉为中国企业家中的"不倒翁"。然而，鲁冠球留给后辈企业家更多的是弥足珍贵的第一代企业家精神。从最初的奋起创业，到中间做出一系列战略决策，勇敢而坚决地向前大步迈进，鲁冠球始终屹立潮头，站在万向的最前面。虽然，他只是一个普普通通的农民，但他又绝对是中国无数普普通通的农民中的一个佼佼者：不但勤于实践，更勇于在理论上创新。几十年来，他孜孜以求，不倦学习，不但获得了高级经济师和高级政工师的职称，同时还撰写了大量的理论文章，已有六十多篇论文在《求是》《人民日报》《光明日报》《经济日报》等全国和地方报纸杂志上发表，被誉为"农民理论家"。理论指导实践，而实践又反过来不断丰富理论。不但万向集团本身，整个中国的企业，都从鲁冠球这里得到了贵比金重的经验。

（资料来源：百度文库．鲁冠球．藏在万向节里的企业家精神，https：//wenku.baidu.com.）

## 二、精打细算，厉行节约

真正白手起家的企业家都深深明白创业的艰难，财富的宝贵，所以尽管所有的企业家都是大富翁，但很多人一生都过着勤俭的生活，这种情景已经成为一种信念，而对于有些企业家来说，这种信念又是企业成功必备的条件，比如沃尔顿的勤俭持家成就了他的薄利多销，费勒的勤俭成就了他的事业。丰田公司在 20 世纪 70 年代已经是全世界知名的大公司，却要求员工在办公用品的使用上节省到近乎"抠门"的程度。职业经理人在任何职业行为中要时刻具有经济意识，也就是做任何事情的时候都要有投入产出思维，做事情的时候要考虑这件事情是不是值得做，要考虑到工作的轻重缓急。很多职业经理人，不懂民企老板的成长经历，或者没有过多考虑到这点，在日常费用管理上，不追求"花小钱办大事"，总想玩"大开大合"的花钱，这是行不通的。湖南小洋人科技发展有限公司总经理王振华，他曾是一个擅长精打细算的营销高管，企业不是他个人的，为什么？职业操守。这样的职业经理人，哪个企业都想要，哪个投资人都希望企业在安全的框架下稳健运行，大手大脚会将企业置于危险边缘。中国多少民营企业是死在现金流断裂上。在销售规模不断扩大的基础上，实现费用最小化，这是一个职业经理人的能力，这是所有民企老板最看重的，然而这点在很多职业经理人身上却是缺乏的。职业经理人要重视开源节流、精打细算、以效益为中心。为此，必须做到增强效益的同时强化成本意识，努力以尽可能少的成本付出，创造尽可能多的使用价值，为企业获取更多的经济效益。

## 三、居安思危，克服享乐

我们的先人很早就对"居安思危"有了深刻的认识，伟大思想家孟子在两千多年前就提出"生于忧患，死于安乐"的警示箴言。习近平总书记指出："功成名就时做到居安思危、保持创业初期那种励精图治的精神状态不容易。"危机意识是一种超前意识，预知危机并能认识危机，方能提前预防、未雨绸缪；危机意识是一种鞭策意识，能产生"狼来了"的紧迫感，不断推动自身前进发展。职业经理人必须有强烈的危机感心理和在实际行为上有所准备，防患于未然，保持清醒的头脑更好地应付突如其来的变化。据调查，在世界 500 强企业名录中，每过 10 年，就会有 1/3 以上的企业从这个名录中消失，或落魄或破产，有人在总结这些企业衰落的原因之时发现，春风得意之时正是这些企业衰落的开始，因为正是在这个时候，他们忽视了危机的存在，忘记了产品开发以及经营管理的超前性。危机的英文单词为"crisis"，该词是从古希腊借鉴过来的，意义即为"决定"。危机就是事情发生的转机与恶化的分水岭，迫切需要做出决定性的变革。没有危机感，其实已经暗藏着危机；时刻保持危机感，提前做好危机发生之时的准备工作，才能有效地避免危机。市场变化无常，各种危机不断，长期如履薄冰、诚惶诚恐行走在危机边缘的企业家已经深刻认识到这一点。在商业活动中的每一次危机既包含了导致失败的根源，又蕴藏着成功的种子。发现、培育，进而收获潜在的成功机会，正如古语"祸兮福之所倚，福兮祸之所伏"。

# 阅读专栏 33-1　华为的冬天

【2001 年 3 月，正当华为发展势头十分良好的时候，任正非在企业内刊上发表了一篇《华为的冬天》，这篇力透纸背的文章不仅是对华为的警醒，还适合于整个行业。"冬天"自此超越季节，成为危机的代名词。】

《华为的冬天》

——任正非

公司所有员工是否考虑过，如果有一天，公司销售额下滑、利润下滑甚至会破产，我们怎么办？我们公司的太平时间太长了，在和平时期升的官太多了，这也许就是我们的灾难。泰坦尼克号也是在一片欢呼声中出的海。而且我相信，这一天一定会到来。面对这样的未来，我们怎样来处理，我们是不是思考过。我们好多员工盲目自豪，盲目乐观，如果想过的人太少，也许就快来临了。居安思危，不是危言耸听。

我到德国考察时，看到第二次世界大战后德国恢复得这么快，当时很感动。他们当时的工人团结起来，提出要降工资，不增工资，从而加快经济建设，所以第二次世界大战后德国经济增长很快。如果华为公司真的危机到来了，是不是员工工资减一半，大家靠一点白菜、南瓜过日子，就能行？或者我们就裁掉一半人是否就能救公司。如果是这样就行的话，危险就不危险了。因为，危险一过去，我们可以逐步将工资补回来，或者销售增长，将被迫裁掉的人请回来。这算不了什么危机。如果两者同时都进行，都不能挽救公司，想过没有。

十年来我天天思考的都是失败，对成功视而不见，也没有什么荣誉感、自豪感，而是危机感。也许是这样才存活了十年。我们大家要一起来想，怎样才能活下去，也许才能存活得久一些。失败这一天是一定会到来，大家要准备迎接，这是我从不动摇的看法，这是历史规律。

华为公司老喊狼来了，喊多了，大家有些不信了，但狼真的会来了。今年我们要广泛展开对危机的讨论，讨论华为有什么危机，你的部门有什么危机，你的科室有什么危机，你的流程的那一点有什么危机。还能改进吗？还能提高人均效益吗？如果讨论清楚了，那我们可能就不死，就延续了我们的生命。怎样提高管理效率，我们每年都写了一些管理要点，这些要点能不能对你的工作有些改进，如果改进一点，我们就前进了。

1. 均衡发展，就是抓短的一块木板

我们怎样才能活下来。同志们，你们要想一想，如果每一年你们的人均产量增加15%，你可能仅仅保持住工资不变或者还可能略略下降。电子产品价格下降幅度一年还不止15%吧。我们卖的越来越多，而利润却越来越少，如果我们不多干一点，我们可能保不住今天，更别说涨工资。不能靠没完没了的加班，所以一定要改进我们的管理。

在管理改进中，一定要强调改进我们木板最短的那一块。各部门、各科室、各流程主要领导都要抓薄弱环节。要坚持均衡发展，不断地强化以流程型和时效型为主导的管理体系的建设，在符合公司整体核心竞争力提升的条件下，不断优化你的工作，提高贡献率。

全公司一定要建立起统一的价值评价体系，统一的考评体系，才能使人员在内部流动和平衡成为可能。比如有人说我搞研发创新很厉害，但创新的价值如何体现，创新必须通过转化变成商品，才能产生价值。我们重视技术、重视营销，这一点我并不反对，但每一个链条都是很重要的。研发相对用服来说，同等级别的一个用服工程师可能要比研发人员综合处理能力还强一些。所以如果我们对售后服务体系不给认同，那么这体系就永远不是由优秀的人来组成的。不是由优秀的人来组织，就是高成本的组织。因为他飞过去修机器，去一趟修不好，又飞过去修不好，又飞过去又修不好。我们把工资全都赞助给民航了。如果我们一次就能修好，甚至根本不用过去，用远程指导就能修好，我们将省多少成本啊！因此，我们要强调均衡发展，不能老是强调某一方面。

2. 对事负责制与对人负责制是有本质区别的

一个是扩张体系，一个是收敛体系。

为什么我们要强调以流程型和时效型为主导的体系呢？现在流程上运作的干部，他们还习惯于事事都请示上级。这是错的，已经有规定，或者成为惯例的东西，不必请示，应快速让它通过去。执行流程的人，是对事情负责，这就是对事负责制。事事请示，就是对人负责制，它是收敛的。我们要减化不必要确认的东西，要减少在管理中不必要、不重要的环节，否则公司怎么能高效运行呢？现在我们机关有相当的部门以及相当的编制，在制造垃圾，然后这些垃圾又进入分捡、清理，制造一些人的工作机会。制造这些复杂的文件，搞了一些复杂的程序以及不必要的报表、文件，来养活一些不必要养活的机关干部，机关干部是不能产生增值行为的。我们一定要在监控有效的条件下，尽力精简机关。

市场部机关是无能的。每天的纸片如雪花一样飞啊，每天都向办事处要报表，今天要这个报表，明天要那个报表，这是无能的机关干部。办事处每一个月把所有的数据填一个表，放到数据库里，机关要数据就到数据库里找。从明天开始，市场部把多余的干部组成一个数据库小组，所有数据只能向这个小组要，不能向办事处，办事处一定要给机关打分，你们不要给他们打那么好的分，让他们吃一点亏，否则他们不会明白这个道理，就不会服务于你们，使你作战有力。

在本职工作中，我们一定要敢于负责任，使流程速度加快，对明哲保身的人一定要清除。华为给了员工很好的利益，于是有人说千万不要丢了这个位子，千万不要丢掉这个利益。凡是要保自己利益的人，要免除他的职务，他已经是变革的绊脚石。在去年的一年里，如果没有改进行为的，甚至一次错误也没犯过，工作也没有改进的，是不是可以就地免除他的职务。他的部门人均效益没提高，他这个科长就不能当了。他说他也没有犯错啊，没犯错就可以当干部吗？有些人没犯过一次错误，因为他一件事情都没做，而有些人在工作中犯了一些错误，但他管理的部门人均效益提升很大，我认为这种干部就要用。对既没犯过错误，又没有改进的干部可以就地免职。

3. 自我批判，是思想、品德、素质、技能创新的优良工具

我们一定要推行以自我批判为中心的组织改造和优化活动。自我批判不是为批判而批判，也不是为全面否定而批判，而是为优化和建设而批判。总的目标是要提升公司整体核心竞争力。

为什么要强调自我批判？我们倡导自我批判，但不提倡相互批评，因为批评不好把握适度，如果批判火药味很浓，就容易造成队伍之间的矛盾。而自己批判自己呢，人们不会自己下猛力，对自己都会手下留情。即使用鸡毛掸子轻轻打一下，也比不打好，多打几年，你就会百炼成钢了。自我批判不光是个人进行自我批判，组织也要对自己进行自我批判。通过自我批判，各级骨干要努力塑造自己，逐步走向职业化、走向国际化。公司认为自我批判是个人进步的好方法，还不能掌握这个武器的员工，希望各级部门不要对他们再提拔了。两年后，还不能掌握和使用这个武器的干部要降低使用。在职在位的干部要奋斗不息、进取不止。

干部要有敬业精神、献身精神、责任心、使命感。我们对普通员工不作献身精神要求，他们应该对自己付出的劳动取得合理报酬。只对有献身精神的员工作要求，将他们培养成干部。另外，我们对高级干部实行严要求，不对一般干部实施严要求。因为都实施严要求，我们管理成本就太高了。因为管他也要花钱的呀，不打粮食的事我们要少干。因此，我们对不同级别的干部有不同的要求，凡是不能使用自我批判这个武器的干部都不能提拔。

自我批判从高级干部开始，高级干部每年都有民主生活会，民主生活会上提的问题是非常尖锐的。有人听了以后认为公司内部斗争真激烈，你看他们说起问题来很尖锐，但是说完他们不又握着手打仗去了吗？我希望这种精神一直能往下传，下面也要有民主生活会，一定要相互提意见，相互提意见时一定要和风细雨。我认为，批评别人应该是请客吃饭，应该是绘画、绣花，要温良恭让。一定不要把内部的民主生活会变成了有火药味的会议，高级干部尖锐一些，是他们素质高，越到基层应越温和。事情不能指望一次说完，一年不行，两年也可以，三年进步也不迟。我希望各级干部在

组织自我批判的民主生活会议上，千万要把握尺度。我认为人是怕痛的，太痛了也不太好，像绘画、绣花一样，细细致致地帮人家分析他的缺点，提出改进措施来，和风细雨式最好。

4. 任职资格及虚拟利润法是推进公司合理评价干部的有序、有效的制度

我们要坚定不移地继续推行任职资格管理制度。只有这样才能改变过去的评价蒙估状态，才会使有贡献、有责任心的人尽快成长起来。激励机制要有利于公司核心竞争力战略的全面展开，也要有利于近期核心竞争力的不断增长。

什么叫领导？什么叫政客？这次以色列的选举，让我们看到了犹太人的短视。拉宾意识到以色列一个小国，处在几亿阿拉伯人的包围中，尽管几次中东战争以色列都战胜了，但不能说50年、100年以后，阿拉伯人不会发展起来。今天不以土地换和平、划定边界，与周边和平相处，那么一旦阿拉伯人强大起来，他们又会重新流离失所。要是这样犹太人再过2000年还回不回得来，就不一定了。大多数人，只看重眼前的利益，沙龙是强硬派，会为犹太人争得近期利益，人们拥护了他。我终于看到一次犹太人也像我们一样的短视。我们的领导都不要迎合群众，但推进组织目的，要注意工作方法。

干部要有敬业精神、献身精神、责任心和使命感。区别一个干部是不是一个好干部，是不是忠臣，标准有四个：第一，你有没有敬业精神，对工作是否认真，改进了，还能改进吗？还能再改进吗？这就是你的工作敬业精神。第二，你有没有献身精神，不要斤斤计较，我们的价值评价体系不可能做到绝对公平。如果用曹冲称象的方法来进行任职资格评价的话，那肯定是公平的。但如果用精密天平来评价，那肯定公平不了。我们要想做到绝对公平是不可能的。我认为献身精神是考核干部的一个很重要因素。一个干部如果过于斤斤计较，这个干部绝对做不好，你手下有很多兵，你自私、斤斤计较，你的手下能和你合作很好吗？没有献身精神的人不要做干部，做干部的一定要有献身精神。第三和第四，就是要有责任心和使命感。我们的员工是不是都有责任心和使命感？如果没有责任心和使命感，为什么还想要当干部。如果你觉得还是有一点责任心和使命感的，赶快改进，否则最终还是要把你免下去的。

5. 不盲目创新，才能缩小庞大的机关

庙小一点，方丈减几个，和尚少一点，机关的改革就是这样。总的原则是我们一定要压缩机关，为什么？因为我们建设了IT。为什么要建设IT？道路设计时要博士，炼钢制轨要硕士，铺路要本科生。但是道路修好了扳岔道就不要这么高的学历了，否则谁也坐不起这个火车。因此当我们公司组织体系和流程体系建设起来的时候，就不要这么多的高级别干部，方丈就少了。

我们要坚持"小改进，大奖励"。"小改进、大奖励"是我们长期坚持不懈的改良

方针。应在小改进的基础上，不断归纳，综合分析。研究其与公司总体目标流程的符合，与周边流程的和谐，要简化、优化、再固化。这个流程是否先进，要以贡献率的提高来评价。我年轻时就知道华罗庚的一句话，"神奇化易是坦途，易化神奇不足提"。我们有些员工，交给他一件事，他能干出十件事来，这种创新就不需要，是无能的表现。这是制造垃圾，这类员工要降低使用。所以今年有很多变革项目，但每个变革项目都要以贡献率来考核。既要实现高速增长，又要同时展开各项管理变革，错综复杂，步履艰难，任重而道远。各级干部要有崇高的使命感和责任意识，要热烈而镇定，紧张而有秩序。"治大国如烹小鲜"，我们做任何小事情都要小心谨慎，不要随意把流程破坏了，发生连锁错误。

6. 规范化管理本身已含监控，它的目的是有效、快速的服务业务需要

我们要继续坚持业务为主导，会计为监督的宏观管理方法与体系的建设。什么叫业务为主导，就是要敢于创造和引导需求，取得"机会窗"的利润。也要善于抓住机会，缩小差距，使公司同步于世界而得以生存。什么叫会计为监督，就是为保障业务实现提供规范化的财经服务，规范化就可以快捷、准确和有序，使账务维护成本低。规范化是一把筛子，在服务的过程中也完成了监督。要把服务与监控融进全流程。我们也要推行逆向审计，追溯责任，从中发现优秀的干部，铲除沉淀层。

7. 面对变革要有一颗平常心，要有承受变革的心理素质

我们要以正确的心态面对变革。什么是变革？就是利益的重新分配。利益重新分配是大事，不是小事。这时候必须有一个强有力的管理机构，才能进行利益的重新分配，改革才能运行。在改革的过程中，从利益分配的旧平衡逐步走向新的利益分配平衡。这种平衡的循环过程，是促使企业核心竞争力提升与效益增长的必须。但利益分配永远是不平衡的。我们在进行岗位变革也是有利益重新分配的，比如大方丈变成了小方丈，你的庙被拆除了，不管叫什么，都要有一个正确的心态来对待。如果没有一个正确的心态，我们的改革是不可能成功的，不可能被接受的。特别是随着IT体系的逐步建成，以前的多层行政传递与管理的体系将更加扁平化。伴随中间层的消失，一大批干部将成为富余，各大部门要将富余的干部及时输送至新的工作岗位上去，及时地疏导，才会避免以后的过度裁员。我在美国时，在和IBM、Cisco、Lucent等几个大公司领导讨论问题时谈到，IT是什么？他们说，IT就是裁员、裁员、再裁员。以电子流来替代人工的操作，以降低运作成本，增强企业竞争力。我们也将面临这个问题。伴随着IPD、ISC、财务四统一、支撑IT的网络等逐步铺开和建立，中间层消失。我们预计我们大量裁掉干部的时间大约在2003年或2004年。

今天要看到这个局面，我们现在正在扩张，还有许多新岗位，大家要赶快去占领这些新岗位，以免被裁掉。不管是对干部还是普通员工，裁员都是不可避免的。我们

从来没有承诺过，像日本一样执行终身雇佣制。我们公司从创建开始就是强调来去自由。内部流动是很重要的，当然这个流动有升有降，只要公司的核心竞争力提升了，个人的升、降又何妨呢？"不以物喜，不以己悲"。因此今天来说，我们各级部门真正关怀干部，就不是保住他，而是要疏导他，疏导出去。

8. 模板化是所有员工快速管理进步的法宝

一个新员工，看懂模板，会按模板来做，就已经国际化、职业化，现在的文化程度，三个月就掌握了，而这个模板是前人摸索几十年才摸索出来的，你不必再去摸索。各流程管理部门、合理化管理部门，要善于引导各类已经优化的、已经证实行之有效的工作模板化。清晰流程，重复运行的流程，工作一定要模板化。一项工作达到同样绩效，少用工，又少用时间，这才说明管理进步了。我们认为，抓住主要的模板建设，又使相关的模板的流程联结起来，才会使 IT 成为现实。在这个问题中，我们要加强建设。

9. 华为的危机，以及萎缩、破产是一定会到来的

现在是春天吧，但冬天已经不远了，我们在春天与夏天要念着冬天的问题。IT 业的冬天对别的公司来说不一定是冬天，而对华为可能是冬天。华为的冬天可能来得更冷，更冷一些。我们还太嫩，我们公司经过十年的顺利发展没有经历过挫折，不经过挫折，就不知道如何走向正确道路。磨难是一笔财富，而我们没有经过磨难，这是我们最大的弱点。我们完全没有适应不发展的心理准备与技能准备。

危机的到来是不知不觉地，我认为所有的员工都不能站在自己的角度立场想问题。如果说你们没有宽广的胸怀，就不可能正确对待变革。如果你不能正确对待变革，抵制变革，公司就会死亡。在这个过程中，大家一方面要努力地提升自己，另一方面要与同志们团结好，提高组织效率，并把自己的好干部送到别的部门去，使自己部下有提升的机会。你减少了编制，避免了裁员、压缩。在改革过程中，很多变革总会触动某些员工的一些利益和矛盾，希望大家不要发牢骚，说怪话，特别是我们的干部要自律，不要传播小道消息。

10. 安安静静地应对外界议论

对待媒体的态度，希望全体员工都要低调，因为我们不是上市公司，所以我们不需要公示社会。我们主要是对政府负责任，对企业的有效运行负责任。对政府的责任就是遵纪守法，我们去年交给国家的增值税、所得税是 18 个亿，关税是 9 个亿，加起来一共是 27 个亿。估计我们今年在税收方面可能再增加百分之七八十，可能要给国家交到 40 多个亿。我们已经对社会负责了。媒体有他们自己的运作规律，我们不要去参与，我们有的员工到网上的辩论，是帮公司的倒忙。

我想，每个员工要把精力用到本职工作上去，只有本职工作做好了才能为你带

来更大的效益。国家的事由国家管，政府的事由政府管，社会的事由社会管，我们只要做一个遵纪守法的公民，就完成了我们对社会的责任。只有这样我们公司才能安全、稳定。不管遇到任何问题，我们的员工都要坚定不移地保持安静，听党的话，跟政府走。严格自律，不该说的话不要乱说。特别是干部要管好自己的家属。我们华为人都是非常有礼仪的人。当社会上根本认不出你是华为人的时候，你就是华为人；当这个社会认出你是华为人的时候，你就不是华为人，因为你的修炼还不到家。

"沉舟侧畔千帆过，病树前头万木春。"网络股的暴跌，必将对二、三年后的建设预期产生影响，那时制造业就惯性进入了收缩。眼前的繁荣是前几年网络股大涨的惯性结果。记住一句话："物极必反"，这一场网络设备供应的冬天，也会像它热得人们不理解一样，冷得出奇。没有预见，没有预防，就会冻死。那时，谁有棉衣，谁就活下来了。

数字不是全部，精彩才是人生！

（资料来源：百度文库．华为的冬天，https：//wenku.baidu.com）

## 四、不怕挫折，目标执着

### （一）坚强不屈

如果说有一种素质几乎为所有的成功企业领导者所拥有，那就是顽强精神。百折不挠的意志是企业家最宝贵的东西。所谓顽强，并不是达到愚蠢地步的顽固。它是一种下决心要取得结果的精神，不管在这条道路上要忍受什么样的艰难险阻。没有任何一个阶层的人会比成功的企业领导者更加具有坚持不懈、顽强拼搏的精神。他们习惯于迎着不断出现的挑战前进，艰难险阻把他们打翻在地，爬起来，继续干。又被打翻在地，爬起来再干。第三次打翻在地，第三次爬起来。也许前进的速度会放慢，但他们不会停止。他们知道，如果你懈怠，犹豫动摇，那么你就会半途而废，达不到目的。因此，他们会排除失望、挫折、沮丧和各种艰难困苦而坚持不懈地前进。

### （二）坚韧不拔

美国西方石油公司最大的股东总裁大卫·霍华德．默多克，只接受过相当于高中程度的文化教育，对他来说，机遇、资本、学历都不是决定因素。他概括自己成功的素质就两个字：坚韧。与默多克合伙经营地产的一位朋友说：大卫最大的财富是他本人顽强的坚韧精神。要求生存，就要进取；要求成功，就要坚韧。默多克就是凭借这种自强不息的向恐惧挑战的不屈毅力，才取得事业上的成功。只要具备了坚韧的精神，即使失败了，也能东山再起，重造辉煌。"留得青山在，不怕没柴烧"，坚韧即青山。1984年，张瑞敏入职海尔集团时，当时年产冰箱不过740万台，年销售收入仅有300

多万元，企业固定资产 500 万元，而年亏损高达 147 万元。张瑞敏认准"死理"，不向命运低头，意志坚忍。在张瑞敏坚韧精神鼓励下的海尔人，把青岛电冰箱总厂这只破烂不堪、弱不禁风的小木船改建成了乘长风破万里浪的战舰。今日海尔在世界 500 强中已占有了牢固的一席，成为全球的著名品牌，也是中华民族企业的象征之一。美国著名的财经杂志《财富》这样评价张瑞敏：一位具有强烈现代意识的总裁，以中国古代哲学家的智慧，把一个处境困难的公司扭转成为商战中的赢家。

（三）永不言败

做任何事情都不可能永远不失败，从没有失败过的企业家也一定不是真正成功的企业家，真正成功的企业家都是胜不骄败不馁的，对待失败要有勇气面对，相信不经历风雨不会见彩虹，松下千磨万砺，才成经营之神，孙正义在网络经济泡沫破碎后，依然对自己信心十足，戴尔从失败中总结经验，不犯第二次同样的错误，这样才是对待失败的正确态度。一个成功的企业家并不见得他任何时候都是成功的，但他却是能在失败和教训后取得最终成功的人，这就不仅仅要看企业家的才华和运气了，而真正要看他的毅力品质和智慧，懂得不断从失败中吸取经验教训，为将来找到正确的立足点以求得未来的胜利。有时成功者和失败者的差别就在于是否会犯两次相同的错误，大部分成功的企业家并不是与生俱来的，而是在无数的挑战与机遇中成长起来的，因此学会不断总结，败中求胜也是一种成功之道。正视失败，但不会从此一蹶不振；弄清问题，调整策略；坚持结论，追求实现。职业经理人要善于总结，避免将来犯同样的错误，坚定地追求成功。

（四）永不放弃

某些国家以所谓国家安全为借口，滥用出口管制等措施，对他国特定企业持续打压、遏制，对全球产业链供应链安全造成严重威胁。通过限制华为使用美国技术和软件在国外设计和制造半导体的能力，阻断全球半导体供应商向华为供货，这些限制计划的出台对华为造成无法估量的影响。2020 年 5 月 16 日华为在内部网站"心声社区"中，刊发了一则《没有伤痕累累，哪来皮糙肉厚，英雄自古多磨难》的文章："回头看，崎岖坎坷；向前看，永不言弃。"表现出华为一贯的顽强精神。在大量产业技术要素不可持续获得的情况下，华为公司始终致力于遵守适用的法律法规，履行与客户、供应商的契约义务，艰难地生存并努力向前发展。有志于职业经理人事业，必须有坚定理想，并有为理想长期奋斗的勇气，有些目标几个月的努力不会实现，甚至几年都无法实现，但我们持之以恒、克服困难去努力做一件事，必定会成为事业的成就者。

# 案例 33-3 李河君——异想天开、永不满足

李河君生于广东河源，是 2015 年各大富豪榜上千亿元级富豪中最年轻的中国人。1988 年大学毕业时父亲要求他回去从政，但李河君对从政没有兴趣，一心想着经商。僵持之下，他无法从父亲那里得到资金支持，在一位教授 5 万元的借款支持下做起了买卖。三四年后他便挣到了几千万元的利润，完成了原始资本积累。

对于普通人来说，几千万元的资产完全是天文数字，如果能够得到如此巨额的财富，一定会毫不犹豫地退休，然后安然享受人生。但是，对于李河君来说，这仅仅是他事业的前期准备而已，他想干一番大事业。当时，国家电力供应紧张，大力鼓励民营企业发展小水电。几经周折，李河君把发展方向锁定在这个领域，不断扩大规模。1993～2003 年，他把自己拥有的、所能借到的资金都投入水电站项目，从广东、浙江、广西一直干到青海。标志性案例是以 12 亿元收购青海尼那水电站。

经过 10 年的积累，2002 年李河君提出了一个看似不切实际的"伟大计划"：在金沙江中游投资 750 亿元，兴建 6 座总装机容量约 1400 万千瓦的大型水电站。李河君的这张蓝图相当于 5 个葛洲坝，没有人相信他、支持他。发展改革委把 6 个项目全部分给了刚刚成立的国有电力企业。看到自己的计划落空，李河君并没有想过放弃。他诉诸法庭、几番力争终于拿到 6 个项目中的金安桥水电站项目。金安桥水电站位于云南省丽江市境内，水电站设计总装机容量 240 万千瓦，大坝长 640 米，高 180 米，总库容 9.13 亿立方米，年发电量 114.17 亿千瓦时。

金安桥水电站项目的困难出乎所有人的意料，在体制、移民、技术、工程建设等一系列的问题上，都需要付出极大的努力才能解决。整个项目的施工现场涉及河流长达 8 公里，筑起的坝高 180 米。

资金压力是最大的挑战。开工高峰期，每天需要上千万元的投入。为了筹集资金，李河君不仅将自己之前的资产都投入这个项目，还将之前建设的水电站出售以筹集资金。

在这段困难重重的时期，许多人与李河君分道扬镳，也有人提出优厚的条件希望他把项目转让，但他丝毫不为所动。对于李河君来说，这个项目已经无关金钱，而是他的信念与精神的体现。

永不放弃，拼尽最后一口气，终于拨开云雾见天日。2011 年 3 月，金安桥一期 240 万千瓦机组并网发电。累计投资近 200 亿元的金安桥电站，总装机容量达 300 万千瓦，是国内第一个也是唯一民营企业建设的百万千瓦级特大型水电站项目，同时是全球最大的由民营企业投建的水电站。它也让李河君成为大赢家。按 2 万元/千瓦的装机容量

计算，金安桥水电站价值 600 亿元，除掉 100 亿元负债，净资产高达 500 亿元。包括金安桥水电站，汉能控股或参股的水电站的权益装机容量高达 600 万千瓦，规模相当于 2.3 个葛洲坝。

金安桥项目带来的收益李河君并不去享受与挥霍，而是继续将自己置身于充满风险与挑战的市场中。这一次他动作更大，目标更高。2009 年初，金安桥水电站尚未竣工，但李河君已看到新未来——风力发电、光伏发电，并最终把光伏作为重点。李河君选择了薄膜发电领域，通过并购、消化吸收及整合创新，李河君拥有了硅锗、铜铟镓硒、砷化镓等薄膜发电领域最主流产品的技术路线，而且都代表世界最高水准。通过全球的技术整合，李河君同时完成了从上游高端设备制造，到中游太阳能电池板生产，再到下游发电的全产业链布局，并打出"全球化的清洁能源跨国公司、全球薄膜太阳能发电领导者"的汉能新旗帜。

在进入新能源领域的同时，李河君也在思考能够筹集到更多资金的方法。2009 年，他让汉能借壳在港交所上市。2014 年 7 月，他将公司更名为"汉能薄膜发电"，突出其专注薄膜发电的业务特征，也可以理解为在市场上区别于其他光伏企业，给汉能高估值埋下伏笔。其股价在 2015 年 3 月达到高峰，当月从 1 年前的 1 港元多飙升至最高点 9.07 港元。公司市值一度超过 3000 亿港元。但是好景不长，在股价暴涨之后不久就出现了悬崖式急跌兼停牌，直到目前仍无复牌的迹象。不论汉能公司最后会怎样发展，李河君不断追求新挑战、不断追求无限可能性的个人特质，在他的人生发展历程中表露无遗。他永远不会满足已有的成就，也不会在困境中轻易放弃。若非发自内心的追求与渴望，李河君不可能一次又一次地选择重新开始，向着不可能完成的目标努力。

（资料来源：谢东．为世界而创造［M］．北京：新世界出版社，2015）

## 第四节 方向与毅力

### 一、工作方向和目标

目标对于一个企业来说是很重要的。有了目标企业才有了方向，作为职业经理人必须具有目标观念，那么目标是什么？

（一）目标是前进方向的指引

要想做成某件事，就必须有个明确的目标，成为个人及团队为之努力奋斗的方向。职业经理人应该善于建立目标、解释目标、细化目标、落实目标，才能带领团队达到成功。职业经理人的事业是一场旅行，需要地图、目标计划和时间表。就如攀登喜马拉雅山，在没有计划分段并调整方向方法时，如果紧盯着珠穆朗玛峰那一个目标，攀登者会越爬越累，越累越觉得远，越远就越觉得自己达不到，这种心理的折磨是非常难受的，所以很多登山者在攀登过程中就放弃了。实际上，顶峰不是一个"point"，是一个"direction"，攀登者需要做的就是朝着那个大致的方向努力，既要坚定目标，还需规划阶段性目标，才能成功到达目的地。

（二）目标是成功之路的里程碑

目标都是有具体内容的，完成与否都记录着过去取得的成就，也展示了与未来宏大目标的距离，所以说，阶段性目标就是通向成功之路的一个个里程碑，如果达到最终目标要分七步走，你已经走完了三步，那么离胜利就还有四步之遥，也就是说有了目标你能准确定位并知还要走多久。目标能够使人有所追求，是鞭策人们奋进的力量。

（三）目标是结果的预先规划

许多企业领导者无法达成他们的理想，其原因在于他们从来没有真正定下事业中的目标。成功的企业领导者实践的结论是，有了目标才会成功。目标是对于所期望成就事业的真正决心。没有目标，不可能发生任何事情，也不可能采取任何步骤。如果企业没有目标，就只能在事业的旅途上徘徊，永远到不了任何地方。如果有一个经过慎重考虑、现实而且明确的目标，就会更容易到达彼岸。出色的企业领导者都有 10~15 年的长期目标，习惯于时常反问自己："我们希望公司在 10 年后是什么样呢？"然后围绕着长远目标来规划自己的行动。各研究开发部门往往也是针对 10 年或 10 年以后的产品进行研究。

# 案例 33-4　描绘美好蓝图，担当更大使命

2006 年，蒙牛人在茫茫的内蒙古草原上第一次竖起了蒙牛的旗帜，在一片荒地中建起了蒙牛的基石。面对那一大片荒地，蒙牛创始人牛根生对蒙牛的核心团队成员说："兄弟们，好好干，几年之后，这个地方就是一片现代化的牛奶生产车间，旁边就是宽阔的高速公路！"尽管当时那里仅仅只是一片荒地，可是牛根生的一席话让大家心中充满了希望，充满了对未来的憧憬，身上也有了干劲儿和动力。在这样的感召下，大家齐心协力，六年后，蒙牛集团已经可以和中国奶业首强伊利集团比肩而立，并称为"草原奶业双雄"，牛根生勾勒的"愿景"果然兑现成真了。2010 年，蒙牛集团确立世界乳业领先品牌的发展目标，以国际竞争的眼光来制定发展战略，整合全球有效资源。

2021 年是"十四五"规划开局之年，蒙牛集团经营班子与各业务单元管理骨干齐

聚于延安，召开"再创一个新蒙牛"战略动员会，既是对过往经验、教训的总结与回顾，更是对战略战术、目标前途的明确与贯彻。蒙牛集团总裁卢敏放开宗明义"来到延安，就是要学习中国共产党在这里统一思想、坚定信念、由弱变强、决胜全国的历史经验。就是要从伟大的延安精神中汲取力量，打破思想桎梏、共创制胜方法论，推动我们达成战略目标。"结合七十多年前毛泽东同志在《目前形势和我们的任务》中，做出的"战争已经达到了一个转折点"的重要判断，蒙牛集团总裁卢敏放指出，"十三五"期间，集团在正确的战略引领下走出发展低谷、稳住业务盘子、积累发展资源、达成预期效果，为迈进新征程、建功新时代奠定坚实基础。"十四五"期间遵循"再创一个新蒙牛"的战略指引，蒙牛集团未来五年的发展蓝图从消费者至爱（First-Choice）、国际化（International）、更具责任感（Responsibility）、文化基因强大（Spirit）和数智化（Technology）五个维度进行构建，成为一家拥有全球话语权、影响力的乳业领军企业。

愿景在一个公司中最重要的作用是给人力量。要使企业的成员看清楚前方，领导者必须描绘一个激动人心的、崇高的未来并让大家相信这个未来。蒙牛集团建立了这样的工作观：把生活和工作理解成一个学习、创新、创造意义的过程。"十四五"开局之年提出"再创一个新蒙牛"的战略构想的蒙牛，凭借其 FIRST（First-Choice、International、Responsibility、Spirit、Technology）画像，势必将引领着企业担负起新时代的中国企业使命，在全球舞台上扮演着越来越重要的角色。

（资料来源：百度百科. 蒙牛，https：//wenku.baidu.com）

## 二、审时度势

凡是有卓越成就的企业家，一定就有独到的眼光和远见卓识，他们总是能敏锐地把握时代环境的变化，审时度势，及时应对，有的顺时代变革之风，趁势直上。如看准时机投资阿里巴巴的孙正义，经济转型时期适应时代发展的沃尔顿，还有把握时机趁火打劫的大佬摩根，他们都是把握机遇的好手。审时度势，就是要抓住成功的关键因素。

（1）分清企业发展不同时期的现实问题。不同发展时期企业的处境、市场环境和企业战略都不同，一个初创的企业形成产品的设计生产能力，业务能力和销售能力非常重要，比如初创期对于金融资本扩张非常重要，用多样的途径获得资金尤为重要，而进入正常经营阶段要想在行业立足，其成本控制、服务能力、综合经营管理素质等就显得十分重要。

（2）激发守业阶段企业的内在生命活力。我们经常看到一些企业初创和迅速成长阶段，市场开拓，资金扩张非常有利，甚至形成知名企业，但是一旦进入持续时期，就由于经营能力、内部管理能力跟不上，再加贪恋冒险、投机取巧而遭遇失败。理由很简单：打江山讲的是攻击能力、扩张能力，而要守住江山，要讲企业治理、综合发展、稳中求胜。

（3）勇敢跟随市场变化的挑战与机遇。企业面临的市场和企业自身的条件在不断变化，企业的战略有时也会做出调整，这是企业应对市场竞争所需，否则就会出现市场适应不足，或者出现企业的努力方向与企业实力不相称的情况。

（4）保持自知之明的务实态度审视机遇。不论采取任何企业成功战略，具有敏锐的判断能力都是非常重要的，但决断去冒险投机，也不是赌博，而应该审时度势分析自身企业的优势所在，估量自己承担风险的能力再决定。

（5）科学合理面对风险善行善为。任何商业机遇都存在着商业风险，善于行动是成功企业家的宝贵经验，是他们获得成功的根本保证。任何创造财富的过程，都是不断地战胜风险的过程。成功的企业家能够全面权衡利弊得失，正确地认识市场风险的大小及其对财富创造的影响程度，从而制定出科学、合理的战胜风险和规避风险的对策方法。

# 案例 33-5　"工商巨子"霍英东

1950 年朝鲜战争爆发，几十万中国人民志愿军跨过鸭绿江，开始抗美援朝，时间长达 4 年之久。在这期间，联合国在美国的操纵下，对中国实行禁运。战争需要各种物资给养，但中国的海岸受到封锁，香港的各种物资特别是各种可做军用的物资，都被禁止运入内地。当时国内不少厂家急需无缝钢管，英国人害怕中国用钢管制造枪支，也一概列入了禁运货单之中。

对于企业家来说，这就是市场机遇！善于行动的香港企业家霍英东此时马上意识到，中国的逐渐强大是一种历史必然，不是海外势力所能封锁得住的。他当机立断，马上筹集资金，购买各种无缝高级钢管，从枪炮用的到原子能加速器上应用的几乎无所不包。然后他用转手贸易经道澳门运至内地。就这样，霍英东在极其困难的市场条件下，抓住了市场机遇，不仅帮助了中国加强武器的现代化，而且满足了国内生产厂家的迫切需求，支援了中国人民志愿军的工作。霍英东自己也在短短的几年时间内创下了一份价值不菲的产业。

霍英东的确善于捕捉机遇，善于行动。1954 年，霍英东开始进军房地产市场。在经营房地产的过程中，霍英东敏锐地意识到，香港建筑的蓬勃发展必然会造成对海沙的大量需求。而在 20 世纪 60 年代初，淘沙业是当时香港工商界人士一般不敢问津的领域。因为这个领域需要招用大量的劳动力，投资巨大，收入不多，要想赚钱相当困难，弄不好就会倾家荡产。但是霍英东的见解与众不同，他认为海底淘沙不仅可以获得大量建筑用砂，支援房地产业，而且可以挖深海床填海造地，实为一石三鸟之举。他认准了此业必有前途，于是大胆地迅速行动，抢在别人尚未觉悟时率先下手。

1961年霍英东派专人前往欧洲著名厂家重新定制了先进的淘沙机船，准备使用现代化的设备淘沙。然后他又以120万元的高价，向泰国政府购买一艘长达288英尺，载重2890吨的大型挖泥船，命名为"有荣四号"。当船驶到香港后，霍英东的亲朋好友都惊呆了：这么巨额的投资，万一赔本了怎么办？但是这种担心是多余的。由于霍英东准确地捕捉了市场机遇，而且抢占了先机，善于行动，"有荣四号"很快变成了霍英东的"掘金船"。

随后，霍英东又派人到欧洲订购了一批先进的淘沙机械船，用现代化的先进设备取代了落后的手工操作。两年多内，他就拥有了80多艘船，淘沙船达20多艘。20世纪60年代中期，香港经济起飞，高楼大厦如雨后春笋，地产业蓬勃发展，这都离不开海沙。这样，香港建筑业所需的建筑材料海沙便都由霍英东供给了。他名下的"有荣船务公司"，也因此生意兴隆，财源滚滚。

经济萧条、战乱对一般商人来说不是个发财的时机，但对那些具有超前意识和眼光的商人来说，却隐含着众多潜在的机会。"人弃我取，人需我予"，在正常情况下，霍英东要想发家是要一些时日的，只有在这种非常时刻，才会使他有这样的机会。

（资料来源：百度百科. 霍英东，https://wenku.baidu.com）

## 三、自信与定力

自信心是指一个人能充分估计自己的力量，相信自己能有所作为，相信自己是有希望有前途的。自信心是调动一个人的积极性和创造性，克服各种困难的巨大力量，缺乏自信常常是性格软弱和事业不能成功的主要原因。需要指出的是自信与自大、自满是不同的，如果自己未真正付出过努力，从未为自己的目标奋斗过，就闭着眼睛信誓旦旦地说："我自信我是强者。我自信我是绝对优秀的"，那么这种自信已成为了自以为是、自不量力。那么，职业经理人的自信之源与自信之本来自于哪里呢？

（一）对市场的充分把握

市场是一个风云变幻的世界，如果没有清晰的认识、充分的把握，很容易被各种表面现象所迷惑，有时市场某个行业热火朝天并不见得是好兆头，有时某个行业冷冷清清没准正预示下一个高潮的到来，所以要根据自己对各方面调查并通过现象对本质的思考来把握市场形势，不能妄自菲薄，也不能战战兢兢。

（二）不断的学习和进步

自信要建立在自己的知识技能分析能力确实高人一等的基础上，那么就必须要不断充实自己，有终身学习的能力和意识，也就是每天要让自己有收获，但不一定非要从书本上获得。

（三）良好的心理承受能力

培养自己的意志也是非常重要的，能够临危不乱才是真英雄，有意识的锻炼自己，去适应各种突发的可能性，不能一出现和自己设想不一样的情况，就乱了方寸。自信绝不是故步自封，刚愎自用，自信有合理的基础，事实的根据，打不垮压不倒，才是真正的成功之源。

# 第五节　包容正派

## 一、包容共融

在一个团队中，大家性格各异，管理者的宽容首先就表现在对下属的接纳，允许下属有与自己完全不同的性格、爱好和要求，有欣赏他们特点的能力，并能容忍他们的缺点。这样才能倾听不同的意见，集思广益；用一种对员工包容和关怀的管理方式组合一些和自己的志趣有很大差异的成员来共同做事，接受和理解这些差异。中国古人对各种人才的使用分类总结出了这样的一个原则："贤者居上，能者居中，工者居下，智者居侧。"其"贤者居上"的说法，就是对领导者品格气度的强调。在用人方面，职业经理人必须做到大胆与审慎并重，要容人之长，容人之短，容人之错，容人个性。

（一）容人之长

人各有所长，取人之长补己之短，才能相互促进，事业才能发展。刘邦在总结自己成功经验时讲过一段发人深省的话：夫运筹帷幄之中，决胜于千里之外，吾不如子房；安国家，抚百姓，给饷银，不绝粮道，吾不如萧何；统百万之军，战必胜，攻必取，吾不如韩信。此三者，皆人杰也。吾能用之，所以取天下也！善于用人之长，首先是容人之长。相反，有的人却十分嫉妒别人的长处，生怕同事和下属超过自己，而想方设法进行压制，其实这种做法是很愚蠢的。美国福特汽车公司董事长亨利·福特不能容忍李·艾柯卡的光彩盖过自己，赶走了他。此后，李·艾柯卡接任濒临倒闭的克莱斯勒汽车公司总裁，不但使克莱斯勒重整山河，位居美国汽车三大巨头之一，而且使之成为福特公司的强劲对手。

（二）容人之错

"人非圣贤，孰能无过"，"水至清则无鱼，人至察则无徒"。职业经理人对待下属既要严格要求，又要适当容忍，不能时时盘查，事事追究。人都有犯错误的时候，甚至只因"一念之差"，如果企业的经理人没有容人之量，很难形成一个团结战斗的集体，也很难调动一切可以调动的积极因素。只要我们包容他人的过错，激励他改过自新，他就会迸发出无限的创造力，一心一意为企业、为社会拼搏努力并做出自己的贡献。经理人应该以积极的态度看待失败，允许员工犯错误，既不能求全责备，也不能以偏概全。杰克·韦尔奇认为：惩罚失败的后果是没有人会再勇于尝试。

（三）容人之短

能够允许别人犯错误的经理人，不一定能够允许别人一生的时间里都有某种缺点。人有要求完美的本能，但任何人都不可能是完美的。正所谓"金无足赤，人无完人"。一般来看，越是在一个方面有突出才能的人，往往在某一个方面的缺点也越明显，正所谓"有高山，始有低谷"。人的短处是客观存在的，容不得别人的短处，势必难以成就大业。企业其实就是一群既有各种各样优点，又有各种各样缺点的人聚合在一起，养活一群没有缺点的圣人是什么事情也干不成的。"鲍管分金"的故事就很耐人寻味。春秋时期鲍叔牙与管仲合作做生意，鲍叔牙本钱出的多，管仲出的少，但在分配时却总是管仲多要，鲍叔牙少要。鲍叔牙并没有觉得管仲贪财，而是认为管仲家里穷，多分点没关系。后来鲍叔牙还把管仲推荐给齐桓公，辅佐其成就霸业，管仲也因此成为著名的政治家。

（四）容人个性

由于人们的社会出身、经历、文化程度和思想修养各不相同，所以人的性格各异。因此，容人个性从根本上来说就是能够接纳各种不同个性的人，这不仅是一种道德修养，也是一门领导艺术。只有容人个性，有海纳百川的胸怀，才能善于团结各种不同个性的人共同协调工作。如果管理层不能容人个性，只喜欢提拔那些想法、做法与其一致的人，那么管理层聚集的不是一群思想方式相似的人就是一群只会奉承的人。长此以往，没有不同思维活力的激荡，企业整体的思维就会形成思维定势，造成思维上的路径依赖。IBM 大中华区董事长及首席执行总裁周伟说：管理一个 Diverse team（不一样人组成的团队），对管理者来说是一个挑战，作为高级主管一定要善于接受这个挑战。有的管理者常常说这个人不好管，其实只是人家的做事方法和步骤与你不一样罢了。你主张打高尔夫球，他喜欢游泳；你喜欢听古典音乐，他喜欢听流行音乐。企业高级主管并不是一个老大，非要让底下人对你一呼百应。

## 二、追求共识

在国人的职场生活中，大家说的很多的一句话就是"求同存异"，那求同存异的本身是不是代表着随波逐流的妥协？在工作中我们会遇到不同的同事，他们有着不同的性格，不同的做事方式、品性和能力，面对同一个问题，每个人都有不同的看法和做法，那么，意见不统一甚至产生矛盾就在所难免。因为每个人的成长背景不尽相同，人生观和价值观大部分都不一样，所以我们的想法不一定每个人都能理解支持，我们也不可能接受每个人的观点。

（一）尊重彼此与接纳观点区分开来

与同事产生分歧或矛盾，不要自寻烦恼，认为是别人故意和你过不去，或者是去怀疑自己，认为是自己的错误。面对不能理解的事情或者是做法，我们可以不认同，但不必太计较。对于别人不同于自己的观点，也没必要非争个孰是孰非来。保持互相尊重，才是相处之道，也是合作的基础和成功的保障。

（二）扩大共同点，正确理解合作

在保证原则的基础上，寻找共同点，以达到促进和维护存在不同观点的个体和团体之间团结和协作的成功。人与人之间、小组与小组之间、企业与企业之间，有多少分歧和矛盾不要紧，只要我们肯挖掘双方的共同点，愿意求同存异，或者说愿意异中求同，才能有更多的合作，才可能有更多的成功机会。只有减少和同事之间的摩擦，互相之间营造一个和谐的关系，才能使工作进行得顺风顺水。

（三）生活方式的差异会提供一种新角度的认识

在与同事、领导的日常接触中，不仅是不认同对方的观点那么简单。你可能不认同别人为人处世的方式，或者不喜欢别人的穿着打扮，或者不喜欢别人的生活方式等，应正确认识每个个体的特质，善于从别人的"异"中吸取养料来壮大自己。也许别人的做法和我们不一样，但是也可能是事情的另外一种解决方法，这就需要我们虚心学习。

（四）允许不同声音长期存在

如果别人的做法我们实在是不能认同，也不想委屈自己接受，则最好不要和对方一决高下争论，要学会理解，要学会听之任之，让时间来检验正确与否，不需要过度浪费精力。

## 三、广纳善言

职业经理人身居一定的决策地位，长此以往可能助长自满与自负，对于他人意见不屑一顾，不愿意虚心向学，对提出不同意见的人，总是以为是对其冒犯，因而把握企业正确方向的职业经理人必须具有优良的职业作风。

（一）虚怀若谷

凡所谓"聪明"的人，容易犯一个毛病，就是自视甚高，无法容忍别人挑战他的权威，打击报复，不能虚怀若谷。今天社会发展飞速，无论是科学技术革命还是商业模式迭代都非常迅速，一个人的见识再多，也只能在某些领域有所建树，不可能在任何方面都能精通。职业经理人需要的是通才，可是术业有专攻，具体的专业知识却难以精通，就要虚心向专业人士请教。成功的企业大都尽力去除一些繁文缛节，从而使交流更顺畅，办事效率大大提高；成功的企业家绝不是表面上表现出来的"才华横溢"，而是礼贤下士，虚怀若谷纳诤言，集思广益明思路，听取不同意见看法，找到最大公约数，实现利益最大化。

（二）集思广益

商业经常是好点子驱动的，而员工作为直接接触生意的最底层，更能敏感的感受到一些作为领导感受不到，或不容易感受到的事情。整个公司员工对于公司来说无疑是一个无比巨大的智囊团，好点子永远取之不尽。好学的公司领袖对新知识充满渴望，从来不会把他们的知识看成是静止的或是全面的。通用电气集团前首席执行官杰克·韦尔奇记得 1000 名员工的名字，而且相当了解他们的职责所在。他说：人类的思想创造绝对是毫无限制的。你只管与他们交流就行了。我不喜欢效率这个词，我喜欢创新。我确信每个人都挺重要。他这种集思广益的作风改变了通用电气的工作气氛，形成了形式多样的"大家出主意"会议和欢声笑语的交流会机制，他领导的通用电气入选《福布斯》500 强，被誉为"美国当代最成功、最伟大的企业家"。

# 案例 33-6　人人畅所欲言的微软

比尔·盖茨鼓励员工畅所欲言，对公司的发展存在的问题，甚至上司的缺点毫无保留的提出批评建议或提案。盖茨说：如果人人都能提出建议，就说明人人都在关心公司，公司才会有前途。微软开发满意度调查软件，每年至少做一次员工满意度调查，让员工以匿名的方式对公司、领导、老板等各方面作出反馈。其中有选择题，也有问答题。每个部门经理都会得到多方面的评判和客观的打分。公司高层领导和人力资源部都会仔细地研究每个经理的满意度调查结果，制定改进措施。

在微软除了自我批评，还要有能接受别人批评的胸怀以及改变自己的魄力。1995 年当盖茨宣布不涉足 Internet 领域产品的时候，很多员工提出了反对意见。其中有几位员工直接发邮件给盖茨说："这是一个错误的决定。"当盖茨发现有许多他尊敬的人持反对意见时，又花了更多的时间与这些员工见面交流，最后写出了《互联网浪潮》这篇文章承认了自己的过错，扭转了公司的发展方向。

## 四、坚持原则

（一）改变随意性习惯，坚守制度化底线

由于全球化、资讯科技及产业合并这三种驱动力，组织变革已经成为一种生活形态，在面对组织变革的时候，不同的人会有不同的反应。优秀的企业管理者，应该事事表现出职业化的一面，而不应该打着为部分人士争取利益的幌子，置诚信与公平于不顾，这不是管理人员的职业化表现。长期从事企业管理的职业人士都知道，每当一项新政策在企业内开始试行的时候，打破长期以来的内部行事潜规则，也会伴随骤然变动给人们带来很多不安，因而会遇到许多有形无形、或明或暗的阻力。管理实践经验显示，成功的变革并不是管理者大胆无惧的行动，而是管理者建立员工对组织的信任和工作价值观，形成全体组织成员自主、无条件及持续的努力，而这需要长期的发展，也就是管理者的价值坚守。

（二）统一纪律、统一行动

我们知道球队中有球队运作的纪律，军队中有军纪，政党有党纪，而在组织中也有规章制度所规范的纪律。任何一个优良的团队，绝对是一个有纪律的团队。要想组织与团队能长久存在，其重要的维系力量就是团队纪律，这也是成就优秀 CEO 的前提。因此，如何建立一个有纪律的团队，一直是首席执行官的重大挑战。除了自己维护纪律之外，另一个是带领团队成员共同遵守纪律，即在团队中建立共同遵守的纪律规范，让成员的行事作为有所依据。海尔集团中有一项特殊的管理制度："当日事，当日毕"，全方位地对每位员工每天所做的每一件事进行监控和清查，对当天所发生的种种问题或异常现象皆要求弄清原因、弄清责任归属，及时采取补救措施解决问题，便可有效地防止问题的累积。由于团队各级人员贯彻这项纪律，使海尔产品的品质一直维持在最佳状况。

# 第六节　廉洁自律

在中华民族五千多年的发展历程中，廉与洁，一直都是历朝历代名士高儒所崇尚的精神标杆和价值追求。"不受"即为"廉"，"不污"即为"洁"。廉洁文化从古至今都是中华文化的重要组成部分，存在于国家的各个方面，是我国时代精神的主心骨，在从政、经商、授业、育人等一系列基本活动中扮演着重要的角色。廉洁是一个人的品行，是一种风格，一种境界。廉洁自律就是自我约束，自我控制，不放纵自己的欲望和行为。一个人的伟大不在于领导别人，而在于管理自己，如果我们面对诱惑能够保持本心，严格自律，坚守正确的价值观，权力观、利益观，就能保持廉洁的品德。高级经理人肩负的责任重大，付出的劳动巨大，取得高薪和其他一些待遇是人们认为理所当然的。我们反对的是那种不正当的侵占和监守自盗的行为。

## 一、严守法纪

遵纪守法是公民清正廉洁做事的基本要求。身居企业高层的职业经理人更是需要用纪律、用法律约束自己的行为，做到不义之财不取，不正之风不沾；遵循行业规范，自身廉洁从业、从严带好队伍、完善企业监督约束机制。特别是国有企业职业经理人，是国家聘任的管理国有资产的掌门人，还要处理好党委和经营层、党的建设和经营管理工作之间的关系，严格执行内控管理及廉洁从业的相关规定，积极履行"一岗双责"，成为有信托责任的有能力的职业经理人。

## 二、秉公办事

秉公办事是由工作所赋予每个人的职责和使命所决定的。自古以来，凡是能够严肃公私界限、秉公办事的人无不在老百姓心目中享有崇高的威望，"公生明，廉生威"，秉公论断才能有效地处理好企业方方面面的利益冲突。秉公办事，才能按照公平公正的原则，把公利与私利统一起来，如果公私不分就容易从个人的感情和利益出发，就很难做到公正、公平，就很可能会被私欲占领了公权，徇私舞弊，贪赃枉法。

## 三、率先垂范

领导者是下属的表率，其一言一行、一举一动都会对下属产生重要的示范作用。一个不爱学习、爱吃喝玩乐的领导，周围一定挤满了众多市侩小人，而一个爱学习的领导，周围一定团结着一群求知上进的下属。领导者只有带好头、树好榜样，才能赢得下属的信任与追随。这种强大的影响力和号召力是任何法定权利都无法与之相比的。"其身正，不令而行；其身不正，虽令不从"。论语中的这句话也是对领导力的一种注解，意思是只要自己的行为端正，就算不下任何命令，部下也会遵从执行；如果自己的行为不端正，那么无论制定什么政策规章，部下也不会遵从执行。因此，正人先正己，这是自古以来为政、为将、为教者的准则及其号召力之所在。

# 第七节　进取与超越

并不是有了奋斗的目标、精神和毅力，离成功就只是个时间问题了。企业经营的环境异常复杂，正如一句话所言：前途是光明的，道路是曲折的。在前进的道路上，我们总会遇到很多困难和挑战，而且要经历许多不可把握甚至未知的风险。遇到困难，绝无畏缩，正视积极面同时不忽视否定面，这是面对现实的积极态度。不断寻求突破，改变现状，开创未来，应是职业经理人的基本风貌。超越别人，不能算真正的超越；超越从前的自己才是真正的超越。那么如何来超越自我呢？就是要打破现在的状态，敢于向未知的领域挺进，企业家开创的往往是别人没有走过的道路，必须具有冒险精神。"敢于冒险，积极进取，奋斗不已"是走向成功的加速器。

## 一、时刻保持使命感和责任感

杰克·韦尔奇说：使命感指引人们向何处前进，价值观则是引领人们到达目的地的行动准则。肩负起企业经营发展的使命感会给我们清晰地指引一个方向，告诉我们"应该"去赢得成功，鼓舞雄心壮志，让我们感到自己在从事一项伟大的事业。因此，职业经理人应时刻牢记这种使命与责任，内化于心，勇于承担，成为一个对企业负责、对社会负责的栋梁之材。古今中外，重要的历史事件、成功的历史人物，无不与领袖的责任心使命感相关联。年轻的秦始皇立志统一中国；周恩来立志为中华之崛起而读书；毛泽东立志砸烂旧世界，解放全中国。

每一个职位所规定的工作任务就是一份责任，当一个人去完成某一项工作时，实质上就是在履行一种契约责任感，就是对契约的遵守和敬畏，只有信仰的力量和自我约束才能促使一个人不仅能准确无误地去完成工作，而且甚至比要求的做得还出色，在完成工作的过程中，不但做到没有怨言，而且还充满着自豪和荣耀，让责任感成为自己的工作习惯。责任感既不是一个承担压力的痛苦过程也不是一个非做不可的苦差事，它是一种源自内心的高度自觉。责任感就是源自内心的自我高标准要求，决定工作质量与成败。

古人云："不患无策，只怕无心。"责任是分内应做的事情，是一种客观需要，也是一种主观追求，有了责任心就有了做好工作的激情和动力，做起工作来就会积极主动用心，没有责任心，就不会有主动性自觉性。责任心强，就会在其位谋其政，行其权负其责，精力就会集中在发展上，积极主动的想办法出主意，措施执行起来就会真正做到，没有任何借口，不发任何牢骚，不谈任何条件，不讲任何代价，不计任何得失。相反，责任心不强，碰到问题不解决，遇到矛盾绕着走，对职责内的事情该抓的不抓，该管的不管，结果就会困难越来越大，问题越积越多，发展越来越慢，由此可见工作有难易之分，但关键要有责任心。

## 二、克服职业疲倦和自满思想

(一) 克服职业高原期反应

在任何组织里，管理职位总是有限的，尤其是高层管理者的职位，数量更少。职业经理人在完成了从专业精英到管理者的转变之后，在某一职位上可能会停留较长时间，这时候，他们感觉晋升无望，所以有的就离职跳槽了，没有离开组织的，也不如以往那样动力十足，更有甚者，在思想上"提前退休"了。如果一位职业经理人只关注职位高低，必然会出现这种结果。作为职业经理人，应该认识到，虽然职位不再晋升，但随着角色的转变——从管理者到领导者、从领导者到教练，其价值越来越大，因此其职业生涯更加丰富多彩。成功的职业发展并非一条直线通向峰顶，而是表现为一连串的 S 形曲线。随着职责范围的扩大，会产生困惑和迷失方向，但这些并不意味着没有更大的空间和舞台，理性认识，及早应对，可以在职业发展道路上重整旗鼓、再攀高峰。

（二）变革是一个永恒的主题

如果说未来有什么肯定发生，那只有一件事是肯定的，即未来是不同于以往的。对于组织发展来讲也只有一件事是肯定的，即不断变革。几乎所有的管理者都将面对这样一种严酷的事实：无论组织设计得如何完美，在运行了一段时间以后都必须进行变革。世界各地任何精明的商人都乐于尝试新鲜事物，那是因为大多数企业要活下去就必须越来越频繁地进行变革。成功企业的经营者都不断地发动着变革，引领企业战略发展走向，特别是在企业需要巨大变革的关键时期，更是起着决定性的作用。没有郭士纳的强力推行，IBM 向服务型企业的转变会异常艰难，也许会就此走向衰败；没有韦尔奇的大刀阔斧，甚至独断专行，GE 如大象般臃肿的机构难以变得如此轻灵。"未来的企业"将组织内部的变革视为一种常态。

（三）克服职业疲倦期

职业发展之路，就像一场漫长的马拉松比赛，需要耐力、智力、技巧和热忱。在职业生涯中的不同阶段，对职业经理人的角色、思维和能力构成都会有不同的要求，这些要求甚至极为苛刻。只有那些始终保有一份信念和激情的人，才能坚持到实现个人的理想和企业成功的那一刻。有时在一个职位上停滞久了，难免会产生灰心与倦怠。这时除了依赖既有的职业发展体系以外，作为个体，也要停下来思考：我还能做些什么？怎样才能重新点燃激情？为此我要做些什么准备？保持激情，主动拓展空间，学习新的知识，开辟新的可能性，只有在工作中不断添加创新的内容，才能一直保持工作的新鲜感和不断进取的激情；将工作当作一份事业，更多地去思考如何承担社会责任，发挥自我价值，这是更高尚的职业理想。职业发展的过程类似"之"字型，每过一个阶段就会有一个转折或者"瓶颈"。当处于瓶颈期的时候，激情可以帮助你渡过难关，而一旦进入下一个平稳期，理性可以更好地帮助你梳理情绪和维持良好的工作状态。激情和理性在整个职业生涯过程中，交替地占据着主导。

## 三、把握企业机遇创造性发展

机遇到来时，往往是同风险一起伴随而来。在激烈的市场竞争中，企业家时时刻刻面对着风险，想逃避都不可能。只有敢冒风险，战胜风险，才会不仅为企业带来长久生命，而且使自己作为一个领导者的生命更加辉煌。没有敢冒风险和承担风险的魄力，就不可能成为企业家。企业创新风险是二进制的，要么成功，要么失败，只能对冲不能交易，企业家没有别的第三条道路。当前，作为继农业经济、工业经济之后的主要经济形态，数字经济是以数据资源为关键要素，以现代信息网络为主要载体，以信息通信技术融合应用、全要素数字化转型为重要推动力，促进公平与效率更加统一的新经济形态。在这个日益数字化的时代，发展数字经济是把握机遇、赢得未来的战略选择。在市场经济中，风险无处不在，优秀企业家善于从风险中发现机遇。机遇是上帝掷下的骰子，辨识并抓住机遇意味着成功在握。然而，风险与挑战并存，绝佳的机会往往又伴随着巨大的风险。数据成为新型生产要素，新型基础设施体系建设如火如荼，数字中国、新基建都已上升为国家战略，中国数字经济发展的时代大幕已然拉开。巨大的机遇之外，每个行业、每个企业都将迎来新的挑战，甚至颠覆，市场的变化所带来的挑战前所未有，职业经理人是站在迎接浪潮的头排勇士，必须源源不断地去处理变化，他们在变化中学习、创新、思考，创造性地思考如何应对千变万化的市场。

## 四、突破瓶颈实现创新发展

企业发展都面临着一个非常严峻的现实是：如果停步不前，就会失去立足之地。成功的企业领导者们都清楚这一点，因而他们总是不停地思考，适应环境，进行创新。他们懂得，如果你满足于现在的状况，你就丧失了创新能力，而创新则是人类发展的主要源泉。面对新发展格局、面对新的战略机遇期，职业经理人要勇担创新使命，勇闯无人区，在没有人走过的创新路上收获最美的风景。无论是民企还是央企、新经济企业还是传统经济企业，向上连接着技术、向下连接着市场，集聚了创新所需的人才、资本和机制，我们都是创新的主体。

俗话说，思路决定出路，有创新的意识，才有创新的活动。所以，作为企业领导者的企业家，任何重大决策都几乎关系到企业未来。在创新型的市场环境下，任何事物都处于变化当中，唯有变是不变的真理，守旧不肯接受新生产方式和采纳新技术、不运用创造性思想必将被历史淘汰。企业创新是一个有领导、有组织、有目的的活动，只有经过企业领导者的深思熟虑、周密部署，才可能达到预期的效果。从根本上说，企业家一贯坚定不移的创新作风是对企业发展的最大贡献。要突破自己固有的思维模式和业务模式，通过资源的跨界融合实现瓶颈的突破，以自身行动给企业赋能，让创新在企业工作中蔚然成风。

## 案例 33-7　京东抓住物流行业十年一遇的黄金机遇

中国既是制造业大国，也是消费大国。我们的社会供应链，一头是 900 多万种品类、几十万的品牌商和制造企业，另一头是超过 5 亿的消费人群。然而，我国供应链效率较低且供应链成本不断上升。中国的物流总费用高达美国的两倍。数字经济时代，在重塑数智化社会供应链价值上，京东采用数字技术将起到关键作用，抓住物流行业十年一遇的黄金机遇。

2021 年京东物流确定的主要服务领域涉及六大行业，即 3C、快消、家电家居、服装、汽车、生鲜。针对 3C 行业的数字化集成供应链解决方案+工业协同物流模式、针对快消行业的智能化园区+全渠道多场景一盘货的模式、针对家电家居领域的渠道数字化变革+仓干支装全链服务模式等，在服装领域智能补调+正逆向仓配一体相结合提升供应链效率，在汽车领域为汽车企业提供售后备件国内国际一体化服务，在生鲜领域提供连锁餐饮一体化服务、医药行业推动医药流通供应链变革等。

京东拥有世界上最快的 4 分钟送达时间和 31 天最短库存周转周期。每年"618"都会产生万亿级的数据洪峰，这样的数据量达到了一秒钟能让数百个鸟巢体育场坐满人的级别。京东云不仅能安全、稳定地应对这些数据挑战，同时也有力支持了世界最快送达、最短库存周转周期的实现。京东还可以反向定制模式，从消费端需求侧的大数据，反推产品设计、产能投放、产品流通等各个环节，让制造者精准对话消费者，重塑最大数智化社会供应链。京东在全渠道零售行业具有数字化的领先优势，已经成为智能零售巨头。

事实印证了刘强东的"超神预判"：未来的快递物流市场上能活下来的快递物流企业不会太多，可能就只有几家，而京东物流就是其中的一家。当初刘强东在发展京东商城的时候也大胆提出了自营物流的概念，在这之后，京东也一直都在大力发展自己的物流体系，虽然说京东快递一直都是处于亏损的状态，但是刘强东始终都没有放弃自己发展物流的梦想。近期，就在顺丰快递和京东快递在全国争夺客户的时候，国内的两大快递巨头企业全峰快递和国通快递却悄无声息地退出了这场电商与快递双双高速发展的时代，而这两大快递企业倒下之后，也让刘强东的京东迎来了高速发展的黄金时代。

（资料来源：房煜 . 京东这次先下手为强，抓住物流行业十年一遇的黄金机遇，https：//www.cyzone.cn/article/655528.html.）

**推荐阅读**

1. 特怀拉·萨伯，马克·莱特：创造力：如何将不可能变为可能 ［M］. 李玲，译. 北京：九州出版社，2004.

2. 温亚震，张伟. 职业经理人九项修炼 ［M］. 北京：机械工业出版社，2008.

**思考题**

1. 职业作风定义、内涵和意义分别是什么？

2. 职业经理人职业作风的基本特征有哪些？

3. 建立职业经理人优秀的职业作风包括哪些？

4. 职业经理人职业作风的时代特征有哪些？

# 第三十四章　职业经理人职业心理

## 学习目标

1. 掌握职业经理人良好的职业心理品质；

2. 懂得职业经理人职业心理压力的来源、途径；

3. 了解职业经理人职业心理结构和心理特点；

4. 会用职业经理人职业心理知识分析自身职业心理情况；

5. 完成案例分析、训练实践。

## 第一节　职业经理人职业心理内涵与特点

### 一、职业心理内涵

心理是指个体对客观物质世界的主观反映，人的心理包括心理过程和心理特性。心理过程可分为认知过程、情感过程和意志过程。心理特征可分为个性心理倾向和个性心理特征，如兴趣、动机、需要等属于前者，能力、性格、气质等属于后者。

职业心理是人们在职业活动中表现出的认识、情感、意志等相对稳定的心理倾向或个性特征。职业也有拟人化的心理和性格，不同的职业具有不同的性格特质。在职业心理中，性格影响着一个人对职业的适应性，一定性格的人适于从事一定性格特质的职业；同时，不同的职业对人也有不同的性格要求。在求职的路上，清晰自己所选择的职业性格对于自己的职业发展来说是非常关键的。

职业经理人的职业心理指其对职业的认知、情感、意志、承受等与其职业相适应与匹配的稳定的心理倾向或个性特征。职业经理人在职业生涯中承受着巨大的压力与挑战，不少职业经理人出现了不同程度的心理健康问题，对其职业成长和发展造成十分不利的影响；还有职业经理人分不清个人心态和职业心态，凭自己的情绪来对待工作，对个人和组织都是不利的。因此，主动把握职业经理人的职业心理特征，对于了解职场情境、塑造良好的职场心理品质、化解某些心理危机、解决职场心理健康问题，有着特别的意义。

## 二、职业心理特点

一般认为，一个出色的职业经理人应具有以下心理特点：

第一，自知和自信。自知即自知之明，一个聪明的职业经理往往能清晰地知道自己的长处和短处，在企业运作过程中善于扬长避短，善于决定什么能干什么不能干，这样就能领导企业走上成功之路；自信就是始终对自己抱有足够的信心，保持旺盛的勇气。"伟大"之所以成为伟大，就是在同样处于逆境时，大多数人沉沦，而"伟大"依然以达到目标为原则，满怀信心，激励自己。

第二，意志和胆识。意志坚强、富有胆识的职业经理人，能超越世俗，战胜自我，善于在工作中抓住最本质、最有价值的因素，敢于面对挑战和失败，敢于承受舆论的压力，达到一种"心理自由"境界，勇作为、敢担当。

第三，宽容和忍耐。宽容主要表现在对人上，它有两层意思：一个是对有过错误的人或反对过自己的人要宽容，另一个是对比自己能力强的人不嫉妒。忍耐则更多地表现在对事上，对条件、局势、时间的承受能力上，瞄准目标、负重前行。

第四，奉献与追求。一个成功的职业经理人必须要有甘愿奉献和追求卓越职业精神。在与别人合作时保持热情真诚、甘愿付出、不计个人得失；在与同行业、不同行业的竞争中追求卓越，保持创新，完善自我，推动企业不断革新，引领企业的发展达到一个更高的境界。

# 第二节　职业经理人的良好心理品质

职业经理人群体在职业生涯中不断修为、自觉锤炼，形成了职业经理人独特的心理特征，概括起来有以下良好的心理品质，即认知清晰、自信通达、担当自强、克制不倦。

## 一、认知清晰

（一）通晓关联、把握趋势

即知晓事物组成要素，评估变化关联关系，把握事物变化趋势。

1. 认识清楚、通晓变化、把握规律

《大学》说，"知止而后能定，定而后能静，静而后能安，安而后能虑，虑而后能得。"职业经理人必须对当前的经济形势、行业趋势有清楚的认识，对自己在企业的发展要有明确的思路，在企业经营严峻的形势下，职业经理人应当严格遵守职业道德、职场操守，坚持专业化治理、职业化准则。

职业经理人要具有精通市场经济知识和把握内在规律的能力。在市场经济体制下，企业面临越来越激烈的竞争，只有加强企业的自身建设，建立起与市场经济规律相适应的生产机制和管理机制，以及与生产经营相配套的高质量的员工队伍，才能生产出高质量的产品，这就对职业经理人提出了高标准的要求，必须精通市场经济知识和具备把握内在规律的能力。

由于企业组织内部与外部存在着多重关系结构，并且相互作用构成了企业组织系统，但是这个系统具有不稳定性，各种变化也随时发生。所以职业经理人需要具备评估变化关联关系、把握变化趋势的能力，有自己对行业乃至对社会独特的见解，有全面的、长远的规划和近期的计划，对于投资人尊重但不盲从，以经营业绩为核心，充分尊重经济规律，在各种关联中左右逢源、总揽全局。

2. 了解大势、综合分析、运筹帷幄

伴随着企业规模的日益扩大及市场竞争的日趋剧烈，企业需要不断地因时而变，不断生成新的经营、管理模式。变是绝对的，不变是相对的，变是常态，变是企业生存开展之根本。所以，职业经理人需要善于审时度势，敏锐、快捷地捕捉最新的市场信息，及时地为企业制定应变之策，稍有懈怠，就可能贻误商机。同时，职业经理人还需要居安思危，综合分析企业所处的内外部环境，深谙祸福相依之理。在事业开展非常顺利时，要时刻提醒自己"高处不胜寒"；当事业开展处于低潮时，要卧薪尝胆，休养生息提升自我，通过综合分析环境捕捉新的商机及战机。总之，了解变化之势，通过综合分析做到心中有数，即可明察秋毫，高瞻远瞩，运筹帷幄，决胜千里。

不论职业经理人身处哪个行业，遇到问题最重要的是能否站在行业的角度去思考问题。如果职业经理人统揽全局的能力强，那么看待问题就不是简单的就事论事，而是向着一个更加有前瞻性的方向去分析。尤其是进行市场预测的时候，职业经理人的这种能力就显得更加重要。不谋全局者，不足以谋一隅。站得高才能看得远，具有整体行业理解的大局观，才能使职业经理人在经营决策中找准方向，运筹帷幄。

(二) 主次明晰、先后明确

即能够从诸多因素中判断事物性质、层次及其重要程度。

1. 具有准确的认知力和判断力，做到知己知彼

职业经理人需要站在企业改革与发展的高度，运用智慧围绕企业的重要要务准确地开展工作，厘清事情原委，集中精力把握实质解决问题。由美国第 34 任总统德怀特·戴维·艾森豪威尔提出的艾森豪威尔法则，也叫四象限法，是时间管理理论的一

个重要方法，即有重点地把主要的精力和时间集中地放在处理那些重要但不紧急的工作上，这样可以做到未雨绸缪，防患于未然。管理学家德鲁克说：有效的管理者会极为审慎地设定自己的工作优先顺序，随时进行必要的检讨，毅然决然地抛弃那些过时的任务，或者推迟做那些次要的任务。

职业经理人一定是充分了解自己、了解对手，知晓了解竞争对手的重要性，对"己"和"彼"有清晰的判断，做到"知己知彼，百战不殆"。知己是知彼的前提，知己是为了更好的知彼。通过知彼，反观自己，找到自身的差距；通过知己，了解自身的所长所短、优势不足，才能取长补短。只有充分了解企业自身在市场竞争中的位置，了解自身的所有竞争优势，才能有所比较，更好地了解竞争对手的特点所在。这样才能在竞争中进退有度，准确把握时机，保持竞争优势。

2. 具有善悟善思和反思审视的能力，做到智慧前行

生活中，同样是"0"和"1"，有的人一辈子就只知道它是阿拉伯数字，但有的人却用它创造了二进制发明了电脑，改变了人类的生活。这种发明就是善悟善思、反思智慧的结晶。什么是悟性？可以理解为：①在最短的时间里抓住机会；②不会被事物表象迷惑；③能够以一晓百，一点就通；④站在现在看未来。总结起来，悟性就是要具备四种要素：敏锐、洞察、逆向思维、前瞻性。职业经理人应该敏锐地捕捉到影响企业发展的各种信息，能够从繁杂的信息中洞察关键因素、主要影响，运用发散的、逆向的思维推论发展趋势，提出具有前瞻性、发展性的策略，运用自己的经验智慧引导企业在竞争的激流中不断前行。

（三）审时度势，切中事理

即把握当下大势，明确企业地位，发展掌控得当，具有前瞻预判性。

1. 准确的预见力

在现代社会中，领导者预测未来的能力显得越来越重要。过去是凭传统经验进行预测，而现今的信息技术缩短了国与国、地区与地区、人与人之间的时空距离，也加快了技术更新和市场产品更迭，职业经理人在集中精力抓好当前工作的同时，更需要考虑明天、规划未来。成功职业经理人必须具备良好预见力。预见力，不是主观臆断，而是有科学地获取信息的习惯、系统性思考问题的习惯、敏锐发现形势变化的观察力等行为，时时关注市场，时时走在市场前面，领先一步。企业计划实施到行动推动难免有风险，但要努力降低风险，职业经理人应致力追求。多深想一点，多思虑一些，多预留一步，对事物发展了然于胸，这是成功职业经理人预见力的高境界。

2. 深邃的洞察力

洞察力应该是敏锐地捕捉到影响企业发展的各种信息，能够从繁杂的信息中洞察关键因素、主要影响，及时发现问题、提出解决问题的策略，并付诸行动。职业经理

人深邃的洞察力包括深入观察业界的发展方向，发现行业竞争突破点，树立独树一帜的组织风格，确立产品的发展方向和服务范围等。成功的职业经理人应具有对环境的敏感性，随时关注冲突发生的可能，洞察其内在及潜在原因，预测可能发生的结果，控制和减少不良冲突的产生，解决冲突所暴露的问题；同时，还要力图掌握冲突可能带来的组织不均衡，并利用冲突所激发的创造力，强化正面作用，降低负面损失。洞察力不仅体现在对企业的发展起推动作用，还体现在对企业发生不知不觉的滑坡现象起预防作用。

## 阅读专栏 34-1　何帮喜经营感言

做事要考虑结果，抱有最好的希望，但也要做最坏的打算，要事事处处规范认真，守法守规，如有不周之处，也要认真评判事项的预期，随时调整或纠正，以防事后难有回旋之术。

调整心态，让心态更好；调整思维，让思维更清晰；增长见识，让判断更准确；提高能力，把事情做得更好。比勤奋更重要的就是学习和见识。学习和见识是最好的提升。先思考别人的失败，再学习别人的成功。善于总结，提升自我。宁可备而不用，不可用时无备。要懂得：思路决定出路，见识决定意识，观念决定未来，格局决定结局，心态决定命运。

（资料来源：民银国际 XIMA® 希玛民银国际：《企业经营者何帮喜的感悟和直言三十条》）

## 二、自信通达

（一）平和心态、客观理智

即对自身和所处环境的人和事能够客观平和看待，不居才傲视，不自卑自怜。

1. 认清职业的自我定位

职业经理人如何给自己一个准确的定位，这是许多经理人仍然迷茫的问题。选择一个合适位置对于经理人来说，是不容易的，关键在于如何准确定位。把握自己的定位，需要考虑自己的定位标准，即你把什么作为自己事业成功的标志或目标，诸如报酬满意度、工作环境适应程度、个性发展空间等。其中还要参照自己的价值观，适应自己的个人偏好、性格取向等。关键在于要把握自己的定位，需要有睿智的头脑，需要看清自己身上的优势与劣势，需要认清自己的风格。

2. 要有海纳百川的胸怀

职业经理人要善于听取和采纳不同意见，勇于承认和改正错误；要善于争取、吸引别人的合作，调动一切积极因素，团结一切可以团结的人。事业的成功需要聚集五湖四海的人才，成就自我的同时成就事业。要有"帮助别人就是帮助自己"的美德，特别是帮助和团结与自己政见不同但对事业发展有利的人一道工作、共同发展。

3. 要有荣辱不惊的淡定心态

职业经理人的职业生涯常常有起伏，这有自身经营的原因，也有环境的因素。作为职业经理人，职责放在首位，至于别人怎么评价你，都能正确面对，不要因为人家看重你、夸奖你就得意忘形，也不要因为人家贬低你、打击你就心怀怨恨。这是职业经理人的一种精神境界。保持一颗平常心，做自己该做之事，坚定地去完成自己的使命。

（二）直面担当、勇于负责

即敢于面对困难和问题，积极寻求解决问题的办法和途径，不推诿、不逃避。

1. 拥有直面困难、战胜困难的勇气

企业经理在执行中是否拥有直面困难、战胜困难的勇气，对企业实际的执行力关系极大。在战略实施的关键阶段或关键时刻，往往是执行意志坚定、勇于执行的人能够抢得先机，畏首畏尾、前怕狼后怕虎的人是把握不住宝贵机会的。成功的职业经理人，大都经历过艰苦的磨炼，善于总结，挫折和困难就会成为成功的阶梯。世间最难的事就是坚持，因为真正能够做到的终究只有少数人。千万不要蜻蜓点水，浅尝辄止；千万不要半途而废，功亏一篑；千万不要一遇挫折，就望而却步。挫折只是暂时的插曲，只要坚持和勇敢应对，一定会有收获。没有经历过挫折的人，大都是不堪一击的。挫折是成长的阶梯，每个人的一生都不会一帆风顺，难免会遭受挫折和不幸。每一次不愉快的经历，都是一种收获，正是有了这样的收获，才会有下一次的成功！矢志进取的人，面对挫折没有抱怨，没有烦恼，没有退却，只有一心向着理想目标奋进。

2. 寻求解决问题的办法和途径

企业的生存发展从本质上来说，只有不断创新，才能不断前进、不断成功。索尼公司的企业原则就是"创新"，一代代经理人都把产品创新作为企业的生命，从而使索尼公司始终站在高技术企业的前列。市场竞争迫使企业必须不断创新，也迫使职业经理人必须具备很强的创新精神。如果说风险意识对于一个经理人非常重要，那么克服风险的唯一途径就是创新，只有创新才能在市场竞争中取得主动，取得新的业绩，也才能从根本上避开风险。

浙商的"四千精神"——走遍千山万水，想尽千方百计，说尽千言万语，吃尽千辛万苦。体现了浙江的创业者在改革开放之初，敢于改革、善于拼搏、不畏艰险寻求发展的群体精神。职业经理人在问题面前，不能束手无策，而是积极主动地千方百计解决问题；直面问题，相信能够战胜困难，"办法总比困难多"就是一种坚定自信的积极态度。

### （三）主动驾驭，勇于前行

即在复杂事物和环境中，朝着期望的方向努力前行，推动企业良性发展。

经理人必定是实干家或实力派，执行是经理人的"重头戏"。决策出台后，经理人要集中精力实施，对所需人、财、物、技术等资源进行合理配置与优化组合，根据市场变化不断调整战术和战略，还要在管理执行中具备相当强的抗风险意识和能力。要把职业经理人放在历史的、动态的背景下看，能否把一个不好的企业做好，把一个战略定位受到挑战的企业创造性地转变，把一个小企业发展壮大，把一个原来小规模的业务做得更有创新和发展，把一个企业组织的潜力全面激发出来推动持续的进步，使企业朝着期望的方向发展，这是职业经理人主动驾驭的具体体现。

## 三、担当自强

### （一）明晰职责，履职尽责

即知晓自己的岗位职责、风险收益，履职尽责，不回避问题，愿意承担后果。

1. 强烈的担责意识

作为职业经理人每天面对的是沉重的压力、烦琐的工作、无休止的加班、无穷尽的努力都源于这两个字：职责。职业经理人完成一件任务时会比其他人花费更多的时间和精力，尽心尽力尽责，以求更加完美和符合目标要求。职业经理人在自己的岗位上要尽自己的责任，具有责无旁贷的主责意识。

2. 全面的担当精神

职业经理人是所在企业的"老大"，面向企业各类事务和各类人群，都呈现出全面负责的态度。不敢担当者永远成不了大气候，最多只能是专业的做事者。职业经理人为委托人担当，委托人就会永远委你重任。对合作班子成员如伙伴，致力于组织的目标、规划和政策的和谐执行，自己勇挑重担为同事担当，同事就会为你分担；对员工如家人，给予他们应有的生活待遇和工作环境、晋升发展机会，为下属担当，下属就会铁了心跟你干；对客户如亲友，为顾客提供更多更好的产品和服务，为合作方担当，就会有源源不断的优势合作；对社会如亲属，面对现在诸如环保、生态、道德、法律等一系列问题，职业经理人看起来犹如一个家庭中的主心骨，为他们排忧解难。

3. 专业的尽责精神

企业管理，如果按管理对象来分，可以分为生产运作管理、营销管理、财务管理、人事管理和采购管理等。在这些专业管理中，有些内容是事关企业生存和发展的全局性、方向性问题，属于战略管理范畴；有些内容是企业日常生产经营活动中经常出现的一般性问题，属于战术或一般管理范畴。所以，我们的职业经理人也会在各个部门负责各项专业管理，也就会产生生产运作经理人、财务经理人、市场营销经理人、企划公关经理人，他们的专业职责也是各不相同的，但各司其职。高级职业经理人必须要承担法人财产的保值增值工作，也就是必须为股东创造价值，为股东的利益着想，这是职业经理人的基本职责，职业经理人永远不要忘了公司的命脉：利润，要孜孜以求地为投资人赢利。正如台塑集团董事长王永庆说的，不赚钱的公司是不道德的。

（二）清晰风险，知晓后果

即立足岗位，清楚知道工作的风险，知晓危机后果，能够从全局和长远的目光，采取措施实现企业目标。

1. 正确认知职场工作的风险

职业经理人接受的委托代理协议约定的绩效和薪酬，是必须乘风破浪到达成功彼岸的结果，但路途上的险滩暗流比比皆是。企业在运行过程中时刻面临着各种风险，有些来自内部，有些来自外部，如政策风险、法律风险、市场风险、管理风险、财务风险、金融风险、品牌风险等，各种变化都可能给企业带来风险。一旦风险来临而不能及时化解，轻则导致企业面临损失，重则可能让企业失败破产。职业经理人成功者固然会获得丰厚的回报，而失败者不仅将失去他的收入，还可能失去终身的职场信誉。对于职业经理人来说，他必须直接面对任何一种风险所带来的损失，而且一旦企业经营不好，所有的员工和高管都可以辞职，但是职业经理人却必须善始善终，他们是最后的风险承担者。

2. 善于克服惧怕未知的心理障碍

经营管理工作经常会出现一些从未遇到过的情况，如果对未知有恐惧的心态会阻碍工作的开展。职业经理人应自觉克服惧怕未知心理，主动选择并尝试一些新事物，结识更多的新朋友，置身于一些新的环境，邀请一些与自己观点不同、性格不一的人进行交谈，走出舒适区，打破自己熟人圈子，积极探索新的领域，积极地向新的方向努力。

3. 具有冒险精神和非凡胆略

"接受挑战，你就能感受到胜利的喜悦。"职业经理人具有冒险精神是这一职业性质决定的。冒险其实也是一种胆识，一种自信，这也是一个成功的职业经理人会不同于他人的关键之处。冒险精神要求职业经理人要时时刻刻拥有对市场判断的勇气与洞察力，要有勇有谋地去走别人不敢走的路，要预见到冒险后的得失，不能盲目地异想天开。冒险精神其实也可以这样理解，就是不拘泥、不怕错，犯错误有时是正确的开始，这是经营中存在的一条永恒的悖论。成功的职业经理人常常先声夺人地打破一些不成文的规则，用非凡的胆略突破传统束缚，不拘泥于常规、死守于陈条，体现着对常规的变通能力和非凡的胆识，用非凡的胆略成就了自己非凡的事业。

（三）平衡利益，均衡得失

即能够有效处理个人利益得失及相关者的利益关系，实现利益均衡、共事多赢。

1. 大度从容，不过多计较个人得失，平衡多方利益

职业经理人处在企业所有者和员工之间，企业的利益、个人的利益和员工的利益之间发生冲突时，需要职业经理人周旋其间。大度、从容和不过多计较个人得失是平衡各方利益的基本前提。企业中的各种人与人、人与事之间的矛盾，最终都可以归纳到各方利益之间的冲突，作为各方利益汇聚点的职业经理人，需要分清个人利益和企业利益之间的关系，把企业利益和股东利益放在首位，防止个人利益的过分膨胀给企业带来无法弥补的损失。

在平衡各方利益的时候，职业经理人要把握住三个基本点：第一，懂得奉献。职业经理人是用自己的才能和知识获得职业发展的智力劳动者，职业要求他在面对各方利益冲突时必须学会换位思考。当职业经理人和股东的想法发生冲突、暂时不能达成一致时，经理人需要学会取舍，适度放弃某些个人利益往往是解决问题的第一步。反之，如果私欲过重，在工作中表面上口唱高调，实际上处处把个人利益放在首位，就无法得到股东和广大员工的认可。第二，关注大局。观念的冲突、价值观的矛盾、办事方法的不同、思维模式的各异是所有经理人都常常遇到的挑战，解决各种冲突和矛盾的方法是抓大放小，只有从淡化不同开始，才能找到彼此的共同目标，最终走到一起。如果职业经理人斤斤计较，在细节方面纠缠过多，就会失去解决问题的机会，所谓小商小贩言利，巨贾鸿商言义正是这个道理。第三，包容异己。用人的一技之长很容易被人接受，难的是在实际工作中容人之短。在公司的实际工作中，员工的能力和个性常成正比，如果一个职业经理人不能容人之短，那么他的手下就只能都是庸庸碌碌之辈，所以要宽以待人。

2. 权衡得失，实现共赢

职业经理人首先作为大股东利益的代理人，他的行为操守应以不损害大股东利益为主，这是商业管理中普遍遵循的价值准则。经理人与所有者之间存在着左右权衡选择的利益关系，所有者委托经理人是为了使自己的收益最大化，要求经理人一切行为都是为了使企业价值最大化，但经理人也存在私人利益的考虑，如果这些利益不能得到很好地满足，尤其这些利益与企业价值最大化目标冲突时，经理人面对利益冲突，一般会做出多方权衡，多方面的得失比较会得到较优决策，经过一番博弈的结果，往往是不会因为个人利益而损害企业所有者利益。

再者，职业经理人还是企业分配制度的重要决定者，决定着各级管理人员、技术人员与劳务人员的薪资状况，决定着当期利润和未来收益的分配方式，平衡着企业所得与股东所得的结构。职业经理人要积极的、面向未来发展的处理以上关系，实现企

业所有者和利益相关者共事多赢。

3. 厘清关联利益，实现共赢

企业生产经营直至利润产生，除了劳动是价值的源泉，资本、土地、知识、技术、管理、数据等生产要素都具有重要的要素贡献，职业经理人应该从劳动者、管理者、创新者、出资人、风险承担人等多重角色出发，并从劳动者报酬、管理者报酬、创新者报酬、出资人报酬、风险承担人报酬等方面，来全面认识财富的来源，建立合理的企业按贡献给予报酬的分配机制。

多年来，商界长期奉行"股东至上"的信条，但随着经济不平等加剧、社会对企业信任感逐渐下滑等，都在提醒商界在创造收益的同时，必须担负起相应的社会责任，考虑所有利益相关者的福祉。尽管企业决策权往往仍掌握在少数只追求自身利益的股东手里，但是职业经理人要主张进行系统性改革，促进所有权和决策权向包括员工在内的其他利益相关者转移，权力更公平地分配给构成该社会的所有利益相关者，而股东和董事会的构成更具包容性是让利益相关者通过企业获取成功的关键。

## 四、克制不倦

（一）把握方向，明确目标

即无论事情大小、工作轻重，凡事要有目的、实施要有计划、落实要有措施、执行要有责任，事后要有对标。

1. 把握方向，布局谋篇

职业经理人要提高领导能力和执行能力很重要的一项就是把握方向、布局谋篇的能力。职业经理人不仅在产品竞争层面谋划企业成长，快过竞争对手，同时也注重企业发展的战略布局，优化企业在本行业及相关行业上的资源分配，开创新的商业模式，融入或改变竞争格局，培育企业更多的增长点，为企业争取更加长远的发展空间，促使企业的价值提升。

从设置战略到阐明意义，使战略能够变为行动。出色的职业经理人不仅要做好业务上的战略布局谋划和强力执行，还要把不断创新和追求进步的精神根植于企业之中，让企业宗旨理念、发展战略、目标策略等成为企业文化，深入到员工的思想中。

2. 瞄定目标，明确愿景

就职业经理人自身的成长而言，是一个不断成熟、自我完善的过程，在这其中尤为重要的就是"目标明确、永不言败"。面对困难仍然坚定追求，寻规而为，实现自己确定的职业规划目标。因为"人因梦想而伟大"，有了伟大的梦想，做事情就会有一个清楚的方向、明确的目的，当出现问题或干扰时会依照事先确定的目标和愿景去做选择。有关研究列出了魅力型领导的三个特点：①具有明确的目标；②对目标的实现有不可动摇的信念；③能够向下属转达这些目标的内容和实现目标的信心。还有研究认为，最杰出和最成功的领导者有四种能力：①令人折服的远见和目标意识；②能清晰表达这一目标，使下属明确理解；③对这一目标的追求表现出一致性和全身心的投入；④了解自己的实力并以此作为资本。

3. 孜孜追求，分步实现

俗话说："不积跬步，无以至千里；不积小流，无以成江海。" 只有坚持才能使其他的努力变得有意义，所以坚持是成功者的品格，失败者只是热衷于各种各样的开始。有所不为体现在自我选择的能力，即具有强烈的自律意识。生活中无处不存在着诱惑，但是人的精力和时间终归是有限的，如果做不到克服诱惑、心无旁骛，那么终将半途而废，一事无成。孔子说立志有恒，任何事业成功和道德修为都是专心和恒心的结果。在目标实现的过程中，按照既定的目标和路径来努力，还需要根据商业竞争根据实际情况不断校准和调整战略目标，紧密地了解发展动态，敏捷地组织资源对目标进行承接。正如华为公司所说：哪有完美的战略，战略都是在战场中打出来的，但是组织要高度敏捷和动态调整。时刻保持具有足够的勇气去直视问题，具有更豁达的心态去解决问题，需要高屋建瓴的认识、有意义的目标、顽强的意志和真诚的自省才能获取成功。同时，职业经理人在追求自我价值实现的过程中成为最好的自己，拥有幸福快乐、健康丰满的人生。

（二）不畏挫折，不惧困难

即敢于面对挫折，愈挫愈勇，迎着困难坚定推进工作。

1. 学会适应

适应发展变化是职业经理人必经课题，应以积极的心态去适应团队、适应岗位要求、适应社会。首先，职业经理人要正确处理与委托人的关系，尽管职业经理人有专业水平和能力，懂得企业运作规律，但委托人大都具有艰苦的创业经历，产生独特的经营管理的思考，还会有非常强的个性。职业经理人适应委托者个性，促进形成对企业发展的共识是一个挑战。其次，企业原有的发展经历注定具有强烈的企业文化，无论这种是否适合前进的方向，但客观存在的文化特征是职业经理人必须驾驭的，必须带领文化变革以适应未来的发展。最后，原有的管理队伍、原有的业务流程、原有的外部客户等，作为"空降兵"的职业经理人都需要快速稳妥接受，扬帆开启新航。

2. 克难制胜

习近平总书记指出："坚定的理想信念，永远是激励我们奋勇向前、克难制胜不竭的力量源泉"。回顾中国共产党百年征程，党之所以能逐步发展壮大，在腥风血雨中能够一次次绝境重生，在攻坚克难中能够不断从胜利走向胜利，根本原因就在于不管是处于顺境还是逆境，我们党始终坚守为中国人民谋幸福、为中华民族谋复兴这个初心和使命，义无反顾向着这个目标前进，从而赢得了人民衷心拥护和坚定支持。在经济发展中经历了磨难并且能够继续前行的职业经理人才有可能成为出色的职业经理人，在逆境中拼搏，奋发图强，经历成败，历练磨砺，是一种精神财富。

（三）疏解压力，控制局势

即学会释放工作中的压力，能够变压力为动力，掌控工作趋势，把握大局基调。

1. 舒压解压

压力是人类的一种自然本能，环境因素与个体特征相互作用引起的个体焦虑反应，导致个体生理、心理和行为的变化，压力感便油然而生。压力就是一件事情或一个问题在心理上引起的紧迫感，一些研究者把工作压力分为三类：一是正性压力，是个体趋于健康和成熟的心理状态，利用压力，可以提升自己；二是中性压力，没有后续效应，不分好与坏；三是负性压力，属于消极压力，面对环境或突发事件会产生恐惧或愤怒情绪，引发生理、心理和行为的负性变化。对于职业经理人来说压力无处不在，无时不有。

我国经济社会处在深刻的转型期和变革期，面对市场转型、产品升级换代、供给侧结构性改革、不确定性因素增大等，作为职业经理人，需要满足复杂的利益相关方的利益、权衡决策、解决冲突、追逐利润、关系变更等，在追求卓越的同时也要能平衡和缓解自身的压力，不能有效地管理压力的人，会使压力越来越高，最后冲破压力阈值，变得易冲动、焦虑或抑郁。职业经理人需要稳定的心理状态和健康的身体状态，采取好的睡眠与适度冥想、积极运动、保持活力、合理搭配饮食、常常与人交谈、积极的思维方式、运用时间管理措施等，用良好的生活习惯分解和排序事物消除压力、提高工作效率。

2. 探源压力

职业经理人的压力源于两个方面：

（1）来自组织即企业自身的压力。①企业危机感让经理人产生压力。一个经理人对企业、行业越了解，越容易产生危机感，形成压力。这个压力是随着自己身份与企业融合后的使命与主人翁心态产生的与企业共进退的压力。②职业危机感让经理人产生压力。当企业规模较大，自己能力与企业发展不完全匹配时担心自己胜任不了工作；当企业规模较小处于创业期或成长期时担心自己不能把企业引向发展期和成熟期，这是职业能力与岗位的匹配失衡引发的压力。③业绩提升压力。担心自己没有给企业创造价值产生的压力。④角色关系让经理人产生的压力。随着企业规模越来越大，企业引进的职业经理人也会越来越多，经理人之间的能力竞争、关系竞争、多重上司引发角色冲突，企业正式组织和非正式组织差别作用等，使职业经理人的角色产生多重压力和焦虑。

（2）源于个人因素的压力。西方学者研究制定了一个测量一些生活中的与组织无关的事件引发的压力测量均值范围图，累计分数达到 300 分以上的人有 80% 的可能经历过度心理和生理压力。心理压力给职业经理人在工作中造成的心理和行为障碍有：一是无法树立正确的价值观，在参与利益共同体的经营中，存在强烈的雇佣意识，短期效应明显；二是无法适应错综复杂的内部人事环境和企业外部环境，人格扭曲，会使其变得焦虑急躁、处事不当、矛盾激化；三是地域文化方面的背景差异，"融入"困难，组织管理环节上的不畅，感到力不从心；四是由于沟通的不畅，恐慌而不自信，导致信任度下降；五是自我感觉太好，恃才放旷，否定原有企业的成效；六是角色意识模糊，"越位"而不到位，造成工作氛围的紧张和不协调。

职业经理人在企业的经营管理中，与一般员工不同，经理人不能回避压力事件，而是善于分析压力的来源，善于找出问题的关键，善于解开多重矛盾的困局，才会有真正的淡定自信。

## 阅读专栏 34-2　解压策略

职业经理人的解压策略主要包括自我抵抗压力、自我缓解压力、自我管理压力等层面。具体有以下五个策略：

（1）健康心态，荣禄事外。俗话说心平则气和，气和则人顺，人顺则事成。健康的职业观表现于无私奉献人生，虚心学习修炼，自觉善行品德，平和冷静心态。

（2）提升自身，角色匹配。尽管职业经理人具备了其岗位需要的基本要求，也有了一定的阅历、经验，但环境在变化，市场在变化，技术在提升，商业模式在更新，需要不断拓宽视野，改善心智，虚心学习，与时俱进，提高自己的业务能力，让角色与职位良好匹配。

（3）反思失败，变挫为胜。美国学者把失败分为三个类型：可以预知的失败、不可预知的失败和智慧型失败。可以预知的失败是不用功、不留心造成的粗心失败；不可预知的失败是因工作流程或任务自身难度太大造成的，有许多不确定性造成的；智慧型失败是经过很多次的失败，确定了不能成功的路径和方法，从而为寻找新的方法提供借鉴。对可预知的失败，职业经理人只要行事细致严谨，完全可以避免这类问题和麻烦；对不可预知的失败要慎重决策，细致研究，三思后行；对于智慧型失败要吸取教训，总结经验，把失败当成成功之母，积极地面对失败。

（4）扬长避短，发挥专长。职业经理人应养成"成功—优势—能力强—成功期望提升—目标实现"的思维模式，有助于减少挫折和积累压力。做自己熟悉的事项和了解的领域，做自己有能力完成的事，不做不懂、不熟悉的职业领域，避免角色超载。

即使分管了不熟悉的事情，也要学会有效分权，把自己不熟悉的事交给懂得和熟悉的人去做，善于将自己的角色压力通过组织的流程进行有效地分解和传导，减轻自身压力与负荷。

（5）自我刹车，防范枯竭。职业经理人可能会出现伴随着企业的创业、成长，走过创业期、发展期、成熟期，其努力的边际效益会越来越低。用尽了洪荒之力，企业的业绩却没有较大的增长，产生职业压力和责任压力。这时，应利用外部支持，从友谊和各种非正式组织中去借力舒压；也可以暂时功成身退，去学习充电、休闲放松；或重新在同行业或相近的企业谋职，找到一种新环境和新动力，避免职业枯竭。

# 案例 34-1  做好自己

祝营泽，一个能够在家族企业中站稳的职业经理人，一个能使处于瓶颈阶段的企业再次起飞的职业经理人。

经过猎头的运作，祝营泽来到这家销售额逾亿元、经营消费品的家族式民营企业担任营销总监。来到新环境后，董事长和总经理都多次表态：过去的习惯做法已经不适应新的市场竞争环境，我们迫切需要改革，需要专业的人去做专业的事，请放开手脚干，我们支持你！但有人私下对他说：别搞外企那一套，这个企业不适应，已经有前车之鉴，不然你就是下一个要走的人。一般来说，家族企业经过 20 世纪 80 年代以来的经验型管理至今，积累了大量的实战经验，有很多被认为是约定俗成的"公理"，但随着市场经济的日趋开放化和复杂化，很多优秀的家族企业意识到依靠自身的能力难以在竞争中稳操胜券，很多观念也亟待更新，企业的发展需要大量的专业人才。因此，外聘管理人员增加，高层管理的"空降兵"也应运而生。

祝营泽作为职业经理人，其价值就在于专业性，由此首先从领导层做起，传播和培训一些先进的管理经验和理论，从根本上使家族核心人员认识到自己专业的一面，良好的"洗脑"为从祝营泽开展工作奠定坚实的基础。其次，几年来不间断的主持营销讲座以及行业知识讲座，并聘请专家分析行业竞争态势以及企业战略会诊，并通过其专业的营销战略以及执着的敬业精神，逐渐得到了家族的认可，家族成员逐渐都退出了舞台，这个家族企业也从濒临倒闭到再次腾飞。

## 推荐阅读

1. 杨宗华. 责任胜于能力［M］. 北京：石油工业出版社，2009.

2. 王兴旺. 卓越中层管理：从基层到总经理的高效进阶法 ［M］. 北京：中华工商联合出版社，2020.

## 思考题

1. 职业经理人有哪些心理特点？

2. 职业经理人应该具有哪些心理品质？

3. 职业经理人在哪些方面需要历练自己的心理适应能力？

# 第六部分

# 职业经理人职业能力与技能

# 第三十五章　职业经理人职业能力概述

## 学习目标

1. 理解能力理论的基本理论和观点；

2. 了解胜任素质模型的结构以及形成原因和途径；

3. 了解职业经理人职业能力体系结构；

4. 能够根据行业特点建立本行业职业经理人素质模型。

## 第一节　能力理论

### 一、能力理论概述

能力是具有复杂结构的各种心理品质的总和。心理学家关于能力的结构有许多主张，主要的理论、观点和价值是能力因素说、能力的结构理论、能力的信息加工理论。

（一）能力因素说

美国心理学家桑代克曾对能力做过系统的描述。在他看来，人的能力是由许多独立的成分或因素构成的。

1904年英国心理学家查尔斯·斯皮尔曼提出智力二因论，他认为人类智力包括两种因素：普通因素（以下简称 G 因素）和特殊因素（以下简称 S 因素）。G 因素是人的基本心理潜能，是决定一个人能力高低的主要因素。S 因素是保证人们完成某些特定的作业或活动所必需的因素。

爱德华·李·桑代克是美国心理学家，心理学联结主义的建立者和教育心理学体系的创始人。桑代克反对斯皮尔曼的二因论，提出了"智力三因论"，他认为可能有三种智力：①抽象智力，包括心智能力，特别是处理语言和数学符号的能力；②具体智力，即一个人处理事物的能力；③社会智力，即处理人与人之间相互交往的能力。

为了测量抽象智力，桑代克还与同事设计了 CAVD 智力量表，C. A. V. D. 是量表中四种内容的代号：C-填空补缺、A-算术、V-词汇、D-执行指示，主要测量抽象智力。这个量表共有 17 组测验，每组测验反映一定的智力水平。最低的第 1 组测验运用于三岁的儿童，而部分大学毕业生对最高水平的第 17 组测验，还感到困难。每组测验由 40 个项目构成，平均含有 4 种内容，每种内容各占 10 个项目。

（二）能力的结构理论

把能力看成包含多种成分的复杂结构，形成了能力的结构理论或群因素理论，如吉尔福特的三维智力结构理论和阜南的层次结构理论等。

吉尔福特的智力结构理论：吉尔福特认为，智力可以区分为三个维度，即内容、操作和产物。①智力活动的内容包括听觉、视觉、符号、语义、行为等。他们是智力活动的对象或材料。②智力操作指智力活动的过程，它是由上述种种对象或材料引起的，包括认知、记忆、发散思维、聚合思维、评价。③智力活动的产物是指运用上述智力操作所得到的结果，包括单元、类别、关系、体系、转换、蕴涵。

美国心理学家瑟斯顿提出过智力的群因素论。他认为，智力是由几个彼此无关的"原始心理能力"组成。各种智力活动可分为不同的组群，每一组群中有一种基本的因素是共同的。他概括出七种基本因素：语言理解能力、语言流畅程度、数字能力、空间知觉能力、知觉速度、记忆能力和推理能力。

英国心理学家阜南继承和发展了斯皮尔曼的二因论，提出了能力的层次结构理论。他认为，能力的结构是按层次排列的。智力的最高层次是一般因素（G）；第二层次分两大群，即言语和教育方面的因素、与操作和机械方面的因素，叫大群因素；第三层为小群因素，包括言语、数量、机械、信息、空间信息、用手操作等；第四层次为特殊因素，即各种各样的特殊能力。

（三）能力的信息加工理论

自 20 世纪 70 年代以来，与能力的结构理论不同，能力的信息加工理论把人的能力和智力看成一个过程，它有不同的阶段组成，并且是由某些更高的决策过程组织起来的。认知心理学关于智力结构的研究，以斯腾伯格提出的三元理论、戴斯及其助手提出的"智力的 PASS 模型"最具代表性。

美国耶鲁大学的心理学家斯腾伯格的"智力三元理论"认为人的智力是由三种智力构成：①组合性智力——智力成分亚理论。组合性智力表现在个体的元认知成分、具体操作成分和知识获取成分的认知活动之中，是个体对客体事物或符号的内部表征进行操作的基本信息加工过程。元认知成分主要用于计划、控制和决策的高级认知加工过程。具体操作成分主要用于任务操作时执行不同的策略，包括信息的编码、信息的组合和信息之间的比较以及反应等。知识获取成分主要用于个体获得信息和新知识的过程。②适应性智力——智力情境亚理论。适应性智力阐明个体智力与其环境之间的关系，主要处理个体与外部环境之间的关系。③经验性智力——智力经验亚理论。经验性智力阐明个体智力与其经验之间的关系，主要处理个体解决新问题以及随着经验的增加而将这种认知活动自动化的能力。从经验角度而言，当个体的行为含有对新异性情境的适应或在操作上的自动化时，就表现为一种智慧行为，它在一定程度上反映在处理新任务和新情境的能力，以及对信息的自动化加工能力上。智力包括三种，即适应、选择、改变环境的能力，这三种能力之间基本上是一种层级的关系。总之，智力三元理论整个理论框架包括：组合性智力——元认知成分、具体操作成分、知识获取成分。适应性智力——适应能力、选择能力、改变能力。经验性智力——对新异性情境的适应、对信息自动化加工的能力。

所谓智力 PASS 模型（Plan Attention Simultaneous Successive Processing Model），即"计划—注意—同时性加工—继时性加工"。它包含了三层认知系统和四种认知过程。其中注意系统是整个系统的基础。PASS 模型是加拿大心理学家戴斯、纳格利尔里、柯尔比等人在"必须把智力视作认知过程来重构智力概念"的思想指导下，经过多年的理论和试验的研究论证而提出的。最初它只是作为一种信息加工模型，随后又被描述为一种信息整合模型。直到 1988 年，才被肯定为是认知评价模型。戴斯的智力 PASS 模型，依据智力的本来面目，以认知过程、依据大脑的活动来重建智力，认为人类的认知机能，尤其是人类的高级认知活动，是人类所特有的，因为人类的认知活动发生于文化背景中，并且要使用文化工具。文化历史中像计算机这样的文化工具不仅不断形成着我们的思想内容，而且也不断形成着我们的思维、注意、记忆、学习和解决问题的方式。

## 二、能力素质模型概述

职业经理人的职业能力是其"职业素质"的一个组成部分，职业能力的考量往往会和职业知识、职业道德等联合起来共同考量。"职业素质"可以理解为能够完全胜任某项工作所需要的全部条件，这些条件包括知识结构、工作经验、职业能力、职业素养、成就动机、价值理念、自我认知、性格特征、智商、情商、逆商等。素质模型，能够较为直观表达多种素质对影响职业经理人工作表现的关系。在众多形式的素质模型中，具有代表性的有冰山素质模型、洋葱素质模型和能力素质模型。

（一）冰山模型

素质一词由美国心理学家麦克利兰 1973 年在他的一篇名为"Testing competence rather than intelligence"的文章中首次提出。他在文章中指出：决定一个人在工作上能否取得好的成就，除了拥有工作所必需的知识、技能外，更重要的取决于其深藏在大脑中的人格特质、动机及价值观等。1993 年美国心理学家斯班瑟提出：素质在个体特质中扮演深层且持久的角色，而且能预测一个人在复杂的工作情境及担任重任时的行为表现。此后合益（Hay）集团提出了与职位相对应的胜任素质模型即冰山模型（见图 35-1）。麦克利兰的冰山模型对素质模型的构成要素进行定义：①知识，指个人在某一特定领域拥有事实型或经验型的信息；②技能，指个体能够有效运用知识完成某项具体工作的能力；③社会角色，即个体在公共场合所表现出来的形象、气质和风格；④自我形象，指个体对自身状态感知能力，它包括对自己的长处和弱点、思维模式、解决问题的风格，与人交往的特点以及对自我角色合理定位等的认识；⑤品质，包括气质、性格、兴趣等是个体表现的一贯反应，如性格内外向、不同的气质类型等；⑥动机，指推动个体为达到某种目标而采取一系列行动的内驱力，如成就动机强烈的人会持续不断地为自己设定目标并努力达到。该模型显示居于冰山上面的知识、技能只不过是冰山一角，水面以上部分是显性素质，也就是日常表现出来的部分，包括知识和技能，这部分比较容易通过学习和培训形成。埋藏在冰山水面以下部分则是隐性素质。包括社会角色、价值观、自我定位、个性特点、内驱力和社会动机，这一部分不容易测量和评估，却对人的日常行为和外在表现起到关键的作用，隐性素质才是预测个体未来绩效的重要因素。胜任素质模型代表一个人能做什么（技能、知识）、想做什么（角色定位、自我形象）和为什么做（价值观、品质、动机）的内在特质的组合。

图 35-1　冰山模型

（二）洋葱模型

洋葱模型的提出，是美国著名学者 R. 博亚特兹在研究了冰山素质模型的基础上得到的。和冰山素质模型一样容易联想到，洋葱的内部是最不容易评价和培养的素质，向外层逐渐变得越易于培养和评价。洋葱模型比冰山模型更进一步的地方是，可以直观地看出素质由内到外的层次关系，他们依次为动机、个性、自我形象和价值观、社会角色、态度、知识、技能（见图 35-2）。从内因决定外因的哲学角度考虑，该模型层层包裹的结构也较好地解释了一个人的成长背景和接受的基础教育对于该职业经理人以后工作表现的影响是不可忽视的。

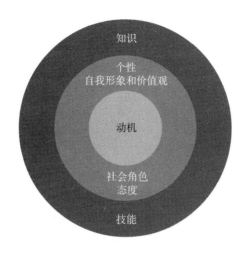

图35-2　洋葱模型

洋葱模型同冰山模型都强调核心素质或基本素质等。相比而言，洋葱模型更能突出潜在素质与表象素质的层次关系。

（三）能力素质模型

能力素质模型方法是从组织战略发展的需要出发，以强化竞争力，提高实际业绩为目标的一种独特的人力资源管理的思维方式、工作方法和操作流程。能力素质模型能明确区分在特定工作岗位和组织环境中杰出绩效水平和一般绩效水平的个人特征，其一方面有助于组织对岗位任务的明确需求和在此需求下的职业经理人胜任能力实现最佳匹配，另一方面对于岗位人员自身素质的进一步提升给出了明确的方向，对于提升组织的竞争力大有裨益。

麦克利兰等运用工作分析、关键事件访谈、成对关键事件访谈的系统方法，经过多年的研究和实践，提出了21种素质，如获取信息的技能、分析思考的技能、概念思考的技能、策略思考的技能、人际理解和判断的技能、帮助/服务导向的技能、影响他人的技能、知觉组织的技能、发展下属的技能、指挥技能、小组工作和协作技能、小组领导技能等。斯宾塞（Lyle M. Spencer and Signe M. Spencer，1993）通过研究列出了能预测大部分行业工作成功的最常用的20个素质，主要分为六大类：成就特征、助人/服务特征、影响特征、管理特征、认知特征和个人特征，并将20项素质划分为六个基本的素质族，再依据每个素质族对行为与绩效差异产生影响的显著性程度划分为2~5项具体的素质，而相对于每一项具体的素质都有一个具体的释义与1~5级的分级说明，并辅以典型的行为表现或示例（见图35-3）。

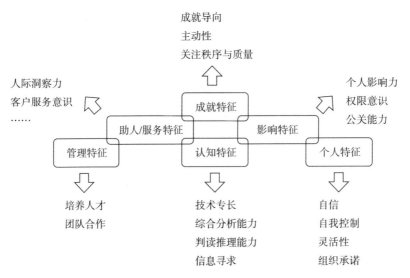

**图 35-3 斯宾塞的管理者胜任素质词典**

资料来源：Lyle M. Spencer and Signe M. Spencer. Competence at work：Models for superior performance［M］. New York：John Wiley & Sons, Inc, 1993.

斯宾塞提出了专业技术人员、销售人员、社区服务人员、管理人员和企业家五个通用胜任素质模型，每一个模型都由十多种不同的素质组成。其中的经理人员通用胜任素质模型如表 35-1 所示。

**表 35-1 经理人员通用胜任素质模型**

| 权重 | 素质 |
| --- | --- |
| 6 | 影响力、成就感 |
| 4 | 团队协作、分析性思维、主动性 |
| 3 | 发展他人 |
| 2 | 自信、指挥、信息需求、团队领导、概念性思维 |
| 阈限 | 权限意识、公关、技术专长 |

资料来源：Lyle M. Spencer, Signe M. Spencer. Competence at work：Models for superior performance［M］. New York：John Wiley & Sons, Inc, 1993.

彭剑锋等（2005）通过研究提出了企业通用素质模型。认为建立通用素质模型可以区别并找出导致同一职位绩优人员与一般人员差异的因素。在管理咨询实践中，为了便于企业人力资源实践者的理解与操作并便于对管理者进行素质评价与能力发展，彭剑锋等（2005）又提出了 FPEB 素质模型（见图 35-4）。

专业胜任素质（F）包括知识与技能，体现了岗位任职资格的要求，在管理者素质评价或选拔中的作用在于提供"门槛"标准。因此，对专业胜任素质的评价是一个初选的过程，目的在于剔除那些不合格的候选人。

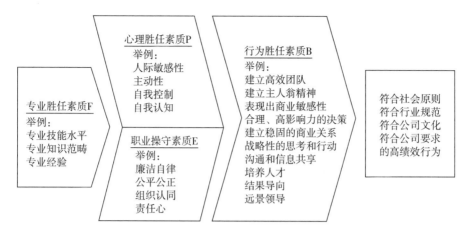

**图 35-4　FPEB 管理者胜任素质模型架构**

资料来源：彭剑锋，刘军，张成露. 管理者能力评价与发展［M］. 北京：中国人民大学出版社，2005.

心理胜任素质（P）一般不能直接反映当前的工作业绩，而主要决定个人职业发展的潜力。

职业操守素质（E）体现为个体在履行本职工作过程中所表现出来的善、恶、好、坏的道德倾向。鉴于职业经理人的职业特点与职位定位，职业操守评价更具有其现实意义。

行为胜任素质（B）主要体现了管理职位对任职者业务管理以及人员管理方面的能力要求。行为胜任素质与当前的工作有着最直接的联系。

（四）其他模型

1. HAY 集团 CEO 领导力素质模型

HAY 集团（海氏集团）是世界四大人力资源及领导力公司之一，他们对全球很多 CEO 级别的职业经理人全体进行调研分析，形成了业内第一个 CEO 领导力素质模型。该模型指出，世界上卓越的职业经理人 CEO 普遍具备国际适应性能力素质和普遍的领导力素质两个维度。作为全球商学院翘楚的哈佛商学院，在结合自己充实的教育资源和社会资源的条件下，对美国总经理素质进行了提炼，其主要内容包括：他们具有深厚的涵养、会及时发现和启发下属的创意才能、强大的计划能力和决断力以及自我成就感和发自内心的成熟。

2. 美国企业管理协会职业经理人十九种能力素质

美国企业管理协会在 20 世纪 70 年代，花费了五年的时间，通过对各行各业的 4000 多名职业经理人进行调研后，得到初步的职业经理人素质特征。然后，对其中的 1800 多名被认为是相对成功的职业经理人进行进一步分析，得出了职业经理人需要具备的 19 种能力素质：创造性、判断力、自信心、为人师表、辅导能力、有效工作、主动工作、思维逻辑能力、善于使用个人权利、具有灵活的应变性和勤俭艰苦的作风、做事果断、自我控制能力、善于动用群众的力量、处理人际关系技能、团体协作能力、善于批评与自我批评、品性乐观、利用交谈做工作、客观性。

3. 乔恩·沃纳胜任力模型

美国知名绩效管理专家乔恩·沃纳（Jon Warner）从绩效及其绩效与开发整合的角度建立了一个由36个职业经理人胜任力构成要素组成的胜任力模型：分析能力、预期/前瞻性思维、关注细节、应变能力、指导能力、商业意识、沟通、成本意识、创造力/革新、顾客导向、决策能力、委派任务能力、可信赖性、多样性导向、驱动力/动机、情商、移情能力、授权能力、反馈、领导能力、倾听、知觉/判断、持续性/坚韧性、计划和组织、解决问题能力、质量导向、结果导向、安全导向、自我发展、制定战略的能力、压力管理、主动性/责任感、团队工作能力、技术应用、时间管理、书面沟通。

## 第二节　职业经理人职业能力体系结构

能力，是指职业经理人能够有效地履行其具体职位时所需具备的一系列基本特点和行为模式，可通过观察及衡量的行为和结果进行表现。具体而言，能力是职业经理人解决问题的本领，是实现业绩所需的知识、才干、品质和技能的综合（见图35-5），是职业经理人素质的外在表现。

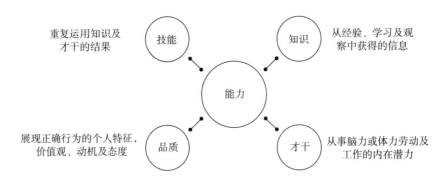

图 35-5　能力分解

结合当前时代要求，当代职业经理人职业能力体系可以归纳为四个方面的能力，即基本管理能力、基本职业工作能力、专业管理能力和行业能力。其中，基本管理能力和基本职业工作能力为横向能力，即可以在各类属性的企业进行迁移的能力；专业管理能力和行业能力为纵向能力，即在专业领域内部与具体企业属性相关联的关键能力。

基本管理能力。基本管理能力是做好本职工作需要具备的通用能力，表现在思维、表达、理解、沟通、学习、计划、执行、应变、压力反应及矛盾表达等方面，基本管理能力是适用于企业所有员工的能力素质要求，作为职业经理人应该达到更高的水平。职业经理人的基本管理能力包括：观察能力、思维能力、认知能力、想象能力、应变能力、时间管理能力、压力管理、心理调适能力、企业管理工具与方法。

基本职业工作能力。基本职业工作能力是指满足职业经理人日常职业工作必须具备的一些基础能力，这些基础能力与公司的战略无关。职业经理人的基本职业工作能力包括：领导能力、决策能力、组织协调能力、部署工作能力、目标管理能力、业绩管理能力、控制能力、分析与综合能力、创新管理能力。

专业管理能力。专业管理能力是与企业具体业务直接相关的，某个特定角色或工作所需要的特殊的管理能力及技能。通常情况下，专业管理能力是针对岗位来设定的。例如，投资策划部经理需要具备行业研究能力、分析预测能力、商业敏感能力、战略管理能力、财务分析能力、投资并购能力、资本市场跟踪能力等。

行业能力。行业能力是职业经理人把握所在行业特征，适应行业发展所需要具备的特殊能力及技能。

职业经理人的职业能力体系结构如图 35-6 所示。

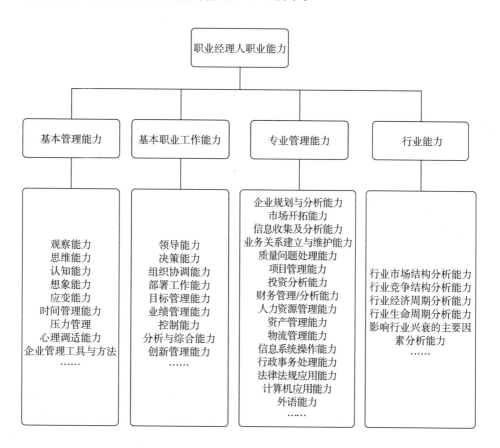

**图 35-6　职业经理人职业能力体系结构**

下面分别就每项职业能力进行分类、识别和定义。

## 一、基本管理能力

基本管理能力是职业经理人作为企业里一个高层次的员工，需要具备完成本职工作的基本能力，包括：观察能力、思维能力、认知能力、想象能力、应变能力、时间管理能力、压力管理、心理调适能力等（见表35-2）。

表35-2 基本管理能力词典

| 基本管理能力项目 | 基本管理能力定义 | 基本管理能力分级描述 | | | |
| --- | --- | --- | --- | --- | --- |
| | | 1级 | 2级 | 3级 | 4级 |
| 观察能力 | 有计划、有目标地对事物进行洞察和判断，从而获取有价值信息的能力 | 抓住事物本身的内在联系以及与其他事物之间的关联，有计划、有顺序地开展观察 | 善于发现易忽略或不易发现的东西，全面、系统地开展观察，善于捕捉机遇 | 避免自身认识的局限性、传统观念的束缚以及观察的主观性错误，全面、客观、细致而精确地获得观察对象的有关信息 | 把观察力的各种品质有机地结合起来，按照预定的目标，获得系统的、全面的、深刻的、真实可靠的信息 |
| 思维能力 | 面对一般工作情形或出现的困境进行思考及战略性思维的能力 | 能根据多方面搜集的信息，确定问题解决的重点、难点，并采取有效的措施 | 在解决问题和做决策时，能够综合考虑多方面的因素，思考问题具有一定的客观性和周密性 | 在解决问题和做决策时，能够综合考虑各方面的因素，思考问题具有较强的周密性，并能察觉潜在的战略性机会，合理安排工作重点 | 能利用科学思维分析问题，在考虑问题时具有前瞻性思维，并能在战略的高度把个人的主动性和组织的目标结合起来 |
| 认知能力 | 把握对事物认识的清晰程度和掌握事物本质的深浅程度的能力 | 能够认清事物的构成，判断它的性质，厘清其与其他事物的关系 | 能够分析事物发展的动力和发展方向 | 迅速识别事物的本质，并能够找到事物之间的相互联系，找出解决办法采取行动 | 理性判断事物本质，准确理解其运行规律，合理分析事物走向，采取恰当行动 |
| 想象能力 | 在职业工作中通过了解现状、思考原因、寻求机遇、获得突破的能力 | 在经验的基础上，结合现状进行分析和思考，能够锁定关键问题 | 分析工作过程，能够分析事物变化与转折现象发生的原因，并思考应对方案 | 能够思考探求新机遇、新方案、新事物产生的可能性，并在工作中加以运用 | 举一反三，解决问题采取创造性的思路，立足于已有的认知，提出新颖独到的见解，寻求关键突破 |

| 基本管理能力项目 | 基本管理能力定义 | 基本管理能力分级描述 | | | |
|---|---|---|---|---|---|
| | | 1级 | 2级 | 3级 | 4级 |
| 应变能力 | 预见未来可能存在的挑战或机遇，并且主动进行谋划布局，争取并整合资源，坚韧地致力于问题解决的能力 | 面对各种限制、挫折、逆境，具有充分的灵活性 | 在局势不明朗的情况下，能够根据反馈信息和经验，及时调整行为及策略 | 运用多种可行性方案，争取整合各种资源，坚定持久地采取行动在逆境中沉着应对、处理突发、复杂的事件，灵活改变工作计划，并有效推进工作，坚持达成原定的目标 | 在充分判断未来长期收益的基础上敢于果断作出决策，主动跳出现有运作框架，预见未来机遇或挑战。充分调动、组合所有可利用资源，以把握机遇或降低风险 |
| 时间管理能力 | 通过事先规划和运用一定的技巧、方法与工具实现对时间的灵活以及有效运用，从而实现个人或组织既定目标的能力 | 利用时间管理的理论、方法和技巧，专注核心任务，消除不必要的打扰，有计划地完成工作 | 设立明确的目标，合理分配时间，主动、有效地控制时间，掌握工作进程和节奏，有序完成工作目标 | 能够安排自己和下属迅速适应工作量上的任何重大变革，并重新确定工作的优先次序 | 帮助企业建立系统的时间管理概念来贯穿整个公司的体系，通过总结计划调整各个环节、通过员工高效率的配合产生最大的效益和价值 |
| 压力管理能力 | 承受压力，将压力转化成动力的能力 | 在各种压力的环境中保持乐观平和的心态 | 在压力环境中，始终关注最终目标的实现 | 在危机出现时，能很快认清形势，找出解决方案，稳定人心 | 能预见危机，并采取必要的措施预防危机的产生，顺利实现终极目标 |
| 心理调适能力 | 在出现心理压力、心理障碍时，主动运用心理学的一般理论和方法，进行自我调节，缓解心理压力，排除心理障碍，达到心理健康的能力 | 能够及时调整、充实和完善自己的认知能力，改变行为方式和思维方式，积极调整心态 | 能够换位思考，能够理解别人不同的意见和行动，学会包容，懂得感恩，珍惜拥有辩证看待负面因素，理智对待打击和挫折，能够及时转移、化解负面情绪 | 善于接受新鲜理念，面对变化适应性强，善于调节和控制自己的情绪，人格修养高，在遇到困难和烦恼的时候，善于寻求正面的支持 | 心存理想，目标积极，善于为员工下属开展心理咨询，排解心理压力，促进组织整体健康发展 |

## 二、基本职业工作能力

基本职业工作能力是指满足职业经理人日常职业工作必须具备的一些基础能力。职业经理毫无疑问应该具备必要的职业工作能力，以驾驭现代企业这个高度复杂的机器。良好的职业工作能力既是职业经理人准确判断市场、合理规划、正确决策的基础，更是其吸引下属、凝聚团队、获得尊敬的核心武器。这种能力是一个人的素质结构、知识结构和专业结构的综合体现，而尤以领导能力、决策能力、组织协调能力、部署工作能力、目标管理能力、业绩管理能力、控制能力、分析与综合能力、创新管理能力最为重要（见表35-3）。

表35-3　基本职业工作能力词典

| 基本职业工作能力项目 | 基本职业工作能力定义 | 基本职业工作能力分级描述 | | | |
|---|---|---|---|---|---|
| | | 1级 | 2级 | 3级 | 4级 |
| 领导能力 | 为了保障工作顺利完成，根据工作的分配，合理授予下属权力的能力 | 了解分配工作与权力的方法，能够指导被授权员工进行工作 | 能够顺利分配工作与权力，有效传授工作知识，帮助被授权员工完成任务 | 善于分配工作与权力，并能积极传授工作知识，引导被授权员工完成任务，并能够提前防范授权的风险 | 对分配工作与权力做到收放自如，被授权员工可以独立完成工作任务，做好授权风险防范和应对措施，对授权环节能够进行充分而准确的评估 |
| 决策能力 | 通过对多个可行方案进行分析和判断，挑选出最适当的方案及实施时机，并能够用于承担风险，做出有利于推进工作的明确决定 | 在收集到较为充分的信息后，清楚地向团队成员表明自己的要求，并给予他们基本的、例行的指示，但当面对一些例外事项或突发事件时，往往需要借助他人力量 | 能够坚持立场，决策时以事实为依据，拒绝他人不合理要求，对一些例外事项和突发事件也能独立判断，做出决策 | 面对有竞争性的方案时，能够全面考虑各方意见，细致分析影响因素，认真对比各个备选方案，及时做出决定，并勇于承担风险 | 在复杂、模糊且风险很高的形势下，能够在大多数人反对的情况下仍坚持观点，毫不犹豫地做出对组织有长远影响的有利决策 |
| 组织协调能力 | 根据工作目标的需要，合理配置相关资源，协调各方面关系，调动各方面的积极性，并及时处理和解决目标实现过程中存在的各种问题 | 了解组织中的资源现状，能基本保证完成工作任务所需的资源按时到位 | 组织各种工作时考虑周到，能根据任务的重要及紧急程度，提前分配或调动各种资源<br>有一定的组织活动能力，愿意与人建立联系，但缺乏足够的创新方法，对参与者缺乏吸引力和控制力 | 组织中出现冲突时具有一定的调解技巧，必要时借助上级或其他力量以保证工作顺利开展<br>工作中有新的创意，组织各项工作时有一定的方法和技巧调动参与者的积极性，善于根据工作的需要策划出大家喜欢参与又有利于实现组织目标的活动 | 有良好的沟通能力，社会交往面较宽，善于与外界建立合作关系，利用各方面的资源为工作服务<br>通过及时有效地分配和调动资源，克服由他人原因引起的延误，圆满解决超出自己控制范围的问题 |

| 基本职业工作能力项目 | 基本职业工作能力定义 | 基本职业工作能力分级描述 | | | |
|---|---|---|---|---|---|
| | | 1级 | 2级 | 3级 | 4级 |
| 部署工作能力 | 根据工作目标，分解细化任务、明确工作职责和考核要求、合理分配资源并组织工作实施的能力 | 计划并管理自己的日常工作，能对其按照重要性和时间进行排序，对工作的质量、成本、风险负责，按照要求在规定时间内完成 | 根据上级的要求制订具体工作计划，按照工作计划给下属明确的指示，清楚提出在质量、成本和时间方面的要求，合理运用分配资源，确保风险在可控范围内，确保工作目标完成 | 根据公司战略目标，在对行动或决策的后果做成本—效益分析的基础上制订可执行的工作计划，并下达给下级部门和员工，监控工作实施，为下属遇到的复杂问题提供支持，预见可能出现的问题，提出有效防范的措施 | 洞察能够对组织产生影响的政治形势变化或发展计划，制订长期战略计划，确保各部门工作符合公司的整体战略方向，能够对重大问题进行判断，在战略层面上调配资源，防范风险，达成战略目标 |
| 目标管理能力 | 通过各种手段和方法，对工作目标进行分解，并制定有效的工作计划，确保工作目标有效实现的能力 | 能够编制短期（月度、季度）工作目标与计划，能将工作目标和计划与下属的工作职责相结合，明确任务要求和衡量标准，指导下属工作 | 能够根据公司的年度计划独立制定所负责的团队或某一模块的短期（月度、季度）工作目标与工作计划；能够有效地利用工作目标与计划进行工作的管理，并能够对工作目标与计划中存在的问题进行及时的总结、评价及分析改进 | 能够独立制定所负责的团队或者所管辖领域的工作目标与计划，并能对目标进行有效分解；能够分析工作目标与计划实施过程中存在的潜在风险与障碍，并能制定相应的应对措施 | 能够组织制定所负责的多个团队或所管辖领域年度工作目标与计划，能够将多个团队目标进行有效分解；能够深入分析目标实施过程中存在的潜在风险与关键障碍，并能组织建立合理的应对策略 |
| 业绩管理能力 | 通过一定的管理手段和方式对员工及组织业绩进行管理，从而建立和提高组织核心竞争力的能力 | 不满足于现状，敢于冒险，为自己及组织设定挑战性的目标，密切关注目标的实现情况，开发和调动潜能提升业绩 | 掌握基本的业绩管理工具，能通过科学的分析开展员工的业绩管理，主动寻找影响业绩的问题和机会，寻求改进业绩的方法 | 能够运用管理艺术，通过必要的辅导、支持、监督、检查、组织、协调等管理手段，使管理效率大大提高，从而促进企业业绩目标实现 | 能够从实现长期目标的角度制定业绩管理计划，激励员工通过对组织目标的认同，充分利用企业资源，实现员工与企业的共同发展 |
| 控制能力 | 有效监督与控制工作过程朝着正确的方向进行，确保组织目标及时高效完成的能力 | 清楚地分配具体的工作项目、任务和职责范围，了解完成该项工作过程所需监控的关键环节 | 能根据个人的技能、角色和兴趣等分配工作任务，预先判断关键环节可能出现的问题，能够根据工作进展情况及时提供必要的咨询和监督 | 能在恰当的时候给予员工或团队辅导，并能够灵活调整员工或团队的工作任务和进度，以应对工作重点的转变 | 能够从全局上把握工作进展状况，通过多种形式或管理体系来监控各方面的工作质量，能够预见并制定出工作重点发生转变时应该采取的关键策略，并重新配置和协调各种资源以保证完成工作任务 |

| 基本职业工作能力项目 | 基本职业工作能力定义 | 基本职业工作能力分级描述 | | | |
|---|---|---|---|---|---|
| | | 1级 | 2级 | 3级 | 4级 |
| 分析与综合能力 | 通过归纳、演绎、推理等分析方法，将事物、现象、概念分门别类，综合分析出本质及其内在联系，并作出正确判断的能力 | 分析一个问题或情况当中几部分的关系，得出简单因果关系或赞成与反对的抉择，按照重要程度设定先后次序 | 把复杂的情况系统地分解成几个可处理的部分，找出几个相似的事件原因或几个行为的后果，对可能的障碍进行预测 | 系统地将复杂的问题或处理过程分解成小部分，利用几个分析技巧分解复杂的问题，并加以解决 | 系统地将多维度的问题或处理过程分解成小部分，组织、依序排列和分析极度复杂、互相依赖的系统 |
| 创新管理能力 | 在工作过程中具有敢于突破以往经验束缚的精神，通过创造或引进新观念、新方式，提高工作绩效的能力 | 在工作中能够参照、引进行业领域以外的观点与方式，并在工作中予以应用 | 能够主动收集、了解业内最新动态和发展方向等信息，敢于突破以往获得的知识和经验的框架，提出与众不同的新观点、新见解和新方法 | 积极营造创新氛围，鼓励他人在工作中提出解决问题的新方法和新观点，善于吸收和利用他人的新方法和新观点进行创新 | 敢于承担风险去根据工作任务的特点制定新政策、采取新措施和尝试新方法 |

## 三、专业管理能力

工作绩效与工作要求以及组织换届之间存在着相互影响的关系，组织内部的任务环境是影响胜任素质形成及发展的重要因素。所谓任务环境，是指胜任力与完成一个具体工作任务时的相关程序，与工作者所在的岗位特征紧密联系。对于职业经理人来说，不同的管理职能拥有特定的岗位知识和技能，影响着组织管理者胜任素质的构成和发展。因此，分析不同管理岗位的职业经理人职业能力的差异性，对于了解职业经理人职业能力的整体构成与差异性有着重要意义。

在对职业经理人的专业管理能力进行分析时，需要考虑不同层级的经理人职责的不同造成对专业能力要求的差异。管理层级是区别管理者的一个重要维度，不同管理层（高级、中级、初级）的管理者所承担的管理职责有所不同。管理者的职责之间的差异客观上要求管理者应该具有其职责所需要的胜任素质，因为管理者顺利完成职责的过程就是管理者在工作中运用和发挥自己具有的胜任素质的过程。因此，了解和掌握不同管理层级管理者所具有的胜任素质具有重要的现实意义，这不仅有利于管理者个体的职业生涯规划和发展，而且能够让组织更容易识别、培训、获得有效的管理者。

我们将分析不同管理岗位上职业经理人的专业管理能力，并从不同层级的管理要求来分析专业管理能力的内容（见表35-4）。

表 35-4　专业管理能力词典

| 专业管理能力指标 | 管理层级 | 能力要求 |
|---|---|---|
| 企业规划与分析能力 | 初级 | （1）了解行业现状、发展趋势、相关的企业管理理论与有关公司运作的政策法规，具有一定的分析能力和较强的语言表达能力<br>（2）全面了解并分析与本职工作相关的公司经营状况、外部的市场环境，基于合理的假设和确凿的数据，及时发现存在的问题，准确抓住关键因素及导致问题的主要原因<br>（3）能将公司经营状况的分析结果总结成分析报告并提供有价值的建议，以促成基于事实的决策<br>（4）能协助实施公司管理和经营的改进建议与举措并提供必要的战略信息和支持 |
| | 中级 | （1）掌握相关的企业管理理论，并具有一定实践经验<br>（2）具有突出的资料分析和组织能力、良好的语言表达能力，能依据可靠的、完整的数据资料完成具有说服力的公司内部管理报告<br>（3）全面掌握与本职工作相关的公司经营状况，对行业现状及发展趋势具有独到的见解，并能有效地就行业环境的发展及变化对公司相关领域未来经营的影响进行有效分析，并运用到对公司中长期发展规划的研究工作中<br>（4）准确把握公司主营业务、公司内部管理等问题的发展趋势，适时提出具有前瞻性和建设性的建议方案，提出合理的部门/公司经营管理目标，为公司领导提供翔实的决策依据 |
| | 高级 | （1）精通国家相关法律法规与国内外公司管理制度的理论和实践发展趋势<br>（2）以对行业的权威分析为基础，能根据公司的经营状况及外部市场环境的变化及时调整、完善公司的经营战略，并能对公司内部经营活动提供战略性指导以及对一些在公司战略的实施过程中可能会出现的严重困难或阻力提供解决方案<br>（3）对工作中出现的变化具有高度的敏感性，捕捉创新机会，对旧的工作方法、公认的理念进行重新审视，寻求思维上的突破<br>（4）为提升公司整体战略规划体系的有效运作，提供完善的战略规划决策依据，确保集团的持续发展 |
| 市场开拓能力 | 初级 | （1）熟悉产品或服务的结构、特点和用途，能向他人进行全面的产品或服务的介绍<br>（2）熟悉市场拓展包括的工作内容和工具，并能根据既定的市场拓展政策开展产品宣传、公关工作<br>（3）能与客户、行业协会及中间商建立良好的关系，保持密切的沟通，并具有一定的洞察力，能及时发现、获得有效信息<br>（4）掌握用于收集信息的各种方法和渠道，能适时选择适当的方法<br>（5）能熟练运用市场调查及推广的方法，解决工作过程中出现的实际问题，有效达成目标 |
| | 中级 | （1）掌握产品或服务的结构、特点和用途，能就他人的相关问题作出针对性的回答<br>（2）掌握市场拓展包括的工作内容和工具，能够制订年度品牌和产品的宣传、渠道管理、销售支持、信息调研、公关等具体工作计划<br>（3）能够确定各类市场信息的用途及使用者，及时将整理的有关信息提供给相关部门<br>（4）能够协调公司与客户、行业协会及中间商的关系，获得第一手的资料或信息，确保能获得或保持商业机会<br>（5）对产品、客户和市场有较深入的理解，能独立设计大型市场调查及推广方案，并在部分大型或复杂的活动中扮演主要的角色 |
| | 高级 | （1）能够根据市场需求变化和发展趋势，制定市场营销的中长期计划框架<br>（2）能进行与市场拓展有关的前瞻性问题的研究与思考，并能协调相关部门更好地进行市场拓展工作<br>（3）能够与客户、行业协会及中间商进行业务讨论，收集市场对产品的需求，提出产品改进建议<br>（4）能为规模大、层次高、具有一定影响力的市场调查及推广活动的举办提供足够的资源支持，并能及时解决此过程中的各种突发情况 |

| 专业管理能力指标 | 管理层级 | 能力要求 |
|---|---|---|
| 信息收集及分析能力 | 初级 | （1）明确为完成分派的工作而需掌握的数据，并以此制定有针对性的信息收集计划<br>（2）熟练运用各类信息收集的方法和渠道，并能选择最合适的方法或渠道来收集需要的信息<br>（3）确认信息的可能来源，通过综合考虑信息的来源、相关性和时效性来评估信息是否可靠和有用，保证收集信息的质量<br>（4）能解决在收集和评估信息时遇到的问题<br>（5）根据研究目标进行数据分析，通过分析能够发现并补充整体数据中缺失或尚未显现出的部分，从而找出问题的根本原因 |
| | 中级 | （1）根据部门工作计划和出现的问题决定收集信息的目的、质量标准以及其他具体要求<br>（2）建立或培育成熟的信息收集渠道，对于难以获得的信息提供有效的数据来源<br>（3）熟悉数据分析模型和框架的使用方法并能熟练运用归纳推理和演绎推理等方法，将复杂零散的数据汇总归纳成能直接反映问题根源的信息或是能支持决策的依据<br>（4）对这些信息支持的每种原因或结果的可能性和重要性进行分析，在权衡轻重、利弊和可能性的基础上，对不同的行动和方法进行判断选择 |
| | 高级 | （1）精通数据分析模型和框架的使用方法，并能根据业务需要推广和使用有效的数据分析模型和框架<br>（2）建立有效的信息收集系统，并监督其运行<br>（3）基于对信息收集结果的客观分析和正确判断，对相关问题未来发展趋势做出正确的预测，从而制定整个组织的各种战略决策<br>（4）指导下属开展大型复杂的信息收集工作，如大型市场调查、竞争者调查等，并能为工作中遇到的问题提供可行的解决方案 |
| 业务关系建立与维护能力 | 初级 | （1）深入了解公司业务和产品的特点及优势，或公司的原材料/服务需求<br>（2）全面掌握有关建立和维护客户关系的意义和基本方法<br>（3）与合同执行完毕的业务合作伙伴或产品已出售的客户保持良好的售后关系，并在可能的情况下为他们解决一些公司或个人力所能及的事务<br>（4）能与已有的业务合作伙伴保持经常性的信息沟通，能有意识地积累相关信息（如供应商资料、客户资信状况等），进行专案管理<br>（5）通过与客户或供应商等业务对象的教务，能主动查找和积累目前或未来与业务相关的重要信息，如客户的需求变化以及市场前景等<br>（6）能够与政府、银行等单位建立密切的联系，从而为相关工作的开展提供便利 |
| | 中级 | （1）对行业的发展趋势以及市场供需变化方向能有较敏锐的把握，能依据公司整体的业务发展策略，判断和建立潜在的业务关系<br>（2）通过有效的供应商/客户管理方法，能与业务合作伙伴建立深层次的沟通和业务合作关系，深入了解客户需求，提供客户化业务方案，包括产品内容的设计等，或向供应商提出产品/服务改进建议，使其购入的产品/服务更符合企业实际需要<br>（3）能对一些关系复杂、对业务有影响的突发状况进行分析，提出可行的解决意见<br>（4）能运用各种先进的信息技术增加与客户或供应商交流的渠道和频率<br>（5）在政府、银行等方面建立企业良好的声誉，并加强与各方面的联系，使企业能够在与政府、银行等特殊对象的业务交往中处于相对有利的地位 |
| | 高级 | （1）能制订对优秀业务伙伴进行选择和评估的一整套标准与方法，设计整体供应商/客户管理战略，以指导战略性采购/销售业务关系的建立与维护<br>（2）能够为一些关系复杂、严重影响业务的突发状况提供紧急的解决方案，并能协调公司内部相关业务部分共同解决问题<br>（3）对行业内新技术手段的应用状况保持紧密的关注，能对业务部门如何运用科技进行商务活动提供战略性的意见和指导<br>（4）通过与政府、银行等保持持久性的、战略性的良好关系，能使企业在对方的相关政策及业务处理优先级别等方面获得特殊的优惠 |

| 专业管理能力指标 | 管理层级 | 能力要求 |
|---|---|---|
| 质量问题处理能力 | 初级 | （1）熟悉有关国际标准、国家标准、行业标准以及 ISO 系列质量认证体系<br>（2）掌握质量标准和操作规程，能对原材料、备品备件、交付产品进行各项检验，出具质量检验报告<br>（3）通过实地观察等调查手段，进行质量体系内审工作，并能够根据获得的内审证据，编制质量体系内审报告<br>（4）对客户投诉的质量问题和质量纠纷进行鉴定，能判断质量问题出现的原因，认定质量问题责任方<br>（5）能够对各类质量管理统计报表进行分析，揭示一些质量管理方面潜在的问题和趋势 |
| | 中级 | （1）掌握熟悉有关国际标准、国家标准、行业标准以及 ISO 系列质量认证体系，能够编写质量手册和操作建议规程<br>（2）在制定内审计划时能够抓住薄弱环节，推动质量体系的全面执行<br>（3）根据质量体系内审报告，总结质量体系执行的不足之处，提出用于加强执行力度的相应措施，如培训建议或质量体系宣传会等<br>（4）对于客户投诉的质量问题或质量纠纷进行鉴定，能及时提出合理有效的解决纠纷的方案或纠正措施<br>（5）分析各类质量管理统计报表，能解释产品质量趋势和其他一些质量方面的现象，并对相关制度提出改进建议 |
| | 高级 | （1）熟悉国际质量管理的发展趋势，制订全面的质量管理方针、质量目标和质量管理计划<br>（2）精通有关国际标准、国家标准、行业标准及 ISO 系列质量认证体系，能指导他人进行质量体系审核，并能提升审核时应关注的关键审查点<br>（3）根据质量体系内审报告，总结产生质量体系执行偏差的根本原因，从技术和管理两个方面提出公司质量管理的改进建议<br>（4）通过对质量问题和质量纠纷的回顾，总结大部分质量问题产生的本质原因，制定和更新预防措施 |
| 项目管理能力 | 初级 | （1）具备一定的组织和管理能力，具体组织及实施子项目的开发工作，就工作进度安排制订详细的工作计划<br>（2）做好项目小组内的沟通和协调工作，定期检查工作进展和工作质量，及时收集并解决工作中遇到的问题，保证项目正常运作<br>（3）能够定期向项目组上级领导报告工作进展情况，及时反映组内不能解决的问题 |
| | 中级 | （1）具备良好的组织管理能力，具体组织及实施项目的整体开发工作按照项目要求，制订合理的项目实施计划（包括分配项目开发所需的人力、物力资源，制订项目预算，安排进度等）并组织实施<br>（2）具备较高的协调能力，能够做好项目组内、外的沟通工作，保证项目整体的正常运作<br>（3）能够制定有效措施保证项目质量和项目实施进度，如在项目的主要时点审查工作进展是否达到要求，及时纠正工作中的偏差<br>（4）具备敏锐的洞察力，能及时发现项目中存在的问题并制定应对措施<br>（5）能够制定项目验收方案和计划，组织对项目的验收 |
| | 高级 | （1）具备丰富的项目管理经验，能确定项目的整体目标和要求<br>（2）能组织进行项目可行性的论证和评审，并对项目的各种实施方案进行评估，挑选最优方案<br>（3）能对项目进行合理的估算，包括项目预算、工作量、所需人力/物力资源、时间及可能存在的风险等，并在此基础上监控项目计划的制订及实施<br>（4）能合理调配项目资源，尽可能地降低项目成本，控制项目的风险<br>（5）能通过对项目各实施阶段的评估，及时发现并解决问题，严格监控项目的质量 |

| 专业管理能力指标 | 管理层级 | 能力要求 |
|---|---|---|
| 投资分析能力 | 初级 | (1) 熟悉投资、金融、财务方面的知识，通晓公司法、税法等相关法律法规的核心内容<br>(2) 能够根据对市场与技术发展趋势的合理分析，拟定初步的投资方向<br>(3) 能对各项投资项目从市场、技术、经济等不同角度进行投资的可行性分析，撰写投资可行性分析报告的初稿<br>(4) 为新项目决策撰写投资分析报告<br>(5) 跟踪投资项目实施情况，并撰写评估报告 |
| | 中级 | (1) 掌握投资、金融、财务、企业管理方面的知识和行业市场动态，能应用公司法、税法等相关法律法规规避投资风险<br>(2) 能组织投资项目的可行性分析以及可行性报告的拟定、上报审批工作<br>(3) 能根据投资的可行性分析制订合理的投资项目实施计划<br>(4) 通过逐步处理公司的非核心资产，确保企业资产的保值、增值<br>(5) 全面评估投资项目的实施效果并提出管理建议 |
| | 高级 | (1) 通过投资分析对提高投资回报率提出建设性建议和意见<br>(2) 分析并制定各项投资管理政策，确保其符合法律法规、公司制度的要求<br>(3) 监控公司项目投资资金的合理运用，在控制风险的前提下，使投资收益不低于公司内部资金使用收益的平均水平<br>(4) 准确把握投资市场发展趋势及公司潜在投资方向，适时提出有前瞻性和建设性的投资建议<br>(5) 通过对投资公司的重大事项进行有效管理监控风险，促进公司投资收益的稳定增长 |
| 财务管理/<br>分析能力 | 初级 | (1) 熟悉运用会计实务操作流程，能简明扼要地提炼会计凭证摘要及其他重要会计信息，严格按照国家财税政策及公司规定，准确、合法、合规地进行账务处理<br>(2) 熟悉企业成本构成和计算成本的方法，能够进行各项目成本分析，编制成本报表<br>(3) 了解财务计划与分析的基本方法和程序，能够有效采集数据，准确计算各类财务指标<br>(4) 能够协助编制公司的财务预算或独立编制职责相关模块的预算<br>(5) 对国家财税政策有进一步的认识，能从国家政策的角度对其进行解释，使公司税收核算工作有进一步的提高，熟练利用税务政策处理税务事项<br>(6) 具备一定的财务分析能力，能够通过对财务报告的分析，更好地了解企业经营状况并明了主要问题所在，从而支持经营活动的改善 |
| | 中级 | (1) 能指导并监督他人进行会计核算和会计报表合并工作，确保财务报告真实地反映公司实际情况<br>(2) 能够根据公司的经营特点和财务状况制定切实的资金预算，并能对资金预算执行中出现的重大偏差进行分析和整改<br>(3) 熟悉国内资本和资金市场的规则和状况，对资金的筹措和运用方式有较深入的认识<br>(4) 对国家财税政策有全面的了解，充分利用国家税收优惠政策拟订税务计划，为公司、职工的税务问题提供建议<br>(5) 对公司财务指标及其意义有深入认识，能以公司原始财务数据/财务报表为基础，运用财务分析工具对公司的财务状况、运营成果进行系统分析<br>(6) 较强的财务分析能力，能够通过对财务报告的分析，全面了解企业经营状况并明了主要问题所在，同时指导企业的战略决策及经营的不断改善 |
| | 高级 | (1) 精通财务会计理论和实务，能全面考虑企业的长短期战略目标，能以准确明细的企业历史财务数据来分析和配合预算的制定<br>(2) 深入理解国家财税政策，理解不同会计政策对财务数据的影响，能对新发生的经济业务提出具体会计处理意见<br>(3) 能指导财务人员建立独立于会计核算系统的成本管理报告系统，能多角度多层次地提出有效支持公司管理及战略发展的财务分析报告<br>(4) 分析内部潜在的财务风险，监理公司财务风险的管理机制，并设计规避风险的途径<br>(5) 能通过财务分析，对企业的经营管理提出全面的分析报告，透彻地解释财务结果背后的经营问题 |

| 专业管理能力指标 | 管理层级 | 能力要求 |
|---|---|---|
| 人力资源<br>管理能力 | 初级 | （1）了解人力资源管理基本理论和相应的应用方法，掌握有关人力资源管理的国家政策和法律法规<br>（2）掌握人力资源管理某一领域的专业知识和工具，如人员招聘、培训、人事档案管理和薪资绩效管理等<br>（3）掌握人力资源管理的工作流程、目标及关键控制点，并能熟练运用于某一领域<br>（4）了解相关人才市场的动态，根据公司战略发展的需求，密切关注外部人才市场和内部人才需求的变化<br>（5）能够在上级指导下，组织人力资源部的各项活动，如招聘会、招待会、培训以及员工活动 |
| | 中级 | （1）掌握人力资源管理及组织管理的理论和哲学理念，并能将有关的理论工具有效地运用在实际工作中，精通人力资源管理某一领域的专业知识、工具和业务流程，如人员招聘、培训、人事档案管理和薪资绩效管理等，并对相关领域有一定的认识<br>（2）全面掌握有关人力资源管理的国家政策和法律法规，并对某一领域有深入的研究<br>（3）熟练运用人力资源管理的各种工具，并能根据实际情况对这些工具进行调整或创造新的管理工具<br>（4）能够认识到公司发展对人力资源管理需求的影响，如人力资源战略、人事档案管理需求和薪资绩效管理需求等，并就此提出合理建议<br>（5）清晰把握中国人力资源市场状况，能随时根据市场的动态，就相关的公司人力资源管理政策提出可行性建议<br>（6）能够策划并组织人力资源部的各种活动，如招聘会、招待会、培训以及员工活动等 |
| | 高级 | （1）深入了解先进的人力资源管理及组织管理的理论和哲学理念，并对此有自己的观点和看法<br>（2）全面掌握国家的人事政策和相关的法律法规，并以此指导整个公司的人力资源管理工作<br>（3）能提升公司人力资源管理水平和人才意识，并对制定和完善公司人力资源管理的相关政策、制度和方案作出指导<br>（4）深刻理解人力资源战略与公司其他经营战略的密切关系，根据公司的整体需求，制订整个公司的人力资源管理战略规划<br>（5）洞察国内外人力资源市场的发展趋势，并能就此为公司的人力资源战略提出前瞻性的建议 |
| 资产管理能力 | 初级 | （1）熟悉固定资产全寿命管理的观念<br>（2）熟悉各种设备、能源及器具的属性、特征和使用价值，并能指导设备操作人员正确使用机器设备<br>（3）能够对设备运行记录进行分析，发现潜在的故障隐患，大致判断造成故障的责任方，并能负责解决设备维修，同时负责日常的维护保养工作<br>（4）能够对维修方案的合理性提出意见，并能控制维修中发生的成本<br>（5）在进行固定资产购置、改造、处理时，能够获得全面的数据和信息，并能进行简单的分析或提出简单的计划方案 |
| | 中级 | （1）掌握固定资产全寿命管理的观念，能够从资产购置到资产报废的整个处理过程中，坚持贯彻全寿命管理<br>（2）掌握各种设备、能源及器具的属性、特征和使用价值，并能制定各类设备操作规范<br>（3）能够根据设备运行记录判断造成故障的责任方，并能协调设备使用方与维修方的关系<br>（4）通过对设备故障或隐患的回顾与分析，找出问题产生的本质原因，并就此提出资产改造建议与方案<br>（5）在固定资产购置、改造、处理前，能够对信息进行汇总，并从经济和技术方面进行可行性分析或制定计划方案 |
| | 高级 | （1）精通固定资产全寿命管理的观念，能够根据自身的专业知识和对企业实际情况的了解，制定管理方针、目标及制度<br>（2）对复杂的故障处理方案提出改进建议，并监督方案的实施<br>（3）能够从企业资源整体出发，提出设备的使用、配备建议<br>（4）介绍、提供有效的分析工具，指导他人进行固定资产购置、改造和处理的分析及计划方案的制订 |

| 专业管理能力指标 | 管理层级 | 能力要求 |
|---|---|---|
| 物流管理能力 | 初级 | (1) 熟悉与业务相关的各种物资的一般属性和应用化学知识<br>(2) 熟悉物资盘点和账务管理的知识，能及时更新库存资料，并向相关部门提供准确的库存信息<br>(3) 能进行库位安排，运用安全库存的知识协同各部门制订安全库存计划<br>(4) 熟悉物资保管和运输所需的条件，保证储存、运输物资的品质，并能降低物资储存、运输的损耗 |
| | 中级 | (1) 掌握与业务相关的各种物资的属性以及物资收、发、存、运等各环节的业务知识<br>(2) 掌握安全库存的知识，能够组织相关部门制定安全库存标准<br>(3) 精通物资保管和运输所需的条件，监控日常的储存、运输管理工作，有效控制储运成本并能迅速处理各种仓储和运输的异常情况<br>(4) 制订有效的储运计划，选择合理的储运方式，具有合理利用仓库和运输资源的能力 |
| | 高级 | (1) 精通与业务相关的各种物资的属性以及物资收、发、存、运等各环节的业务知识<br>(2) 能制定符合公司整体战略的物流政策并建立物资保管制度，保证公司各项物资的安全和完整<br>(3) 能建立运转良好的配送、配运体系，为配合销售、采购、生产等环节的运行提供专业化的建议<br>(4) 能够优化仓储运输各流转环节和操作规范，并通过成本效益的分析选择最优的储运方式，促进物流系统的改进和发展 |
| 信息系统操作能力 | 初级 | (1) 熟悉信息系统以及主流产品的知识，掌握程序语言、操作系统、数据库和软件工程的相关知识<br>(2) 可独立安装公司现行的网络或终端操作系统，并可进行常规的系统配置<br>(3) 可独立在公司的网络平台上，进行网页设计及日常维护操作，能按照业务部门提出的需求进行网络调整<br>(4) 能独立判断和处理常见的终端和网络设备、软件环境出现的故障<br>(5) 可对公司的网络安全系统进行基本配置，认识安全系统的各类报警信息，可进行简单的防御工作 |
| | 中级 | (1) 熟悉信息系统的结构及与其他技术系统的链接，熟悉信息系统的发展趋势<br>(2) 熟悉公司使用的各类软、硬件平台，能根据使用情况的不同对系统进行特殊的配置，以优化系统的性能<br>(3) 熟悉公司使用的网络平台，可按制定的要求建立网络系统，并对网络故障进行判断、分析、定位和排除<br>(4) 熟悉系统、网络以及各种硬件设备的技术信息，可根据系统的报警信息定位系统故障，并能在公司内部或外部专家的指导下，及时排除复杂的技术故障<br>(5) 能对公司的网络安全系统进行配置、升级，能识别系统安全隐患，并及时采取有效措施 |
| | 高级 | (1) 精通各种主流的信息系统构造技术和产品，可按照不同的要求提出建设信息系统的具体方案及长期规划<br>(2) 能按照业务的发展趋势，提出优化和扩展现行系统的方案及实施步骤，充分发挥信息技术在提升企业管理水平中的作用<br>(3) 熟悉信息技术行业的发展状况，可与同行业的专家进行良好的沟通，在必要时能充分利用和调动各种外部资源，帮助公司达成既定的系统和网络建设目标<br>(4) 熟悉多种网络攻击现象以及主流的网络安全产品，能设计适用的网络安全防御体系，并根据网络安全技术的发展，提出优化安全系统的建议和方案 |

续表

| 专业管理能力指标 | 管理层级 | 能力要求 |
|---|---|---|
| 行政事务处理能力 | 初级 | （1）熟悉有关公文管理、印章管理和档案管理等行政业务的相关政策<br>（2）具备良好的文字处理及文件保管能力，能担当公司公文处理的工作<br>（3）能够区分事件轻重缓急，独立安排、处理日常的行政事务<br>（4）具有良好的沟通协调能力，能对公司各部门提出的各种行政管理需求予以及时、积极的回应及处理<br>（5）具有较强的活动组织能力，如组织各种会议等 |
| | 中级 | （1）熟悉国家的有关方针政策，有较强的文字能力，能独立完成文字材料，起草报告并对他人进行指导<br>（2）具备较强的沟通协调能力，能完成上级下达的任务，并能协调处理公司内部或外部的各种关系的冲突，寻求符合公司总体利益的解决方法<br>（3）具有较强的客户导向和服务意识，能对其他部门人员提出的复杂、高级的行政需求提出解决方案，并能够进行总体的统筹安排，提供全面的服务支持，如能够策划、安排和组织公司与业务伙伴之间的重大会议等<br>（4）能识别公司整体战略的变化对行政管理工作的影响以及公司各部门和员工对行政工作新的需求，并积极采取相应的行动<br>（5）能够领导完成各项大型活动的组织工作 |
| | 高级 | （1）能健全并推行公司的行政管理制度，促进公司现代企业管理制度的建立以及公司法人治理结构的规范<br>（2）能对全公司的行政工作进行统一的计划、部署和指导，监控日常行政管理，确保行政管理的各项工作符合集团公司的整体战略并得到及时、保质的完成<br>（3）能为其他部门提供全面的行政管理服务咨询，协调处理存在的问题，并能根据管理需要进行专题性的行政工作研究，起草相关报告<br>（4）能充分运用各方面的资源，对各部门需求及时提出解决方案，或进行统筹安排，并对突发事件进行紧急处理，统一协调、调度 |
| 法律法规应用能力 | 初级 | （1）熟悉《中华人民共和国公司法》《中华人民共和国民法典》以及与工作范围相关的法律、法规，并能就一般法律问题进行解答和提供建议<br>（2）了解司法行政机关工作程序，能独立办理企业工商登记以及商标、专利、商业秘密保护等一般的事务性法律工作，并能协助处理经济纠纷和诉讼等法律事务<br>（3）掌握法律术语，具有一定的法律文书写作能力，能够起草公司对外法律文书、经济合同文本等<br>（4）熟悉合同管理流程，能协助进行合同谈判、合同审查等工作 |
| | 中级 | （1）全面掌握《中华人民共和国公司法》《中华人民共和国民法典》以及与工作范围相关的法律、法规，能够应用法律专业知识向他人提供法律咨询服务，并能给予法律知识培训<br>（2）掌握司法行政机关工作程序，能够独立处理经济纠纷和诉讼等法律工作<br>（3）深入理解《中华人民共和国民法典》等与合同管理相关的法律、法规，能结合公司的具体情况制定合法、有效的合同管理制度<br>（4）具备大型项目的法律文件起草、谈判的经验，能熟练运用法律知识解决合同管理中出现的法律问题 |
| | 高级 | （1）精通《中华人民共和国公司法》《中华人民共和国民法典》以及与企业业务相关领域的国家法律、法规，能指导各类法律事务的处理<br>（2）具有丰富的大型企业法律工作经验，能够就企业的合并、分离、破产、投资、租赁、资产转让、招投标及进行公司改建等涉及企业权益的重要经济活动提供相关法律意见<br>（3）具备独立从事政策法律的理论和实务研究，具有进行法律体系建设的能力<br>（4）深入理解与公司治理相关的各类法律、法规，能为（上市）公司的规范运作提供法律方面的建议<br>（5）研究国家体制改革方向、企业改革动态和产业发展政策，能够协助有关部门拟定公司深化改革措施及配套改革方案 |

| 专业管理能力指标 | 管理层级 | 能力要求 |
|---|---|---|
| 计算机应用能力 | 初级 | （1）能够比较有效率地应用微软 Office 系列软件独立完成大部分文档工作<br>（2）熟练掌握局域网的应用<br>（3）中文输入速度较快，具有一定英文输入能力<br>（4）经常通过互联网完成资料和信息搜索工作<br>（5）掌握本职范围要求的管理信息系统操作能力，如财务系统等 |
| | 中级 | （1）精通微软的 Office 系列软件并掌握一定的其他应用软件操作能力<br>（2）具有专业或接近专业水准的中、英文输入能力，高效地完成各项计算机文档操作<br>（3）熟练掌握 1~2 种管理信息系统 |
| | 高级 | （1）能够帮助同事解决大部分计算机办公应用系统操作中遇到的问题<br>（2）在精通微软 Office 系列软件的基础上，掌握多种管理信息系统及办公应用软件的操作<br>（3）具备较强的编程基础 |
| 外语能力 | 初级 | （1）掌握英语或其他外语的中级语言能力，能够完成日常外语会话并能够阅读一般性商业文献<br>（2）熟悉与业务相关的各种外语术语，能够完成简单的英文/其他外语的公文写作 |
| | 中级 | （1）熟练掌握英语或其他外语，具有较强的外语会话能力，能够在没有专业翻译的情况下与外国客商进行有效的商业交流，能够快速阅读各种商业文献<br>（2）具有较强的商业英语/其他外语写作能力，能够完成各种主要外语的公文写作 |
| | 高级 | （1）精通一门以上外语，具有专业的外语会话能力，能够在商业谈判等重大场合进行外语的同声传译，并能够快速翻译各种商业文献<br>（2）具备专业商业英语写作能力，能够完全担当与国外客商的日程业务公文/文献的写作工作，并参与合同、标书等专业文献的写作工作 |

资料来源：中国职业经理人协会，职业经理人才职业资质社会培养指引（2018 年）。

## 四、行业能力

组织的行业环境包括行业技术状况、行业市场稳定性、行业市场集中程度、产品特征以及行业相关政策环境等，这些因素都影响到职业经理人胜任素质的构成、发展与培养。一般来说，不同的企业，对职业经理人的要求不同，职业经理人的胜任素质也不同，即使是在相同或类似的岗位上，也是如此。此外，不同行业之间供应链的复杂程度也会影响到职业经理人胜任素质的结构。例如，供应链越复杂，管理者处理信息的能力和对不确定性的忍耐能力就会越强。因此，正确分析行业特征和差异是掌握职业经理人胜任素质构成的基础。

（一）行业市场结构分析能力

行业分析中十分重要的一个问题是行业的市场结构，通过对该行业生产企业数量、进入限制的程度和产品差别等的分析可以确定行业的市场结构。行业有四种市场结构类型：完全竞争、垄断竞争、寡头垄断和完全垄断。根据西方经济学的研究，这四种类型的市场结构竞争程度是依次递减的。一般说来，竞争程度越高，投资壁垒越少，进入成本越低，其产品价格和企业利润受供求关系影响越大，而且企业倒闭的可能性也越大，因此投资风险也越大。反之，垄断性行业由于企业对产品和价格控制能力很强，投资获利良好、风险较小，但投资壁垒较多，投资机会较少，进入成本较高。

（二）行业竞争结构分析能力

分析一个行业的竞争结构，在每一个产业中都存在五种基本竞争力量，即潜在进入者、替代品、购买者、供应者与现有竞争者间的抗衡，这五种力量共同决定产业竞争的强度以及产业利润率，最强的一种或几种力量占据着统治地位并且从战略形成角度来看起着关键性作用。产业中众多经济技术特征对于每种竞争力的强弱都是至关重要的。

（三）行业经济周期分析能力

各行业变动时，往往呈现出明显的、可测的增长或衰退的格局。这些变动与国民经济总体的周期变动是有关系的，但关系密切的程度又不一样。据此，可以将行业分为三类：增长型行业，周期型行业和防守型行业。增长型行业的运动状态与经济活动总水平的周期及其振幅无关。这些行业收入增长的速率相对于经济周期的变动来说，并未出现同步影响，因为它们主要依靠技术的进步、新产品推出及更优质的服务，从而使其经常呈现出增长形态。周期型行业的运动状态直接与经济周期相关。当经济处于上升时期，这些行业会紧随其扩张；当经济衰退时，这些行业也相应衰落。产生这种现象的原因是当经济上升时，对这些行业相关产品的购买相应增加。例如，消费品业、耐用品制造业及其他需求的收入弹性较高的行业，就属于典型的周期性行业。还有一些行业被称为防守型行业，这些行业运动形态的存在是因为其产业的产品需求相对稳定，并不受经济周期处于衰退阶段的影响。例如，食品业和公用事业属于防御型行业，因为需求的收入弹性较小，所以这些公司的收入相对稳定。

（四）行业生命周期分析能力

行业的生命周期指行业从出现到完全退出社会经济活动所经历的时间。行业的生命发展周期主要包括四个发展阶段：幼稚期、成长期、成熟期、衰退期。行业生命周期四个阶段的说明只是一个总体状况的描述，它并不适用于所有行业的情况。行业的实际生命周期由于受行业性质、政府干预、国外竞争和能源结构的变化等许多因素的影响而复杂得多。

（五）影响行业兴衰的主要因素分析能力

在行业兴衰的进程中，还有一些因素会发挥较大影响力。

第一，技术进步因素。技术进步对行业的影响是巨大的，行业追求技术进步也是时代的要求。目前人类社会所处的时代正是科学技术日新月异的时代，不仅新兴学科不断涌现，而且理论科学朝实用技术的转化过程也被大大缩短，速度大大加快。新技术在不断地推出新行业的同时，也在不断地淘汰旧行业，这些特点使新兴行业能够很快超过并代替旧行业，或严重地威胁原有行业的生存。

第二，产业政策的影响。政府对于行业的管理和调控主要是通过产业政策来实现的，包括产业结构政策、产业组织政策、产业技术政策和产业布局政策。产业结构政策促使行业之间的关系更协调、社会资源配置更合理，产业机构优化；产业组织政策以"反对垄断、促进竞争、规范大型企业集团、扶持中小企业发展"为主要核心，其目的在于实现同一产业内企业组织形态和企业间关系的合理化；产业技术政策促进产业技术进步；产业布局政策促进优势地区优势产业优先发展，平衡地区差距。

第三，社会习惯的改变。当今社会，消费者和政府越来越强调经济行业所应承担的社会责任，越来越注重工业化给社会所带来的种种影响，这种日益增强的社会意识或社会倾向对许多行业产生了明显的作用。例如，为了防止环境污染，很多国家的工业部门要花费大量的经费来研制和生产与环境保护有关的各种设备，以使工业排放的废物、废水和废气能够符合规定的标准。这样的社会习惯的改变对企业的经营活动、生产成本和利润收益等都会产生一定的影响。

第四，经济全球化的影响。国际直接投资与贸易环境的变化导致经济全球化，从而导致产业的全球性转移和国际分工出现重要变化，跨国公司作用进一步加强。

通过以上阐述，我们可以了解到，行业所处的市场结构、竞争结构、经济周期、生命周期及其他影响因素的不同，导致不同行业存在着显著的差异，某个行业的职业经理人的胜任素质标准也会根据本行业的实际状况，在职业经理人的各种胜任素质上有不同的侧重和不同的标准。因此，这就要求职业经理人的胜任素质水平和特征应该符合行业对职业经理人胜任素质的特殊要求和标准，这是不同行业的企业在对职业经理人招聘和进行管理培训时必须要重视的方面。相对来说，处于竞争程度较高，产品需求弹性较大，影响因素更为复杂和变幻莫测的行业，其对职业经理人的应变能力、创新能力、决策能力和统筹能力的要求更高，反之则较低。同时，要求处于不同行业的职业经理人准确把握宏观经济走向、行业政策和行业发展动态。不论管理者有多高级，总需要在专业领域找到自己的权威，完善的行业背景、对行业基本现状、竞争状况及未来发展的把控，是对职业经理人最重要的能力要求。建设创新型国家的目标使我国各行业的企业致力于创新、引进、发明先进的科学技术，这必然要求管理者胜任素质水平的进一步提高，以适应行业科学技术的迅速发展和进步所带来的新要求和新标准。

## 案例 35-1 站在行业科技前沿的小米

数字经济时代诞生了许多奇迹，小米公司就是其中的典范。小米公司成立于 2010

年，从最早的智能手机起家，在产业内异军突起，之后就走上了技术创新的道路。从2010 年成立至今的十几年里，在干掉山寨机、引领全面屏、推动 NFC 的普及、建立物联网（Internet of Things，IoT）生态、突破无线快充、实现一亿像素和环绕屏等手机技术的过程中，我们能够看到小米对技术的执着追求和它"过硬"的技术实力。

2013 年，在智能手机领域站稳脚跟的小米公司制订了以手机和移动互联网为纽带布局智能硬件产业的宏大战略，该战略的实施必须以具有生产能力的企业为载体进行实体投资。小米公司根据自身特点，将财务资本与非财务资本结合，创造性地变革和丰富了资本运营的内涵，探索出了一种新的资本运营模式——基因投资，即将企业的核心价值观、产品方法论和品牌等注入投资对象，从而形成协同创新、互惠共赢的生态链伙伴关系。小米通过生态链的模式让更多企业参与进来，现在小米生态的 1000 多个商品，由其 100 多家生态链企业共同完成。目前小米拥有全球最大的 IoT 平台，截至2020 年第二季度，其设备连接数量已经达到了 2.71 亿台，同比增长 38.3%，与此同时，小爱同学的月活跃用户 7840 万，全中国每 20 个人就有一个人使用小爱同学。

这些"硬核黑科技"的不断亮相，并不是小米通过拍脑门的决定能够实现的，而是小米成立这十多年来自始至终所坚持的技术立业结出的果实。用雷军的话说，技术立业一直是小米血液里最重要的东西，小米一直十分重视工程师人才的培养。2019 年2 月，小米成立技术委员会，并且设立了"百万美金大奖"，用于奖励有突出贡献的工程师们，小米 MIX Alpha 折叠屏团队就获得了小米第一个百万美金大奖，雷军曾表示，小米技术委员会要干好几件事，其中之一就是建立起年轻化、高端化、规模化的人才梯队，让公司充满技术活力。目前崔宝秋是小米技术委员会的主要负责人，雷军与他深谈关于为什么要创办集团技术委员会时，他记忆最深刻的是三个关键词：技术立业、标准化、工程师的成就感。在雷军眼里，工程师不仅是研发人员，更包括设计师、测试人员、产品经理，他们都是小米的工程师。雷军和崔宝秋都是工程师出身，他们深知工程师需要什么，工程师的追求是什么，以及如何打造一个优良的工程师文化。小米要在技术公司这条路上越走越远，必须要把握优秀的技术人才。

2023 年 1 月 30 日，雷军发布内部信，宣布新成立两大管理机构：集团经营管理委员会，集团人力资源委员会。两大委员会均由雷军亲自牵头。集团经营管理委员会，由业务相关的集团高管、各个事业部负责人及营销体系战区负责人 12 位人员组成，统筹管理业务战略、规划、预算、执行及日常业务管理等。集团人力资源委员会，从二级架构提升到一级架构，一方面提升了人力资源管理的角色地位和履职高度，另一方面依靠委员会的运作机制，使人力资源管理更加贴近于战略和业务的现实需要。雷军主导着小米管理层变革：创业派隐退职业经理人上位。

未来，在 5G+AIoT 的时代，属于小米的舞台还很大，当然他的对手也会更多。

应对当前的局面，雷军开出的药方是，将持续加大研发投入，持续推动集团高端化战略，并推动集团业务聚焦和"精兵简政"，进一步提升集团运营效率。在数字经济下，小米集团的职业经理人团队能否带领企业通过自身独特的生态链模式继续赋能产业，孵化更多优质科技企业，推动行业的变革，为"中国智造"增添力量，我们拭目以待。

## 案例分析：

哈佛大学教授约翰·波特说过："职业经理人是发起变革、设计变革和组织实施变革的人。"所以，"创新"是职业经理人的核心能力。通过小米集团管理创新的案例，可以看到企业创新的源头在人才，从高层经理人、中层管理者到基层员工，创新能力是时代的要求，对行业的前瞻性布局能力是企业发展的先机，专业能力是发展的核心，企业全员整体性接受管理创新是企业创新的基石。

人才作为企业核心竞争力，每个员工都可以成为企业的主体，同样员工的发展影响着企业的发展，员工的能力反映着企业的能力，员工创新能力作用于企业的创新能力，创新主体的管理决定着管理水平的高低。企业的可持续发展，需要创新的管理，也就是需要创新的主体创新能力。雷军、崔宝秋这样一批具有管理创新能力的企业领导者，具有对企业的权威性，号召力和影响力，领导的管理创新是企业管理创新的最大支持，领导者首先要具有创造性的思维，要对企业的发展具有超前的判断性、对企业的发展具备战略眼光，同时领导者也要具有抗压性，有对创新风险的承受能力，带动企业的创新发展。在这样的管理者的带领下，加之员工整体接受管理创新，才能在风云变幻的数字经济中建立持久的竞争优势。小米公司审时度势，不仅预见物联网领域的发展趋势，先人一步进行生态链布局，而且开创了数字经济环境下"基因投资"的资本运营模式，为中国管理实践的理论化提供了生动素材。

（资料来源：1. 百度文库．小米公司如何从手机到生态，品牌如何创新？．https：//wenku.baidu.com

2. 百度文库．小米对创新的认识．https：//wenku.baidu.com）

## 推荐阅读

1. 特怀拉·萨伯，马克·莱特．创造力：如何将不可能变为可能［M］．李玲，译．北京：九州出版社，2004.

2. 黄永军．与管理大师面对面［M］．北京：线装书局，2003.

3. 李方正．斯坦福商学院：最负盛名的企业家培养课［M］．北京：光明日报出版社，2014.

## 思考题

1. 能力理论说明，在哪些方面职业经理人是可以通过后天社会性实践来获得？

2. 中国人民大学彭剑锋等人研究提出的企业通用素质模型包含哪些结构性素质要素？对管理者进行素质评价与能力发展有什么应用价值？

3. 当代职业经理人职业能力体系由哪些方面能力构成？思考自己的优势和不足，思考如何培养自身关键能力。

# 第三十六章　职业经理人基本管理能力

## 学习目标

1. 提升职业经理人良好的观察能力；
2. 拓宽职业经理人的思维技巧；
3. 了解职业经理人认知的方法和过程；
4. 丰富职业经理人的想象能力；
5. 提高职业经理人的应变能力。

## 第一节　观察能力

### 一、观察的概念和方法

（一）观察的含义

观察是一种有目的、有计划、比较持久的知觉过程，是知觉的高级形式。观察，是人类认识自然、研究社会、发展自身所从事一切活动最基本的能力，也是智力结构中最基本的能力。人在接触周围事物时，通过感觉获得认知对象个别属性的信息，通过知觉构建起认知对象的整体形象，而观察是有目的去感知事物，是一种积极状态的有意知觉，主动去分析不同事物之间存在的联系，努力去记住令大脑感兴趣事物的各种细节。只有这些有意识去看、留心去观察、努力去记忆的信息才会给大脑留下深刻的印象，更能较为准确地抓住感知对象的本质特征。

一个职业经理人后天各种能力的获得，正是通过感觉到源源不断的信息，逐渐发展自己的知觉，即观察力。观察力强的人，对事物的了解完整而准确，头脑中获得的信息丰富而深刻；观察力差的人，虽然听到了、看到了，然而头脑中获得的东西却很少，甚至会产生错觉。职业经理人的观察力如何，不仅是智力水平高低的重要标志，也是能否产生科学判断的前提。所以，较强的观察力是职业经理人认识经济规律、进行科学决策的一个基本要素。

（二）观察的方法

1. 从普遍的现象中发现规律

恩格斯《在马克思墓前的讲话》中讲道：正像达尔文发现有机界的发展规律一样，马克思发现了人类历史发展规律，即历来的纷繁芜杂的意识形态所掩盖的一个简单事实——人们首先必须吃喝住穿，然后才能从事政治、科学、艺术、宗教等活动。马克思从当时纷繁的意识形态中发现了生产力决定生产关系，经济基础决定上层建筑这一人类历史的发展规律。

我们看待问题的视角，是上帝视角，就是我们把规律从一般到特殊摊开来，像一张图纸一样，大家只要俯瞰就能看清规律。但是现实情况往往没有上帝视角，摆在我们面前的只有特殊规律，都是一些具体的现象或问题。这就导致很多人容易被事物的表象所迷惑，忽略了一般的规律，只看到特殊的规律。只能看到特殊规律，是绝大多数人犯错误、最终失败的原因。我们可以从众多的事物所发生的现象中去观察，观察它们的特点和它们的一致性，用科学的方法获得信息，去粗取精，去伪存真，这样我们就能总结出事物运动的普遍性规律。

2. 从个别现象中发现本质

文学创作中典型的塑造常常表现为作家的敏锐观察力。鲁迅的白话小说《狂人日记》，源自他有个阮氏表兄的故事，这位表兄原在山西谋生，后来得了迫害狂恐惧症，整天惊恐不安，说有人谋杀他，鲁迅曾帮助他治疗。这个人物、这件事情表面看来是偶然的个别的，但是鲁迅透过这个偶然个别的现象看到其中蕴含着本质意义：这位表兄是一个势力场中快要被人吞掉的弱者。他的发狂，是中国的封建社会吃人本质的反映。鲁迅透过表象看到了事情的深层原因，敏锐捕捉到了深刻主题，创造出现代文学中一个具有划时代意义的典型"狂人"形象。鲁迅以彻底的"革命民主主义"的立场对中国的文化进行了深刻的反思。

从个别现象中发现问题的本质特征，需要以追求真理为导向，拿好"放大镜""显微镜"，对"小问题"给予"大重视"，对问题聚焦、扫描，深查细究、找准症结、见微知著，不断抽丝剥茧，通过由此及彼、由表及里地思考分析，就能够掌握规律，发现本质。

3. 从偶然、意外的现象中发现价值

数学家巴斯德说："在观察的领域中，机遇只偏爱那些有准备的头脑。"1934年，罗伯特·沃特森·瓦特在进行地球大气层无线电考察时，被荧屏上一串亮点所吸引。毫无疑问，这是被某种物体反射回来的无线电波信号，从它的亮度和距离分析，它不可能来自地球大气层。通过观察和实验，他终于发现这些亮点原来就是被实验楼附近的一座高楼反射回来的电波信号。既然高楼大厦能反射电波，并在荧光屏上显示图像。那么，正在空中飞行的飞机是否也能在荧光屏上被观察到呢？罗伯特把他的设想付之实验，于是发明了雷达。

很多时候有巨大商业价值的创新，最初可能是来自一个意外。福特汽车公司提出"流水线生产"这个创新策略也是源自一次非常偶然的意外事件。福特的一个工程师一次去屠宰场时，无意之中看到屠宰场批量杀猪，用到了流水线的工作方式。这个工程师受到启发，向福特公司建议借鉴杀猪的方式生产汽车，最终带来流水线的创新变革。所谓的意外只是表象，真正触发创新的原因，是人们看到不同行业解决同构性问题的不同策略。观察力就是去探索那所有人"意外"的新解决方案。

## 二、工作过程观察技巧

（一）明确观察目的

工作中，人们在信息收集时，如果没有明确的目的，只能算是看，不能称为观察。只有当我们有明确的目的时，才算是观察。观察的目的应当包括观察的目标、范围、时间点、主要对象、方法和步骤。值得注意的是，工作观察的同时，要做好观察记录，特别是对长期的、系统性的观察，要持之以恒，不因任意主客观原因而中断或放弃。

（二）持续关注细节

工作过程中，要对工作相关的事物进行精细地观察，能够在观察事物全貌的过程中，注意到事物的各个部分的特点、不同的阶段性特征以及相对隐蔽不容易被发现的细节。

一家手套厂想要加大市场开发力度，他们观察到每个人的左右手都是不一样大的，由于多数人都是右撇子，右手通常比左手大一点，于是在设计手套时，会将同一双手套的右手设计得比左手大一点，让顾客戴起来感觉更贴合手指。正是由于这一小点的改变，让这家手套厂的手套受到了大家的欢迎，手套厂的销量有了显著的提升。所谓"细节决定成败"说的就是这个道理。一些容易被忽略的细节，往往是经理人成功的捷径。只有观察事物的细节，才能发现一些不为人知的秘密，才能在商战中掌握主动权。

（三）切勿过于专注

在工作中观察时，往往集中全部注意力去看想要观察的事物，去发现所需要的信息。然而，由于观察者过于集中精力在观察这件事情上，往往会对其他的事物视而不见，遗漏一些明显的信息。

著名的传球实验很好的说明了这一点。身穿黑白两色球衣的两组队员相互传球，要求观察者认真观察传球过程，并记下相互传球的总次数。传球期间，有一名工作人员身穿大猩猩的衣服从球场中间穿过。当观察结束后，询问有多少人看到了大猩猩，相当多的人都很茫然。特别是回答正确传球次数的观察者，绝大多数都没有看到大猩猩，而中途放弃观察传球次数的观察者中，大多数都看到了大猩猩。

因此，在工作过程中，观察的时候并不是注意力越集中越好，要留出一定的注意力去观察那些目标之外的事物。

（四）保持客观态度

工作中要时刻保持客观观察并不是很容易的事，特别是全面客观的观察。由于每个人的知识水平、兴趣爱好、所处立场不同，对同事物的看法也是不一样的，收集的信息也有所不同。一方面，我们总是容易收集那些我们感兴趣的信息，那些我们不感兴趣的很难引起我们的注意；另一方面，我们总是倾向于收集那些我们想收集的信息，对于我们不想收集的信息视而不见。

比如，库房斧子丢了，越看仓库管理员小王越像小偷，于是主动采集了相当多的信息来证明小王就是偷斧子的小偷。几天后斧子找到了，越看小王越不可能是小偷，并且找到了有力证据来证明小王不可能是偷斧子的小偷。为什么前后几天会有不同的结论？因为在找不到斧子的时候，我们更倾向于发现偷斧子的小偷，当斧子找到了的时候，我们不再倾向于发现偷斧子的小偷了。因此，在工作信息收集时，要尽量保持客观的态度，不戴有色眼镜看事情，也不能像盲人摸象一样，只根据片面的信息就去推断事物的整体情况。

## 三、工作状态中观察力的表现和要求

（一）观察力的表现

职业经理人在工作状态中，应表现出良好的观察力，主要有以下三个方面：

（1）观察迅速，能在较短的时间内，捕捉到事物的主要特征，发现事物之间的内在联系以及矛盾的焦点。

（2）观察准确，善于辨别事物之间微小的差别或变化，做到去伪存真。

（3）观察全面，善于发现别人不易看到的事物特征和形态上的变化，不遗漏有关细节。

（二）观察力的要求

企业生产经营及管理工作中，随时都会出现新的情况和新的变化，这对职业经理人的观察力提出一些基本的要求：

1. 高度的自觉性

观察是有目的、有计划、有组织的心理知觉活动。观察自觉性强的职业经理人，能根据工作需要主动进行观察，并能恰当地分配注意，正确地确定和及时地转移注意中心，牢牢地把握住企业的发展机遇以及企业自身的状态，使观察收到良好的效果；观察自觉性差的职业经理人难以做到根据工作需要主动进行观察，往往分散注意力，难以抓住观察的重点，把握不住企业发展的机遇。自改革开放以来，社会主义市场经济是我国社会经济体制发展的必然趋势，东南数省的众多职业经理人敏锐地观察到了这一点，因此他们的每一步发展，都抓住了市场经济发展带来的机遇，伴随社会经济大幅度增长，企业也获得更大发展。相比之下，某些地区的一些国有大中型企业的领导，正是由于缺乏对市场经济发展趋势的自觉性和敏锐性，在观念上远远落后于东南数省，造成企业走入了困境。因此，职业经理人必须努力培养和提高观察的自觉性，以保证适时地抓住发展机会，使自己的判断和决心建立在科学思维的基础上。

2. 借助先进手段

感觉是观察的基础，感觉越灵敏、越正确，观察所获得的印象就越多、越清晰。观察要在视、听等多种感觉器官的综合作用下，才能获得良好的效果。但是，在现代条件下，由于科学技术的迅速发展，社会经济生活更加呈现出多元化和复杂化，经济活动所涉及的范围也不仅仅局限于一个地区、一个国家，而是越来越具有世界性，新事物、新情况更是层出不穷。所有这些都要求观察在视、听等感觉器官直接作用的基础上，采取更为先进的观察手段，才能满足需要。比如，需要信息媒介获得各种信息；需要计算机获得对复杂事物精确分析的结果；需要运用各种先进手段取得对市场的预测；需要大数据、人工智能辅助决策等。观察手段的更加先进和多样化，要求职业经理人只有运用多种感觉器官和先进的技术手段，才能在现代条件下获得良好的观察效果。

3. 与分析相结合

人对事物进行观察时，总是伴随着对事物的分析进行的；离开分析，观察所得到的印象必然是表面的、笼统的、模糊的和杂乱无章的，也不会对事物有本质而深刻的认识，难以作出正确的判断。职业经理人只有对观察得来的情况进行仔细分析，认真加以研究，才能作出正确的决策，达到预期的目的。这种动于后而谋于先的分析思维方法，职业经理人应当认真地研究和掌握它，做到把观察和分析有机地结合起来。

## 四、培养良好的观察力

培养良好的观察力，除了需要经过必要的视、听等感觉器官的训练，借助于先进的观察手段外，还要学会全面系统的观察方法，要注意掌握丰富的知识和加强性格等方面的锻炼。

（一）全面观察事物

职业经理人要获得对企业内外部经济运行情况的正确而深刻的认识，常常取决于对企业内外部经济运行情况能否做到全面观察。那种"走马观花""蜻蜓点水""坐井观天"式的观察,那种看一点或看一眼的狭隘观察,不仅得不到全面的观察结果,更谈不上得出确实的结论。在观察事物中,我们应该把视野放得宽一些,既要注意事物在空间所处的位置,又要注意在一定时间内其自身的变化以及与其他事物彼此的关联等,避免漏掉主要部分或事物在发展过程中的重点环节。

(二)系统观察工作

职业经理人在观察某一工作之前,应明确观察任务,然后根据任务和企业工作的需要,对工作进行有顺序、有系统的观察,必要时还要列出观察的提纲,写出详细的观察计划,再去观察。工作中,职业经理人需要观察的对象很多,观察的任务也各不相同。有时需要对整个经济运行情况进行观察并加以分析,有时是针对某一个目标进行细致观察,以求对这一目标有个完整而正确的认识。所以,职业经理人在培养自己的观察能力时,要避免那种东看一下西看一下的零乱而无计划的观察,而是要有计划、有顺序、有步骤地进行。这样才能保证观察到各个工作之间、工作的各个部分之间的联系,而不会遗漏某些重要特征。

(三)注意观察细节

经济活动过程中有些看来不大容易引起人们注意的细节,往往对企业的生产经营活动有着重要价值。其原因是,经济活动中的某些细节往往是事物本质的折射。注意观察事物的细节,是职业经理人良好观察力的一个重要方面。

此外,职业经理人观察力的强弱,还与自己的知识、经验有着非常密切的关系。知识和经验不仅能启示和指导人们去进行深刻的思考,而且能使人更精细地去感知事物。俗话说得好:"行家看门道,外行看热闹","谁懂得多,看透的也就多"。职业经理人只有具备丰富的知识和经验,才能在企业生产经营及管理的实践活动中发现最有意义、最重要的东西。因此,为了提高观察力,职业经理人必须努力丰富自己的知识,总结以往的成功经验。

总之,每个职业经理人都应针对自己的实际情况,扬长避短,努力培养观察力,并注意不断地丰富知识、积累经验,提高观察的自觉性和科学性。

# 阅读专栏 36-1　"娃哈哈"掌门人宗庆后

一次,一家电视台做了一期人物访谈,嘉宾是娃哈哈的创始人宗庆后。这个42岁才开始创业的杭州人,短短20年创造了商业奇迹。在问了一些大家感兴趣的问题后,主持人从身后拿出一瓶普通娃哈哈矿泉水,提出三个问题。第一个问题,"娃哈哈矿泉水瓶的瓶口有几圈螺纹?"宗庆后想都没想,4圈。主持人数了数,果然是4圈。第二个问题，"矿泉水瓶身有几道螺纹？""8 道"，宗庆后不假思索地说。主持人数了数，只有 6 道。宗庆后告诉她，有两道在上面。果然如此。两个问题都没有难倒他，主持人不甘心，拧下瓶盖，提出第三个问题，"这个瓶盖上有几个齿？"宗庆后微笑着说，"你观察得很仔细，一般普通矿泉水瓶盖上是 18 个齿。"主持人数了两遍，都是 18 个。主持人和节目现场的人都很吃惊，主持人不无敬意的总结道，一个管理着几十家企业，上万员工的企业家，竟然连矿泉水瓶盖上有多少个齿都了如指掌，从中不难看出，他是如何一步步走向成功的。

宗庆后用心了解市场，做市场调研时，他会非常认真细致，是一个最仔细的市场调研员。深入了解工作中的每一个细小环节，从一根管道的粗细、一个阀门的型号，到每一款产品的研发，他都了如指掌。因此，他也善于发现市场机遇。宗庆后专注思考每一个产品细节，敏感性非常强，也十分善于取人之长，补己之短。有一次，宗庆后原本想在澳大利亚的超市买燕麦片，但不太熟悉英文的他买回来的却是洋车前子。他回来一冲泡，觉得这东西很好，经研究发现，这是代餐类的食品，于是，宗庆后马上想到，可以研制娃哈哈的新产品，由此就有了娃哈哈新一代代餐粉的诞生。

职业经理人不断积累经验和洞察力，才能使企业永远与市场同步发展。

# 第二节　思维能力

## 一、思维的概念与特点

（一）思维与思维方式

思维是人脑借助于语言对事物的概括和间接的反应过程。思维以感知为基础又超越感知的界限，它探索与发现事物的内部本质联系和规律性，是认识过程的高级阶段。思维对事物的间接反映，是指它通过其他媒介作用认识客观事物，即借助于已有的知识和经验，已知的条件推测未知的事物。

思维方式是人脑在认识的理性阶段所采取的活动形态。人们在社会实践的基础上，采用何种方式来对客观事物做间接和概括的反映，不仅关系到思维能否正确地反映存在，而且关系到能否正确地认识世界和改造世界的问题。

人类的思维过程就是思维方式的形成、调整和发挥作用的过程，而人类的思维过程是具体的、历史的，因而思维方式也必然是具体的、历史的，超越一切时代和一切主体的思维方式，现实中是不存在的。因此，我们应当把思维方式放到具体的历史时代和不同的主体结构中加以探讨。

（二）思维要素与类型

思维方式作为主体把握客体的理性认识方式，是一个综合性、概括性的认识论范畴，是由不同要素所构成的思维活动的复杂系统。构成思维方式的要素包括八大要素，即知识、观念、思维方法、智力、情感、意志、语言、习惯。正是这些要素各自的特质规定不同以及它们在思维方式中的结构状况不同，才形成了各种各样的思维方式。

根据思维活动所处理的对象的区别、现象和本质的不同层次，可以把思维活动分为经验思维和理论思维；根据思维活动的内容和工具有抽象的概念和具体的形象，可以把思维活动区分为抽象思维和形象思维；根据思维活动是否在自觉的有意识的状态下进行，又可以把思维活动区分为自觉思维和直觉思维；根据思维过程中凭借物或思维形态的不同，可将思维分为动作思维、形象思维、抽象思维；根据思维时是否具有或遵循明确的逻辑形式和逻辑规则，又可以把思维分为形式逻辑思维和辩证逻辑思维；根据思维过程中的指向性不同，也可将思维分为集中思维和分散思维。

（三）思维的特点

1. 概括性

思维的前提是人们已经形成或掌握的概念。掌握概念，就是对一类事物加以分析、综合、比较，从中抽象出共同的、本质的属性或特征加以归纳。概括是思维活动的速度、灵活迁移程度、广度和深度、创造程序等智力品质的基础。苏联心理学家鲁宾斯坦认为：迁移就是概括。概括性越高，知识的系统性越强，迁移越灵活，那么一个人的智力和思维能力创造能力应越发达。

2. 间接性

间接性是思维凭借知识、经验对客观事物进行的间接的反应。首先，思维凭借知识经验，能对没有直接作用于感觉器官的事物及其属性或联系加以反映。例如，清早起来发现院子里的地面湿了，房顶也湿了，就可以判定昨天晚上下雨了。其次，思维凭借着知识经验，能对根本不能直接感知的事物及其属性进行反映。最后，思维凭借着知识经验，能在对现实事物认识的基础上进行蔓延式的无止境的扩展。假设、想象和理解，都是通过这种思维的间接性作为基础的。例如，制订计划、预计未来。思维的这种间接性，使思维能够反作用于实践，指导实践。

3. 逻辑性

逻辑性这一特征反映出思维是一种抽象的理论认识，表明思维过程有一定的形式、方法，并按照一定的规律进行。概念的形成条件和基础是社会实践。大量丰富的感性经验产生于实践，推动人的认识活动深化，产生了概念。在概念的基础上进一步构成判断和推理。判断是对于思维对象有所肯定或否定的思维形式，以语句形式表达出来，推理是从一个或几个已知判断推出新判断的思维形式。归纳推理和演绎推理是两种主要推理形式。在归纳推理时，从事实出发，加以概括，从而解释观察到的事物之间的关系，得出一般结论。从一般到个别，将理论、原则运用于具体，这是演绎推理。概念、判断、推理，就是思维的形式。

4. 深刻性

思维的深刻性指人脑在感性材料的基础上，经过思维过程，去粗取精、去伪存真、由此及彼、由表及里，在大脑里生成了一个认识过程的突变，产生了概括。通过概括，人们抓住了事物的本质、事物的全体、事物的内在联系，认识了事物的规律性。个人在这个过程中，表现出深刻性的差异，思维的深刻性集中地表现在善于深入地思考问题、抓住事物的规律和本质、预见事物发展的进程。

5. 灵活性

思维的灵活性是指思维活动的智力灵活程度。包括：①思维起点灵活，即从不同角度、方向、方面，能用多种方法来思考问题；②思维过程灵活，从分析到综合，从综合到分析，全面而灵活地做"综合地分析"；③概括、迁移能力强，运用规律的自觉性高；④善于组合分析，伸缩性大；⑤思维的结果往往是多种合理而灵活的结论，这种结果不仅有量的区别，而且有质的区别。

6. 独创性

思维的独创性强调思维个体差异的智力品质，指独立思考创造出有社会（或个人）价值的具有新颖性成分的智力品质。主体对信息高度概括后进行集中而系统的迁移，进行新颖的组合分析，找出新异的层次和交结点。概括性越高，知识系统性越强，减缩性越大，迁移性越灵活，注意力越集中，独创性就越突出。

7. 敏捷性

思维的敏捷性指思维过程的快慢程度。有了思维敏捷性，在处理问题和解决问题的过程中，能够适应迫切的情况来积极地思维、周密地考虑、正确地判断和迅速地做出结论。思维的轻率性绝不是思维的敏捷性品质。在培养思维的敏捷性时，必须克服思维的轻率性。敏捷性本身不像上述特征那样有一个思维过程，但与上述思维特征又相互联系，既以上述思维特征为必要的前提，又是这些思维特征的集中表现。没有思维高度发达的深刻性、灵活性、独创性和批判性，就不可能在处理问题和解决问题的过程中有适应迫切情况的积极思维，并正确而迅速地得出结论。特别是思维活动的概括，没有概括，就不会有"缩减"形式，更谈不上什么速度。同时，高度发展的思维的深刻性、灵活性、独创性和批判性必须以速度为指标，能够正确而迅速地表现出来。

## 二、思维方法和技巧

### （一）思维方法

#### 1. 线性思维

线性思维的核心是探究因果关系，这种思维认为所有事情都有因果。线性思维告诉我们，一切都有原因也有结果、有问题也有解决方案、有开始也有结束。这种思维模式探究的是简单的一对一联系。线性思维对解决某些特定类型的问题非常有效。例如，因为电池没电（原因），所以你的手机关机了（结果）。如果你插入电源，给电池充电，你的手机就可以再次工作。线性思维对找到问题的解决方案简单有效。线性思维的缺点在于没有把事物看作是一个复杂的系统，而只是关注了其中一部分。通常我们所面对的情况远远比线性思维能够分析到的部分要复杂很多。

#### 2. 事件导向思维

和线性思维相比，事件导向思维看待世界的方式要复杂一些。事件导向思维认为生活是由一系列事件而不是系统构成的。人类大脑喜欢事件导向思维，大脑喜欢处理那些觉得简单又熟悉的问题。从最早的人类历史开始，春天播种，秋天收获，然后在冬天和整年中都有足够的食物。人类临水而居，可以轻而易举地获得饮用水，可以捕鱼，可以发展水上运输。事件导向思维是逻辑的基础。倘若我们做了甲这件事，那么乙就会发生。这种思维模式快速，易于理解和应用，但事件导向思维在解决复杂问题或系统问题时效率很低。因为社会随着时间的推移而不断变化，导致事件发生的原因可能不止一个，而每个原因的背后可能还有多个复杂的原因。事件导向思维是无法解决这类问题的。

#### 3. 水平思考

所谓水平思考法，就是摆脱非此即彼思维方式的思考方法，也是摆脱逻辑思维和线性思维的思考方法。在水平思考中，人们致力于提出不同的看法。每个不同的看法不是互相推导出来的，而是各自独立产生的，水平思考更具创造性。水平思考在不同的思考方向上进行"水平"移动的思考方式，水平思考要求人们在思考同一个问题时，灵活地转换思考角度。例如，换位思考就是一种水平思考，逆向思考和侧向思考也属于水平思考。有能力进行水平思考的人，他绝不会按照既定的思路前进，而是在不同的思考方向之间进行转换和抄近路。如果非常依赖通过按部就班的逻辑思维得出结论，那么就不太容易使用这种思维方式。水平思考法是创造性思维的技巧，在头脑风暴、发明和创新中特别有效。

水平思考的缺点是不能明确目标和终点。这种思维方式缺乏其他思维方式所使用的结构和目标。水平思考的本质是不打击任何想法，所有想法从一开始都有同样的分量，即便其中有些想法是不合适的，也会受到同等重视。这必然会浪费时间，或者让问题解决偏离正确的轨道。

4. 批判性思维

批判性思维是从客观的角度出发，分析事实，达成判断。在得出结论之前，为了克服偏见，需要不断地反思自己的想法和可能的决策，以此来提高认知的质量和效率。当我们试图在不同想法之间找到逻辑关系时，批判性思维非常有效。拥有批判性思维的人不会仅凭表象去轻而易举地接受任何事物，而是在接受之前一定会深入挖掘，确定信息背后有理可循。当需要用系统的方法来解决某个问题时，这种思维方式是非常有益的。

这种思维方式在许多方面都很有帮助，不过需要保证它不要走向极端。基于善意的理由和充分的事实怀疑和质疑在工作中是必要的，健康的怀疑和对某些观点的质疑是一种重要的生活技巧。

5. 系统思维

系统思维就是人们运用系统观点，把对象互相联系的各个方面及其结构和功能进行系统认识的一种思维方法。整体性原则是系统思维方式的核心。这一原则要求人们无论干什么事都要立足整体，从整体与部分、整体与环境的相互作用过程来认识和把握整体。

系统是一组相互关联的要素，一起朝着一个共同的功能或目的运行，系统会表现出某些可识别的特征和持久的行为模式。当系统的一个部分发生改变时，系统所有的其他部分也会受到影响。系统思维需要理解一个系统的要素、关联、目的或功能。系统思维方式的客观依据，乃是物质存在的普遍方式和属性，思维的系统性与客体的系统性是一致的。系统思维方式具有整体性、结构性、立体性、动态性、综合性等特点。

（二）思维技巧

1. 情感共鸣

情感共鸣或称情绪共鸣，是指在他人情感表现或造成他人情感变化的情境（或处境）的刺激作用下，所引起的情感或情绪上相同或相似的反应倾向。情感共鸣是培养思维的一种技巧之一。通过情感共鸣，可以使职业经理人在特定的情境中，对某些习惯性思维进行引导，从而达到共鸣。情感共鸣产生的认知前提是想象，即人脑以曾经感知过或体验过的各种事物的表象为材料，通过分析综合的加工作用，而产生了对未曾亲自感知和体验过事物的形象心理过程，如同情、怜悯等，就是属于感情共鸣的心理现象；又如积极的、温和的、短暂的感情可以让人们直接体验与爱、家庭、友情相关的情愫，进而促进其在感情上的共鸣。

2. 丰富认知

思维是人脑对客观事物的本质和规律的反映。思维靠知觉提供"丰富的感觉材料"。记忆、想象等认识活动以及其他各种心理活动都只有在思维的调节、控制下进行才能正确有效。因此，智力的核心是思维能力，学习的中心任务就是经过思维的分析、综合、比较、抽象、概括、系统化和具体化等智力操作活动，进行推理，作出判断，间接和概括地认识学习对象的规律，掌握知识学会应用。

人的思维离不开知识，它们之间是相互依赖、相互制约的关系。知识好比自然资源，思维能力好比加工厂，资源丰富可以为工厂提供充足的原料，而工厂的设备先进可以提高资源的利用率。相反，没有资源，设备再先进也是"无米之炊"，也不可能生产出产品，没有先进的设备，资源再丰富也不可能得到充分的利用。所以，丰富自己的知识，积极训练自己的思维，才能提高思维的效率。

## 三、创造能力与创新思维

（一）创造能力

创造能力就是创造主体在创造活动中表现出来并发展起来的各种能力的总和，主要指产生新思想、新方法、新结果的创造思维和创造性技能。职业经理人创造能力是智力因素和非智力因素的总和，两者相互影响，相互作用，相辅相成，缺一不可。它是人类意识的高级表现，也是意识发展水平的标志。创造力的构成，既有认知因素，即有各种思想整合协调活动，又有动力因素，如热情、坚韧、勤奋、专注、兴趣、爱好等心理品质的支持，还要受世界观、方法论等导向因素的制约，创新能力是在职业经理人的心理结构整体和最高水平上实现的综合能力。

职业经理人创造能力的表现主要是：发现问题的敏锐观察能力；统观全局的统摄思维能力；拓展思路求索答案的能力；借鉴经验开拓新路转移经验的能力；远见卓识预见未来的能力。创造能力的形成，需要十个方面的特质：主动好奇、敏锐的洞察力、丰富的想象力、变通性、独创性、独立性、自信心、勇气和毅力、严密性、流畅的表达。

激发潜在的创造力有如下十种方法：

1. 相信自己有创造力

激发创造力最大的绊脚石，是认为自己缺乏创造力。要坚信，即使最伟大的创新点子，也并非是无迹可循、难以捉摸的。

2. 立即捕捉灵感

当意识进入睡眠状态，或沉浸在其他事情时，潜意识仍继续思索。你可以尝试，在灵感来时，放下手边的事，立即捕捉它。富有创造力的人都宣称，他们的灵感通常是在入睡之前，或者刚睡醒时产生的。事实上，他们所说的话是有科学根据的。

3. 打破安于现状的束缚

安于现状，无法激发你的创造力，应该摆脱这种束缚，改变一下日常步调。逐步习惯以视觉和脑部知觉来处理问题后，你会惊奇地发现，原来激发灵感是这么容易。

### 4. 换个新环境

换个新环境和创造新点子大有关系。据研究发现，人们坐在飞机上更能想出好点子；当飞离地面八英里高时，人的心思处在极端的创造区里。另外，在公园散步或在海滩漫步，都可激发想象力。周末在乡间租间小屋，在那里生活一段时间，对激发创造力也有帮助。

### 5. 思考多种方案

找出各式各样的解决方法需靠不断地思考，一有难题，便将它记录在备忘录上，并写出所有你认为可能想得到的相关事件及解决方法，然后再向那些你认为可能会提供好建议的人询问解决之道。

### 6. 置身新领域

任何让你置身新领域，或迫使你摆脱原先安适怠惰的活动，都可能激发你的想象力。最好的活动是磨炼平时不常用的另外半边脑。有时这类活动会形成神奇的组合，如艺术家身兼棋艺高手、生意人还是个演奏家等。

### 7. 经常反问自己

这种定期反省的办法，可以帮你确信自己的创造构想。常常反问自己，能使你更肯定，或矫正，或全然放弃原先的构想。不论使用何种询问方法，你都在开启着新点子的大门。

### 8. 相信自己有可行之道

这种想法可使你摆脱压力，让思潮自然涌现。如果遇到问题时，老是担心做不成、做不好而畏缩不前，反而会阻碍创造力。坦然接受自己、相信自己采取的每一种方法、步骤，才能激发你找到答案。

### 9. 组织"脑力激荡"小组

"脑力激荡"是一群人（最好是5~8人），针对一个问题，各尽所能地提出任何可以想到的解决方案。组成这种小组的关键，在于必须暂时抛掉批评争论，不论别人提出多么离奇古怪的点子都要认同使每个人的思绪在完全无顾虑的状态下，尽情发挥想象力。当大家的点子都掏空了，小组便可以就记录开始讨论，但为了节省集体讨论的时间，必须先让每个人把记录内容过目一遍，再进行辩论。这个趣味有效的方法，可以动员更多的智慧构思寻找解决之道。

### 10. 化创意为行动

所有的构思都必须付诸实行，才能真正具有价值。肯定自己的创造力，并付诸行动，你也能成为创意天才。

（二）创新思维

创新思维是指人们为解决某一问题，自觉、能动地综合运用各种思维方式进行思考，突破常规思维的界限，以超常规甚至反常规的方法、视角去思考问题，提出与众不同的解决方案，从而产生新颖的、独到的、有社会意义的思维成果。创新思维的基本类型有：差异性创造思维、探索式创新思维、优化式创新思维和否定型创新思维。

创新思维具有五个特征：①创造性思维的多向性。创造性思维思路开阔，从全方位提出问题，能提出较多的设想和答案，选择面宽广。思路若受阻，能灵活变换某种因素，从新角度去思考，产生适合时宜的新办法。②创造性思维的独创性。在创造性思维过程中，人的思维积极活跃，能从与众不同的新角度提出问题，探索开拓别人没认识或者没完全认识的新领域，以独到的见解分析问题，用新的途径、方法解决问题，善于提出新的假说，善于想象出新的形象，思维过程中能另辟蹊径，标新立异，革新首创。③创造性思维的综合性。创造性思维能把大量的观察材料、事实和概念综合一起，进行概括、整理，形成科学的概念和体系。创造性思维能对占有的材料加以深入分析，把握其个性特点，再从中归纳出事物规律。④创造性思维的联动性。创造性思维具有由此及彼的联动性，表现为由浅入深，由小及大，触类旁通，举一反三，从而获得新的认为、新的发现。⑤创造性思维的跨越性。创造性思维的思维进程带有很大的跨越性，省略了思维步骤，思维跨度较大，具有明显的跳跃性和直觉性。

培养创新思维，提高创新思维能力的具体方法主要有：

（1）用"求异"的思维去看待和思考事物。也就是，在我们的学习工作和生活中，多去有意识的关注客观事物的不同性与特殊性。不拘泥于常规，不轻信权威，以怀疑和批判的态度对待一切事物和现象。

（2）有意识从常规思维的反方向去思考问题。如果把传统观念、常规经验、权威言论当作金科玉律，常常会阻碍我们创新思维活动的展开。因此，面对新的问题或长期解决不了的问题，不要习惯于沿着前辈或自己长久形成的、固有的思路去思考问题，而应从相反的方向寻找解决问题的办法。

（3）用发散性的思维看待和分析问题。发散性思维是创新思维的核心，其过程是从某一点出发，任意发散，既无一定方向，也无一定范围。发散性思维能够产生众多的可供选择的方案、办法及建议，能提出一些独出心裁、出乎意料的见解，使一些似乎无法解决的问题迎刃而解。

（4）主动地、有效地运用联想。联想是在创新思考时经常使用的方法，也比较容易见到成效。我们常说的"由此及彼、举一反三、触类旁通"就是联想中的"经验联想"。任何事物之间都存在着一定的联系，这是人们能够采用联想的客观基础，因此联想的最主要方法是积极寻找事物之间的关系，主动、积极、有意识地去思考他们之间联系。

（5）学会整合，宏观的去看待。我们很多人擅长的是"就事论事"，或者说看到什么就是什么，思维往往会被局限在某个片区内。整合就是把对事物各个侧面、部分和属性的认识统一为一个整体，从而把握事物的本质和规律的一种思维方法。

## 四、科学思维文化和氛围的塑造

科学的思维方式具有广阔性和深刻性、灵活性和敏捷性、独立性和批判性、理性等特征，塑造科学思维文化和氛围应着重从以下六个方面进行：

（一）学习哲学

哲学为人们提供方法，启迪智慧。职业经理人一般都具备了一定的理性思维能力，但是要培养科学的思维方式，必须加强哲学的学习，提高哲学思维的素养。马克思主义哲学作为科学的世界观和方法论，揭示了自然界、人类社会发展的一般规律，是人们认识世界、改造世界的思想武器。同时，它也揭示了思维发展的一般规律。因此，塑造科学思维文化和氛围，必须要提高马克思主义的哲学素养，这对于提高职业经理人的理性思维能力、培养科学的思维方式是至关重要的。

（二）丰富知识

丰富的理论知识是敏捷思维和科学思维方式的基础：一个人掌握的知识越多越丰富，他的思路就会越广越深，思维的成果就会越完全、越准确。比如，逻辑学的知识对提高人们的思维能力是非常重要的，因为无论是形式逻辑还是辩证逻辑都是以思维为对象，都是关于思维的规律、形式和方法的科学。逻辑规律是一切正确思维所必须遵守的最基本的规律，是认识现实的必要条件，违背这些规律，就会使思想丧失它应有的明确性、确定性和一贯性，从而根本谈不上正确的思维。

（三）独立思考

独立思考，是指对每一个问题从头到尾、由理论到实践都经过自己的头脑——关键是"独立"这两个字，但也不排斥经常参加讨论争辩。讨论争辩可以作为独立思考的补充，也能促进独立思考的严谨、全面和深刻。善于独立思考的人，既能集中别人的智慧，又能超越前人的思想、善于独立思考的关键在于有时间静下来深思。整天忙于事务而不思考，不仅工作搞不好，也谈不上培养思维能力。独立思考需要多思，同时也要博学、善问、勤于钻研和重视思想方法。

（四）调整思维方式

善于随时整理自己的思路，总结思维方法上的经验教训，是培养科学思维方式的重要方面。一个人的具体思维过程是十分复杂的。得到某一正确认识之前，总是难免要犯各种各样思维方式上的错误，有时因为概念不清，有时因为判断有误，有时因为缺乏灵活和变通等。不断地总结在思维上的各种经验教训，可以使人不断地完善自己，大大提高自己的思维能力，逐渐培养起科学的思维方式。

（五）提高艺术修养

艺术和科学是人类文明的两翼，艺术思维和科学思维的结合是智慧之源和创新之路。我国科学家钱学森曾对科学与艺术相结合的思维过程作过具体而精彩的分析。他说：从思维科学角度看，科学工作总是从一个猜想开始的，然后才是科学论证。换言之，科学工作是源于形象思维，终于逻辑思维。形象思维源于艺术，所以科学工作是先艺术后科学。相反，艺术工作必须对科学事物有一个科学认识，然后才是艺术创作。在过去，人们只是看到后一半，所以把科学与艺术分了家，而实际上，科学需要艺术，艺术也需要科学。

（六）培养合理的创新思维

合理的科学想象，立足已知事实，根据已知规律，充分发挥人的思维潜能，对人们认识世界和改造世界是极为有益的。创新思维要求人们以科学理论为指导，面对实际，敢于提出新问题，解决新问题。

# 第三节　认知能力

## 一、认知的含义与方法

（一）认知的含义

认知是人最基本的心理过程，它包括感觉、知觉、记忆、想象和思维等。

感觉是事物直接作用于人的感觉器官的个别属性的反映。例如，抚摸丝绸可以感觉到它的柔软；闻到花香，可以感到它的芬芳等。感觉往往是人们对客观事物个别属性的感知。

知觉是事物直接作用于人体感觉器官的整体属性反映。世界上的事物之所以构成一个事物，往往不是由某一单独属性构成的，而是由许多个别属性共同构成的。盲人摸象之所以不准确，就在于他只摸到了单一的局部。人对事物的认识应该是对全局和整体的认识，知觉是对事物整体的把握。

记忆是指感知的事物能够以经验的形式在头脑中留下痕迹，在一定的条件下可以回想起它们的特征和形象。

想象是指人们在感知的基础上，在头脑中创造出来的形象。例如，通过对小说中人物的描述，读者的心目中就会出现一个生动、具体的人物形象。

思维是人对客观事物本质特征和内在规律性联系、概括的反映。它是认知过程的高级阶段，是对客观事物的间接、概括的反映。例如，虽没有看到小偷入室偷盗，但看到一片狼藉和少了贵重物品，就可以断定有人来偷盗了。

认知理论强调认知过程对行为决定因素的重要性，认为行为和情绪之所以产生，是由于个体对情境所做出的评价，而这些评价又受到个人信念、假设、想象、价值观念等主观因素的影响。

（二）认知方法

在事物认知的基本方法中，分析与综合方法等经多年发展有亚里士多德的归纳—演绎法模式、伽利略的实验—数学探究模式、培根的科学归纳探究模式、牛顿的假说—演绎探究模式和公理化方法探究模式等。马克思从对立统一的规律出发，论述和发展了分析与综合方法，使其成为唯物辩证法的重要方法，成为人们认识和解决问题的有力武器。

1．分析方法

所谓分析方法就是把研究对象整体分解为各个组成部分、方面、元素、因素和层次，分别加以研究，进而揭示事物属性和本质的方法。

（1）定性分析法。定性分析就是对研究对象进行"质"的分析，主要是解决研究对象"有没有""是不是"的问题，具体地说是运用归纳和演绎、分析与综合以及抽象与概括等方法，对获得的各种材料进行思维加工，从而能去粗取精、去伪存真、由此及彼、由表及里，达到认识事物本质、揭示内在规律的目的。具体包括以下几种：

1）因果分析法。首先，分清因果地位；其次，注意因果对应，任何结果由一定的原因引起，一定的原因产生一定的结果。因果常是——对应的，不能混淆；最后，要循因导果，执果索因，从不同的方向用不同的因果分析思维方式去进行因果分析，这也有利于发展多向性思维。按事物之间的因果关系，知因测果或倒果查因。

2）归纳分析法。归纳分析法有两个含义：狭义的归纳逻辑研究对象是前提和结论之间具有必然联系的归纳推理；广义的归纳逻辑还包括在进行归纳推理时所使用的科学方法，亦称归纳法。

3）结构分析法。结构分析法是指对系统中各组成部分及其对比关系变动规律的分析。结构分析主要是一种静态分析，即对一定时间内系统中各组成部分变动规律的分析。如果对不同时期内系统结构变动进行分析，则属动态分析。结构分析法是在统计分组的基础上，计算各组成部分所占比重，进而分析某一总体现象的内部结构特征、总体的性质、总体内部结构依时间推移而表现出的变化规律性的统计方法。

4）比较分析法。比较是经常使用的一种方法，它既要研究事物之间的共同点，又要分析事物之间的不同点，包括正反比较、横向比较分析与纵向比较分析。比较是认识对象间的相同点或相异点的逻辑方法。它可以在异类对象之间进行，也可以在同类的对象之间进行，还可以在同一对象的不同方面、不同部分之间进行。

5）分类分析法。分类分析法是把无规律的事物分为有规律的，按照不同的特点分类事物，使事物更有规律。在逻辑中，指把具有共同特点的个体对象归入一类，并把具有共同特点的类集合成类的思维过程和方法。

6）普遍联系（联想）分析法。把个体或一个因素放到整体大环境中去分析认识，通过正反类似等具有普遍联系联想的事物来认识基本事物某方面的特性。

（2）定量分析法。定量分析是对事物的数量特征、数量关系与数量变化的分析。

（3）利益分析法。利益分析方法是从利益的角度，通过社会历史现象把握其本质和根源，透过各种社会主体的言论和行为把握其动因的方法。

任何单一的分析方法都具有局限性，容易使人们的眼光限制在片面、狭窄的领域中，忽视事物之间的有机联系，养成孤立、静止和片面看问题的习惯，因此还需要与综合方法结合起来运用。

2. 综合方法

综合方法就是把研究对象的各个部分、方面和因素联合起来加以研究，从而在整体上把握事物的本质和规律的思维方法。综合方法与分析方法相同之处在于都是以事物的整体和部分的关系作为客观基础，只是在认识过程的方向与分析方法上相反。综合方法的思维特点就是力求通过全面掌握事物各部分、各方面的特点及其内在联系，并通过概括和升华将事物的各部分、各方面、各种属性真实联结复现事物本来面目的整体性。一句话，综合方法是变简单为复杂，变分离为统一，变局部为整体。根据不同的分类，综合方法有多种形式。从综合方法的规模来分有小型综合和大型综合；从具体的方法来分有对称法、移植法、系统法等。

3. 分析和综合的关系

分析与综合是辩证统一不可分割的。从认知过程来看，分析与综合的方向相反，分析是化整为零，化繁为简，由未知追溯到已知；综合是化零为整，变部分为有机联系的统一整体，由已知引导到未知。综合优于分析的地方，在于它恢复并把握了事物本来的联系，揭示了事物在分割状态下不可能具有的特征。事物的研究过程，一般是先分析后综合，分析是综合的基础，没有分析就没有综合，正确的综合，必须先分析对象内部各方面的本质、各种因素的特点。当分析达到一定程度后再进行综合。综合是分析的发展，没有综合也就没有分析，任何分析总要从某种整体性出发，离开了综合，分析就会有很大的盲目性。

分析和综合是辩证的统一，在一定条件下，它们可以相互转化。人们的认知就是沿着这种分析—综合—再分析—再综合的轨迹不断前进的。

## 二、认知过程与工具

### (一) 认知过程

认知过程是个体认知活动的信息加工过程。认知心理学将认知过程看成一个由信息的获得、编码、储存、提取和使用等一系列连续的认知操作阶段组成的按一定程序进行信息加工的系统。信息的获得就是接受直接作用于感官的刺激信息。感觉的作用就在于获得信息。信息的编码是将一种形式的信息转换为另一种形式的信息，以利于信息的储存和提取、使用。个体在知觉、表象、想象、记忆、思维等认知活动中都有相应的信息编码方式。

信息的贮存就是信息在大脑中的保持，在记忆活动中，信息的储存有多种形式。信息的提取就是依据一定的线索从记忆中寻找所需要的信息并将它取出来。信息的使用就是利用所提取的信息对新信息进行认知加工。

在认知过程中，通过信息的编码，外部客体的特性可以转换为具体形象、语义或命题等形式的信息，再通过储存，保持在大脑中。这些具体形象、语义和命题实际就是外部客体的特性在个体心理上的表现形式，是客观现实在大脑中的反映。认知心理学将在大脑中反映客观事物特性的这些具体形象、语义或命题称为外部客体的心理表征，简称表征。通常，"表征"还指将外部客体以一定的形式表现为大脑中的信息加工过程。

### (二) 认知工具

所谓认知工具广义地说它包括一切能够支持、引导和扩展用户思维活动过程的智力方法或技术设备。认知工具分为两种：一种是有形的认知工具即技术设备，如铅笔、黑板、投影等；另一种是无形的认知工具，即智力方法，它包括一系列的认知策略，如语义网、元认知等。它最主要的特征就在于简化人类的学习任务，使学习者更有效地学习。

1996 年，乔纳森（David H. Jonassen）在《课堂中的计算机：支持批判性思维的认知工具》中归纳出几种基于信息技术的认知工具。

1. 语义组织工具

语义组织工具有助于学习者对他们已了解的和正在学习的内容进行分析和组织。数据库和语义网络/概念地图是两种最著名的语义组织工具。

2. 静态/动态建模工具

有助于学习者描述概念间的关系，电子表格、专家系统、系统建模工具和微型世界都属于动态建模工具。

3. 信息解释工具

信息的容量和复杂性正以惊人的速度发展着，学习者需要借助一些工具获取信息和处理信息，如万维网、智能的信息搜索引擎，都可以帮助学习者查找到相关的信息。

4. 知识建构工具

学习者制作作品的过程就是知识建构的过程。当学习者作为作品的设计者，他们从制作作品的过程中获得的知识、技能远比学习知识本身获得的多得多。超媒体（Hypermedia）就是一种知识建构工具。

5. 交流合作工具

新出现的学习理论都强调学习的社会性。在真实世界的环境中，我们常常通过社会性地协商意义来学习，而不是单由老师教会的。

# 阅读专栏 36-2　认知工具简介

1. 认知负荷理论

认知负荷理论假设：受有限的加工能力、工作记忆的限制，由其引起了人类表现和学习能力的一种基本约束。这个理论建议在教学设计中更多地考虑工作记忆的角色和限制，那么计算机能在这四个方面来支持学习者：支持记忆加工、促进图式建构、帮助图式自动化、使用信息隐匿。例如，认知工具提供丰富的多媒体信息可促进学习者全面、立体地理解事物，并促进其构建意义，为学习者提供浏览记录或者导航信息，减轻其记忆负担，为其思维提供空间以发展更高级的解决问题的能力。职业经理人应学会使用必要的软件工具，拓展记忆能力，减轻工作中的记忆负担。

2. 智力模型理论

智力模型理论的目的是建模和解释人类在学习和其他活动中对对象和现象的理解。对于信息化环境中的学习者来说，很容易在网络中迷失方向，即所谓的迷航。迷航的原因是：使用者在获得信息的数量与范围上欠缺物理的反馈，而超媒体系统通常是以导航的形式对认知负荷施以影响。因此，有必要注意这几点：①促进使用者对工作系统的理解，给使用者提供工作系统使用的指南，来填补使用者在智力模型与系统概念模型之间的差异。②导航帮助。提供一些导航的帮助能减少在超媒体中迷失的现象。例如，通过书签、链接、网站地图等方式来帮助使用者定位。③导航指导。通过亲自示范或动画操作示范，向使用者介绍如何使用网站或工作软件，并且在交互系统中为导航提供定义清晰的程序。④提供一致的导航。版面和导航一致的方法可以帮助使用者快速适应系统的设计，并有信心通过站点的页面预测信息的位置和控制导航。同样，使用者在清晰明了的交互系统中，可以获得更多的思维空间来关注更有价值和有意义的内容，以此来拓展思维。

3. 信息加工理论

信息加工理论描述人们如何注意环境事件、对所学进行编码，将其与记忆中的知识相连、在记忆中储存新知识，并在需要的时候提取。在这方面，基于知识建构的认知模型指出，应提供五种不同类型的工具：信息搜索工具、信息呈现工具、知识组织工具、知识整合工具和知识生成工具，并且每种工具支持一个相应的认知过程。以计算机作为认知工具的几种类型主要有语义组织工具（如数据库、语义网络）、动态建模工具（如电子制表软件、专家系统）、系统建模工具（如微型世界）、信息解释工具（如可视化工具）、知识建构工具（如超媒体）、会话工具（聊天室、视频会议、Email、BBS 等）。这些认知工具支持职业经理人各种类型的工作，使使用者作为系统的设计者，深入思考正在使用的内容，分析信息，评价信息，解释和组织个人知识并表达自己所掌握的知识，从而形成个人的见解，拓展思维，形成更完整的解决方案。

以上三种认知理论是认知工具开发的基本理论，职业经理人不仅要学会使用计算机及相关软件辅助日常工作，而且要理解三种认知理论，以便支持更高级的思维活动。

## 三、影响认知的因素

认知是影响个体心理健康水平和幸福感的重要因素。心理卫生学家认为，片面、错误的认知方式和非理性观念，往往是个体产生抑郁、自卑、焦虑、恐惧、痛苦等不良情绪的根本原因，是心理健康和心理发展的大敌之一。

（一）认知者

不同的认知者有其自身的特点，由于每个人的经历、生活方式、文化背景以及个人的需要等方面不同，构成了认知者本身已有的心理结构不同，这样对同一个社会刺激就会发生不同的认知结果。

1. 性格因素

个体之间存在性格方面的差异，而性格差异会导致认知结果出现差异。例如，自信心强的人相信自己的能力，所以他们对赞扬自己的声音有很强的选择性。与其相反，自信心弱的人则往往因服从权威而使认知活动受到暗示，这就是性格对认知的影响之一。

2. 经验及知识背景

一个人的认知受其过去的经验以及知识背景影响。认知者的经验不同，看问题的角度就会有所不同；当面对同一外界事物的刺激时，便会产生不同的认知内容。例如，对一处景点的认知，艺术家侧重注意其外观、形状等；历史学家则侧重于研究这里曾发生过的历史事件。个人经历也影响着人们的认知结果，所谓"一朝被蛇咬，十年怕井绳"就是这个道理。各人的经验不同，其认知结构也不同，成熟的人具有复杂的认知结构，可以看到该认知对象的多样性和复杂性。

3. 认知者的需求

根据认知者的不同需求，其考虑的角度和侧重点也会有所不同，认知结果亦不相同。例如，有些人喜欢过春节，因为可以和亲人朋友相聚团圆，而那些身边没有亲人朋友的人，却讨厌过春节。也就是说，认知者根据其各自的需求对认知对象进行筛选，最后得到想要的认知结果。

（二）认知对象

认知对象对于认知者的价值及其社会意义的大小各不相同。一个人的外表特征、行为反应以及个性中包含的实际意义，都是认知的重要信息。试问，一名满腹学识的学者与一名文盲，你会对谁印象更好呢？一个彬彬有礼的绅士与一名满口粗话的大汉，你又会对谁印象更好呢？因此，认知对象也是产生认知差异的因素之一。

（三）认知情境

认知过程必须置身于现场情境，认知离不开一定的社会背景，不同情境下的认知会存在差异。通常情况下，人们都是通过分析当时的情境来判断社会中他人行为的善恶与是非。同一行为在不同情境中发生，得到的认知结果会有所不同。

## 四、提高认知能力的方法和途径

在职业经理人成长的过程中，要通过科学的认知方法与技术，纠正错误和偏激的认知，培养良好的认知习惯，正确处理在个人成长、工作学习、生活和社会适应过程中面临的各种认知问题。

（一）加强知识学习

知识既是认知的重要组成部分，也是人们提高认知水平、克服认知问题的基本保障。职业经理人博学程度，决定了其对各种问题的看法的对错和水平的高低。在知识学习的过程中，要注意观察、记忆、思维方法的掌握和想象力的培养。如何进行学习，古人总结出了博学、慎思、审问、笃行的方法。

（二）掌握现代化的认知工具与技术

认知工具与技术的进步，使人们已经能极大限度地摆脱感官和大脑对认知活动的限制。实验的方法与技术、数理统计的方法与技术、生命科学的方法与技术、电子成像技术、计算机技术的应用，为人们形成对事物的正确认知、消除人们的认知偏见与谬误，提供了坚实的理论与技术基础。作为生活在现代社会的职业经理人，有必要学习掌握并优先使用这些先进的认知工具与技术，提高认知水平，减少不必要的认知偏差和错误。

（三）培养良好的认知习惯

1. 兼听则明

对于别人的意见和立场，不是盲目地接受或拒绝，要做到兼听，要主动戒除仅凭一家之言便贸然做出某种决定和行动的习性。

2. 实践检验

对于那些自己拿不准的、存在争论的、缺乏实际体验的思想和认识，要力争把它们放在实践中加以检验，或通过自己身体力行，弄清事情的真伪，再做出正确的结论。

3. 合作研究

"独学而无友，则孤陋而寡闻"。为了不使自己陷入"管中窥豹"和"盲人摸象"的困境，自觉地向那些能够帮助自己的"高人"求助，还要致力于培养与他人共同学习、共同研究和探讨问题的习惯。

4. 追根求源

该懂的问题却不懂，或似懂非懂，是常见的认知问题之一。职业经理人应学会运用质疑问难的方法，即就自己感到困惑或不懂的问题，向别人提出质疑，以寻求正确的答案。"知之愈明，则行之愈笃；行之愈笃，则知之愈益明"。

5. 自省纠偏

在生活中，只有不断地自我反省，才可以令自己立于不败之地。对于那些在认识上固执己见、不思变革的人而言，反省乃是纠正认知偏差与错误、达到自我领悟的必由之路。

6. 换位思考

经常换一种立场看待问题，从各个不同的角度研究问题，以开放心态对待问题，从而获得新的理解，学会变通，解决常规性思维下难以解决的事情。

# 第四节  想象能力

## 一、想象能力的概念与分类

（一）想象的概念

想象，是一种特殊的思维形式，它是人脑对已储存的表象进行加工改造形成新形象的心理过程。想象能突破时间和空间的束缚，能起到对机体的调节作用，还能起到预见未来的作用。想象力是人的高级心理机能，也是人的创造活动中的根本心理机制。

关于想象力，古今中外的哲学家和心理学家都极为关注。就以哲学家为例，古希腊的柏拉图、亚里士多德，近代的培根、笛卡尔、休谟、康德、黑格尔，现代的海德格尔、萨特等，都研究过想象力。因为想象力作为人类智力结构的核心，对于人类的正常生活、创造活动和生存发展具有重大的作用和举足轻重的地位。可以说，没有想象力就没有人类的生存发展。想象无论是在文学创作中还是科学发明中都有充分的体现。

想象并不是胡思乱想，而是具有内在的逻辑必然性的思维过程，是思维统帅下人类理性的一种存在方式和表现方式。因此，想象大多数预示着可能的理想后果，并且以这样或那样的方式被证实。职业经理人的想象力是其树立理想、确定目标的一个重要条件，它会对职业经理人以及被管理的群体产生巨大的激励作用。无数事实都证明，缺乏起码想象力的职业经理人，是很难开拓出新局面的。

（二）想象的分类

想象可以分为两大类，即消极想象和积极想象。消极想象创造出不需要加以实现的形象，它制定出来的行为规则是不需要实现而且往往也不可能实现的。积极的想象是一种具有一定的主动性、目的性和现实性的想象活动。这里主要研究积极想象。按照想象过程中主观能动性的发挥程度不同，我们可以将积极想象分为再造想象和创造想象。

1. 再造想象

再造想象属于想象的一种，是根据语言的表述或非语言的描绘（图样、图解、符号记录等）在头脑中形成有关事物形象的想象，就是再造想象。例如，建筑工人根据建筑蓝图想象出建筑物的形象；没有领略过北国冬日的人们，通过诵读某些描写北国冬日风光的文章，可在脑海中形成北国风光的情景。再造想象是曾经存在过或者现在还存在着的事物，而想象者在实践中没有遇到它们。这种想象是以创造符合于词的描述和别人已有的表象为基础的想象。作为职业经理人，这种想象是必要的，它有助于总结历史的经验教训，有助于吸取成功者的经验，避免重蹈覆辙。

2. 创造想象

创造想象是独立地创造出来当时还不存在的而在活动中有价值的形象的想象。它是根据一定的目的、任务，在脑海中创造出新形象的心理过程。是对已有的感性材料进行深入的分析、综合、加工和再造，在头脑中进行创造性的构思。任何一个人对某一项发明创造或革新，都不是凭空想象而来的，在开始总要受到某种类似事物的启发。例如，鲁班从茅草割破手得到启发，发明了锯子。在管理活动中，职业经理人需要提出新方案、新措施、新计划，都会伴随想象，想象力越丰富，越能使管理者创造出自己独特的、新颖的构思。

## 二、想象能力在管理活动中的作用

在 2023 中国绿公司论坛上，中国企业家俱乐部经济顾问、北大国发院经济学教授张维迎做了"企业家精神与创新"的分享。他谈到企业家最重要的是想象力，而不是科学决策；企业家要看到不存在的东西，要用想象力去构造出他认为应该存在的东西。我们将职业经理人的想象能力在管理活动中的作用归纳为以下三个方面：

（一）想象是战略决策不可缺少的思维能力

未来不是不确定的，而是未定的，这意味着今天的选择会影响未来，也意味着想象力能发挥巨大作用，这对高级职业经理人尤为重要。任何一项战略决策，都必然包含着对本组织长远发展方向和模式的构想，这种构想除了需要建立在充分可靠的信息资料的基础上，还需要决策者发挥丰富的想象力。

（二）想象有助于经营方式和手段的创新

一种管理手段或方法一经形成，往往成为管理者的思维定势，自愿的或者不自觉地墨守成规、不去创新。成功的职业经理人，往往能把以往的经验模式与其他的一些模式相比较，不断筛选、组合，构成崭新的管理方法和经营模式，并且同样要对能够启发新灵感、创造新可能的人员给予赞赏。韩国的化妆品集团爱茉莉太平洋（AP）采取的就是这样的方式。该公司最成功的产品——一块同时包含防晒霜与基础底妆产品的海绵（AP 公司称其为"气垫"），这个项目提议最初是一位销售部门的年轻女性员工首先提出了这个想法，非正式地协调了整个开发进程，其后，数不清的研发与市场人员以及高级管理人员——包括董事长徐庆培都愿意加入由这名年轻员工发起的项目，使这款产品成为划时代的美妆产品。

（三）想象能鼓舞职业经理人勇往直前

爱因斯坦曾说，想象力比知识更重要，因为知识是有限的，而想象力概括了世界上的一切，推动着社会进步，并且是知识进步的源泉。让企业在想象力之路上走得更远的方式是去树立一个宏伟的理想——一种足以激发公司员工与客户想象力的抱负，它既能激励人心，又带有一些挑战。理想可以也应该能够随着时间不断演化，因为事物在发生变化，公司也需要被重新想象。阿里巴巴就是这样一个例子，它认为公司的一切，包括公司的愿景与目标，都应当与时俱进。想象所产生的新的图像、新的概念、新的理论、新的前景都将鼓舞管理者去进一步探索、进一步创造。日本著名的松下电器公司，当它还是"街道"小厂时，它的决策者就想象到"家用电器产品将丰富日本人民生活，它像水管里的流水一样，无穷无尽而又生产低廉，这就是我们今后的使命"。松下公司后来得到了飞速发展，这与当时想象的鼓舞是分不开的。

当然，丰富的想象必须和职业经理人的其他各种能力相结合，同孜孜不倦的奋斗精神相结合，否则，可能陷入"空想"。因此，对待想象，应持科学态度，想象要注意与事实相结合，要倾听实践的呼声，同时要接受正确的理论指导。这样，才能使想象集科学和创造于一身。

## 三、想象能力的培养

### (一) 积累丰富的知识和经验

想象能力是客观现象在人脑的反映。丰富的知识和经验是想象能力发展的基础。如果创新者缺乏必要的科学知识与经验，其想象能力就会贫乏、空洞、苍白，甚至会成为漫无边际的胡思乱想，导致无法发挥想象能力在发明创新中的能动作用。创新者拥有丰富的知识与经验，就为其想象能力奠定雄厚的基础。一般情况下，他们的知识越渊博、经验越丰富，其想象能力驰骋的范围就越大，涉及的领域也越广。所以，创新者为了发展想象能力，就要不断积累知识和经验，广泛地吸收各种有用的知识和信息，有意识地经常运用形象材料作为承载体参与形象思维活动，如绘画、雕塑、舞蹈、戏剧、电影等。

### (二) 培养强烈的好奇心

好奇心是创造性想象的起点。在强烈好奇心的驱动下，人们的想象能力能够被充分地激发起来。好奇心越强烈，想象能力越丰富，创新发明就越突出。爱迪生的好奇心伴随着他的一生，导致他一生都在发明创新。爱因斯坦说过："我没有特别的天赋，我只有强烈的好奇心。"正是这种出类拔萃的好奇心激发了爱因斯坦异乎寻常的想象力。当他只有16岁时，在其头脑中就产生了一种想象：如果我以真空中的光速去追随一条光线运动，那么我就应当看到这条光线好像一个空间里振荡着而停止不前的电磁场。而这种想象就是狭义相对论产生的导火线。

### (三) 激发饱满的热情和态度

想象是一种动态的心理过程，这一过程会受到情绪和态度的影响。一般说来，情绪越激烈，想象也就越丰富。情绪对想象的方向还能施加影响。例如，正向情绪即愉快、乐观的情绪，常使人想起充满希望、令人兴奋的情景；负向情绪即抑郁、悲观的情绪，则常使人想起充满沮丧、令人失望的场景。

### (四) 敢于仰望星空

仰望星空，就是敢于确立远大目标。有多大的目标，才有可能有多大的成功。因为对太空的想象，1961年"东方1号"宇宙飞船载着尤里·加加林，实现了千百年来人类遨游太空的梦想；因为对动力的想象，瓦特发明了蒸汽机，带领人类进入了"蒸汽机时代"。想象不仅在推动着科技的日新月异，同时也为商业带来了颠覆和机遇。知识是人类经验的总结，而想象力则是变量，它的可能性无限，也是带来人类突破、变革、演进的潜在因素。

## 四、想象能力的技巧

职业经理人可以在各种各样的场合中，主动地运用一些想象的技巧来丰富自身的想象能力，培养自己的创新能力，大大提高思维能力。想象的技巧包括：分想、联想和串想。

（一）分想

分想是想象能力培养的第一个环节，也是一种行之有效的想象技巧。它指的是大脑将储藏在内部的形形色色的经验，分离出一种或若干种加以创造想象的方法。例如，我们第一次去路演，这件事情可以增长足够的经验，包括路演场合、乘车路线、路演规则、路演物品和一些没有接触到的东西等。那么以后我们想起路演，我们就会从中"分想"出一种或者几种来慢慢地想象。

（二）联想

联想是建立在分想的基础上的，通过对若干对象赋予一种巧妙的关系从而获得新的形象。就性质来讲，它比分想要高一个层次。苏联心理学家哥洛万斯和斯塔林茨通过实验证明：任何两个概念词语都可以经过四五个阶段建立起联系。他们从字典中随机抽取两个词语，从一个概念过渡到另一个概念，几乎只需要四步联想，很少需要五、六步。例如，在中央电视台《开心辞典》的节目中经常会给大家出这样的题目：把天空和人通过两个词联系起来，即天空—空旷—旷野—野人。所以，联想可以在广泛的基础上加以运用，并且随时可以运用。它为我们的思维训练提供了无限的可能性。

（三）串想

想象活动绝不能满足于一个新形象的建立，还需要将诸多想象串在一起，因而串想的难度更大。串想指的是按照一种思路将若干项活动组合起来，形成一个有层次、有过程的，并且是动态发展的想象的活动。这种串想需要更强、更严密的思维活动参与，体现出串想进程中彼此的逻辑递进关系。爱因斯坦在发现相对论时就运用了串想能力。他想象了在所有相互做匀速直线运动的坐标体系中，光在真空中的传播速度都是相同的；想象了所有相互做匀速直线运动的坐标体系中，自然定律都是相同的；想象了光线在引力场中会发生弯曲。这三个想象就构成了相对论的理论基础。

善于进行分想，在分想的基础上按照接近类比、对比等关系进行丰富的联想，再把各种联想有机地串想起来，来揭示更深刻的逻辑关系。从分想到联想，从联想到串想，是想象逐渐深入的不同层次，它们可以使想象更加的生动完整，人们对头脑中的表象进行了加工、改组，从而创立了新思想、新形象。

## 五、职业经理人如何提升想象能力

### (一) 锁定关键问题,展开多向思维

职业经理人在应能够认清当前的现状,进行深入细致的分析,认清现实、针对现实,在繁杂的表象下锁定问题,实事求是地去寻求解决问题的手段和方式,同时探索多重思路、创造多种选择。举一个商业案例,现已停产的宝丽来公司未能充分利用数码相机的原因之一,是因为公司主要由化学家主导,他们的世界观主要围绕胶卷而来:一种能够对光产生化学反应的材料。对他们来说,曝光与冲洗胶卷才是摄影的终极要义。摄影可以通过计算机来完成是一种完全不同的思维方向。在宝丽来公司,旧的思维模型也是他们商业模式的基础:照相机利润并不高,属于一次性销售,公司主要是从胶卷销售中获利的,所以公司领导层并不愿意去深究那些与此战略相左的思维方向。如果宝丽来公司的领导者能有一些多向思维,也就是说如果他们在保留以化学为基础、胶卷为核心的思维模型时,还能在脑中多做一些假设,该公司可能就会走上全新的发展道路。多重思维模型并驾齐驱的价值在于它对孤注一掷的某种预期形成了风险对冲。

### (二) 研究事物变化,发掘本质原因

职业经理人需要锻炼对于事物的观察与分析能力,通过现象发现本质,探寻与预测事物发生变化或转折的可能性,并分析引发这种变化与转折的深层次原因,而不是满足于事物表象的把握以及简单可见性因素的把握。人没有一种独立的本质直观能力,本质直观是感知、想象力与意识统一性活动互动的结果,研究事物发展变化的过程,本身就掺杂着各种想象,引导着研究和探索的方向。

### (三) 思考时代机遇,创造预见的可能性

《人类简史》的作者尤瓦尔·赫拉利指出,自从有了农业,人类一直在通过想象力解决问题,但新的想象往往为新问题的出现埋下了伏笔。今天人类通过自己的智慧创造出人工智能,并通过大量的实践发现其所能带来的经济价值,但随后人工智能又引发了新的企业与个人的焦虑和慌乱,于是在当下,我们急需再次利用想象力找寻问题的解决办法。职业经理人除了发现问题,探寻原因,更需要培养敏锐的前瞻性目光和实现这些可能性的办法。从一个想法、一个灵感变为新现实的产品,还会探索新技术如何与组织机构进行融合,力图让企业取得更大的成功。

### (四) 举一反三,想象问题突破的效应

能举一反三、触类旁通的职业经理人才是真正的聪明人,历史上许多重大发明,科学上的重大发现,都是因为能举一反三。在工作中也能举一反三,会让人少走弯路。虽然不一定很可靠、很精确,但富有创造性地举一反三,的确能让人更加自信、更加

出色，往往能够创造奇迹。用举一反三的方法来解决问题，就是用已有的知识、经验，来和陌生的问题作对照，寻找相似点，从而解决问题。举一反三是一种联想和想象，是创新的重要表现，是要从这些"习惯性思维"发散、联想、深化，最终找出最合适的解决方案。

# 第五节　应变能力

## 一、应变能力的内涵

应变能力是指面对意外事件等压力能迅速地做出反应，并寻求合适的方法，使事件得以妥善解决的能力，通俗地说就是应对变化的能力。个体的应变能力有差异，究其原因，有先天的因素，如多血质的人比粘液质的人应变能力高些；也有后天的因素，如长期从事紧张工作的人比工作安逸的人应变能力高些。因此应变能力也是可能通过某种方法加以培养的。

职业经理人的应变能力通常指职业经理人善于根据客观情况的变化，及时反馈，随机应变的能力。这种应变能力，不是无原则的、圆滑政客式的通权达变，而是建立在科学判断基础上的原则性和灵活性的高度统一。如在确知无法达到预定目标时能果断地"刹车"，及时转移工作重心；在确知再坚持一下就会取得胜利时，能顶住压力，排除各方面的干扰，不惜一切代价去争取胜利；在已实现预定计划时，能适时提出新的奋斗目标。应变能力还表现在在坚持原则的基础上随机应变、机动灵活、"曲中求直"的能力。良好的应变能力是优秀职业经理人的重要特质之一。

## 二、应变能力解析

良好的应变能力包括以下五个方面：

（一）洞察能力

正确地发现和提出问题，是成功解决问题的一半。管理者要拥有高于常人的洞察力，见别人之未见。

（二）反应能力

敏捷的反应能力是指人在思维过程中，当机立断和及时解决问题的能力，这种能力是应变的基本功。敏捷反应不仅讲时间，也讲适时和时机。多数情况下，问题的解决不只由速度决定，"适时"和"时机"也有着更重要的意义。

（三）判断能力

准确的判断能力是应变能力的基础，需要管理者掌握大量的信息，在准确理解问题的基础上，把握事件发展的趋势。

（四）用"势"能力

顺应时势，就是依据客观情况的发展和变化，顺应客观规律和时代的发展趋势。管理者要认清现实中的有利条件和不利条件，明确企业位置、机会和威胁等要素，顺势导利。

（五）镇定能力

职业经理人的临危不惊来自其良好的心理品质，如果在紧要关头惊慌失措，那么理智的思考、正确的判断将无法进行。

## 三、职业经理人应变能力的表现

职业经理人的应变能力需要在不同的情景下、不同的环境中逐渐培养。一般来说，培养应变能力应注意以下五点：

（一）冷静

无论环境是多么的窘迫和险恶，也不能盲目应对。越是在凶险的情境下，越要培养自己由盲目变为理智的思路习惯。

（二）忍耐

无论对方的言语是多么的尖刻，用意是多么的恶毒，也不能急于反应，要忍之再忍，坚决压抑怒气，在忍耐中三思，寻找机会去"应变"。

（三）摸底

不管对方的言行是多么的凶恶和阴险，既不能愤然而上，更不能惧怕而降，要摸清对方的底细和意图，同时要想尽办法去"摸底"，做到知己知彼，方能"反败为胜"。

（四）探穴

不管对方气势多盛，多么的得意，也不能硬攻乱撞，而是要发现对方的弱点、漏洞或疏忽，探准"穴位"，发射"重磅炸弹"，出奇制胜。

（五）灵活

有时对方（或情势）在你应变前忽然发生急变，或添了帮凶，或事态更复杂难辨等，既不能一味逃避退缩，也不能一味强攻硬击，而要灵活地根据已发生了的情况，迅速做出新的判断，灵活机智地选择出适应新情况的应变方法，使自己始终保持应变的主动。

## 四、职业经理人应变能力修炼途径

（一）学习应变的各种方法和技巧

职业经理人应加强学习应变的各种方法和技巧，并根据问题、情况的不同，灵活运用应变方法和技巧。不断积累应对经验，学会应变各种各样的人和应付各种复杂环境的通常做法，自己结合当前场景力所能及的变通一下，就能够相对轻松应对；保持积极的思维状态，避免情绪处于一种低落、烦躁、焦急的状态，只要心态稳定、保持镇定，积极去寻求办法去掌控场面，就能够有应对办法；利用幽默自圆其说，善于运用幽默语言调节气氛，化解一些尴尬，还能够促进交流。总之，临场应变涉及我们自身的思维品质、知识涵养和心理素质等多方面的能力，有意识地去锻炼一些技巧，久而久之，当面对突发状况，反应也会表现得更加泰然自若、不慌不忙。

（二）全面提高自身素质

职业经理人提高自身素质，包括社会适应能力、社会认知能力和心理承受能力。素质好，应变能力才会强。知识渊博、经验丰富、智慧过人，才能对突发事件做出迅速而灵敏的反应，妥善处理事件。

（三）多种场合的实践

对管理者来说，只有拥有应变能力，才能妥善处理危机。应变能力的获得，不会一蹴而就。这需要管理者重视日常经验的学习和累积，勤于修炼。经常实践，见识过不同场面，接触过多种复杂局面，才会有好的临场心理素质，只有这样的管理者才能具有应对各种危机的能力。

## 五、应对事物异常变化的措施与途径

突发事件与危机常常使职业经理人周围环境中某些因素发生重大改变，从而使环境对领导工作产生极其不利的影响，这使职业经理人决策的不确定性增大。同时，由于突发危机对组织具有突发的破坏性等，能否从大量事物的复杂关系中判断出最重要最有决定意义的东西，这种才能在处理突发危机时表现得非常明显。

（一）关注事物异常变化的前兆、迹象和形式

当今社会变革已经成为一种常态。如果想在商业之海中自由掌舵，企业就必须拥抱变革。就像在行船时，风向变了，而你在船舱里没有丝毫感觉。忽然船倾斜了，过去适用的方向现在毫无办法。因此要注意观察，识别风向的转变，及时采取正确的行动避免沉船。相对于组织的日常工作而言，突发事件实属意料之外的事，但在这种偶然性、意料之外的背后，总是有着深刻的必然性在起作用。从这个意义上说，突发事件是可以把握的，在日常工作中关注事物异常变化的前兆、迹象和形式，及时发现苗头，危机突发是挑战也是变革的机遇。如果职业经理人善于抓住机遇，以创新思维与行动迎接挑战，那么将能有效降低或避免突发事件造成的损失，保证企业健康发展。

（二）增强对异常变化的敏感性

变化有迹可循，一切事情的发生都是有一定原因的。事物变化万千，职业经理人

需要具备对异常变化的敏感性，注意每一种征兆，在事情的发生过程中，通过观察，来推理下一件事有可能是什么。当企业管理者发现有变化在发生时，通常会有三个征兆：

第一，和你密切相关的几个影响因素开始变化。比如，客户对你的态度发生变化；原本数据良好的业务组不出像样的产品，而你的竞争对手们，正在抢夺你的存量。

第二，你对公司业务的看法和实际情况大相径庭，这暗示着很重要的问题。

第三，旧的方法失灵了，你需要重新找到新方法。这个时候，你可能无法等到知道答案后再行动，时间就是一切。

（三）掌握应对事物异常变化的程序、方法和手段

职业经理人面对事物的异常变化，应形成并掌握应对的一套完整的程序、一系列可行的方法和手段，而不是束手无策或急中生乱。职业经理人应对事物的异常变化首先应找到战略转折点。每一个改变都在提出警示：沿袭原来的做法已经行不通了。认清现实，找出转变的办法是关键。其次，应克服情绪，拿出勇气。当企业遭遇转折点时，初期总是充满失落——失去了过往的优势、对数据的掌握、增长的保证。无论个人还是组织，初期都习惯性地想要否认问题的严重性。所以，个人的失落与对事实的抗拒，成为第一个需要克服的障碍。再次，要清晰战略。对新事物的察觉、想象和感知是新征程的开始，作为职业经理人，要确立愿景，并把它清清楚楚地传递给所有成员。最后，需要重新进行资源配置。一个公司最重要的资源是它的管理者和精英们——他们的知识、技术和专长。一场转型最关键的节点就是资源重新配置的时候。无论是资金、人力还是时间精力，都要经过一次再分配。

（四）处事不惊，判断适当，处理得当

当企业发生异常变化时，只要管理层不变，组织就不会乱，所以管理人员要学会调节自己，适应新环境的要求。另外，只有行动才能触及实实在在的改变。就算进展缓慢，也绝不要在原地兜圈子。当决定方向后，资源配置才会随之明了——日常的业务背后，有一张隐而不现的产业链图景，什么是重要的事，什么是次要的事；上下游涉及哪些相关方；需要什么样的产品规格和研发投入……这时候不要分散，利出一孔，才能拼命上岸。在变化的环境中，时间就是一切，行动太迟的错误最为危险。能够穿越死亡之谷的企业都有两个特点：一是它能够平衡自下而上和自上而下的交流；二是它能够做出明确的决策，接受明确的决策，并使整个组织齐心协力拥护该决策。在一个不确定性与日俱增的时代，危机管理是每个职业经理人都要学习的重要内容。不是每个企业都能渡过危机，但也总有人在众人消沉时，乘风而起。

# 第六节　时间管理能力

## 一、时间管理的内涵

### (一) 时间的特性

彼得·德鲁克曾说："时间是一个人最稀缺的资源。"时间具有一维性，从过去、现在到将来，是一个不可逆的运动方向。它具有"供给毫无弹性""无法积蓄""无法取代""无法失而复得"的特征。时间又是展开所有社会活动的前提，在组织生产活动中对时间进行管理，制定有效的规则，使开发和利用时间得到合理地优化，能够提高产出的效率。时间管理就是决定什么该做什么不该做，通过对参与者的行动做出规划、引导，达到减少时间的浪费，同时提高产出效率的目标。因此，时间管理的对象不是时间，而是管理时间的管理者的管理活动。

### (二) 时间管理理论

研究时间管理的理论经过长时间的演变，大致可以分成四个阶段。这四个阶段的划分标准是管理方式和管理重点的不同。

第一阶段：备忘录型时间管理。这一阶段的时间管理方式主要是罗列所要做的项目，记在备忘录上，及时核查是否完成。完成一项划掉一项，以备忘录上的项目进行一天时间进度的安排，没有完成的增加到第二天的备忘录。它的优点是：都能随机应变，随时调整重要事情的顺序，没有太大的压力。便于管理哪些事情尚未完成。缺点也显而易见，没有完整的架构，不能将所有项目组织成一个整体，不能实现整体效率提高的目标。

第二阶段：记事簿型时间管理。将所要做的工作列成备忘录式的清单，并加上一个开始时间和结束期限。它的特点是：需要完成的项目可追踪，通过时间期限的规划提高产出完成的效率，缺陷是按部就班的安排，没有灵活发挥的空间。

第三阶段：时间管理四象限法则。史蒂芬·柯维在他的《要事第一》的书中提出此法则，因为其实用性受到广泛的应用和欢迎。这个理论适用于当工作多得在有限的时间内，不能全部安排完成的时候，要进行排序和筛选。排序的目标是划分出执行的先后顺序、执行的重点和非重点、是否加入日程进行处理。排序的原则根据重要性和紧急性两个维度分为四类：重要且紧急、重要但不紧急、不重要但紧急、不重要且不紧急。这四类事项可以用象限图的方式来表达，横坐标衡量紧急程度，纵坐标衡量重要程度，工作安排强调把时间和精力重点放在必要的事情上（见图36-1）。

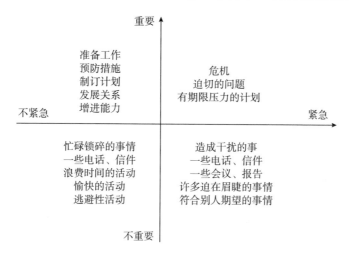

**图 36-1　时间管理四象限**

第四阶段：罗盘理论。这一阶段的理论把管理的重点从时间转移到个人。它否认了时间管理的对象是时间，时间管理的本质是个人管理。人们做出的选择和行动是罗盘的指针，它的指向变动决定了是离目标更进一步还是更加偏离。罗盘理论体现了以人为本的中心思想，它认为与其把重点放在时间如何安排上，不如把重点放在如何行动的人身上，维持产出和产能的平衡。它强调目标重于手段，效果高于效率。该理论超越了传统理论对追求更快更好的关注，完全把重点从时间如何安排，转移到对目标的关注，关注选择正确的方向，避免了僵化显得更加人性化。

## 二、时间管理方法

### （一）四象限法

美国著名管理学家史蒂芬·科维提出的一个时间管理的理论：时间"四象限"法，把工作按照重要和紧急两个不同的程度进行了划分，基本上可以分为四个"象限"：既紧急又重要、重要但不紧急、紧急但不重要、既不紧急也不重要。分别用 ABCD 四类工作来代表每个象限的工作聚类。

A 类工作一般属于突发事件的危机管理，急切需要解决并且很重要。

B 类和 C 类工作经常使人难以区分先处理 B 类工作还是先处理 C 类工作。人们往往选择先处理紧急但不重要的工作也就是 C 类工作，因为 B 类工作看起来没那么紧急，似乎还可以再等一等。专家建议先处理 B 类工作。分析两种工作的优先顺序，可以假定先不做其中一种工作的后果。假定先做 C 类工作，不做 B 类工作。如果一直拖延 B 类工作，达到一定程度最终它便会发展成紧急而且重要的危机事件，也就是 A 类事件，这无疑增加了我们处理 A 类事件的精力，而且 C 类工作在实际工作中所占的比重比较大，导致再也没有时间和精力完成 C 类工作后再来处理待办中的 B 类工作。

D 类工作既不紧急也不重要,应该在实际工作中尽量避免,不建议花费时间和精力处理此类事务。

对相应的工作要选择合适的方法来应对,才能提高时间创造的产能,如果用了不合适的方法,则会适得其反,所需的时间也会成倍的增加。首先我们要对四类工作出现的原因进行分析:为什么会出现如此多的 A 类危机事件?通过管理专家的研究,一大部分 A 类工作都由 B 类工作得不到及时的完成演变而来。当管理者被 C 类工作蒙蔽和牵绊,无法有效处理 B 类工作,随着时间的推移当突破一定的界限,B 类工作转变成 A 类工作,就必须得到立刻解决和完成。这时管理者才意识到紧急性,完成本该早点完成的 B 类工作。经理人经常会花 50% 的时间处理 C 类工作,花 50% 时间处理 A 类工作,而重要的 B 类工作则被扔在一边,逐渐转化成 A 类工作,造成 A 类工作的堆积。所以经理人只能在 C 类工作和 A 类工作之间来回奔波。

为了避免这种现象的出现,我们要找到避免 B 类工作向 A 类工作的转化方法:①压缩法。将工作精简压缩,完成主要的核心部分。②替代法。在着手工作之前先考虑是否有其他途径更加高效,以便替代当前工作,提高工作整体效率。③授权法。不必要亲自做的事情可以交于其他人去完成。④排序法。区分重要性,先做重要的工作,其次才是紧急事件。⑤舍弃法。对于不重要不紧急的工作应该完全抛弃,以空出更多的时间去做重要的工作。⑥增加法。对重要的事情增加更多的时间来完成。⑦改进法。改进部分工作,比如使 A 类工作变成 B 类工作来完成。⑧聚焦法。安排专门的时间处理最重要的事情。⑨少做法和不做法。不重要的事情尽量避开,不重要不紧急的事情不需要安排时间完成,以换得更多时间安排其他重要工作。

下面我们借鉴一下美国著名的艾森豪威尔将军的时间管理法则。他认为面对不同种类的工作,应该采取不同的策略:A 类工作紧急重要需要本人立即做。B 类工作重要但不紧急,要花费大量的时间专注地去做。C 类工作紧急但不重要,可以授权其他人代办,或者减少工作量。D 类不重要不紧急的工作,可以直接舍弃(见图 36-2)。

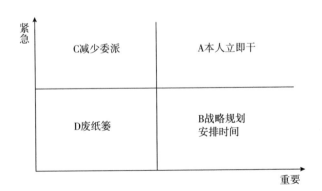

图 36-2 艾森豪威尔时间管理法则

（二）六项优先工作制

这是美国管理学家艾维李提出的六件事效率法，每天花 5 分钟把阶段性要完成的六项工作列出来，再花 5 分钟，把六项工作按照重要性从最重要到次要依次排序。将此六件事及重要性的顺序记录下来，然后一一执行。这种方法让人工作聚焦在最重要的事情上，而不考虑事情的紧急性。这就要求经理人必须有所舍弃，专注重要的事情去完成。

（三）麦肯锡 30 秒电梯理论

这是一个真实的经历得出的时间管理方法。宗旨是：结构清晰，简单明了。麦肯锡管理咨询公司为一家重要的大客户提供项目咨询服务，咨询结束的时候，麦肯锡的项目负责人在电梯间里遇见了大客户甲方的董事长，他向麦肯锡的项目负责人询问："你能不能说一下现在的结果呢？"然而该项目负责人没有做好充足的准备，即使有准备，也很难再电梯运行的几百秒时间内把结果说清楚。事件的结果是，麦肯锡失去了这个重要的大客户。事后，麦肯锡管理咨询公司要求公司员工所有的工作要在直奔主题和结果为目标的前提下，在最短的时间内把结果解释清楚，解释方案太过复杂就会混淆人们的注意力和记忆力，所以最好总结归纳在三条以内。这要求对你的解决方案或是产品或是企业完全了解到一定程度，能在 30 秒之内清晰而准确地向你的客户或是顾客或是投资者解释清楚。

（四）办公室美学

办公室是人们工作的正式场合，要想提高工作效率，就需要对工作环境按照一定的原则进行规划，就是下面介绍的办公室 5S 行动。办公室的 5S 指的是整理、整顿、清扫、清洁、素养五个方面。

第一，整理首先要区分需要和舍弃的物品，保留必需品。确保办公区没有不需要的东西，使用频率低的物品可以入库处理，无用处的物品直接舍弃。

第二，整顿是指将物品分门别类，并使用标识使人易于区分，达到物品摆放的良好秩序，提高使用效率。

第三，清扫是将影响工作的障碍物清除出去，保持办公区的整洁卫生。

第四，清洁是指将前面三步骤的成果进一步巩固，达到制度化、程序化的提升。

第五，素养是指在前面四个步骤的基础上，形成良好的工作习惯，保持良好的工作状态和素养，反过来促进前面四个步骤的巩固和提升。比如工作态度认真，有团队合作精神，养成良好的职业礼仪和修养。

（五）莫法特休息法

詹姆斯·莫法特的休息法，是用一种工作代替另一种工作进而得到思维的转换休息。他同时在撰写三本著作时，休息方法是在三本著作写作过程中来回切换，以达到思维休息的目的。人的脑力体力在持续工作一段时间会感到疲惫，而莫法特休息法通过转换工作内容达到刺激大脑兴奋灶的作用，使疲惫的大脑重新活跃起来。

## 三、时间管理技巧

### （一）把握每天

每天积极努力的行动起来，才能不被紧急事件牵着鼻子走。这需要我们改变思维，找到正确的行动途径。例如：每次认真做好每件事，克服急躁，静心思考、耐心分析、有效规划、有条有理。

### （二）明确目标

杜绝穷于应付，明确目标的路径、行动、效果、结局、规划。大至国家，小到个人的发展，都要设定目标，企业要发展，也一样要设定目标。目标的作用就是防止我们的行动与结果南辕北辙。

### （三）制订计划

杜绝贸然行动，既不能拖拉也不能贸然进行，正确的做法是先制订计划，在周全的计划指导下迅速行动才是取得成功的捷径。

### （四）拒绝拖拉

杜绝拖拉可以通过分割任务，分而治之地进行瓦解任务来实现。"千里之行始于足下"，完成小任务并自我奖励有助于提高行动速度。

### （五）利用表单

工作计划不能眉毛胡子一把抓，要专注细节，及时调整计划；计划要有备案留有余地。

### （六）设计路径

保持专注，聚焦于最重要的任务。对工作重要性进行排序，分批处理一些小任务，排除干扰和突发事件的干扰，防止分散注意力。

### （七）提升效率

使用5W1H法提高沟通效率：何事（What）、何因（Why）、何人（Who）、何时（When）、何地（Where）、何法（How）等；控制工作总量和借助团队；制订计划完成的时间；沟通要得到确认；对计划的进度进行追踪控制。

## 四、职业经理人提升时间管理能力的途径

### （一）把握工作和事物的时间进程、节奏节拍，发展速度

超负荷工作过长的时间后由于注意力不集中、头脑不清醒导致失误发生、出现得不偿失的结果，这就是反效法则。例如：疲劳驾驶会导致发生车祸，工作时间过长导

致误删除重要文件或重要数据，因此掌控好工作与生活的协调一致，有张有弛，充实工作后要适当休息。对于紧急任务、重要任务，要早做准备，争取主动，避免赶工造成反效法则情况的发生。

（二）把握工作任务的持续性和转接节点

在面临多项事宜或者思考性、创造性工作任务时，不少管理者不知道如何控制好工作节点。如果没有节点控制，只给任务分配了结果，会导致项目完成时间延长。工作节点的设置和控制，对于工作的进展十分有利。管理者在分配任务时不妨下发一个进度单，和执行者一起列出该项任务的大致计划和节点，每一个节点需要做到什么程度。将大的任务细化下来，分成多个小的节点，这样执行者也知道自己做到什么程度了，还需要做多少努力可以完成整个计划。

（三）专注核心任务和目标，尽力消除不必要干扰

有研究表明，干扰会耗去个体6~9分钟的精力，还需要4~5分钟才能恢复专注，如果干扰发生三次以上，人就无法重新专注；杜绝随叫随到，有效管理时间。建议必要时打开"请勿打扰"，现在大多数主流的数字工具都将免打扰作为标准功能，建议设定专注计划的时间（如20分钟、2小时或直到明天），这样你就可以完全断开其他连接，专注于最重要的工作。作为管理者，主动询问团队成员遇到的困难，主动沟通能有效的减少被干扰的可能性。

（四）善于消除冗余事务

对部分事件，如果其重要程度和紧急程度都不高，则可以将之舍弃，节约时间来完成其他工作。遇到一个事项可以问自己四个问题：①如果不干，会出什么问题？（消除）②它可以被系统处理吗？（自动化）③可以把它交给别人做吗？（委派）④这件事可以等一等吗？（拖延）通过这四个问题考验的任务是优先级较高的任务，需要"专注"地完成它。消除冗余事项要毫不手软。例如，减少开会的频次和人数，只让真正需要决策的人参会，通过邮件将会议情况发送给须知情的人；对于内容过长的邮件，建议当面沟通。

# 阅读专栏36-3　马拉松比赛

一个马拉松运动员，跑得很快，很轻松就完成了比赛，成了世界冠军。比赛结束后有记者采访他，问他是不是有什么特殊的技能，为什么能表现得这么好，拿到冠军。这个马拉松运动员回答：我已经提前一个礼拜到比赛场地来，我每天都要去跑几圈，我把42公里多的里程，按照4~5公里找一个小目标，或者是一个建筑物，或者是一棵树，或者是别的标志物的东西，把这些小目标作为我的一个个具体目标，就可以把整

个里程给分成十几个小目标，然后，发令枪一响，我就向我的第一个目标冲去，冲完以后，我就完成了第一个小目标，然后我再向第二个目标冲去，当我的十几个小目标都完成的时候，整个马拉松赛程也就跑完了。

# 第七节　压力管理能力

## 一、压力及压力管理

（一）压力及其特性

1. 什么是压力

压力是指心理压力源和心理压力反应共同构成的一种认知和行为体验过程。压力是影响人们身心健康的一个重要心理因素。

从生理—社会—心理学取向的角度可以把压力理解为一种复杂的身心历程，它包含三大部分：

（1）压力源。任何情境或刺激具有伤害或威胁个人的潜在因素，统称为压力源，即压力来源。

（2）认知评估。当事人认为经历的刺激或情境，对于个人确实有所威胁时，此时即构成压力，但如果认为是种解脱或乐趣而不是威胁时，则不构成压力，此历程即为认知评估。

（3）焦虑反应。当事人意识到他生理的健康、身体的安全、心理的安静、事业的成败或自尊的维护，甚至自己所关心的人等正处于危险的状况或受到威胁时所做的反应，即为焦虑反应。

因此，压力产生的身心历程是：压力的来源—威胁的知觉—焦虑的反应。

2. 压力的分类

压力的种类一般可以分为正性压力、中性压力和负性压力。

正性压力是对人有益处，易于产生于激励和鼓舞个人的情景中。即使是正性压力，如果持续增加，也会逐渐转化为负性压力，引起工作绩效或人体健康状况下降。

中性压力不会引发后续效应的感官刺激，不会产生益处和害处。比如，看到一则关于遥远的城市发生道路事故的新闻，或是听说某明星的婚姻出现危机……

负性压力是会造成有害结果的压力，也是一般被大众认知的压力，比如发生意外变故、工作量大无法完成、不和睦的邻里关系等。按照持续时间长短负性压力又可以分为两类：急性压力和慢性压力，前者来去迅速；后者效果不强烈，但是持续时间旷日持久。

3. 压力的特性

（1）客观性。心理压力的客观性，就是体现在它不是以人们的意志为转移的客观存在。人生的每个阶段都有着各种各样心理压力。

（2）渐进性。心理压力的发展有一个过程。常见的例子有，如果工作中没有得到领导的认可，误认为领导对自己存在偏见，自己无法正视问题也不做沟通，很可能会产生"自己被不公平对待""工作成绩得不到认可"等错误认识，与领导的关系从不理解，逐渐发展到怨恨领导，增加了自己的心理压力，从而影响工作。另一种情况是通过正确对待心理压力，采取措施加以化解，心理压力也会由沉重到逐渐衰减乃至完全消除。

（3）情绪性。心理压力与紧张的情绪相伴而生。紧张是一种在压力情景下所产生的一种人体适应环境的情绪反应。心理压力伴随的情绪有消极和积极，是哪一种取决于个体的需要和认识，如个体认为压力事件符合自己的需要，就会产生积极情绪；如探险者乐于冒险，保守者遇险易产生消极情绪。

（4）动力性。动力性是指心理压力对个体行为起着调节作用。压力之所以能变为动力，是因为个体会采取一定的行为处理所处的具有压力的刺激情境。同样心理压力的动力性表现为对适应行为的积极作用和消极作用。

如果出现理智难以控制的过大压力时，个体常表现出两种极端的行为适应反应，一种是呆若木鸡，完全停止行动，而另一种是兴奋难抑，突然暴起攻击。

中度压力可能会使人的行为能力降低，产生重复的刻板动作。

如果压力是适度或轻度的，个体能够运用理智控制发挥主观能动性，妥善处理压力事件，增强心理承受力，个体生物性行为和正向适应性行为增多，动力性也得到了增长。即使是轻度或适度压力情况下，个体若不能运用理智控制发挥主观能动作用，只会使自己心理承受力得不到增强，动力性将随之降低。

（二）压力管理

1. 什么是压力管理

压力管理是对感受到的挑战或威胁性环境的适应性反应。个人层面的压力源来自工作和非工作两个方面，工作方面的压力源有物理环境、个人承担的角色及其角色冲突、人际关系等因素，其管理策略有锻炼、放松、行为自我控制、认知治疗以及建立社会和工作网络等。

2. 压力管理理论

（1）压力主体特征理论。其认为个人的主体特征是压力产生的主要原因，主体特征主要指的是主体的需求和能力。主体对外部事物有强烈的需求，同时能力又无法满足需求，压力随之产生。该理论注重解释不同压力的个别性区别。

（2）GAS 三阶段模型。一般适应综合征（General Adaptation Syndrome，GAS）认

为压力反应可以分为三个阶段：惊觉反应阶段、阻抗阶段和枯竭阶段。①惊觉反应。身体对心理压力，最初的反应就是调动其已储备的能量。②阻抗阶段。这一阶段充分调动能量，全身抵抗压力，然而这种以消耗能量为代价的抵抗是不可持续的。③枯竭阶段。因为第二阶段的消耗，从而降低了身体对压力的抵抗力。该理论认为，压力对个体的影响由刺激的强度和压力持续时间决定，在此过程中个体适应压力的过程是渐进性的、阶段性的。

（3）个体—环境匹配理论。该理论由 French 和 Caplan 于 1972 年提出，它用压力的"交互作用模式"作为基础，认为工作压力是由于个体能力与工作要求不匹配的冲突引起的。这个理论影响了后续职业压力成因的许多研究，比如角色模糊和角色冲突的影响。实际上，还有一种与之类似的模型——个体—环境适应模型，这个理论认为由于个体需求与环境条件的差异，所以会产生压力。这两种相似的理论在本质上描述的都是由于主观和客观的不匹配，给个体带来负面压力的影响。

（4）工作需求—控制理论。该理论关注工作需求和工作控制，后来经过发展又加入了"社会支持"这一新的因素，形成工作需求—控制—支持模式（简称 JDCS 模式）。工作需求包含了所需从事的客观工作因素，包括时间压力、工作量、角色模糊/冲突问题等内容；控制指的是个体的主观能动性对工作需求的执行，比如职业技能和管理决策；社会支持指的是在压力条件下，客观环境、社会关系对个体的影响，比如心理支持方面。

（5）Lazarus 的交互理论。该理论的主要原则有两条：第一，处于某一特定情境中，个体与环境是相互作用、相互影响的；第二，个体与环境之间的关系是动态的，是随着个体与环境不断变化的一个结合。压力的产生过程首先是个体对所处环境刺激的挑战性或者威胁性的认知和评价，其次是综合自身的资源条件，如职业技能、人际关系、社会资源等因素。若在这两个阶段过后个体得到的评价是能力不足，就会产生压力。这为将来展开压力的评价变量、评定等级的深入研究奠定了基础。

（6）四元模型。Williams 和 Cooper 于 2002 年提出了工作压力动态过程模型，研究重点在于压力源、个性特征、应对机制和工作压力结果四个方面。它强调应对同样的工作压力源，独特的个性特征与应对机制做出不同的响应，得到两种完全不同的压力结果——成长促进或者心理压迫。

3. 压力管理方法

（1）对压力源进行管理。

1）避开压力源。它是最终采取彻底避开的方法，比如脱离令人失望的工作或者人际关系，以减缓压力水平。当员工的个人体验与组织环境产生较大的鸿沟时，个体长期处于过度压力的状态时，需要找出造成过度压力源的主客观原因，思考如何改善。

如果没有改善的途径，只能选择避开以免造成更大的伤害。

2）减少压力源。减少压力源可以从两个方面入手：第一，借助外力。如果过度压力是由于超出个人承受能力而产生的，可以借助外力（人力和物力）来减少压力。寻求人员合作帮助或采用先进的办公设备等。第二，创造高效的工作环境。简洁高效的办公环境会减少压力的消极影响，5S办公室管理能帮助我们提高工作效率，比如确保环境整洁、合理安排物品顺序、文件归档、控制打扰（将工作授权给他人或者由秘书管理日程）等。

（2）增强生理抗压能力。过度压力最终体现在生理承受能力的崩溃，因此个体可以通过增强体质保持强健体魄的手段来增强生理抗压能力。

1）锻炼活动，如增氧健身法、散步、慢跑、游泳、骑自行车等。这些锻炼有助于增强心脏功能，降低心率，使人从工作压力中解脱出来。

2）各种放松技巧，如自我调节情绪、催眠、冥想等方法，员工可以减轻紧张感。放松活动可以在一定程度上暂时脱离压力环境，减缓身体的紧张感，以便有更好的状态应对压力。

3）合理的饮食能保证生理健康的营养供给。营养可以改善人的感官神经反应和心情，它可以减轻压力并作为抗抑郁症的手段。合理饮食是一种自然的愉快的方式，也是预防慢性疾病的一种重要途径。

（3）增强心理抗压能力。

1）修正行为方式。不当的行为方式可能会造成压力。心理学家用大量的研究证明对不同的行为进行归类可以分为A型和B型人格。A型人格的特征：性格急躁、缺乏耐心、好胜心强、有事业心、反应灵敏、珍惜时间、情绪波动大、缺乏运动。B型人格的特征：性情温和、喜欢悠闲、名利淡泊、事业心不强、易于满足现状、时间观念不强。对于不同的人格行为方式不同，可分为两个方面进行改造：第一，通过A型人格的分析，可以看出这种性格类型是引发压力的主要原因。要避免过度压力可以从以下方面着手：对工作量进行合理的控制，不承载过度的工作量，寻求工作和生活的平衡，A型人格由于自负而让自己工作过载，结果常常无法完成；学会倾听，针对A型人格急躁而缺乏耐心，学会倾听的技巧能帮助个体减少沟通压力；参加放松娱乐，轻松的娱乐可以减缓工作带来的压力。第二，改造B型人格的行为。针对B型人格的特点，适当改变行为方式以使B型人格减少压力，提高工作绩效。实现目标管理，改变B型人格的专业散漫和随意；学会正确的授权；做出果断的决策；确定工作重点能够规避误入歧途。

2）程式化理性分析。潜在压力转化为现实压力必定经过个体对压力因素的认知处理。如果用消极思维模式去看待事物，认知系统片面地识别事物的负面效应，进而产生负面情绪，个体易采取消极行动。培养积极思维模式则能提高个体的心理抗压能力，进而提高工作绩效。面临压力源时，正确的认知帮助我们理性地看待它。克服压力事件的负面影响，还可以借助"凯利魔术方程式"。凯利空调的创始人——凯利先生发明了这套流程来面对压力：第一，问你自己可能发生的最坏状况是什么。第二，准备接受最坏的状况。第三，设法改善最坏的状况。普通的员工和经理人，一般不能很迅速地逃脱负面情绪的影响，而应用凯利先生的魔术方程式，就可以帮助他们用理性战胜负面的感性。

3）做好时间管理。拥有过度压力感的人如果认为工作过载而时间过少，大多数是由于他们不能做好时间管理造成的。因此，做好时间管理是减少压力的有效途径。时间管理的方法在前面的章节已有论述，这里简单的介绍一些常见的方法：遵循"帕瑞托原则"，如果工作中20%的目标具有80%的价值，而剩余的80%目标只有20%的价值，那么如果实现最大化的工作效率来减少压力，应该将大部分精力集中在最有意义的事件中；依据ABCD四象限模型对压力事件进行排序，按照重要性和紧急程度两个维度，将事件划分为四种不同类型，集中精力处理主要的压力源A和B类事件，C类不重要且紧急的事件授权给其他人处理；避免拖延导致压力积聚。相反，立即行动在处理事件过程中能培养自信心，提高职业技能有助于减少压力。

4）扩大社会支持网络。人的社会性决定了，集体生活的必要性，个体可以通过与他人交往产生的友情、亲情和爱情的支持来排解压力。积极的人际关系能够有效减少心理压力。

5）养成健康的生活方式。为了减少压力，有时人们会借助暴饮暴食、过度消费购物等消极生活方式来应对，往往会导致其他的压力问题。只有养成健康的生活方式才能从根本上解决压力问题。

## 二、正效压力和负效压力效应

### （一）正效压力的效应

工作压力产生的效果可以是消极的，也可以是积极的，关键在于是否超越了效果变化的限制范围。研究发现，大部分的压力产生的效果类似于 Yerkes-Dodson 法则的倒"U"形曲线，如图36-3所示。

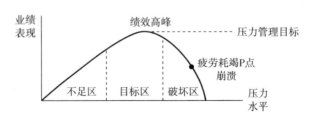

**图36-3  Yerkes-Dodson 关系模型**

Yerkes-Dodson 关系模型认为压力水平与业绩表现之间的关系用坐标系图表示呈现倒 "U" 形。该理论认为在可控范围内不断增加的压力水平会提高人的业绩表现直到绩效高峰，更小的压力和更大的压力都会降低工作业绩表现。该理论告诉我们，适当的压力能激发人的工作动力，起到提高工作绩效正面的积极作用；过度的压力消耗人的精神储备，起到心理压抑的消极作用。因此，对待压力要一分为二地看待。如果工作没有足够的挑战性，会使人失去兴趣，业绩水平无法提高。给予适当的压力，个体受到情景刺激，激发了工作热情，提高了工作绩效，并在适当的压力水平上达到绩效高峰。

这种适当的压力水平称为正效压力或者良好压力。例如，通过新员工的引进，能调动老员工的工作热情，打破固有的僵化和惰性，这种压力产生了正面激励的作用。适度的压力会激发个体的工作热情，使人集中精力，激发机体活力，提高忍耐力，从而提高工作效率。适度的压力能使机体对外界进行一种适应性调节，它会帮助人们管理好自己的应激能力，寻求机体和压力之间的一种平衡。个体会感到充满活力、更加机敏、精神愉悦、更加自信和精力充沛，可使其工作动机和潜能得以激发从而提高工作完成效率。

（二）负效压力效应

尽管到达绩效高峰前适度提高的压力起到积极的作用，一旦越过这个极限继续增加压力，会导致工作绩效的急速下降，并产生一系列身心和行为的紧张，直到超过个体的承受极限，导致个体身心的崩溃。不可忽视工作压力对工作绩效的负效压力效应。过度压力不仅对工作的个体产生负面影响，而且还会阻碍整个组织的管理效率，如影响个体倾听、正确决定、有效地解决问题、计划、产生新的想法等。过度的工作压力往往会产生三个方面的症状：心理症状、生理症状和行为症状。

1. 过度压力产生的心理症状

焦虑、紧张、迷惑、急躁；疲劳感、生气、厌恶工作；情绪敏感、易激怒；感情压抑；交流效果降低；退缩和忧郁；孤独感和疏远感；对工作具有过度不满情绪；精神疲劳和低智能工作；注意力分散；缺乏自发性和创造性；自信心降低。

2. 过度压力产生的生理症状

心率加快和血压升高；肾上腺素和去甲状腺素分泌增加；肠胃失调，如溃疡；身体受伤；身体疲劳；死亡；心脏疾病；呼吸问题；汗流量增加；头痛；睡眠不好；癌症；肌肉紧张。

3. 过度压力产生的行为症状

拖延工作；生产能力减低；酗酒和吸毒；去医院的次数增多；由于逃避、饮食过度导致发胖；由于胆怯而导致吃得少；冒险行为增多，如超速驾驶和赌博；侵犯别人，破坏公共财产；与家庭和朋友的关系恶化；自杀；离职率升高；迟到、旷工次数增加。

## 三、职业经理人提高压力管理能力的途径

压力管理能力是指面对压力情景采取一定的措施，使个体更好地适应压力环境的能力。提升这项能力可以采取七种途径：解决问题、有效沟通、建立人和、灵活处事、积极思维、任务管理和健康生活。

（一）提升"解决问题"的能力

提升解决问题的能力可以遵循六个原则：立即行动、界定问题、对事不对人、明确所要的结果、写下创造性和实用的解决方案、秉承凡事一定要有解决办法的信念。

（二）提升"有效沟通"的能力

"有效沟通"能力是指积极与他人交换意见，分享自己的感受，在感受到压力时寻求他人理解和支持的意愿和能力。沟通风格根据对象而异，因此要懂得人际关系的处理，善于进行主动沟通，适当控制和表达情绪，拒绝表现情绪；遵循有效沟通的四原则：和上司讨论工作优先级、定期与上司进行沟通；确认重要的信息，避免重大损失；运用技巧表达拒绝不合理事件；善于倾听。

（三）提升"建立人和"的能力

"建立人和"的能力，是指在工作和家庭中建立亲密及相互支持关系的愿望和能力。要重视与他人的关系；与他人分享自身感受；花时间与他人好好相处；学会鼓励和赞赏他人。

（四）提升"灵活处事"的能力

"灵活处事"能力，是指不同的思想观念具备包容性和开放度观念，在前景不明朗的情况下保持镇定的能力。永远对新的想法保持开放的态度；学会从不同的角度看问题；坚持"有效果比有道理重要"；坚持"只有反馈，没有失败"；要有进入未知的勇气。

（五）提升"积极思维"的能力

停止忧虑，这是积极思考的第一步；形成一个积极的思考模式；善于管理自己的情绪；拿得起放得下；杜绝非理性想法。

（六）提升"任务管理"的能力

熟练使用时间管理工具；形成做笔记的习惯；运用普瑞马克定律，先做不喜欢的工作，然后再做喜欢的工作的整体效率更高。

（七）提升"健康生活"的能力

健康的生活是开展事业的基础，它包括健康饮食、适当运动、避免疲劳和轻松心态等方面。

## 案例 36-1　处理问题要及时

一家跨国公司在中国设有很多分厂，某经理人在其中一家分厂已经工作了十年，最后担任销售大区经理。有一段时间，他想寻找一个更好的发展机会，便去了其他公司，担任的职位却是销售总监。因为他对当地市场还不了解，而且与原来市场的差异很大，他感觉不是特别有成就感。正在这时，原公司经营者由于业务发展迅速，邀请他回去，并承诺给他加薪升职，让他担任销售营运经理，经过认真考虑后，他答应了。

这位经理人回来之后，手下的一个大区经理偷偷去找销售总监，向销售总监告密："我希望能够直接向你汇报工作，因为我与他原来都是大区经理，他走之前我们就有矛盾，现在他成为我的上司，我无法接受。如果我不能直接向你汇报工作，我就只能辞职。"销售总监同意了。

世上没有不透风的墙，这件事情很快传到了他的耳朵里，他感觉自己不被尊重、被架空了，这样下去他就无法领导团队。他想与总监和那个大区经理谈谈自己的想法，但他没有这样做，因为他认为自己刚回来，对公司现在的系统还不熟悉，自己的地位还不牢固，最好先忍耐一段时间，再解决这个问题，所以就把这个问题放在了一边。

虽然他表面上表现得无所谓，实际上这个问题已经影响到了他的行为，甚至已经影响到他与总监之间的信任。大概有两个月的时间，他与销售总监之间几乎没有任何对话，甚至他出现问题时都不向总监汇报。就这样持续了大半年之后，公司做出了一个决定——把他调离现任岗位，降职处理。

## 阅读专栏 36-4　压力测验

1. 了解你的压力承受力量；

2. 了解对压力的应变力量；

3. 给你面对外来压力时的应对方法；

4. 如何建立你作为一个职业经理人和生活胜利人士所需要的压力应对力量。

测试内容：

1. 面对亲朋至爱的生日和婚礼等喜庆大事，好像不花钱是不行的，这时，你该怎么办？

A. 你告知伙伴们，从送礼单上把你的名字去掉，这样就不必花钱购买礼物了

B. 且不管花费多少钱，你在接到请帖后都要去细心选购礼物，使对方满足

C. 你只给那些对你来说是至关重要的人送礼

2. 当你房子里的家具和地毯因自来水管漏水而受到损坏时，你发现保险的项目不包括这一类的损失，这时你会：

A. 你变得灰心丧气，埋怨保险公司

B. 你想方法动手修理，尽量使受到的损失得到挽回

C. 你在考虑是否取消保险

3. 你同邻居打了一架，但什么也没有得到解决，这时你会：

A. 你回到家里，配置一杯浓茶，设法把神经放松，将此事忘掉

B. 你与你的律师通话争论可能引起的诉讼案件

C. 你以散步的方式来消气

4. 现代化的生活节奏所产生的压力使你和妻子（或丈夫）烦躁易怒，这时你会：

A. 你打算从容不迫地加以忍受，尽量避开争辩

B. 你试图与家庭外的第三者谈论那些令人生气的事情，以便使自己的感情能被人所理解

C. 你坚持与妻子（或丈夫）心平气和地争论这些烦心事，从而减轻各自心里的压力

5. 你一位很要好的朋友就要结婚了，但在你看来，这不是一桩美满的婚姻而是一场灾难，这时你会：

A. 你劝说自己，这种担忧纯属多余，应当往好的方面去想

B. 认为这大可不必忧虑，由于时间还长，事情是会变化的

C. 你打算向朋友开诚布公地陈述自己的看法

6. 你担忧物价上涨，但你会：

A. 不管怎样涨，打算不转变饮食习惯

B. 每次看到东西涨价，心头的怒气便要增加几分，可是还得无可奈何地去买这些东西

C. 你想方设法节约开支，调整饮食

7. 你的能力得到上司的重视，将要被任命去做一项重要的工作，这时你会：

A. 你婉言谢绝，由于要求很严，怕吃不消

B. 你怀疑自己是否能胜任这项新的任命

C. 你首先仔细地分析了这项工作对自己的要求，然后预备乐观地去担当它

8. 你的亲戚伴侣中有人在意外事故中受了重伤，当你在电话里听到这个不幸的消息时，你会：

A. 你临时设法掌握自己的感情，由于需要你去通知别的熟人

B. 你挂断电话，痛哭流泪

C. 你向医生要来一些镇静剂，以便自己度过这段苦痛的时期

9. 每逢节假日，你和妻子（或丈夫）之间总有一场争辩，究竟是访问自己的双亲还是她（或他）的父母，这时你会：

A. 你制定出一个严格的五年方案，要求自己统筹兼顾

B. 你打算在重要的节假日时与自己最喜爱的长辈在一起，而在次要的节假日里不与任何一方父母在一起

C. 你认为最好的方法是不与任何一方父母在一起，这样可以削减不必要的麻烦

10. 在你的身体感觉不适时，你会：

A. 你自己诊断病情

B. 你鼓起勇气与家人谈自己的病情，并准时去找医生看病

C. 你认为自己的身体最终会好起来，所以迟迟不去看病

评分方法：

第1、2、3题：选A计3分，选B计1分，选C计2分；

第4、5、6、7题：选A计3分，选B计2分，选C计1分；

第8、9题：选A计1分，选B计2分，选C计3分；

第10题：选A计2分，选B计1分，选C计3分。

你的总分是（　　　）

测试结果分析：

得分10~15分：

在生活压力面前的强者。你的压力应变力量很强。

你凡事想得开，心胸比较开阔。同时比较成熟、懂事理，很擅长处理日常生活中一些麻烦事情，生活是一把任由你弹拨的六弦琴。

得分16~25分：

有苦恼但可以理顺。压力应变力量尚可。

对生活中的一般状况，你是较会处理的，不会为那大大小小烦琐的事情所扰，但是当你遇到一些糟糕的事情时，你往往就会困扰，不知从何处下手了。有时会产生紧急，担心的心情。盼望你能够迎难而上，在压力中不断熬炼自己。

得分26~30分：

你似乎被压力击垮了。压力应变力量很差。

做事无主见，容易被四周的环境所左右，而且疑心、担忧，心事重重，就是你的特点。遇到生活中的诸多困难，你总不能顺当、完满地解决，相反总是产生过多紧急、忧虑的心情，有时甚至完全消沉下来。如此对你的身心是非常有害的，盼望你对这10个问题再讨论一下，对比计分表，看看每一个问题得分最少的那个选择是什么，其实这个选择也就是应付生活压力的最好的方法。

## 第八节　心理调适能力

### 一、心理调适的内涵

（一）心理调适含义

心理调适是使用心理科学的方法对认知、情绪、意志、意向等心理活动进行调整，以保持或恢复正常状态的实践活动。既可以自己进行心理调适，也适用于帮助别人。

心理调适的目标就是要促进人的心理健康，也就是说我们通过认知、情感、行为、意志的调整，使我们保持在一个良好的心理健康状态。

心理调适的原则应遵循以下四点：

1. 普遍性原则

心理调适的普遍性原则是指对个体的心理过程，如认知、情绪、意志、行为进行调整和适应。例如，认知调整是指需要对非理性想法或自我挫败进行心理调适。心理调适要面向积极，看到自己拥有什么，而不是失去了什么。心理调适最终起决定作用的只能是自身力量。调整和积极认知，都会使情绪和行为得到相应的改善。同样的，相对应的全部心理调适内容有认知调整、情感调整、行为调整、意志调整。

2. 针对性原则

临床心理学教授柯永河指出心理健康有三大要素：一是自我的强度，二是生活的压力，三是社会的支持。这个公式指出生活中可以有适度的压力和强大的自我。自我和心理不健康成反比，因此需要对个体自我更加的关心、接纳、尊重，从而提升自信，使心理越来越健康。社会支持网络中提供理解、陪伴、关心和支持的人，包含亲人、同事、同学或者领导朋友等。也要适度，支持过多会剥夺个体在挫折困难当中成长的机会；社会支持太少，则会降低个体心理承受能力。

3. 预防性原则

积极心理学研究发现，个体如果拥有积极人格如勇敢、良好的沟通、理性、乐观、诚实、坚韧、希望、感恩、有目标等，可以在问题产生时通过缓解心理作用的方式，有效地预防心理问题，减少心理调适的需求。

积极心理学的主要观点是关注人类的优点、幸福感和成长，强调积极心理和情感体验对个体的发展和幸福感的影响。所谓的预防性原则，就是说我们在关注人弱点的同时，也要着重发掘人身上独特的优势和长处。在致力于修复生命伤口的同时，也要极力地去建立生命中良好的积极的品质，把重点更多的放在预防。

积极心理学的专家 Peterson 和 Seligman 提出人类有六大类美德 24 种优势可用来预防心理问题，分别是智慧与知识、勇气、仁爱、正义、节制、精神卓越，每一类对应一组积极的人格优势。比如说智慧和知识对应爱学习、有好奇心、有洞察力、有创造性。个体发现、提升、善用优势，当困难来到的时候，有助于我们增强心理调适能力。因此心理调适最重要的，是预防性原则，它是一种成本低、效果好的方式，减少了为准备好而直面困境时需付出更大的代价的可能性。

4. 前瞻性原则

前瞻性原则是说人的心理调适核心体现在人的抗逆力能力上，又叫心理弹性。抗逆力指个体处在逆境中的心理调适能力。抗逆力体现在个体在逆境如何保持心理健康。拥有高抗逆力的人，面对困难的时候能够持有积极的态度，更能从逆境中学习和提升生命承受力，因此处理逆境的能力更强大。

抗逆力是一组性格特性、能力的组合，其包括了乐观、独立、进取、勇敢心理特征，也包括了寻求社会支持和适应能力、问题解决能力，还包括内在力量，比如说自信、自我价值感、自我效能感。

提高抗逆力从三个方面入手。第一，提升个人品质，也就是提升内在的力量，包括自信、自强、自尊、自爱、自立、自我了解、自我接纳等方面。第二，家庭的支持，家庭是个体的最重要社会纽带，家庭的支持包括关爱和沟通。第三，改善外部环境，包括工作和生活环境，如社区、职场，好的外部资源会使个人获得积极的特质，提高抗逆力。

（二）心理调适的理论

1. 合理情绪治疗理论

首先介绍的心理调适理论是合理情绪治疗（Rational-Emotive Therapy，RET），它是由阿尔伯特·艾利斯（A. ElliS）在美国创立的。这种心理调适的主要内容是 ABC 理论：A（Activating Events）指的是诱发性事件；B（Beliefs）在 A 的刺激下产生的认知；C（Emotional and Behavioral Consequences）是指定的情景下，个体的情绪和行为结果。该理论认为 A 事件不是直接引起 C 结果的原因，而 B 的不合理认知才是导致 C 的真正原因。因此，要改善 C 的不良情绪及行为，就要劝导干预 B 的不合理性观念的发生与存在，而代之以合理性的认知。比如：两个员工在路上碰到上级经理，但是经理没有和他们打招呼。其中一名员工认为：经理可能没有注意到我或者有什么特殊原因，而没有打招呼。另外一名员工则认为：经理是不是由于上次的事情对我有意见所以故意不打招呼，下次可能要找我的茬了。前一名员工觉得无所谓所以对行为情绪没有太大的影响，后一名员工可能情绪上产生担忧，导致工作效率降低。在这个例子中前一名员工的想法称之为合理的信念，而后者则被称为不合理的信念。

合理情绪疗法的完整治疗模式由 ABCDEF 六个部分组成 A：Activating Events，发生的事件。B：Beliefs，对 A 事件的认知。C：Empotional and Behavioral Consequences，由 B 所引起的情绪及行为结果。D：Disputing Irrational Beliefs，外力劝导和干预。E：Effect，治疗后的效果。F：New Feeling，心理治疗或咨询后的新认知。要改善人们的不良情绪及行为，D 步骤劝导干预非理性认知的发生与存在，而代之以理性的认知。劝导干预后产生了 E 效果，形成了正确合理的认知，个体也就会有愉悦充实的新感觉 F。

2. 内隐理论

内隐理论是由学者黄蕴智提出内隐结构里面的内容，该理论认为内隐理论由核心假定、朴素假设和经验事实三个方面组成。这三个方面是具有自我组织和自我调节功能的系统，要尽可能地维持最大程度的一致性。当三个层面出现不一致时，微妙的自我组织将会自动发生，直到个体心理上组织出新的秩序，在此之下重建或维持新的三个层面的一致性。这个自我组织过程从根本上说是个体性与社会性形成一致化的过程，也是提高心理调适能力的过程。通过对外部世界新信息的吸收和消化，个体将外部信息内化整合进入个人的心理世界，个人的内心形成一种可理解、可解释、可控制的有秩序的新经验系统，这过程的结果提高了心理调适能力。与之相反，如果面对外部世界的新信息，沿用固化的思维方式和理念，不能建立新的自我组织和秩序，不能丰富经验系统，个体的心理调适能力因此得不到提高。有研究认为长期养成的一些工作习惯或者习惯性思维模式，在思想层面上停滞不前会制约心理调适能力的发展。

（三）心理调适的方法

根据以上心理学的研究表明，情绪和行为，结果体现的是一种主观能动性，是否产生不良情绪和行为取决于个体的认知是否合理。因此，面对负面因素，要从三个层面加强正确的认知：第一，发生环境刺激或者个体身上的生活事件；第二，不良情绪和行为结果最终带来的身心反应状态；第三，结果的变化过程，即个体能通过改变认知，也就是提高心理调节技能，来改变外界的负面因素刺激对情绪和行为造成的影响，将负面因素造成的影响降低到一个适当的程度，这样就可以大大减轻负面因素对个体造成的负面影响。例如，调整挫折的具体反应有：①调整激发积极性反应（加强努力、改变目标、替代补偿、升华）；②绝对回避非理性反应（攻击、僵化固执、冷漠、倒退）；③适当使用防卫性反应（曲解、逆向思维、回避、投射）。

## 二、提高心理调适能力的方法

（一）改变认知模式，从而改变行为模式

行为的改变起始于认识的改变，实践是认知的来源，认识反过来指导实践。这就是认知和行为的关系，因此改变认知模式是提高心理调适能力的第一步。

（二）正确认识压力，不被压力所束缚

目前社会竞争压力较大，生活节奏、工作节奏加快，很多人面临学业、工作、生活的精神压力。"你越害怕的事物，等你真的去接触它的时候，你反而觉得：咦，好像也没什么嘛。"我们要做的是勇敢面对，战胜压力。

（三）形成完整的自我概念

人本主义心理学家卡尔·罗杰斯认为在维护个人心理健康上的自我概念至关重要。他认为，个体的心理压力和矛盾困惑来源于其歪曲的自我概念，没有正确自我概念的人，总是以外在的成功标准来评价自我。与歪曲的自我概念有关的具体表现形式有盲目比较、得失斤斤计较、心无定数、轻微的失误导致心理失衡不能接受、微小的成就又会自我膨胀、难以接受他人合理的意见、忽视他人的感受、习惯以自我为中心、对批评建议耿耿于怀、为了面子掩盖错误等。

一则古希腊的寓言故事告诫世人要认识你自己：某个自负才华的人怀才不遇，因而质问上帝：为何命运对他不公？上帝听了捡起一个石子，然后取下了手上的金戒指。他得到了启发：当石子褪去暗淡的颜色淬炼成金子，别人才会发现它的夺目光辉。

（四）认识自我，培养正确的自律习惯

培养正确的自我认知，使自己多一份清醒，少一份浮躁。认知自我之后要积极接纳自我，认同自己的优点，增强自信心、价值感、满足感，认识自身的缺点，理解人无完人，并在此基础上不断进步。人要爱人必先自爱；人必先自助然后人助之；人必先自信然后人信之。最后，要积极做自我沟通。曾子曰：吾日三省吾身。自省是一个自我沟通的过程，通过自省能不断认识自己、完善自己。

（五）善于排解压力，保持良好情绪

首先，转移、适当排解压力有助于情绪疏导，释放不良情绪。心态不佳的时候暂时转移注意力，有利于纾解紧绷的神经，使身心得到休息和恢复。其次，接纳世界的多样化。接受别人存在不同的观点，世界是多样化的，人与人之间的差异性大于相同性。可以不同意别人的观点，但要尊重一个人坚持自己观点的权利。最后，需要懂得换位思考，这是人际交往中的黄金法则。

（六）能够及时的调整认知

认知心理学认为，个体的情绪反应不直接产生于外部信息，而是与对外部信息的认知有关。能够及时调整对具体事件的认知，分析过去和未来，拓宽视野，海纳百川，换位分析，调整后的认知能够较大程度地调节个体的不良情绪。调整认知不是盲目分析，而是学会更全面地认识外部信息的正面和负面。心理学研究表明，个体的情绪状态在很大程度上受认知结构的复杂程度决定。认知结构复杂程度的一个重要方面，就是分析问题善于从多角度多维度出发。个体对事件更多地从多角度多维度进行认知，更容易产生温和的情绪状态；如果对事件基于简单的认知而下结论，容易产生强烈的情绪反应。

心理学家塞里格曼提出的"积极心理学"曾经做过一个测试：对同样病例试验对象进行不同暗示，其中 16 个悲观者发病去世，19 个乐观者只有一个去世。这说明情绪和认知对人的身体调节起了很大作用。

（七）将正确的行为调节与认知调整相配合

不良的情绪状态会影响认知，不当的行为也会影响认知，因此从行为方面改善不良情绪，有助于养成正面积极的认知。用行为调节认知就是针对不同的不良情绪采用对应的合理的行为方法。焦虑紧张时，采用自我放松训练、听轻音乐等方式进行调节，进而放松身心；压抑和愤怒时，可以采取适当宣泄的方法，比如跑步、有氧运动或与他人进行有效的倾诉等，达到释放压抑心理能量的效果；心理疲乏时，需要保证充足的睡眠，适当参加文娱活动，放慢工作节奏，安排休息时间和活动；不安和担忧时，要勇敢分析问题本质，努力找到解决问题的方式。工作计划未完成要加紧完成，同时做好结果未能达到目标的心理准备。管理者在无法应对极大的心理困境下，应尊重科学方法，寻求并参与专业的心理咨询。

（八）培育乐观的人生态度

态度决定行为方式，乐观积极的人生态度使人在面对复杂情况和挫折时，百折不挠，勇敢应对；相反，悲观者只会焦虑不安、被动观望。人本主义心理学家马斯洛认为，人总是在追求完善自我和实现自我价值，积极乐观的人生态度，是实现这个结果的关键。马斯洛认为，积极乐观的人生态度有以下一些表现：悦纳自己、他人和外部世界，流畅沟通和表达自己的思想和感情，不以自我为中心，以实际问题为中心，对平凡的事物不厌烦，对平常的生活总有新鲜感，仁者爱人并乐于助人，不专断懂得尊重他人，把工作当成是另一种形式的娱乐，有责任心，乐于创新等。

（九）建立良好的社会心理支持系统

社会心理支持是指个体所处的各种社会关系中的其他人，如亲人、朋友、同事等给予的心理上的支持和帮助。良好的社会支持系统，能提供情感上、物质上和相关信息的支持，帮助个体感情泄出和减缓压力。人是社会性动物，喜欢集体生活，在集体中拥有和谐的人际关系，被其他成员接纳、喜欢和尊重，极大地满足了个体的心理需求。心理学研究表明，人际关系和谐是幸福感指标升高的重要因素，而人际冲突是个体形成心理冲突的主要原因。

（十）心怀理想，坚守目标

首先，树立正确观念，坚定理想信念。要做到树立正确的人生观、世界观、价值观，培育和保持健康、平和、积极的心态，拥有健康的身心状态。在正确的"三观"指导下，培养克服困难的坚定意志，树立高远的理想信念，做到胸有大志、海纳百川、宁静致远、不患得患失的个人良好心态。

其次，还要吸收先进理论和知识，不断学习。社会不断进步要求人们随着时代进步不断提高自身的文化知识，与时俱进才能得到更多的理解和支持。

## 三、职业经理人提高心理调适能力的途径

职业经理人是一个特殊群体，特殊的工作环境要求心理调适能力较强，对于职业经理人心理调适能力提升的训练需考虑该群体职业要求的特殊性，谨慎选择调适策略和方法。

（一）职业经理人提高心理调适能力应关注的要素

1. 心理弹性

心理弹性又称心理韧性或心理复原力，指个体能积极调用保护性资源应对不利情境帮助个体从逆境、灾难、丧失或威胁等重大应激事件所造成的心理创伤中恢复过来的心理特质，能够动态良好地适应变化的环境，反映出应对压力的能力。心理弹性测量包含内控性、问题解决应对风格、乐观性、接受和运用社会支持和接纳性五个维度。其中内控性指个体认为自己当前的生活和未来更大程度上是处在自己掌控中的人格倾向性；问题解决应对风格指个体在应激情境下将注意的焦点集中在应激源和由应激源引起的问题上，并设法以灵活多样的方式解决问题的人格倾向性；乐观性指个体对未来事件的后果保持积极预期的心理倾向性；接受和运用社会支持指个体在日常生活中形成、维持同他人之间的互惠关系，在应激条件下积极获取和利用社会支持的心理倾向性；接纳性指个体对已经过去的消极事件或经验以及现存的不可控的问题不否认、不排斥，而是接纳它们。

2. 认知情绪调节

认知情绪调节问卷包括九个分量表：自我责备（面对负性或不愉快的经历责备自己）、责备他人（把自己经历的事情怪罪于他人）、灾难化（强调经历过事情的消极后果）、沉思（对经历过的负性事件反复、被动地思考）、积极重新评价（思考消极事件所具有的积极意义）、关注计划（思考如何去做和解决问题）、接受（接受已经发生的事情）、理性分析（将经历的消极事件与其他消极事件对比，减少负面感受）、积极关注（把关注点放在其他积极的事情上，不去思考所经历的负性事件）。Garnefski 等研究认为，自我责备、责备他人、灾难化和沉思是不适应的情绪调节策略，而积极重新评价、关注计划、接受、理性分析和积极关注是适应性的情绪调节策略。

（二）职业经理人提升心理调适能力的途径

1. 确定适度的抱负水准

在充分认识自己的基础上，将自己的抱负与所从事的工作结合起来，力求在完成工作目标的过程中去实现自己的理想抱负。既拥有雄心壮志，也要审时度势，不能妄自菲薄。

2. 营造良好的人际环境

营造良好的人际关系环境，是心理健康发展的基础。平时要积极建立和谐健康的人际关系环境，特别是要加强与利益相关方的经常性沟通，寻求各方力量的支持和协助。还可采取主动寻求心理援助，与家人朋友倾诉交流、进行心理咨询等方式来积极应对。夫妻关系、亲子关系也是重要的人际关系，是重要的心理支撑力量。避免使用自我责备、责备他人、灾难化等不适应情绪调节策略，更多地使用重新关注、关注计划、重新评价、接受等适应性情绪调节策略。

3. 疏解情绪提升抗压能力

既然压力的来源是自身对事物的不熟悉、不确定，或是对于目标的达成感到力不从心所致，那么疏解压力最直接有效的方法，便是去了解、掌握状况，并且设法提升自身的能力。通过自学、参加培训等途径加强自身能力，能够乐观看待压力，善于以灵活多样的方式解决问题，积极获取和利用社会支持，主动掌控自己的生活，不会沉溺于过去的消极事件或经验，对于现存的不可控的问题不否认、不排斥，具有接纳性。特别是，接纳过去的失败和遗憾，更多地面向未来思考问题，要对这一维度上的训练予以更多的关注。

4. 及时调整不良心理

学会自觉调整和克服不良心理因素的影响，形成正确适度的行为反应，积极参加有益的文体活动，对克服不良心理、维护身心健康大有好处。同时我们要主动管理自己的情绪，注重业余生活的质量。职业经理人的生活态度要保持积极进取，尽管追求幸福与逃避痛苦是两种生活动机，同一个体可能会同时持有这两种动机，都有利于个体的生存。倾向于追求幸福者会更多地主动应对生活中的各种压力和挑战，增强自身的社会适应力，因而会提升其心理健康水平，改善心理健康状况也需要提升积极进取的生活观。

## 阅读专栏 36-5　心理测试

### 一、单选题

1. 多年期待的职务提升落到了一位更年轻的同事身上，正确的应对态度是（　　）。

A. 怒从心头起　　　　　　　　　B. 抱怨不公平

C. 有更多时间与家人共处　　　　D. 前途从此无光明

2. "感性自我"的正确阐述是（　　）。

A. 感性自我是对外界事物的情绪化应对

B. 感性自我是运用逻辑反应外部事物

C. 感性自我是成人式的自我

D. 感性自我是一个人应该更多运用的应对事物的方式

3. 过分追求完美容易导致抑郁症，抑郁症最典型的表现是（　　）。

A. 以怀疑的方式应对自己和世界　　B. 以完美的方式应对自己和世界

C. 以暴力的方式应对自己和世界　　D. 以不作为的方式应对自己和世界

4. 在心理健康等级划分中，心理健康轻度失调者的表现是（　　）。

A. 和他人相处略感困难，生活自理有些吃力

B. 心情经常愉快，适应能力强

C. 能较好地完成同龄人发展水平应完成的活动

D. 符合马斯洛提出的十条标准

5. 在心理防御机制中，投射是指（　　）。

A. 遭遇危急事件时，放弃习惯化的成熟应对策略

B. 对某人或某事不能发泄自己的情感而将其转移到其他能够接受的人或事物上去

C. 用不同的方法来肯定自己

D. 把自己不当、失误转嫁到他人身上

6. 以下对心理防御机制概念的阐释正确的是（　　）。

A. 个体在内部心理中总是存在着某种脱离实际的幻想，以此得到心理平衡的状态

B. 个体通过各种行为策略，以达到减轻内心不安、恢复情绪平衡与稳定的状态

C. 个体在内部心理活动中自觉或不自觉地存在恢复情绪平衡与稳定的倾向

D. 个体通过各种行为策略以使自己的心理状态达到和谐的状态

7. 下列行为事件中，使用了心理防御机制中的"解脱"机制的是（　　）。

A. 爱女遭遇车祸死亡后拒绝承认

B. 一位足球队员在比赛中犯规让对方的一位队员受伤，他到花店买了一束花，送到医院

C. 考试不及格的学生对老师哭哭啼啼，苦苦哀求

D. 阿Q挨了赵家的打，去欺负小尼姑以出气

8. （　　）是心理健康之路的第一步。

A. 了解社会　　　B. 了解自己　　　C. 了解环境　　　D. 了解对手

9. 下列选项中，属于积极成熟的心理防御机制的是（　　）。

A. 合理化　　　　B. 理智化　　　　C. 升华　　　　D. 退行

10. 心理健康的人能够妥善地处理个人与团体的关系，当团体犯错时，处理个人与团体的关系的正确做法是（　　）。

A. 脱离团体　　　　　　　　　　B. 改变团体

C. 暂时顺应团体　　　　　　　　D. 改变自己，认同团体

## 二、多选题

1. 能够客观准确地了解自己的（　　）是一个人心理健康的评判标准之一。

A. 身高相貌　　　B. 智力水平　　　C. 人际关系　　　D. 情感特点

2. 以下对"悟性自我"的理解正确的有（　　）。

A. 悟性自我是更现实的反应形式

B. 悟性自我更多的是应对超出个人能力的事件

C. 悟性自我要将与自己名利相关的东西，从自身剥离出去

D. 悟性自我是一种超脱的态度

3. 生活中，人们常用的心理防御机制有（　　）。

A. 认同　　　　　B. 反向形成　　　C. 置换　　　　D. 压抑

4. 世界心理卫生联合会提出心理健康的标准有（　　）。

A. 身体、智力、情绪十分调和

B. 适应环境，人际关系中彼此能谦让

C. 有幸福感

D. 在工作和职业中，能充分发挥自己的能力

5. 错误的观念造就病态的心理，下列人们常出现的观念中属于错误观念的有（　　）。

A. 他不爱我了，从此人生无幸福

B. 任何人不得伤害我，否则我决不罢休

C. 只要我小心谨慎，就能避免所有的灾难

D. 我的人生很失败，但仍然能找到亮点

6. 嫉妒心的表现形式有（　　）。

A. 对他人的拥有感到不舒服　　　　B. 用言语攻击发泄自己的愤怒

C. 采取行动破坏他人的拥有　　　　D. 工作倦怠

7. 当自己被人妒忌时，正确的做法是（　　）。

A. 首先明确这不是你的错

B. 将自己有可能引起别人嫉妒的东西不在人前更多的暴露

C. 有意无意暴露自己获得这些长处所付出的艰辛

D. 拉开与嫉妒你的人的物理空间和心理空间

8. 能够认识并理解他人是评判心理健康的标准之一，认识和理解他人需要做到（　　）。

A. 能够准确地觉察、了解他人　　　　B. 接纳他人与我的种种不同

C. 人际关系单一、单纯　　　　　　　D. 智慧地处理人与人之间的关系

9. 在面对挫折时，减轻人们焦虑情绪的积极行为策略有（　　）。

A. 有氧运动　　　　B. 听音乐　　　　C. 读书　　　　D. 行为放松练习

10. 会猜测别人的心才能更好地做到"知彼"，下列选项中在这方面的做法正确的有（　　）。

A. 对别人的喜怒哀乐能够觉察

B. 允许别人不喜欢自己

C. 当别人不欣赏自己时认为这非常正常

D. 无法说服别人时不会强求

## 三、判断题

1. 心理健康的人在积极意义上使用心理防御机制，而心理不健康的人依赖心理防御机制。

2. 正确的人生目标应该试着订立并且应该具有弹性，该修改时就修改。

3. 嫉妒是人性中隐藏最深、危害极大又非常普遍的一种情感。

4. 在面对挫折时正确的处理方法是应该相信自己的能力，相信天下没有解决不了的问题。

5. 人们面临的问题不可能全部获得解决，一些反复尝试无法获得解决的问题可以采取迂回策略。

6. 心理健康的人对人怀有普遍的善意，但容易对危险和突发事件缺乏准备和预期。

7. 过劳死虽然是处于本人自愿，但这种造成身心透支的心理动机仍然属于心理问题。

8. 树立符合实际的目标是心理健康的体现，这个实际是自我的实际和主观世界的实际。

9. 一个心理健康的人对外界发生的一切应持有正确的态度和行为，既不单枪匹马地进行"风车大战"，也不会与所有的时髦并肩前行。

## 推荐阅读

1. 连军. 企业基层管理职业能力培养实务 [M]. 北京：北京师范大学出版社，2020.

2. 程平. 应变力——人生应学会的 9 种应变能力 [M]. 北京：北京工业大学出版社，2012.

3. 王兴旺. 卓越中层管理：从基层到总经理的高效进阶法 [M]. 北京：中华工商联合出版社，2020.

4. 盖伊·黑尔. 领导者的优势：掌握思维突破点的 5 个技巧 [M]. 郭武文，译，北京：华夏出版社，2000.

## 思考题

1. 职业经理人基本管理能力都有哪些方面？如何建设这些能力？

2. 结合工作实际，如何运用创新思维？

3. 作为已经在岗位上的职业经理人，如何进行想象能力的自我培养？

4. 职业经理人如何进行压力管理？

# 第三十七章　职业经理人职业工作能力

## 学习目标

1. 了解职业经理人职业基本工作内容、特点和能力结构；

2. 掌握职业经理人实施领导活动的主要内容以及提升领导力的途径；

3. 了解决策的主要方法以及如何决策科学化和规范化；

4. 掌握组织设计和授权的方法；

5. 掌握工作部署的方法；

6. 掌握目标管理的理论和方法；

7. 掌握企业业绩管理的方法；

8. 掌握控制工作的原则和工作的方法；

9. 了解职业经理人信息能力的含义；

10. 了解如何推动企业创新。

## 第一节　职业基本工作能力概述

### 一、职业经理人职业基本工作内容

管理学家德鲁克指出：职业经理人的核心职责有五大工作任务。

（一）设定目标

如果缺乏目标，根本就无从管理，所以经理人务必要先进行"目标设定"，才能进行"有效管理"和"目标管理"。但是如果要实现"目标管理"，就必须要有"自我控制"，"自我控制"意味着更强烈的工作动机。为此，我们才要制定更远大的愿景与更高的绩效目标。什么是目标呢？目标不是命运，它是方向；目标不是命令，它是承诺；目标不是要决定未来，它们是要动员企业的资源，创造未来（引自《管理的实践》）。

将企业的使命转换成企业的目标，成为组织的行为，并且落实到每一个人身上。

（二）任务分派

按个人的长处授予责任，以便于任务的达成。

（三）激励与沟通

通过每周、每月、每季、每半年的沟通，并且通过自下而上的有效沟通后，管理者再自上而下地进行协助与激励，使部属能实现目标，完成任务。

（四）绩效评估

绩效评估的目的在于了解自己的长处，并且发掘机会，从而使员工的能力得以充分发挥，员工的使命得到充分体现。

（五）培育人才（包括经理人自己在内）

要培育人才除了正常培训，"自我学习、高度的自我评估"之外，更值得一提的是应当以"目标管理与自我控制及绩效评估"为经营的核心主轴，如同海尔集团创建的企业文化，它们的目标并不仅是营业目标的实现，而是人才的培育，尤其是经理人潜能的有效激发。

经理人需要善于贯彻执行国家法律法规和上级的决议决定。要将上级的精神和意图根据本部门实际制定行之有效的方案和计划贯彻下去，并做好全面的准备，取得良好的效果，包括行政、财务、人事、采购等审批流程，通过工作流程的信息化管理提高企业的效率。

职业经理人的日常工作事项包括：制定年度工作目标和年度计划；向下属分解部门工作目标，并帮助下属建立工作计划；制定部门政策；下属的绩效标准设定、评估和反馈，帮助下属提升和改进；审查日常和每周每月的生产、销售或工作报告。

## 二、职业经理人职业基本工作特点

在《"双百企业"推行职业经理人制度操作指引》中所称的职业经理人是指按照市场化选聘、契约化管理、差异化薪酬、市场化退出原则选聘和管理的，在充分授权范围内依靠专业的管理知识、技能和经验，实现企业经营目标的高级管理人员。

正是由于职业经理人的特殊内涵，决定了其具有以下三个方面的特点：

（一）专业化

职业经理人从本质上来说代表企业董事会履行职责，行使董事会赋予的权力，由董事会任免，对董事会负责。在管理企业的过程中，职业经理人凭借其专业化的知识和技能，努力实现企业的经营目标，并对企业的经营业绩负责，体现出其专业化的特征。

（二）强流动性

职业经理人是由现代企业制度所催生而形成的一个阶层，在职业经理人任职于不同企业的过程中，他们把自己的精力、时间、智力以及知识等资本投入企业的日常生产中，同时在这个过程中，职业经理人的能力又获得再一次的提升，增加了本身的人力资本。资本由具有天生的流动性，决定了职业经理人本身流动性就很强，所以职业经理人可以在不同的企业参加工作，实现价值升级。

（三）高市场化

在现代企业中，职业经理人扮演着非常重要的角色，他们能力的大小可以说直接决定了一个企业业绩的好坏。所以，企业要想在竞争激烈的市场中获取超额利润，培养或者引入优秀的职业经理人是非常关键的一步。因此，职业经理人的价值在市场规律的作用下，通过市场机制得以确认，作为市场上的一种价值资源，受市场这只"看不见的手"所支配，体现其高市场化的特征。

# 第二节　职业经理人职业基本工作能力体系结构

职业经理人工作能力体系主要由领导活动和管理活动两部分组成。

## 一、领导能力概述

（1）具有较强的决策能力。企业有技术专家构成的智慧群体，他们负责给企业提高建设性的方案，而经理人的职责就是从中进行选择，拍板决断。职业经理人掌握着企业的经营决策权，需要有抉择的魄力，通过科学的比较、全面的分析，进行权衡利弊得失，作出正确的决策。

（2）具有统领驾驭的能力。能用言传身教或凭借已有的业绩，在领导层和员工中不断增强感染力、凝聚力，坚定信念，引领前行。

（3）具有组织建设能力。在企业中能够按照企业发展规划设置部门、人员匹配，建立科学的、既无重叠又无空白的组织架构，完成系统的制度设计。要善于把企业的目标与人员的实际状况结合起来，统筹兼顾。正确处理各种关系，合理组织各方力量，恰当使用各类人才，实现最终目标，取得良好效果。

（4）具有领导人员配备的能力。需要跟不同的人打交道，要容忍不同类型的人，包括能力大小不同的人、性格特点不同的人、知识结构不同的人。要把这些不同的人合理地组合在一起，使企业形成一个生机勃勃、有活力的集体。

（5）具有变革创新的能力。为增强企业的可持续发展能力，职业经理人一项重要的任务就是审批企业的中长期发展战略规划。所以，职业经理人不能一味地墨守成规，必须敢于突破、敢于创新，以大无畏的精神，在旧有的基础上不断地推陈出新，闯出新道路，开辟新领域，促进事业的不断发展。

## 二、职业经理人领导能力的主要内容

（1）具有工作与信息分析能力。综合分析是信息处理的一种重要手段，通过对原始、分散的信息进行整理加工，使其成为系统的、有条理的信息，从而使原来基础性的信息由分散变成完整，由零碎变成系统，形成高度概括性的信息，从整体上反映某一方面的工作态势。工作与信息分析能力（工作性质、重要程度、资源状况、时间进度安排、目标等的分析）是经理人必备的职业能力。

（2）具有工作部署能力。工作部署能力就是工作的策划能力，对所掌握的信息资源的重组，将所掌握的信息进行归纳总结，对资源进行整合，有计划地规划时间和人力资源，带领团队完成目标。

（3）具有资源配置能力。任何项目的实施、市场的开发都需要各项资源充分提前科学配置。职业经理人需要根据企业规划组织好企业内外部各种资源，调配资源保证重点目标的实现。

（4）具备流程管理能力。企业运作不完全靠指挥，企业最基本的运作是靠制度化的业务管理流程。根据任务的重要程度和风险程度，建立相应的管理流程，设置节点管理的责任人，然后推动这些程序转起来，还要监督检查这些程序是否落实，让企业成为一个自动运转的生命体。

# 第三节　领导能力

## 一、领导力概述

### （一）什么是领导

美国管理学家孔茨、奥唐奈和韦里奇认为，领导是一种影响力，是对人们施加影响的艺术或过程，从而使人们情愿地、热心地为实现组织或群体的目标而努力。在这个定义中有三个要点：

（1）它揭示了领导的本质，即影响力。正是靠着影响力，领导者在组织或群体中实施领导行为；靠着影响力，领导者把组织或群体中的人吸引到他的周围来；靠着影响力，领导者获取组织或群体成员的信任；也正是靠着影响力，组织或群体中的成员心甘情愿地追随领导者。因此，拥有影响力的人才称得上是一位真正的领导者。

（2）这个定义明确指出了领导是一个过程，是对人们施加影响的过程；同时又提出，领导不只是一种过程，也是一种艺术。领导者面临千变万化的组织或群体的内外环境，特别是面对着各种各样的人。他们的身份不同，有着各种不同的教育、文化和经历背景，他们进入组织或群体的目的和需要各不相同，而且人们的需要、目的等都处在动态的变化之中。因此，对人的领导与其说是一种过程，不如说是一种艺术。越是高层次的领导行为，因其面对因素的复杂性和不确定性越大，其艺术的成分就越多。

（3）这个定义指出了领导的目的。领导是一项目的性非常强的行为，它的目的在于使人们情愿地、热心地为实现组织或群体的目标而努力。使人们情愿地而非无奈地、热情地而非勉强地为组织或群体的目标而努力，这体现了领导工作的水平，也是领导者追求的目标。在领导工作中，领导者是领导行为的主体，但千万不要把领导者与被领导者对立起来，实际上领导者与被领导者都是以对方的存在而存在的。在领导行为过程中，领导者当然要对被领导者施加影响，但此时被领导者也同样对领导者施加影响。因此，领导并不仅仅是单向的，即由领导者对被领导者发生影响。实际上，领导是一种双向的动态过程，即除了领导者通过指导、激励等影响被领导者，被领导也给领导者以信息来修正领导者的现在和未来的行动。人们的能力、感受与心态是不断演变的，领导者与被领导者的关系也必须不断修正，行动必须持续调节，因此领导是一种动态的过程。

（二）领导类型

1. 教练型领导

指导和培养员工熟悉职位职责，锻炼其进一步发展的工作能力。一位企业领导或部门管理者，带领着他的员工，每天在工作中，对他们进行培训与激励。他给他们布置工作任务，教他们去完成的方法，在他们遇到困难时给予激励并帮助他们。他对他们既有爱、有严，也有深深的期待。他期待的是他的员工能在工作中成长起来，成为企业甚至社会的栋梁；期待有一个优秀的工作团队，让员工充满激情而快乐地工作；期待着这个团队能取得令人称赞的业绩，为企业、为社会做出一份贡献。

2. 专家型领导

培养员工与自己一样拥有精湛的专业技术与自我管理能力。每一个领域都有自身的特点，都有自身的运转模式和客观规律。例如，水利工作和卫生工作、林业工作和税务工作、机关工作和乡村工作等都有着自己的术语，有着自己一整套的工作要求和模式。要在工作中作出科学决策，必须了解这些工作的特性和内涵，其发展趋势，做到心中有数，做到了如指掌，这是利于科学决策方面的原因。另外，专家型领导由于其科学决策带来的成效也会给其增添人气，获得下属的支持，获得组织的认可，从而更加有利于推动工作的开展，包括自身的发展。

3. 指令型领导

要求下属严格按照公司的规章制度和领导者下达的命令做事。领导者是通过下达命令来进行管理的，以命令、指示等方式告知下属做什么、如何做、何时以及到何地去完成任务。运用这种方式的领导者，还必须制定相应的纪律制度以及惩处的措施作为保障。一般来说，命令式的领导方式比较适用于纪律约束方面的、必须立即行动的领导活动。

4. 合作型领导

注重培养员工间和谐的人际关系，员工互相合作来一起实现组织目标。在一个多元化社会中，鼓励团体成员为了共同利益进行合作常常是领导者所面临的最大挑战。那些善于鼓励通过合作来解决企业内外部问题的领导者，通过鼓励各个团体召开讨论会，帮助他们达成一致意见。如果引导有方，合作努力是能够取得成功的。合作型领导一般具有较强的社会影响力，他们的权威基础来自不同团体和社区的认同。

5. 参与型领导

把自己当作员工的一员，以身作则，鼓励员工为了共同的愿景和价值观而奋斗。参与型领导同时注重下属参与管理的民主气氛的营造，组织员工参与决策和管理，从而增强员工的主人翁感，使员工更容易地把个人目标融合于组织目标之中，视达成组织目标为己任。

6. 授权型领导

敢于把事务交给下属，锻炼下属使之成为独当一面的将才。授权的目的是让下属充分发挥积极性与主观能动性，从而激励员工更加积极和全力地实现组织的目标。授权型领导力求通过建模和鼓励对工作任务和责任的自我领导战略、个人责任、个人首创性、自信、自我问题解决和心理自主来促进下属自我领导。

（三）领导力体系模型

领导力指在管辖的范围内充分地利用人力和客观条件在以最小的成本办成所需的事提高整个团体办事效率的能力，是一种能够激发团队成员热情和想象力的能力，也是一种能够统率团队去全力以赴完成目标的一种能力。因此，领导力体系模型包括以下基本构成。

学习力，构成的是领导人超速的成长能力；

决策力，是领导人高瞻远瞩能力的表现；

组织力，即领导人选贤任能的能力表现；

教导力，是领导人带队育人的能力；

执行力，表现为领导人的超常绩效；

感召力，更多的表现为领导人人心所向的能力。

## 二、职业经理人领导能力的主要内容

（一）建立组织和制度，制定组织任务和目标

建立组织和制度。建立统一领导、负责人亲自抓、分管负责人靠上抓的领导制度，建立健全的组织制度，将年度的工作进行细化、量化，层层分解，落实到每个人身上。建立制度化、科学化、规范化的运行轨道，各项的制度要落实，配备业务精、作风硬的工作人员，认真履行、协调、监督的职能。明确分工、明确任务、明确奖惩；负责全局工作的人员，要搞好总体决策、组织、指导的落实工作；领导小组的成员要负责职责范围内的工作，制定好任务和目标，在任务和目标中贯彻落实，每个人员担任自己所属的任务，让整个团队的人员发挥作用。

（二）建立核心领导班子，选聘核心领导人员

核心领导班子是一个单位的核心。班子的团结和谐、决策方向、领导作用好是带好一支队伍、做好工作的前提，因此选聘好核心领导人员非常重要。核心领导人员要将智慧和力量凝聚到事业上来，把心血和精力放在工作上，把个人的水平和能力体现在作为上，才能齐心协力对工作尽职尽责，也充分彰显领导班子的凝聚力、战斗力、影响力。

（三）组织重大事项决策

企业重大事项的决策直接影响到企业的发展，为了进一步提高企业科学决策、民主决策和依法决策的水平，防范企业法律风险，促进企业健康快速地发展，需要规范组织重大决策工作和事项，加大重大决策程序上的管理。在重大决策面前，要做好决策程序和方案，面对不同的决策事项，应采取切实有效的措施，依据决策的程序进行，保障决策目标零失误。比如，企业有重大发展战略、发展规划的程序：发展营销部拟文—分管的领导审查—提交企业董事会讨论审议—提交企业董事代表审议—发展营销部发文。

（四）把握组织运行和发展正确方向

如何更有效地让企业高效运行，主要取决于企业组织运行程序和成熟的组织结构。企业组织结构是进行企业流程运转、部门设置及职能规划等最基本的结构依据，常见组织结构形式包括集权、分权、直线以及矩阵式等。

企业的组织架构就是一种决策权的划分体系以及各部门的分工协作体系。组织架构需要根据企业总目标，把企业管理要素配置在一定的方位上，确定其活动条件，规定其活动范围，形成相对稳定的科学的管理体系。没有组织架构的企业将是一盘散沙，组织架构不合理会严重阻碍企业的正常运作，甚至导致企业经营的彻底失败。相反，适宜、高效的组织架构能够最大限度地释放企业的能量，使组织更好地发挥协同效应，

达到"1+1>2"的合理运营状态。

很多企业正承受着组织架构不合理所带来的损失与困惑。组织内部信息传导效率降低、失真严重；企业做出的决策低效甚至错误；组织部门设置臃肿；部门间责任划分不清，导致工作中互相推诿、互相掣肘；企业内耗严重等。要清除这些企业病，只有通过组织架构变革来实现。

## 三、职业经理人提高领导力的途径与方法

（一）学习培训，理论武装

领导者要自身的素质高，必须学会很好地整合内外部资源，抓住重点、实事求是地工作。领导者本身需要掌握一些知识和技能，在面对不同的环境时，可以快速地适应社会的发展，这些都需要领导者能够及时补充自己的学习，用理论知识去指导实践，这样才能在各种各样的人才中提升领导力。

（二）调查研究，聚焦问题

社会是伴随着问题而发展的，在社会发展的过程中，问题会不停地涌现。作为领导者，要关注问题，尤其是关注重大问题和热门问题，增强对其的观察力，领导者要想解决问题，必须跟随国家的方针政策，跟随社会的发展。

（三）集思广益，寻求共识

领导者为了能够让周围人都相信他能够很好地完成任务，要更好地倾听不同利益主体的需求，包括追随者和合作伙伴等。倾听是非常重要的，领导者在这个过程中，要表现出一种谦虚的态度，非常看重对方、尊重对方，这样就能够很好地适应对方，找到问题的不同解决方法，这样便可以制定有把握的决策，进而提升领导者自身的领导水平。

（四）团结协作，形成合力

领导者能力必须在具体的实践中才能得到发挥，在具体的情境中才能得到运用，领导者要处理好内外部的关系，使组织的内部井井有条、外部浑然一体，在这个过程中：首先，要协调好内部人员和外聘人员之间的关系。对他们强调组织整体目标的一致性，加强他们的沟通联系，加强信息的反馈，这就要求领导者提升自己的凝聚力。其次，要协调好本组织和其他组织的关系。事物发展是出于一个相互联系的过程中，结合发展，必须要加强组织内部、组织与其他组织之间的关系，处理好组织不同主体之间的利益关系，和谐发展。最后，协调好组织内部环境和外部环境之间的关系。组织的内部环境主要指整个社会环境。组织环境的发展，需要组织文化的引导。

（五）创新变革，消除阻力

创新变革是一个企业领导者必备的素质和能力，需要立足于现在社会的发展中，

选拔优秀的人才，有规划未来的能力，可以组织整个团队保持激情的斗志和坚定的方向。价值观其实就是对组织长期的坚守，影响组织的行为，判断是非对错的信念。

## 第四节　决策能力

### 一、决策与决策能力

（一）决策能力概述

1. 决策能力的定义

决策能力是决策者所具有的参与决策活动、进行方案选择的技能和本领。能力是在人的生理素质的基础上，经过后天教育和培养，在实践活动中逐步形成和增强的，是人的智慧、经验和知识的综合体现。决策能力是一个多层面的能力体系，它主要包括三类：①基本能力。它是进行决策活动应具备的技能和本领，像人的正常体力、学习能力、思维能力、认识能力、语言表达能力就属这一类。②专业能力。它是使决策工作能达到预定目的、取得一定成效而需要的技能和本领，像决断能力、分析能力、综合能力、判断能力、组织能力、指挥能力、控制能力、自检能力就属这一类。③特殊能力。它是使决策具有创造性、产生极大成效所需要的不同寻常的技能和本领，像逻辑判断能力、创新能力、优化能力、灵活应变能力、人际交往能力就属这一类。决策能力除了有类的区分外，还有量的差别。

2. 决策能力体系构成

（1）开放的提炼能力。开放的提炼能力是指企业经营管理人才能以开放的态度，准确和迅速地提炼出解决问题的各种方案的能力。包括两个基本要素：第一，企业经营管理人才要以开放和包容的思想及态度获取尽可能广泛的决策方案，特别是不要局限于传统的解决办法之中，要善于"借外脑"来帮助判定决策方案。第二，对各种决策方案进行提炼，以把握各种方案的本质和核心，正确地评估每个方案的条件及效果，分析各个方案实施的可能性。

（2）准确的预测能力。决策与预测是密不可分的，企业经营管理人才要具备卓越的决策能力，应具备准确的预测能力。预测是决策的基础，决策是预测的延续，正确的决策必须要有准确的预测，如果没有准确的预测，将会导致决策失误。预测的目的是为企业的决策提供准确的资料、信息和数据，在正确预测的基础上，选择符合企业发展的满意方案。

（3）准确的决断能力。企业经营管理人才要能从众多的决策方案中选取满意方案的能力，以及危急时刻或紧要关头当机立断的决断能力。这种能力是经营管理人才进行科学决策的关键能力，误选、漏选会使企业造成重大损失或使企业与成功失之交臂。对此，企业经营管理人才必须把握以下几个主要标准：①所取方案实施的条件要具备。若条件不具备，则要弄清获得该条件的代价是什么。②所取方案要与企业的宗旨和决策目标相符。若不符则不可取。③所取方案是要能被决策方案的受益人及相关利益人所接受。④所取方案要能被决策方案的执行者所接受。好的决策方案只有执行和实施后才能达到最终目的，因此要注意决策方案的可接受性。⑤正确评估决策方案的风险。有些企业经营管理人才在选取决策方案时只看到"乐观"的一面，而没有考虑环境的可能变化，这种"乐观"情绪往往会给企业造成重大损失。

（二）决策理论

1. 古典决策理论

其又称规范决策理论，是基于"经济人"的假设提出来的，主要盛行于20世纪50年代以前。古典决策理论认为，应该从经济的角度来看待决策问题，即决策的目的在于为组织获取最大的经济利益。

古典决策理论的主要内容是：

（1）决策者必须全面掌握有关决策环境的信息情报。

（2）决策者要充分了解有关备选方案的情况。

（3）决策者应建立一个合理的自上而下的执行命令的组织体系。

（4）决策者进行决策的最终目的都是使本组织获取最大的经济利益。

古典决策理论假设，作为决策者的管理者是完全理性的，决策环境条件的稳定与否是可以被改变的，在决策者充分了解有关信息情报的情况下，是完全可以作出完成组织目标的最佳决策的。古典决策理论忽视了非经济因素在决策中的作用，这种理论不一定能指导实际的决策活动，从而逐渐被更为全面的行为决策理论代替。

2. 行为决策理论

行为决策理论的发展始于20世纪50年代。对古典决策理论的"经济人"假设发难的第一人是赫伯特·A. 西蒙，他在《管理行为》一书中指出，理性的和经济的标准都无法确切地说明管理的决策过程，进而提出"有限理性"标准和"满意度"原则。其他学者对决策者行为作了进一步的研究，他们在研究中发现，影响决策者进行决策的不仅有经济因素，还有其个人的行为表现，如态度、情感、经验和动机等。

行为决策理论的主要内容是：

（1）人的理性介于完全理性和非理性之间，即人是有限理性的，这是因为在高度不确定和极其复杂的现实决策环境中，人的知识、想象力和计算力是有限的。

（2）决策者在识别和发现问题中容易受知觉上偏差的影响，而在对未来的状况作出判断时，直觉的运用往往多于逻辑分析方法的运用。所谓知觉上的偏差，是指由于认知能力的有限，决策者仅把问题的部分信息当作认知对象。

（3）由于受决策时间和可利用资源的限制，决策者即使充分了解和掌握了有关决策环境的信息情报，也只能做到尽量了解各种备选方案的情况，而不可能做到全部了解，决策者选择的理性是相对的。

（4）在风险型决策中，与经济利益的考虑相比，决策者对待风险的态度起着更为重要的作用。决策者往往厌恶风险，倾向于接受风险较小的方案，尽管风险较大的方案可能带来较为可观的收益。

（5）决策者在决策中往往只求满意的结果，而不愿费力寻求最佳方案。导致这一现象的原因有多种：①决策者不注意发挥自己和别人继续进行研究的积极性，只满足于在现有的可行方案中进行选择。②决策者本身缺乏有关能力，在有些情况下，决策者出于个人某些因素的考虑而作出自己的选择。③评估所有的方案并选择其中的最佳方案，需要花费大量的时间和金钱，这可能得不偿失。④行为决策理论抨击了把决策视为定量方法和固定步骤的片面性，主张把决策视为一种文化现象。⑤决策不能只遵守一种固定的程序，应根据组织内外环境的变化进行适时的调整和补充。

## 二、决策的方法

（一）集体决策方法

头脑风暴法：是比较常用的决策方法。创始人：英国心理学家亚历克斯·奥斯本。将对解决某一问题有兴趣的人集合在一起，在完全不受约束的条件下，敞开思路、畅所欲言。

名义小组技术：召集一些有知识的人，把要解决的问题的关键内容告诉他们，并请他们独立思考，要求每个人把自己的备选方案和意见写下来，然后按顺序陈述意见，再对所有方案进行投票。

德尔菲技术：这种方法是采用匿名的方式，通过几轮函询征求专家的意见，组织预测小组对每一轮的意见进行汇总整理后，作为参考再发给各位专家，供他们分析判断来提出新的论证。在经过几轮反复后，专家意见趋于一致，最后就供决策者进行最后的决策。

（二）活动方向的决策方法

经营单位组合分析法。美国波士顿公司提出 BCG 矩阵：横轴代表市场份额；纵轴代表预计的市场增长。现金牛：低增长，高市场份额。明星：高增长，高市场份额。问号：高增长，低市场份额。瘦狗：低增长，低市场份额。

BCG 假定：累积学习曲线。如果公司能够适当地生产产品和管理生产过程，则产品生产量积累的每一个最佳值，都会带来可预计的单位产品成本的下降。

（三）活动方案的决策方法

确定型决策方法：在比较和选择活动方案时，如果未来情况只有一种并为管理者所知，则须采取确定型决策方法。例如：线性规划和量本利分析。

风险型决策方法：决策树法。

## 三、决策的科学化与规范化

（一）决策的科学化

（1）加强学习，努力提升理论素养。看问题、拿主意触不到"点子"上，直接影响到决策的科学性。要提高科学决策能力，必须切实加强学习，把不断提升理论思维能力和政策水平作为提高科学决策水平的强有力武器。

（2）健全重大事项集体决策制度。一个领导班子，只有充分发扬民主、集思广益，才能弥补个体经验和知识的不足，为科学决策提供保证。在集体决策过程中，从确定决策目标，搜集信息资料，进行多种预测，选择比较方案，直到最后优选方案，都要严格按程序办事。

（3）完善调查研究制度。调查研究的质量直接影响决策的水平，要把决策前的调查研究纳入决策程序，坚持先调研后决策，所有决策性调研都要形成书面调研报告。对于重大决策，主要领导者要亲自参加调查研究，摸清情况，掌握好第一手资料。同时，建立调研工作联席会议制度，统一思想，整合力量，共同搞好调查研究，形成科学合理的决策意见和方案。

（4）建立专家咨询和评估制度。要推进决策科学化民主化，需要领导者召集相关专家和社会贤士，组成决策所需要的"智囊团""人才库"，建立专家咨询和评估制度。为避免决策失误，对重大工程项目、涉及群众切身利益的项目，要组织专家深入调查研究，进行论证和评估，充分吸纳专家的意见和建议，为决策提供充分的科学依据。

（二）决策的规范化

按科学程序决策是决策科学化的重要特征之一。决策应按照一定程序，指先作什么、后作什么，按照一定的章法、步骤办事，使思维或行为规范化、条理化。一个健全的决策程序应该是一个科学的系统，每一步都有科学的含义和内容，相互间又有有机联系，并且为了使每一步骤规范化、科学化，还必须有一套科学的方法技术予以保证。决策程序是一个提出问题、分析问题、解决问题遵循科学完整的动态过程。决策程序包括四个基本步骤：

（1）提出问题，确定目标。

（2）拟定具体实施条件、能保证决策目标实现的可行方案。

（3）分析评估，方案择优。

（4）慎重实施，反馈调节。

# 第五节　组织协调能力

## 一、组织协调与组织协调能力

（一）组织协调概述

所谓组织协调，就是根据组织目标对资源进行分配，同时控制、激励和协调群体活动，使之相互融合，从而实现组织目标的过程。组织协调能力就是指根据工作任务，对资源进行分配，同时控制、激励和协调群体活动过程，使之相互融合，从而实现组织目标的能力。一般认为，组织协调能力主要包括：组织能力、授权能力、冲突处理能力、激励下属能力。

由于许多企业的管理是多层次、多结构的，在经营上都有经营决策层、管理层和执行层。各层次之间的纵向和横向关系十分密切，而且比较复杂。因为各层次、各部门、各岗位以及各工作人员都有各自的职责要求，有时会出现不协调甚至发生冲突的现象。要使其步调一致达到高效率运转，就必须及时、有效地进行协调。

（二）组织协调的类型

组织协调工作可以划分为纵向协调和横向协调两大类。

1. 纵向协调

纵向协调是指对组织内不同管理层次的职权、职能所进行的协调。由于纵向协调是在上下级之间进行的，可以借助权威进行，协调较为容易。主要注意以下四点：

（1）维护统一指挥，即职权的设计与协调应保证行政命令和生产经营指挥的集中统一。按照这一原则，应采取三项协调措施：一是明确直线部门负责人对本部门工作拥有的决定权；二是把职能职权配置到关键的活动环节；三是将职能职权尽可能地集中在关系最为接近的机构，即尽量不越级管理。

（2）保证权责一致，即要保证各级部门及其主管人员的职责和权力相对应，有多大的责任，就要有多大的权力。因此，应保证三权（决策权、指挥权、用人权）统一并正确处理各层次权责的配置关系。

（3）保证职权的稳定性和确定性。这就要做到以下三点：一是全面、具体，即将各部门及主管人员负责的每一项业务活动的职权都做出明确的规定，任务和目标具体；二是科学确切，即用科学、确切的语言，把规定的各项职权表述出来，界定清晰，形成"职务说明书"，使人一目了然，理解准确；三是以书面形式明文规定，形成完整的组织手册，避免主观随意性。

（4）保证参谋机构的参与性。在企业组织中，参谋机构容易出现两种倾向：一是越权管理，直接向下级组织发号施令，造成多头指挥；二是形同虚设，参谋工作可有可无。对此，应在协调中采取：一是对参谋职权做出明确规定；二是实行强制参谋制度，直线指挥人员在制定决策和计划之前及实施过程中，必须听取参谋机构的意见和建议；三是授予参谋机构越级报告权。

2. 横向协调

横向协调是指对组织结构中相同管理层次，不同业务部门之间的职权、职能所进行的协调。影响组织横向协调的因素主要有：

（1）组织结构因素，即组织结构不完善，机构设置、职权关系等存在缺陷，妨碍了正常的横向关系。

（2）组织运行因素，即组织的动态工作过程有缺陷，如工作流程不科学、管理标准不合理等。

（3）人际关系因素，即人际关系不和谐，如互相存在成见和误解等。

针对以上影响横向协调的三类因素，加强横向协调的方式主要有：

（1）制度性方式，即通过改变、完善组织运行的规则与形式，实现各种管理的科学化与合理化。其主要包括：管理工作标准化制度、例会制度、工序服从制度、跨部门直接沟通、联合办公和现场调查。

（2）结构性方式，即在组织结构设置出现缺陷时采取的协调方法主要有：设置联络员、组织临时性的任务小组或委员会、建立永久性的任务小组或委员会、设立专职协调部门、建立职能部门。

（3）人际关系方式，即针对人际关系存在的问题和矛盾导致的协调问题而采取的办法。主要有：合署办公、职工联谊组织、建立基层管理运营组织、建立走访制度。

## 二、组织设计与运行机制

（一）组织功能设计

1. 组织功能及其设计

组织功能就是为了实现组织应该干什么，组织功能设计就是以组织的战略为基础，规范组织所要做的事。从不同的角度，可以对组织功能进行不同的分类（见表37-1）。

表 37-1　组织功能分类

| 分类方法 | 组织功能 |
|---|---|
| 管理范围和权限 | 经营功能和生产功能 |
| 管理层次 | 决策功能、管理功能和作业功能 |
| 管理过程 | 决策功能、计划功能、指挥功能、协调功能、控制功能、监督功能和反馈功能 |
| 管理专业分工 | 生产管理、技术管理、供销管理、劳动人事管理、财务管理等 |
| 业务性质 | 专业功能、综合功能和服务功能 |
| 战略地位 | 关键功能和非关键功能 |
| 制定和落实经营决策的作用 | 决策功能、执行功能和监督保证功能 |
| 对业务活动的权限 | 直线功能、参谋功能 |
| 可操作性 | 一级功能、二级功能、三级功能和作业 |
| 功能主体 | 单位功能和岗位功能 |

2. 组织功能设计程序及方法

（1）由抽象到具体的方法。由抽象到具体就是从组织战略目标出发，推导出组织功能，它的基本步骤有三步：基本功能设计、关键功能设计和功能分解。这种方法由于是从组织目标出发，也称为从上到下的方法。

第一步，基本功能设计。就是找出国内、国外较先进的同类作为参考系，然后根据组织设计的有关变量因素，如环境、战略、技术、规模等特点加以调整，确定本企业应具备的基本功能。

第二步，关键功能设计。根据企业战略，在众多的基本功能中找出一两个对实现企业战略起关键作用的功能，以便在功能结构设计中突出关键功能的作用，把它置于企业组织框架的中心地位，以保证企业强有力地发挥关键功能对实现企业战略的促进作用。

第三步，功能分解。将确定的基本功能和关键功能逐步地细化为二级功能、三级功能等，从而为各个管理层次、部门和岗位规定相应的功能。

（2）由具体到抽象的方法。由具体到抽象就是从岗位作业出发，对岗位作业进行整理，归纳出岗位功能，对岗位功能进行合并同类项，归纳出各层次的组织功能。这一方法分为以下三个步骤：

第一步，岗位作业描述。以现行岗位进行调查，然后对岗位作业进行描述，确定每个岗位在做什么事。

第二步，合并同类项。将每个岗位的作业进行合并同类项，得出三级功能，将三级功能再进行合并同类项，得出二级功能，将二级功能进行合并同类项，得出一级功能。

第三步，功能作业审视。从组织战略出发，对各级功能进行审视，以确定功能的合理性和恰当性。在此基础上，对岗位作业进行审视，以确定岗位作业的合理性和恰当性。

（二）组织任务与运行机制

1. 组织任务

组织任务指的是该组织（作为一个子系统）在社会（大系统）中所起的作用、承担的义务。组织任务体现了组织的根本目的，它既是反映外界社会对本组织的要求，又体现着组织的创办者或高层领导人的追求和抱负。

组织任务的首要内容是确认向社会提供何种服务、承担何种任务，即确定组织的业务活动范围。组织的生存、发展是以执行其任务为前提。保证组织内部成员对组织的主要任务取得认识上的一致，形成共同语言以致共同的价值观，便于协同行动，同时也为资源的取得、调配、使用（投入）以及业绩的取得（产出）提供依据及衡量标准，更便于吸引志同道合的人才。

2. 组织运行机制

任何一个组织，单有一个良好的结构设计是不够的，还须有一套系统的运行机制来保证原定的组织目标得到顺利实现。组织结构要由运行机制来强化，蕴藏于组织结构框架之中的运行机制则赋予组织机构体系以内容和活力。组织运行机制的核心就是组织运行过程中的集权、分权和授权。

3. 集权、分权和授权

（1）集权和分权。集权和分权是组织层级化设计中的两种相反的权力分配方式。集权是指决策指挥权在组织层级系统中较高层次上的集中，也就是说，下级部门和机构只能依据上级的决定、命令和指示办事，一切行动必须服从上级指挥。

分权是指决策指挥权在组织层级系统中较低管理层级上的分散，下级组织机构和部门负责人可以充分行使这些权力，支配组织的某些资源，并在其工作职责范围内自主地解决某些问题。一个组织内部要实行专业化分工，就必须分权。

集权和分权是一个相对的概念。绝对的集权意味着组织中的全部权力集中在一个主管手中，组织活动的所有决策均由主管做出，主管直接面对所有的命令执行者，中间没有任何管理人员，也没有任何中层管理机构。这在现代社会经济组织中几乎是不可能的，也是做不到的。绝对的分权则意味着将全部权力分散下放到各个管理部门中，甚至分散至各个执行、操作层，这时主管的职位就是多余的，一个统一的组织也不复存在。因此，将集权和分权有效地结合起来是组织存在的基本条件，也是组织既保持目标统一性又具有柔性、灵活性的基本要求。戴尔曾提出判断一个组织分权的程度须具备四条标准：

1）较低的管理层次做出的决策数量越多，分权程度就越大。

2）较低的管理层次担任的决策重要性越大，分权程度就越大。

3）较低的管理层次担任的决策影响面越大，分权程度就越大。

4）较低的管理层次所作的决策审核越少，分权程度就越大。在根本不需要审核决策的情况下，则分权程度最大。若做出决策后还必须上报上级领导，则分权程度就较小。如果在决策之前必须请示上级领导，则分权程度就越小。

（2）影响分权的因素。在组织层级化设计中，影响组织分权程度的主要因素有：

1）组织规模的大小。组织规模增大，管理的层级和部门数量就会增多，信息的传递速度和准确性就会降低，因此当组织规模扩大之后，组织需要及时分权。

2）政策的统一性。如果组织内部各个方面的政策是统一的，集权最容易达到管理目标的一致性。然而，一个组织所面临的环境是复杂多变的，为了灵活应对这种局面，组织必须分权，在不同的阶段、不同的场合采取不同的政策，这虽然会破坏组织政策的统一性，却可能有利于激发下属的工作热情和创新精神。

3）员工的数量和基本素质。如果员工的数量和基本素质能够保证组织任务的完成，组织可以更多地分权；组织如果缺乏足够受过良好训练的管理人员，其基本素质不能符合分权式管理的基本要求，分权将会受到很大的限制。

4）组织的可控性。组织中各个部门的工作性质大多不同，有些关键的职能部门，如财务会计等部门往往需要相对的集权，而有些业务部门，如研发、市场营销等部门，或者是区域性部门却需要相对的分权。

5）组织所处的成长阶段。在组织成长的初始阶段，为了有效管理和控制组织的运行，组织往往采取集权的管理方式，随着组织的成长，管理的复杂性逐渐增强，组织分权的压力也就比较大，管理者对权力的偏好就会减弱。

（3）分权与授权。权力的分散可以通过两个途径来实现：组织设计中的权力分配（制度分权）与主管人员在工作中的授权。

制度分权，是在组织设计时考虑到组织规模和组织活动的特征，在职务和部门设计的基础上，根据各管理岗位工作任务的要求，规定必要的职责和权限。授权则是担任一定管理职务的领导者在实际工作中，为充分利用专门人才的知识和技能，或出现新增业务的情况下，将部分解决问题、处理新增业务的权力委任给某个或某些下属。

制度分权与授权的含义不同，决定了它们具有以下区别：

1）制度分权是在详细分析、认真论证的基础上进行的，因此具有一定的必然性；工作中的授权往往与管理者个人的能力和精力、下属的特长、业务发展情况相联系，因此具有很大的随机性。

2）制度分权是将权力分配给某个职位，因此权力的性质、应用范围和程度的确定，需符合整个组织结构的要求；授权是将权力委任给某个下属，因此委任何种权力，委任后应做何种控制，不仅要考虑工作的要求，而且要考虑下属的工作能力。

3）制度分权是相对稳定的。如果调整某个管理职位的权力，不仅影响该职位或部门，而且会影响与其他部门的关系。除非整个组织结构重新调整，否则制度分权不会收回。相反，授权是主管将自己职务所拥有的权限，因某项具体工作的需要而委任给某个下属，这种委任可以是长期的，也可以是临时的。

4）制度分权主要是一条组织工作的原则，以及在此原则指导下组织设计中的纵向分工；授权则主要是领导者在管理工作中的一种领导艺术，一种调动下属积极性、充分发挥下属作用的方法。

制度分权与授权是互相补充的：组织设计中难以详细规定每项职权的运用，难以预料每个管理岗位上工作人员的能力，同时也难以预测每个管理部门可能出现的新问题，因此需要各层次领导者在工作中的授权来补充。

授权者必须明确：

第一，确定哪些任务最适合授权，既从自身的工作责任考虑，也应兼顾组织利益。

第二，慎重选择被授予权力的下属人选，要充分考虑该代理人的能力和个人素质。

第三，对代理人所承担的义务以及所拥有的权限进行明确的说明，并确保下放的权力和代理人所承担的责任完全相称。

第四，只要确定了代理人有能力完成指派给他的任务，就要允许他自主地完成此项工作，干涉要尽可能少。同时，代理人承担的责任应当能够使其增强信心和发挥潜力。

第五，要确保建立某种形式的检查制度以保证代理人有效地工作。授权行为并未免除授权者对委派工作所承担的责任，采用什么样的检查形式取决于代理人的地位。在较低的管理层次上，公开检查不仅是最简便的方式，也是所期望的形式。然而，越接近最高管理层，越需要暗中进行检查，也可以采取报告的形式。

（三）职权

1. 职权的概念

职权是指设计中赋予某一管理职位做出决策、发布命令和希望命令得到执行而进行奖惩的权力。职权与组织内的一定职位相关，而与占据这个职位的人无关，所以它通常也被称作制度权或法定权力。

职权是一种制度化的权力，它是上级正式授予的，源于上级的委任，与其他权力相比它具有以下特征：

（1）它是职位产生的权力，具有相应的职责和义务。

（2）它是一种合理合法的权力，职权是由制度或法律所赋予的，所以有人称职权是"正式的权力"。

（3）拥有奖罚权利以维护权力的有效性。

2. 职权的分类

职权分为三种形式：直线职权、参谋职权和职能职权。

（1）直线职权。直线职权是直线人员所拥有的包括发布命令及执行决策等的权力，也就是通常所说的指挥权。这种职权由组织的顶端开始，延伸向下至最低层，形成所谓的指挥链。在指挥链上，拥有直线职权的管理者有权领导和指挥其下属工作。显然，每一管理层的主管人员都应具有这种职权，只不过每一管理层级的功能不同，其职权的大小及范围各有不同而已。

（2）参谋职权。当组织规模逐渐增大且日渐复杂时，直线主管将发现他们在时间、技术知识、精力、能力和资源等各个方面都不足以圆满完成任务，这就必须创造出参谋职权，以支持和弥补直线主管在能力方面的缺陷和障碍。所谓参谋职权，是指参谋所拥有的辅助性职权。参谋的种类有个人与专业之分，前者即参谋人员，他是直线人员的咨询人，协助直线人员执行职责；专业参谋通常是一个单独的组织或部门，就是一般的"智囊团"。需要说明的是，参谋和直线之间的界限有时是模糊的。作为一名主管人员，他既可以是直线人员，又可以是参谋人员，这取决于他所起的作用及行使的职权。当他处在自己所领导的部门中，他行使直线职权；当他同上级或别的部门打交道时，他又成为参谋人员。

（3）职能职权。职能职权是指参谋人员或某部门的主管人员所拥有的原属直线主管的那部分权力。为了改善和提高管理效率，主管人员就可能将职权关系作某些变动，把一部分原属自己的直线职权授予参谋人员或某个部门的主管人员，这便产生了职能职权。

需要指出的是，一个人获取权力的同时就必须担负起责任，这种责任就叫作职责。职责与职权是有区别的。职权是一种权力，其合法性来自组织中的职位，职权需要围绕工作而展开。另外，职权意味着下属必须完成被指派的任务，而职责则意味着下属所完成的任务必须能符合上级所规定的标准。因此，权责必须一致，权责必须分明。有职权而无职责必然会导致职权的滥用，有职责而无职权也必然会导致执行者无所适从。

## 三、人岗与任务及其任务间的匹配

### （一）人岗匹配的含义

人岗匹配包含两个方面的含义：一是指某个人的能力完全胜任该岗位的要求，即所谓人得其职；二是指这个人完全具备岗位所要求的能力，即所谓职得其人。人岗匹配原则是指应尽可能使人的能力与岗位要求的能力达成匹配。这种匹配包含着"恰好"

的意思。

"匹配"比"个体优秀"更重要。有的人个人能力很强，但放到某个环境中不但个体不能发挥其能力，且整体的战斗力还会被削弱；有的人能力一般，但放到一个适宜的环境中，工作却很出色，团队的协作能力也加强了，整体效益达到最优。因此，人岗匹配原则作为招聘的黄金法则，录用的人是不是最好不重要，重要的是最匹配。

（二）人岗匹配的实现途径

1. 结合企业实际认真进行工作岗位分析

"人岗匹配"的起点应该是设岗、知岗。知岗，即根据企业的实际经营情况对某项工作进行研究和分析的程序，在分析岗位的基础上再按岗位工作的流程以及内容进行工作描述，从而界定出具体的岗位职责。

工作分析的技术方法有很多，如职位分析问卷法、任务清单法和关键事件法等。通过系统地评价工作环境，描述出岗位职责并提炼出岗位需求对象的能力素质特征。岗位职责主要用该岗位所需完成的工作任务来具体描述，每一项任务的描述都应包含该岗位所需完成的工作是什么、每项工作的对象是什么、每项工作所期望的最终结果是什么、干好每项工作所需配备并熟练使用的工具和设备是什么，然后从任务描述中提炼出胜任岗位所需的专业知识、专业技能、工作技能等个体特征，它主要包括知识、技能、专长及人格特质等，个体特征表明一个人可以且适合做的事情，它表述的是才能的适用性。因为每一个岗位所需个体特征的结构存在着差异，所以没有人能胜任所有的工作，在实际工作中应针对每一个不同的岗位明确指出它需求的个体特征及个体特征中各因素的权重，并按照各个岗位的特征选聘合适的员工。

2. 结合岗位要求分析准确选聘符合岗位要求的员工

岗位胜任能力是全面考核人的素质是否与岗位相匹配的原则，所以需要确定胜任能力标准。在岗位描述以及胜任能力模型等工作的基础上还应当使用无领导小组讨论、文件筐测验、结构化面试以及心理测评四种工具来测量竞聘者与岗位能力的匹配度。通过人机测评、情景模拟、结构化面试等评价技术的综合应用，对照胜任能力标准，对竞聘者的知识水平、能力结构、工作技能、性格特征、职业倾向、发展潜能进行逐项测量和评价，并参考心理测评结果、以往业绩表现等，综合测定应聘者能力特征与岗位胜任能力标准的匹配度。

3. 知人善任，人尽其才

每个人都有自己的特点和优势，知人善任即针对下属的不同特点安排他们从事适合他们的事情，达到事半功倍的效果，这样不仅能够发挥他们的工作潜能，还能实现人才的最佳利用。管理者应善于识人，并把人才放在合适的位置上。因此，管理者在用人的时候，应该多一些理性，少一些感性；增强人尽其才的意识，避免大材小用的虚荣。管理者应以每个员工的专长为出发点，安排恰当的岗位，并在工作中依照员工的实际表现，机动地做好互补性调整。

4. 建立有效的岗位激励机制，充分实现人岗匹配

员工具备岗位职责所要求的个性特征是实现"人岗匹配"的必要不充分条件，管理者在实际的工作当中通常最为关注的是行为特征。行为特征主要包括员工实际工作的努力程度、完成工作的认真程度以及开展工作时的投入时间等，也就是工作热情，需要通过有效的激励机制，做到报酬量与岗位贡献相匹配，力求分配公平，报酬的形式与员工的偏好相匹配，才能最大限度地激发员工的工作热情。

（三）人岗匹配的动态调整

随着人岗匹配工作的开展，人与工作、人与人都处在变化和发展之中，人与工作、人与人之间的关系就经历着不适应—适应—再不适应—再适应的循环往复的过程。因此，在实现人岗匹配的过程中，应保持动态稳定，可以采取以下原理：

（1）互补原理。人作为一个个体，没有十全十美的，都会有自己的特长以及优势，也有自己不足的地方。我们的日常工作都是通过一个群体组织来完成的，因此作为群体，具有各种特长的人，通过群体完全可以达到取长补短的整体优势以完成组织的目标，这就是互补的原理。互补的内容主要包括知识、能力、性格、年龄以及关系等各方面的互补。

（2）公平竞争原理。公平竞争是指竞争者各方以同样的起点、用同样的规则，公正地进行考核和奖惩。运用公平竞争原理，就是要坚持公平竞争、适度竞争和良性竞争三项原则。在人岗匹配实现工程中引进竞争机制，可以较好地解决奖勤罚懒、用人所长等问题，维持好"人岗匹配"的动态稳定。

## 四、提高组织协调能力的方法和途径

从一定意义上讲，管理的水平就是协调的水平，领导的艺术就是协调的艺术。职业经理人的组织协调能力是在组织结构设计、组织权责配置基础上，协调各方诉求，实现组织目标，其不但体现了科学规范的一面，而且体现了灵活、人性化的艺术性的一面。

（一）明确组织目标与任务

明确组织的目标，这是协调的初衷、出发点。进一步来说，组织目标要具体化、要量化。对于企业而言，一个时期的战略目标必须是明确、具体的；对于一个团队来说，行动的目标也必须是明确的、具体的，只有这样，才能让全体成员明确下一步努力的方向，才能对全体成员产生巨大的激励作用。有了明确、具体的目标，不管具体到哪一个阶段，也不管在实现目标的进程中遇到什么意外的情况或问题，都能使企业

或者团队成员调查自己的工作任务和努力程度，保证其始终朝着既定的目标前进。

（二）善于授权与分权

合理的分工便于协调，明确岗位，实行岗位责任制，做到各就各位、各司其职、各负其责。分权授权要合理，保证授权部门和下属能够在接受的范围内充分开展工作。分权是组织最高管理者的职责，授权则是各个层次的管理者都应掌握的一门艺术。分权是授权的基础，授权以分权为前提。分权与授权的方向有两个：一是将权利授分于岗位，二是将权利授分于人。前者是基于制度、流程、规则、岗位职责等来具体体现，可靠性高，更便于日常管理。后者需要授权者、被授权者个人的智慧、能力、品德、性格、态度等来进行保障。管理者在授权时，必须对自己职位职责有一个明确确定，按照责任大小把工作分类排队，自己只做最重要的工作就行了，其他的都可以授权。根据员工能力大小和知识水平高低进行适当授权，是授权得以成功的关键。

（三）突出重点，统筹兼顾

管理者要把工作的重心放在对全局有决定性意义的问题和工作上，要重点突出，同时也要把全局作为考虑问题、分析问题和解决问题的出发点和归宿，要统筹兼顾、全面安排，照顾到各个局部，使各个局部有机地协调起来，要注意研究事物的结构，通过优化结构提高全局的整体功能。无论什么时候、面对什么样复杂的具体工作都要心中有全局，全面安排，统筹兼顾，不能以偏概全、顾此失彼。还有在全面安排、统筹兼顾的同时，要突出重点，善于解决主要矛盾，更要兼顾集体和职工的个人利益。要正确处理国家、集体、个人三者利益，提倡大局观念。

（四）及时化解矛盾与冲突

化解矛盾与冲突的目标是寻找解决方法，而不是指责某一个人。指责即使是正确的，也会使对方起戒心，结果反而使他们不肯妥协。

不要轻易动用解聘手段，避免激化矛盾。这种解雇的威胁只会妨碍调解，即使没有付诸实施，也会就此失去信用，下属再也不会认真对待你的要求。

要注意区别事实与假设，不要预设假设。消除任何感情因素，集中精力进行研究、深入调查、发现事实，这有助于找到冲突的根源，而能否找到冲突的根源是解决冲突的关键。

坚持客观的态度，尊重当事各方。倾听冲突双方的意见。最好的办法也许是让冲突的双方解决问题，而你扮演调停者的角色。不管采用什么方式，应该让双方明白：矛盾总会得到解决。

搁置矛盾冲突，先以实现团队目标为前提。这样虽然不以解决冲突根源为最终目的，往往有其临时性，治标不治本。作为团队领导，在暂时解决冲突完成任务之后，尽快争取各方谅解，检视导致冲突出现的原因背后可能揭示的企业深层次的管理问题，采用系统的解决办法，清除隐患。

（五）建章立制，激励与处罚并重

企业领导协调的重要手段和工作方法之一是加强规范化管理。制定并完善各种岗位规范责任制，使各项工作有章可循、约定俗成，这是企业管理工作有机配合、协调运转的重要保证。在制度内容的设计上既要考虑内外各种因素的调和，并与时俱进适时调整。还要考虑制度之间的内在关联，归类准确，不重复。管理程序和工作程序要清晰明了，避免多头指挥、越级指挥和越级汇报。采取奖惩并重的原则来开展工作，是对企业员工是否偏离组织目标的行为或思想的明示和纠正，发生问题时实施惩戒有据可循。

# 案例 37-1　知人善任

三年前，某计算机公司录用两名计算机专业刚刚毕业的大学生张强和李明。公司人事经理决定让他们从事市场营销工作。虽然两个人都愿意从事该项工作，但张强个性外向、热情、开朗，善于交际且主动，而李明则与之相反。一年后，张强完全适应了销售工作，且成绩出色，被提升为部门副经理，而李明表现一般，仅能完成上级交给的任务。过了一段时间后，李明找人事主管谈话，说他准备辞职，对营销工作早已不感兴趣。人事主管私下了解，得知李明有极强的创新精神，高中时就获得过科技发明奖。人事主管和公司总经理找李明一番长谈后，将李明调到公司研究开发部工作。李明到新的工作部门不到一年，两项发明就为公司创利二十多万元。

从这一案例中，关于人岗匹配工作你得到什么启示？

# 第六节　部署工作能力

## 一、部署工作概述

部署工作就是向下属部门和员工布置工作任务，确定工作职责，分配工作资源，实施工作业绩考核，达成工作目标的过程。部署工作通过口头指示、书面文件或会议下达。

部署工作的层级一般分三个层级：

（一）战略工作任务

战略工作任务是由企业战略体系分解而来，企业一定时期内的战略目标要通过战略任务的完成才能实现。战略任务是详细的、具体的，战略任务可以分解成若干具体的子任务和更细致的任务。

**（二）职能工作任务**

职能工作任务也称为岗位任务，是由岗位责任单元承接而来的任务，是一个岗位所需要去完成的工作内容以及应当承担的责任范围。岗位职责是一个具象化的工作描述，岗位是组织为完成某项任务而确立的，由工种、职务、职称和等级等性质所组成，必须归属于一个人。职责是职务与责任的统一，由授权范围和相应的责任两部分组成。

**（三）阶段性或临时性工作任务**

为完成组织任务，每个岗位都有可能接受上级分配的阶段性任务或者是临时性的任务。

## 二、设计工作任务，细化分解任务指标

**（一）企业战略目标分解**

企业战略目标是层层进行分解的。企业战略目标分解一般是按照层级步骤进行划分。企业是由组织内各个职能部门组成，通过分析组织的战略目标，明确各部门需要达成的使命，根据使命确定本部门的绩效目标，然后对部门内部的岗位进行层级划分（一般都可以分为高层、中层、基层三种岗位类型），并针对不同层级岗位的工作职责确定需要完成的目标。

例如，一般部门岗位结构是由部门经理、业务主管、业务员三级构成。部门经理的主要工作职责是整个部门的管理，协调部门间关系，体现部门价值；业务主管的职责是起到上传下达的作用，并且做好具体业务，体现专业价值；业务员就是做好执行工作，及时反馈信息，以完成工作为主要职责。

针对不同层级岗位的特性，结合工作职责确定绩效目标，使绩效目标层层相扣，互相结合，达到岗位目标与部门目标的有机结合，发挥最大效能。

岗位上的任务是由员工分工所获得的，也可以说是工作岗位的要求，是需要员工自动自发去完成的。岗位上的任务是否清晰明确，体现出企业规范管理的水平。

为完成组织任务，每个岗位都有可能接受上级分配的阶段性任务或者是临时性的任务。同时也可能会接受其他部门或其他部门需要协作的工作。管理者在布置工作任务时，应把握以下原则：

（1）按职按岗分配，确保各司其职，勿要强人所难。

（2）分配的时候一定要确保下属已经确认任务目标和完成标准，确保任务能够高效率高质量完成。

（3）分配任务的时候一定要确保下属是否需要提供支持和帮助，要把准备工作提前做好。

（4）分配的时候要了解下属完成任务是否有难度，以免耽误任务的进程。

（5）如果有投票表决的必要，尽可能客观公正。

领导者在分配任务的时候要做到客观公正不偏不倚，并确保任务的顺利完成，如何使团队高效完成任务，是对职业经理人领导力的考量。

（二）任务目标的分解细化

对目标分解的基本要求是：

（1）各分目标应能保证企业总目标的实现，企业总目标与分目标的内容是上下贯通的。

（2）各分目标之间应考虑时间上的协调和平衡，注意同步进行，防止因时差而影响企业目标的进程。

（3）各分目标也应力求简明，要有必要的期量标准。

（4）应充分考虑完成各分目标所需要的条件及限制因素。

目标分解的基本方法是：自上而下，将企业目标按企业内部机构设置和组织层次依次分解。分目标自上而下层层分解，自下而上层层保证，互相联系，形成一层接一层、一环套一环的目标体系。

## 三、制定工作职责和考核标准

（一）制定工作说明书

1. 职位职责

职位职责的界定并非简单地来自对职位任职者现行工作活动的归纳和概括，而是对基于组织战略的职位目的进行的界定。职责构建的方法有两种：下行法和上行法。

（1）下行法。下行法是一种基于组织战略，并以流程为依托进行工作职责分解的系统方法。具体来说，就是通过战略分解得到职责的具体内容，然后通过流程分析来界定在这些职责中，该职位应该扮演什么样的角色，应该拥有什么样的权限。利用下行法构建工作职责的具体步骤为：

1）确定职位目的。根据组织的战略目标和部门的职能定位，确定职位目的。职位（设置）目的，说明设立该职位的总体目标，它对组织的特殊贡献是什么。职位目的一般编写格式为：工作依据+工作内容（职位的核心职责）+工作成果。举例来说，某公司计划财务部经理的职位总体目的可表述为：在国家相关政策和公司工作计划的指导下，组织制定公司财务政策计划和方案，带领部门员工，对各部门提供包括成本、销售、预算、税收等全面财务服务，实施财务职能对公司业务经营的有效支持作用。

2）分解关键成果领域。通过对职位目的的分解得到该职位的关键成果领域。所谓关键成果领域，是指一个职位需要在哪几个方面取得成果，来实现职位的目的。

3）确定职责目标。确定该职位在该关键成果领域中必须取得的成果。因为职责的描述是要说明工作持有人所负有的职责以及工作所要求的最终结果，因此从成果导向出发，应该明确关键成果领域要达成的目标，并确保每项目标不能偏离职位的整体目标。

4）确定工作职责。我们通过确定职责目标表达了该职位职责的最终结果，那么本步骤就是要在此基础上来确定任职者到底要进行什么样的活动，承担什么样的职责，才能达成这些目标。因为每一项职责都是业务流程落实到职位的一项或几项活动（任务），所以该职位在每项职责中承担的责任应根据流程而确定，也就是说，确定应负的职责项就是确定该职位在流程中所扮演的角色。在确定责任时，职位责任点应根据信息的流入流出确定。信息传至该职位，表示流程责任转移至该职位；经此职位加工后，信息传出，表示责任传至流程中的下一个职位。该原理体现了"基于流程""明确责任"的特点。

5）进行职责描述。职责描述是要说明工作持有人所负有的职责以及工作所要求的最终结果，因此明确了职责目标和主要职责后，就可以对职责进行描述了，即：职责描述＝做什么＋工作结果。

（2）上行法。上行法与下行法在分析思路上正好相反，它是一种自下而上的"归纳法"。具体来说，就是从工作要素出发，通过对基础性的工作活动进行逻辑上的归类，形成工作任务，并进一步根据工作任务的归类，得到职责描述。

利用上行法撰写职责的步骤是：

1）罗列和归并基础性的工作活动（工作要素），并据此明确列举出须执行的任务；

2）指出每项工作任务的目的或目标；

3）分析工作任务并归并相关任务；

4）简要描述各部分的主要职责；

5）把各项职责对照职位的工作目的，完善职责描述。

2. 职位权限

职位权限是指为了保证职责的有效履行，任职者必须具备的，对某事项进行决策的范围和程度。

3. 工作任务指标

根据工作说明书中"岗位职责、工作内容"归纳总结提炼而成的每项工作业绩的衡量要素和衡量指标。

4. 工作任务完成时间

规定工作任务的完成时间要求。

5. 工作汇报请示渠道

工作汇报就是通过一定的形式将某一特定阶段工作的开展情况向上级进行反映和

表述，以便上级指导或帮助解决问题的一种方法。工作汇报也是个人工作的高度概括和总结，是争取上级支持和帮助的有效手段。请示就是向上级请求指示、批准或请求上级给予解决和支持。工作说明书中应规定向上级请示汇报的渠道。

（二）制定考核标准

1. 制定考核标准的原则

（1）考核标准应与企业的战略目标相一致。考核标准应围绕战略目标逐层分解而不应与战略目标的实施脱节。只有当员工努力的方向与企业战略目标一致时，企业整体的绩效才可能提高。

（2）考核标准应突出重点。指标之间是相关的，有时不一定要面面俱到，通过抓住关键指标将员工的行为引向组织的目标方向，指标一般控制在 5 个左右，太少可能无法反映职位的关键绩效水平，但太多太复杂的指标只能增加管理的难度和降低员工满意度，对员工的行为是无法起到引导作用的。

（3）考核标准应素质和业绩并重。过于重"素质"，会使人束手束脚，过分重视个人行为和人际关系，不讲实效，而且妨碍人的个性、创造力的发挥，最终不利于组织整体和社会的发展。过于重"业绩"，又易于鼓励人的侥幸心理，令人投机取巧、走捷径、急功近利、不择手段。一套好的考核指标，必须在"业绩"和"素质"之间安排好恰当的比例。应该在突出业绩的前提下，兼顾对素质的要求。

（4）考核标准重在"适"字。考核指标是根植在企业本身"土壤"中的，是非常个性化的。不同行业、不同发展阶段、不同战略背景下的企业，考核的目的、手段、结果运用是各不相同的。考核指标要收到绩效，关键在于一个"适"字，而且考核标准必须视企业的发展，视企业的战略规划要求，适时做出相应调整，才能永远适用。

2. 考核标准的内容

考核工作的主要精力要放在关键的结果和过程上。考核标准一定要放在关键绩效指标上，要围绕关键绩效指标（Key Performance Indicator，KPI）展开。

从组织结构的角度来看，KPI 系统是一个纵向的指标体系：先确定公司层面关注的KPI，再确定部门乃至个人要承担的 KPI，由于 KPI 体系是经过层层分解，这样就在指标体系上把战略落到"人"上了。要把战略具体落实，需要"显性化"，要对每个层面的 KPI 进行赋值，形成一个相对应的纵向的目标体系。因为战略目标是相对长期的，而具体到年度时一定会有所偏重，要求在选择全面衡量战略的 KPI 时要根据战略有所取舍。具体的年度目标的制定，是在全面分析企业内外环境、状况的基础上，根据年度战略构想，对本年度确定的 KPI 进行赋值，从而得到的。在这其中，KPI 只是一个工具体系，而制定目标的关键还在于"人"与"人"的沟通和理解，需要管理者和自己的上级、同级、下级、外部客户、供应商进行全方位的沟通。管理，在制定目标、落实战略的时候，就是一个沟通、落实的过程。所谓战略的落实，正是通过这种阶段性目标状态的不断定义和实现而逐步达到的。

## 四、组织与分配工作资源

**（一）工作资源的类型与匹配**

工作资源可以是：①组织层面的——薪水、职业机会、工作安全；②个人与社会关系层面的——上司和同事支持、组织气候；③工作层面的——角色清晰度、决策参与度；④任务水平层面的——绩效反馈、技能多样化、工作意义、工作重要性、工作自主性等。

工作资源具有潜在的动机性质，因为它们使员工感知到工作更有意义，使他们对工作过程和工作结果更负责任，为他们工作活动的实际结果提供信息。工作资源的获得促进了个人发展并增强了动机。更具体地说，工作投入是随着人们感知到的所需资源的可获得性而变化的。当个体感到完成工作所需的资源充足，便能获得价值感的提升，从而投入工作；当个体感到完成工作所需资源不足时，更容易感到生理或心理的付出过多，从而引起工作倦怠，因此工作资源必须与工作的要求相匹配。

**（二）分配工作资源的原则**

**1. 资源配置需要和工作任务优先级相关**

优先等级高的任务必须优先使用优质资源（如经验丰富的人力资源、技术性能良好稳定的生产设备等），同时在资源配置上，要坚决杜绝个人权势抢夺资源，或"会哭的孩子有奶吃"的不良现象。

**2. 把握好资源占用数量和时间上的灵活性**

确定的资源使用计划并不代表资源的"锁死"，管理者有责任实时监控工作任务进展情况调整资源使用，即不能"资源不够勉强干"，也不能"资源充足慢慢干"，更不能"资源停着等活干"。

**3. 分析多任务的关联性，必要时集中使用资源**

往往多个任务较为相近或某一任务对后续多个任务有影响，资源集中使用是为了避免"撒胡椒面"。另外，通过集中使用资源把问题集中暴露，总结经验和共享，有时也提高后续任务的工作效率。

**4. 按照经济效益最优原则配置资源**

在资源有限的情况下，必然有部分工作会"被牺牲"，管理者要及时放缓，甚至暂停一些价值不大的项目，保证有价值项目的正常运行。

**5. 多任务资源配置必须有统一性原则**

一是资源管理的责任主体要统一归口，不能同一个资源的调配有两个以上部门负责；二是资源管理的信息必须统一，即所有资源能力、资源状态、资源计划等信息必须归口到一个平台（或一张表中），没有资源信息和同时存在多个零散的资源信息对资源配置同样有害。

## 五、制订员工绩效改进计划并实施

（一）制订与实施员工绩效改进计划

1. 寻找绩效差距

绩效差距的表象是员工绩效水平无法达到企业的要求，其深层次的原因是存在着某种因素使员工无法按要求完成绩效。寻找绩效差距可以根据工作要求和员工实际工作结果对比确定。例如：某员工工作要求为每月6日上交报表，实际绩效为每月最早8日才可以上交报表。绩效差距为：报表上交无法按时完成，延后时间大于2日。

2. 分析原因

员工绩效无法达到要求，应该从员工、主管及环境三个方面寻找原因。员工角度：可能存在能力无法达到任职要求、员工沟通能力欠缺、员工身体状况等客观因素，以及员工不愿按时完成等主观因素。主管角度：可能存在督导不及时，未及时发现问题并帮助员工改正等。环境角度：可能存在数据无法准时提供、报表汇总周期过短、数据提供准确性差引起校验期较长等。可能引起员工绩效差距的原因一般包括：员工方面，不知如何做、不知如何做好、不知什么最重要、不知做成什么样、不想做、还有其他事情要做、做了也没什么用等；主管方面，不知做了有什么用、不知如何帮助员工、是否帮助过员工、是否未肯定员工的成绩、是否未提醒员工的过失等。

3. 决定是否改进

并不是所有的绩效差距都要纳入员工绩效改进计划中。一般来说，通过员工努力确定可以达到绩效改进的工作才会纳入绩效改进计划中，也就是因为员工造成的或者虽不是员工造成，但通过员工改变工作方法可以改进工作的内容才会纳入绩效改进。

4. 找出可能的方法

绩效改进的方法应该由主管和员工一同完成，可采用头脑风暴或重新梳理流程等方法，提出若干可能的方法。

5. 制订改进计划

首先，确定改进目标，目标的选取应该由主管和员工共同完成，以员工为中心，主管要提出明确要求；其次，对可能的方法进行筛选，选取双方认可的方法，方法一旦确定，主管要确保给予员工足够的资源支持；再次，要把改进计划分解为若干步骤，并明确每一步骤的时间和工作效果要求；最后，形成一份书面的绩效改进计划。

6. 绩效改进的实施、检查和新的计划

绩效改进计划一旦制订，主管和员工应该共同确保计划的实施，员工应该按计划认真完成每项工作，并做好记录，主管则应给予员工适当的支持，并定时检查计划执行情况，发现问题，及时与员工一起调整计划。

（二）制订员工绩效改进计划的原则

在制订绩效改进计划之前，主管和员工应该对一些问题达成共识，把握住五个基本原则：

1. 平等性原则

主管和员工在制定绩效改进计划时是一种相对平等的关系，他们共同为了员工业绩的提升和业务单元的成功而制定计划。

2. 主动性原则

员工是真正了解自己所从事工作的人，因此在制定绩效改进计划时应该更多地发挥员工的主动性，更多地听取员工的意见。

3. 指导性原则

主管影响员工的领域主要是从根据组织和业务单元的目标出发并结合员工个人实际，为员工绩效的改进提出中肯的建议，实施辅导，并提供必要的资源和支持。

4. "smart"原则

"smart"原则，即做到具体的、可衡量的、可达到的、现实的和有时限的。绩效改进计划是指导绩效改进实施的标准，因此一定要有可操作性。

5. 发展性原则

绩效改进计划的目标着眼于未来，所以在制定与实施计划时要有长远的、战略性的眼光，把员工个人的发展与企业的发展紧密结合起来。

# 第七节 目标管理能力

## 一、目标管理的理论、方法和工具

（一）目标管理的含义

1. 目标管理的定义

目标管理也称"成果管理"，俗称责任制。是以目标的设置和分解、目标的实施及完成情况的检查、奖惩为手段，通过员工的自我管理来实现企业经营目的的一种管理方法。目标管理的中心思想是具体化展开的组织目标成为组织每个成员、每个层次、部门等的行为方向和激励手段，同时以使其成为评价组织每个成员、每个层次、部门等工作绩效的标准，从而使组织能够有效运行。

2. 目标管理的功能

通过目标连锁体系使个人和部门的责、权、利明确、具体，消除"死角、暗区和交叉带"，促进分工和协作，提高工作效率和业绩。

通过上下沟通，使个人目标、团体目标和企业目标融为一体，促进全员参与，增进团结，既避免了本位主义，又能集思广益。

通过授权、分权和自我管理，既提高了管理者的领导水平，又提高了员工素质。

通过人人制定目标，迫使每个人为未来做准备，防止短期行为，有利于个人和企业的稳定和长期发展。

通过上下级共同制定评价标准和目标，能够客观、公正地考核绩效和实施相应的奖惩，便于对目标进行调整及对目标的实施进行控制。

总之，目标管理在实现效率提高的同时，又提高了员工素质，增进了企业内部团结。

3. 目标管理的特点

目标管理与传统管理方式相比有鲜明的特点，可概括为：

（1）重视人的因素。目标管理是一种参与的、民主的、自我控制的管理制度，也是一种把个人需求与组织目标结合起来的管理制度。在这一制度下，上级与下级的关系是平等、尊重、依赖、支持，下级在承诺目标和被授权之后是自觉、自主和自治的。

（2）建立目标锁链与目标体系。目标管理通过专门设计的过程，将组织的整体目标逐级分解，转换为各单位、各员工的分目标。从组织目标到经营单位目标，再到部门目标，最后到个人目标。在目标分解过程中，权、责、利三者已经明确，而且相互对称。这些目标方向一致，环环相扣，相互配合，形成协调统一的目标体系。

（3）重视成果。目标管理以制定目标为起点，以目标完成情况的考核为终结。工作成果是评定目标完成程度的标准，也是人事考核和奖评的依据，成为评价管理工作绩效的唯一标准。至于完成目标的具体过程、途径和方法，上级并不过多干预。所以，在目标管理制度下，监督的成分很少，而控制目标实现的能力却很强。

（二）目标管理有关理论

1. 德鲁克的"整体管理"理论

"目标管理"的概念是管理专家彼得·德鲁克在《管理实践》（1954）中最先提出来的，其后他又提出"目标管理和自我控制"的主张。德鲁克认为，并不是有了工作才有目标，而是相反，有了目标才能确定每个人的工作，所以"企业的使命和任务，必须转化为目标"，而每个人都有目标的经营管理体制一经建立，就有办法使由别人监管的工作方式转变为一切由自我控制的经营。

2. 梅里格的"人性 Y 理论"

所有经营者和管理者，都有一种观念，认为"人是靠不住的"，所以有必要管理控制。心理学者梅里格认为这种观念是以"性恶说"为其理论基础，梅里格称此种"性恶说"为"X理论"，基于此，梅里格另外提出"性善说"的"Y理论"。此种新人性观念，在某种意义上成为目标管理的理论基础依据。他认为，当今这个时代，人们的生理和安全方面的需要已获得充分的满足，而社会的需要、自我尊重的需要、自我实现的需要渐占优势，此时，采用基于X理论的指挥、命令控制的方法来提高绩效，就会失效，必须应用Y理论进行管理，考虑员工心态与企业立场，采用"民主"立场加以修正。

3. 史雷的"成果管理"理论

史雷认为，目标管理应该是大家分担成果的管理思想，目标管理使每一个人了解公司的长期目标，并感悟到公司要达成的目标是由公司内每一个人来承担的。

4. 李卡特的"管理新模式"理论

李卡特认为高度业绩=决策品质×（完美沟通+工作参与+良好目标）。因此，新的经营管理，必须具备下列四个条件：

（1）整体组织的目的，必须与大部分员工及股东的要求和欲望维持充分的调和。

（2）员工的目标及配合，必须在能使当事人引起高度工作干劲方式下决定。

（3）为达成双方同意下设定的目标，必须活用足以引发全部潜力的方法。

（4）所有薪资、奖金、股息、红利等报酬制度，必须切实反映员工对公司的努力贡献。

5. 动机激发理论

动机激发理论认为人的积极性是与需要相联系，是由人的动机推进的。一般来说，当人产生某种需要而未得到满足时，会产生某种不安和紧张的心理状态，在遇到能够满足需要的目标时，这种紧张的心理状态转化为动机，推动人们去从事某种活动，向目标前进。当达到目标时，需要得到满足，这时又会产生新的需要，使人不断地向新的目标前进。目标管理就是遵循这一原理，根据人们的需要设置目标，使组织目标和个人需要尽可能结合，以激发动机，引导人们的行为，去完成整体的组织目标。

6. "社会人"假设理论

目标管理把人视为"社会人"，认为人不只是为面包而生存，影响人生产积极性的因素，除物质条件外，还有社会、心理因素，工作效率主要取决于员工的士气，而士气又取决于家庭和社会生活，以及企业中人与人之间的关系。从"社会人"的假设出发，目标管理要求管理人员对下级采取信任型的管理措施。

（三）目标管理的方法与工具

1. 目标管理（Management by Objectives，MBO）

彼得·德鲁克的目标管理具体做法分为三个阶段：第一阶段为目标的设置；第二阶段为实现目标过程的管理；第三阶段为测定与评价所取得的成果。

（1）目标的设置。这是目标管理最重要的阶段，第一阶段可以细分为四个步骤：

1）高层管理预定目标，这是一个暂时的、可以改变的目标预案，即可以由上级提出，再同下级讨论，也可以由下级提出，上级批准。无论哪种方式，必须上下级共同商量决定。领导必须根据企业的使命和长远战略，估计客观环境带来的机会和挑战，对本企业的优劣势有清醒的认识。对组织应该与能够完成的目标心中有数。

2）重新审议组织结构和职责分工。目标管理要求每一个分目标都有确定的责任主体。因此预定目标之后，需要重新审查现有组织结构，根据新的目标分解要求进行调整，明确目标责任者和协调关系。

3）确立下级的目标。下级明确组织的规划和目标，然后商定下级的分目标。在讨论中上级要尊重下级，平等待人，耐心倾听下级意见，帮助下级发展一致性和支持性目标。分目标要具体量化，便于考核；分清轻重缓急，以免顾此失彼；既要有挑战性，又要有实现可能。每个员工和部门的分目标要和其他的分目标协调一致，支持本单位和组织目标的实现。

4）上级和下级就实现各项目标所需的条件以及实现目标后的奖惩事宜达成协议。分目标制定后，要授予下级相应的资源配置权力，实现权责利的统一。由下级写成书面协议，编制目标记录卡片，整个组织汇总所有资料后，绘制出目标图。

（2）实现目标过程的管理。目标管理重视结果，强调自主、自治和自觉，并不等于领导可以放手不管，相反由于形成了目标体系，一环失误，就会牵动全局。因此，领导在目标实施过程中的管理是必不可少的。首先，上级进行定期检查，利用双方经常接触的机会和信息反馈渠道自然地进行；其次，要向下级通报进度，便于互相协调；最后，要帮助下级解决工作中出现的问题，当出现意外、不可测事件严重影响组织目标实现时，也可以通过一定的手续，修改原定的目标。

（3）测定与评价所取得的成果。达到预定的期限后，下级首先进行自我评估，提交书面报告，然后上下级一起考核目标完成情况，决定奖惩，同时讨论下一阶段目标，开始新循环。如果目标没有完成，应分析原因总结教训，切忌相互指责，以保持相互信任的气氛。

2. 网络评审技术

网络评审技术是一种规划项目计划的管理技术，是管理者进行大型项目实施时进行各项作业的时间控制、人力配给、资金支持的一种理想的控制工具。

在网络图中有若干圆圈，它是两条或两条以上箭线的结合点（结点）。结点不消耗能源，也不占用时间，一般表示一个过程（工序）的开始或结束的符号。网络图中第一个和最后一个圆圈，分别代表一项任务或工程的开始和完成。

在网络图中箭线表示一项任务或工程的具体过程，箭头表示一个过程的结束，箭尾表示一个过程的开始。一般将过程名称写在箭线上面，将完成过程的计划时间写在箭线下面。必要时，箭线还可用虚线，虚箭线表示一种时间为零实际上并不存在的过程，其作用是表示过程间的相互关系。

网络图的作用：①通过网络图将一项任务的各个过程（工序），以及这些过程与整个任务之间看成是一个系统，便于从整体上计划和协调。②通过对网络图的分析和计算，能从复杂的网络关系中找出关键路线，以便在人力、物力上给予优先保证。③提示有关人员在非关键过程上挖掘，以支持关键过程或减轻关键过程的压力。④分析平行作业的可能性，以缩短任务的周期。

计划者必须估算：在不影响最后工期的条件下，每一种作业有多少宽容的时间，何种作业是工作的瓶颈，并据此安排计划中每一种作业的起记时刻，以及人力与资源的有效运用。PERT 的内容包含了"管理循环"中的三个步骤：计划（Planning）、执行（Doing）和考核（Controlling）。

3. 甘特图

甘特图也称为条状图（Bar Chart），是亨利·甘特在 1917 年开发的，其内在思想简单，基本是一条线条图，横轴表示时间，纵轴表示活动（项目），线条表示在整个期间上的计划和实际的活动完成情况。它直观地表明了任务计划在什么时候进行、实际进展与计划要求的对比。

管理者由此极为便利地弄清一项任务（项目）还剩下哪些工作要做，并可评估工作是提前还是滞后，抑或正常进行，是一种理想的控制工具。

甘特图包含以下三个含义：①以图形或表格的形式显示活动；②现在是一种通用的显示进度的方法；③构造时应包括实际日历天和持续时间，并且不要将周末和节假日算在进度之内。

甘特图具有简单、醒目和便于编制等特点，在企业管理工作中被广泛应用。甘特图按反映的内容不同，可分为计划图表、负荷图表、机器闲置图表、人员闲置图表和进度表五种形式。

## 二、目标管理的实施

（一）设置目标

1. 设置目标的原则

目标制定是目标管理的首要环节。目标定得过高，完不成，会挫伤员工的积极性。目标定得过低，又会影响员工聪明才智和积极性的发挥。所以，为了正确制定目标，必须遵循下列主要原则：

（1）制定目标要抓住重点，突出关系企业生产经营成果和全局性的问题，有限目标，重点突破，目标的内容不宜过多，以利于集中力量完成关键性目标。在一定情况下，可以把目标分为必要目标和一般目标，分清目标的主次。

（2）总体目标、中间目标、基层目标和个人目标之间保持协调一致，防止目标之间出现矛盾和脱节现象。

（3）目标要具有一定的先进性和挑战性，略高于个人能力，有助于激发职工的积极性，鼓励广大职工，"跳一跳，把果子摘下"，增强完成目标的信心和满意感。

（4）目标必须具有可衡量性和可比性，能够反映目标在质与量上的要求，力求定性与定量结合起来，以便于实施和考核。

（5）长期目标和短期目标相结合，要防止只顾眼前，不顾长远发展，以保持后续力量。在目标期限上应有一定的弹性，一年以上的目标，需要制定分期分段目标，以保证企业最终目标的实现。

（6）目标必须随环境的变化而不断进行修正。

2. 目标分类和体系

企业的具体情况不同，企业目标的具体内容也就不同。即使同一个企业，在不同时期内，其目标的内容也是不断发展变化的。企业目标一般可以分为外在目标和内部目标：

（1）外在目标。

1）生存目标。企业如同个人或其他组织一样有其生命的存在，因而企业生存目标重于一切。

2）市场目标。它是企业在经营活动中应达到的目标。体现企业占有市场的深度和广度。其数量可用市场覆盖面、市场占有率等表示。为消费者提供最满意的服务，才是企业最大的成功。利润和市场相比不过是额外的报酬。

3）权力目标。有的企业通过内部资金的扩充，有的企业通过外部并购达成其扩张的目的，企业也借此获得占有和取得的权力。

4）发展目标。它是企业在增加品种、改进技术、提高质量、扩大市场、开发人才等方面应达到的目标，体现企业的实力与潜力。其数量可用企业规模的扩大、固定资产、流动资金的增加，品种、产量、销售额的上升等来表示。

（2）内部目标。

1）效益目标。主要是指企业在物质利益方面达到的成果，体现企业生产经营成果的好坏。例如，销售利润率、总资产报酬率、资本收益率、资产保值增值率、社会贡献率、社会积累率等。

2）效率目标。为了赢得竞争优势，企业总是要求提高生产效能，可以用投入与产出之间的比例来衡量。企业如能使用同样的资源，生产较多的产品；或者消耗较少的资源，生产同样质量的产品，都是企业效率化的表现。

（二）目标细化分解

目标分解就是将总体目标在纵向、横向或时序上分解到各层次、各部门以致具体到人，形成目标体系的过程。目标分解是明确目标责任的前提，是使总体目标得以实现的基础。进行目标分解时要遵循以下要求：

（1）目标分解应按整分合原则进行，也就是将总体目标分解为不同层次、不同部门的分目标，各个分目标的综合要体现总体目标，并保证总体目标的实现。

（2）分目标要保持与总体目标方向一致，内容上下贯通，保证总体目标的实现。

（3）目标分解中，要注意到各分目标所需要的条件及其限制因素，如人力、物力、财力和协作条件、技术保障等。

（4）各分目标之间在内容与时间上要协调、平衡，并同步发展，不影响总体目标的实现。

（5）各分目标的表达也要简明、扼要、明确，有具体的目标值和完成时限要求。

（三）明确目标承担责任体系

明确目标责任必须做到：明确目标责任要与各种责任制相结合，并建立在责任制的基础上；每个层次应在明确总目标的基础上，进一步明确个人的目标责任，做到总目标统领，下一级目标保障上一级目标，最基层的目标是岗位和个人目标，横向目标相互协调、支持配合；要明确目标责任的内容、数量、质量、时间等要求，使责任具体化、指标化，以便于执行、检查和考核；在明确目标责任的同时，要根据各层次（部门）和个人所承担的目标责任，授予适当的权力，并分配实现目标所必需的各种资源，以保证目标的实现。

（四）制定目标考核标准和考核方案

目标考核是目标管理成功的保证。通过目标考核评价，可以全面总结目标管理的实施情况，巩固成绩，激励先进，克服不足，教育后进，构成一个完整的管理模式。在目标考核方案中，要注意三个问题：

（1）目标考核的主要依据。一是目标的完成程度，二是目标的困难程度，三是执行者的努力程度。

（2）目标考核的主要原则。一是考核标准的一致性。这既有对不同的人、不同群体评价的统一性，又有对不同时期同一方面事物评价标准的统一性，还有对同种情况在不同外部环境中收效不同差别的体现，总的要求是贯彻公平原则，维持目标管理的激励性。二是考核过程的公开性。在目标考核过程中，要强化群众监督，设立目标考核办公室，成立专职检查考核队伍，设立监督电话、考核意见箱，让群众参与目标考核，吸取他们的考核监督意见，并纳入到考核之中去，认真做好考核内容、标准、方法、结果等"四公开"，增加考核透明度。三是考核结果的兑现性。作为控制手段，管理人员在执行过程中奖惩并用、奖罚分明、兑现守信，以考核结果为依据，以激励先进、鞭策后进为目的，推进目标管理的实施。同时，在奖励中必须充分考虑被奖对象的需要，不能忽视物质奖励在管理中的作用，也不能唯物质奖励至上，要综合运用各种奖励方式，满足职工成就感的需要。

（3）目标考核的主要方式。一是自我考评。自我考评是目标考核的一个重要方面，有利于保持考评结果的客观性。自我考评就是要求全系统中的每个部门、每个单位直至每个员工，根据既定的目标标准，对自身或单位的工作成绩进行自我评定，自我判断目标的完成程度，认真总结经验，查找工作中的不足和差距，进而提出新的方向，这样既有利于保证考核结果的客观性，又为制定新的工作目标积累了第一手资料，使下一工作目标的制定更加科学和完善。二是上级考评。上级本着实事求是、公平合理的精神，对下属和单位目标的完成程度进行综合评定，在评定过程中应充分肯定实际取得的成绩，并要与执行者充分交换评定意见，不能以偏概全、主观武断，以减少评定的片面性和局限性。进行目标成果的考核要注意考评次数，既不能过多过滥，也不能秋后算账。

（五）目标管理实施控制与评估

1. 控制

目标管理虽然强调自我控制，民主管理，但不能因此在目标体系建立后放手不管。目标体系的内在逻辑关系决定企业中任何个人或部门的目标完成出现问题都将影响企业目标的实现。企业管理者必须进行目标控制，随时了解目标实施情况，及时发现问题，协助解决问题；必要时，也可以根据环境的变化对目标进行一定的修正。积极的自我控制与有力的领导控制相结合是实现动态控制的关键。

在目标控制管理中应注意以下问题：第一，充分发挥员工自我控制能力，必须将领导的充分信任与完善的自检制度相结合；第二，结合企业均衡生产的特点保证企业生产的动态平衡，建立目标控制中心；第三，保证信息反馈渠道的畅通，以便及时发现问题，进行目标必要修正；第四，创造良好的工作环境，保证在目标责任明确前提下形成团结互助的工作氛围。

2. 评估

管理目标要注重结果，因此对个人、各部门的目标必须进行自我评定、群众评议、领导评审等评价工作。通过评价，肯定成绩，发现问题，奖优罚劣，及时总结具体执行过程中的成绩和不足，完善下一个目标的管理过程。

目标评定要注意以下问题：第一，必须进行自我评定，评定的内容包括目标执行方案、手段是否合适、条件变化情况、主观努力程度等。第二，上级评定要客观、全面、公正。对所发现的问题要分析原因，找出解决问题的办法，以便鼓励下级今后继续努力。第三，目标评定要与人事管理相结合。人事考核要以目标完成情况为基础，通过报酬、升迁等体现奖优罚劣。第四，及时地反馈评定结果。目标成果的评价意味着一个管理循环的结束，而循环中的信息反馈与企业的综合发展能力，是制定下一个企业目标的重要依据。

3. 奖惩

当目标考评结果公布后，必须立即实施奖惩，做到奖惩兑现。领导要说话算数，按预定的奖惩规定办，即便是发现原奖惩规定有不尽合理之处也要先执行、后修改，不能言而无信，推翻原规定，搞平衡照顾。否则，将会给下期目标管理造成困难。

4. 提升

目标完成后要及时总结，肯定目标管理执行过程中优秀的工作方法，指明具体执行过程中的成绩和不足，提出改进下一个目标管理工作循环的具体措施，从而完善下一个目标管理过程并制定下个目标。

## 三、职业经理人实施目标管理重点关注事项

### (一) 选择适合本企业的目标管理方式

选择目标管理方式要根据企业的特性，明确企业的管理形态，相应地确定目标管理方式。企业的管理形态划分为四类，如表37-2所示。

表37-2　企业管理形态

| | | 内部控制 | |
| --- | --- | --- | --- |
| | | 松散 | 严密 |
| 领导作风 | 主动 | 专制型 | 贯彻型 |
| | 被动 | 放任型 | 官僚型 |

对于贯彻型的企业管理形态，适合选择个人能力型目标管理方式。贯彻型领导的业绩很好，但整体意识特别差，缺乏创新的热情，部门之间缺乏配合，关键是缺乏整体观念和团体意识，可通过个人能力型目标管理来改变思想观念。

对于放任型的企业管理形态，适合选择提高业绩型目标管理方式。放任型的领导对员工怎么干工作都不清楚，要完成什么目标也不清楚，因此首先应该有目标，目标完成以后再来谈能力的问题。这种管理形态在实践中总是采用提高业绩型的目标管理方式。

对于专制型的企业管理形态，适合选择提高业绩型或个人能力型目标管理。专制

型的领导两种情况都可以采用，专制型的领导很主动，但是管理松散，可以通过目标体系把企业上下所有的管理明确分工，加强业绩管理，提高企业业绩。此外，有的企业采用个人能力型也收到了不错的效果，所以专制型的领导两种情况都可以采用。

对于官僚型的企业管理形态，也是两种情况都可以采用，因为形成官僚主义需要有热情的投入，所以一般采用个人能力型，但有一些企业采用业绩型目标管理效果也不错。

当然，选择目标管理方式也应该考虑企业市场是成长型还是衰退型；企业是劳动密集型还是资本、技术密集型；员工的发挥好不好，员工的能力要不要继续培养；企业的人际关系好不好等多种因素。

（二）确定实行目标管理的范围

目标管理的推行范围，也称为目标管理推行的深度，就是指目标管理从哪里开始，将它推行到什么单位，推行到哪一个层次？换句话说，就是企业哪些部门搞目标管理，哪些部门不搞目标管理；哪些人执行目标管理，哪些人不执行目标管理。

如果是先将目标管理推行到企业的一部分单位和人员，再通过他们的示范和经验的推广，逐渐推行到整个企业和所有人员的推行方式，则称为渐进式。如果在推行目标管理之初，一次性覆盖所有单位和人员，把所有部门和所有员工都纳入目标管理的范围和对象中，则称为急进式。在确定实行目标管理的范围时，应考虑如下因素：

1. 企业规模的大小

企业规模大，适用渐进式；企业规模小，适用急进式。

2. 业务内容

企业业务综合程度高，适用渐进式；业务单纯，则适用急进式。

3. 管理水平

管理水平高，适用急进式；管理水平低，适用渐进式。

4. 筹备时间

筹备充足适用急进式；筹备时间短，适用渐进式。

（三）加强宣传和训练

宣传就是要让员工理解"什么是目标管理"，训练则是要让员工学会"如何执行目标管理"。对于"宣传"，重要的是通过宣传让员工明白目标管理与传统管理的区别，有何优点。对于"训练"，重要的在于通过训练，帮助中上层管理者弄明白目标管理与传统管理在执行上的区别，从而转变管理观念、管理行为和管理方式，从偏重"应该怎样做"转移到"应该做什么"，由偏向"监督"转变为"辅导"。

（四）掌握目标管理的时间进度

推行目标管理是一项整体性的工作，环环相扣，任何一个环节出了漏洞，都会影响其他环节的工作，因此推行目标管理要做好时间进度管理，搞好各环节的协调和配合。

（五）注重目标管理的横向支持

目标的实现必然要求把企业全部资源整合成一个整体，部门之间要互相支援与配合、加强沟通与协调。

（六）及时纠正目标管理实施偏差

为了发现目标执行过程中的偏差，以便及时、适时地修正，目标执行过程中必须跟踪检查。为确保跟踪检查目的的实现，跟踪检查要制度化。建立授权检查制度，建立事故报告制度等。跟踪检查常用的工具就是目标卡和目标跟踪单。

（七）提高目标管理激励效应

目标管理的本意就是通过员工个人利益融入企业目标，通过目标执行成果的奖惩及相应的升迁使员工得到不断的激励，在实现个人利益最大化的过程中实现企业利益的最大化。为了提高目标管理激励效应，应注意以下几点：

（1）目标的内容和水平能充分发挥目标执行人的能力。

（2）目标执行人适合其岗位工作（不适合则能力无法发挥）。

（3）在目标执行过程中上级给下属提供充分有效的支持（职权、情报、建议等）。

（4）客观评估目标执行结果，特别是对未完成的目标，详细分析了未完成的原因，并把它考虑进评估意见。

（5）升迁具备充分的理由，且对他人是公平的。

# 案例 37-2　某企业的目标管理

某公司的目标管理按以下几个步骤执行：

1. 目标的制定

前一财年末公司总经理在全员大会上向全体员工讲明下一财年大体的工作目标。财年初的部门经理会议上总经理和副总经理、各部门经理讨论协商确定该财年的目标；每个部门在前一个月的 25 日之前确定出下一个月的工作目标，并以目标管理卡的形式报告给总经理，总经理办公室留存一份，本部门留存一份。目标分别为各个工作的权重以及完成的质量与效率，由权重、质量和效率共同来决定。最后由总经理审批，经批阅以后方可作为部门工作的最后得分；各个部门的目标确定以后，由部门经理根据部门内部具体的岗位职责以及内部分工协作情况进行分配。

2. 目标的实施

目标的实施过程主要采用监督、督促并协调的方式，每个月月中由总经理办公室主任与人力资源部绩效主管共同或是分别到各个部门询问或是了解目标进行的情况，直接与各部门的负责人沟通，在这个过程中了解到哪些项目进行到什么地步，哪些项目没有按规定的时间、质量完成，为什么没有完成，并督促其完成项目。

3. 目标结果的评定与运用

目标管理卡首先由各部门的负责人自评，自评过程受人力资源部与办公室的监督，最后报总经理审批，总经理根据每个月各部门的工作情况，对目标管理卡进行相应的调整以及自评的调整；目标管理卡，最后以考评得分的形式作为部门负责人的月考评分数，部门员工的月考评分数的一部分来源于部门目标管理卡。这些考评分数作为月工资发放的主要依据之一。

最近，很多部门领导反映不愿意每个月填写目标管理卡，认为这没有必要，因为部门员工能够了解到本月自己应该完成的项目以及项目的结果标准。另外，与部门员工的座谈中还了解到有的部门员工对本部门的目标管理卡不是很明确，其中的原因主要是部门的办公环境不允许把目标管理卡张贴出来（个别的部门），如果领导每个月不对本部门员工解释明白，他们根本就不知道他们的工作目标是什么，工作显得很被动……可是部门领导如今不愿意作目标管理，而且有一定数目的员工也不清楚分到自己头上的目标是什么。

# 第八节　业绩管理能力

## 一、业绩管理概述

（一）业绩管理的含义

业绩管理是企业通过一定的人力资源管理手段和方式对员工及组织业绩进行管理的活动。业绩管理的目的在于通过对现有绩效的考核、评价，对员工的表现进行肯定和激励，同时，通过分析找出存在的问题和差距，采取相应的措施改善和提高员工及组织效能，使企业最终获取竞争优势，不仅实现既定的战略目标，同时创造超额绩效。

（二）业绩管理系统

业绩管理系统是组织管理控制系统的重要构成部分。其构成要素包括：

1. 业绩管理系统的主体和客体

业绩管理系统主体是指企业进行业绩管理的组织机构，是业绩管理行为的组织发动者；业绩管理系统的客体是指实施业绩管理行为的对象，任何客体都是相对于特定的主体而言的，它由主体的需要而决定。业绩管理系统的主体和客体可分为两个层次：①企业的所有者及其董事会作为业绩管理系统的主体，经营者的经营行为过程和经营成果则成为业绩管理系统的客体。所有者及其董事会对经营者进行业绩控制、评价和激励。②企业的高层管理者对中低层管理者及雇员的业绩评价和考核。高层管理者对中低层管理者及雇员经营行为过程和经营成果要进行量化，以便进行业绩控制和业绩评价。

2. 业绩管理原则

业绩管理原则是设计业绩管理系统时必须遵循的规则，一般包括客观公正、全面完整、科学合理、可操作性等原则。

3. 业绩管理标准

业绩管理标准是对业绩管理客体进行规划、控制、评价和激励的标准，由于业绩管理的目标、环节和出发点不同，必然要求有相应的标准与之相适应。目前常见的业绩管理标准有年度预算标准、资本预算标准、历史水平标准、竞争对手标准等。

4. 业绩管理方法

业绩管理方法是实现业绩管理目标，完成业绩管理职能的有效手段。总体上分为业绩规划方法、业绩控制方法、业绩评价和激励方法：业绩控制方法一般包括价值链分析法、作业链分析法、责任会计法、预算管理法等；业绩评价方法一般包括比较评价法、指数评价法、功效系数评价法、最优值距离评价法、排队计分评价法等；业绩激励方法一般包括固定收入制、年薪制、股票期权制等。

5. 业绩管理报告

业绩管理报告是业绩管理系统的输出信息，也是系统的结论性文件，主要内容包括管理目标、程序、依据、标准、结果以及基本结论分析等情况。只有通过业绩管理报告的使用，业绩管理系统的作用才真正得以发挥，企业在分析利用业绩管理报告的同时，也就满足了企业激励机制运行的信息需要。

# 阅读专栏 37-1  有关业绩管理知识

1. 委托—代理理论

委托—代理理论是研究组织业绩评价问题的基础。委托—代理理论认为，委托人与代理人明确地或隐含地订立契约，授予代理人某些管理决策权并代表其从事某种经营活动，但在信息不对称的情况下，契约是不完全的，往往会出现道德危机（即契约后代理人利用信息不对称而不为委托人的最大利益努力工作）和逆向选择（即契约前代理人利用信息不对称有意选择有利于其自身利益而有损于委托人利益的决策行为），导致代理成本增加。业绩评价系统是委托代理关系中降低代理成本的有效工具。一方面，科学严密的业绩评价系统可以及时反馈代理人的工作状况，降低信息不对称的程度，从而阻止代理人的道德危机和逆向选择行为。另一方面，通过业绩评价系统，可以传递组织战略目标与具体任务，引导代理人的生产经营行为与委托人的目标协调一致，从而降低代理成本，提高管理效率。同时以此为基础建立激励机制，按照利益共享、风险共担的原则鼓励管理者既为自己也为组织谋取最大利益。

2. 激励理论

激励理论是行为科学中用于处理需要、动机、目标和行为四者之间关系的核心理论。该理论认为通过制订一定的目标影响人们的需要，从而激发人的行动，包括弗洛姆的期望理论、洛克（E. A. Locke）和休斯（C. L. Huse）的目标设置理论、波特和劳勒的综合激励模式、亚当斯的公平理论、斯金纳的强化理论等。最具代表性的弗洛姆（V. H. Vroom）的期望理论认为，一个目标对人的激励程度受两个因素影响：一是目标效价，指人对实现该目标有多大价值的主观判断。如果实现该目标对人来说很有价值，人的积极性就高；反之，积极性则低。二是期望值，指人对实现该目标可能性大小的主观估计。只有人认为实现该目标的可能性很大，才会去努力争取实现，从而在较高程度上发挥目标的激励作用；如果人认为实现该目标的可能性很小，甚至完全没有可能，目标激励作用则小，以致完全没有。在弗洛姆之后，美国管理学家洛克和休斯等又提出了目标设置理论。这些关于需要和目标的研究，都成为设计业绩评价体系必须考虑的因素。

3. 控制理论

控制理论认为，任何系统的控制过程都包括以下三个基本环节：①确定系统运行目标；②根据目标衡量系统运行情况；③分析偏离目标的差距并在约定时机以约定方式进行矫正。

4. 企业管理理论

组织内部业绩评价的发展深受组织管理思想的影响，并随着经济和管理的发展逐步发展和完善。20世纪中后期，由于日本和欧洲对美国经济的挑战和经济全球化影响，出现了许多新的管理理念：竞争战略、核心竞争力、扁平化组织、虚拟公司、集成制造、价值链分析、适时制、质量成本分析、作业管理等。这些管理思想对业绩评价都产生了影响。例如，随着战略管理对客户、竞争和其他外部因素的影响，面向内部的业绩评价体系也受到了冲击。许多公司已经注意到非财务指标对评价业绩的作用，生产率、市场占有率、客户满意度、企业学习和成长能力、与政府的关系等非财务指标开始受到重视。

## 二、制定业绩管理方案

### （一）业绩管理方案的设计原则

业绩评价系统的设计原则对业绩评价的具体指标设计、模式选择和实施过程起到指导作用，主要有以成果为重、追求远大的绩效、评估正确的项目以及明确的管理责任承担结构四个方面。

1. 以成果为重

真正的目标应该要以成果为重，而不要以达成目标的手段为重，即评估措施应该要告诉被评估的对象，他们要完成哪些事，而不是要怎么做。

2. 追求远大的绩效

远大的目标所重视的是希望做什么，而不是可以完成什么。远大的目标会让人以创新的方式思考，寻求那些以前没有注意到的改善业绩的方法和途径，并取得成果。

3. 评估正确的项目

经营绩效本身是由许多不同的方面构成，每个企业在不同的发展阶段可能侧重于不同的方面。只有在适当的时期选择正确的评估项目和适当的评价指标体系，才能实现业绩评价的激励和控制目标，业绩评价才能起到积极的作用。

4. 明确的管理责任承担结构

虽然业绩评价应当以结果为重，但这并不意味着对过程的忽视。业绩评价体系应当能向业务流程中各个环节的责任人表明何时必须采取纠正措施，促进业务流程的顺利开展，因此这一业绩评价体系的基础就是对业务流程中各个关键节点责任的明确。从这个意义上说，业绩评价体系的设计与业务流程的设计在相互影响中发展着。

### （二）业绩管理方案的基本内容

业绩管理方案的内容包括：

（1）制定业绩管理方案的原因。

（2）对业绩管理的组织机构设置、职责范围、业务分工以及各级参与业绩管理活动的人员的责任、权限、义务和要求做出具体的规定。

（3）明确业绩管理的目标、程序和步骤，以及具体实施过程中应当遵守的基本原则和具体要求。

（4）对各类人员业绩考评的方法、设计的依据和基本原理、考评指标和标准体系做出简要确切的解释和说明。

（5）详细规定业绩考评的类别、层次和考评期限。

（6）对业绩管理所使用的报表格式、考评量表、统计口径、填写方法、评述撰写和上报期限，以及对考评结果偏误的控制提出具体的要求。

（7）对业绩考评结果的应用原则和要求，以及与之配套的薪酬奖励、人事调整、晋升培训等规章制度的贯彻实施和相关政策的兑现办法做出明确的规定。

（8）对各个职能和业务部门年度业绩管理总结、表彰活动和要求做出原则规定。

（9）对业绩考评中员工申诉的权利、具体程序和管理办法做出明确详细的规定。

（10）对业绩管理制度的解释、实施和修改等其他有关问题做出必要的说明。

## 三、业绩管理的实施途径和工作机制

（一）业绩管理实施过程

业绩评价是一个完整的过程。包括五个步骤的活动：

1. 战略开发

业绩评价是为了测量战略目标和行动计划完成的情况，因此作为业绩评价计划的起点必然是战略的开发。在战略开发程序中，不仅应当计算追求未来财务的结果，而且应当强调对价值创造活动做具体计划；不仅应当向内看，注重内部的改善和提高，而且应当考虑到环境发展，重视与竞争对手相对优势的变化情况。

2. 制订预算

这一程序将战略目标细化为具体经济业务和过程的目标，并通过预算的形式分配资源。制订预算必须考虑经营环境的易变性，通过弹性预算、滚动预算等形式将变化纳入预算的范围内，从而使预算具有更好的可操作性。

3. 绩效计测

及时收集、处理和归集与绩效有关的数据和信息，为有效执行后续子程序奠定基础。信息的相关性、可靠性、及时性都影响业绩评价的效果，因此收集的信息应当能够体现经济业务发生的轨迹，并按照责任归属进行归集和汇总，以避免在考评时发生不必要的争执。

4. 绩效检查

这一程序及时检查实际绩效与目标的差距，并进行必要的预测，以确保及时采取更正性和预防性行动，保证公司向着预期目标前进。随着技术的发展和人们对预测和绩效评估质量要求的提高，差异分析可以及时进行，时效性提高，预测也可以科学的模型和高速的数据处理为基础开展，可靠性得到提高。这样的业绩评价能够更好地实现控制的作用。

5. 激励性报酬

通过一种报酬和福利相结合的平衡政策，激励性的报酬计划把具体的运营行动和影响战略目标实现的关键价值驱动因素联系起来。

最后应当强调的是，信息技术是提高业绩评价体系运行效果的重要工具，它对于实现信息透明化、实时化、集成化至关重要，使管理人员能获得满意的管理信息。有效的业绩评价系统离不开有效信息系统的支持。

（二）业绩管理运行机制

企业业绩管理运行机制如下：

1. 业绩规划子系统运行程序的设计

业绩规划是在组织战略指导下，确定组织对员工的业绩期望并得到员工认可的一个过程，所以，业绩规划子系统应该按照以下程序运行：①根据企业内外部环境、企业战略和业绩管理主体之间的逻辑关系规划业绩管理目标和原则；②根据业绩管理客体、目标和原则对现有的业绩规划方法进行集成或创新，确定业绩规划方法；③根据业绩管理客体和目标对本企业、竞争对手、行业等相关数据进行收集与分析；④根据收集与分析的数据选择规划的标准；⑤根据业绩规划方法和标准对业绩管理的指标体系进行设计和规划。

2. 业绩控制子系统运行程序的设计

业绩控制是通过实施各种具体的方法和措施，保证员工能够按照第一阶段中所设定的目标，顺利地在规定时间内完成工作任务。业绩控制子系统按照以下程序运行：①分析业务流程和作业；②分解责任，建立作业责任中心；③分解业绩管理指标，制定责任预算；④利用业绩管理信息系统进行日常控制；⑤作业责任中心业绩的评价和考核。

3. 业绩评价和激励子系统运行程序的设计

业绩评价和激励环节是一个按照事先确定的工作目标及业绩衡量标准，考查员工实际完成业绩情况，并对员工达到或超过了业绩标准给予奖励的过程，业绩控制评价和激励应该按照以下程序运行：①划分业绩评价与激励的主体和客体；②确定业绩评价和激励的目标；③收集业绩管理规划和控制过程中的信息；④责任业绩的评价；⑤结合业绩管理信息子系统编制的业绩管理报告进行行业绩激励。

4. 业绩管理信息子系统运行程序的设计

业绩管理信息子系统主要是对其他三个子系统的信息进行收集、加工、处理和编制业绩管理报告，并适时地为它们提供业绩规划、控制、评价和激励所需要的信息。

5. 业绩管理运行模式的设计

企业业绩管理四个子系统的关系是：①业绩规划是业绩管理系统的前提和关键，为企业业绩管理制定出纲领性文件；②业绩控制是业绩管理系统的基础和核心，为企业业绩管理提供过程管理和结果管理信息，是实现企业业绩管理目标的保证；③业绩评价和激励既是业绩管理系统的终点，又是业绩管理系统的起点，是对企业本期业绩管理进行总结，同时为企业下期业绩管理提供信息资料和经验与教训；④业绩管理信息子系统主要是为其他三个子系统进行信息收集、加工、处理与反馈。

# 第九节 管理控制能力

## 一、控制工作概述

（一）控制工作含义与功能

控制是指对组织内部的管理活动及其效果进行衡量和矫正，以确保组织的目标以及为此而拟定的计划得以实现。控制是贯穿于管理全过程的一项重要职能，是计划、组织和领导工作有效开展的必要保证。

控制工作具有以下功能：

1. 可以有效应付环境的不确定性对组织活动的影响

现代组织所面对的环境具有复杂多变的特点，再完善的计划也难以将未来出现的变化考虑周全。为了保证组织目标和计划顺利实施，就必须要有控制工作，以有效地控制应付环境的各种变化对组织活动的影响。

2. 为了使复杂的组织活动能够协调一致地运作

由于现代组织的规模有着日益扩大的趋势，组织的各种活动日趋复杂化，要使组织内众多的部门和人员在分工的基础上能够协调一致地工作，完善的计划是必备的基础，但计划的实施还要以控制为基本手段。

3. 可以避免和减少管理失误造成的损失

由于组织所处环境的不确定性以及组织活动的复杂性，因此会导致管理中失误的不可避免。控制工作通过对管理全过程的检查和监督，可以及时发现组织中的问题，并采取纠偏措施，以避免或减少工作中的损失，为执行和完成计划起着必要的保障作用。

（二）控制工作的原则

1. 要能正确反映计划目标的要求

这一原则强调的是：计划越是明确、全面，控制系统越是能够全面反映计划的要求，则控制工作的有效性越高。①要以明确的、切实可行的组织目标和计划作为开展控制工作的基础。②控制工作要能全面反映计划的实际要求和特点。③要有一套符合组织目标和计划要求的、切实可行的控制标准。

2. 要与组织相协调

这一原则强调的是：组织机构越是明确、全面和完整，设计的控制技术越是能反映组织机构中的岗位职责，也就越有利于纠正偏离计划的误差。①组织机构内部各个层次和部门，以及每个组织成员权责关系的明确，是实施有效控制的基本保证。②要有专职的控制职能部门和人员作为实施控制工作的组织保证。③要有健全的信息反馈渠道。

3. 合理选择控制关键点

这一原则强调的是：主管人员越是尽可能地选择计划的关键点作为控制标准，有重点地实施控制，则控制工作就越有效。①要达到对组织所有活动的全面而具体的控制是不现实的。②要科学地选择控制点，突出控制工作的重点对象。③主管人员要把注意力集中在例外情况。

4. 具有灵活性、及时性和经济性的特点

①要提高控制工作的灵活性。掌控必须存有弹性，必须制订多种应付变化的预案且存有一定的后备力量，并实行多种有效率的掌控方式去达到掌控目的。②要能够及时准确发现、分析和解决组织活动中的问题。一方面要能及时准确地获取控制所需要的信息，另一方面纠偏措施的安排应具有一定的预见性。③控制工作要有经济的观点。要把控制所需的费用与控制所产生的效果进行经济上的比较，只有当有利可图时才实施控制。一方面要应有选择地实施控制，另一方面要努力降低控制的各种耗费而提高控制效果。

5. 控制工作应重视对主管人员素质和能力的培养

这一原则强调的是：主管人员及其下属的素质和能力越高，就越能胜任所承担的职务，控制的有效性也就越好。直接控制是指通过提高主管人员的素质和能力，从而达到减少偏差和能够及时发现偏差并采取措施的控制。间接控制是指由于各种不确定因素，以及主管人员缺乏知识、经验或判断力而使计划出现偏差后，所采取的纠正偏差的活动。直接控制的实质是一种预防性控制，它是通过提高主管人员的素质和能力，来达到防止和减少偏差产生的目的。因此，控制工作应重视对主管人员素质和能力的培养，这样做的结果也会导致间接控制工作的减少。

6. 控制工作应着眼未来

有效的控制系统不应只是一个"消防队"，控制工作应能预测未来，及时发现可能出现的偏差，预先采取措施，并能形成管理突破，不断提高组织的管理水平。

## 二、控制工作的类型

根据纠正偏差措施的作用环节不同，可将控制分为前馈控制、现场控制和反馈控制；根据控制所采用的方法不同，又可将控制分为试探控制、经验控制和推理控制。总括起来就是六大类：

（一）前馈控制

前馈控制也称为预先控制、事前控制、顺馈控制，它以组织的投入为控制重点，目的是防患于未然，未雨绸缪，从而显示了比其他控制更高一筹的优越性。应用前馈控制，可以避免反馈控制因"时滞"所带来的损失。要切实实行前馈控制，就必须对整个系统和计划有透彻的分析，建立前馈控制的模式，经常注意保持它和现实情况的吻合，并且输入变量数据，估算它们对预期最终成果的影响，还要采取措施以保证最后结果合乎需要。

（二）现场控制

现场控制，也称为过程控制、实时控制、即时控制等，控制的重点是正在进行的计划执行过程。它是一种主要为基层主管人员所采用的控制工作方法。在计划的实施过程中，大量的管理控制工作，尤其是基层的管理控制工作都属于现场控制。在现场控制中，控制活动的标准来自计划工作所确定的活动目标、政策、规范和制度，控制工作的重点是正在进行的计划实施过程，而控制的有效性取决于主管人员的个人素质、个人作风、指导的表达方式以及下属对这些指导的理解程度。

（三）反馈控制

反馈控制，也称为事后控制、成果控制等，控制的重点是工作的执行结果。主管人员分析以前工作的执行结果，把它与控制标准相比较，发现偏差所在及其原因，拟定纠偏措施以防止偏差发展或继续存在，这就是反馈控制。它是管理控制的最主要方式。反馈控制具有稳定系统、跟踪目标和抗干扰的特性。这些主要的性质可以用来改善管理控制工作，即可以利用反馈控制具有稳定系统的作用，当系统不稳定时，就加强反馈控制。

（四）试探控制

试探控制也叫随机控制，是最原始、最简单的控制类型，也是其他一切控制类型的基础。试探控制是指当人们对所要解决的问题完全不了解或对于控制对象的性质一无所知时，只能采取——尝试的控制方式。

（五）经验控制

经验控制也叫记忆控制，它是一种应用广泛的控制类型。经验控制是指把由试探控制所得出的直接成果即经验，用于指导下一次控制活动的控制方式。要使随机控制成为记忆控制，最重要的是积累的经验要可靠。经验的可靠性有两个含义：一是真实的，而不是虚假的；二是必然的，而不是偶然的。

（六）推理控制

推理控制是试探控制和经验控制相结合的产物，它通过中间起过渡作用的媒介实现控制，因此也叫共轭控制或转换控制。推理是根据已知的判断得出未知的判断过程。它主要分为逻辑推理和数学推理，前者侧重定性推理，后者侧重定量推理。

## 阅读专栏 37-2　管理控制的重点

主管人员面临的是一个社会系统，其信息反馈、识别偏差原因、制定和纠正措施的过程比较复杂。管理控制活动不仅要维持系统活动的平衡，而且还力求使组织活动有所前进、有所创新，使组织活动达到新的高度和状态，或者实现更高的目标。

1. 人员控制

管理者是通过他人的工作实现自己的目标的。为了实现组织的目标，管理者需要而且也必须依靠下属员工，因此管理者使员工按照他所期望的方式去工作是非常重要的。为了做到这一点，管理者最简明的方法就是直接巡视和评估员工的表现。在日常工作中，管理者的工作是观察员工的工作并纠正出现的问题。

管理者对员工的工作进行系统化的评估是一种非常正确的方法。这样，每一位员工的近期绩效都可以得到鉴定。如果绩效良好，员工就应该得到奖励；如果绩效达不到标准，管理者就应该想办法解决，根据偏差的程度进行不同的处理。

2. 财务控制

财务控制是指企业财务管理部门运用一定的方式或手段影响和操纵企业的财务行为，确保企业财务目标实现，通常可以运用财务计划的完善性、控制过程的完备性、控制方法的先进性、企业的分权程度、员工的自我调节能力等指标来体现。财务控制是指对企业的资金投入及收益过程和结果进行衡量与校正，目的是确保企业目标以及为达到此目标所制定的财务计划得以实现。在追求这个目标时，管理者都要借助费用进行控制。比如，管理者可能仔细查阅每季度的收支报告，以发现多余的支出；也可能进行几个常用财务指标的计算，以保证有足够的资金支付出现的各种费用，保证债务负担不至于太重，并且所有的资产都得以有效的利用。这就是用财务控制降低成本，并使资源得以充分利用。

预算是一种控制工具，财务预算为管理者提供了一个比较与衡量支出的定量标准，据此能够指出标准与实际花费之间的偏差。

3. 作业控制

一个组织的成功，在很大程度上取决于生产产品或提供服务的效率和效果上。作业控制方法就是用来评价一个组织转换过程的效率和效果的。

典型的作业控制包括：监督生产活动以保证按计划进行；评价购买能力，以尽可能低的价格获得所需质量和数量的原材料；监督组织的产品或服务的质量，以保证满足预定的标准；保证所有的设备得到良好的维护。

4. 信息控制

管理者需要信息来完成他们的工作。不精确的、不完整的、过多的或延迟的信息会严重阻碍他们的行动，因此应该开发出一种管理信息系统，使它能在正确的时间以正确的数量为正确的人提供正确的数据。

5. 风险控制

管理者要建立企业风险预警机制，通过收集与企业经营相关的产业政策、市场竞争状况、企业本身的财务和生产经营状况信息，监控企业经营活动的全过程，发现风险及时预警，提醒经营者采取对策，避免风险演变成现实损失，起到防患于未然的作用。企业做投资决策时，针对各投资方案，也应设置一定的风险评估环节和预警预案，以达到回避风险的目的。

6. 组织绩效控制

为了维持或改进一个组织的整体效果，管理者应该关心控制。但是衡量一个组织的效果并没有单一的衡量指标。生产率、效率、利润、员工士气、产量、适应性、稳定性以及员工的旷工率等毫无疑问都是衡量整体绩效的重要指标。

## 三、控制工作的方法

（一）预算控制

预算是一种以货币和数量表示的计划，它是按财务项目或非财务项目表明组织的预期成果，反映了组织在未来某一时期的综合计划。预算控制是管理控制中运用最广泛的控制方法。预算通常有以下特点：

（1）时间性。预算随着计划的类型及其内容的不同，都有其特定的时间界限。

（2）数字化。预算内容的数字化是预算的必要条件。

（3）权威性。预算由组织的高层管理人员依据组织目标和计划的要求而编制。

（4）专职管理。预算由组织的财务部门负责管理。

预算将计划规定的活动用货币或数量表达出来，因而实现了计划的具体化，为控制工作提供了明确的控制标准，更加有利于控制工作的开展。从控制的角度看，预算的作用主要体现在以下四个方面：

（1）有利于管理者对组织活动全局的把握。

（2）有利于管理者合理配置资源。

（3）有利于对组织各项工作的评价。

（4）有利于各级组织成员明确自己的责任和任务。

（二）平衡计分卡

平衡计分卡就是通过建立一整套财务与非财务指标体系，包括财务绩效指标、客户指标、内部业务流程指标和学习与成长绩效指标，对组织的经营绩效和竞争状况进行综合、全面、系统地评价。平衡计分卡法最突出的特点是：将组织的愿景、使命和发展战略与组织的绩效评价系统联系起来，它把组织的使命和战略转变为具体的目标和评测指标，使管理层及各级员工能够对组织的发展战略有明确认识，以实现战略和绩效的有机结合。

平衡计分卡的内容，从其评价指标体系来看，包括以下四个方面：

（1）财务指标。主要包括：收入增长指标、成本减少或生产率提高指标、资产利用或投资战略指标。

（2）客户指标。主要包括：市场份额、客户保留度、客户获取率、客户满意度、客户利润贡献率等。

（3）内部业务流程指标。主要包括：评价企业创新能力的指标、评价企业生产经营绩效的指标、评价企业售后服务绩效的指标等。

（4）学习与成长绩效指标。主要包括：评价员工能力的指标；评价企业信息能力的指标；评价激励、授权与协作的指标等。

（三）制度化管理

管理规范，是组织在人员行为控制中经常用到的控制方法。管理规范规定了员工必须遵守的行为准则。管理规范按其性质来看，可以分为管理制度和管理标准。

1. 管理制度

主要规定了各个管理层、管理部门、管理岗位以及各项专业管理业务的职能范围、应负责任、拥有的职权，以及管理业务的工作程序和工作方法。①基本管理制度。是组织中带有根本性、全局性、综合性的管理制度。如企业的产权制度、组织制度、法人治理结构等。②专业管理制度。是在基本管理制度的指导下，对组织各项专业管理工作的范围、内容、程序、方法等所作的规定。③部门和岗位责任制度。是具体规定组织内部各个部门、各类人员的工作范围、应负责任及相应权力的制度。

2. 组织标准

是对组织活动应达到的技术、经济、管理水平的规定和考核的依据。实践中通常叫作标准化工作，包括技术标准、技术规程和管理标准。①技术标准，是对组织的产出成果在质量、技术、规格等方面所作的规定。②技术规程，是对遵循组织的产出过程客观规律的要求，如对产品设计、生产操作、设备使用与维修、安全技术、质量检验等方面所做的规定，是有关程序和方法方面的标准。③管理标准，是为了更好地行使计划、组织、控制等管理职能，对各项管理工作（主要是各项专业管理工作）所做的各种详细规定。组织中的管理标准主要包括：管理业务标准、管理工作标准、管理方法标准等方面内容。

其中，管理业务标准是指对组织中重复出现的、常规性的管理业务，科学地规定其工作程序和工作方法，并制定为标准固定下来，作为开展各项管理业务活动的准则。推行管理标准化，不仅要对每一项管理业务的工作程序和工作内容制定出标准，而且还应当进一步对每一工作程序和工作内容提出质量要求，使各项管理业务进一步有所遵循和依据。将这些工作质量要求制定为标准，这就是管理工作标准。将管理领域中经常使用、功效显著，而且有普遍推广价值的一些管理方法，将它们制定为标准，并通令在企业中全面推行，这样就形成了管理方法标准。

（四）管理信息系统

管理信息系统指一个由人、计算机等组成的能进行管理信息的收集、传递、存储、加工、维护和使用的系统，通过信息的收集、处理与传输，为管理者制定决策、计划，实施指挥、控制、组织作业提供信息服务。管理信息系统的功能可以归纳为以下五个方面：

1. 数据的收集

反映客观情况的数据分布在组织内外不同的地方，管理信息系统首先要用某种方式记录下这些数据，集中起来，经过校验并转换成管理信息系统所需要的形式。这是整个信息系统工作的基础。

2. 信息的加工

进入管理信息系统的数据需要进行加工处理，才能成为有用的信息。信息加工能力的强弱，是衡量一个管理信息系统质量的重要方面。

3. 信息的存储

数据进入管理信息系统后，经过整理和加工，得到对管理有用的信息。由于对数据的处理和对信息的使用有时间上的要求，所以管理信息系统要负责信息的存储。

4. 信息的传输

在收集和录入数据、使用信息、管理信息系统内部交换信息等场合，都要发生信息的传输。传输渠道是否畅通，将影响整个管理信息系统的运行质量。信息的传输应既快又准。

5. 信息的使用

管理信息系统的最终功能是让管理者更好地使用这些信息。信息使用的效果，主要取决于所提供信息的质量、提供信息的方法或形式、提供信息的时效。信息使用的基本要求是：向有关管理者适时地提供正确的信息，输出结果应易读、易懂、直观、醒目、清晰整齐。

（五）其他常见控制方法

1. 损益控制

损益表又称损益计算书，是综合反映企业在一定时期内的经营成果，提供该期间企业的收入、成本、利润或亏损等信息的会计报表。它根据"收入－费用＝利润"这一平衡公式，依照一定的标准和次序，把企业一定时期内的收入、费用和利润项目予以适当排列编制而成。

2. 目标管理

目标管理作为一种控制方法的特点是标准清晰、明确，各级管理者容易做出判断；由于整个组织或系统的目标分解成为各个子系统的目标，若各个子系统能达成目标，就能够确保整个组织达成目标，这在某种程度上说提高了控制的可靠程度；目标管理的核心是各级组织成员都参与自己目标的制定、员工的行为和态度与组织目标更加接近，这使人员行为的控制容易了许多。

3. 网络计划技术

网络计划技术的基本原理是：利用网络图来表达计划任务的进度安排及各项工作之间的相互关系；在此基础上进行网络分析，计算网络时间，找出关键工序和关键路线；通过不断改善网络计划，选择最优方案并付诸实践；在计划的执行过程中进行有效的控制与监督，保证最合理地使用人力、物力和财力，达到预定的计划目标。

4. 统计分析法

统计分析法是运用各种数量分析方法，对有关的历史数据进行统计分析，从而了解有关因素的发展情况，并据此进行趋势预测的方法。对组织运作和管理的各个方面进行数量化统计分析以及进行趋势预测，对于管理者进行控制来说都是十分重要的。根据分析的结果，管理者就可以采取相应的措施，纠正已经发生的错误，预防可能发生的偏差。

5. 审计法

审计是常用的一种控制方法，它包括财务审计与管理审计两大类。财务审计是以财务活动为中心内容，以检查并核实账目、凭证、财物、债务以及结算关系等客观事物为手段，以判断财务报表中所列出的综合的会计事项是否正确无误，报表本身是否可以信赖为目的的控制方法。管理审计是指以管理学基本原理为评价准则，系统地考查、分析和评价一个企业的管理水平和管理成效，进而采取措施使之克服存在的缺点或问题的工作过程。

6. 全面质量管理

全面质量管理是企业为了保证和提高产品质量，综合运用一整套质量管理体系、手段和方法所进行的系统管理活动。具体地说，就是组织企业全体员工和有关部门，综合运用现代科学和管理技术成果，控制影响产品质量的全过程和各因素，经济地研制、生产和提供用户满意产品的系统管理活动。

## 四、控制工作的核心内容

### （一）确定工作控制标准

标准是人们检查和衡量工作及其结果（包括阶段结果与最终结果）的规范。制定标准是进行控制的基础。没有一套完整的标准，衡量绩效或纠正偏差就失去了客观依据。一般来说，企业可以使用的建立标准的方法有三种：

（1）利用统计方法来确定预期结果。

（2）根据经验和判断来估计预期结果。

（3）在客观的定量分析的基础上建立工程（工作）标准。

### （二）衡量工作成效

就是确定实际工作成绩与控制标准之间的偏差，对工作作出客观评价，从中发现两者的偏差，为进一步采取控制措施及时提供全面准确的信息。

#### 1. 定量衡量

有些活动结果可以量化，用数量的标准来衡量。例如，一个产品制造业的生产经理可以用每日产品的产量、单位工时的产品产量和产品报废率等量化指标来评估其生产部门的绩效；一个销售部门的经理可以用每位销售人员拜访的顾客数、销售人员的销售业绩等来评价其员工的工作表现。有些控制标准是在任何管理环境中都可以运用的。例如，员工的满意程度或者营业额，以及出勤率等标准。

#### 2. 主观衡量

有些活动结果难以用数量的标准来衡量。例如，管理者在衡量教师的工作时，比衡量一个化妆品推销员的工作要困难许多。当一种衡量成绩的指标不能用定量方式表达的时候，管理者应该寻求一种主观衡量的方法。虽然主观的方法具有很大的局限性，但和没有标准相比还是要好。以难以度量为借口来避免对重要活动进行衡量是不可取的。当然，任何建立在主观标准上的分析和决策都应该意识到其根据的局限性。

### （三）坚持工作跟踪

管理者使用个人观察、口头汇报、统计报告和书面报告四种方法进行工作跟踪，了解实际工作的绩效。

#### 1. 个人观察

管理者在工作现场，直接与员工交流，交换工作进展如何的信息称为走动管理（Management By Walking Around，MBWA）。使用走动管理可以获取被其他来源忽略的信息，如员工的面部表情、语调等。它是个人观察法的其中一种形式。

管理者使用个人观察所提供的信息是未经过滤的原始信息，因为无论细微或者重大的绩效活动都可以观察得到，所以个人观察所提供的信息包含非常广泛的内容，并且在观察过程中，管理者还可以查看实际工作进展，但个人观察法会受到个人偏见的局限，管理者甲看到的问题，管理者乙也许会视而不见。此外，个人观察会耗费大量的时间精力，并随着管理者控制范围的增大，会越来越大。最后因为管理者的观察，会给员工造成一种不信任的印象，从而降低员工的士气。

2. 口头汇报

各种会议、聚会和各种谈话等是通过口头汇报的形式获取信息的方法。口头汇报所获取的是经过了过滤的信息，是一种快捷的、有反馈的、同时可以通过语言语调和词汇本身来传达的信息。

3. 统计报告

统计报告不仅有计算输出的文字，还有各种的图形数据。利用这些文字、图形和数据，管理者可以对实际的工作绩效进行衡量。虽然统计数据可以给出各种数据之间的关系，但是提供的信息有限，因为它只能在少数可以用数值衡量的地方提供数据。

4. 书面报告

管理者通过书面报告的形式来获取信息，它常常比口头汇报的形式精确和全面，便于存档和查找。

（四）纠正工作偏差

纠正偏差就是分析偏差产生的原因，制定并实施必要的纠正措施，是控制过程的最后一步。

1. 找出偏差产生的主要原因

有些偏差可能反映计划制订和执行工作中的严重问题，另一些偏差则可能是一些偶然的因素引起的，不一定会对组织活动的最终结果产生重要影响。因此，在纠正之前，必须对反映偏差的信息进行评估和分析。

要对偏差的严重程度进行判读，其是否足以构成对组织活动效率的威胁，从而值得去分析原因，采取纠正措施。

要探寻导致偏差产生的主要原因。纠正措施的制定是以偏差原因的分析为依据。不同的原因要求采取不同的纠正措施，要在众多的深层原因中找出最主要原因，为纠偏措施的制定指导方向。

偏差产生的原因主要有三类：一是计划指标或工作标准制定得不科学，脱离实际，本身存在偏差；二是组织外部环境中发生了没有预料到的变化，导致实际业绩偏离预期，出现偏差；三是组织内部因素的变化，如工作方法不当、组织不力、领导无方等，导致业绩偏离预期。

2. 确定纠偏措施的实施对象

需要纠正的不仅可能是企业的实际活动，也可能是组织这些活动的计划或者衡量这些活动的标准。例如，员工未完成劳动的定额，可能是因为员工消极怠工，也可能是因为定额水平制定得太高，员工无法完成。企业未实现规定目标的销售利润，有可能是因为经营者经营不善，也有可能是因为标准制定得太高，经营者无法达到。如果是因为标准和计划的问题，那么管理者要做的是改变衡量这些工作的标准或指导工作的计划。

3. 选择适当的纠偏行动措施

（1）实际业绩纠偏。纠偏行动可能包括改变战略、结构、薪酬政策或培训活动等。立即纠偏行动是指立即纠正出现的问题，使业绩回到设定的轨道上来。根本纠偏行动是指找出偏差出现的原因的答案，然后纠正偏差产生的根源。

（2）标准纠偏。偏差的产生也可能是标准不现实的结果，标准可能定得过高或者过低。在这种情形下，需要对标准而不是业绩进行修正。

（五）总结改进工作

通过回顾工作任务实施全过程，找出取得目标成果的基本经验和影响目标成果的主要问题和教训。通过总结，达到发扬成绩，纠正错误，积累经验，提高认识的目的，为工作的改进和下一阶段工作开展奠定基础。

# 案例 37-3 有价值高品质的服务

麦当劳的黄金原则是顾客至上，顾客永远第一。提供服务的最高标准是质量（Quality）、服务（Service）、清洁（Cleanliness）和价值（Value），即 QSCV 原则。Quality 是指麦当劳为保证食品品质制定了极其严格的标准，使顾客在任何地点、任何时间品尝的麦当劳食品都是同一品质。Service 按照细心、关爱和爱心的原则，提供热情、周到、快捷的服务。Cleanliness 是指麦当劳制定了必须严格遵守的清洁工作标准。Value 代表价值，传达麦当劳的"向顾客提供更有价值的高品质"的理念。这些理念在管理控制中使麦当劳的核心价值文化得以延续，使其特色经营理念和标准化的风格得以持久。

思考：麦当劳运用了哪些控制手段和方法？麦当劳公司的控制在经营管理活动中起到了哪些作用？

案例分析：麦当劳运用了一系列控制手段，包括间接控制、任务控制和管理控制、预算控制、财务控制。通过控制使麦当劳庞大的店铺系统能够协调一致地运作，可以避免和减少管理失误造成的损失，可以有效减轻环境的不确定性对组织活动的影响。

## 第十节 信息分析与整合能力

### 一、信息与信息能力概述

（一）信息

1. 信息的本质

（1）信息是人类认识客观世界及其发展规律的基础。信息的基本功能主要表现为信息的认识功能。信息是客观事物及其运动状态的反映，是揭示客观事物发展规律的重要途径。客观世界里到处充满着各种形式和内容的信息，人类对各种渠道的信息进行接收，并通过思维器官将已收集到的大量信息进行鉴别、筛选、归纳、提炼、存储而形成不同层次的感性认识和理性认识。

（2）信息是客观世界和人类社会发展进程中不可缺少的资源要素。物质、能源和信息是构成客观世界的三大要素。人类对各种资源的有效获取、有效分配和有效使用，无一不是凭借对信息资源的开发利用来实现的。信息资源在推动社会发展、促进人类社会进步等方面正发挥着日益重要的作用。

（3）信息是科学技术转化为生产力的桥梁和工具。信息及信息技术无时无刻不在发挥着它传播知识成果、继承和发扬人类文明的桥梁和工具作用。没有观察和实验数据、没有科研报告、没有书刊资料、没有机读信息和电子信息、没有在人类历史长河中不断扩充和增值的知识与智能，就没有当今文明的社会，而这一切恰恰都来源于以某种形式流动着的信息。这些信息既体现科学技术自身，也传播和推广科学技术，使其转化为生产力的工具和手段。

（4）信息是管理和决策的主要参考依据。信息是科学管理的基础。从广义上来讲，任何管理系统都是一个信息输入、交换、输出的信息与信息反馈系统。任何组织系统要实现有效的管理，都必须及时获得足够的信息，传输足够的信息，产生足够的信息，反馈足够的信息。只有以一定的信息为基础，管理才能驱动其运行机制，只有足够的信息，才能保证管理功能的充分发挥。

（5）信息是国民经济建设和发展的保证。信息作为一种重要资源已经得到了社会的广泛承认。信息可以创造财富，通过直接或间接参与生产经营活动，为国家经济建设的各个方面发挥出重要的作用。

2. 信息的特性

（1）客观性。这是信息存在的基础，是信息最重要的特征。由于信息可以反映事物的情况、特征及其变化发展方向，使信息本身含有相当的信息量，其所包含的信息内容的客观性决定了它具有一定的价值，是可以为人们所利用的素材的一种依据。这种由客观性决定的有用性使人们希望获得包含丰富信息量的信息，而个人获得信息的不完整性，使信息从出现一开始必然就要从局部向外界传播。

（2）共享性。物质、能源和信息被认为是人类社会的三大资源，而社会经济的发展就是这三者不断结合、不断相互依托的产物。然而，与物质和能源不同，信息并不像其他两者那样具有独占性，它是一种无形资源，即使它被许多人多次利用也不会减少它所具有的完整性，因而它具有共享性的特征。由于这种可被人类共同利用的共享性，信息可以突破局部的束缚而向更为广泛的地区传播。

（3）时间性。信息所包含的信息量的大小在一定程度上是由时间决定的，随着时间的推移，原来包含丰富信息量的信息可能会因而减少其所拥有的信息量。在紧张激烈的商业竞争环境里，提前获得信息就意味着获得了先机，可以提前研发产品取得经济效益。信息的时效性特征决定了信息的获得必须是快速有效的，这推动了信息传播的迅速进行。

（4）继承性。信息几乎可以不受损耗地穿越时空的限制进行表达。正是因为信息具有的这种继承性，信息不但可以让信息突破空间的限制在世界的范围内交流，而且可以使它超越时间的障碍促进历史时期不同的人在世界的范围内进行传承。

3. 企业信息分类

（1）按在决策中的作用，信息可分为任务信息和背景信息。现代决策理论的首创者西蒙认为：决策过程中至关重要的因素是信息联系，信息是合理决策的生命线。管理者应该掌握哪些信息呢？主要有两个方面的信息：任务信息和背景信息。

任务信息是指管理者为完成工作需要掌握的信息。在这个方面，管理者对这种信息的定义会与普通员工迥然不同。例如，管理者比普通员工更关心来自战略伙伴和战略竞争对手的信息。任务信息一般有三种形式：第一种是有关工作职务的基本信息；第二种是反馈信息，这类信息必须通过便于利用的方式，及时、准确地传递给使用者；第三种是与提高工作中所运用的技能和知识有关的信息，包括培训资料在内。

背景信息是为了判断自己的任务和决策与外部大环境是否相符。背景信息主要包括企业宗旨、相关产业信息、企业领导层之间讨论公司战略的会议内容等。背景信息对于确保管理者从全局角度看待自己的工作具有极其重要的作用。离开了背景信息，管理者制定的决策就会脱离实际，成为空中楼阁。

（2）按不同组织层次的要求，信息可分为计划信息、控制信息和作业信息。

1）计划信息。这种信息与最高管理层的计划工作任务有关，即与决定该组织在一定时期内的目标、制定战略和政策、制定规划、合理分配资料有关的信息。这类信息主要来自组织外部环境，诸如当前和未来的经济形势的分析预测资料，市场竞争对手情况，国家的政策、法律、法规颁布情况及变动。

2）控制信息。这是组织的中层管理部门为了实现组织的经营目标而对生产经营活动各环节进行监督、控制所应有的信息。控制信息主要来自组织内部，要求比较详细具体，如本企业的产品产量、质量、产值、消耗、成本、经济效益等。

3）作业信息。这种信息与组织的日常管理业务活动有关，大多反映企业生产经营的日常业务活动，用以保证基层管理部门切实地完成具体作业，如有关原材料质量对产品质量影响的信息。这类信息也主要来自组织内部。基层主管人员是该类信息的主要使用者，其信息要求明确、具体、详细。

## 阅读专栏 37-3　企业信息特点

企业信息是信息资源和信息技术在企业中应用的价值体现，是企业信息化的必然产物，具有以下六个特性：

（1）客观性。企业只要进行了信息化建设，企业信息能力就客观存在着，是不以人的意志而转移的。企业信息能力的客观性还表现为信息资源的客观性，信息资源的客观性源于客观存在物质的运动属性。

（2）竞争性。信息资源是企业发展的竞争性资源，企业信息能力源于信息资源并成为企业能力的重要组成要素。因此，企业信息能力在企业文化、组织管理、业务流程、人力资源的作用直接影响着企业竞争优势的形成。

（3）价值性。信息与物质资源、人才资源、技术资源一样，也是一种战略资源。如果开发利用得好，对企业的发展会起积极的推动作用。企业信息能力是信息资源和信息技术在企业中应用的价值体现，信息资源和信息技术在企业发展中的作用越大，企业信息能力的价值越大，企业创造的价值越大。

（4）可度量性。信息是可以度量的，信息量是以系统的有序程度来表达的，表现为负熵。

（5）动态性。企业信息能力具有价值性，其价值是可以度量的，是随着硬资源和信息要素的发展和变化而不断变化的，体现为企业信息能力的动态性。同时，企业信息能力是信息资源和信息技术在企业应用中形成的，它将随着信息资源和信息技术应用的深度和广度的不断变化而发生变化。

（6）渗透性。信息资源和信息技术在企业中的应用具有广泛的扩散性和渗透性，而企业信息能力是信息资源和信息技术在企业中应用的价值体现，它随着信息资源和信息技术的扩散效应和渗透效应而渗透到企业生产、经营、技术、管理等各个环节。

（二）信息能力

信息能力是指管理者所具有的信息收集、处理、传播和使用，以及信息的筛选、数据的加工等能力。信息能力组成包括以下六个方面：

1. 收集信息的能力

收集信息的能力是指对于给定的目标，能选择适当的手段，自主地、不遗漏地收集信息的能力。收集信息对于我们认识问题、理解问题、明确问题是十分重要的，也是解决问题的条件和前提。收集信息能力包括观察能力、提问和自查文献信息资料的能力以及对信息的存储、检索、提取和交流的能力等。

2. 判断信息的能力

判断信息的能力是指从众多的信息中，选择必要的信息，判断其内容，并从中引出适当信息的能力。随着信息技术的广泛应用，信息的发布、修改、传递变得越来越容易，这使信息在传递过程中，有许多片面的、不实的、无用的甚至是虚假的信息。在这种情况下，管理者必须依据自己的经验、知识，对收集到的信息进行批判性的思考，判断、识别信息的价值，这种能力即信息判断能力。

3. 表现信息的能力

表现信息的能力是指以一定的表现方法，采取一定的形式，对信息进行整理。表现的能力应根据信息的目的、特点，选择不同的表现方法和表现形式。只有这样，才能有效地表现信息。

4. 处理信息的能力

信息处理是管理者信息利用的重要环节，只有通过筛选、判断、分析后的信息才能成为决策的依据，信息利用建立于正确的信息处理，信息分析是管理者决策方案实施的根本保证，是否具备信息分析处理能力，是管理者信息利用能力的重要体现。

5. 创造信息的能力

创造信息的能力是指基于自己的认识、思考和观点，去创造信息的能力，就是管理者通过对信息的获取、鉴别、筛选，以自身的信息和选定的信息相结合，经过分析、综合、加工而转换成新的信息的能力。

6. 发布与传递信息的能力

发布与传递信息的能力是指能基于信息接收者——受众的立场，在信息处理的基础上，对信息进行发布与传递的能力。信息社会的发展为人们提供了丰富的发布信息、传递信息的手段。

## 阅读专栏 37-4　信息能力

信息能力的概念最早是在 1974 年美国图书情报学会委员会上，信息产业协会主席保罗·泽考斯基（Paul Zurkowski）提出来的。他在所提交的一份协议书中建议：在以后的几十年内将在全国范围内使全民达到信息能力这一目标，并将其定义为经过训练能在工作中利用信息资源的能力。

1976年在得克萨斯农业和机械大学图书馆关于未来知识组织的专题研讨会上，黎·伯奇纳（Lee Burchinal）再次提出了"信息能力"一词，他指出：成为具有信息能力的人需要一整套新的技能，包括在解决问题及做出决策时如何有效地确定并利用信息。他认为：一个具备信息能力的人，应首先知道许多问题可以使用信息来解决，了解信息源是必需的，并应具备获得信息的策略和方法。同年，传媒界强调信息鉴别在信息能力中的重要性，图书馆界则把信息能力同图书馆职业发展联系在一起。

进入20世纪80年代，信息能力的概念和内涵进一步得到了扩充与拓展。不断发展的信息技术开始影响信息能力对信息处理的要求。这一时期，专家们都提到了信息技术的重要性，即利用计算机和大众媒体生产、处理和分析大量复杂的信息和进行终身学习的能力。

美国图书馆协会于1989年在信息能力总统委员会的报告中将其定义为："认识到何时需要信息及准确定位、评价并有效利用所需信息的能力"。这个定义很快就被社会各界广泛接受。以后的研究者尽管在界定信息能力的细节方面可能会有些差异，但基本上均普遍接收信息能力具有"定位"（Locate）、"评价"（Evaluate）和"有效利用"（Use Effectively）三个最主要的内容。

到了20世纪90年代，专家们认为，信息能力是一个含义广泛和具有综合性的概念，而且这种能力必须经过终身学习才能获得和不断发展。教育界把信息能力作为学生能力的重要部分，管理界提出了情报竞争，包括日本在内的西方传媒界提出了信息力（Information Power）。从20世纪80年代末到整个90年代，有关信息能力的研究进入高潮。信息能力的活动范畴也进一步扩展，不仅指专门的图书馆情报活动或信息活动，而且从经济、教育、公民权利、社会发展等方面对信息能力的活动范畴作了论述。

## 二、信息分析与整合能力

信息整合是依据信息化发展趋势，在一定组织的领导下，实现对信息资源序洁化、共享化、调理化，进而实现信息资源配置最优化、拓宽信息资源应用领域和最大化挖掘信息价值的管理过程。信息整合能力主要包括广泛开拓信息来源、准确识别加工信息和及时且充分利用信息。

1. 广泛开拓信息来源

首先，职业经理人要了解和熟悉各种信息源，掌握信息产生的动态和信息传输的渠道。特别是在信息爆炸的网络时代，组织策划自己的信息获取方案，既能提高信息查找的速度，又能保证信息获取的全面、准确性。其次，职业经理人要掌握并应用多种信息检索工具。信息载体的多样性和信息渠道的复杂性，光凭经验的判断搜索必然是低效率的，运用各种信息检索工具才能快速、准确地获取信息。最后，职业经理人熟练运用获取多种信息的策略。掌握一定的信息检索原理和方法，寻求一定信息支持渠道，充分发挥逻辑思维分析和判断能力，能够准确、快速地获取前瞻性的依据，发挥信息独特的价值。

2. 准确识别加工信息

大数据时代为职业经理人提供了多种信息来源，将传统管理领域仅凭直觉进行决策的方式转换为依靠数据主导的理性决策，增强了预测能力。从信息质量来看，也可能对数据准确性产生不利影响，数据量越大，越有可能产生错误和问题，需要在信息分析之前进行适当的清洗和处理。职业经理人的信息加工能力既包括自身对信息的理解能力、分析能力、评价能力和综合能力，也包括有组织地建立对信息进行过滤、清洗、筛选的机制，以提升决策质量。组织所采用的数据必须具备准确性、完整性和及时性，通过对大量而无序的信息进行精心筛选、整理和深加工，发掘出有价值、可利用的信息。如果职业经理人缺乏对信息主动的深度加工能力，任何信息、资料不仅难以转化为财富，而且还会成为负担。

3. 及时且充分利用信息

信息利用能力就是通过分析、综合、加工而转换成新的信息的能力。它是信息整合能力的核心，因为信息获取、加工的目的就是利用信息，信息的价值也只有通过利用才能反映出来。在数字经济大背景的今天，职业经理人应积极推动企业通过数字化转型变革，布置5G、人工智能等数字化基础设施，建立比传统管理过程中更卓越的数据存储、传输和处理的基本数据处理能力。组织利用数字基础设施不仅能更好地保存和利用组织信息，而且能够借助数字基础设施，将各部门的相关信息联系起来，更紧密、更有效地提高数据处理任务中所需信息的准确性、可靠性和及时性；掌握读解分析工具数据的能力，利用分析工具了解过去事件、分析当前情况和预测未来事件。例如，现有商家采用微信小程序、第三方视频平台等数字平台向客户推广产品的同时，获取关于货物销售量、用户喜好等重要数据，为各商业环节提供了借鉴和依据。在数据基础上，在分析工具的帮助下，正确理解和解释数据，生成可视化，用数据讲述故事，以帮助企业进行决策和战略制定。在外部关系管理方面，通过数字管理系统反馈的信息，更好地理解用户的整体业务、目标、过程和关注点，增强业务功能，达成高度理解，保持长期、高效、动态化的合作，更有效地弥合数字技术和功能领域之间存在的差距，增加组织的信息处理能力。

### 三、信息资源优化运用

所谓信息资源的配置包括两层含义：一是广义的信息资源配置，指将有用的信息及其与信息活动有关的信息设施、信息人员、信息系统、信息网络等资源在数量、时间、空间范围内进行匹配、流动和重组；二是狭义的信息资源配置，仅指将有用的信息在不同的时间和不同地区、不同行业、不同部门进行匹配、流动和重组。习惯上，信息资源的配置有时指其广义，有时指其狭义，有时混合使用，并没有进行严格的区分。

（一）信息资源的配置

信息资源配置有宏观配置和微观配置两个层次。信息资源配置的层次不同，其配置方法、配置目标、配置重点也不同。信息资源的宏观配置主要面向一个国家或地区，强调总量配置效果，而信息资源的微观配置主要面向各信息机构、信息企业，强调个量配置效果。

1. 信息资源的宏观配置

信息资源的宏观配置是指国家或地区政府运用经济手段、法律手段、行政手段对其拥有的信息资源加以调节，从而实现国家或地区信息资源优化配置的目标，以达到满足整个社会不断增长和日益深化的信息需求的目的。具体来说，国家或地区政府主要通过政策法规、管理条例、投资方向调节、发展纲要、系统规划和标准化来指导、组织、协调和促进信息资源在国家或地区范围的最佳分布。为了国家或地区信息系统的长远、健康发展，为了实现国家或地区信息积累的需要，政府总是比信息机构、信息企业更关心整个国家或地区的信息资源结构与匹配状况，更重视国家或地区信息资源的合理配置和有效利用。

我国按照信息资源协同配置的基本层次与运作机理，从技术实现、机制协调、法律保障的角度出发，通过构建协同配置各类技术平台、协调配置主体利益关系完善配置标准体系建设和加强知识产权保护，推进国家信息资源协同配置战略的整体化实现。这对信息资源的宏观配置起着积极作用，也发挥了信息资源在社会、经济发展中的重要作用。

2. 信息资源的微观配置

信息资源的微观配置是指各个机构对信息资源进行多种形式的组合，从而形成合理的信息资源体系。随着社会信息化程度的提高，非信息企业内部开始出现自立的信息服务部门，它们的主要目的是挖掘内部信息资源，服务于生产、管理、销售等环节。这些部门更清楚自己单位内部蕴含的信息资源和单位内部各部门、各级各类人员的信息需求，虽然它们的信息活动与生产、管理密不可分，但它们作为一个部门或系统充当的是信息企业必须完成的信息功能，它们没有成为独立的企业，无论企业内的一个部门，还是企业自身建立的信息管理系统，这种对企业内部信息资源的匹配、组织都属于微观信息资源配置。据国外企业大量信息工作实践所作的统计分析表明，企业信息资源有85%蕴藏在企业内部。如何实现这些资源的有效配置，成为企业家的突破口。非信息企业信息资源的配置要以促进本企业的生产、经营与管理为宗旨，以满足企业生产、经营与管理需要为原则。由于市场竞争的激烈，企业越来越重视技术信息、产品开发信息、市场信息、竞争信息等。西方越来越多国家的企业开始重视这些信息资源的有效配置和合理使用，它们往往在自己的企业内部设立首席信息官（Chief Information Officer，CIO）来负责组织、协调企业内部信息资源的合理分布，指导对信息资源的合理开发利用。

信息企业信息资源的配置，是信息资源微观配置的重要内容。对信息企业而言，信息资源配置旨在能利用经过配置而形成的合理的信息资源体系，生产出有形和无形的信息商品，以满足社会信息需求，从而获取利润。从投入来看，信息生产设备、通信设备、信息人才相当于物质商品生产企业投入的机器、劳动力，有用的信息则相当于特质商品的生产企业的原材料。原材料的配置以信息商品的市场供求关系和价格所反映的市场信号为导向，兼顾自身的生产能力。生产出的信息商品既可以是最终消费品，也可以是中间产品。前者进入消费领域，而后者进入生产领域，成为其他企业的生产要素。

（二）信息资源优化运用的意义

1. 呈现企业经营动态

数据，已经成为当今与土地、劳动力、资本等传统要素并列的第七大生产要素。数据与其他生产要素融合，既是生产活动的反映，又能预示出未来的状态。随着信息技术在生产和管理环节的逐步深入，现代企业在办公管理、财务管理、人力资源管理、合同管理、工程档案管理、材料管理、工程设计管理等方面的数据信息都实时呈现出企业生产经营状态。人们从海量的原始数据中提炼出有效信息，再将这些有效信息经过一系列的分析和归纳，最终用于生产和决策，提高了管理控制的准确度，这也是数据价值化的体现。

2. 为决策提供科学依据

企业发展依靠的是正确的决策，而决策的基础则是信息。企业决策者及时了解市场信息，清楚企业自身经营状况，掌握竞争对手的动态对于企业在市场竞争中显得尤其关键。充分利用信息资源能够更加灵活、快捷地获取、传递、利用信息资源，使信息、决策、行为三者高度集成，极大地增强了决策者的信息处理能力和方案评价能力，拓展了决策者的思维空间，最大限度地减少了决策过程中的不确定性和主观随意性。特别地，经理人员所需要有利于其竞争决策的信息，包括基础信息、生产力信息、各方竞争力信息与稀缺资源配置的信息等。

3. 提供发展趋势预警

企业的发展战略受外部发展趋势影响，需要进行多维度的趋势分析，包括政策趋势、文化趋势、消费趋势、经济趋势、流通趋势、技术趋势、商品趋势、资本趋势等。那么，如何去洞察趋势，发现趋势呢？政策新闻、股市投资信息、年轻消费人群的新闻，全球经济与区域经济走向信息，跨行业的技术变化信息，商品在流通环节的效率提升信息，数字经济与新经济的特点信息等各方面的信息是管理者预判趋势的基础。当管理者对多维度的趋势发展有了习惯性的敏锐度，那么，在对接或引领新商业变革和产业升级当中才能有企业存在的价值。

## 阅读专栏 37-5  沟通能力测试

所有管理者在某种程度上，都与组织内部和外部组织或机构之间有信息交流，他们不断地收集或传递某些信息。因此，管理者必须懂得如何运用多种途径收集信息，以及针对信息内容选择恰当的沟通形式。那么，良好的沟通能力就是必需的。测测你的沟通能力。

1. 你一般如何得知他人的真实想法？

A. 与其直接沟通

B. 根据他的行为做出判断

C. 我总是能猜得很准

2. 你如何看待沟通在团队中的作用？

A. 沟通能够达成目标

B. 沟通能够协调行动

C. 沟通能够达成共识

3. 你如何向团队成员下达行动指令？

A. 双向沟通，确定目标

B. 根据成员能力进行分配

C. 直接规定其按期完成

4. 你如何避免团队沟通过程中的信息失真？

A. 对信息进行反馈和确认

B. 通过书面方式进行沟通

C. 清晰表达自己

5. 作为管理者，你一般与团队成员进行怎样的沟通？

A. 以非正式沟通为主

B. 非正式与正式沟通各占一半

C. 以正式沟通为主

6. 你如何避免语言表达时产生歧义？

A. 对表达内容进行确认

B. 换种表达方法

C. 对容易产生歧义的词语进行解释

7. 作为管理者，你如何对下属进行批评？

A. 用含蓄的方式提醒

B. 先表扬后批评

C. 直接告知其错误，要求改正

8. 你如何看待你与他人沟通对第三人产生的影响？

A. 有可能使第三人产生误解

B. 有比较微弱的影响

C. 和第三人没有关系

9. 你如何理解团队协作过程中的沟通？

A. 沟通促进协作

B. 沟通是协作的方式之一

C. 默契可以代替沟通

10. 作为管理者，你如何提高团队沟通效率？

A. 建立沟通机制　　　　B. 及时沟通　　　　C. 定期沟通

选 A 得 3 分，选 B 得 2 分，选 C 得 1 分

24 分以上，说明你的团队沟通能力很强，请继续保持和提升。

15~24 分，说明你的团队沟通能力一般，请努力提升。

15 分以下，说明你的团队沟通能力很差，急需提升。

# 第十一节　创新管理能力

## 一、企业创新管理概述

（一）企业创新的含义

创新是指人类为了满足自身需要，不断拓展对客观世界及其自身的认知与行为的

过程和结果的活动。或具体来讲，创新是指人为了一定的目的，遵循事物发展的规律，对事物的整体或其中的某些部分进行变革，从而使其得以更新与发展的活动。

企业创新就是根据市场需求的发展趋势，为生产经营跟市场需求相适应的产品，而充分利用并不断优化自身资源与社会资源配置，从企业经营管理各个层面上进行的创造和革新。

企业创新由以下五个方面的内容构成：

1. 观念创新

所谓观念创新，是指形成能够比以前更好地适应环境的变化并更有效地利用资源的新概念或新构想的活动，它是以前所未有的、能充分反映并满足人们某种物质或情感需要的意念或构想，来创造价值的活动。

2. 组织创新

创设一个新的组织体系并使之有效地运转是组织创新的主要任务。组织是企业管理活动及其他活动有序化的支撑体系。组织创新主要包括三大领域：企业制度创新、组织机构创新和管理制度创新。

3. 技术创新

管理技术创新的领域大致有：企业生产与管理流程的创新；新的管理手段的引进，如计算机辅助管理等；营销、财务、生产、产品开发等方面管理方法的创新，如财务的实时控制、产品开发的并行工程等；新办公设施的创设和使用；新的领导方式和方法；人员的测试与考评方法的改进等。

4. 市场创新

市场创新是指企业从微观的角度促进市场构成的变动和市场机制的创造以及伴随新产品的开发对新市场的开拓、占领，从而满足新需求的行为。

5. 管理创新

管理创新是指企业在一定的环境下，把新的管理要素（如新的管理方法、新的管理手段、新的管理模式等）或要素组合引入企业管理系统的创新活动。对企业的各种生产要素（人力、物力、技术）和各项职能（包括生产、市场等）在质和量上做出新的变化或组合，以创造出一种新的更有效的资源整合范式。管理创新至少可以包括五种情况：①提出一种新的经营思路并加以有效实施；②创设一个新的组织机构并使之有效运转；③提出一个新的管理方式方法；④设计一种新的管理模式；⑤进行一项制度的创新。

（二）企业创新管理

1. 企业创新管理的含义

企业创新管理是以企业为主体，为更好地实现企业创新的功能，在收益与成本评价的基础上，在制度供给的范围内对企业创新活动进行管理的过程。

企业创新管理的主要内容就是确定创新方面的愿景、战略和目标，培育创新文化、营造创新环境，为创新活动设定流程并提供所需的各方面支持，帮助创新团队取得预期结果。具体内容包括：企业需要考虑与创新管理体系目标相关，影响创新管理体系获得预期成果能力的外部和内部因素，以及相关方的需求和期望，并根据这些内容确定创新管理体系的范围，建立创新管理体系；制定创新愿景、战略、方针和目标并策划如何实现创新目标；确定并适时地提供所需资源（如人员、时间、知识、财务、基础设施等），以建立、实施、保持和持续改进创新管理体系；确定创新绩效评价指标，分析和评价创新绩效以及创新管理体系的有效性和效率，并按照策划的时间间隔进行内部审核和管理评审，以评估创新管理体系的适用性、有效性和效率。

2. 企业全面创新管理

企业全面创新管理（TIM）是以构建和提高核心能力为中心，以价值创造和增加为目标，以战略为导向，以技术创新为核心，以组织的各种创新（战略创新、组织创新、市场创新、管理创新、文化创新、制度创新等）的有机组合与协同创新为手段，凭借有效的创新管理机制和方法，做到人人创新，事事创新，时时创新，处处创新。

全面创新管理的要素包括"三全一协同"，即全要素创新、全时空创新、全员创新和全面协同。

（1）全要素创新，是指创新需要协同观和全面观，需要技术要素与非技术要素等与创新绩效有密切关系的要素达到全面协同才能实现最佳的创新绩效。基于国内学者研究成果，从宏观走向微观，创新要素包括：

1）双核心理论：技术创新、管理创新。

2）三维模型：技术创新、市场创新、管理创新。

3）六要素论：战略创新、技术创新、市场创新、组织创新、文化创新、制度创新。

其实，这三种理论模型，其要素内容是一致的，只是内容所划分的颗粒度不同。

（2）全时空创新，分为全时创新和全空间创新

1）全时空创新是一种创新策略、一种思想、一种观念，是即兴创新、即时创新（包括快速创新）、连续（即每周7天、每天24小时）创新的有机结合。即兴创新是在特定问题上的灵感闪现；即时创新是应时而发，要求快速地响应市场需求；连续创新就是每时每刻都在创新，让创新成为组织发展永恒的主题，使创新成为涉及企业各个部门和员工的必备能力，而不仅是偶然发生的事件。

2）全空间创新（或称全球化、全地域创新）是指在全球一体化和网络背景下，企业应该考虑利用创新空间（包括企业内部空间和外部空间），在全球范围内如何有效整

合创新资源为己所用，实现创新的国际化、全球化，即处处创新。它也包括全价值网络创新、全流程创新等。

（3）全员创新，是指创新不只是企业研发和技术人员的专利，而应是全体员工共同的行为。从研发人员、销售人员、生产人员到售后服务人员、管理人员、财务人员等，人人都可以在自己的岗位上成为出色的创新者。广义的全员还包括用户、供应商、股东等利益相关者。

（4）全面协同，是指企业各创新要素（如战略、技术、市场、组织、文化、制度等）在全员参与和全时空域的框架下进行全方位的协同匹配，以实现各自单独所无法实现的"2+2>5"的协同效应，从而促进创新业绩的提高。"全面协同"与传统意义上的"协同"的区别是：

第一，涵盖的协同主体更多、相互作用关系更复杂，传统的"协同"概念多指两个或三个主体间相互作用的协同效应，如技术与市场的协同，而本书提出的全面协同包括且不限于战略、文化、组织、制度、技术和市场等，更具有全面性和系统性，且关系复杂，而其全面协同效应也将更为明显。

第二，强调了全员和全时空创新的重要性。本书认为各创新要素必须在全员参与和全时空框架下才能真正实现全方位的全面协同，而这是传统的"协同"概念所没有涉及的。

全面创新管理不是对原有创新管理理论和方法的归纳集成和简单的延伸，而是一次具有革命性的突破。它改变了原有的基于机械观、线性的创新管理思维方式，而以生态观、复杂系统理论为其理论依据和出发点。无论是从理论基础、目标、战略、结构、要素、时空范围还是管理风格方面，都与传统的创新管理范式有本质的区别，特别突出强调了新形势下全时空创新、全球化创新和全员创新的重要性，使创新的主体、要素与时空范围大大扩展。全面创新观与传统创新观的显著区别是突破了以往仅由研发部门孤立创新的格局，突出了以人为本的创新生态观，使创新的要素与时空范围大大扩展。

## 阅读专栏 37-6　企业创新理论

1. 熊彼特创新理论

熊彼特认为，创新就是建立一种新的生产函数，也就是说，把从来没有过的关于生产要素和生产条件的新组合引入生产体系，进而形成新的生产能力，最终获得潜在利润。创新是企业家对生产要素的新组合，即对现有资源的重新组合，这种重新组合资源的活动，被熊彼特称为"企业家职能"。熊彼特的创新理论可以概括为"发明—创新—扩散"模型。他强调了创新对资源配置有重要意义的三个特征：

（1）创新依赖于资源的投入。

（2）创新内嵌于那些实施新组合的新企业中。

（3）创新通常是由被称为"新"人的企业家来驱动的，他们通常不是在现有商业圈中占主流的那些人。

2. 技术创新理论

技术创新是企业家抓住市场的潜在盈利机会，以获取商业利益为目标，重新组织生产条件和要素，建立起效能更强、效率更高、费用更低的生产经营系统，从而推出新的产品、新的生产（工艺）方法、开辟新的市场，获得新的原材料或半成品供给来源或建立企业的新的组织，它是包括科技、组织、商业和金融等一系列活动的综合过程。所以，从企业产品生产、销售和效益等方面把技术创新定义为创造价值的全过程。

3. 制度创新理论

制度创新是指经济的组织形式或经营管理方式的革新。诺思认为，历史上的经济增长并不是由技术进步决定的，技术进步只是伴随着经济增长的一个现象或结果，制度变革决定影响技术创新。按照诺思的观点，制度创新决定技术进步，虽然技术创新对制度创新有重要的作用，如技术创新可以降低某些制度安排的操作成本，增加制度创新的潜在利润，但制度创新对技术创新起着决定性的作用。

4. 国家创新体系与创新体系建设

英国经济学家克里斯托夫·弗里曼在对日本进行考察分析的基础上，首次提出了"国家创新体系"这个全新的概念。他认为，人类历史上技术领先国家先后经历从英国、德国、美国到日本的转移，并不仅是技术创新的结果，许多制度安排与组织方面的创新活动功不可没，这些可以归结为国家创新体系发生演变的结果。

弗里曼强调政府政策、企业研发、教育培训以及产业结构在创新中的作用。创新的成败取决于国家调整其社会经济范式以适应技术经济范式的要求和可能性的能力。

美国经济学家理查德·R. 尼尔森主编并出版了《国家（地区）创新体系：比较分析》一书。他将国家创新体系定义为"其相互作用影响企业技术创新成果的一整套制度"。其在更加广泛的范围内分析国家创新体系，把企业、企业附属研究所、公共研究机构和高等院校视为国家创新体系的主体。


## 二、企业创新管理体系

创新管理体系是一组相互关联且相互作用的元素，旨在实现价值。它提供了一个通用框架来开发和部署创新能力，评估绩效并实现预期的成果。其构成包括以下十个要素：

（一）明确创新战略

根据企业的内外部环境和可得的资源状况，为求得产品技术创新的长期稳定发展，对创新发展的目标、达到的途径和手段，进行总体的规划。作为整个创新发展行动计划的基础和指南。战略计划的制定是在对现状的准确把握的基础上，对企业所在的行业技术状况、市场竞争态势、发展定位等作出分析和梳理，结合企业的发展战略，作出中长期的规划。

（二）创新组织建设

企业的创新工作离不开包括企业层面和各业务单元层面的各级创新组织的建设工作。组织结构的制定是在对于战略的准确把握的基础上，对企业的创新体系组织构架作出分析和梳理，结合企业的资源现状和现有技术体系，作出创新发展组织结构的规划，作为整个创新发展行动计划的组织保障。

（三）创新人才队伍与创新团队建设

企业是创新的环境，而人才是创新的主体。人力资源人才核心素质中"创新特性"已是企业人才标准中不可或缺的元素。企业创新型人才的培养是个系统工程，是企业战略的重要组成部分。

企业创新团队建设涉及团队组建、团队互动以及团队激励等管理任务。企业创新团队组建要解决的最基本问题是团队成员角色的定位；企业创新团队互动建设要以建立牢固的团队互信为出发点，促进员工形成共同的工作语言、工作方式、行为准则，从而在团队成员间形成共同的团队愿景与团队价值观，最终形成相互信任的创新工作氛围；企业创新团队的激励要充分发挥创新成员本身对于技术创新、产品创新的积极性，为其设计符合自身工作需求的岗位，丰富技能运用性，提升岗位重要性，合理考核创新员工工作绩效，量化员工工作成果，同时还要从团队领导的角度出发，加强领导与员工上下级之间的交流，给予下级充分的信任与理解，赋予员工创新所必需的权利和地位。

（四）创新资源配置

创新资源配置就是对创新资源进行整合、供给、协调和分配，必须兼顾企业技术创新体系的整体运行来考虑，既要充分调动现有各种技术创新资源，又需协调创新项目所涉及的诸多环节之间的关系。主要包含三个方面内容：一是对企业现有技术创新资源进行面向项目需求的整合，形成针对性技术创新资源的供给，以保证技术创新项目有充足、有效的创新资源保障；二是对创新项目各环节、各执行主体之间的关系及项目过程进行调节与控制，促使创新资源实现节约、高效和机动灵活的配置目标；三是通过适时调整资源配置规模、结构和方向来转换创新重点，改变创新方向，以把握创新机遇，规避和化解由于技术发展、市场变化及技术创新本身的不确定性给企业带来的风险。

（五）创新项目开发

创新开发阶段的目标就是保证研发活动的成功完成，开发出能为企业带来价值的创新成果；在创新开发过程中，要保证组织内部的横向沟通，保证组织内外部的信息流动。创新开发过程要有很好的计划和控制，建立研发项目的计划，包括研发项目的时间、成本、风险、范围等的专项计划以及集成计划，设立这个阶段的具体里程碑，跟踪检查创新活动，对可能出现的偏差进行纠正；这个阶段研发项目会出现时间、成本等的变更，甚至出现需要终止项目的变更，因此需要建立变更管理的计划。

（六）创新流程与创新机制

优秀的流程管理会促进创新成果转化及缩短商业化周期。流程管理的核心是企业在研发、市场营销、生产制造、工艺设计等诸环节之间的界面打通。按照创新发起者和企业内部组织在其中发挥的作用不同，创新一般可分为三个主要阶段，分别是涂鸦式创新阶段、设计式创新阶段和指导式创新阶段。这些阶段形成漏斗式的创新筛选和决策过程，经过集思广益、不断试验和探索、细心观察和评估，在得到认可和批准的前提下，逐渐将较为松散的创新活动转化为更加深入和集中的努力。

（七）创新评估

创新评估是检验创新战略目标是否实现的阶段。具体活动包括：项目人员将项目资料进行整理，总结经验教训，评价创新项目效益和绩效，实行结果的反馈，同时对项目人员进行评价，做好奖励和效益分配的活动等。这个阶段的控制就是要保证评价的效果，促进组织学习。

（八）创新激励与约束

创新活动的实施需要有良好的动力机制，即激励和约束机制。激励就是通过诱发企业内部的动力源，调动人们技术创新的积极性，促使科技成果商品化过程的不断加速。约束是指企业能自觉、主动、有效地制止技术创新活动中的一切不合理行为，保证创新活动有效率和合理化。

（九）创新文化与创新环境建设

创新文化是企业一切创新活动的动力和源泉，而创新精神是企业文化的核心和基石，是企业的灵魂和希望。企业的创新精神主要包括员工的创新信条、创新价值观、创新行为准则以及他们对企业的认识、责任感、荣誉感、自豪感、使命感等。是企业创新活动得以开展的精神支柱，是企业内部凝聚力和向心力的有机结合体，是企业创新文化之魂。企业需重视培养勇于进取的企业创新精神，形成一种你追我赶要求创新、要求上进的创新文化。企业内部创新环境能够促进创新型人才及创新资源的整合，是企业创新的先决条件。一般来说，企业内部创新环境包括创新物理环境、创新制度环境、创新文化环境等。

（十）创新基础设施建设

企业技术创新的实现，研究开发是基础。一个企业要进行有效的创新，就必须要有合理的研究、实验、发展的合理布局和资源投入，以及企业内部与企业外部（研究所、高校）研究与发展力量的协同。所以，研究发展体系是企业创新基础设施建设的重要内容。人员能力是企业技术创新能力的核心，技术创新关键由企业科技人员完成，为提高企业科技人员的水平，企业应该建立和健全科学教育与技术培训体系。资金筹集与运行能力是企业技术创新能力提高的重要保证条件。企业要提高技术创新能力，必须从战略的角度重视对研究开发经费的投入，并且在经费的分配上要合理，要能够保证在基础研究、应用研究和发展研究三个方面有一个合理的比例关系。

## 三、创新要素的获取与配置

（一）创新要素

1. 创新要素的概念

创新要素是指与创新相关的相关资源和能力的组合，通俗地讲，就是支持创新的人、财、物，以及将人、财、物组合的机制。

2. 创新要素的组成

创新要素主要是技术创新的要素，是技术创新活动得以开展的必不可少的因素，主要有四个：创新者、机会、环境和资源。

创新者一般是指企业家。有时创新者除了企业家外，还可以是科研单位的研究人员、负责人或政府计划管理人员等。虽然创新者一般是企业家，但并非所有的企业家都是创新者，发明家也不一定是创新者。只有敢于冒风险，把新发明引入经济的企业家或发明家，才是创新者。创新者根据市场需求信息与技术进步信息，捕捉创新机会，通过把市场需求与技术上可能性结合起来，产生新的思想。这些新的思想在合适的经营环境和创新政策的鼓励下（包括合理的价格、公平的竞争、对技术创新的鼓励政策等），利用可得到的资源（包括人力资源、财力资源和技术资源），通过组织管理（研究开发、试生产、设计和生产、营销），从而形成技术创新。

在这四个创新因素中，一般来说创新者是能动的主体，其作用最主要。

（二）创新要素获取与配置

新型举国体制是进入 21 世纪百年未有之大变局下我国技术创新战略性国策，根据我国经济发展现实及其技术创新特征，在全国发挥市场和计划两种机制对技术创新资源最优化配置。举国就是集全国及全球的技术创新资源进行技术创新，新型举国体制是在全国范围内利用市场和计划对技术创新资源进行最优化配置，其含义为：一是构建全国统一技术创新市场，充分利用市场配置机制将全国的技术创新资源调动起来，产生巨大的技术创新活力；二是举国体现在国家利用计划手段，在全国范围内合理调动技术创新资源，进行技术创新攻克决定性关键性的"卡脖子"难题；三是技术创新成果的市场化产业化，从而弥补技术创新的成本和风险，形成技术创新的良性循环。同时，根据技术创新的特征，采用恰当的科学方式在全国及全球配置技术创新资源，达到最优的技术创新，从而实现我国新发展的格局。

作为企业在举国体制大背景下的自身技术创新要素配置，应关注两点：

1. 创新者的技术创新激励与补偿

影响技术创新的主要因素是技术创新激励及补偿，如从事技术创新人们得不到补偿和激励，技术创新缺少动力，可持续技术创新将无法维持。

2. 技术创新价值链中寻求协同创新

利用平台经济在全国及全球范围内收集好技术创新的想法，采用去中心化的网络核心的社群创新，多样性和独立性的社群创新可能创造新知识或新信息，在全球范围内进行生产链和供应链的重组，实现优化配置。

## 四、创新实施

（一）建立组织技术创新变革的团队

团队的主要任务包括运用组织的各种资源，吸收组织技术创新战略和变革方案，协调和沟通企业组织各部门，吸收各部门的人员参与变革方案，制定和实施各种和变革相关的企业活动。

（二）建立创新变革的组织愿景

建立组织变革的愿景是变革实施中组织成员思想转变的关键，让企业组织的全体成员深刻地意识到创新势在必行，只有提高企业组织的技术创新能力，才能实现组织的利益，组织成员的利益才能得到更大的保障，调动各部门的成员对变革支持和理解，积极配合企业组织变革的过程，在全体组织成员的参与下完成技术创新能力的提升。

（三）准备组织的资源

资源包括资金、场所、人员等有形资源，也包括技术、技术人员等无形资源。在各种资源准备中尤其以技术和相关高技术人员的准备更为重要，它是变革成功是否成功的关键。

（四）认识创新的阻力

尽管已经建立了组织愿景，但在技术创新变革中必须考虑各种变革阻力。变革阻力大致可以分为组织阻力、个体阻力和技术阻力。

克服变革阻力的方法有以下几点：

（1）制订克服变革阻力的计划。

（2）要充分考虑技术创新的不确定性。

（3）运用克服阻力的策略。

（4）实施过程要循序渐进。

（五）进行组织结构的变革

为有效提升组织的整体技术创新水平，必须进行组织对技术创新的适应性改革。这种组织结构的整体变革可以说是整个技术创新组织变革实施过程中最为困难和不容易取得成功的过程。整个组织结构的变革由于涉及一个企业组织方方面面的内容，因而其阻力也显而易见。

（六）创新实施的后评价

之所以要对企业技术创新组织的有效性进行评价，是因为企业组织必须要知道所选择的技术创新变革方案是否达到所期望的有效性目标，以便为今后决策提供必要的依据。从大的方向上看，分为目标完成、顾客认同和组织发展三个方面。

## 五、培养创新团队和创新人才

（一）创新团队的构建原则

1. 系统性原则

创新团队运作的成功与否与各方面的内外部因素有关，因此在决定是否进行创新团队建设和创新团队建设的过程中，应遵循系统性原则，做好各方面的工作。

2. 实事求是原则

在构建创新团队时，还要注意实事求是，具体问题具体分析。对于其他创新型团队成功运用的做法，不能全盘接受，而应根据实际情况进行适当调整，以适应自身的独特环境。

3. 循序渐进原则

创新团队的建设绝非易事，不可能一蹴而就，不仅需要创新团队自身艰苦卓绝的努力来进行运作，还需要创新团队内外环境相关因素的配套和协调。创新团队的许多方面都必须摆脱传统的做法，进行人的转变。在变革的过程中必然会碰到障碍和阻力。因此，创新团队要遵循循序渐进原则，采用开展试点、摸石头过河逐步总结推广等方式，有步骤地开展创新团队的构建活动。

（二）创新团队构建的五要素

创新团队构建的五要素分别为：

1. 合理的团队人数

创新团队的合适人数，无论是网格型创新团队还是任务导向型创新团队，根据管理学中的层幅理论，管理幅度都不易过宽，8 人左右为好。

2. 清晰的主题目标

构建创新团队应该有清晰的主题目标，围绕实现这个目标明确实施要点，同时依据要点排列成具体的节点计划，其中包括构建方法的运用、分工和合作、途径和程序、时间和衔接等。

3. 协同工作的能力

一个创新团队重要的是协同工作的能力，每个成员对创新团队要有认同感，认同感的体现是每个成员的自觉到位以及主动补位，成员之间是紧密合作的关系。

4. 和谐的成员关系

不宜将创新团队的设置完全等同于行政类管理机构。在创新团队中强调指导，而非领导；强调平等合作，而非职务管理；强调和谐的整体环境，而非本位观念。

5. 自我介入模式

管理者应该是创新团队的培训师，借助创新团队这个平台，宣讲企业的共同愿景和管理理念，传播企业文化，保障创新团队保持对企业共同目标的忠诚度；此外，管理者还应当是企业创新团队的参与者。

（三）创新团队建设的阶段

1. 初步建立阶段

创新团队的成员由于各自背景、专业不同，而且创新团队的目标刚刚建立，团队成员对于实现目标的方法和手段仍处于摸索时期。创新团队管理者应当立即掌握团队，督促创新团队成员进入状态，采取各种方式减少创新团队中不安定的因素，促进团队成员在个性、能力等方面的融合。创新团队成员应当互相支持、互相帮助、努力营造一个和谐愉悦的团队氛围。

2. 培养规范阶段

创新团队采用正确的团队培养战略和方法，团队凝聚力、团队精神、团队标准、团队价值观开始被成员所接受。创新团队管理者应当在创新团队中挑选一些核心成员，去培养和锻炼他们的创新能力。在可控制范围内，对于短期的目标可以适当授权团队核心成员参与决策，但是要注意事前监督、事中控制、事后考核相结合。创新团队成员应当对创新团队的目标达成共识，努力提高创新能力。

3. 稳定执行阶段

创新团队绩效逐渐达到平衡（负反馈开始启动），创新团队管理者应当允许创新团队成员公开表达不同的意见，建立愿景，调和团队成员的差异性。创新团队成员应当以主人翁的姿态参与创新团队的创新。

4. 结束阶段

结束阶段并不是宣告创新的结束，而是指创新团队的研究对象和创新团队主要成员发生实质性的变化。创新团队管理者应当运用系统思考，纵观全局，并时刻保持危机意识。促进创新团队的不断学习，保持成长的动力。创新团队成员应当对以前成功和失败的经验进行总结，提出改进的办法和建议。

（四）创新团队构建中的重点工作

1. 建立有效的激励机制

建立一套"分配合理、收入多元、公平竞争、有效激励"的分配机制，达到稳定关键的创新型人才、吸引高层次人才的目的。

2. 形成特有的团队文化

塑造一种唯才是举、量才而用、鼓励竞争，论功行赏的体制性团队文化，形成有利于创新团队发展的文化氛围。

3. 培养后备人才，建立人才备用池

一个创新型企业创新团队至少要培养 2~3 名人才，经过在创新团队中的锻炼和创新团队领军人物的培养，不久他们应当能独当一面，成为创新型企业未来的优秀人才。

4. 建设非正式的交流平台

团队之间的交流沟通，可以促进各类创新团队人才的优化组合，促进不同思想、不同观点的交流与碰撞，激发创新。

（五）培养创新人才

企业创新型人才的培养是个系统工程，企业可以通过系统培训、搭建人才的创新舞台以及通过员工价值塑造，使创新型人才与企业共成长。

1. 系统培训

企业通过不同层级的培训课程及培训实施测评控制体系来培养出符合企业战略发展需要的创新型人才，基层人员重点培养其岗位创新能力，中层人员重点培养其管理创新能力，高层人员重点培养其战略创新能力。

2. 搭建创新舞台

要培养创新型人才不怕挫折、百折不挠的精神。要创造条件，让创新型人才多试、敢闯。在有意见分歧时，要引导人才在干中求证，有风险时，企业领导要尽快消除他们的顾虑，并主动承担必要责任。要给创新失败者鼓劲再鼓劲，要帮助创新者从挫折中吸取教训，从失败中求得成功，重拾信心。

3. 员工个人价值的实现

员工人生价值与企业发展价值的统一是塑造创新型人才的最关键环节，让创新型人才真正实现其价值，就必须让他们真正融入社会与企业的发展大潮之中，而不是置身其外、孤芳自赏。创新型人才应该承担起更多的社会责任。人的创造力可以在履行责任的过程中得到提升。

### 六、创新文化培育与创新环境营造

（一）培育创新文化

只有当创新作为一种文化，深深根植在员工的头脑中，潜移默化地影响其行为方式时，创新才能成为企业发展的长远战略。公司最高的管理层具有强烈的创新导向，从而引导组织整体崇尚创新，公司有意识地编制一些崇尚创新的人物故事，使之提升为公司的创新"英雄"，具有非常现实的鼓动和榜样作用。以至于公司每一个重大开发项目，都有英雄出现，成为公司创新文化的重要内涵，也体现了组织所强调的价值观和行为规范。

（二）创新环境营造

1. 创建交流和知识系统

学习型组织的生命线就是一个自由、开放、便于信息交流和知识传播的系统。这种交流系统必须符合：①能够产生新颖而又实用的知识；②能够保证企业内部有关经营和战略信息渠道的畅通；③企业能从外部方便、快捷地获取有关知识；④信息的传播是高效的，即能随时到达需要它的员工和部门手中；⑤各个信息点相互支持，相互促进。

2. 建立实用有效的共享学习系统

任何企业开发内部共享的学习系统都是十分有益的，它不仅可以节约企业资源，提高劳动效率，而且使企业真正成为一个内部有机联系的系统，增加了企业内员工的互助合作，密切配合，充分发挥团队的整体作用。

3. 注重全员、全方位、全过程的教育培训，创造从日常经验学习的机会

必须创造使员工随时随地都能学习的方式，而且这种学习应是开放式的和交流式的，能实现组织的共享。

## 案例 37-4　3M：组合拳打造创新斗士

3M 公司将有强烈的创新意识和创新精神的员工称为"创新斗士"。为了保证创新斗士的不断产生，从企业文化到团队精神塑造，3M 公司通过一系列组合拳来打造一个永远创新的人才团队。

1. 成立创新产品小组

创新产品小组是 3M 公司对创新斗士支援系统的基本单位，具有以下三个重要特征：

（1）各种专业人才全力共同参与：一个创新小组的成员至少要包括技术人员、生

产制造人员、营销人员、业务人员或财务人员，而且全部都是来自各个部门。

（2）全是自愿者：3M 让创新小组的成员完全由自愿者来组成。更为关键的是，即使创新小组工作失败，小组的成员也能够回到原来的岗位上，使员工完全没有后顾之忧地进行创新。

（3）具有相当的自主权：在 3M 公司，产品开发小组的技术人员提出一项新构想，正常途径是先向直属上司申请费用，要是上司不支持该项目，他可以直接向总部申请"起源基金"，如果也未能获得"起源基金"资助，3M 还有个最高法庭，即"创新事业发展部门"，供他们提出最后的申诉。为了配合这套制度的发展，3M 对于人事的调动非常富有弹性。例如，甲小组的工作人员的构想，一旦被乙小组的一位部门经理所采纳，那么这位工作人员便可随着他的构想一起转移到乙小组工作。

2. 建立创新组合平台促进创新斗士交流

除了"创新产品小组"，3M 更关注于"创新平台"的构建，核心技术组成的创新平台已达 45 个之多。创新平台能够使技术人员和市场、生产人员打破部门间的阻隔真正进行沟通，也能使核心技术被各部门自由使用。

除了这 45 个核心创新平台外，3M 公司还致力于构建更为畅通的交流环境，比如定期举行的"技术论坛"等。技术论坛是 3M 创新活动的知识共享平台，成员有数千人，每天都有各种活动。技术论坛下设分会、各委员会。这个组织还通过公司内部的电视系统向全美各地的分部传送活动情况。交流委员会则向技术论坛成员定期分发公司的业务通讯。

3. 建立创新式团队提升创新斗士战斗力

（1）奖励制度。3M 全球共有的奖项，最著名的是"卡尔顿奖""金靴奖""全球技术卓越创新奖"。卡尔顿奖设立于 20 世纪 60 年代，以 3M 前总裁卡尔顿（Richard P. Carlton）命名。这个奖项象征着 3M 科学家个人的最高荣誉，用以奖励在科学上获得重大突破或者做出杰出贡献的 3M 科学家。金靴奖是 3M 全球鼓励团队创新和激励产品商业化推广的最高奖项，全球技术卓越创新奖则是 3M 员工个人技术水平的最高奖项。相比于奖金，这些奖项中蕴含的精神奖励对创新团队和团队成员的激励更为有效。因为，对于追求创新的团队及其成员来说，获得最高级别的认可，才是最高的荣誉。

（2）"15%时间"法则。"15%时间"法则是指 3M 公司的每个员工可以有 15% 的工作时间用在自己选择和主动提出的项目上。陈雪花就是利用自己工作时间 15% 的自由时间，对纳米技术进行了额外的研究，并和团队的研究成果融合在一起，研发出以纳米技术为基础的涂层技术，从而在先进材料创新团队和纳米涂层技术应用于呼吸面罩产品创新团队之间架起了桥梁。

（3）协调。创新团队的协调，主要由队长负责。以"DYNASTY 工业胶带产品本土化"项目团队为例，该团队的队长熊海锟用电子表格把团队目标具体量化为项目"里程碑"；产品雏形开发出来后，他把雏形产品的反馈安排用电子表格发给来自销售部门的团队成员，让他们填写：每一个销售片区的目标客户是谁？哪些销售人员负责把产品样品带去客户那里？他希望和哪个技术支持工程师一起去？希望产品样品的尺寸是什么？什么时候把客户的反馈带回来？通过精心设计的电子表格，客户的意见和建议能够得到正确的反馈，在 2 个小时的会议里，就能把这项关键工作下一步的计划安排界定得非常清楚。

3M 公司创新管理的成功经验有哪些值得借鉴之处？

## 推荐阅读

1. 王秀丽 . 通用管理能力实务 [M]. 广州：华南理工大学出版社，2019.

2. 章哲 . 职业经理十项管理训练（上中下）[M]. 北京：中国社会科学出版社，2003.

3. 张锡民 . 中层执行力训练 [M]. 北京：北京大学出版社，2005.

4. 崔加成 . 高级经理人训练指引 [M]. 北京：企业管理出版社，2003.

## 思考题

1. 职业经理人职业基本工作内容包括哪些？

2. 职业经理人能力结构包括哪些内容？如何提高这些必备能力？

3. 如何进行组织结构设计和人员配备？如何授权分权？

4. 目标管理的意义何在？在你所在企业如何实施目标管理？

5. 数字经济背景下，职业经理人应具备哪些信息能力？

6. 如何推动企业技术创新？

# 第三十八章　职业经理人管理技能

## 学习目标

1. 掌握口头表达与书面表达的方法；

2. 掌握计划制定的工具和实施办法；

3. 正确理解执行的意义与实施步骤；

4. 理解指挥理论与实施方法；

5. 掌握有关控制工作基础理论和企业主要控制方法；

6. 掌握监督的理论和企业管理监督机制建设方法；

7. 掌握考核的基本方法与工具；

8. 掌握企业总结与评估工作的基本工作方法。

## 第一节　表达与沟通

表达是指传达者在反映客观事物和表达感情或观点时所使用的信息传达样式，由信息传递者、信息内容、信息传递途径、信息接收者等要素构成。表达主要分为口头表达、文字表达。

### 一、口头表达技能

#### （一）口头表达的含义

口头表达是个人的语言能力和交际能力自然综合的体现。口头表达能力是指运用口头语言表情达意的能力。因此，它是一种综合性的能力，不仅指说话的技能技巧，还包括说话人的思维能力、知识水平和智力等方面的因素。思维的逻辑性、深刻性、灵活性、敏捷性，在很大程度上影响着说话的准确性、条理性、延展性和应变性。

职业经理人的口头表达常见形式：即席发言、谈话、演讲（说服型演讲、互动式演讲、汇报型演讲）。口头表达具有以下特点：①口语化和大众化；②互动性和综合性；③生动性和灵活性；④临场性和随机性。

（二）口头表达技巧

1. 口头表达技能要素

（1）口头表达声音技能。

第一，语种选择（普通话、方言、外语）。

使用简单、明确和清晰、对方容易理解的语言来表达。正式场合用普通话，必要时用国际通行的英语，非正式场合用当地方言让对方感觉更加的亲切，有利于沟通。

第二，语速控制。

语言是思维的延伸，过快的语速会影响表达效果。语速过快，不利于语言的梳理，常常会把事实、观点和结论没有次序地一股脑儿道出。正确的语速是与对方理解的反应速度同步。

第三，语调与声调调节。

语调就是说话的腔调，是一句话里语音高低轻重的配置，也是整句话和整句话中某个语言片段在语音上的抑扬顿挫，包括重音、停连、句调和节奏。同一句话，语调不同，所表达的态度情感甚至意义都有所不同。

句调大致可以分为四种类型：平调、升调、降调、曲调。

平调——语调平稳，没有什么重读或强调的显著变化。一般叙述、说明，以及表示迟疑、深思、悼念、追忆等思想感情的句子，用这种语调。

升调——语调由低逐渐升高。常用于表示激情、赞美、疑问、反问、惊异、命令、呼唤、号召的句子。

降调——语调由高逐渐降低，句尾的字低而短。这种语调常用来表示肯定、祈使、允许和感叹的语气。

曲调——语调曲折变化，有时先升后降，有时先降再升。这种语调常用来表示夸张、惊奇、讽刺等较为特殊的语气。

（2）讲话形式要求。

第一，开口导入语。

导入语，也叫"开场白"，引人入胜的导入，能够调动听众的注意力，明确思维方向，激发兴趣，为整体讲话打好基础。

第二，巧妙运用幽默。

幽默可以促进理解、营造气氛。讲话者不是刻意的表演，而是善良、积极、乐观、向上的心态的自信表达，才能让听者从心底感到快乐，才更能感染别人。

第三，转折连接。

恰当地使用转折连接词，使口语表达做到准确、委婉、礼貌、生动、形象。

第四，演讲风格。

演讲风格是演讲中表现出的个性和特色，体现了演讲者的思维和语言修养上的特点、阐述思想的手段、在讲台上的风度以及和听众交流的方式。形成完美的演讲风格，直接关系到演讲的效果，以及听众实际接收信息的质量和数量。

第五，为声音注入活力。

用朴素的哲理为声音赋予深刻的力量，用诙谐的、具有磁铁般的语调让语言更具吸引力，用娓娓道来的逻辑，让语言更具有说服力，深深地感染、吸引听众。

2. 口头表达的内容准备

（1）即兴讲话的内容准备。在集会活动中，最后一般都有请嘉宾或领导即席发言这个环节。这种即兴演讲，有别于下达指示，也不同于专家点评，一般是谈感想、说看法、讲希望，要求短小精悍、画龙点睛，切忌啰唆冗长、套话连篇。材料的快速组合是体现即兴演讲能力的主要因素之一。它要求演讲者在极短的时间内解决好"说什么"和"怎样说"这两个问题。即兴演讲中材料的组合可以采取递进式、正反式、并列式、过去现在将来式四种形式或互相结合、互相套用。具体如下：

1）递进式。围绕所要说明或论述的问题，先说明"为什么"，继而谈"怎么样"。

2）正反式。围绕题目要求，一方面从正面说明，另一方面从反面说明。正反对比，效果明显突出，引人深思。

3）并列式。首先将总题分解成若干个分题，这若干个分题各自独立又互相连贯，共同阐明同一主题。这种材料的组合方式可使演讲条理井然，而且极有力量和气势。

4）过去现在将来式。先从当前事件的过去历史说起，再谈今天的意义，最后展望未来的发展。由熟悉的内容开始，进而演进到未来的意义。

（2）正式演讲的内容准备。按照一定的脉络展开内容：精选主题—确定主线—观点的灵活性—把握听众需要，将听众的认知与表达的观点紧密联系，争取好的效果。

（3）工作部署报告内容准备。部署工作把握以下重点：阐述问题—陈述需要的结果—强调工作任务的重要性—分配能够胜任工作的人—说明落实部署计划的时间、方法以及可能出现的问题。

（4）交流协商的内容准备。交流协商过程往往发生在商务谈判、纠纷解决等场合，需要事先对各方的背景资料、事情的证据等做准备，事先要熟悉交流对象的个人状况（政治倾向、宗教信仰、婚姻状况、个人爱好等），确定交流的主题和支持依据，并寻求与对方利益相关者的理解，营造外围支持环境。

3. 听众需求分析

对沟通对象的特点进行分析，首先要解决"他们是谁"。分析这个问题的目的在于解决"以谁为中心进行沟通"。部署工作会议听众特点及需求、工作协商听众特点及需求、社会论坛研讨会听众特点及需求有很多不同点。在很多沟通场合中，沟通者可能拥有或考虑到会拥有多个不同的听众（群），当对象超过一人，就应当根据其中对沟通目标影响最大的人或团体调整沟通内容。

一般来说，沟通中的听众包括五类：

主要听众，又称直接听众，各种信息只有传递给主要对象才能达到预期的目的。

次要听众，又称间接听众，他们可能会对沟通者的提议发表意见或产生一定影响。

守门人，即沟通者和最终听众之间的"桥梁听众"，他们有权阻止沟通者的信息传递给其他对象，因而他们也有权决定沟通者的信息是否能够传递给主要对象。因此，需要思考分析他是否会因为某些理由而改变信息或封锁信息。

"意见领袖"，即听众中有强大影响力的、非正式的人或团体；他们可能没有权力阻止传递信息，但他们可能因为拥有政治、社会地位和经济实力，而对沟通者的信息的实施产生巨大影响。

关键决策者，即可能是最重要的，可以影响整个沟通结果的关键决策者。如果存在则要依据他们的判断标准调整信息内容。

要说明的是，上面的某几类听众可以是一个人充当，有时最初对象既是主要对象，又要负责对文件的提议付诸实施。

一旦确定了听众的范畴，就应仔细地对之进行分析。有时可以借助于市场调研或其他已有的数据，但大多数情况下，对听众的分析是相当客观的，即要站在他们的立场上，想象自己是他们中的一员，再向所信任的人征询意见。对听众做个体分析，可以对听众成员逐一进行分析，考虑他们的受教育程度、专业培训、年龄、性别以及兴趣爱好，他们的意见、喜好、期望和态度各是什么，还可以对听众做整体分析，即通过分组的方式对听众进行框架式分析，如听众的群体特征是什么，立场如何，他们的共同规范、传统、标准准则与价值观怎样。

明确了听众的类型，应进一步分析的是"在特定的沟通过程中，听众已经了解的和仍需了解的是什么"？其中，特别需要解决的是以下三个问题：①听众对背景资料的了解情况；②听众对新信息的需求；③听众的期望和偏好。

4. 演讲控场技巧与能力

控场是指演讲者对演讲场面进行有效控制的技能和方法。它包括对演讲全过程的把握，对演讲现场的调度等。例如，上场的从容不迫、调节听众情绪、临场发挥等。演讲是灵活的，一场演讲，由于对象、时间、地点的不同，即使是同一个演讲者和同样的演讲内容，遇到的问题也会不同。演讲者必须根据场上的实际情况及时采取措施，调节听众情绪，根据实际，灵活安排自己的演讲方式，保证演讲在临场时取得最好的效果。

根据演讲过程，常用以下控场的方法：

第一，上台从容、友善。开场面带微笑，用言语拉近自己和听众的心理距离，如挥手致意或口头打招呼，有时还走到听众中以缩短演讲者与听众的空间距离，演讲空间距离对演讲的成功有很大的影响。

第二，选择恰当的表达方式。根据场上的情况，演说者可以采用提问、停顿等方法和技巧，引发听众自己去思考，调动听众的参与感。

第三，用幽默的语言调动听众的情绪。当众演讲特别需要吸引听众的注意和兴趣，并且要创造活跃的现场气氛，同时还要注意控制时间。

第四，采用互动将问题转给听众。演讲者可以尽快调整内容，并观察听众的反应。让听众提一些问题，打破现场冷场的局面。互动始终是演讲的必备技巧。

应变是演讲者在演讲过程中，根据听众、环境、自身条件的变化而临时采取相应措施、排除障碍的一种能力。它是演讲控场的重要技能和方法之一。尽管演讲者事先做好了充分的准备，但演讲过程中有许多变化的因素，仍会导致一些意料不到的问题。这时演讲者必须迅速做出临场的应变，保证演讲达到预期的目的。应变能力是衡量演讲水平高低的重要标志之一。

收场总结常用五种方法：综述收结、提炼收结、呼应收结、号召收结、悬念收结。

综述收结：总括全文，做个小结，归纳全篇内容，并做出肯定性结论。在字面上不是简单重复，而应是中心论点的确立或者主题的深化，使听众对全部报告内容有清晰、完整、深刻的认识和理解。

提炼收结：将报告里讲得洋洋洒洒的片段化内容，提炼成有逻辑的、更具普遍性的观点或措施，以指导覆盖范围更广的工作。

呼应收结：开头提到的内容，在结尾要做出解释、说明、交代、回应等。首尾呼应能使思路更加完整和严谨，使含义更加深刻，使情感更加强烈，使主题更加突出，从而加深听众印象，引起听众共鸣，提高表达效果。

号召收结：要有鼓动性和号召力。例如，毛泽东同志《为建设一个伟大的社会主义国家而奋斗》的结尾提出："我们的目的一定要达到。我们的目的一定能够达到。"

悬念收结：对抛出的问题，并不直接回答，在报告结束时总结利弊、强调意义。比如企业变革动员报告，旨在促进思考、发人深省。

总之，收场总结无论采用什么形式结尾，都必须以简短有力的语句，总括报告的主旨，发出有力的号召，用坚定、充满信心的语言，振奋与会者的精神，提出希望，发出号召。

5. 观点（要点）表达和传递

观点是观察事物时所处的立场或出发点，从一定的立场或角度出发，对事物或问题所持的看法。观点表达应把握"三要素"：①观点内容结构要严谨完整；②观点呈现主线要逻辑严谨、脉络清晰；③观点论点层次要主次得当、顺序合理。

（1）观点内容结构。口头表达观点具备三个特点：第一，观点的有限性，口头表达不便于大量记忆，所以要筛选出拟表达的核心观点，一次口头演讲或谈话最好是一个核心观点，最多不超过三个；第二，观点可以包含事实，事实可以反映观点，通过抛出事实，听众就会自然而然地形成作者想表达的观点，而不是直接表达出来；第三，观点包含论点，观点需要用多个论点去论述以支撑观点。

例如，【观点】无论做什么事，早些做准备，不仅可以减少许多烦恼和麻烦，还可以更合理有效地利用时间。

【论点1】提前5分钟出门，路上才不会太慌乱。

【论点2】提前5分钟打卡，合理安排一天的工作节奏。

【论点3】约会早到5分钟，让别人看到你的用心和真诚。

由于口头表达观点的特点，因此，口头表达之前需要更加全面地思考拟表达的问题，明确主题和切入点，以及佐证的案例和素材，是夹叙夹议还是先抛出观点再做分析解释……需要做结构化的设计准备。

（2）观点呈现主线。依据观点提炼出论点之后，要对论点进行排序。论点有三种顺序结构：

时间：按照事情的发展顺序；

程度：问题由浅入深，先重要后次要；

演绎：依次按照现象—原因—方案的步骤，或者可以说是 What-Why-How 顺序。

（3）观点论点层次。可以用 MECE 法则围绕着观点整理提炼的论点。MECE 法则就是 Mutually Exclusive Collectively Exhaustive 的首字母缩写词，即"相互独立、完全穷尽"，也就是所谓的无重复、无遗漏。

相互独立：强调了每个论点之间要独立，不要有交叉重叠。论点有重叠就说明思路不够清晰。

完全穷尽：分解工作的过程中不要漏掉某项，要保证完整性。论点有遗漏就说明逻辑不够严谨。

6. 观点表达和传递的形式

故事：故事是要打动听者的感性。

数据：数字是要说服听者的理性。

论述性文字：论述性文字可以显示讲话者的逻辑思考过程，决定听者能否信服。

故事、数据和论述性文字一定要有机结合，如果只有故事，就会沦为鸡汤；如果只有数据或是论述性文字，就会显得无趣，影响表达效果。

# 阅读专栏 38-1　沟通的技巧

哈佛大学人力资源管理研究对沟通技巧提出如下模式：

## 一、倾听技巧

倾听能鼓励他人倾吐他们的状况与问题，而这种方法能协助他们找出解决问题的方法。倾听技巧是有效影响力的关键，而它需要相当的耐心与全神贯注。

倾听技巧由 4 个个体技巧组成，分别是鼓励、询问、反应与复述。

鼓励：促进对方表达的意愿。

询问：以探索方式获得更多对方的信息资料。

反应：告诉对方你在听，同时确定完全了解对方的意思。

复述：用于讨论结束时，确定没有误解对方的意思。

## 二、气氛控制技巧

安全而和谐的气氛，能使对方更愿意沟通，如果沟通双方彼此猜忌、批评或恶意中伤，将使气氛紧张、冲突，加速彼此心理设防，使沟通中断或无效。

气氛控制技巧由 4 个个体技巧组成，分别是联合、参与、依赖与觉察。

联合：以兴趣、价值、需求和目标等强调双方共有的事务，营造和谐的气氛而达到沟通的效果。

参与：激发对方的投入态度，创造一种热忱，使目标更快完成，并为随后进行的推动创造积极气氛。

依赖：创造安全的情境，提高对方的安全感，从而接纳对方的感受、态度与价值等。

觉察：将潜在"爆炸性"或高度冲突状况予以化解，避免讨论演变为负面或破坏性。

## 三、推动技巧

推动技巧是用来影响他人的行为，使其逐渐符合我们的议题。有效运用推动技巧的关键在于，以明白具体的积极态度，让对方在毫不怀疑的情况下接受你的意见，并觉得受到激励，想完成工作。

推动技巧由 4 个个体技巧组成，分别是回馈、提议、推论与增强。

回馈：让对方了解你对其行为的感受，这些回馈对人们改变行为或维持适当行为是相当重要的，尤其是提供回馈时，要以清晰具体而非侵犯的态度提出。

提议：将自己的意见具体明确地表达出来，让对方能了解自己的行动方向与目的。

推论：使讨论具有进展性，整理谈话内容，并以它为基础，为讨论目的延伸而锁定目标。

增强：利用增强对方出现的正向行为（符合沟通意图的行为）来影响他人，也就是利用增强来激励他人做你想要他们做的事。

## 二、文字表达技能

（一）文字表达概述

1. 文字表达含义

文字表达能力是运用语言文字阐明自己的观点、意见或抒发思想、感情的能力，是将自己的实践经验和决策思想，运用文字表达方式，使其系统化、科学化、条理化的一种能力。表达体裁主要包括书信、计划、通知、报告、总结、论文等。

2. 文字表达的特点

（1）规范性：由于文章接受对象广泛，且有较大差异，因而书面语言要求必须规范。

（2）确切性：书面语言要求意义确切，不可含糊其辞、模棱两可。

（3）严谨性：由于书面语言采用固定化文字完成，一般很难补充、修正，因而书面语言要求严谨，尽量减少疏漏和失误。

（4）长效性：人类的经验、文明历史等，主要依靠文字进行记录和传承。没有书面语，我们就无法了解、认识、研究过去的一切。

（5）权威性：人们常说，"口说无凭，立字为证""白纸黑字，无法抵赖"，所以合同、重大决定等往往采用书面形式记录下来。

3. 经理人常用文字表达体裁形式

（1）演讲稿。演讲稿也叫演讲词，它是在较为隆重的仪式上和某些公众场合发表的讲话文稿。演讲稿是进行演讲的依据，是对演讲内容和形式的规范和提示，它体现着演讲的目的和手段。

（2）计划。计划是把工作的目的、意义、安排用书面形式写下来，对工作、生产、学习起组织指导作用，以减少盲目性，提高工作效率。

（3）通知。通知是运用广泛的知照性公文。用来发布法规、规章，转发上级机关、同级机关和不相隶属机关的公文，批转下级机关的公文，要求下级机关办理某项事务等。

（4）总结。总结是企业或个人对前一个时期的工作或学习进行分析和研究，总结经验和教训，找出规律性的东西，以指导今后工作。

（5）报告。报告是下级机关向上级机关汇报工作，反映情况，请求指示和批准的一种公文，根据报告的内容和目的，可以分为工作报告、情况报告、调查报告、请示报告等。

（6）论文。古典文学常见"论文"一词，可谓交谈辞章或交流思想。当代，论文常用来指进行各个学术领域的研究和描述学术研究成果的文章，简称为论文。它既是探讨问题进行学术研究的一种手段，又是描述学术研究成果进行学术交流的一种工具。

## 阅读专栏 38-2　会议总结报告

### 一、会议报告的性质

（一）会议报告的概念

会议报告，是在重要会议和群众集会上，主要领导人或者相关代表人物发表的指导性讲话。它是一种书面文字材料，又是会议文件的重要组成部分和贯彻会议精神的依据，还是供查阅的历史资料。它包括政治报告、工作报告、动员报告、总结报告、典型发言、开幕词、闭幕词等。会议报告具有宣传、鼓动、教育作用。这些作用是通过报告人的报告和听众的接受来实现的。于是，有时为了让更多的人知道报告内容，广播电台、电视台可进行现场转播，报刊也可登载。

（二）会议报告的特点

1. 理论性和逻辑性

会议报告是领导人在大型会议上或者重要场合做的有关政治、经济、文化和事态等方面的报告，是以领导或者领导代表的身份站在决策集团角度上所发表的讲话。它在广泛深入调研、充分占有材料的基础上，纵览全局，找准焦点，环绕实际工作中浮现的问题，特别是那些迫切需要解决的，带有普遍性的，人民群众最关心、最直接、最现实利益问题进行透彻分析，细致研究，从而抓住问题的关键，对症下药，达到推动各项工作健康发展的目的。因此，在分析研究中，它必须依据有关方针政策，结合实际对所提建议、对策、问题等进行认真研究，反复推敲，从理论和实际的结合上把握哪些是最有价值、最需要解决的问题，它充分考虑所提意见的针对性、正确性、合理性、可靠性，使意见和措施能真正有助于解决实际问题。于是，会议报告既注重事实分析，又必须从理论的高度上进行归纳概括，进而指导实践，有较强的理论性和逻辑性。

2. 双向性和交流性

会议报告依据讲话稿直面听众公开讲话，具有直接性、当众性、范围广、影响大的特点，在领导活动中具有特殊的地位和作用。正是由于这种面对面的宣讲传播形式，使主体和客体之间在时间、空间上的结合比较密切，"报告"的成功与否，不决定于形式，即过程的结束，很大程度上取决于主体对客体的"磁性"交流强度，即吸引力的大小既取决于报告的文采或者领导的演讲口才，又取决于听众是否接受，而且更关键的还取决于报告内容是否被受众认可，是否反映了实际情况。因此，会议报告实际上是一种在时间、空间上获得统一的，由报告主体和受众客体双向结合的交流形式。

3. 切实性和针对性

会议报告的核心，是对实际问题的分析和解决。它要总结成绩经验、说明现状和存在问题、部署工作、规划未来等。它要求在分析的基础上提出解决问题的意见或者对策，具有很强的针对性，应在实际工作中行得通、推得开，能够保证得以贯彻执行。部署任务和要求，内容要切实具体，易于操作。特别在当前的市场经济条件下，领导需要更多的时间来进行重大决策，制定具体操作方案，若没有调查，没有研究，没有分析，讲一些不着边际的空话，报告内容与群众切身利益无关，听不到所讲的要领，就没有人愿意听这样的报告，那么，报告也就形同一纸空文。

4. 集中性和灵便性

集中性指会议报告应该紧紧围绕会议的主题。有些材料虽然很好，但是只要是脱离会议宗旨、与会议无关的就应该坚决删除。灵便性指形式上无固定的格式和要求。领导的讲话，内容可长可短，可以全面论述，也可以就其中一点发表自己的看法。

5. 通俗性和清晰性

语言要适合听众的水平，容易被听众理解和接受。因为会议报告主要靠口头语言来传达，具有"一次性"的特点，听众不能像看文章那样，看不懂再翻过来看一遍，而必须当场听清听懂。

（三）会议报告的种类

1. 政治报告

它是领导机关为实现一定历史时期的政治目标而做的路线、方针、政策方面的报告。政治报告多由领导机关的主要负责人来发言。

2. 工作报告

它是以经济建设、科学文化、教育卫生等工作为主要内容的报告。例如，各级政府负责人向同级人民代表大会所作的工作报告，以及各系统各单位领导就所属范围的工作向下级单位和人民群众所作的工作报告等。

3. 动员报告

动员有关人员去完成某专项工作或者突击任务的报告。动员的目的，是使他们提高认识，明确任务，增强信心，圆满完成任务。

4. 总结报告

它包括在会上作的工作总结报告和会议总结报告两类。工作总结报告是对前一段工作进行总结的报告。总结报告与工作报告的区别是，工作报告虽然也有回顾前段工作的内容，但非常简要，重点放到今后的任务上。总结报告的重点是回顾前段工作中带有指导意义的经验与教训。会议总结报告是在会议结束时，对会议的整个情况进行总结的报告。

5. 典型发言

它是指在表彰大会或者经验交流会上，先进单位、部门的代表或者先进个人，报告本单位、部门或者个人的先进事迹、工作经验的发言。这种报告有时由单位、部门领导发言，有时由单位代表或者个人发言。

6. 开幕词

较重要的会议开幕时，大会主持人或者主要领导人做的带有方向性、指导性的重要讲话。它是大会的序曲，一般要阐明大会的意义和要达到的目的，并预祝会议成功。有时也称主持词。

7. 闭幕词

较重要的会议结束时，有关领导人的致辞，通常是对大会议程和会议中所解决的问题进行评估和总结。它是大会的结束语，是大会议程的一个组成部分。

## 二、会议报告的格式和写法

（一）会议报告的基本格式和写法

会议报告一般由标题、称谓、开头、主体、结尾五个部分构成。

1. 标题

写法有两种：一种是直接写成"××同志在××工作会议上的报告"的形式。另一种是不出现报告人的姓名、会议名称和"报告"字样，而另拟写一个体现会议主要精神的标题，如"当前的经济形势和今后的经济建设方针"。标题的下一行写报告的时间，再下一行写报告人的姓名。

2. 称谓

报告是面对面进行的，它有明确的报告对象，称谓可根据报告对象的身份而定，要恰当得体。写法大致有两种情况：一是只写在报告的开头；二是除开头的称呼外，在报告的进程中适当穿插使用，作用是提示听众注意。每次称呼的出现，都标志着讲话进入了一个新层次。

3. 开头

会议报告开头的写法多种多样：有的开门见山，揭示主旨；有的提出问题，巧设悬念；有的交代背景，介绍情况；有的讲述一个故事，吸引听众。不管采用哪种写法，总的要求是要开门见山，接触正题，提出全文的中心论点或者主要议题，说明报告的意图，以便听众抓住要领，并营造一种气氛，控制听众的情绪，使他们聚精会神地听取报告。

4. 主体

它是报告的主要内容的集中表述，它决定着一篇报告的成败。报告主体要紧扣论题或者主旨，展开分析论述。既要有深刻的理论分析，又要有典型的例证，从各个方面，多种角度，精辟地阐明报告的主题。

报告主体部分的结构形式主要有三种：

（1）递进式，即层层深入地讲述。其特点是各层都以前边一层的意思为论述的基础，各层之间形成步步深入、层层递进的逻辑关系。

（2）并列式（条陈式），即从几个方面来阐述。其特点是对报告主旨所包含的几项主要内容，分别进行阐述。几个层次之间的关系是并列的，它们分别从不同的方面来论证报告主旨。但并列式结构，并非随意罗列，各层意思谁先谁后，也有一定的依据：或者按性质的强弱，或者按问题的主次，或者按时间的先后等。

（3）对照式。把两种不同意见、不同方面的情况对照起来加以阐述。在实践中，以其中的一种形式为主，两三种结构形式结合使用，也是长篇报告时常采用的结构形式。但是，不管采取哪种结构，都必须集中于一个中心、一个主旨讲深讲透。这样，才能使听众得到一个完整、清晰、深刻的印象。

5. 结尾

即报告的结束语。这部分从内容上来看要注意两点：一是总括全文，做个小结，归纳全篇内容，并做出肯定性结论。在字面上不是简单重复，而应是中心论点的确立或者主题的深化，使听众对全部报告内容有清晰、完整、深刻的认识和理解，留下鲜明、难忘的印象。二是要有鼓动性和号召力，使听众感到有信心，有力量，充满希望。有的最后还要写一句"我的报告结束。谢谢！"

（二）各种会议报告的格式和写法

1. 政治报告

政治报告的格式和写法与会议报告基本一致。需要注意的是：

（1）选题要单纯集中，要有现实的针对性；

（2）论述要深刻有力，要从理论高度回答现实中的具体问题；

（3）不仅要使听众懂得道理，还要让人们知道应当怎么办。

2. 工作报告

工作报告的正文一般分为三个部分：第一部分，回顾前一阶段工作情况，包括主要成绩、基本经验、存在的主要问题。第二部分，提出今后的工作任务，以及完成任务所采取的措施。在写法上，普遍是先有一段总括概述，使人们对所要完成的任务有一个总的概念，明确总的奋斗目标，然后分项阐述具体任务。分项阐述具体任务时，必须依据总的奋斗目标，使各项具体任务为实现总的奋斗目标服务。在外部形式上，既可采用小标题，又可采用序码分条。为保证任务圆满完成的措施、办法的写法也是如此。第三部分，着重写加强领导，发出号召，为完成新的工作任务而团结奋斗的内容。

3. 动员报告

动员报告具有鼓动性、时机性以及与之相适应的措施的具体性的特点。这就决定了它的正文结构虽然与其他种类的报告有某些共同之处，但也有其特殊性。动员报告的正文一般由三个部分构成：第一部分，分析形势，提高认识。这是动员报告的重点。因为只有群众认清了形势，提高了认识，完成任务才有可靠的思想保证。固然，这里所说的分析形势，并非漫无边际地去分析国际国内政治、经济形势，而是要紧扣完成任务所面临的形势做分析。第二部分，布置任务，提出措施。措施要具体、得力、具有可操作性。第三部分，加强领导，抓紧抓好。

4. 总结报告

总结报告有两种类型：

（1）工作总结报告主要是对某一阶段重要工作的总结。这种报告的结构形式：开头，应交代清楚报告单位、工作属性、时间范围、工作内容；主体，主要写工作概况、基本经验；结尾，今后工作的意见。

（2）会议总结报告是对整个会议工作的总结。普遍要写明会议基本情况（会议精神和与会者的表现）、会议的收获与不足（最好是分条列出）、对会后工作的意见（提出具体实施会议主题的意见）。会议总结报告应从会中领导人讲话、工作报告、典型发言、讨论意见中，概括总结出几个重要问题和主要精神，加以强调说明，使与会者对会议的主要问题和主要精神的认识更加明确统一，更加深刻。会议总结报告要写得重点突出，语言精练，结论明确，内容具体，措施得力，切实可行。

5. 典型发言

各种典型发言虽然内容、角度有所不同，但写法大体是一致的。其正文主要由三个部分构成：第一部分，介绍基本情况；第二部分，主要事迹和经验体会；第三部分，表示决心和态度。典型发言要求观点鲜明，条理清晰，内容真实，语言朴素生动。

6. 开幕词（主持词）

开幕词的写法，虽然没有严格的格式，但其结构也有大致要求：开头，说明此次会议的名称，并宣布大会隆重开幕。主题，简要说明当前面临的形势和主要任务，简述本次大会的主要议程和要达到的目的；阐明会后的路线、方针、政策；完成大会确定的任务，必须依靠和团结各方面的力量。结尾，用简短而带鼓动性的话语做结束，并预祝大会圆满成功。开幕词的起草人必须把握大会宗旨，把文章尽量写得简洁明了。

7. 闭幕词

闭幕词与开幕词一样，具有简明性和口语化两个共同特点，其种类与开幕词相同。凡重要会议或重要活动，与开幕词相对应，一般都有闭幕词，这是一道必不可少的程序，标志着整个会议或活动的结束。闭幕词通常要对会议或活动做出正确的评估和总结，充分肯定会议或活动所取得的成果，强调会议或活动的主要精神和深远影响，激励有关人员宣传会议或活动的精神实质和贯彻落实有关的决议或倡议。闭幕词由标题、称呼和正文三部分组成，标题与称呼的写法与开幕词基本相同。在标题和称谓之后，另起一段首先说明会议已经完成预定任务，现在就要闭幕了；然后概述会议的进行情况，恰当地评价会议的收获、意义及影响。核心部分要写明：会议通过的主要事项和基本精神；会议的重要性和深远意义；向与会人员提出贯彻会议精神的基本要求等。一般来说，这几方面内容都不能少，而且顺序是基本不变的。写作时要掌握会议情况，有针对性地对会议内容予以阐述和肯定；同时可以对会议未能展开但已认识到的重要问题做出适当强调或补充；行文要热情洋溢，文章要简洁有力，起到激发斗志，增强信念的作用。结尾部分一般先以坚定语气发出号召，提出希望，表示祝愿等；最后郑重宣布会议闭幕。闭幕词出现在会议结束，因此，要写得与开幕词前后呼应、首尾衔接，显示大会开得很圆满、很成功。

（二）管理公文格式及内容

1. 管理公文的基本要求

（1）主题规范。主题是文章所要表达的中心思想。任何文章都要有主题，公文也不例外。公文主题的提炼标准，就是集中单一、鲜明显露。要求一文一事，一个主题，主题鲜明突出。主张什么，反对什么，要鲜明直接，不能含糊，不能让人产生歧义。

为了便于计算机检索和管理公文，常使用主题词来进行标引。主题词的体系结构：第一层是对主题词区域的分类；第二层是类别词；第三层是类属词。一份文件主题词的标引，最多不超过 5 个。

（2）使用材料规范。公文材料的选用标准必须是真实典型，新鲜有力。所谓真实，就是实实在在存在的、能够反映当前事物本质规律。我们分析问题时，所列举的现象，不是假的或人为编造的，也不是偶然现象和个别现象。所谓典型，就是既是个性特征，又是共性特征。新鲜有力，就是我们所列举的、分析的问题和提出的办法，必须是符合当前实际的，必须是有说服力的。

原话引用一般以引文和附注形式出现在公文中。凡不是强调性的引文都写在行文之中。如果引的是原文、原话，要加冒号、引号；如引的是原意，只加冒号即可；对正文中的一些词汇或引文出处要做说明时，用"附注"。在要注的词汇或引文右上角加"注码"，用小写阿拉伯数字加圈或加方括号。如果注释很少，也可以用［注］或＊标出。附注大体有三种。夹注：简短的说明、注释，就写在拟注的词语、引文后面，用括号括住。因为就在段落当中，又叫"段中注"。如果数量多、注文长，不宜采用。脚注，即页中附注，把附注放在本页下端所谓"地脚"处，所以叫"脚注"。目前使用较普遍，因阅读方便。尾注：把附注集中在全文、全书的末尾，或者把一章一节的附注集中在章节尾部，又叫"章节附注"。

（3）文章格式规范。公文普遍的结构格式：公文标题—主送机关—正文—结尾—成文时间。

标题的写法：公文标题的写法一般是发文机关+事由+文种。

主送机关的写法：一是只写受文机关的名称，不写领导个人名字（领导特别要求的除外）；二是只能写一个主送机关，其他需要送达的受文机关采取抄送方式；三是用统称或者规范的简称，不能随意写，如市政府、市人民政府都是规范的简称，但不能写成市府；四是行文关系，只能逐级行文，一般不能越级行文，某些经费请示属特殊情况。

正文的写法：正文是主送机关以下、结束语之前的部分。正文是一篇公文用笔最多、最重要的部分。一般是在主送机关之后，先写一段或几句导语，说明写这篇公文的原因、根据或者目的，导入正文。正文要做到逻辑层次清楚有序，说理简洁准确并力求深刻，用语符合规范。

结尾的写法：正文写完后，一般要写几句号召的话，或者表决心、态度的话。《请示》要说"妥否，请批示"；《意见》要说"以上意见若无不妥，请批转执行"；《通知》和《报告》可以不要结尾，说完就落款结束；讲话稿类的一般有鼓劲、号召的话语；汇报材料一般有表示感谢和今后打算、态度的话语。

行文格式要注意以下几点：

第一，页码。凡超过一页的文稿，每页都必须先标页码。页码用阿拉伯数字写在右上角紧靠框线处。如果印有文头、函头，也可标在地脚靠框线处，居中或在右下角均可。

第二，标题。标题居中，字数少的，各字中间可以空格，可以占一行，也可以上下各空一行，长文章的标题上下可以多空几行，甚至独占一页。

第三，作者署名。无论个人还是单位，如是文章，就放在标题下面，占一行；如和标题隔一行，下面正文也要隔一行。署名在一行中要与标题对应而居中，名字是两个字，当中要空一格。如是机关应用文，署名与日期自有规定。

第四，正文。正文每个字占一格，标点也占一格；每段开头要空两格。如分几大部分而不加小标题和序码时，为了醒目各部分之间可以空一行；用了小标题或序码，全文结尾无法加小标题或序码时，也可以空一行。

第五，序码。文章分条目，要用序码，现在用得最多又经规定为标准的四级：一、二、三、四；（一）、（二）、（三）、（四）；1、2、3、4；（1）、（2）、（3）、（4）。不够四级的可选用，超过的可增加。

（4）文字表述规范。公文的用语用字要求简明、准确、朴实、得体、通俗、易懂，体现字面意义而非联想意义，讲求陈述性、写实性，而非描绘性、虚拟性。一般以概述为主，据事说理，言之有物。

公文中名称表述的一般要求：文稿中第一次出现的人名（含职务）、地名、组织机构名称等应写全称，除符合规定者外，慎用简称；同一名称在文稿中多次出现时，前后要统一。文中涉及若干人的职务时，要按有关规定正确排列次序，重量、长度计量单位名称按国家规定书写，对有些明文规定不用的名词，要使用新的提法。正确使用专用术语，引用译名以统一、通用的译名为准。

公文中的时间表述应准确、具体。其一般要求是避免使用一些不清楚的时间概念，如"前年""昨天"等，而应写明具体年、月、日，紧急文电还应加注时、分。公文中的年份一般用全数，不得省略。公文中出现历史朝代年号时应加注公历年份。

公文中的省略应以准确、明白、不发生误解为原则。其一般要求是公文中的姓名、地名、单位名、时间一般用全称书写，其中地名、单位名称也可使用规范化简称。公文中第一次出现的地名、单位名称等已使用全称，加说明"以下简称为××"，再次出现时可用简称，有些确实已为普遍公认、熟悉的事物和提法，可用简称。时间名称一般不用时间代名词，外国人的姓、名一般应写全。

（5）标点符号使用规范。要注意：转发上级或下级文件时，标题一般不用标点符号；公文标题中除法规、规章名称加书名号外，一般不用标点符号；公文中表示次序单独用汉字小写数字时，数字后使用顿号，数字加括号时不用标点符号，次序数"第×"后用逗号，整数和小数间的隔点，一般用圆黑点。

（6）时间、数字的规范化写法。公历世纪、年代、年、月、日和时刻，应当使用阿拉伯数字，如20世纪80年代，1987年1月1日7时30分。注意：年份不能简写，如 1980 年不能写作 80 年。夏历和清朝以前历史纪年用汉字，如正月初五，秦文公四十四年（公元前 722 年）。公文中成文的年、月、日，一般用小写汉字书写。

公文中表示数量、长度、高度、面积、体积、重量和百分比等，一般使用阿拉伯数字；表示若干万、若干亿等的整数时，可以"万""亿"为单位与阿拉伯数字并用。名词、成语、分数中的数词，表示序数的序词，以及"三四个""七八十人"等数字，用汉字；"一年四季""理由有二"等表述，其中的数字也用汉字。

1987 年 1 月 1 日国家语言文字工作委员会等七部委联合发布《关于出版物上数字用法的试行规定》，要求使用汉字和阿拉伯数字时体例统一。总的原则："凡是可以使用阿拉伯数字而且又很得体的地方，均应使用阿拉伯数字。遇特殊情形，可以灵活变通，但应力求保持相对统一。"1993 年 11 月 21 日国务院办公厅发布修订的《国家行政机关公文处理办法》规定："公文中的数字，除成文时间、部分结构层次序数和词、词组、惯用语、缩略语、具有修辞色彩语句中作为词素的数字必须使用汉字外，应当使用阿拉伯数码。"两相对照就可以明了数字使用规范和在公文中的特殊要求。

（7）印制规范。包括印制格式、排版、用纸规格、紧急程度、发文机关、发文字号、印制份数、发送单位、印制机关等要素标识。

印制格式有两种：红头文件和白头文件。红头文件一般适用于正式形成的请示、报告、意见、通知、函等文件。白头文件就是不冠特定的文件用纸，直接排版印制，一般会议印发的讲话稿、汇报材料等用白头印制。

签发：公文的制作签发程序很严谨，不能谁写谁签都行。重要文件要一把手或单位主持工作的领导签发，一般文件由一把手、分管领导或主要领导委托的领导签发。

印鉴：盖章，也有讲究。首先是不能盖倒了；其次是要盖在单位落款和成文时间之间；联合行文的落款盖印，一般每排平行落两个单位的名称，依次往下排，盖印时不能相互侵占。

成文时间：领导签发的时间，而不是拟稿的时间和印制时间。

版式要求：纸型为国际标准 A4 型纸，段落行距为固定值 24 磅，其他使用默认，空行字体应调为四号仿宋体。需要装订的公文，页边距规定为，上侧页边距为 37mm，下侧页边距为 35mm，左侧页边距为 29mm，右侧页边距为 25mm。不需要装订的公文，页边距按照 Word 系统的默认值使用，即上下边距为 25.4mm，左右边距为 31.7mm。

装订要求：公文应左侧装订，不掉页；装订线距左侧页边为 4mm；双钉装订，两钉分别位于距上下页边 1/4 处。

2. 常用管理公文

（1）总结。总结是对已经完成的工作进行全面回顾，它要对整个工作进行分析、评定和综合，找出经验、教训，提炼出规律性的东西，以便指导今后工作。总结按照其工作范围的不同，可分为综合性工作总结和专题性工作总结。写作关键和重点：实践性、经验性、自述性、理论性。撰写总结要注意以下四点：收集和占有材料；实事求是，一分为二；围绕中心，突出重点；叙议结合，语言简朴。

（2）计划。计划是对未来一定时期内的某项工作或全面工作进行安排部署的文件，明确下一步做什么、怎么做。工作计划要有操作性。计划、规划、方案、要点，都属于计划类公文范畴。计划类公文必须具备目标、措施、步骤三要素。计划类公文有两种格式：一是文字表述式，二是图表式（目前图表式越来越多，清晰、明了，包含的信息量大）。撰写计划要注意以下三点：从实际出发，量力而行；计划中的目标、任务、指标等要写明确；使用表格表达计划内容，表格设计要简明，不要在一张表格上列过多的项目，必要时，可以把计划内容分成几张表格来体现。

（3）请示。请示是下级单位在工作中发生的不能自行决定的重大问题，或不属于本单位权限审批范围的事项，需要上级解决、批准或指示时使用的文种。写请示要注意几个问题：第一，只能一事一请，不能在一个请示里夹带多个请示事项。第二，一请一报，一个请示只能报一个主送机关，不能多头报送。第三，一般不越级请示，但特殊情况除外（如经费请示），在实践中本着解决问题的原则，不僵化、不教条。第四，要简短精练，简洁明了地讲明原因、困难，对请求事项要明确，要多少钱，要什么政策，至于人家怎么批是人家的事，还要讲明你要的经费主要是用于哪个方面。撰写请示要注意以下三点：不越级请示；不多头请示；要一文一事。

（4）报告。报告是典型的上行公文，是向上级汇报工作、反映情况、提出意见和建议、答复上级的询问等用到的文种。报告的特点是阅知性，不是批复、答复性，看的人可以签署意见，也可以不签署意见或表态。因此，在选择这个文种的时候，要选择那些只需要上级知道的工作或事件，或者就某项工作提意见或建议，但不一定需要批复。报告的分类：第一，工作报告，是按照上级机关要求做的报告，如政府工作报告；第二，情况报告，即在工作中遇到了问题，或觉得应该让上级知道某个重要事项的当前情况；第三，回复性报告，回答上级询问、落实上级临时交办的某项工作。报告的写法：导语（说明依据什么写这个报告，或者为什么要写这个报告）—基本情况—主要做法—收到的效果—存在的问题—今后工作的建议—结尾。

（5）会议纪要。会议纪要是传达会议议定事项和主要精神，要求各与会单位共同遵守和执行的文种，它由会议研讨情况和成果摘要综合而成。会议纪要可以分为办公会议纪要、专题会议纪要、座谈会议纪要。

（6）述职报告。述职报告是述职者在被考核过程中，向自己的任命部门和上级领导及职工群众汇报自己在一个时期内守职、尽责和施政情况的书面报告，是干部考核过程中普遍使用的一种事务文书。

（7）意见。意见分为上行意见、平行意见、下行意见三种。上行意见一般上级要做出处理或者答复，平行意见一般提供给对方参考，对方可以不执行，下行意见则具有指示性，下级应该遵照执行。意见的写法也不是固定不变的，但一般应该包括几个方面的内容（以印发关于开展某项工作的意见为例）：指导思想和原则、目标和意义、方法和步骤、工作要求等。

（8）通知。通知的应用范围很广泛。传达指示、部署工作、实施管理措施、处理公共事务、任免干部等，都需要印发通知。通知以红头文件和白头文件印发都行。通知属下行文，要下级机关（或受文对象）明确做什么、怎么做（这与请示、报告不同，比意见要细），要具有可操作性。例如，写一个会议通知，开会时间、地点、参加人员、有些什么要求等，要逐一说清楚，让看的人一看就明白。通知可以不写结束语。

（9）函。函的开头要说明发函的缘由，一般要求概括交代发函的目的、根据、原因等内容，然后用"现将有关问题说明如下"或"现将有关事项函复如下"等过渡语转入下文。复函一般首先引叙来文的标题、发文字号，然后交代根据，说明发文的缘由。函的核心内容部分，主要说明致函事项。函的事项部分内容单一，一函一事，行文要直陈其事。无论是商洽工作，询问和答复问题，还是向有关主管部门请求批准事项等，都要用简洁得体的语言把需要告诉对方的问题、意见叙写清楚。如果属于复函，还要注意答复事项的针对性和明确性。结束语可以使用"请即复函、特此函告、特此函复"等词语，有的函也可以不用结束语，如属便函，可以像普通信件一样，使用"此致、敬礼"。结尾落款一般包括署名和成文时间两项内容：署名机关单位名称，写明成文时间年、月、日，并加盖公章。撰写函件首先要注意行文简洁明确，用语把握分寸。无论是平行机关或者是不相隶属的行文，都要注意语气平和有礼，不要倚势压人或强人所难，也不必逢迎恭维、曲意客套。至于复函，则要注意行文的针对性，答复的明确性。此外，函也有时效性的问题，特别是复函更应该迅速、及时，像对待其他公文一样，及时处理函件，以保证公务等活动的正常进行。

（10）授权书。法定代表人授权委托书是企业法人委托他人代为某种法律行为的法律文书。法定代表人因事不能亲自为某种行为时，可以通过授权委托方式，指派他人去办理。这就需要制作法定代表人授权委托书，被委托人在授权的范围进行活动，对委托人直接产生法律效力。填写法定代表人授权委托应当注意的事项：必须写明被委托人的姓名、性别、年龄、职务等基本情况。写明授权的范围，不能简单写"全权委托"，而应当逐项写明授权的内容。例如，委托代理诉讼，就应写明在诉讼过程中委托代理人的权限，有无放弃、承认诉讼请求的权利，有无反诉权，有无和解权等。如果未写明，则认为不具备这些具体权利，只有诉讼代理权。如果是签订合同，则应当明确在什么条件下、什么范围内签订的合同是有效的，超过这个范围就是无效的。

（三）如何提高文字表达技能

1. 下决心、有毅力、勤读书

文字表达能力的提高，不是一蹴而就的，但也不是高不可攀的。只要下决心、有毅力、勤读书，坚持不懈，不断努力，就会收到成效。

2. 调查研究，提高思维能力

要写出高水平的文章，最重要的是经过实践，对研究的对象有精辟的认识，能够提出富有新意的观点。要做到这一点就要在实际工作中深入生活，深入实践，搞些调查研究，总结观察事物本身变化和其周围的环境联系，在调查研究、观察的基础上还必须进行思维，这样才能透过现象抓住本质，揭示各种事物的内在联系和客观规律，使思想上升到有条理的严密的逻辑性。

3. 要善于动脑，经常积累材料

一篇好的文章，必须以充实的材料为基础，没有丰富的材料，写文章如无米之炊。材料要靠平时的积累，包括各种会议记录、总结、演讲、对话、读书笔记、计划等，要随时积累、记录，然后分门别类，归纳综合。勤于动脑研究分析，用时信手拈来，运用自如。

4. 要加强文字修养，多写、多练

要提高写作能力必须要加强基本功训练，掌握写作基本功。经理人常用的文体，如演讲、总结、计划、通知、论文等，其观点都是通过语言文字来表达的，因此，要加强文字的修养，学点写作、语法、修辞知识。要多写、多练，当确认选题和积累了足够的材料之后，就应动手多写文章。

# 阅读专栏 38-3　写好工作总结

## 一、总结的框架要求

（一）标题

总结一般不拟标题，有些需要上报的、篇幅比较长的规范性总结则需要有个标题，拟写这类标题的基本要求是准确、规范、醒目、精练。具体有三种表现形式：一是公文式标题。二是内容式标题。三是主题式标题。

（二）开头导语

总结的开头，一般都采取高度概括的写法，或概括所取得的工作成绩，或对工作进行总体评价，或概括提炼工作的基本经验、阐述意义。通常开门见山，简明扼要。常见的总结开篇，大致有以下四种：①概括提要；②说明交代情况；③阐释原因；

④提出依据。

**（三）主体**

总结的主体部分是总结的核心，一般包括基本做法与主要成绩、基本经验或主要体会、存在问题与形势分析、下一步计划等，内容繁杂，材料众多，写总结时组织好主体结构写得充实有序最为关键。所谓充实，是指内容要丰满厚重；所谓有序，是指材料的组织要符合事理逻辑或思维逻辑，否则就会给人杂乱无章的感觉。

**（四）结尾**

全面性总结的结尾一般是针对存在的问题提出改进的意见，或者提出下一步的工作打算，或者表明态度，或者加以提炼概括。总结的结语可采用如下三种不同的表达方式：①归纳总括式；②寄语式；③表态式。

## 二、总结的结构要求

结构是总结的组织形式与内部构造。结构的概念有两重含义：从总体上看，是指文章总的构思、大的框架；从具体上讲，是指文章的层次与段落，开头与结尾，过渡与照应以及主次、详略的组织安排。

设置总结结构的基本原则：①要反映客观事物的本质联系和规律；②要服从于表现主旨的需要；③要适应不同类型的要求；④要做到思路清晰，思维缜密，统一和谐。

总结结构的基本形式：

**（一）并列式结构**

并列式结构也称横向结构，即在导语部分进行简要概括后，主体部分按照事物自身的构成要素，并列地组织材料，各分项之间是横向的并列关系，共同支撑着导语部分做出的总体评价。横向组织结构的好处是视野宽阔，展示全面，能够产生宏大的气势。

**（二）总分式结构**

总分的结构形式，从总体上讲，是横向的并列结构方式。但不同的是，总分结构一般在开头部分先对全文进行总的介绍、总的概括，明确全文的主要内容、基本观点，然后以此为中心分别进行阐述和说明，分述部分的各层次之间具有并列关系。

**（三）递进式结构**

递进式结构也称纵向结构，是指文章以时间或空间为线索，按照事物发展的自然顺序和人们的思维习惯，将其结构安排得循序渐进、层递有序，在叙述论理的过程中，不断将主旨加强、深化。纵向结构的好处是自然顺畅，比较符合人们的接受心理与欣赏习惯。人们在总结中常用的总体评价、主要做法、基本经验、存在问题的写法，就是这种纵向结构的集中体现。

（四）纵横结合式结构

这种结构形式是在纵向、横向结构的基础上，使两者很好地融合，形成纵中有横、横中有纵，彼此交错的结构方式，以大纵小横的结构方式居多。这种结构方式或按照事物的内在联系，或依据人们的思维习惯为线索安排结构，由浅入深，循序渐进，各层次之间呈纵向发展状态。但在每个层次的内部，是按照支撑观点的组成要素来并列进行结构的，呈现一种大纵小横的结构形式。

## 三、总结的语言要求

（一）具有准确客观性

总结的语言要求运用客观、平实的语言，真实、准确地反映客观事物本来面目。例如，做法类用语："认真学习××文件精神，广泛开展××教育活动（工作），切实改进××工作，努力夯实××基础，提出××理念，整合××资源"等；收效类用语："加强了××体现了××发挥了××推动了××形成了××"等。同时，也应该与时俱进，随时吸收一些新出现的词语。

（二）具有平实简练性

总结是一种应用文体，要求用语实在、质朴、直述不曲、通俗易懂、言简意赅，如实反映客观事物的本来面目，用语也必须符合行文主体的"身份"。不必刻意去追求语言的华美，不用那些艰涩、隐晦、生僻的词语，既不艺术夸张，也不空话、套话。

（三）具有模糊性

尽管总结的语言要求准确、晓畅，但在特定的语境中，为了表达的需要，有时不得不使用模糊语言。唯有模糊，才能更准确、更概括地表现客观事物，才具有一定的伸缩性、概括性和灵活性，也才能使一些问题的表述留有充分的余地。例如，"绝大多数、某些、有的、可能、比较、进一步、还不够"等。

## 四、总结的写作步骤

（一）确定主旨

主旨，又称主体、题旨、立意，是指作者运用阐述事实、综合分析、推理论述等叙述、说明、议论方式，通过总结具体材料所表达的中心思想或行文意图，是作者对客观事物的评价和态度。具体地说，主旨就是作者力图通过总结所表达出的总的看法和观点。主旨决定着总结的谋篇布局、材料的选择、结构的安排、语言的运用。总结的主旨不是自然而然产生的，它有一个加工制作的过程，也称为"提炼主题"。提炼主题是指作者运用科学的理论和正确的思维方式，从主观与客观、环境与条件等方面，探寻事物的本质属性及发展规律，从而更深刻地体现文章中心思想和作者写作意图的过程与方法。总结的主旨具有客观性，它是全部材料思想意义的高度概括。

（二）拟制提纲

根据提炼的主题，先确定总结的结构层次，列明文章的结构提纲，把思路厘清、理顺，才能写出完整、严谨、流畅的文章。可先确定总结的文眼和主线，同时注意各层次内容之间的内在联系，做好过渡与照应。学会用好小标题或主题句立题，对于表现文章的内容与形式都具有十分重要的作用。

（三）充实框架

总结的写作必须摆事实，讲道理，靠事实教育人，靠道理说服人，这事实和道理就是总结中的材料。具体地说，它包括两类：一是事实材料，包括具体事例、统计数据、现实情况、人物和事件等；二是理论材料，包括党的方针政策、法律法规、科学理论以及上级机关的有关指示精神等。因此，日常工作应注重对工作内容的积累，做好材料的收集、选择和使用。收集总结的材料主要有以下三种途径：①认真回顾反思，从生活中直接获取生动的"活"材料；②调查、走访，有目的、有计划地收集材料；③读书、学习，从现有的成果中获取材料。

（四）文稿修改

修改文稿是总结写作过程中的最后一道工序，也是保证文稿质量，使之臻于完善的重要环节。

修改的内容包括斟酌主旨、增删材料、调整结构、推敲词句和完善细节等。其中调整结构是最重要的。总结的主旨、材料依附于结构而得以体现，结构若不合理，就无法将他们很好地体现出来。主要看开篇是否简明扼要、开宗明义；结尾是否干净利索、含义丰富；层次、段落是否合乎逻辑，匀称得体；全文是否前后呼应，自然流畅。此外，剪裁是否得当，前后是否贯通，详略是否适宜，转接照应是否缜密等。一旦发现各要素之间衔接、过渡不自然，安排不妥帖，就应做大的调整，必要时需伤筋动骨、重砌炉灶。

## 五、工作总结文字表述的要求

第一，要善于抓重点，总结涉及本单位工作的方方面面，但不能不分主次、轻重、面面俱到，必须抓住重点。什么是重点？是指工作中取得的主要经验，或发现的主要问题，或探索出来的客观规律。不要分散笔墨，兼收并蓄。现在有些总结越写越长，固然有的是执笔人怕挂一漏万，但有的是领导同志怕自己所抓的工作没写上几笔就没有成绩等，造成总结内容庞杂，中心不突出。

第二，要写得有特色。特色，是区别于其他事物的属性。单位不同，成绩各异。同一个单位今年的总结与往年也应该不同。现在一些总结读后总觉有雷同感。有些单位的总结几年一贯制，内容差不多，只是换了某些数字。这样的总结，缺少实用价值。陈云同志在20世纪50年代就强调总结经验是提高自己的重要方法。任何单位或个人在开展工作时都有一套不同于别人的方法，经验体会也各有不同。写总结时，在充分占有材料的基础上，要认真分析、比较，找准重点，不要停留在一般化上。

第三，要注意观点与材料统一。总结中的经验体会是从实际工作中，也就是从大量事实材料中提炼出来的。经验体会一旦形成，又要选择必要的材料予以说明，经验体会才能"立"起来，具有实用价值，这就是观点与材料的统一。但常见的一些经验总结往往不注意这一点，如毛泽东同志批评的那样，"把材料和观点割断，讲材料的时候没有观点，讲观点的时候没有材料，材料和观点互不联系"，这就不好。

第四，语言要准确、简明。总结的文字要做到判断明确，就必须用词准确，用例确凿，评断不含糊。简明则是要求在阐述观点时，做到概括与具体相结合，要言不烦，切忌笼统、累赘，做到文字朴实，简洁明了。

# 第二节　计划与执行

职业经理人管理技能中的"计划"（Planning）技能包括定义目标，制定战略以实现目标，以及随后的制订计划和协调活动的过程。

## 一、计划理论、方法和工具

（一）计划概述

1. 计划的含义

计划是一个组织根据其根本任务和目的确定在未来一定时期内所要达到的成果或结果，即预先明确所追求的目标以及相应的行动方案的活动，是一种系统性的、全面的、有秩序的、有效的思考和实践行动的过程，旨在解决成功地实现目标的问题。也可以理解为计划是将决策实施所需完成的活动任务进行时间和空间上的分解，以便将这些活动任务具体地落实到组织中的不同部门和个人。

计划既关系到结果（What-做什么），又关系到手段（How-怎么做）。计划工作既可以是正式的，又可以是非正式的。所有的职业经理人都会在某种程度上参与计划工作，但是他们的计划工作可能是非正式的。在非正式的计划工作中，并不一定要将工作任务或计划写下来，落实成书面材料，也很少或者几乎不与企业或组织的其他成员讨论目标，这种类型的计划工作通常是在一些小企业中才这样做。在这些小企业中，只是担当所有者兼管理者的人才对企业的愿景以及如何实现愿景有所了解。非正式的计划工作通常缺乏连续性，虽然这种计划在小企业中很普遍，但也可能存在于某些大型的企业和组织中。当然许多小企业也可能会编制非常复杂的正式计划，职业经理人也会面临类似大企业的巨大挑战。

一般而言，在正式计划中，覆盖一个年度甚至几个年度的正式目标以书面的形式表达出来，并且被企业和组织的成员共享，其目的是降低模糊性，并就需要完成的工作任务达成共识。实现目标的具体行动计划也包含在正式计划中，也就是说，职业经理人需要明确地规定通过何种途径使企业组织和企业组织的各个单元实现它们希望达到的目的。

2. 计划的特点

（1）针对性。计划是根据党和国家的方针、政策精神和有关法律、法规，针对本系统、本机关、本单位、本部门的实际情况制定的。不从实际出发所制订的计划，是毫无价值的计划。

（2）预见性。这是计划的本质特点。计划是在行动之前制定的，它以实现今后的目标，完成下一步工作和学习任务为目的。它是在总结过去的成绩和问题，分析目前的工作实际，预测今后发展趋势的基础上制定的。对客观现实准确的认识和科学的预测是增强计划预见性的保证。

（3）可行性。这是计划能够实施的保证。计划如果没有预见性，那就失去了制定它的意义；如果计划没有可行性，那么所谓计划，就如同一纸空文，没有任何用处。计划所提出的目标和任务、方法和步骤、要求和措施等，应当是可靠的和切实可行的，这就从客观上保证了计划的实施。

（4）约束性。计划一经通过、批准，在它所涉及的范围内，就有了一定的约束性，机关、单位、部门、个人在工作中必须按要求予以贯彻执行，不得随意变更，更不能不予实施。

3. 计划的类型

（1）按时间长短分为长期计划和短期计划。财务分析人员习惯于将投资回收期分为长期、中期和短期。长期通常指五年以上，短期一般指一年以内，中期则介于两者之间。管理人员也采用长期、中期和短期来描述计划。长期计划描述了组织在较长时期（通常为五年以上）的发展方向和方针，规定了组织的各个部门在较长时期内从事某种活动应达到的目标和要求，绘制了组织长期发展的蓝图。短期计划具体地规定了组织的各个部门在目前到未来的各个较短的阶段，特别是最近的时段中，应该从事何种活动，从事该种活动应达到何种要求，从而为各组织成员在近期内的行动提供了依据。习惯做法是将一年以内的计划称为短期计划；一年以上到五年以内的计划称为中期计划；五年以上的计划称为长期计划。但是对一些环境条件变化很快，本身节奏也很快的组织活动，其计划分类也可能一年计划就是长期计划，季度计划就是中期计划，月份计划就是短期计划。

（2）按业务内容分为业务计划、财务计划和人事计划。按职能空间分类，可以将计划分为业务计划、财务计划及人事计划。组织通过从事一定业务活动立身于社会，业务计划是组织的主要计划。我们通常用"人、财、物、供、产、销"六个字来描述一个企业所需的要素和企业的主要活动。业务计划内容涉及"物、供、产、销"，财务计划的内容涉及"财"，人事计划的内容涉及"人"，财务计划与人事计划是为业务计划服务的，也是围绕着业务计划而展开的。财务计划研究如何从资本的提供和利用上促进业务活动的有效进行，人事计划则分析如何为业务规模的维持或扩大提供人力资源的保证。

按业务内容也可分为专项计划和综合计划。专项计划又称专题计划，是指为完成某一特定任务而拟订的计划，如基本建设计划、新产品试制计划等。综合计划是指对组织活动所做出的整体安排。综合计划与专题计划之间的关系是整体与局部的关系。专项计划是综合计划中某些重要项目的特殊安排，专项计划必须以综合计划做指导，避免同综合计划脱节。

（3）按广度计划分为战略计划、战术计划和作业计划。战略计划是由高层管理者制订的。它涉及组织的宗旨、目标以及资源在各部门如何合理配置等重大问题。它具有长期性、普遍性和权威性三个显著特点。一旦战略计划失误，组织的生存与发展必将受到严重的影响。战术计划是指战略计划转化为有确定时间期限的目标和措施的计划，战术计划通常也叫业务计划，以年度计划为主。作业计划是通过生产进度、产量、销售量、利润、预算等生产运作及财务管理的具体指标，来保证战术计划中所规定目标的实现。它是战术计划如何进一步实施的细节计划，计划期限较短。作业计划一般由基层管理者制订，计划中指标具体，任务明确。

（4）按计划明确程度分为指导性计划和具体计划。指导性计划只规定一般的方针或指出重点，不把管理者限定在具体的目标上或特定的行动方案上。这种计划可为组织指明方向，统一认识，但并不提供实际的操作指南。具体计划则恰恰相反，要求必须具有明确的可衡量的目标以及一套可操作的行动方案。例如，指导性计划提出在未来的 6 个月中使利润增加 5% ~ 10%；一个增加利润的具体计划可能规定在未来的 6 个月中，成本要降低 4%，销售额要增加 6%，并制定特定的程序、预算分配方案以及实现目标的各项活动进度表。显然，指导性计划具有灵活性。组织通常根据面临环境的不确定性和可预见性程度的不同，选择制订这两种不同类型的计划。

4. 计划管理的功能

第一，计划管理为企业经营管理提供了明确的目标。计划管理以计划的形式为企业经营管理活动提供了明确的目标。这一目标既是企业其他管理经营活动的根本依据，又是高层领导者、职业经理人等管理层衡量经营管理效果的标准。高层领导和职业经理人要以计划目标为依据进行指挥和控制，出现问题也是对照计划目标进行检查和调整。企业安排生产经营任务，实际是对目标的分解和落实。可以说，企业的一切经营管理活动，都是围绕着企业目标的实现而展开的。因此，计划职能是职业经理人首要的管理技能，占据举足轻重的地位。

第二，加强计划管理可减少风险损失。企业加强计划管理，主要是为了减少失误，提高经济效益。加强计划管理，可以通过事先科学预测和企业内外部条件的全面分析，制定出具有科学依据和可行性的行动方案，从而避免较大的经营风险。此外，计划在执行的过程中，还可通过经常的检查和调整，及时防止不良后果的发生。面对复杂多变的环境，企业通常要制定多种方案的计划，以适应不同的环境变化。

第三，加强计划管理可以充分利用资源，提高经济效益。计划管理通过各种资源在数量上的综合平衡和空间、时间上的合理安排，使各种资源得到充分利用，减少了浪费，降低了流通成本，提高了企业的经济效益。特别是资金的有效利用，对企业的正常经营和提高经济效益至关重要。

第四，加强计划管理可使各部门之间更好地协调配合，体现综合效应。企业综合效应是企业内部各部门之间协调配合的成效。计划管理可充分挖掘及合理利用企业的一切资源、人力、物力、财力，从而取得最佳的经营管理效果。

5. 常用的计划方法

（1）目标管理方法。目标管理是以目标为导向，以人为中心，以成果为标准，使企业组织和个人取得最佳业绩的现代管理方法。目标管理也称"成果管理"，俗称责任制，是指在企业个体职工的积极参与下，自上而下地确定工作目标，并在工作中实行"自我控制"，自下而上地保证目标实现的一种管理办法。目标管理方法的实施要点：明确目标、参与决策、规定期限和反馈绩效。

"明确目标"指不能模糊或有很大浮动空间。例如，"电话订单必须在 24 小时内解决，客户投诉率小于 2%"就很明确，另外目标的设定，还要注意有一定的难度和挑战，否则没有意义。

"参与决策"指整个过程"自上而下"结合"自下而上"。心理学研究表明，一般自己认可的目标，而不是别人强加给自己的目标，更能坚持做到。

"规定期限"指至关重要的时间约束。没有时间约束就没有控制，等于放任自流，管理也就很大程度上形同虚设了。

"反馈绩效"指通过定期举行的正式的评估会议，上下级共同回顾和检查进展情况，分析解决存在的问题以利于下一步工作的完成。

（2）滚动计划法。滚动计划是一种动态的、定期修改未来计划的方法，是在每次编制或调整计划时，保持原计划期限不变，将计划按时间顺序向前推进一个计划期，即向前滚动、向前延伸一次。计划的不断滚动、延伸，对保证工程建设目标顺利完成具有十分重要的指导和保障作用。在已编制出的计划的基础上，每经过一段相对固定的时期，便根据变化了的外部市场与企业内部环境对原计划进行调整，一般微调多。每次调整时，保持原计划期限不变，而将计划期限顺序向前推进一个滚动期。这种方法考虑到市场瞬息万变的实际情况，适合于多变的内外环境条件。

滚动计划法的制定流程如下：

滚动计划法根据一定时期计划的执行情况，考虑企业内外部环境条件的变化，调整和修订未来的计划，并相应地将计划期顺延一个时期，进而使长期计划、中期计划与短期计划相互衔接，短期计划内部各阶段相互衔接，加强了计划的弹性，加大了计划的准确性和可操作性，提高管理者的应变能力。

在计划编制过程中，为了能准确地预测影响计划执行的各种因素，可以采取近细远粗的办法，近期计划定得较细、较具体，远期计划订得较粗、较概略。

例如，在2017年底制定了2018年1月至3月三个月工程总体计划时，采用滚动计划法，到2018年1月底，根据1月份计划完成情况和条件的变化，对原订的三个月计划进行必要的调整，在此基础上再编制2018年2月至4月的三个月工程总体计划。

以此类推，如图38-1所示。

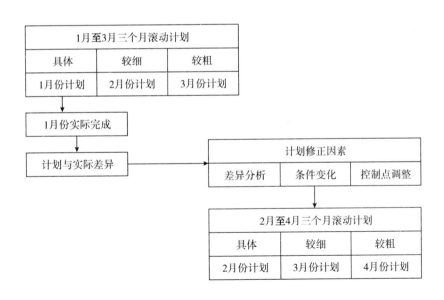

图38-1 滚动计划法示例

资料来源：笔者整理。

在三个月的滚动计划中，第一个月为执行计划，第二个月为准备计划，第三个月为目标计划。每个月的月计划都是对总目标计划的分解，原则上第一个月没有完成的任务，应滚动到第二个月。

滚动计划法的优点：①把计划期内各阶段以及下一个时期的预先安排有机地衔接起来，而且定期调整补充，进而从方法上解决了各阶段计划的衔接和符合实际的问题。②较好地解决了计划的相对稳定性和实际情况的多变性这一矛盾，使计划更好地发挥其指导工程建设实际的作用。③采用滚动计划法，使工程建设能够灵活地适应条件变化，把设计、供货、施工等环节密切结合起来，从而有利于实现工程预期的目标。④采用滚动计划法，可以根据环境条件变化和实际完成情况，定期地对计划进行修订，使企业始终有一个较为切合实际的长期计划作指导，并使长期计划能够始终与短期计划紧密地衔接在一起。

（3）关键路线法（CPM）。关键路线法又称"关键线路法"或"关键路径法"，指计划中所有的工作都必须按既定的逻辑关系全部完成，且对每项工作只估定一个确定的持续时间的一种计划管理方法。这也是一种常用的计划管理方法，通过分析项目过程中哪个活动序列进度安排的总时差最少来预测项目工期的网络分析。它用网络图表示各项工作任务之间的相互关系，找出控制工期的关键路线，在一定工期、成本、资源条件下获得最佳的计划安排，以达到缩短工期、提高工效、降低成本的目的。CPM中工序时间是确定的，这种方法多用于建筑施工和大修工程的计划安排，适用于有很多作业而且必须按时完成的项目。

关键路线法是一个动态系统，它会随着项目的进展不断更新，该方法采用单一时间估计法，其中时间被视为一定的或确定的。关键路径法主要是一种基于单点时间估计、有严格次序的一种网络图。它的出现为项目工作的完成提供了重要的帮助，特别是为项目及其主要活动提供了图形化的显示，这些量化信息为识别潜在的项目延迟风险提供了极其重要的依据。

（4）甘特图方法工具。甘特图（Gantt Chart）又称为横道图或条状图（Bar Chart），以提出者甘特（Gantt）先生的名字命名，其通过条状图来显示项目、进度和其他时间相关的系统进展的内在关系随着时间进展的情况。

甘特图的内在思想逻辑并不复杂，基本是一条线条图，横轴表示时间，纵轴表示活动（项目），线条表示在整个期间上计划和实际的活动完成情况。它直观地表明了任务计划在什么时候进行，以及实际进展与计划要求的对比。便于职业经理人掌握工作项目的进度与剩余任务，评估工作进度。

甘特图是以作业排序为目的，将活动与时间联系起来的最早尝试的工具之一，帮助企业描述工作中心、超时工作等资源的使用。

甘特图包含以下三个含义：①以图形或表格的形式显示活动；②一种通用的显示进度的方法；③构造时应包含实际日历天和持续时间，但一般不将周末和节假日算在进度之内。

甘特图方法简单、醒目、便于编制，而且有专业软件支持，不用担心复杂计算与分析，因此在管理工作中应用广泛（见图38-2）。

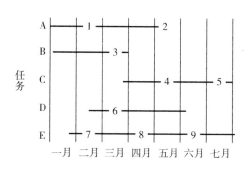

**图38-2  甘特图示例**

资料来源：笔者整理。

甘特图按内容不同，分为计划图表、负荷图表、机器闲置图表、人员闲置图表和进度表五种形式。甘特图绘制步骤如下：

第一步，明确项目牵涉的各项活动、项目。内容包括项目名称（包括顺序）、开始时间、工期、任务类型（依赖/决定性）和依赖于哪一项任务。

第二步，创建甘特图草图。将所有的项目按照开始时间、工期标注到甘特图上。

第三步，确定项目活动依赖关系及时序进度。使用草图，按照项目的类型将项目联系起来，并安排项目进度。

此步骤将保证在未来计划有所调整的情况下，各项活动仍然能够按照正确的时序进行，也就是确保所有依赖性活动能并且只能在决定性活动完成之后按计划展开。同时避免关键性路径过长。关键性路径是由贯穿项目始终的关键性任务所决定的，它既表示了项目的最长耗时，也表示了完成项目的最短可能时间。请注意，关键性路径会由于单项活动进度的提前或延期而发生变化，而且要注意不要滥用项目资源，同时，对于进度表上的不可预知事件要安排适当的富裕时间（Slack Time）。但是，富裕时间不适用于关键性任务，因为作为关键性路径的一部分，它们的时序进度对整个项目至关重要。

第四步，计算单项活动任务的工时量。

第五步，确定活动任务的执行人员及适时按需调整工时。

第六步，计算整个项目时间。

（5）PDCA 计划循环法。PDCA 是英文 Plan（计划）、Do（执行）、Check（检查）、Action（总结处理）四个词的第一个字母的缩写。它的基本原理是做任何一项工作，首先有个设想，根据设想提出一个计划；其次按照计划规定去执行、检查和总结；最后通过工作循环，一步一步地提高水平，把工作越做越好。这是做好一切工作的一般规律。PDCA 计划循环法，是美国管理专家戴明提出来的，称为"戴明循环管理法"。20 世纪 50 年代初传入日本，20 世纪 70 年代后期传入我国，开始运用于全面质量管理，现在已推广运用到全面计划管理，它适用于各行各业的计划管理和质量管理，已成为我国现代化管理内容之一。

PDCA 计划循环法一般可分为四个阶段和三个步骤的循环系统。

PDCA 四个阶段的工作循环：①计划阶段（P）。制订质量管理计划，提出总的质量目标，其中包括质量指标和质量管理措施。这一阶段需要对现有做法进行评估和对改进行动进行规划。评估的方法可以采用比较分析和程序分析手段。②执行阶段（D）。把计划目标和措施，具体组织实施和落实，包括修改程序、工作流程、设备和方法，以及与此相关的人员培训。③检查阶段（C）。把执行的结果与预定的目标进行对比，发现问题，查明原因。检查阶段需要投入人员对三个关键问题进行检查。④处理阶段（A）。根据检查的结果来改进工作。对成功的经验加以肯定，形成标准；失败的总结教训并提出修改计划，转入下一个循环。

PDCA 三个工作步骤：①提出工作设想，收集有关资料，进行调查和预测，确定方针和目标。②按规定的方针目标，进行试算平衡，提出各种决策方案，从中选择一个最理想的方案。③按照决策方案，编制具体的活动计划下达执行。以上三个工作步骤是第一阶段计划（P）的具体化。

（二）计划制订方法和步骤

实际工作中，制订一个合理可行的计划以达成计划目标，一般应该有以下七个步骤，但是一些职业经理人在制订计划时往往只重视步骤一、步骤二与步骤三，之后的其他步骤常常被忽略，有时会造成之后的计划执行出现困难和问题。

1. 正确精准理解企业整体计划目标并向下属传达

职业经理人只有在正确精准理解企业整体计划目标的前提下，才能围绕这些计划目标，制定出既符合企业整体要求，又符合本部门实际情况的部门计划。例如，职业经理人必须了解，为什么公司要把营业计划目标定在 5 个亿，为什么比去年增加 60% 多。他必须站在高层领导的角度才能正确理解这些问题。在理解了这些问题之后，才能根据整体计划目标，制定出相应的部门计划目标。

在制定部门目标时，职业经理人要注意一点：让下属了解企业的整体计划目标，这往往是职业经理人们容易忽略的地方。一般来说，公司为了让所有的部门，尤其是管理中层人员理解公司的目标，往往要召开正式会议沟通安排，普通员工则很少有机会了解公司的计划目标。员工不了解公司的整体计划：一是感觉被忽视，可能削弱他们的积极性；二是理解部门计划目标及制订个人计划目标时可能出现偏差。

2. 制定符合 SMART 原则的计划目标

SMART 原则（Specific、Measurable、Attainable、Relevant、Time-Bound）是为了使员工更加明确高效地工作，更是为了将来职业经理人对员工实施绩效考核提供考核目标和考核标准，使考核更加科学化、规范化，更能保证考核的公正、公开与公平。

绩效指标必须是具体的（Specific）；

绩效指标必须是可以衡量的（Measurable）；

绩效指标必须是可以达到的（Attainable）；

绩效指标要与其他计划目标具有一定的相关性（Relevant）；

绩效指标必须具有明确的截止期限（Time-Bound）。

无论是制定团队的工作计划目标还是员工的绩效目标都必须符合上述原则，五个原则缺一不可。

3. 检查计划目标是否与上级的目标一致

一般而言，现代企业里的计划目标制定程序大致如下：董事会制定战略计划目标，也就是确定公司的整体发展方向，总经理再根据战略目标制定年度发展目标，部门计划目标则是对年度总目标的分解，员工根据部门计划目标制订个人计划目标。由于计划目标是从上至下，层层分解形成的，因而，作为公司的一员，在计划目标的执行上不存在讨价还价的余地。下级的计划目标必须与上级的计划目标逻辑一致，这是确定无疑的。因此，在计划目标的制定和执行过程中，职业经理人需要检查自己的计划目标是否与上级的计划目标发生偏差。建议可主要从两个方面检查：一是与谁保持一致；二是针对目标的计划在具体执行方面也应该保持一致。

4. 列出可能遇到的问题和阻碍并找出相应的解决方法

这一步骤容易被忽略，但实际上它对于计划目标的顺利达成很重要。所谓"有备无患"，制订计划目标时应该具备风险意识，也就是对计划目标的实现过程中可能出现的问题、障碍制定应急方案、预案。

（1）列出实现计划目标所需要的技能和知识。

（2）列出为达成计划目标所必需的合作对象和外部资源。

（3）列出匹配资源。评估可获得的资源，不能超越可获得的资源设定不可能实现的计划目标。尽管计划应该具有挑战性，但不能盲目，必须具有现实性，毕竟如果没有相应的资源，无论职业经理人如何努力也是不可能实现目标的。例如，年收入假定是 50 万元，并且没有其他的经济来源，但是设定了要在 3 年中建造价值 1000 万元的房子，那么不管如何努力工作，这个计划目标都是不可能达到的。

5. 确定计划目标完成的日期并对计划目标予以书面化

计划目标制定的关键之一就是确定其完成日期。在计划目标制定之后，还要用书面确定下来，这是管理规范化的要求。对计划目标加以书面化以后，不会引起疑虑和争论，而且有利于计划目标检查和工作考核，此外，还便于计划目标的修订。

计划目标书面化，建议还要落实到专人专项，最好是让下属自己将最终确定的工作计划目标进行整理，做出两份正式的书面材料，一份留给自己，作为后续工作的参照；另一份交主管职业经理人，以此依据对员工的工作进行考核检查。

（三）计划任务书的下达

计划任务书的编制需要内容全面，描述精准。下达时职业经理人要与相关方面充分交流，确保沟通无障碍，过程无损失。同时，职业经理人要注意以下原则：

1. 正确定位，做管理者该做的事情

作为管理者，职业经理人应该做的是制定计划目标，支持、激励下属，并与他们沟通，为下属创造良好适当的工作环境，带动整个团队去完成工作目标。

2. 正确处理业务与管理的关系

注意企业里不同层次位置的职业经理人可能面临不同的工作挑战。

在大多数企业里，高层管理者几乎不涉及具体的业务；中层管理者则不同，可能既涉及管理工作，又涉及具体业务运营。因此高层管理者可以不懂业务，中层管理者却不可以，他必须是一个业务"高手"。中层管理者一般需要面对大量的业务问题，对于这些问题，中层管理者必须予以回答和解决。一般来说，中层管理者是最终解决者。需要老板，即高层管理者解决的问题，一般不可能是具体的业务问题。

除了业务问题，位于管理中层的职业经理人还必须面对比高层多得多的管理问题，如制订计划、对下属实施激励、对下属的工作追踪及评估、与下属沟通、与其他部门协作，解决部门间、部门内部的人际矛盾和冲突问题等。总之，中层管理者必须懂管理、善管理。一方面，中层管理者只有通过下属们的工作才能达到目标，而这就需要有良好的管理；另一方面，中层管理者又必须是业务带头人，必须在业务上花费许多时间和精力。于是，中层管理者往往要陷入业务与管理的两难境地，优秀的职业经理人必须两者兼顾，协调好两方面的工作。

3. 处理好管理者和领导者的关系

职业经理人既是管理者又是领导者，这就要求他不仅要具备计划、组织、协调和控制的管理技能，还需要具有影响员工的能力，能够激励和引导员工。职业经理人要引导下属共同为公司的计划目标而努力，确保整体计划目标的实现。

（四）计划实施与评估

计划实施与评估，即绩效评估，可运用数理统计、运筹学原理和特定指标体系，对照统一的标准，按照一定的程序，通过定量定性对比分析，对项目一定经营期间的经营效益和经营者业绩做出客观、公正和准确的综合评判。

绩效评估（Performance Appraisal），又称绩效评价、员工考核绩效评估，是一种正式的员工评估制度，它是通过系统的方法、原理来评定和测量员工在职务上的工作行为和工作成果。绩效评估是职业经理人与员工之间的一项管理沟通活动。绩效评估的结果可以直接影响薪酬调整、奖金发放及职务升降等诸多员工的切身利益。

绩效评估是一项很复杂的工作，要提高评估工作的质量，达到预期的效果，应坚持以下原则：

1. 客观原则

绩效评估应尽可能科学地进行评价，使之具有可靠性、客观性、公平性。考评应根据明确的考评标准，针对客观考评资料进行评价，尽量减少主观性和感情色彩。这就要求评估内容要由用科学方法设计的一些指标来反映。在指标的设计过程中，要避免个人的主观因素，尽量采用客观尺度，使评估指标不仅内容准确、具体，而且应尽可能量化。评估指标有定性指标和定量指标之分，对定性指标也要尽可能量化，多运用一些定量方法，以避免较大程度上的主观随意性，增强评估的客观性和准确性。

2. 可行原则

评估方法可行是指评估使用的方法要被所有员工接受并能长期使用。这一点对于评估能否真正取得成效很重要。评估项目的数量应适中，既不能太多、太繁杂，又不能太少、过于简单，并且针对组织不同层次的人员采用不同的评估方法。另外，要明确评估方法的目的和含义，使员工自觉接受和配合评估工作的进行。

3. 常态原则

为使评估的各项功能得以有效发挥，职业经理人应组织团队制定一套科学的评估制度体系，将评估工作落实到具体部门。同时建议进行经常性的评估，尽可能多地获取有关员工的实际资料，加强评估的效果。

4. 多层次评估原则

员工在不同的时间、不同的场合有不同的表现，这给客观地评估员工的绩效带来了困难。为此应从多方收集信息，从多个角度进行评估。主要包括：上级评估、同事评估、自我评估、下级评估、专家评估、客户评估等。综合运用几种方法进行评估，扬长避短，可以保证评估的客观性、全面性、系统性。

（五）反馈原则

评估结果一定要反馈给被考评者本人，这是员工得到有关其工作计划实施与工作绩效表现的反馈信息的一个主要渠道。一方面有利于防止评估中可能出现的偏见和误差，以保证评估的公平与合理；另一方面可以使被考评者了解自己的缺点和优点，使绩优者再接再厉，绩差者心悦诚服，奋起直追，从而保证评估的正面积极作用。

## 二、执行

作为管理者的职业经理人还负有安排工作以实现组织计划目标的职能，这种管理技能称为执行或组织，包括决定应该从事哪些工作任务，应该由谁来从事这些任务，这些任务怎么分类和归集，谁向谁报告，以及在哪一级做出决策的过程。

（一）执行概述

执行是有效利用资源，保质保量达成计划目标，是贯彻组织战略意图，完成组织预定目标，把企业战略、规划转化成为效益、成果的关键。彼得·德鲁克指出："计划如果不能变为行动，那它是无用的。"完整的计划过程包括计划、决策和行动。可见执行的重要性，执行力严重缺失是很多企业面临的真正危机。著名学者汤明哲指出，一家企业的成功，30%靠战略，40%靠执行力，其余30%靠运气。职业经理人应对企业战略执行进行全面和深入的思考。

1. 执行是一种纪律，是计划不可分割的一环

执行是计划的根本，也必须是形成计划的依据。因为如果未事先衡量组织的执行能力，就不可能制定出适当的计划。执行力是工具，也是工作态度。很多人工作态度始终不够认真，执行力的偏差是最大的原因。关于在执行力方面存在的问题，有学者将其归结为以下四点：

（1）碰到偏差缺乏敏感性，也不觉得很重要。

（2）不注重细节，不追求完美。

（3）不会在自己职责范围内处理一切问题。

（4）不能也不想坚持公司的制度与标准。

2. 执行是职业经理人最重要的工作

"执行属于细节事务的层次，不值得企业领导人费神"的观念是错误的。执行是职业经理人最重要的工作，许多策略计划在实行后成效不佳，往往是在执行层面出了问题。有些职业经理人，特别是领导高层太过强调所谓的高层次策略，太注重高屋建瓴的探讨，而忽略了实际的执行层面。还有人认为执行属于企业经营中的战术层次，领导层只要授权下属即可，领导者有时间去思考更"重大"的问题。这些看法都有失偏颇。执行并非仅局限在战术层面，它应该深植于企业的策略、目标与文化当中，组织的领导层也必须深入参与其中。

3. 执行应该成为组织文化的核心成分

执行是一套系统化流程。流程中包含对企业环境提出假设、评估组织能力，把策略、营运以及预定执行计划的员工联结起来，让这些员工能和各项执行纪律同步运作，

并将报酬与成效联结在一起。执行就是以有系统的方式，让自己能一直认清现实状况并据以采取行动。有一些公司欠缺执行力的基本原因，在于不能好好面对现实，行动脱离企业实际。

（二）执行的步骤

1. 任务指标分解，确定部门和个人工作

职业经理人带动组织各个部门根据目标做出详细的计划，要明确任务，明确任务的负责人，明确任务的开始和结束时间，要尽可能地把任务细分，把任务的先后关系确定好，并通过对每一位参与员工的工作能力、工作效率等的把握来将任务布置给合适的员工，并确定完成时间。保持任务分工明确，做好具体事项跟进，查看任务执行时组织各部门或个人之间的角色、职责和相互关系，避免责任不清。总的来说，职业经理人应当在充分掌握各种信息的基础上，依照所处环境的资源、工作难度、经验和个人能力制定下属的工作目标。

2. 制定实施流程，工作衔接流畅

制定工作任务实施流程、工作衔接接口和阶段及其路径，其中最关键的是要能够有效地布置分派任务并监督完成计划目标。加强工作团队成员之间的沟通，计划执行过程中的沟通非常重要，要保证进度的信息透明。

3. 加强工作执行的培训

为提升工作效率与效果，职业经理人需要对有关人员进行专业培训，帮助员工提升工作所必需的基本能力，同时传导工作思想、统一认识。

培训工作需要预先确定培训定位、培训需求分析，确定组织是否需要培训、为什么需要培训以及需要培训的内容和人员有哪些。完成培训后，需要通过绩效考核去评估学员的培训效果，常用的评估方法是"柯式的四级评估法"。

柯氏四级培训评估模式（Kirkpatrick Model）由国际著名学者威斯康辛大学（Wisconsin University）教授唐纳德·L. 柯克帕特里克（Donald·L. Kirkpatrick）于1959年提出，是世界上应用最广泛的培训评估工具，在培训评估领域具有难以撼动的地位。

柯氏四级培训评估模式，主要内容：

Level 1　反应评估（Reaction）：评估被培训者的满意程度；

Level 2　学习评估（Learning）：测定被培训者的学习获得程度；

Level 3　行为评估（Behavior）：考察被培训者的知识运用程度；

Level 4　成果评估（Result）：计算培训创造的经济效益。

也有人在这个基础上发展了第五级即 Level 5　投资报酬率评估（ROI）。

4. 跟踪监控、反馈纠偏、总结改进

执行如果没有落实到行动和检查结果，那么计划往往等于空谈。在完成了工作任务之后需要检查工作的结果去判断这次任务行动的收获。此项工作一般有以下四个原则：①标准原则，把制定标准作为检查工作结果的依据；②及时原则，在安排完工作后要及时检查人员是否到位，跟踪监控；③反馈原则，反馈是职业经理人必备的管理技能，将检查和评估的结果反馈给员工；④调整原则，根据工作进展和实际情况进行必要和适当的调整，调整的目的是优化工作和纠正工作中存在的偏差。

执行工作需要进行总结，将某一段时间已经做过的工作，进行一次全面系统的总检查、总评价。例如，进行一次具体的总分析、总研究；总结取得了哪些成绩，存在哪些缺点和不足；有什么经验和教训；合理优化执行流程，提出改进方案和建议。

# 第三节　指挥与控制

## 一、指挥

（一）指挥的含义及作用

1. 指挥的含义

指挥职能是与人的因素密切关联，指挥职能是指导和影响群体或组织成员为实现群体或组织目标而做出努力和贡献的过程或艺术。它包含以下四个方面的基本含义：

（1）指挥一定要与所指挥的群体或组织中的其他成员发生联系。

（2）权力在指挥者和其他成员中的分配是不平等的。

（3）指挥者能对被指挥者产生各种影响。

（4）指挥的目的是影响被指挥者为实现组织的目标做出努力和贡献，而不是为了体现指挥者的个人权威。

2. 指挥者与管理者的区别

（1）范围：从一般的意义上说，管理的范围要大一些，而指挥的范围相对要小一些。

（2）作用：管理是为组织活动选择方法、建立秩序、维持运转等活动，指挥在组织中的作用表现在为组织活动指出方向、设置目标，创造态势、开拓局面等方面。

（3）层次：指挥具有战略性、较强的综合性，贯穿在管理的各个阶段。从整个管理过程来看，如果我们把管理过程划分为计划、执行和控制三个主要的阶段，指挥活动处在不同阶段，集中起来就表现为独立的职能，即为了实现组织目标，使计划得以实施，使建立起来的组织能够有效运转，组织和配备人员，并对各个过程结果进行监督检查。

3. 指挥的作用

指挥工作包含与人的因素相关的活动内容，如激励、沟通、营造组织气氛和建设组织文化等内容。指挥的作用：

（1）协调作用：思想认识上有分歧、行动偏离目标的现象不可避免，因此需指挥者协调人们的关系和活动；

（2）组织有效运转的保证：指挥者应通过引导、指挥、指导或先导活动，帮助组织成员最大限度实现组织目标；

（3）激励作用：组织成员个人目标与组织目标不完全一致，指挥活动的目的在于将其结合起来，调动组织中每个成员的积极性。

指挥是保证企业正常经营、实现计划不可缺少的条件。指挥就是借助指示、命令等手段有效地指导下属机构和人员履行自己的职责，实现计划任务的要求。指挥是维系一个组织活力的源泉，无论是军事将领、行政首长或企业经理，都需要了解指挥的方法及技巧。对于职业经理人来说，显然需要提升自己的指挥技能，了解和研究如何激发员工潜能，共同为完成企业的目标和计划而努力工作。

（二）指挥的理论与方法

1. 主要指挥理论

（1）指挥理论的演进。

1）指挥特质理论：侧重指挥者本身特质的研究，认为指挥工作效能的高低与指挥者的素质、品质或个性特征密切相关。其前提假设是，指挥者的个人特质是决定指挥效能的关键因素。

2）指挥行为理论：试图用指挥者做什么来解释指挥现象和指挥效能，并主张通过其指挥行为而不是内在素质来评判指挥者。

3）权变指挥理论：20世纪60年代后期出现，认为不同的指挥方式适合不同的工作环境；反之亦然。

（2）基于风格的指挥分类。

第一，勒温的三种极端指挥风格。

1）专制式（专权式或独裁式）。特点：①个人独断专行，组织决策完全由指挥者做出；②指挥者预先安排一切工作内容、程序和方法，下级只能服从；③除工作命令外，不把更多消息告诉下级，下级没有任何参加决策的机会；④主要靠行政命令、纪律约束等来维护指挥者权威；⑤指挥者与下级保持相当远的心理距离。

2）民主式。特点：①指挥者在决策前同下属磋商；②分配工作时，尽量照顾到组织每个成员的能力、兴趣和爱好；③下属有相当大的自由度；④主要运用个人的权力和威信使人服从；⑤指挥者积极参加团体活动，与下属无心理距离。

3）放任式。特点是极少运用权力影响下属，给下属以高度独立性，以致放任自流。

优缺点：放任式效率最低；专制式能达成组织目标，但组织成员无责任感，士气低落；民主式效率最高，且组织成员关系融洽，工作积极主动，富有创造性。

对三种指挥的比较评价：

放任式的指挥方式工作效率最低，往往完不成工作目标；

专制式指挥方式能达到既定的任务目标，但成员缺乏责任感；

民主式指挥方式效率最高不但能完成工作目标，而且成员之间关系融洽，工作积极主动，富有创造性。

第二，利克特的四种指挥方式。

专制—权威式：指挥者专制，惩罚方法激励，沟通自上而下。

开明—权威式：指挥者对下属有一定的信任和信心，赏罚并用的激励，一定程度的自下而上沟通，下属有一定决策权。

协商式：指挥者对下属相当但不完全信任，奖赏方式激励，上下双向沟通，允许下属对具体问题做出决策。

群体参与式：指挥者对下属充分信任，积极采纳下属意见，上下级及同级间沟通，鼓励下属决策。第四种方式采取从内在激励员工的办法。

（3）基于态度和行为倾向的指挥分类。

1）"双中心"论。任务中心（关心任务）的指挥风格：指挥者把工作任务放在首位，不关心人际关系。指挥行为是专制式，工作效率高，组织成员满意度低。

人员中心（关心人员）的指挥风格：指挥者关注员工的感情和个人成长，组织成员满意度高，但工作效率未必高。

2）"管理方格"论。美国管理学家罗伯特·布莱克和简·穆顿1964年提出"管理方格"理论。"管理方格图"横坐标表示指挥者对工作的关心程度，纵坐标表示指挥者对人的关心程度（见图38-3）。81个方格，分别代表81种不同的指挥方式。

1-1贫乏型：指挥者对员工漠不关心，指挥者本人也仅以最低限度的努力来完成必须做的工作。

9-1任务型：指挥者的注意力集中在任务的效率，但不关心人的因素，很少注意员工的士气和能力发展。

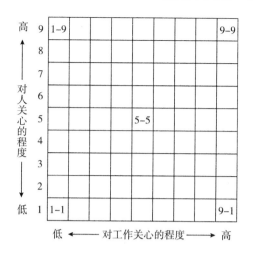

**图 38-3　"管理方格"论**

资料来源：笔者整理。

1-9 俱乐部型：指挥者集中注意对职工的支持与体谅，但对任务效率和规章制度、指挥监督等很少注意。

5-5 中间型：指挥者对人的关心度和对生产的关心度能够保持平衡，追求正常的效率和令人满意的士气。

9-9 战斗集体型：对职工、生产都极为关心，努力使个人需要和组织目标最有效地结合。9-9 型的指挥方式最为有效。

（4）基于权变理论的指挥分类。依照权变指挥理论的观点，指挥行为的有效性不单纯取决于指挥者个人的行为。某种指挥方式在实际工作中是否有效主要取决于具体的情景和场合，说明没有最好的指挥模式，只有最合适的指挥模式，这是权变管理原则在指挥工作中的体现。

1）指挥行为连续统一体模型。坦南鲍姆和施米特认为，指挥方式的变化应是一种连续的变化过程，指挥行为连续统一体理论描述了主要以指挥为中心到主要以职工为中心的一系列指挥方式的转化过程，这些方式因指挥者授予下属权力大小的差异发生连续变化。共有六种有代表性的指挥风格：①经理做出并宣布决策；②经理做出并推销决策；经理做出决策，但允许下属提出疑问，并予以解释和回答；③经理做出初步的决策，交代下属讨论修改；④经理提出待决策的问题，征求意见，然后做出决策；⑤经理规定决策的界限，让团体做决策；⑥经理允许下属在规定的界限内行使决策权。

2）最难共事者模型。菲德勒提出，LPC（Least-Preferred Co-Worker）是指从工作绩效角度考虑，指挥者最不愿意挑选来一起工作的下属。做出"低 LPC 分"型评价的指挥者是趋向于任务指挥型的指挥方式，"高 LPC 分"的趋向于关系导向型。模型如图 38-4 所示。

```
快乐 ——  8 7 6 5 4 3 2 1  —— 不快乐
友善 ——  8 7 6 5 4 3 2 1  —— 不友善
拒绝 ——  1 2 3 4 5 6 7 8  —— 接纳
有益 ——  8 7 6 5 4 3 2 1  —— 无益
不热情 —— 1 2 3 4 5 6 7 8 —— 热情
紧张 ——  1 2 3 4 5 6 7 8  —— 轻松
疏远 ——  1 2 3 4 5 6 7 8  —— 亲密
冷漠 ——  1 2 3 4 5 6 7 8  —— 热心
合作 ——  8 7 6 5 4 3 2 1  —— 不合作
助人 ——  8 7 6 5 4 3 2 1  —— 敌意
无聊 ——  1 2 3 4 5 6 7 8  —— 有趣
好争 ——  1 2 3 4 5 6 7 8  —— 融洽
自信 ——  8 7 6 5 4 3 2 1  —— 犹豫
高效 ——  8 7 6 5 4 3 2 1  —— 低效
郁闷 ——  1 2 3 4 5 6 7 8  —— 开朗
开放 ——  8 7 6 5 4 3 2 1  —— 防备
```

**图 38-4　最难共事者模型**

资料来源：笔者整理。

菲德勒把指挥工作所面临的环境状况具体分解为三方面情境因素：

第一，指挥者与被指挥者关系。双方信任、尊重、支持、密切合作，则关系好；反之，关系差；

第二，工作任务的结构。工作任务是例行的、常规化的、有章可循，则结构明确；反之，则不明确；

第三，指挥所处职位的固有权力。指挥者职位越高，所拥有的职权越大。

3）指挥方式寿命周期理论。这种理论是由科曼首先提出，后由赫西和布兰查德发展。有效的指挥者的风格应当适应其下属的成熟度。"成熟度"指个人对自己的直接行为负责任的意愿和能力，包括工作成熟度和心理成熟度。

工作成熟度指一个人的知识和技能。

心理成熟度指一个人做事的意愿和动机。

指挥生命周期理论曲线中的四个象限代表四种指挥方式：

命令式（高工作，低关系）。适用于下属低成熟度的情况，指挥者采用单向沟通，责令下属执行工作任务；

说服式（高工作，高关系）。适用于下属较不成熟的情况，指挥者以双向沟通方式说服下属接受工作任务；

参与式（高关系，低工作）。适用于下属比较成熟的情况，指挥者通过双向沟通和悉心倾听与下属充分交流；

授权型（低关系，低工作）。适用于下属高度成熟的情况，指挥者赋予下属自主决策和行动的权力。

2. 主要指挥的方法

第一，口头指挥：口头指挥的方式、语气、语态、情绪等。

第二，书面指挥：文件内容清晰明了、使用文件类型适当、统一文件格式、严格控制发文数量。

第三，会议指挥：开好必须的会、做好会前准备、建立良好的会风。

第四，现场指挥：宏观把握情况、综合各方要素、现场人员清晰。

第五，运用信息技术指挥：信息技术先进、信息传达流畅、信息反馈及时。

3. 指挥的要求

（1）分析任务。主要分析工作任务性质和特点、团队人员素质和能力。

"知己知彼，百战不殆"也是企业运营的基本逻辑原则，职业经理人指挥职能的出色发挥首先要做到"知己"，分析清楚面临的工作任务性质和特点、正确把握企业团队人员素质和能力，才能通过指挥的协调，使本企业的所有下属员工做出最大的贡献，实现计划目标。

对职业经理人来说，工作分析是指对工作进行整体分析，以便确定每一项工作的6W1H：用谁做（Who）、做什么（What）、何时做（When）、在哪里做（Where）、如何做（How）、为什么做（Why）、为谁做（Whom）。

工作分析的内容，包含三个部分：对工作内容的分析；对岗位、部门和组织结构的分析；对工作主体员工的分析。

1）对工作内容的分析，是指对产品（或服务）实现全过程及重要的辅助过程的分析，包括工作步骤、工作流程、工作规则、工作环境、工作设备、辅助手段等相关内容的分析；

2）对岗位、部门和组织结构的分析。由于工作的复杂性、多样性和劳动分工，使岗位、部门和组织结构成为企业的必然设置，而不同的行业和不同的业务，都影响着岗位、部门和组织结构的设置，对岗位、部门和组织结构的分析，包括对岗位名称、岗位内容、部门名称、部门职能、工作量及相互关系等内容的分析；

3）对工作主体员工的分析，包括对员工年龄、性别、爱好、经验、知识和技能等各方面的分析，通过分析，有助于把握和了解员工的知识结构、兴趣爱好和职业倾向等内容。在此基础上，企业可以根据员工特点，将其安排到最适合他的工作岗位上，达到人尽其才的目的。

（2）落实责任。主要明确任务内容、明确责任人和配合成员，落实岗位责任。

工作分析之后，职业经理人需要明确落实任务执行责任人和配合成员，落实责任，也就是安排落实岗位责任制，根据各个工作任务的性质和业务特点，明确规定其职责、权限，配合团队，落实责任。

明确任务责任，一般有以下几个原则：

1）才能与岗位相统一的原则（人职匹配程度）。根据企业员工的不同才能及特长，分配与之相适应的岗位。企业由若干员工和不同岗位组成，每个成员的个体素质条件差异有时很大，这就要求充分考虑各种因素，在实际工作需要中，调整人员，量才授职，扬长避短，才能人尽其才，使每个岗位上的工作卓有成效。

2）职责与权利相统一的原则。职、责、权、利四项是每个工作岗位不可或缺的因素，责任到人，就必须权力到人，并使之与实际利益密切联系，体现分配原则。有责任无权力，难以取得工作成效；有权力无责任，将导致滥用权力。因此，必须使企业中的每一个成员都有明确的职务、权力和相适应的利益享受。

3）考核与奖惩相一致的原则。任务责任的明确，提供了企业员工考核的基本依据，而考核必须作为奖惩的基本依据，这样才能使两者相一致，论功行赏，依过处罚，这样才能起到鼓励先进、激励后进、提高工作效率的作用。

（3）奖惩纠偏。建立任务检查汇报和反馈机制，实施奖惩纠偏制度。

任务检查是职业经理人的重要工作，需要有制度化安排，形成良好运行机制。检查下属员工的工作，主要是检查对目标、计划等的执行和落实情况，看下属员工是否准确迅速、积极主动、卓有成效地完成了布置的各项任务，这是检查工作的主要目的和内容。检查工作不是一件单一的、孤立的事情，它也是收集信息、考察培养下属、推进工作、提高自身素质的重要渠道。同时，根据检查的具体情况，实施必要的奖励和处理措施，确保计划工作的顺利进行。

职业经理人是企业的舵手，整体工作的进展大方向绝不能错，有异常情况一定要及时调整纠偏。对于不称职者、不胜任工作的人员一定要及时调整撤换，淘汰没有工作能力的人。职业经理人是企业整体利益的裁决者与负责者，职责确定。职业经理人应该灵活地、勇敢地完成这项任务，同时需要沟通，让所有成员认识到淘汰工作的必要性。当然，对被淘汰的员工也要给予必要的后续安排、关心和帮助。

## 二、控制

控制是对工作情况进行监督、对比并纠正的过程。显然所有的职业经理人都应当承担控制的职责，无论他负责的部门是否完全按照计划开展工作。职业经理人在对已经完成的工作与计划所应达到的标准进行比较之前，并不能精准地知道部门的工作是否在正常开展。一个有效的控制系统可以保证各项工作完成的方向与企业整体的目标协调一致。

（一）控制概述

1. 控制的定义

控制是组织在动态变化的环境中，为了确保实现既定的组织目标而进行的检查、监督、纠正偏差等管理活动的统称，即对组织内部的管理活动及其效果进行衡量和校正，以确保组织的目标以及为此而拟定的计划得以实现。或者是指施控主体对受控客体的一种能动作用，这种作用能够使受控客体根据施控主体的预定目标而动作，并最终达到这一目标。也就是运用控制手段，监控组织绩效，将实际表现与预设目标比较，发现显著偏差，找出差距，分析原因，修正标准或者改进工作，回到正确轨道。控制是一次管理循环过程的终点，同时又是新一轮管理循环活动的起点。

2. 控制的类型

（1）按照控制的环节分：

前馈控制，又叫预先控制，收集整理信息、掌握规律、预测趋势，预计未来可能出现的问题，提前采取措施，将问题消除在萌芽状态，防患于未然。

现场控制，又叫即时控制，在活动进行中的控制，及时纠正问题，避免重大损失，做到日事日清、日清日高。

反馈控制，即"亡羊补牢"，问题出现后，损失已经造成，衡量计划是否合理。

（2）按照控制的层次分：

集中控制，建立一个统一的控制中心；

分层控制，各层级独立开展控制活动；

分散控制，每一个子系统独立实施控制。

（3）按照控制的内容分：预算控制、质量控制、成本控制、资金控制、作业控制、信息控制等。

3. 控制过程

控制过程一般包括三个步骤：制定标准，它来源于计划和目标，能够对实际活动进行度量；衡量绩效，将实际的绩效与标准进行比较；采取行动纠正偏差或不适当的标准。

（1）制定标准。标准来源于计划和目标，能够对实际活动进行度量。标准一般从计划中产生，计划必须先于控制，没有计划就没有控制。主要考虑：制定标准的程序、标准的种类（常用的定量标准）、制定标准的原则、制定标准应考虑的因素；选定控制对象、控制重点、关键控制点，确定标准指标体系与评估指标权重。注意确定的标准应当明确、定量标准优于定性标准、标准应符合实际；标准尽量照顾顾客的需求、参考竞争对手的标准、考虑手中已有资源和制定成本。

（2）衡量绩效。确定实际工作的绩效可采取个人观察、走动管理、统计报告、图表、口头汇报、会议、谈话、电话、书面汇报等形式。对于有明确的数量标准的活动，如营业额、利润、出勤率等容易衡量的可采取定量指标；对于没有明确数量标准的活动的结果，需要管理者去分析，可采取将活动分解成能够用目标去衡量的工作或确定一种主观衡量指标。绩效衡量要注重经济上合算、及时准确、系统全面、目的明确。

（3）纠正偏差。要分析有无纠正的必要，查找偏差的原因、评估有无纠正的条件。对改进性绩效，由于绩效的不足而产生，应采取纠正行动。要弄清偏差是如何产生的、为什么会产生，然后从产生偏差的地方开始进行纠正，紧急情况下也可采取一些救火式纠偏，紧急纠正；对标准性绩效由于标准不一定都是合理的，工作的偏差可能来自不现实或不合理的标准，应适度修订标准。

# 案例 38-1  王厂长的计划与控制

王雷担任某厂厂长已经一年多了，他刚看了工厂今年实现目标情况的统计资料。厂里工作进展出乎他的意料。他担任厂长后的第一件事就是亲自制定了一系列工作目标，如为了减少浪费、降低成本，他规定在一年内把原材料成本降低10%~15%，把运输费用降低3%。他把这些具体目标都告诉了有关方面的负责人。年终统计资料表明，原材料浪费更为严重，运输费用没有降低。

他找来有关负责人询问。生产副厂长说："我曾对下面的人强调过要减少浪费，我原以为下面的人会按我的要求去做的。"运输方面的负责人则说："运输费用降不下来很正常，我已经想了很多办法，但汽油费等还在涨，我想，明年的运输费用可能要上升3%~4%。"

王雷了解了原因，进行了分析后，又把这两个负责人召集起来布置第二年的目标：生产部门一定要把原材料成本降低10%，运输部门即使是运输费用要提高，也绝不能超过今年的标准。

请问：王雷的控制有什么问题？怎样才能实现他所提出的目标？

4. 一般企业控制过程（作业控制）

一旦作业系统已经设计好并付诸实施后，关键因素就是监控。

（1）成本控制。成本控制是作业系统设计的核心问题，许多组织都成立了成本中心，在每个部门或工厂设立独立的成本中心，其主管对本部门产品的成本负责。

成本类型：

直接成本：与产出的产品和服务的数量成比例关系的成本（劳动、材料）；

间接成本：不受产出量变化影响的成本（管理费、保险费）。

"成本中心"的主管对其单位的所有直接成本负责，而间接成本不必由他们控制；高层管理者应明确什么方面可以控制，并使基层管理者对其控制下的所有成本负责。

（2）采购控制。采购控制就是对组织的输入及库存进行控制；与供应商建立紧密的关系；采取经济订货批量模型，通过计算得到经济订货批量。

（3）维护控制。对设备、设施进行维护、保养工作，提高设备利用率，减少停工时间，如果设备故障，往往会意味着成本增加、交货延迟、损失销售、用户不满。维护控制类型包括预防维护、补救维护、条件维护。采取哪种维护控制类型取决于故障发生的成本，这个成本可以资金、时间、可靠性、信誉等来衡量。

（4）质量控制。质量是企业的生命，质量控制、质量管理非常重要。全面质量管理（TQM），在各个领域广泛采用，它是一种全面的、面向用户的，用来不断提高组织过程、产品、服务质量的计划，它强调采取行动防止错误的发生。作业行动中的质量控制强调的是，识别已经发生的严重失误，如对产品进行检测，对产品从原材料到产品的转换过程进行控制。

（二）实施控制的要求

1. 现代管理中控制的作用

（1）控制是完成计划任务、实现组织目标的保证。缺乏控制过程的计划是注定要失败的。

（2）控制是及时改正缺点、提高组织效率的重要手段。这一作用表现为两个方面：一是降低失误对组织效率的负面影响；二是提高未来管理工作的效率。

（3）控制是组织创新的推动力。控制是一种动态的、适时的信息反馈过程，它不是简单地对受控者进行管、压、卡，而是一种积极主动的管理实践活动。

2. 有效控制的条件

（1）较高素质的管理人员。在现场控制中，管理者没有足够的时间对问题进行深入细致的思考，也很少有机会和他人一起分析讨论，常常依靠自身的知识、能力和经验，甚至是"直觉"，及时发现并解决问题。需要管理人员具有较高的素质。

（2）下属人员的积极参与。现场发生的问题常常是程序化的，多数操作性较强，注重问题的细枝末节。管理者在按照计划对下属实施控制的过程中，必须多听取下属人员尤其是一线人员的意见和建议。

（3）适当的授权。在现场控制过程中，管理人员必须及时发现问题、解决问题，不应当也不能事事都向上级请示，以免造成工作中断和贻误时机。因此，担负现场控制责任的管理人员应当拥有相应的职权。

（4）层层控制，各司其职。一般而言，现场控制是上级管理者对下级人员的直接控制。一个管理组织中，可能同时存在多个管理层级，有效的现场控制必然由最熟悉情况的管理人员实施，这样才能保证全面深入了解问题并提出最为切实可行的方案，这样还可以避免多头控制和越级管理。

3. 有效控制的基本原则

（1）目标明确原则。控制活动是一种管理活动过程，具有很强的目的性。也就是说，控制工作必须围绕既定的目标开展。从根本上讲，控制工作的目标就是保证实现组织目标。

（2）重点原则。控制不仅要注意偏差，而且要注意不同偏差的重要程度，我们不可能控制工作中所有的项目。有效的控制只能针对关键项目，而且只有当偏差超过了一定限度，足以影响实现计划目标时才予以控制。抓住活动过程中的关键和重点进行局部的和重点的控制，这就是重点原则。

（3）及时性原则。高效率的控制系统，能迅速发现问题并及时采取纠偏措施。控制的及时性原则，一方面要求及时准确地提供控制所需的信息，避免时过境迁，使控制失去应有的效果；另一方面要估计可能发生的变化，使纠偏措施有一定的预见性。

（4）灵活性原则。控制的灵活性原则要求制定多种应付变化的方案和留有一定的后备力量，并采用多种灵活的控制方式和方法来达到控制的目的。

（5）经济性原则。控制是一项需要投入大量的人力、物力和财力的活动，耗费较大。行使控制职能的时候，必须考虑控制的经济性，要把控制所需的费用与控制所产生的效果进行经济上的比较，只有当有利可图时才实施控制。

4. 有效控制的基本要求

（1）控制工作要具有全局观点。组织的一切行为都应当围绕组织的目标实现而展开，控制工作也应当从组织发展的全局出发，有计划、有步骤地展开。

（2）控制工作应面向组织的未来发展。组织所谋求的是长远发展，而不是一时的繁荣。因此，控制工作既要保证当前目标的实现，又必须着眼于组织的长远发展。

（3）控制工作应确立客观标准。管理工作中有许多主观因素，但是对下属各项工作的评价，不能仅靠主观来判断，还要采用定量的客观标准。

（4）控制系统应契合主管人员的个别情况。控制系统是为了协助每个主管人员行使其控制职能的。因此，建立控制系统必须符合每个主管人员的情况及其个性，被主管人员理解、信任，并自觉地运用。

（5）控制工作应有纠正措施。有效的控制系统，包括三个主要的步骤，即制定标准、衡量工作绩效和采取纠正措施。其中，制定标准是基础，但落脚点是采取有效措施以纠正偏差。

5. 确定控制标准的主要方法

控制是一种管理实践活动过程。要控制就要有标准，离开可比较的标准，就无法实施控制。因此，控制过程的首要步骤就是拟定控制标准。通常，选择对整个计划意义重大的关键指标，对其制定适宜的评价数值作为控制标准。

制定合理可行的控制标准应当符合下列要求：

（1）目的性。控制工作必须以实现组织计划为目的。制定控制标准必须体现组织的目标，反映计划所规定的目的要求。

（2）多元性。任何一个组织的目标都不是单一的，而是多元的，因此控制标准也应是多元的。

（3）可检验性。标准不是虚无缥缈的幻象，而是在具体实践过程中能够作为行动比照物的对象。使标准具有可检验性，最简便的方法就是把目标定量化。例如，制定企业中研究开发部门的工作控制标准，要具体量化为每年提供多少个产品开发创意、进行多少个产品开发项目等指标，这样，控制标准就具备了可检验性的特征。

（4）可行性。标准的制定要切实可行，即标准水平的高低要适当。控制标准必须明确清晰，便于理解，具有实现的可能性和实践性。

（5）利益目标一致性。组织目标是多元的，多元的组织目标是通过内部各子系统、子目标体现出来的。为了确保企业目标的实现，控制标准就必须体现部门目标与企业整体目标一致的要求。这种一致要依靠利益的引导和驱动。因此，目标一致性的核心，必然是利益目标的一致性。

确定控制标准常用的方法有以下三种：

第一，统计方法，相应的标准称为统计标准。它是根据企业的历史数据记录或是对比同类企业的水平，应用统计学方法确定的标准。最常用的有统计平均值、极大值或极小值等。这种方法常用于拟定与企业经营活动和经济效益有关的标准。

第二，工业工程法，相应的标准称为工程标准。它是以准确的技术参数和实测的数据为基础制定标准的方法。例如，根据一个熟练工人正常条件下一天完成的工作量确定工人的生产定额标准。

第三，经验估计法，相应的标准称为经验标准。它是有经验的管理人员凭个人主观经验确定的标准，一般是作为统计法和工业工程法的补充。

职业经理人实践中可以选择运用多种控制方法，除了利用现场巡视、监督或分析下属工作报告等常规手段进行控制外，还应经常借助预算控制、库存控制、质量控制、管理信息控制、比率分析、审计控制、盈亏控制以及网络控制等方法。

# 案例 38-2 品质没有折扣

"二战"期间，降落伞的安全度不够完善，降落伞制造商努力改善质量，良品率达到 99.9%，但美国空军仍对此说 No，他们要求良品率必须达到 100%。于是降落伞制造商的总经理便专程去飞行大队商讨此事，看是否能够降低这个水准？他们认为，能够达到 99.9% 已接近完美了，没有什么必要再改。美国空军一口回绝，因为品质没有折扣。试想，如果飞行员有 10 万名，因为质量问题丧命的飞行员可能就有 100 名。

后来，军方要求改变了检查品质的方法：从厂商前一周交货的降落伞中，随机挑出一个，让厂商负责人亲自从飞机上跳下。这个方法实施后，不良率立刻变成零。

（三）企业主要控制方法

1. 企业控制要求

（1）适时控制。及时的控制，甚至事前控制，预测偏差的产生，即建立企业经营状况的预警系统，为某一控制对象建立一条警报线，反映经营状况的数据一旦超过这个警戒线，预警系统就会发出警报，提醒人们采取必要的措施以防止偏差的产生和扩大，防止"破窗"效应。

（2）适度控制。防止控制过多或不足，处理好全面控制与重点控制的关系，使花费一定费用的控制得到足够的控制收益。

（3）客观控制。控制中采取的检查、测量的技术和手段必须能反映企业经营在时空上的变化程度和分布状况，准确判断和评价企业各部门、环节的工作与计划的符合程度，防止"木桶"现象。

（4）弹性控制。企业的内外部环境会变化，原来的计划和现实之间可能会出现背离。因此，控制应该具有灵活性、弹性，切勿刻舟求剑。

2. 主要控制方法

（1）质量控制。企业质量控制包括产品质量控制和工作质量控制。企业的质量控制既包括对企业物质产品或服务产品的质量控制，又包括对企业各项工作质量的控制。

全面质量管理是指企业内部的全体员工都参与到企业产品质量和工作质量过程中，把企业的经营管理理念、专业操作和开发技术、各种统计与会计手段方法等结合起来，在企业中普遍建立从研究开发、新产品设计、外购原材料、生产加工，到产品销售、售后服务等环节的贯穿企业生产经营活动全过程的质量管理体系。

全面质量管理体现了全新的质量观念。质量不仅是企业产品的性能，还包括企业的服务质量、企业的管理质量、企业的成本控制质量、企业内部不同部门之间相互服务和协作的质量等。全面质量管理强调了动态的过程控制。质量管理的范围不能局限在某一个或者某几个环节和阶段，必须是在市场调查、研究开发、产品设计、加工制造、产品检验、仓储管理、途中运输、销售安装、维修调换等整个过程。全面质量管理的内容主要包括两个方面：一是全员参与质量管理；二是全过程质量管理。

（2）预算控制。预算是指数字形式表示的计划，预算多数是指财务预算，即用财务数字表明的组织未来经济活动的成本费用和总收入、净收益等。预算一般具有计划性、预测性、控制性等特点。

1）预算的种类。

第一，刚性预算与弹性预算。刚性预算是指在执行过程中没有变动余地或者变动余地很小的预算。一般来说，刚性预算控制性强，但对环境的适应性差且不利于发挥执行人的积极性。弹性预算是指预算指标留有一定的调整余地，有关的当事人可以在一定的范围内灵活执行预算确定的各项目标和要求。弹性预算的主要优点是在制定预算时就考虑到了未来事项的不可预知性，只确定了行为的基本原则或范围，实际执行时可以根据具体情况调整，灵活性强。缺点是灵活性掌握不好就成了失控，可控性差，克制力度弱。

第二，收入预算与支出预算。收入预算是对组织活动未来的货币收入进行的预算。支出预算是对组织活动未来支出进行的预算。支出预算是企业预算中最重要的预算。

第三，总预算与部门预算。总预算是指以组织整体为范围，涉及组织收入或者支出项目总额的预算。部门预算，是指各部门在保证总预算的前提下，根据本部门的实际情况安排的预算。总预算与部门预算不是简单的整体与部分的关系，两者相互支持、相互补充。

2）预算控制的一般程序。

确定企业制定预算的依据；制定企业总预算；层层分解预算，并上报；确定预算方案，并下达；组织贯彻落实。

3）零基预算。

零基预算的基本思想：在每个预算年度开始时，把所有还在继续开展的活动都视为从零开始，重新编制预算。

零基预算程序：建立预算目标体系；逐项审查预算；排定各项目、各部门的优先顺序；编制预算。

（3）成本控制。成本控制就是指把成本作为控制的手段，通过制定成本总水平指标值、可比产品成本降低率以及成本中心控制成本的责任等，达到对经济活动实施有效目的的一系列管理活动与过程。

将成本控制在一定的限度内，不断降低成本水平，需要遵循必要的步骤，采取适

当的方法。一般来说,成本控制按照如下步骤进行:

第一步,制定控制标准,确定目标成本;

第二步,根据企业的各种数据记录、统计资料进行成本核算;

第三步,进行成本差异分析;

第四步,及时采用措施,降低成本。

3. 企业控制的注意事项

(1) 建立工作过程控制机制,实施事前输入控制、事中控制和事后反馈控制。企业内的所有活动都可以被认为是将各种资源由投入转换加工再到输出的过程。任何系统的运行过程均为输入—转换—输出。为了避免系统在运行过程中产生偏差,或在系统产生偏差时能及时地发出警告并进行修正,系统中一般设置有效的监控机制以保证该系统的正常运作,这种控制机制我们称其为控制系统。当出现偏差时,有效的控制系统就会向管理者发出警告,并给他们留出对机会和威胁做出反应的时间。控制系统在考核输入—转换—输出各个阶段的业绩时,按照这三个阶段对控制工作进行分类,形成基本的控制类型,即输入阶段的预先控制、转换阶段的过程控制、输出阶段的事后控制。

(2) 确定重要任务、关键时点和节点控制、关键要素,建立特别控制措施。在控制工作中,遵循关键点原则和例外原则。关键点原则,是指控制工作要突出重点,不能只从某个局部利润点出发,要针对重要的、关键的因素实施重点控制。事实上,组织中的活动往往错综复杂,不可能对每一个方面都实施完全的控制,有时只能将注意力集中于计划执行中的一些关键影响因素上。因此,找出或确定这些关键因素,并重点控制,是一种有效的控制方法。控制住了关键点,也就控制住了全局。

例外原则,是指控制工作应着重于计划实施中的例外偏差(超出一般情况的特别好或特别坏的情况)。这可使职业经理人将精力集中在他们注意和应该注意的问题上。但是,只注意例外情况是不够的,对例外情况的重视程度不应仅依据偏差的大小而定,同时需要考虑客观实际情况。在偏离标准的各种情况中,有一些是无关紧要的,另一些则不然,某些微小的偏差可能比某些较大的偏差影响更大。因为在一个特定的组织中,不同工作的重要程度各不相同。例如,在某一企业中,对"合理化建议"的奖励超出 20% 可能无关紧要,而产品的合格率下降 1% 却可能使所有产品滞销。因此,在实际工作中,控制的例外原则必须与控制关键点原则相结合,职业经理人需要将注意力集中在对关键点的例外情况的控制上。关键点原则强调选择控制点,而例外原则强调观察在这些控制点上所发生的异常偏差。

(3) 及时解决出现的矛盾和问题。控制的及时性是指在控制工作中及时发现偏差,并能及时采取措施纠正,及时解决出现的矛盾和问题。一个有效的控制系统必须能够提供及时的信息，因为信息是控制的基础，特别是在信息时代。为提高控制的及时性，信息的收集和传递必须及时。如果信息的收集和传递不及时，信息处理的时间又过长，就不能及时纠正偏差。当采取纠正措施时，如果实际情况已经发生了变化，这时采取的措施如果不变，不仅不能产生积极作用，反而会带来消极影响。

时滞现象是反馈控制系统一个难以克服的困难。较好的解决办法是采用前馈控制，尽早发现或是预测到偏差的产生，采取预防性措施，使工作的开展在最初阶段就能够沿着目标方向进行，即使有了偏差，也能及时纠正，将损失降到最低程度。控制要做到及时，必须依靠现代化的信息管理系统，随时传递信息，随时掌握工作进度，如此才能尽早发现偏差，进而及时采取措施进行控制。

## 阅读专栏 38-4　控制系统的特点

（1）控制系统具有较强的环境适应性。在一定的范围和限度内，系统对外界环境的变化具有抗干扰能力。同时，控制系统可以有限度地影响一些环境条件的变化，使环境的变化朝着有利于组织目标实现的方向发展。

（2）控制系统具有自身的目的性。从根本上讲，任何一个控制系统的目的都不外乎两个方面：保证现有计划的实现以及修正现有计划，保证组织目标的实现。不过，对于一个组织具体的控制系统而言，上述两个方面总是可以衍化为一些更加明确的目的，成为整个系统努力的方向。

（3）控制系统具有较强的反馈功能。控制系统以信息的反馈为基础，通过对比控制标准和反馈信息，判断是否出现偏差及其大小，为制定控制措施提供依据。在采取纠正措施之后，进一步通过反馈检查措施的有效性。

# 第四节　监督与考核

## 一、监督

（一）监督的理论、方法和工具

1. 监督的含义

监督是职能上独立的企业经济工作的一个方面。它与实施管理中的财务经济评价职能以便做出业务和战略管理决策有关。监督处于核算、管理信息保证、检查和协调的交叉点，在企业管理中占有特殊地位，因为它把企业管理的所有这些职能联结在一起，使整个企业管理系统的工作一体化并协调这一工作。监督不取代企业管理，只是将其引向崭新的水平，是企业自我调节的独特机制，能保证管理中的反馈。监督的主要目标是使管理过程达到企业整个目标体系。

为了保障工作目标按计划执行，监督主要包括对人的监督、对运营过程的监督，对组织或团体的监督，对法则、规则、纪律的监督等。例如，工作纪律监督对上下班签到、外出工作与外出去向报备，效能督查对每个月工作任务及临时性工作的督查督办，项目合同及资金监督中行政立项资金的拨付、项目招投标过程及合同的监督、项目资金拨付监督、项目审计监督等。

2. 企业管理监督的原则

一旦我们确认了监督的必要性，如何进行监督这个问题会在几个方面显得非常重要——它影响着激励制度、企业文化以及财务安全。但是，过多的检查（尤其是在商业领域内）是没有用处的，只会带来巨额的费用，有些时候还会具有破坏性。因此，我们必须坚持监督的八个原则：

（1）检查次数最小化。检查本身就是一个相当艰难的工作，很难获得进行正确监督所需要的信息，否则就要花很多费用。尽管当今时代是信息化时代，我们可以较容易地获得丰富的信息或者数据，我们必须采取积极的措施来防止过多的监督检查。否则，首先会造成混乱，其次，会影响人们正常工作。组织存在的目的不是监督，这不是公司的目标，因此，问题不在于我们能够监督什么，而应该是我们应该监督什么，以便使我们得到公正的信任，从而让一切重要事情都进展顺利。

（2）抽样检测而非全面检查。只要有可能，经理人就应该采取抽样的方法。统计方法在计算机的帮助下其运算已经不再是个难题。在统计控制理论中，唯一在管理学中得到适当应用的领域就是质量控制。然而，同样的方法也可以运用到许多其他领域，如仓库管理和物流、实地调查、各种支出控制以及时间管理等。

（3）行动导向而非信息导向。有效监督一定可以控制人们的行为。大部分的监督都是信息导向的，而我们应该关注的是，人们应该做什么，不是我们想知道些什么。两类控制，一类是为了维持一定秩序而要进行的监督，即行动导向的监控；另一类则有很大不同，它更像是失去人性的严酷统治，对成员完全监控，即信息导向的监控。

（4）员工不能隐藏会引发意外的问题。为了正常发挥监督作用，有必要在组织内坚持一项原则：在组织中，任何一个员工都不能隐藏那些在将来无法继续隐藏时，会让上司感到非常意外的问题。员工的行为规则最好是这样：对于那些有可能演变成问题的事情，一有迹象就应当立即上报。只要发现得早，我们不仅能治好组织的一些疾病，还能解决大部分管理难题，至少能够减少它们的影响。然而到了后期，往往就做不到这些了，或者需要巨额费用。

（5）对正在进行的工作实施全面监督。管理者必须经常提醒周围的人不要忘记或忽视已经决定了的事情。如何做到这一点，在很大程度上要看个人情况。有些人是每天（至少每周）都把各项工作记录下来，并进行检查，另外一些人则让秘书帮助检查这些正在进行的事情。某个人喜欢用电脑去做这件事，另外一个人则可能喜欢用贴纸标签。怎样做并不重要，重要的是要去做这件事，要让相关的每一个人都知道管理者没有忘记这件事情。

（6）仅有报告是不够的。由于信息科技的成果使我们很容易获得报告，造成我们越来越依赖报告。只通过报告永远也不可能做到有效监督，当然，管理者不会放弃报告。管理者亲自到场查看，可以让大家重视这件事，并且会带来其他很多积极的影响。最重要的是可以借此来获得员工感知到的东西，而不仅是描述性的报告。

（7）善意的视而不见。有时候，我们应当更为谨慎，先站在一边观察，看它如何发展，并且等待一段时间。也许这个问题会自己消失；也许我们可以远距离地帮一下忙，但不要弄出很大动静；或许让相关人员保住面子是非常重要的。

没有普遍使用的标准来帮助你确定，在不同的环境中最恰当的行为是什么。然而，就具体情况而言，我们几乎总是可以对此做出一项决定。我们的具体反应方式取决于我们的经验、智慧、平衡感，也许还要加上我们的人性。

（8）监督必须针对个人。监督必须与个人相关。我们在监督两类人时会有很大区别：第一类，我们认识很多年的员工，正确做事与行为可靠方面都是典范，我们不需要监督。第二类，我们不熟悉的新员工，因为不了解，必须监督。对于第一类人，监督是一种侮辱。对于第二类人，监督是一种相互了解，也就是说，它可以对这个人进行培训，让他明白公司的要求是什么，从而给他设定未来的行为规范。

3. 监督的类型

（1）定期检查：定期检查是指在一定时间内对部门、单位或者其他组织的各项工作进行检查，如定期检查设备状况、评估效率和质量、检查相关文件是否按照要求完成。

（2）日常检查：日常检查是指在正常工作中，对日常的活动、设备、人员和文件等进行检查，发现问题及时处理，防止出现大的问题。

（3）安全检查：安全检查是指在日常工作中，对现场的安全状况进行实地检查，检查安全设施是否达到标准，发现问题及时处理，保障现场工作秩序和安全。

（4）监测检查：监测检查是指在日常工作中，对特定领域的情况进行监测，通过检查了解当前的状态，及时发现异常情况并及时处理。

（5）专项检查：专项检查是指在日常工作中，对某一领域的情况进行深入检查，发现问题并及时处理，提高工作效率。

（6）惩处检查：惩处检查是指在日常工作中，对违反规章制度的行为进行严肃处理，以便维护组织的秩序和正常运行。

（7）会议检查：会议检查是指在日常工作中，定期召开会议，对工作进行总结和展望，检查工作进度，及时发现问题并及时处理。

目前企业监督的趋势：一是提前介入，实现由事后监督向事前、事中、事后监督并重转变，积极增强事前、事中监督。二是主动出击，把握监督的最佳时机，注重监督效果。三是把握监督频率，维持一定的监督强度。四是加大监督力度，形成规模效应。五是跟踪监督，增强督办，强化反馈制度。

（二）企业监督管理制度和机制

1. 企业监督管理制度的作用

（1）增强企业执行力必须加强企业监督工作。企业在市场经济的竞争中，执行力对企业的兴衰起到了决定性的作用。目前，企业中有许多工作没有得到很好的落实，执行力不强是其根本原因。在进行企业管理工作的过程中，如果执行力不强，会产生很多的弊端。加强企业的监督工作，强化监督管理过程的监控，可以增强企业的执行力，提高企业管理层的责任心。在企业管理工作中，严格按照企业的规章制度，对违规违纪行为严格处理，发挥领导的管理指挥职能，不能盲目随意地进行管理，要遵循科学有效、程序清晰的原则。这样才能将企业管理工作做好，促进企业健康发展。企业管理的优化运行离不开监督工作。

（2）开展企业监督工作，强化管理过程监控是检验企业经营运行过程中是否出现漏洞的很好的方式。企业经营是以盈利为根本目的的，如果企业在运营过程中，管理工作做不到位，运行出现某些方面的阻碍，会直接导致经济利益受到损失，减弱企业在市场中的竞争力。

（3）加强企业监督工作的有效性，可以使企业在效益、效率、质量、安全等方面预防问题的产生，为企业降本增效提供可能性。通过对企业的监督工作的实施，能够及时地对监督过程中出现的问题进行纠正，优化企业的管理运行流程，更好地促进企业的发展，提高企业的竞争力。

2. 企业监督管理制度的主要内容

企业监督管理制度总体来看，是对企业各单位生产、经营、基本建设等各方面的管理制度贯彻落实情况和目标任务完成情况进行督察，具体来讲，包括：

（1）企业现有管理制度建设的充分性，检查内容包括业务决策、执行、监督的岗位与职责设置，业务管理目标，业务过程标准，业务廉洁标准，业务过程相关岗位设置与岗位能力要求，业务风险评审与管理，业务执行制度规定，执行全过程的各环节，业务权限设置，业务复核，业务过程记录标准格式，业务检查监督，非相容岗位规定，业务记录档案管理要求，业务定期统计报告制度，公司对业务行为和业务制度的内部监督与纠偏、奖励、处罚标准等方面，分析是否在公司现有制度中均有规定，监察企业现有制度建设的充分程度。

（2）企业运营管理方面执行过程的符合性，检查内容是抽取一定数量的项目与人员管理方面业务样本，检查业务实际执行过程是否符合企业相关现有制度各项要求，分析判断业务过程按照制度要求执行的符合程度。

（3）企业运营管理方面执行结果有效性，检查内容为业务执行后实际达到的工作效果是否有效实现企业预期的管理目标，分析认证业务执行结果实际达到业务绩效管理目标的有效程度。具体包括项目、内部人员管理方面业务绩效的管理目标的实现情况。

（4）企业运营管理方面业务流程制度设计的适宜性，检查内容是企业现有制度规定的业务流程制度在经营管理流程的管理目标、执行过程的工作步骤、每个步骤的责任部门与责任岗位、每个步骤的工作内容、每个步骤的工作记录、每个步骤的工作标准、每个步骤的工作方法等七个方面的制度规定是否合理适宜，合理适宜的要求包括内控、清楚、简洁、直观、可操作、管用。

3. 企业监督管理机制

企业监督管理机制是企业经营合规性、有效性的监督保障，是企业管理不可或缺的部分。企业内部监督检查机制主要指内部控制机制和内部审计机制，内部监督通过企业自身的制度建设和组织机构来防范和控制财务风险，是监督检查的主要形式。企业外部监督检查机制包括政府部门的检查监督和社会监督。政府监督主要包括各行政职能部门的监督，如财政、审计、税务、工商等部门，社会监督主要指社会中介机构的监督，如会计师事务所依法受托对企业进行的监督。

企业必须遵守国家的法律、行政法规和政策，以保护社会的公共秩序和正常的市场秩序。如果企业发生违法行为，必须受到实际的法律制裁，以及政府给予的相应行政处罚。因此，企业在实施经营管理时都应该尊重社会公平、正义、惩罚等原则，以避免损害社会公共利益和经济社会发展的行为。

政府应采取行政管理和财政经济管理等方式，来监督企业的运营行为。它不仅要监督企业的日常经营活动，还要加强对企业的违约行为的监督和处罚。同时，政府还要对企业的环保、节约和反腐败等行为进行监督。此外，企业也要建立严格的内部管理体系和制度，确保企业正常运行，并承担起自我监督的责任。

社会也可以通过发表报道、社会调查和法律诉讼等多种方式对企业进行监督，确保企业遵守社会规范、法律法规和政策等。

综上所述，企业监督管理机制可以分为政府监督、企业自律和社会监督三种形式。政府应保护企业的合法权益，保障社会的稳定与和谐；企业要严格依法经营，承担自我监督的责任；社会也应当对企业运作给予关注和监督，以维护公共利益。

（三）企业管理监督组织体系建设

1. 政府监督

政府监督主要包括各行政职能部门的监督，如财政、审计、税务、工商等部门。政府监督应加强指导性和协调性。政府监督要从突击监督向日常全方位监督转变，把检查监督与管理服务结合起来，寓服务于监督之中，通过监督检查来发现财务管理和制度上存在的问题，及时发现违法、违章的苗头，强化建章立制和堵塞漏洞，防微杜渐，使企业的财务和经营管理工作不断完善，降低各种财务风险。同时各政府职能部门应加强协调，加强横向信息沟通，在检查监督的时间、内容和方式方法上进行交流沟通，杜绝功能交叉、多头监督、标准不一的现象，减轻被检查单位的负担，促进监督效果的提高。

2. 社会监督

社会监督主要指社会中介机构的监督，如会计师事务所依法受托对企业进行的监督。会计师事务所作为社会监督的主要力量，应当在控制风险方面发挥更大作用。除了完成年度审计和工程审计工作外，企业可以定期聘任会计师事务所对企业的各项财务制度、账务流程、岗位和职权设置等方面工作进行检查监督，全面评价内部会计控制制度的合理性，能否实现整体控制目标，找出漏洞，查漏补缺，作出内部会计制度评价报告，阐明今后应该改正的计划与进度安排。在日常业务处理方面也可以向专业人员咨询，寻找更加合理、完善的处理方法，控制和防范企业的各种风险，提高会计信息质量。

3. 企业法人治理结构

法人治理结构，又称为公司治理，是现代企业制度中最重要的组织架构。狭义的法人治理结构主要是指公司内部股东、董事、监事及经理层之间的关系；广义的法人治理结构还包括与利益相关者（如员工、客户、存款人和社会公众等）之间的关系。按照《中华人民共和国公司法》规定，法人治理结构由四个部分组成：一是股东会或者股东大会，由公司股东组成，所体现的是所有者对公司的最终所有权，是公司的最高权力机构；二是董事会，由公司股东大会选举产生，对公司的发展目标和重大经营活动做出决策，维护出资人的权益，是公司的决策机构；三是监事会，是公司的监督机构，对公司的财务和董事、经营者的行为发挥监督作用；四是经理，由董事会聘任，是经营者、执行者，是公司的执行机构。所有权就是监督权的基础，依据我国公司内部权力架构，监督机构一般是股东大会、股东个体或专事监察职能的机构。

（1）股东大会。股东大会是公司的权力机构。股东大会主要依据法律法规和公司章程，通过委派或更换董事、监事（不含职工代表），审核批准董事会、监事会年度工作报告，批准公司财务预决算、利润分配方案等方式，对董事会、监事会以及董事、监事的履职情况进行评价和监督。

股东大会的监督权主要是通过以下形式来实现的：第一，股东大会通过行使重大事项决定权实现监督。第二，通过人事任免权实现对公司的监督。第三，通过审批权实现对董事会及董事和监事及监事会监督；董事会和监事会行使公司权利的直接表现形式是其所作报告及公司年度财务的预（决）算方案、利润分配方案和亏损弥补方案。第四，以召集股东大会形式实现监督；赋予股东对股东大会的自行召集权，可以监督董事会为规避股东大会监督而滥用股东大会专属召集权。第五，以股东代表诉讼的形式进行监督。

（2）监事会。监事会是公司的监督机构，依照有关法律法规和公司章程设立，对董事会、经理层成员的职务行为进行监督。监事会可以由董事会成员组成，也可以由独立的监事组成，这取决于公司的章程和董事会的决定。监事会的主要职责是对公司的管理层的行为进行监督，确保管理层遵守公司法律、法规和道德规范，并给董事会提供协助和支持。监事会负责审查公司财务报表、审查董事会的决策，并定期向股东报告公司的运作情况。

监事会还负责确保公司的财务报告得到准确、及时的披露，并定期审查公司的政策和制度，以确保公司的财务政策得到充分落实。另外，监事会还负责审查公司内部控制体系的有效性，确保公司的财务和法律合规性。

监事会还负责保护股东利益，确保股东获得公平的报酬。监事会在提出董事会报告时，要求董事会报告充分及时地披露公司的财务状况和其他重要情况，以便股东可以做出充分的投资决策。

监事会的职责不仅是监督，它还负责管理层的选择和指导。它对管理层的操作提出建议，确保管理层按照公司的战略和政策执行，并确保管理层有能力满足公司的发展目标。

（3）国有企业党组织。国有企业党组织在国有企业法人治理结构中具有法定地位，将党建工作总体要求纳入国有企业章程，明确党组织在企业决策、执行、监督各环节的权责和工作方式，使党组织成为企业法人治理结构的有机组成部分。要充分发挥党组织的领导核心和政治核心作用，领导企业思想政治工作，支持董事会、监事会、经理层依法履行职责，保证党和国家方针政策的贯彻执行。充分发挥纪检监察、巡视、审计等监督作用，国有企业董事、监事、经理层中的党员每年要定期向党委（党组）

报告个人履职和廉洁自律情况。上级党组织对国有企业纪检组组长（纪委书记）实行委派制度和定期轮岗制度，纪检组组长（纪委书记）要坚持原则、强化监督。纪检组组长（纪委书记）可列席董事会和董事会专门委员会的会议。

国有企业在领导和管理上，应建立以党委为中心的核心管理体系，并在这个基础上进行延伸，落实党风廉政建设的主体责任，务必保证党委作用得以充分发挥。党委作为国有企业根系所在，在国有企业中的作用至关重要，在国有企业的发展目标、建设方向、监督管理上，都需要坚持党的领导，在党的方针指引下不断前行，全面落实党风廉政建设主体责任和监督责任。

（4）企业内部控制体系。内部控制制度的重点是严格会计管理，设计合理有效的组织机构和职务分工，实施岗位责任分明的标准化业务处理程序。根据企业自身的特点，来制定各项规章制度，如财产清查盘点制度、现金收付复核制度、物资收发复核制度等，使各项制度具体化、明细化、合理化，使内部会计控制的资金管理、会计流程等方面都有章可循，特别是职务分工和岗位设置，保证岗位、职权的合理设置及划分，做到互相制约、互相监督，从源头上加强对财务风险的控制。要制定严格的岗位工作标准和交接手续，划清责任。

## 阅读专栏 38-5　公司监督管理制度

### 第一章　总　则

第一条　为加强公司内部监督，发展内部民主，维护公司的团结，提高公司管理水平和执行能力，增强拒腐防变和抵御风险能力，坚持公平、公正、公开，特制定本办法。

第二条　本办法适用于××集团公司及其分（子）公司。由监督检查部经办执行和监督。

### 第二章　监督对象、内容

第三条　内部监督的重点对象是公司的各级领导干部和管理人员，特别是各级领导班子主要负责人。

第四条　监督的重点内容

（一）遵守公司的各项规章制度，维护公司利益；

（二）保障员工权利的情况；

（三）在干部选拔任用工作中执行公司有关规定的情况；

（四）内外勾结、上下勾结，徇私舞弊，损害公司和员工利益情况；

（五）廉洁自律和抓廉政建设情况。

第五条　内部监督要与外部监督相结合。公司各部门、各分（子）公司和各级管理人员，应该自觉接受并正确对待公司员工和外部客户的监督。

## 第三章　监督职责

第六条　公司总经办是监督的专门机构。总经办在总裁的领导下，在监督方面履行下列职责：

（一）协调公司监督工作，组织开展对公司内监督工作的督促检查；

（二）对公司中层以上干部履行的职责和行使的权力情况进行监督；

（三）检查和处理公司内违反公司章程和其他各项规章制度等比较重要或复杂的案件；

（四）受理对公司各级干部违反纪律行为的检举和员工的控告、申诉，保障员工权利。

第七条　员工在监督方面的责任和权利：

（一）及时向公司相关部门反映员工的意见和要求，维护员工的正当利益；

（二）在公司会议上有根据地批评公司内的任何部门和任何个人，勇于揭露和纠正工作中的缺点、错误；

（三）检举公司内任何部门和个人的违纪违法的事实；

（四）参加公司开展的评议领导干部、员工的活动，发表意见。

## 第四章　监督制度

第八条　民主生活会：公司应坚持和健全领导干部、员工的民主生活会制度，按照规定开好民主生活会。

领导班子召开民主生活会要切实保证质量，领导班子成员在民主生活会上，应当针对自身存在的廉洁自律方面的问题以及干部、员工提出的意见，负责任地做出检查或说明，积极开展批评和自我批评。

第九条　巡视：公司应建立巡视制度，按照有关规定进行监督。

巡视工作的主要任务：了解公司各项规章制度执行情况，领导干部选拔任用情况，公司要求巡视的其他事项。

第十条　舆论监督：公司的内部刊物为舆论监督的主要载体，要按照有关规定和程序，把握舆论监督的正确导向，通过内部反映或公开报道，发挥舆论监督工作。

第十一条　询问和质询：公司每位员工都有权对公司经营管理中存在的问题提出

询问或质询。询问可口头提出,也可以书面形式署真实姓名提出。有关部门应当做出说明。

询问人在对有关部门所做出的说明不满意的情况下,可以书面形式署真实姓名对同一问题提出质询。有关部门应当做出书面解释或答复。

## 第五章 监督保障

第十二条 总经办及其他相关部门应按照本办法规定切实履行监督职责,发挥监督作用。对违反本办法规定,不履行或不正确履行党内监督职责、不遵守党内监督制度的,视情节追究责任,严肃处理。

鼓励、支持、保护领导干部和员工在监督中发挥积极作用。对署真实姓名反映问题或检举、控告违纪违法行为的,公司应当为其保密;对泄露的要追究责任。对检举、控告领导干部或员工严重违纪违法问题经查证属实的,给予表扬或奖励。对打击报复监督者的,对以监督为名侮辱、诽谤、诬陷他人的,以及在监督中有其他违纪违法行为的,依纪依法严肃处理。

## 第六章 监督处理

第十三条 在监督过程中,一旦发现违法违纪问题,根据情节轻重和危害大小,分别处于警告、严重警告、降职、撤职、开除及相应的经济赔偿。违法犯罪的,主动协助配合,将其移交司法机关,承担民事和刑事责任。

## 第七章 附 则

第十四条 本办法由集团公司人力资源部负责解释,监督检查部负责监督执行、受理并处理违反本办法的各种行为。

第十五条 本办法自发布之日起正式执行。

# 阅读专栏 38-6 企业管理督查办法

为了强化执行力,保证各项管理制度的贯彻落实,促进我司管理上台阶、上水平,切实提高经济运行质量,圆满完成年度生产经营任务目标,根据集团公司文件精神,经总场研究决定实行内部管理督察制度。

## 一、督察原则与方式

(1)督察工作以生产经营、基本建设目标的完成情况为核心,与现场管理工作相结合，以强化执行力为重点，切实把各项管理措施落到实处。

（2）实行两级管理督察。一是各分场（厂）对各自所属单位进行督察；二是总场对各分场（厂）进行督察。以各单位内部督察为主，总场定期对各单位的督察情况进行调度。

（3）采取专业督察与综合督察相结合的方式，不定期、不定时、不定点的全方位督察。

## 二、督察内容

对各单位生产、经营、基本建设等各方面的管理制度贯彻落实情况和目标任务完成情况进行督察。主要包括：

（1）管理制度的贯彻落实主要内容：对集团公司、总场发布的各项管理制度、规定是否及时进行贯彻落实。例如：贯彻传达情况，根据总场的要求制定适合本单位实际的制度、意见、措施，以及在本单位的实施情况。

（2）企业管理情况是否存在着管理不严、标准不高、管理粗放、随意性大的问题。

（3）招（议）标管理内部招标管理制度情况；对额度以上的物资、设备采购和土建安装等是否进行规范招（议）标；限额以上的招（议）标是否按规定程序报批；招标记录是否齐全。

（4）工程项目管理实行项目经理责任制情况；项目管理制度制定情况；基建、技改、大修等项目的质量、工期、投资额度控制情况；项目是否按期达产达效，是否存在盲目投资造成浪费问题等。

（5）应收账款促销促收措施制度及实施情况；应收账款年度控制额完成情况。

（6）原材料管理的主要内容：内部关于原材料的采购、保管、出库、库存定额管理等管理制度的制定、执行情况；闲置物资、清欠物资的管理、串换、变现情况。

（7）产成品库存、销售管理的主要内容：单位产成品的库存、销售管理制度的制定情况及具体执行情况。

（8）生产过程中工艺管理、设备管理、安全管理的主要内容：单位生产过程中的工艺管理、设备管理、安全管理等方面制度的制定情况，制度执行情况；是否杜绝了装备的跑、冒、滴、漏现象。

（9）人力资源管理工资定额的控制情况，工资性费用的列支情况，员工及临时工是否按规定雇用等。

（10）现场管理主要是指生产、办公、生活现场的环境管理。主要内容：现场达到"环境整洁、物流有序"的要求；单位内部建立健全有关部门规章制度情况；内部现场管理开展情况；是否存在"长流水、长明灯"现象；内部现场管理检查、奖惩情况。

（11）劳动纪律主要内容：单位在劳动纪律方面的制度制定情况，单位职工个人遵守劳动纪律情况，岗位责任制的落实情况（迟到、早退、脱岗、睡岗等），内部监督检查情况。

（12）信息管理系统的使用情况是否按照盐场的信息系统管理规定使用。

（13）生产经营工作中的其他方面。

## 三、考核及处罚

督察小组对各单位生产经营管理情况认真进行督察，对存在的问题进行科学分析，着重查找主观原因，并及时通知该单位限期整改。如发现未按督察组要求进行整改的，通报批评并扣罚主要负责人及单位年（岗）薪。对存在严重违章、违纪和管理混乱的单位，由督察组提出对该单位主要负责人或班子进行调整或诫勉意见，报总场研究后按有关程序处理。

## 四、组织领导

为了保证管理督察制度的贯彻实施，总场成立督察领导小组，成员组成如下：组长、副组长、成员。领导小组下设办公室，办公室设在企管处，兼任办公室主任。

## 五、其他

（1）各单位都要成立相应的由单位负责人为组长的督察小组，配备督察人员，负责本单位范围内的督察工作。结合自己的实际情况制定各自的督察制度和办法，要简便易行，注重实效。

（2）各单位每月3日前将本单位上月的督察情况报总场督察领导小组办公室，总场督察领导小组办公室汇总整理后上报集团公司。

（3）本办法从下发之日起施行

（资料来源：百度文库，企业监督管理办法，https：//wenku.baidu.com）

## 二、考核

（一）考核概述

考核是一种根据具体情况和要求，在一定时间内进行的一种评价和综合分析的行为，它是企业、企业组织管理和改进的重要手段。考核是检查和比较实际表现与设定的标准的过程，是企业管理的重要组成部分，它不仅可以激励员工提高工作效率，还可以为企业提供准确的指导，建立良好的管理环境，从而提高企业的整体绩效。

考核的意义在于，可以有效地激励员工提高工作效率，实现企业的经济效益。考核可以通过比较、评价和分析，确定企业经营活动的成果，了解企业管理水平，发现存在的问题，进而采取有效的措施改进企业管理，提高企业整体绩效。考核也可以帮助企业及时发现并解决管理中存在的问题，保证企业正常运行，从而实现企业的目标和使员工满意。

考核可以帮助组织和员工更好地实现自身目标。首先，考核可以帮助组织更好地了解员工的能力和表现，从而更好地安排工作、分配资源，确保工作的顺利进行，并使组织变得更加高效有序。其次，考核可以帮助员工更好地了解自身的能力，从而激发自身的潜能，更好地发挥自身的技能，并从中获得成就感，提升自身的积极性。最后，考核还可以为组织和员工提供有价值的反馈，从而改进工作方式，增强工作效率，提高组织的整体绩效。

考核可以帮助企业建立良好的管理环境，激励和引导员工实现自身的价值，激发员工的积极性和创造力，从而提高企业的整体绩效。考核还可以为企业提供准确的指导，协助企业进行绩效管理，为企业做出正确的决策，及时发现问题，制定管理措施，从而提高企业的效率和效益。

考核是一种重要的管理工具，它可以帮助组织衡量工作绩效，评估员工技能，并给出相应的反馈和改进措施，从而提高组织的整体绩效。

（二）考核的方法与工具

1. 考核常用的方法

（1）图尺度考核法（Graphic Rating Scale，GRS），是最简单和运用最普遍的绩效考核技术，一般采用图尺度表填写打分的形式进行。

（2）交替排序法（Alternative Ranking Method，ARM），是一种较为常用的排序考核法。其原理是在群体中挑选出最好的或者最差的绩效表现者，较之于对其绩效进行绝对考核要简单易行得多。因此，交替排序的操作方法就是分别挑选、排列"最好的"与"最差的"，然后挑选出"第二好的"与"第二差的"，这样依次进行，直到将所有的被考核人员排列完全为止，把优劣排序作为绩效考核的结果。交替排序在操作时也可以使用绩效排序表。

（3）配对比较法（Paired Comparison Method，PCM），是一种更为细致的通过排序来考核绩效水平的方法，它的特点是每一个考核要素都要进行人员间的两两比较和排序，在每一个考核要素下，每一个人都和其他所有人进行了比较，所有被考核者在每一个要素下都获得了充分的排序。

（4）强制分布法（Forced Distribution Method，FDM），是在考核进行之前就设定好绩效水平的分布比例，然后将员工的考核结果安排到分布结构里去。

（5）关键事件法（Critical Incident Method，CIM），是一种通过员工的关键行为和行为结果来对其绩效水平进行绩效考核的方法，一般由主管人员将其下属员工在工作中表现出来的非常优秀的行为事件或者非常糟糕的行为事件记录下来，然后在考核时点上（每季度或者每半年）与该员工进行一次面谈，根据记录共同讨论来对其绩效水平做出考核。

（6）行为锚定等级考核法（Behaviorally Anchored Rating Scale，BARS），是基于对被考核者的工作行为进行观察、考核，从而评定绩效水平的方法。

（7）目标管理法（Management by Objectives，MBO），是现代更多采用的方法，管理者通常很强调利润、销售额和成本这些能带来成果的结果指标。在目标管理法下，每个员工都确定有若干具体的指标，这些指标是其工作成功开展的关键目标，它们的完成情况可以作为评价员工的依据。

（8）叙述法。在进行考核时，以文字叙述的方式说明事实，包括以往工作取得了哪些明显的成果，工作上存在的不足和缺陷是什么。

2. 考核常用的工具

最为常用的考核工具主要有 KPI 考核（关键绩效指标考核）、MBO（目标管理法）BSC（平衡计分卡）与 360 度考核法（PIV 考核法）。

（1）KPI（关键绩效指标考核）。KPI 即关键绩效指标，KPI 考核指标来源于企业目标，KPI 是企业目标层层分解、细化为具体可执行的关键性指标。因此，KPI 能够将企业目标、部门目标和个人目标串起来，实现上下的高度统一。职业经理人在考核时选择关键业绩指标，并不需要将被考核者的每一项工作都制定指标进行考核，而是选出对业绩达成影响最大的，较为关键的指标来进行考核。KPI 考核中具有"二八法则"的理论支撑，即 80% 的工作成果是由 20% 的关键行为产生的，所以职业经理人考核时要重点抓住这 20% 的关键来进行相关工作。

（2）MBO（目标管理法）。MBO 主要是针对成果和行为难以量化的工作。在使用 MBO 的过程中非常强调员工的参与，管理者与员工通过协商、达成共识，共同制定目标，共同承担责任。

（3）BSC（平衡计分卡）。平衡计分卡即从财务、客户、内部流程、学习成长四个维度进行考核，与其他考核不同，BSC 考核不仅包含了财务因素，还包含了非财务因素；不仅考虑了外部客户因素，还考虑了内部因素；不仅考虑了短期效益因素，还考虑了长期利益。由于平衡记分卡涉及的要素完整，这造成实施的工作量较大，实施的专业度较高；同时，平衡计分卡关注企业的全面发展，在资源一定的情况下，很难在短时间内看到效果，因此，平衡计分卡比较不适合中小企业的绩效考评。

（4）360 度考核法（PIV 考核法）。360 度考核法是对员工个人进行考核的方法，此种方法综合员工个人、员工上级、同事、下属和客户的全方位维度，从不同层级的员工中收集考核信息，从多个视角对员工综合能力素质进行考核，因此叫作360度考核法。

（三）考核的类型与目的

1. 考核的类型

按绩效考核的性质划分：定性考核、定量考核。

按考核的主体划分：上级考核、自我考核、同级考核、下级考核。

按考核的时间进行划分：日常考核、定期考核、长期考核、不定期考核。

按考核的形式划分：口头考核与书面考核、直接考核与间接考核、个别考核与集体考核。

按考核标准的设计方法划分：绝对标准考核、相对标准考核。

按考核的用途划分：例行考核、晋升考核、转正考核、评定职称考核、转换工作考核。

出于管理者自身观测角度和企业战略目标的考量，考核按目的划分还可以分为品质主导型、行为主导型、效果主导型三种类型。

品质主导型主要考核被评估的员工品质怎么样，如忠诚度如何、责任心强不强、是不是勤勤恳恳任劳任怨、是否诚信等。考核评估以这个员工的品质为主导。

## 阅读专栏 38-7　诚实的选聘

一家公司的人力资源主管经过筛选，只有四个人进入最后的面试。在面试中，同每一个应聘者只见了20分钟就让应聘者出去了。当应聘者出门的时候，主管会突然说："哎，你站住，我刚才跟你说话时，觉得你怎么这么眼熟啊？你等等啊，我终于想起来了，半年前的那个学术讨论会，我坐在台下，你不是也参加了吗？你还读了你的论文，非常好，我想起来了，我有印象。"每次都说这句话，结果四个人里有三个人回答说："我也想起来了，我做得很不好，挺不成熟的，没想到您在台下，请您多指教。"只有一个人说："真对不起，我从来没有参加过学术研讨会，我也不会写论文，你可能认错人了。"最后谁入选了？是这位说老实话的人。

这就是采用了品质主导法，也是招聘常用的一个方法，叫声东击西，里面是有陷阱的，看的是他的品质。

行为主导型是说具体都干了些什么。强调的是过程，有时做了什么跟目标最终的实现并没有直接的因果关系。因此选择使用时也要具体分析。

## 阅读专栏 38-8 "无奈的工作"

有一个主人逼迫他家的大花猫必须每天抓一只老鼠来向他报告，以此判断它的能力怎么样，抓到一只老鼠就给一条鱼吃。这个猫想：我怎么能天天完成任务呢？老鼠也不能天天捉到呀？结果它去找老鼠商量，说咱俩达成一个协议，你每天 8 点的时候在洞口出现，我就跑过来咬住你的脖子，但是我不吃你，我咬着你到主人那儿转一圈后，我还把你放回去，然后，第二天你还给我出来，我再咬着你到主人那儿转一圈，你让我完成指标，让我得到鱼，我保证以后不吃你，好不好。最终猫和老鼠达成协议。

这只猫就是行为主导型，它一直是在工作，但是，跟最终的结果几乎是不挂钩的。

效果主导型是强调结果，干出了什么成绩。这种方式看中结果而非过程，虽功利，但有时适合残酷竞争的市场环境。

## 阅读专栏 38-9 低效的辛苦

小刘是公司的财务人员，工作一直非常辛苦，经常连夜加班、报账、算账，等到年终考评结束后，经理在 5 分里头给他打了个 4 分。那么这 4 分是怎么回事？为什么没有评 5 分？经过反馈，部门经理说：每次交财务报表，小张总会拖后几个小时或半天，总是错过最后期限，我真拿他没办法。另外，小刘做的表不是这儿连不上，就是那儿出现小错误，问题虽不大，但老犯同样的错误，他每天加班，就是不出活。

这就是工作结果让人不满意，没有达标。采取效果主导的办法，以最终目标为准进行评估，列出理由，员工都会心服口服的。

2. 考核的目的

（1）找出差距。所谓找出差距就是指要通过绩效考核以及后续的奖惩措施，让被考评者认识到自己的工作与标准要求相比的优劣，找到问题的所在。

（2）改善业绩。在找出差距的基础上，要通过绩效考核的过程让被考评者弥补其在知识结构、情绪态度或者价值观方面的不足，改善其技能和态度，最终实现业绩的提升。

（3）获取竞争优势。获取竞争优势是企业进行绩效考核最终的目的。只有在这样的目的引导下，企业的绩效考核才能从员工、各级主管、各个部门逐级延伸到整个企业（见图 38-5）。

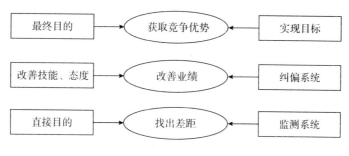

图38-5　考核的目的

资料来源：笔者整理。

由此可以看出，考核不仅是为了发放薪酬、晋级辞退、奖勤罚懒、选拔任用等简单的管理，但很多企业仍以这些内容为目的进行考核。如果只是如此简单地从事考核，就很容易陷入"为奖励而奖励，为惩戒而惩戒"的误区。很多企业在执行奖惩后，就直接将结果放到人力资源部归档，这样是完全无法起到应有效果的。因为被考评者的某项职能缺失给企业带来的损失可能是非常巨大的，如果仅是在经济上予以简单的惩戒，未能帮助其真正认识到过失的严重性并在以后的工作中予以改正，考核就相当于劳而无功。

# 阅读专栏38-10　绩效考核的作用

1. 绩效考核是决定人员调配的基础

通过绩效考核了解人员使用的状况、人事配合的程度，发现一些人的素质和能力已超过现职的要求，则可晋升其职位；发现另一些人的素质和能力达不到现职的要求，则应降职；发现还有一些人用非所长，或其素质和能力已发生了跨职系的变化，则可进行横向调配。

2. 绩效考核是人员任用的前提

绩效考核是"知人"的主要手段，而"知人"是"善任"的前提。经过考核，对人员的政治素质、心理素质、知识素质、业务素质等进行评价，并在此基础上对人员的能力和专长进行推断，进而分析其适合何种职位，才能做到因岗配人、人尽其才。

3. 绩效考核是进行员工培训的依据

员工培训应有针对性，针对员工的短处进行补充学习和训练。因此，培训的前提是准确了解各类员工的素质和能力，通过考核确定员工素质优劣及存在的问题，进行培训需求分析。同时考核也是判断培训效果的主要手段。

4. 绩效考核是确定劳动薪酬的依据

企业内部的薪酬管理必须符合劳动付出与薪酬相吻合的原则，而准确地衡量"劳"

的数量和质量是实行按劳分配的前提。只有密切工作绩效与组织奖酬之间的关联性，才能使员工感到公平，激励员工努力工作。

5. 绩效考核是激励员工的手段

根据绩效考核结果决定奖罚的对象及等级，激励先进、鞭策后进，做到奖惩分明，有利于提高员工工作积极性，出色完成组织目标。按绩付酬并将绩效视为调职、晋升、降职或解雇的依据，彻底打破了"大锅饭"，使员工在公平的环境中良性竞争，既与别人在同一客观标准下的收入或晋升做横向比较，又同自己过去的收入或晋升做纵向比较。如果比较的结果平衡，他就会感到公平。绩效考核为员工事先设立了考核目标，并辅以具体的考核细则。当目标设置科学合理时，能使员工产生满足感和成就感。绩效考核还有助于在企业内部营造"比、学、赶、帮、超"的气氛，使员工能够提高各自的绩效，从而提高企业的竞争力。

6. 绩效考核是促进员工成长的工具

工作绩效考核好比一面客观的镜子、一把公正的尺子。把考核的结果反馈给员工，让员工发现自身的缺陷和不足，可以帮助员工通过自身的努力逐步改进。

（四）考核内容与流程

考核一般分为两大类：一类是对组织或部门工作业绩的考核，主要考核的是组织或部门的业绩和工作目标的完成情况；另一类是对员工工作情况和行为的考核，考核重点是履行工作职责、完成工作任务的情况及其行为表现。

1. 考核内容

考核的主要内容一般包括工作绩效、工作效率、工作表现、团队合作等。通常，企业通过访谈、问卷调查、实地考察等方式来了解员工的工作情况，并进行相应的评估。也可将考核分为工作业绩、工作能力、工作态度三大部分，不同部门和不同职位的员工，其考核权重也不同，各部门应根据各职位的要求来确定其权重所占比例的大小。

（1）工作业绩。

任务绩效，与具体职务的工作内容或任务紧密相连，是对员工本职工作完成情况的体现，主要考核其任务绩效指标的完成情况。

管理绩效，主要是针对行政管理类人员，考核其对部门或下属人员管理的情况。

周边绩效，与组织特征相关联，是对相关部门服务结果的体现。

（2）工作能力。工作能力分为专业技术能力与综合能力。

（3）工作态度。工作态度主要考核员工对待工作的态度和工作作风，其考核指标可以从工作主动性、工作责任感、工作纪律性、协作性、考勤状况等方面设定具体的考核。

（4）附加分值。附加分值主要是针对员工日常工作表现或岗位特点设立的。

## 阅读专栏 38-11　员工考核主要内容

### 一、工作态度

1. 很少迟到、早退、缺勤，工作态度认真

2. 工作从不偷懒、不倦怠

3. 做事敏捷、效率高

4. 遵守上级的指示

5. 遇事及时、正确地向上级报告

### 二、基础能力

6. 精通职务内容，具备处理事务的能力

7. 掌握个人工作重点

8. 善于计划工作的步骤、积极做准备工作

9. 严守报告、联络、协商的原则

10. 在既定的时间内完成工作

### 三、业务水平

11. 工作没有差错，且速度快

12. 处理事物能力卓越，正确

13. 勤于整理、整顿、检视自己的工作

14. 切实地做好自己的工作

15. 可以独立并正确完成新的工作

### 四、责任感

16. 责任感强，切实完成交付的工作

17. 即使是难的工作，身为组织的一员也应勇于面对

18. 努力用心地处理事情，避免过错的发生

19. 预测过错的可预防性，并想出预防的对策

20. 做事冷静，绝不感情用事

## 五、协调性

21. 与同事配合，和睦地工作

22. 重视与其他部门同事的协调

23. 在工作上乐于帮助同事

24. 积极参加公司举办的活动

## 六、自我启发

25. 审查自己的能力，并学习新的行业知识、职业技能

26. 以广阔的眼光来看自己与公司的未来

27. 是否虚心地听取他人建议、意见并可以改正自己的缺点

28. 表现热情向上的精神状态、不向外倾诉工作上的不满

29. 即使是分外的工作，有时也做出思考及提案

30. 以长期的展望制定岗位工作目标，并付诸实施

2. 考核的一般流程

（1）制订考核计划：明确考核的目的和对象、选择考核内容和方法、确定考核时间；

（2）进行技术准备：考核是一项技术性很强的工作，其技术准备主要包括确定考核标准、选择或设计考核方法以及培训考核人员。

（3）选拔考核人员：在选择考核人员时，应考虑通过培训，可以使考核人员掌握考核原则，熟悉考核标准，掌握考核方法，克服常见偏差。在挑选人员时，按照上面所述的因素要求，考虑各种考核人选。

（4）收集资料信息：收集资料信息要建立一套与考核指标体系有关的制度，并采取各种有效的方法来达到。

（5）做出分析评价：确定单项的等级和分值，对同一项目各考核来源的结果综合分析，对不同项目考核结果的综合。

3. 考核各阶段应注意的要点

考核应坚持全面客观、公平、公正、公开，以提高员工、部门及公司整体绩效为目的，以持续改进为原则。考核制度从本质上带有侧重"标准性"和"和谐"的局限性，但在一定的范围内，我们还是可以把它修改得尽可能地包容性大一些，尽可能地克服其消极的价值取向，尽可能地融入积极的价值取向。

（1）绩效考核管理的准备阶段，要做好一切绩效考核的准备工作。在这一步工作

中，职业经理人需要做的就是推动企业进行绩效考核前的动员宣传工作，包括统一公司上下对绩效考核的认识，必须要让员工明白通过绩效考核管理我们要做成一件什么事以及绩效达成的标准。

（2）绩效计划分解工作。绩效计划工作是分层次来完成的：首先，是由企业高管和各经理进行各部门工作目标的分解与确认；其次，由各部门经理与本部门直属员工就具体各岗位的工作目标进行分解与确认；最后，由人力资源部对所有部门的绩效计划进行汇总，并且衡量与公司总的绩效管理目标的一致性，最终达成一致意见，定稿绩效计划。

（3）绩效考核的绩效实施阶段。一般认为这一步工作是由负责部门工作的职业经理人同自己部门的员工来完成的。人力资源部充当一个工作协调，以及提供专业咨询和帮助各部门完成相关工作的角色。

（4）具体考核阶段。这个阶段工作主要是职业经理人的任务，对自己的下属员工表现做出评价。如果是实施360度全方位的考核维度的企业，可能还需要平级或者下级的评分维度。

（5）考核反馈阶段。所谓考核反馈，就是要将员工的考核结果反馈给员工本人。其主要目的在于指导帮助员工认识到自己的成绩和不足，有利于下一步工作做到绩效改进。考核反馈当然也为下一步员工培训提供依据和方向。

（6）考核绩效改进阶段。考核不是最终目的，始终要为企业的经营做服务。考核后绩效改进阶段一定要跟企业下个阶段的战略目标相一致，根据企业的要求和企业员工现有的绩效考核水平，适当做出优化调整，为实现企业经营目标而努力。

（7）考核流程结束阶段。该存档的存档，该调整的调整，工作还要继续。考核管理是一个无限循环的工作，无限重复，但并不是简单的重复，永远是一个动态的管理过程，不是一成不变的。职业经理人需要学会灵活运用。

# 阅读专栏38-12　员工考核五原则

（1）价值导向原则。引导员工为创造价值而工作，而不是为让老板满意或同事开心而工作。不做外表文章、不做无效活动。

（2）同步开展原则。让员工分享企业的效益成果，使付出多的员工回报多，使团队绩效的提升惠及每个成员。

（3）动态考核原则。新增岗位、新开辟区域不容易快速获得绩效，必须历史地考虑客观差异，适当降低绩效标准，让这些岗位员工看到努力的方向，让他们感受逐步提高绩效带来的好处。如果员工都不愿意流向新增岗位，就会影响企业战略的实现。

（4）横向可比原则。标准宽严一致，公平合理。不能让某些岗位因考核吃亏，也不能让某些岗位因考核占便宜，不能因考核不公伤害员工积极性、影响团队士气。

（5）引导合作原则。企业必须权衡整体利益、长远利益，提升企业的团队凝聚力，提高企业的整体绩效。引导员工互相配合、互相协作，共同提高绩效，对幕后英雄、辅助岗位给予重视，让他们分享企业整体绩效提升带来的好处，有意识地限制单打独斗的个人英雄主义行为。

4. 绩效考核结果应用范围

绩效考核结果一般应公开，主要应用范围：

（1）劳动合同的续签、终止及解除。考核通过者续签劳动合同，考核没有通过的予以终止或解除劳动合同。

（2）调职、调薪。为员工的晋升与降级提供了依据。对于绩效考核成绩连续优良的员工，可以将其列入晋升的名单；对于连续绩效不良的员工，就要考虑降级处理。薪资的调整主要是体现对员工的激励，对于绩效不良的员工，降低其绩效工资，促进其尽快地改善。

（3）促进员工职业成长。每个单位的员工，在实现组织目标的同时，也在实现着个人的职业目标。考核，作为一种导向和牵引，明确了组织的价值取向。因此，考核结果的运用，一方面强化了员工对公司价值取向的认同，使个人职业生涯有序发展；另一方面，通过价值分配激励功能的实现，使员工个人的职业生涯得以更快地发展。个人职业生涯的发展，又能够反过来促进组织的发展。

（4）教育培训、技能提升与其他福利待遇。管理者以及培训工作负责人，在进行培训需求分析时，应把绩效考核的结果以及相关记录，作为一个重要材料进行深入地研究，从中发现员工表现和能力与所在职位要求的差距，进而判断是否需要培训，需要什么方面的培训。如果是因为态度问题，那么可能需要的是引导认同公司的价值观，普通的培训是不奏效的；如果是技能不足，那么开展一些再培训或专门训练就会解决问题。

## 阅读专栏 38-13　绩效改进计划的实施流程与要点

绩效改进计划又称个人发展计划（Individual Development Plan，IDP），是指根据员工有待发展提高的方面所制定的一定时期内完成有关工作绩效和工作能力改进与提高的系统计划。很多人认为，绩效评估是绩效管理最为重要的环节，但实际上绩效改进计划要重要得多。究其原因，主要在于绩效评估仅是从反光镜中往后看，而绩效改进计划是往前看，以便在不久的将来能获得更好的绩效，而不是关注那些过去的、无法改变的绩效。由于绩效评估的最终目的是改进和提高员工的绩效，因此制定与实施绩效改进计划是绩效评估结果最重要的用途，也是成功实施绩效管理的关键。

## 一、制定绩效改进计划的流程

1. 回顾绩效考评的结果

每个人都有被他人认可的需要，当一个人做出成就时，他希望得到其他人的承认。所以，首先应对员工在绩效期间工作表现的成绩和优点加以肯定，从而对员工起到积极的激励作用。然而，员工想要听到的不只是肯定和表扬的话，他们也需要有人中肯地指出其有待改进的地方。因此，接下来可以指出员工绩效中存在的一些不足之处，或者员工目前绩效表现尚可但仍有需要改进的方面。主管和员工可以就绩效评估表格中的内容逐项进行沟通，在双方对绩效评估中的各项内容基本达成一致意见后再开始着手制定绩效改进计划。

2. 找出有待发展的项目

有待发展的项目通常是指在工作的能力、方法、习惯等方面有待提高的地方，可能是现在水平不足的项目，也可能是现在水平尚可但工作需要更高水平的项目，这些项目应该是通过努力可以改善和提高的。一般来说，在一次绩效改进计划中应选择最为迫切需要提高的项目，因为一个人需要提高的项目可能有很多，但不可能在短短半年或一年时间全部得到改善，所以应该有所选择，而且，人的精力有限，也只能对有限的内容进行改善和提高。

3. 确定发展的具体措施

将某种待发展的项目从目前水平提升到期望水平可以采取多种形式。许多人一想到绩效改进的方法就会想到送员工参加培训，其实，除了培训之外，我们还可以通过许多方法提升员工的绩效，而且其中大部分方法并不需要公司进行额外的经费方面的投入，这些方法包括：征求他人的反馈意见、工作轮换、参加特别任务小组、参加某些协会组织等。

4. 列出发展所需的资源

"工欲善其事，必先利其器"，要落实绩效改进计划，必须要有必要的资源支持。这些资源包括工作任务的分担、学习时间的保证、培训机会的提供、硬件设备的配备等。在这方面，主管人员一定要统筹安排，提供帮助，尽量为员工绩效的改进创造良好的内外环境。

5. 明确项目的评估期限

工作的能力、方法、习惯等方面的提高是一项长期的任务，在一个较长时间段中才能得到准确评估。员工需要一个宽松、稳定的环境，不应增加太多的管制。因此，如果评估周期过短，有可能造成员工的逆反心理，这样不但分散了员工的精力，影响工作进度，还有可能使员工疲于应付评估，使评估效果适得其反。所以建议将评估周期设定为半年到一年，这样安排也可以与企业半年或年终总结相衔接。

6. 签订正式的改进计划

当员工亲身参与了某项决策的制定过程并做出了公开的表态，他们一般会倾向于坚持立场，并且在外部的力量作用下也不会轻易改变。因此，在制定绩效改进计划的过程中，让员工参与计划的制订，并且签订非常正规的绩效改进契约，也就是让员工感到自己对绩效改进计划中的内容是做出了很强的公开承诺的，这样他们就会倾向于坚持这些承诺，履行自己的绩效改进计划。如果员工的计划只是口头确定，没有进行正式签字，那么就很难保证他们坚持这些承诺的计划。

## 二、实施绩效改进计划的要点

1. 保持持续的沟通

员工和主管通过沟通共同制定了绩效改进计划，达成了绩效契约，但这并不等于说后面的计划实施过程就会完全顺利，主管就可以高枕无忧，等待收获成功的果实了。在绩效改进计划实施的过程中，员工与主管人员还必须进行持续的沟通：一方面计划有可能随着环境因素的变化而变得不切实际或无法实现，这时就需要对计划进行调整，使之更加适应内外环境变化的需要；另一方面，员工在计划时可能会遇到各种各样、层出不穷的困难，员工不希望自己在改进的过程中处于孤立无援的状态，他们希望自己处于困境时能够得到主管的帮助，持续的沟通有助于问题及时得到解决。

2. 注意正强化的运用

绩效的改进从本质上说是促进一些符合期望的行为发生或增加发生的频率，减少或消除不期望出现的行为，因此可以运用正强化的方法来进行绩效改进。正强化是指给予一种愉快的刺激，促使某种行为反复出现。按照行为强化原理，人们会根据对行为后果的判断来决定是否采取某个行为，而且人们可以从过去的行为结果中得到学习。所以在绩效改进的过程中要及时鼓励员工已经取得的进步。任何行为改善都是逐步的过程，当员工行为开始有所改善时，应该及时给予认可和称赞，以激励员工取得更大的进步。

3. 适当采取处罚措施

在实施绩效改进的过程中，如果不是因为外在的因素如工作任务繁重、没有得到应有的资源保证等，而是因为员工个人主观因素对工作改进不积极不主动，主管采取帮助措施仍然不能奏效时，主管应考虑采取一些必要的处罚措施，如职务调整、取消奖金等。但处罚只是手段不是目的，最终还是期望通过这种方式促进员工改进绩效，所以在采取处罚措施时要注意几个问题：一是采取处罚措施之前要事先与员工沟通，让员工了解为什么要采取处罚措施、所要采取的措施是怎样的以及在怎样的情况下自已将要被处罚；二是所采取的处罚措施要合乎情理，而且要由轻渐重，不要过于严苛；三是采取措施之后要注意监控和评估处罚后的结果。

# 第五节 总结与评价

## 一、总结

### （一）总结的概念与方法

1. 总结的含义

总结是对过去某一时期或某项工作的情况（包括成绩、经验和存在的问题）的总回顾、评价和结论，是对一定阶段内的工作加以总结，进行分析和研究，肯定成绩，找出问题，得出经验教训，摸索事物的发展规律，用于指导下一阶段工作的一种书面文体。最简单明了的例子就是"棋手复盘"，高明的棋手下完棋后第一项工作就是复盘，通过复盘检查自己哪一步走得好，哪一步走得不对，战略战术的运用是否适用对手。不会复盘的棋手一般不会成为高手，总结就是对某项工作或某阶段工作的"复盘"。

总结主要是对某段工作实施结果的评估，通过回顾、分析某项工作的实施过程中有哪些成功经验和应吸取的教训，并经过提炼和升华找出规律，形成理论。成功的经验用于指导今后的工作，避免重复再犯错误，找出解决问题的办法。总结是由感性认识上升到理性认识的必经之路，通过工作总结，使零星的、肤浅的、表面的感性认识上升到全面的、系统的、本质的理性认识上来，寻找出工作和事物发展的规律，从而掌握并运用这些规律。

总结不仅是一项工作，还是工作中应该掌握的一种工作方法，通过它可以正确认识以往工作中的优缺点，可以明确下一步工作的方向，少走弯路，少犯错误，提高工作效益。更重要的是，总结不仅是总结成绩，还是为了研究经验，发现做好工作的规律。

2. 总结工作的意义

（1）总结是提高工作能力的重要途径。在工作总结中，全面、深入地回顾本单位和个人所取得的成绩，总结工作中的宝贵经验，培养、锻炼自己的思维方法、分析能力、辩证观点、鼓舞干劲。总结还对工作规划没有得到落实或落实不到位的原因及工作中存在的问题进行分析，从而提出解决问题的办法，进一步做好后续各项工作都是很重要的。如果说在实践中增长才干，那么工作总结也是增长才干的一种好方法。所以，工作总结的过程也是我们自我提高的过程，更是我们提高工作能力的重要途径。

（2）总结是寻找工作规律的重要手段。任何一种事物、一项工作，都存在内在、外部制约，都有它自身的发展、运动规律。遵循这些客观规律办事就能顺利达到预期的目的，否则就会受到违背规律的惩罚而导致失败。找寻、发现客观规律的途径就是总结。工作总结不仅是总结成绩，更重要的是为了研究经验，发现做好工作的规律，也可以找出工作失误的教训。这些经验教训是非常宝贵的，对工作有很好的借鉴与指导作用，在今后工作中可以改进提高，趋利避害，避免失误。

（3）总结是推动工作前进的重要环节。现在做任何一项工作，不管是个人也好，团队也好，干工作都需要一种奉献精神和团结协作精神，要从细处着手、认真思考、反复操作、辛勤劳动才能完成。每一次具体实践，都有成绩与失误、经验与教训，及时总结就会及时取得经验教训，提高认识和工作技能。不断实践，不断总结，不断反思，那么人们对客观事物的认识也就越来越深刻，知识越来越广，智慧越来越高，所进行的事业通过总结才会不断发展、前进。

（4）总结是指导下一年工作的基础。总结是一项常规性的工作，是对工作的全面回顾、检查、分析、评判，并从中找出成绩与缺点、成功与失败、经验与教训，实事求是地做出正确评价，使认识统一，给下一步的工作一个明确的努力方向，以便在以后的工作中更好地发扬优点，克服缺点，避免各种工作失误，避免重蹈覆辙，为下一年的工作打下坚实的基础。

总之，通过总结，我们可以把零散的、肤浅的感性认识上升为系统、深刻的理性认识，从而得出科学的结论，以便发扬成绩，克服缺点，吸取经验教训，使今后的工作少走弯路，多出成果，这有利于把今后的工作做得更好、更出色。

3. 总结的种类和特点

（1）总结的种类。

按内容划分：思想工作总结、经济工作总结等。

按范围划分：区域工作总结、部门工作总结、单位工作总结、个人工作总结等。

按时间划分：月份工作总结、季度工作总结、年度工作总结等，日总结（或工作日志）是对每天工作的记录、总结；周总结是对每周工作的记录、整理、总结；月总结是对每月工作的整理、分析、总结；年度总结是对每年工作的整理、分析、归纳、总结；其他阶段性总结，如季度、半年、试用期等总结。

按性质划分：综合性总结、专题性总结等。综合性总结是对总结对象在一定时期内的所有情况进行全面反映和评析的总结，如部门年度总结等；专题性总结则是对某项工作的情况或总结对象在某个时期的某个方面的情况进行专门反映和评析的总结，如出差工作总结、试用期转正总结等。

（2）总结的特点。

客观性：总结是对过去工作的回顾和评价，因此要尊重客观事实，以事实为依据。

典型性：总结出的经验教训是基本的、突出的、本质的、有规律性的东西，在日常学习、工作、生活中很有现实意义，具有鼓舞、针砭等作用。

指导性：通过工作总结，深知过去工作的成绩与失误及其原因，吸取经验教训，指导将来的工作，使今后少犯错误，取得更大的成绩。

证明性：总结的基本表达手段虽然是被动的，但它用自身实践活动中真实的、典型的材料来证明它所表达的各个判断是正确的。

4. 总结的内容与结构

（1）工作情况不同，总结的内容也就不同，一般包括以下几个方面：

基本情况：包括工作的有关条件、工作经过情况和一些数据等。

成绩、缺点：这是总结的中心、重点，总结的目的就是要肯定成绩，找出缺点。

经验教训：在写总结时，注意发掘事物的本质及规律，使感性认识上升为理性认识，以指导将来的工作。

（2）总结常见的结构有四种：

条目式，就是把材料概括为要点，按一定的次序分为几条，一项项地写下去。这容易条理清楚，但往往欠紧凑。

三段式，即从认识事物的习惯来安排顺序，先对总结的内容做概括性交代，表明基本观点；接着叙述事情经过，同时配合议论，进行初步分析；最后总结出几点体会、经验和存在问题。这种结构单纯、易学。

分项式，即不按事件的发展顺序，而是把做的事情分几个项目，也就是几类，一类一项地写下去，每类问题又按先介绍基本情况，再叙述事情经过，再归纳出经验、问题三个顺序写下来。这种方式较复杂，只有总结涉及面广、内容复杂时才采用。

漫谈式，如向别人介绍自己的学习经验，把自己的实践、认识、体会慢慢叙述出来。这种方式多用于对自己亲身经历的事物的总结。各种方式都有利弊，要从自己实际出发去选用，也可创造其他形式。

（二）总结的原则与要求

1. 总结的基本原则

（1）占有材料。总结前要充分占有材料，最好通过不同的形式，听取各方面的意见，了解有关情况，或者把总结的想法、意图提出来，同各方面商量。

（2）尊重事实。符合事实、数据说话，要从实际出发，有一说一，有二说二，老老实实，认真负责。写总结要防止几种情况，一种是因领导让写，不得不写，写几行敷衍过去，这不是严肃的态度；二是把总结当作吹嘘自己、捞取好处的机会，在总结里将小事说成大事，甚至捏造事实，弄虚作假；三是出于所谓的"谦虚"，该写的不写，或是写了怕人讽刺就不写。

（3）条理清楚。阐述透彻、逻辑性强，总结是写给人看的，条理不清，人们就看不下去，即使看了也不知其所以然，这样就达不到总结的目的。

（4）得体适宜。中心突出、重点明确，材料有本质的，有现象的；有重要的，有次要的，写作时要去芜存精；总结中的问题要有主次、详略之分，该详的要详，该略的要略。

2. 总结的基本要求

（1）重视调查讨论，熟识状况。总结的对象是过去做过的工作或完成的某项任务，进行总结时，要通过调查讨论，努力把握全面状况和了解整个工作过程，只有这样，才能进行全面总结，避开以偏概全。

（2）喜爱本职工作，熟识业务。喜爱本职工作，事业心强，是做好工作的前提，也是搞好总结的基础。写总结涉及本职业务，假如对业务不熟识，就难免言不及义。

（3）坚持实事求是的原则。总结是对以往工作的评价，必须坚持实事求是的原则，这样才能有益于如今，有益于将来。夸大成果，报喜不报忧，违背做总结的目的，是应当摒弃的。

（4）重点要善归纳，找规律。总结的最终目的是得出经验，吸取教训，找出做好工作的规律。因此，总结不能停留在外表现象的熟悉和客观事例的排列上，必须从实践中归纳出规律性的结论。

（三）总结工作的组织

总结会成为很多单位一项必不可少的工作任务。肯定成绩、正视短板，借鉴以往、启示未来，是总结的意义所在。但是现实中一些总结、报告只有亮点没有痛点、只有成绩不思问题，又或是只谈问题不讲成绩、只讲企业文化不谈计划安排等诸多现象不一而足，这些现象背后所体现的问题归纳起来主要有以下三点：一是形式主义，思想上不重视，觉得年终总结会就是一个形式，召开的意义不大，但不开又觉得对上对下有些不好交代，最终导致的结果是纯粹为了开会而开会。二是官僚主义，脱离实际，浮于表面，除了总结成绩和表彰先进外，不谈过去一年公司发展取得的成功经验、出现的问题及可能面临的危机。除了就任务指标进行讨价还价和争夺资源外，没有深入讨论为实现发展目标我们需要采取哪些新的战略举措？除了分配工作任务和制定执行计划外，没有仔细思考过为实现年度目标需要争取和获得哪些合作伙伴的支持与帮助？三是批判主义，好的方面简而言之，大谈特谈不足和问题，更有甚者是不仅对事而且对人，使那些做得好的人员没激情、没动力；那些做错的人员更消极、更没有信心，甚至在会议结束之后员工离心离德，对公司发展前途丧失信心。

因此，年终总结工作会议举行的成功与否，不仅直接关系到来年任务目标的实现，关系到企业的可持续发展，而且关系到每个员工的收入和信心。一个有效的年终总结工作会议应是一个团结奋进、分享沟通和决策会议，是公司的"战略研讨会"。如何确保年终总结工作会议成功召开，需要考虑以下八个方面：

1. 开会的目标要清晰、明确

年终总结工作会议除了总结成绩和表彰先进外，更要看到存在的问题、危机和与同行企业的差距，要找出影响公司发展的关键问题；要关注发展目标的制定，更要寻找实现发展目标的创新途径和方法，要明确公司来年的工作重点和量化指标；要制订行动计划，更要寻求和获取必要的外部支持和帮助。

2. 要营造正确的价值导向

年终总结工作会议也是一个总结表彰的大会，企业需要借此机会通过树立标杆、奖励绩优，来明确组织鼓励的行为，传递组织倡导的价值导向。因此，应将成功的、正确的、突出的、感人的事迹、成绩、奖励等放在最前面。重大的决策失误、经营失误等工作中存在的问题放在第二部分，同时要把握好对事不对人的处理策略，一定要允许部下犯错误，往往是那些不断犯错误的人成长得越快。无论企业还是个人，都要为成长交学费，请允许他们存在不足，甚至要鼓励大家犯错误，只是不要在同样的错误上一而再，再而三地犯错误。

3. 会议流程要正确

举行战略研讨会议时，企业往往为缺乏系统、科学的分析方法和工具而烦恼。此外，很多企业缺乏一个富有经验的并能保持客观中立的专家来组织研讨会的进行。因此必要时，可从战略顾问处获取帮助。合适的战略顾问通晓战略决策的流程和方法，并能结合企业的现实情况来组织战略研讨会的讨论重点。同时，战略顾问的中立立场也有利于企业最终得出客观、中肯的战略定位，保证战略决策的质量。对于处于市场竞争激烈、顾客需要快速变化的环境之中的广大中小企业而言，为保证战略决策的质量和战略的有效执行，在进行战略决策时寻求合适的战略顾问的帮助是非常必要的。

4. 准备工作要充分

越是重要的会议越是要充分地做好准备工作，避免仓促应战。应提前召开准备会议并将开会的目的、要求（时间、内容、形式、材料）等注意事项以通知形式发送到相关人员，同时设立检查节点，促使各位领导、部门负责人认真总结工作中存在的问题、来年的工作计划及策略。

5. 邀请合适的人参会

要充分认识到年终总结工作会是由一系列的讨论会组成的，不只是一场会议。因此对于不同的会议邀请哪些人参加就很关键。制定发展目标可以由企业的高管团队完成，但进行战略决策和制定执行方案必须邀请更多的人参加。来自基层的员工对企业存在的问题有最直观和深入的了解和认识，所以邀请部分基层骨干员工参加战略决策会议的讨论和分析是非常必要的。此外，企业发展目标的实现离不开供应商、渠道商等合作伙伴的支持和配合，他们的参与将为企业带来很多意想不到的收获。

6. 企业文化的传承

宏观层面要讲企业战略与文化，要讲企业的过去、现在与未来，但要避免花费太多的时间在愿景和使命的讨论上，愿景和使命往往很难为企业的发展提供实际指导，相反容易使员工产生"假、大、空"的看法。所以，应结合企业战略与文化将主要精力集中在分析和探讨企业发展战略与目标方面，即关注企业到底是为谁提供服务？提供什么服务？如何更好地提供服务？这些问题的思考和回答对企业的战略决策起着直接的指导作用，也为员工指明了奋斗的方向。

7. 确定行动执行计划

再好的战略决策也只有通过有效的执行才能实现企业所期望的绩效。同时，战略决策的正确性也只有通过有效执行才能得到检验。此外由于外部环境和顾客需要是不断发展变化的，企业的战略也需要进行适时的改进和调整，以适应内外环境的变化。因此，战略决策重要，执行更重要，企业应该做到知行合一，行而有信。研讨会期间就应在战略决策的基础上制定年度执行方案，并明确随后 30 天的行动计划。战略执行应该是战略决策的第二天就开始的行动，切忌议而不决，决而不行。

8. 反思、总结与改进

战略是一个持续不断的过程。一次不能解决所有问题，而且很多问题是在执行的过程中逐步暴露出来的。所以，企业必须在战略执行的过程中针对遇到的实际问题及时进行决策。在战略执行一个时间段（比如说半年）后要及时进行总结和反思，并进行适当的调整和改进。因此，战略是一个循环往复的过程，企业也是在不断地发现问题、分析问题和解决问题的过程中得到成长和提升的。能够持续适应环境变化并使企业保持持续快速增长的战略才是真正有生命力的战略。战略的本质是保证企业适应内外环境的变化，使企业获取和保持持续的经营优势，取得卓越的经营绩效。

## 二、评价

（一）评价的理论、方法

1. 评价的含义

评价是从特定的目的出发，根据一定的标准，通过特定的程序对已经完成或正在从事的工作（或学习）进行检测，找出反映工作（或学习）进程的质量或成果的水平的资料或数据，从而对工作（或学习）的质量或成果的水平做出合理的判断。

评价的过程是对评价对象的判断过程，评价的过程是一个综合计算、观察和咨询等方法的复合分析过程。由此可见，评价本质上是一个判断的处理过程。布洛姆将评价作为人类思考和认知过程的等级结构模型中最基本的因素。根据他的模型，在人类认知处理过程的模型中，评价和思考是最为复杂的两项认知活动。他认为评价就是对一定的想法（Ideas）、方法（Methods）和材料（Material）等做出价值判断的过程。它是一个运用标准（Criteria）对事物的准确性、实效性、经济性以及满意度等方面进行评估的过程。综合多方面的因素，评价就是通过评价者对评价对象的各个方面，根据评价标准进行量化和非量化的测量过程，最终得出一个可靠逻辑的结论。

2. 评价的理论

（1）价值理论。价值理论是科学评价的理论基础之一，因为科学评价活动本质上是一个价值判断过程。科学评价目标和标准的选择都是根据评价主体自身的价值观而形成的，因此价值理论是一切评价的基础。但人类社会直到如今也没有形成一个共同的价值观念，每个人都在自觉不自觉地遵循着自己的一套价值理论行事，这就是价值多元化的表现。正是由于人类社会的复杂构成才形成了这种多元化的价值观念，因而也导致了评价标准的多元化和评价活动的复杂化。这与价值原理并不违背。在错综复杂的价值理论体系中，哲学上的一般价值理论和经济学上的劳动价值理论成为价值理论的核心。价值理论是经济学中的一个重要的基本理论，现代价值理论的发展是随着生产力特别是资本主义经济发展到一定阶段而逐步形成的，经济评价理论则是在价值理论的基础上逐步发展成熟的。

价值和评价总是紧密地联系在一起的。没有价值现象，就没有评价活动，价值决定评价，价值是评价的基础。评价揭示价值，评价是发现价值、实现价值和表现价值的重要手段。广义地说，任何事物都是有价值的，只是价值的大小不一，有的表现出的是正价值，有的是零价值，有的是负价值，有的表现出质的特征，有的表现出量的特征。科学评价的任务就是判断评价对象之于评价主体有无价值及其价值量的大小，因此，科学评价是准确、合理、科学地认识和判断事物价值的一把精密标尺。

（2）认识理论。评价本质上属于认识，具有认识的一般特性，虽然评价属于认识，但评价是认识的一种特殊形式，具有一般认识所不具备的特点。因此，评价是一种特殊的认识活动，即价值认识活动。评价作为认识价值的一种观念性活动，它既属于价值论研究的范围，同时也属于认识论研究的范围。

我们无论认识何种客体，都既要认识它的自然属性、客观规律，又要认识它对于人和人类社会的意义。只有这样，才是全面认识客体。认识的本质是反映，是主体观念把握世界的方式或过程。认识的基础是实践，这是马克思主义认识论的最基本的观点。评价同样也以实践为基础，因实践的需要而产生，随着实践的发展而发展。只有在实践中才能发现、判断客体的价值，并通过实践检验发现判断的科学性、准确性和合理性。认识是一个辩证的过程，而评价作为对客体意义的了解，也就是实现人对客体意义从不知到知，从知之不多到知之较多的转化过程。同样要经历实践、评价、再实践、再评价这样一个循环往复的发展过程。评价是一种价值认识和价值判断行为，即"价值评价"。评价过程也是对评价对象的掌握过程，是一种认识行为。因此，认识与评价密切相关，认识活动（包括事实认识和价值认识）是评价活动的基础。科学评价就是在事实认识和价值认识的基础上对评价对象与评价主体的价值和意义所做的合理判断，即了解、认识、确定和判断评价对象对评价主体有无价值及价值量的大小。

（3）计量学理论。计量学理论是科学评价重要的理论来源和理论基础，科学评价主要对被评对象的质和量进行评价，而计量学理论则是完成科学评价量化分析的基础。

任何计量都要关注三个方面的问题：一是计量什么（即确定和区分计量的对象）；二是如何计量（即采用什么标准、尺度、方式、方法、工具来计量）；三是计量的效果如何（即怎样检验和改进计量的效果）。计量在我们生活中无处不在，事实上在我们日常生活中几乎各个方面都要与计量打交道。测度与计量我们身边的物体和事件，不仅在科学评价的理论基础研究科学上是必要的，还是把握自然现象和社会现象复杂性的手段。在组织科学和管理科学中，对现象和事件的测度与计量对于了解与研究它们至关重要。

科学评价包括"质"的评价和"量"的评价两个方面。"量"的评价主要是通过数学方法和统计学方法对评价对象的数量特征和规律进行统计分析（即计量）来反映其发展状态和水平及其规律，科学评价在"量"方面的特征主要是科研投入量、产出量（效果和效益）、投入产出比（效率）等。围绕科研活动中的数量特征，形成了一系列计量科学理论，这些科学理论主要有文献计量学（包括情报计量学、信息计量学、网络信息计量学）、科学计量学、知识计量学和经济计量学等，这些学科之间既紧密联系，又相互区别、自成体系，分别从不同的角度和方面，利用数字和统计学方法对科学研究活动中的数量特征和规律进行计量统计分析，并互相印证，共同构成科学评价量化分析的理论基础，为主体从事科学研究活动，为政府部门、企业和科研机构科学管理和决策提供服务。科学计量学、文献计量学、情报计量学、技术计量学、知识计量学、经济计量学的定量手段与方法，特别是排序理论与方法，为科学评价提供了重要的手段和指标。

（4）比较与分类理论。一般来说，人们认识对象总是从区分对象开始的，要区分就得分类和比较。因此，比较和分类是科学评价中常用的思维方法。两者关系密切，比较是分类的基础，分类是比较的结果。

比较，就是对照各个对象，以便揭示它们的共同点和相异点的一种思维方法。通过比较揭示对象之间的异同是人类认识客观事物最原始、最基本的方法。事物之间进行比较的基础是相互具有可比性，因此可比性原则是比较的基本原则。可比性原则包括两方面的含义：一是任何事物之间都具有同一性和差异性；二是两个事物之间的比较必须通过第三者（参照或标准）来进行。在评价过程中，比较通常采取两种不同的方式：一是确立评价中介（评价中介可以是事物确定的参照或标准，称为第三者，也可以是评价对象中的某个特定的对象，称为标杆），将评价对象与评价中介进行比较；二是评价对象之间相互进行比较，在不同的评价中应采用不同的评价方式。

在科学评价中常用的比较方法：①前后对比。前后对比是通过大量的参数比较，将被评对象（政策、计划、项目等）执行前后的有关情况进行对比，从中获得评估的依据。②对照组比较。该方法是"控制对象—实验对象"的对比分析方法，是社会实验法在评价中的具体运用。③多角度比较。针对一个问题，通过多渠道、多角度、多种类型的信息的比较分析，综合评价，获得评价的结论。

比较是科学评价的基本方法之一，也是评价活动的基本思维框架。通过比较分析能发现被评对象之间的差距，揭示事物的发展过程。比较方法还是分析事物的异同和优势的重要手段，通过比较，对研究对象进行定性鉴别和定量分析，为识别、判断和选择提供充分的依据。比较本身也是一种标准，因为在有些情况下，某些研究成果的学术价值、经济价值、社会价值和水平差距很难用精确的尺度衡量出来，所以可以通过比较来区分它们之间存在的差距。

分类，分类理论认为世界上一切事物都可以按其属性区分开来，并归入一定的门类，这种按属性异同将事物区别为不同种类的思维方法叫作分类。类是具有共同特征的集合，分类是比较的基础，人们通过比较，揭示事物之间的共同点和差异点，然后根据共同点将事物归并为较大的类，再根据差异点将较大的类划分为较小的类。从逻辑上讲，分类是把一个概念划分为若干种概念，分类是划分的特殊形式，因为一般来说，分类的要求比划分更严格一些。但是正确的分类和划分应遵循的规则基本上是一致的，即都必须遵循穷尽性原则和排他性原则。分类是科学认识和科学研究的起点和基础，同样也是科学评价的重要方法。

分类在科学评价中的重要作用：①将科学评价对象按照不同的属性分成不同的类，进行分类评价和认识；②对科学评价信息进行分类整理，找出共性和差异，发现被评价对象的本质和规律。在科学评价中，应该根据被评对象的特点将评价对象分成不同的类，实行分类评价的原则。分类评价已成为科学评价的基本原则，是保证科学评价结果科学性的基础。

（5）信息管理科学理论。科学评价需要大量的信息，即科学评价信息。科学评价信息主要分为三类：第一类是有关评价主体的信息；第二类是有关评价客体的信息；第三类是有关评价中介的信息。在科学评价活动中，信息的丰富程度决定了科学评价效率与质量的高低。因此，从广义上讲，科学评价过程本质上是一个信息管理过程，它包含着信息收集、整理（筛选、过滤、分类、组织）、分析、解释、储存、传递和利用等一系列的信息管理活动。进行科学评价需要大量获取和处理有关评价主体、评价客体和评价中介的信息，同时还要借助大量的信息管理方法、技术手段和工具来处理评价信息。因此，信息管理科学理论是科学评价的基础理论来源之一，它为科学评价活动过程中的信息管理提供理论、方法、技术和工具支持。同时科学评价是信息管理的拓展和应用，为信息管理提供了新的发展动力。

从目前科学评价发展的情况来看，信息管理的很多成果和产品都直接成为科学评价的重要信息源和评价工具，一些权威检索工具及信息数据库中的录用量和被引用次数已成为科研评价、期刊评价、大学评价、机构评价、人才评价中的重要指标。许多国家、地区和研究机构等都已经把论文被这些权威检索工具收录作为对科研主体（国家、机构、研究者）和科研成果进行水平评价的一个重要指标，甚至是唯一指标。并且把论文被其收录的情况与科研工作者的晋职、晋级、奖金及与国家科研资源分配等挂钩。同时评价信息数据库的研制与发展为有效获取科学评价信息和原始数据提供了功能强大的检索工具和量化分析工具，为促进科学研究的繁荣和科学评价规范化、标准化、科学化起到了积极作用。

（6）科学管理与决策理论。科学评价是为科学管理与决策服务的，没有评价就没有管理与决策，没有科学的评价就没有科学的管理与科学的决策。科学评价才能弄清情况，才能为管理和决策提供依据。首先，科学评价既是科学管理与科学决策的基础与依据，又是科学管理与科学决策的重要环节。其次，科学管理与科学决策还是科学评价的重要对象和内容，科学评价不仅为科学管理与科学决策提供直接依据，还是检验和印证管理绩效、决策方案与决策方案执行效果的有效量度。

在科学评价中，已广泛借鉴管理学中的绩效管理、量化管理、系统工程等理论与方法用于评价活动，使科学评价和管理逐步科学化。另外，科学评价作为科技咨询活动的一部分，与科技决策存在密不可分的关系。咨询与决策是辩证统一的关系，咨询是决策的基础和重要环节，决策是对咨询的论证和检验，并规定了咨询的作用和发展方向。因此，科学决策理论可作为科学评价的理论构成和依据。科学管理、科学决策与科学评价已经密不可分，融为一体。

3. 评价的种类

（1）根据评价的功能分为诊断性评价、形成性评价和总结性评价。诊断性评价又称前置评价，是为了确定工作基础而进行的评价活动。一般在活动开始之前进行，如入职时的测验、技能水平测验就属于诊断性评价，它实质上是一种查明工作前存在的问题进而分析评价的一种活动。诊断性评价一般是在工作活动之前进行的，所以也常常被称为事前评价。

形成性评价是对工作结果的评价，通过形成性评价，评价者可以有效地把握每一个阶段的工作成效，了解存在的问题和不足，以便能够及时地调整和改进工作。因此，形成性评价可以说是一个有效反馈机制，能够使工作过程、工作计划等沿着预定的目标进行，也可以让管理人员及时修改不当的目标。形成性评价一般采用绝对评价的方式进行，以评定工作或计划、产品在进行过程中是否达到了预期的效果。形成性评价是在工作活动之中进行的，所以也常常被称为过程性评价。

总结性评价是某个工作计划和产品设计完成之后对其最终的活动成果进行的评价，如质量反馈、产品销量、产品鉴定会就是这种评价。总结性评价是在工作活动完成之后进行的，所以也常常被称为事后评价。

（2）按照评价的方法分为定性评价与定量评价。定性评价是对评价做"质"的分析，是运用分析和综合、比较和分类、归纳和演绎等逻辑分析的方法，对评价所获取的数据资料进行思维加工。分析的结果是一种描述性材料，数量化水平较低甚至没有数量化。一般情况下定性评价不仅用于对成果或产品的评价分析，更重视对过程和相互关系的动态分析，以评价变量之间相互影响的过程。

定量评价是从量的角度运用统计分析、多元分析等数学方法，从复杂纷乱的评价数据中总结出规律性的结论。由于工作涉及人的因素、变量及其关系是比较复杂的，因此为了揭示数据的特征和规律性，定量评价的方向、范围必须完整、全面。

（3）按评价的基准分为相对评价和绝对评价。相对评价是在被评价对象的集合中选取一个或若干个个体为基准，然后把各个评价对象与基准进行比较，确定每个评价对象在集合中所处的相对位置。为相对评价而进行的测验一般称为常模参照测验。它的指标取样范围广泛，测验结果表明了员工工作的相对等级。由于所谓的常模实际上近似员工群体的平均水平，所以这种测验的结果分布符合正态分布规律。

利用相对评价来了解员工的总体表现和差异或比较不同群体间绩效的优劣是相当不错的。它的缺点是基准会随着群体的不同而发生变化，因而易使评价标准偏离工作目标，发生评价失效；评价中因不能充分反映员工实际工作的优劣，对改进工作提供的依据可靠性降低。

绝对评价是在被评价对象的集合之外确定一个标准，这个标准被称为客观标准。评价时把评价对象与客观标准进行比较，从而判断其优劣。评价标准一般是工作目标以及由此确定的评价指标。

4. 评价的方法

常用的评价方法有以下几种：

（1）绝对评价法。主要为量表法和目标管理法。

第一，量表法（人与客观标准比较）是按统一的标准尺度衡量任职于相同职务的员工，即按绝对标准评价他们的绩效，将员工的工作情况与客观工作标准相比较；量表法就是根据各种客观标准确定不同形式的评价尺度进行评价的一种评价方法。具体做法：

给各个绩效评价指标赋予权重；

在各个评价指标上对评价对象做出评价、打分；

汇总计算总分，作为评价对象的绩效评价结果。

优点：使用量表法进行评价时的评价标准是客观的职务职能标准，评价结果更为客观准确，并可以在不同员工之间进行横向比较。

缺点：量表设计要耗费大量的时间和劳动，需要专家协助；评价指标往往过于烦琐，且解释不一致，导致出现主观误差；大多只限于对过去行为业绩的评价，不适合对将来做出推断和预见。

第二，目标管理法（人与目标比较）将员工的工作情况与客观工作目标相比较。绝对评价标准不以评价对象为转移，是客观存在的、固定的，可以对每个员工独立进行评价。

优点：

目标管理对组织内易于度量和分解的目标会带来良好的绩效；

目标管理有助于改进组织结构的职责分工；

目标管理启发了自觉性，调动了职工的主动性、积极性和创造性；

从公平的角度来看，目标管理较为公平；

目标管理相当适用且费用不高；

目标管理促进了员工及主管之间的意见交流和相互了解，改善了组织内部的人际关系。

（2）相对评价法是不按照统一的评价标准（人与人比较），而根据部门或团队内人员相互比较做出评价。相对评价法是国有企业中最常用的评价方式，但评价结论无法在不同评价群体之间进行横向的运用。所谓比较法就是对评价对象进行相互比较，从而决定其工作绩效的相对水平。排序法、一一对比法、人物比较法、强制分配法。

相对评价法的优点是简单易行，成本低，缺点是无法找出绩效差距的原因，很难缩小绩效差距，员工提出异议时，评价者很难为自己的结论提出有力证据，容易对员工造成心理压力，感情上也不容易接受。

（3）描述评价法。用描述性文字做出评价，又称事实记录法、叙述法、鉴定法等，是指评价者用描述性的文字对评价对象的能力、态度、成绩、优缺点、发展的可能性、需要加以指导的事项和关键性事件等做出评价，由此得到对评价对象的综合评价。描述评价法作为其他评价方法的辅助方法，可以避免近期行为误差、溢出误差等评价误差的发生，并为结果反馈提供必要的事实依据。主要包括以下几个方面：

能力记录：所谓能力记录就是由评价者通过对评价对象日常工作情况的观察，将其在工作中表现出来的工作能力记录下来的评价方法。

态度记录：所谓态度记录就是由评价者通过对评价对象日常工作情况的观察，将其在工作中表现出来的工作态度记录下来的评价方法。

工作业绩记录：工作业绩记录要求评价者填写工作业绩记录卡，观察并记录评价对象在工作过程中的各种事实，分阶段记录所达成的工作业绩。

指导记录：指导记录要求上级将其对员工的日常指导记录下来。

关键事件记录：关键事件指那些会对部门的整体工作绩效产生积极或消极的重大影响的事件。关键事件记录要求评价者平时通过观察，及时记录下员工的各种有效行为和无效行为。

描述评价法的优点是能够将企业战略和它所期望的行为结合起来，向员工提供指导和信息反馈，为工作改进提供依据，设计成本很低。大多以工作分析为基础，所衡量的行为有效，员工参与性强，容易被接受。其缺点是适用于行为要求比较稳定、不太复杂的工作，无法在员工之间进行横向比较，无法为员工的奖金分配提供依据，是一件非常烦琐、需要大量时间的评价，容易造成上级对下级的过分监视，由于评价报告是非结构化的，因此容易发生评价误差。

# 阅读专栏 38-14　员工岗位能力评价标准

## 一、目的

为了规范各级人员的综合能力考评标准，正确评价员工岗位能力，体现"以人为本，综合评价"的指导原则，确保各级人员的综合能力及素质得到有效识别，为有效任用各级人员提供明确的判定依据，特制定本考评标准。

## 二、适用范围

本标准适用于产业公司全员岗位能力评价。

## 三、职责

（一）各部门直接负责人：负责按照此标准的要求对所辖员工的综合素质和能力进行评价。

（二）各事业部/中心负责人：负责按照此标准的要求对所辖员工或部门直接负责人的综合素质和能力进行评价。

（三）公司领导：负责按此标准的要求对各事业部/中心负责人的综合素质和能力进行评价。

（四）人力资源部：负责发放、回收评价表，与各评价人进行面谈，对评价结果进行复核，对得分进行统计与汇总，根据月度绩效考核结果及日常工作情况，有权提出质疑及评分的修订，避免做多错多、错多罚多的现象发生。

## 四、评价方法

（一）一般员工：采用自上而下的评价方法，由各负责人对所辖部门人员进行评价，权重占100%。

（二）中高层管理人员：采用自上而下的评价方法，由各负责人对所辖部门人员进行评价，权重占70%；每月由人力资源部不固定进行分配，由其他部门进行评价，权重占30%。

## 五、评价要求

各评价人要对被评价人的各项评价指标进行认真阅读，公平、公正评价，杜绝人浮于事的现象。如果发现营私舞弊或态度不端正现象，给予相应的评价处罚。

## 六、评价效用

本评价作为岗位胜任力评价凭据。

附件：员工评价表

# 员工评价表

姓名：　　　部门：　　　岗位：　　　评价日期：

| 评价项目 | | | 对评价期间工作成绩的评价要点 | | |
|---|---|---|---|---|---|
| 工作态度30分 | 责任心（10） | 主动工作和承担责任的态度 | 1. 工作非常主动，尽职尽责，公而忘私，勇于承担责任 | 10分 | □ |
| | | | 2. 工作比较主动，责任心较强，能够承担责任 | 8分 | □ |
| | | | 3. 工作主动性一般，有一定责任感，基本上能承担责任 | 6分 | □ |
| | | | 4. 工作不够主动，有一定本位主义，偶有推卸责任 | 4分 | □ |
| | | | 5. 工作很不主动，经常斤斤计较，经常推卸责任 | 2分 | □ |
| | 勤勉性（10） | 遵守规章制度情况和时间观念 | 1. 严格遵守规章制度，时间观念非常强 | 10分 | □ |
| | | | 2. 能较好遵守规章制度，时间观念比较强 | 8分 | □ |
| | | | 3. 基本上能遵守规章制度，有时间观念 | 6分 | □ |
| | | | 4. 偶尔有违反规章制度现象，时间观念一般 | 4分 | □ |
| | | | 5. 严重违反规章制度或时间观念很差 | 0分 | □ |
| | 爱岗敬业（10） | 主要突出在服务意识方面 | 1. 爱岗敬业，诚实守信，服务水平高，有奉献精神 | 10分 | □ |
| | | | 2. 有良好的岗位操守，服务水平较好 | 8分 | □ |
| | | | 3. 能遵守岗位操守，没有违反职业道德的行为 | 6分 | □ |
| | | | 4. 基本能遵守岗位操守 | 4分 | □ |
| | | | 5. 服务水平差，严重影响企业形象 | 0分 | □ |

| 评价项目 | | | 对评价期间工作成绩的评价要点 |
|---|---|---|---|
| 工作能力 40 分 | 专业知识（10） | 工作知识、实践经验和技术能力在工作中的运用 | 1. 对本职工作，包括工作细节，以及其他相关工作非常熟悉，任何情况下进行工作，都能应付自如，常有创新　　　　　　　　10分　□<br>2. 在正常或非正常情况下独立工作，很少要人指导，并能提出工作改进、创新方法　　　　　　　　　　　　　　　　　　8分　□<br>3. 正常情况下，独立完成工作，遇非例行情况时，才需要上司或他人指导　　　　　　　　　　　　　　　　　　　　6分　□<br>4. 知识技能、经验仍有限，常要他人密切指导　　　　4分　□<br>5. 知识及技能不足以执行工作基本要求　　　　　　　2分　□ |
| | 判断能力（10） | 判断工作问题轻重缓急或决策能力 | 1. 在任何情况下，皆表现出准确的判断力及组织安排能力，并能及时总结，提出创新建议　　　　　　　　　　　　　10分　□<br>2. 在非正常情况下仍能准确判断，采用行动　　　　　8分　□<br>3. 一般情况下，能独立判断，并选择恰当的方法予以处理　6分　□<br>4. 常需要上级指导，才能辨别问题所在、轻重缓急　　4分　□<br>5. 完全不能判别轻重，对工作造成较大影响　　　　　2分　□ |
| | 学习能力（10） | 对专业知识学习的主动性和效果 | 1. 主动学习岗位所需的专业知识，积极参加培训，并取得优异成绩及国家相关相应的任职资格　　　　　　　　　　10分　□<br>2. 努力学习岗位所需的专业知识，参加学习培训，未取得相应的任职资格，但在公司培训中取得较好成绩　　　　　6分　□<br>3. 学习程度一般，参加公司培训，成绩合格　　　　　4分　□<br>4. 不主动学习，参加公司培训，成绩不合格　　　　　0分　□ |
| | 沟通能力（10） | 对部门内部及部门之间沟通及协作的效果 | 1. 精于同周围人沟通合作，在部门协作之间表现出色，获得一致认可　　　　　　　　　　　　　　　　　　　10分　□<br>2. 善于同周围人沟通合作，准确传达信息，能完成部门之间协调工作　　　　　　　　　　　　　　　　　　8分　□<br>3. 善于同周围人沟通，尚能被人接受，能完成部门内部协调工作　　　　　　　　　　　　　　　　　　　　6分　□<br>4. 谈话说服力较差，不善于同周围人沟通，能完成一般的工作　4分　□<br>5. 谈话说服力差，态度生硬，难以被人接受，无法完成安排工作　　　　　　　　　　　　　　　　　　　2分　□ |
| 日常行为 30 分 | 工作成效（10） | 岗位职责履行情况 | 1. 工作业绩突出，工作有计划、有重点，能很好地履行岗位职责，很好地完成计划内外的工作任务　　　　　10分　□<br>2. 工作业绩较好，工作有计划，能较好地履行岗位职责，较好地完成计划内外的工作任务　　　　　　　　8分　□<br>3. 工作业绩一般，工作有一定计划，基本能履行岗位职责，基本能完成计划内外的工作任务　　　　　　　6分　□<br>4. 工作业绩一般，工作有一定计划，但计划内外工作任务有时难以兼顾　　　　　　　　　　　　　　　4分　□<br>5. 履行岗位职责有困难，工作任务有时难以完成　　　2分　□ |
| | 工作质量（10） | 完成工作规定之标准及准确性 | 1. 工作质量优，成为技术、业务模范　　　　　　　10分　□<br>2. 无差错，工作准确、无误，没有返工现象　　　　8分　□<br>3. 绝少差错、投诉，工作准确可靠，达到工作要求　7分　□<br>4. 工作偶尔不到位，工作质量不太稳定，偶尔存在返工现象　6分　□<br>5. 最低要求未达到，工作常有错误或返工　　　　　5分　□ |

| 评价项目 | | | 对评价期间工作成绩的评价要点 | | |
|---|---|---|---|---|---|
| 日常行为 30分 | 工作效率（5） | 指定期限内完成指定工作的数量 | 1. 远远超过效率指标 | 5分 | □ |
| | | | 2. 经常提前完成工作，保质保量甚至督促上级或其他部门，有效控制不利因素 | 4分 | □ |
| | | | 3. 在规定时限内按时完成工作，极少要上级催促，适当控制不利因素 | 3分 | □ |
| | | | 4. 偶有工作延期（个人原因），工作时效性稍逊 | 2分 | □ |
| | | | 5. 经常推迟工作进度，工作效率持续低于要求 | 1分 | □ |
| | 安全作业（5） | 工作量及难度 | 1. 有很强的安全意识，能为班组提供安全意见 | 5分 | □ |
| | | | 2. 有较强的安全意识，作业过程中能照顾他人 | 4分 | □ |
| | | | 3. 有安全意识，作业过程中不违章 | 3分 | □ |
| | | | 4. 有安全意识，作业过程中偶尔违章 | 2分 | □ |
| | | | 5. 安全意识薄弱，作业过程中存在习惯性违章 | 1分 | □ |

1. 通过以上各项的评分，该员工的综合得分是：_____分
2. 你认为该员工应处于的等级是（选择其一）A [　] 　B [　] 　C [　] 　D [　]
A. 90 分以上（优秀）；B. 80~90 分（良好）；C. 70~80 分（合格）；　D. 70 分以下（不合格）
3. 评价者签字：
4. 上级领导意见：

签字：

（二）评价的要求

1. 评价的原则

（1）客观性原则要求在进行评价时，从测量的标准和方法，到评价者所持的态度，特别是最终的评价结果，都应符合客观实际，不能主观臆断或掺入个人情感。因为评价的目的，在于给工作以客观的价值判断，如果缺乏客观性就会完全失去意义，还会提供虚假信息，导致错误的决策。贯彻客观性原则，应做到评价标准客观，不带随意性；评价方法客观，不带偶然性；评价态度客观，不带主观性。这就要求以科学可靠的评价技术为工具取得真实可靠的数据资料，以客观存在的事实为基础，实事求是，公正严肃地进行评定。

（2）整体性原则要求在进行评价时，要对组成活动的各个方面做多角度、全方位的评价，而不能以点代面，以偏概全。由于产品系统的复杂性和工作任务的多样化，使产品质量往往从不同的侧面反映出来，表现为一个由多因素组成的综合体。因此，要真实反映工作效果，必须对工作过程从整体上进行评价。贯彻整体性原则，评价标准要全面，尽可能包括目标的各项内容，防止突出一点，不及其余；要把握主次，区分轻重，抓住主要矛盾，在决定产品质量的主导因素和环节上花大力气；要把定性评

价和定量评价结合起来，使其相互参照，以求全面准确地判断评价客体的实际效果。

（3）指导性原则要求在进行评价时，不能就事论事，而应把评价和指导结合起来，不仅使被评价者了解自己的优缺点，而且为其以后的发展指明方向。也就是说，要对评价的结果进行认真分析，从不同角度查找因果关系，确认产生的原因，并通过信息反馈，使被评价者明确今后的努力方向。贯彻指导性原则，必须在评价资料的基础上进行指导，不能缺乏根据地随意评论；要反馈及时，指导明确，切忌耽误时机和含糊其辞，使人无所适从；要具有启发性，留给被评价者思考和发挥的余地，不能搞行政命令。

（4）科学性原则要求在进行评价时，不能光靠经验和直觉，而要根据科学。只有科学合理的评价才能发挥指导作用。科学性不仅要求评价目标标准的科学化，而且要求评价程序和方法的科学化。贯彻科学性原则，要从完成工作目标的角度出发，以目标体系为依据，确定合理统一的评价标准；要推广使用先进的测量手段和统计方法，对获得的各种数据和资料进行严谨的处理；要对评价工具进行认真的编制、预试、修订和筛选，达到一定的指标后再付诸使用。

2. 评价的环节和要素

（1）评价的一般环节。

确立评价的目的，选择评价对象；

建立评价的参照系统，确定评价主体、评价指标、评价标准和评价方法；

收集相关信息，完整收集评价对象的各类信息；

形成价值判断。例如，按照等级制分为优劣；按计分制分为得分高低等。

（2）评价的基本要素。

评价目标：评价最核心的目标就是通过它的选择、预测和导向作用实现组织的战略目标。

评价对象：绩效评价一般包括两个对象：一是组织绩效；二是员工绩效。

评价主体：组织评价的主体是企业的外部出资者；员工评价的主体需根据评价的目的、方法及评价对象的相关特征进行选择。

评价指标：通过对组织的关键成功要素层层分解而产生，如分解为多级指标体系。

评价标准：绝对评价标准（外部导向的评价标准、内部导向的评价标准）、相对评价标准。

评价方法：一般表现为各种评价日程表和评价表格，常见的有量表法、排序法等。

（三）企业主要评估工作

企业评估，是为了让组织更好地设定目标、优化流程和方法，并衡量改进效果，形成一个有效的反馈闭环，提升整体。

1. 日常管理工作评估

（1）员工日常工作评估。旨在加强公司基础管理，理顺公司内部关系，做到有章可循，不断改进提高日常办公效率和质量。包括：员工业绩、工作表现、员工优势能力和缺陷、自我评价、上级评价、同事评价，员工对工作压力的感受、对劳动强度的感受、对工作环境和氛围的评价、对上级意见和建议、对公司及相关部门或人员的意见和建议等。

（2）生产经营日常管理评估。以日常显现问题为导向，从源头获取影响工厂基础管理问题，进行持续改善，提升日常管理工作质效。不以考核为目的，寻求以数据支撑 PDCA 管理提升；追求完整记录工厂日常管理中出现的各类问题或事件，积累数据便于回顾分析发现问题，寻求管理改善；建立红线意识和底线意识，全力确保安全环保六杜绝、重大停线、批量质量问题等零化目标达成；促进企业上下关注细节，从细微入手抓好全面细节管理，促进管理者关注现场、重在坚持。

2. 企业制度体系评估

制度是企业的根，贯穿于企业经营管理之中，是能够维持企业稳定规范发展的保证。一个企业管理的科学化、规范化是企业管理水平高低的重要衡量标准，制度则是实施的手段和途径。但是企业有制度不等于有管理，制度设计只是奠定了管理基础，制度能否得到有效执行才是关键。因此，确认制度是否符合企业实际、是否可行等制度评估工作的开展对任何一家企业来说都是非常有必要的。

制度评估包括制度体系评估和单一制度评估，制度体系评估是指对企业所有制度进行整体评估，单一制度评估即对企业单项制度进行全方位评估。制度评估工作可以由企业内部自行组织进行，也可以请第三方专业人士评估，相对来说，第三方专业人士的评估结果更客观真实，企业在考虑实际情况的基础上可优先选择第三方专业人士对制度进行评估。通常情况下，制度评估工作一般围绕制度框架、制度内容、制度执行三个方面、三个步骤去开展。

制度框架主要从承接性、完整性、时效性、协调性、互补性和兼容性六个维度进行评估：

承接性：企业制度是否有效宣贯上位制度。

完整性：企业目前已有制度是否能有效支撑企业所有生产经营管理活动，是否能涵盖各个管理层级的所有职责，也即是否做到"横向到边，纵向到底"，重要制度不缺失，主要工作都"有章可循"。

时效性：企业制度框架根据业务和管理变化是否更新及时（根据企业性质可界定为 3 年、5 年、10 年等），是否符合企业当前的战略方向。

协调性：制度之间是否存在交叉、冲突、重叠（与上级制度、其他专业制度、本专业制度之间），避免"一事两标准"现象。

互补性：制度体系是否与流程体系或其他管理体系重复，流程中有规范的就不必在制度中重复，制度体系和流程体系应相互配套、相互补充。

兼容性：企业制度是否与企业价值体系相冲突。

制度内容主要从合法性、合规性、合章性、规范性及操作性五个维度进行评估：

合法性：制度内容是否符合国家、地方法律及相关法规的要求；

合规性：制度内容是否符合行业、专业有关管理规定及规则；

合章性：制度内容是否符合企业章程及其他顶层设计的议事规则要求；

规范性：制度内容在名称、结构和文字表述、格式等方面是否符合编制规范；

操作性：制度内容编写是否达到管理要求，业务流程是否清晰、考核依据是否充分、权责界定是否准确等。

制度执行通常采用问卷调查和穿行测试方式，主要从落实应用、实施时效、宣贯培训、监督检查四个维度进行评估，基本程序如下：

根据制度文本梳理出相应的流程以及表单，确定每项制度执行管理评估的节点，然后将制度评估节点划归到不同单位，编制各单位的检查节点通知单。

根据各制度的归属部门制作相应部门制度问卷，主要是各部室管理人员从四个维度对基层制度执行情况进行打分。

深入单位按既定评估内容进行制度执行节点评估，并进行评估谈话，梳理谈话内容及打分情况。

通过以上三个方面的评估，制度评估工作基本就可以结束。可以看出，制度评估工作是一项系统工程，一般都需要企业各个部门、全部员工的配合与参与，涉及范围广、文本内容多、耗费时间长、复杂程度高。因此企业在组织制度评估工作时，要尽可能综合考虑各项因素，设置合适的评估机构、配备合适的评估人员、制定合适的评估计划、搭建合适的评估模型，并进行全过程质量把控，确保制度评估结果的客观性、可靠性、有效性，进而使公司的制度优化、管理变革等各项工作都有据可依。

通过制度评估，企业能够发现自身实际情况与理想情况的差距，自身情况与其他企业的差距，了解防范化解重大风险工作情况，对企业强化法律风险、投资经营风险、债务风险等重大风险防范机制建设，指导企业健全内控体系，加强合规管理体系建设，为企业管理定位、追赶标杆、战略实现等提供切实可行的指导。

3. 企业价值评估

企业价值评估是一项综合性的资产、权益评估，是对特定目的下企业整体价值、股东全部权益价值或部分权益价值进行分析、估算的过程。目前国际上通行的评估方法主要分为收益法、成本法和市场法三大类。

（1）收益法。收益法通过将被评估企业预期收益资本化或折现至某特定日期以确定评估对象价值。其理论基础是经济学原理中的贴现理论，即一项资产的价值是利用它所能获取的未来收益的现值，其折现率反映了投资该项资产并获得收益的风险的回报率。收益法的主要方法包括贴现现金流量法（DCF）、内部收益率法（IRR）、CAPM模型和 EVA 估价法等。

（2）成本法。成本法是在目标企业资产负债表的基础上，通过合理评估企业各项资产价值和负债从而确定评估对象价值。理论基础在于任何一个理性人对某项资产的支付价格将不会高于重置或者购买相同用途替代品的价格。主要方法为重置成本（成本加和）法。

（3）市场法。市场法是将评估对象与可参考企业或者在市场上已有交易案例的企业、股东权益、证券等权益性资产进行对比以确定评估对象价值。其应用前提是假设在一个完全市场上相似的资产一定会有相似的价格。市场法中常用的方法是参考企业比较法、并购案例比较法和市盈率法。

成本法、市场法、收益法是国际公认的三大价值评估方法，也是我国价值评估理论和实践中普遍认可、采用的评估方法。就方法本身而言，并无哪种方法有绝对的优势，就具体的评估项目而言，由于评估目的、评估对象、资料收集情况等相关条件不同，要恰当地选择一种或多种评估方法。因为企业价值评估的目的是给市场交易或管理决策提供标准或参考。评估价值的公允性、客观性都是非常重要的。

## 阅读专栏 38-15　安全评价报告

安全评价报告是安全评价工作过程形成的成果。安全评价报告的载体一般采用文本形式，为适应信息处理、交流和资料存档的需要，报告可采用多媒体电子载体。电子版本中能容纳大量评价现场的照片、录音、录像及文件扫描，可增强安全验收评价工作的可追溯性。目前国内将安全评价根据工程、系统生命周期和评价的目的分为安全预评价、安全验收评价、安全现状评价和专项安全评价四类。但实际上可看成三类，即安全预评价、安全验收评价和安全现状评价，专项安全评价可看成安全现状评价的一种，属于政府在特定时期内进行专项整治时开展的评价。下文简单介绍一下安全预评价、安全验收评价和安全现状评价报告的要求、内容及格式。

### 一、安全预评价报告

（一）安全预评价报告要求

安全预评价报告的内容应能反映安全预评价的任务：建设项目的主要危险、有害因素评价；建设项目应重点防范的重大危险、有害因素；应重视的重要安全对策措施；建设项目从安全生产角度是否符合国家有关法律、法规、技术标准。

（二）安全预评价报告主要内容

安全预评价报告应当包括以下重点内容。

（1）安全预评价依据。有关安全预评价的法律、法规及技术标准；建设项目可行性研究报告等建设项目相关文件；安全预评价参考的其他资料。

（2）建设单位简介。

（3）建设项目概况。建设项目选址、总图及平面布置、生产规模、工艺流程、主要设备、主要原材料、中间体、产品、经济技术指标、公用工程及辅助设施等。

## 二、安全验收评价报告

（一）安全验收评价报告的要求

《安全验收评价报告》是安全验收评价工作过程形成的成果。《安全验收评价报告》的内容应能反映安全验收评价两方面的义务：一是为企业服务，帮助企业查出安全隐患，落实整改措施以达到安全要求；二是为政府安全生产监督管理机构服务，提供建设项目安全验收的依据。

（二）安全验收评价报告主要内容

1. 概述

（1）安全验收评价依据；

（2）建设单位简介；

（3）建设项目概况；

（4）生产工艺；

（5）主要安全卫生设施和技术措施；

（6）建设单位安全生产管理机构及管理制度。

2. 主要危险、有害因素识别

（1）主要危险、有害因素及相关作业场所分析；

（2）列出建设项目所涉及的危险、有害因素并指出存在的部位。

3. 总体布局及常规防护设施措施评价

（1）总平面布局；

（2）厂区道路安全；

（3）常规防护设施和措施；

（4）评价结果。

4. 易燃易爆场所评价

(1) 爆炸危险区域划分符合性检查；

(2) 可燃气体泄漏检测报警仪的布防安装检查；

(3) 防爆电气设备安装认可；

(4) 消防检查（主要检查是否取得消防安全认可）；

(5) 评价结果。

5. 有害因素安全控制措施评价

(1) 防止急性中毒、窒息措施；

(2) 防止粉尘爆炸措施；

(3) 高、低温作业安全防护措施；

(4) 其他有害因素控制安全措施；

(5) 评价结果。

6. 特种设备监督检验记录评价

(1) 压力容器与锅炉（包括压力管道）；

(2) 起重机械与电梯；

(3) 厂内机动车辆；

(4) 其他危险性较大设备；

(5) 评价结果。

7. 强制检测设备设施情况检查

(1) 安全阀；

(2) 压力表；

(3) 可燃、有毒气体泄漏检测报警仪及变送器；

(4) 其他强制检测设备设施情况；

(5) 检查结果。

8. 电气安全评价

(1) 变电所；

(2) 配电室；

(3) 防雷、防静电系统；

(4) 其他电气安全检查；

(5) 评价结果。

9. 安全验收评价报告附件

(1) 数据表格、平面图、流程图、控制图等安全评价过程中制作的图表文件；

(2) 建设项目存在问题与改进建议汇总表及反馈结果；

（3）评价过程中专家意见及建设单位证明材料。

10. 安全验收评价报告附录

（1）与建设项目有关的批复文件（影印件）；

（2）建设单位提供的原始资料目录；

（3）与建设项目相关数据资料目录。

（三）安全验收评价报告的格式

（1）封面；

（2）评价机构安全验收评价资格证书影印件；

（3）著录项；

（4）目录；

（5）编制说明；

（6）前言；

（7）正文；

（8）附件；

（9）附录。

## 三、安全现状评价报告

（一）安全现状评价报告要求

安全现状评价报告的内容要求比安全预评价报告要更详尽、更具体，特别是对危险分析要求较高，因此整个评价报告的编制，要由懂工艺和懂操作的专家参与完成。

（二）安全现状评价报告内容

安全现状评价报告一般具有以下内容：

1. 前言

包括项目单位简介、评价项目的委托方及评价要求和评价目的。

2. 评价项目概况

应包括评价项目概况、地理位置及自然条件、工艺过程、生产运行现状、项目委托约定的评价范围、评价依据（包括法规、标准、规范及项目的有关文件）。

3. 评价程序和评价方法

说明针对主要危险、有害因素和生产特点选用的评价程序和评价方法。

4. 危险性预先分析

应包括工艺流程、工艺参数、控制方式、操作条件、物料种类与理化特性、工艺布置、总图位置、公用工程的内容，运用选定的分析方法对生产中存在的危险、有害因素逐一分析。

5. 危险度与危险指数分析

根据危险、有害因素分析的结果和确定的评价单元、评价要素，参照有关资料和数据用选定的评价方法进行定量分析。

6. 事故分析与重大事故模拟

结合现场调查结果以及同行或同类生产的事故案例分析，统计其发生的原因和概率，运用相应的数学模型进行重大事故模拟。

7. 对策措施与建议

综合评价结果，提出相应的对策措施与建议，并按照风险程度的高低进行解决方案的排序。

8. 评价结论

明确指出项目安全状态水平，并简要说明。

加强与公安部门的联系，及时与 110 联网。

进一步完善各项制度。

## 推荐阅读

1. 徐源. 世界 500 强高效工作方法 [M]. 北京：中国纺织出版社，2004.

2. 吕国荣，陈遊芳，蒋如彬. 精细化管理的 58 个关键 [M]. 北京：机械工业出版社，2006.

3. 范正青. 管理评估原理与技术 [M]. 北京：中国社会科学出版社，2015.

4. 王锡秋. 如何当好基层主管：基层主管的七大管理技能 [M]. 北京：北京大学出版社，2005.

5. [美] 约翰·J. 加巴罗，罗伯特·戈费，林达·A. 希尔. 新经理人的领导力 [M]. 北京：中国人民大学出版社，2003.

## 思考题

1. 为什么需要对职业经理人的口头表达能力有较高要求？职业经理人书面表达能力通常体现在哪些工作中？

2. 如何组织制定企业中长期规划？

3. 职业经理人如何能带出一支执行力强的团队？

4. 谈谈对企业内部控制制度的认识。

5. 为什么要建设并完善企业管理监督机制？

6. 绩效考核的基本方法与工具有哪些？

7. 如何开展企业总结与评估工作？

# 第三十九章　企业常用管理工具与方法

## 学习目标

1. 掌握和应用 PEST、SWOT、价值链分析、五力分析等战略管理的工具与方法；

2. 学会制作和应用鱼骨图；

3. 掌握和熟练运用 PDCA 循环工具和方法；

4. 掌握和运用精益管理工具和方法；

5. 了解并结合实际应用标杆管理法；

6. 了解和掌握邯钢经验和 OEC 管理法；

7. 了解 ERP、CRM 及商业智能决策支持系统的概念及特点；

8. 了解企业管理平台、企业生态链管理和人工智能管理工具与方法。

## 第一节　企业战略与运营工具与方法

### 一、PEST 分析

PEST 分析为企业制定战略及研究企业的宏观环境提供了一个有益的框架。PEST 分析将企业的一般环境分为四个方面，即政治的（political）、经济的（economical）、社会文化的（sociocultural）和技术的（technological）。这些因素可以揭示外部环境中的重要机会和威胁，为企业战略的制定提供基础。PEST 分析要素如图 39-1 所示。

1. 政治环境（political）

政治环境包括一个国家的社会制度，执政党的性质，政府的方针、政策、法令等。不同的国家有着不同的社会性质，不同的社会制度对组织活动有着不同的限制和要求。即使社会制度不变的同一国家，在不同时期，由于执政党的不同，其政府的方针特点、政策倾向对组织活动的态度和影响也是不断变化的。

重要的政治环境变量有以下这些：

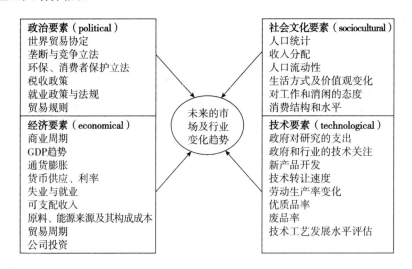

图 39-1　PEST 分析要素

（1）执政党性质。

（2）政治体制。

（3）经济体制。

（4）政府的管制。

（5）税法的改变。

（6）各种政治行动委员会。

（7）专利数量。

（8）专利法的修改。

（9）环境保护法。

（10）产业政策。

（11）投资政策。

（12）国防开支水平。

（13）政府补贴水平。

（14）反垄断法规。

（15）与重要大国关系。

（16）地区关系。

（17）对政府进行抗议活动的数量、严重性及地点。

（18）民众参与政治行为。

（19）政局稳定状况。

（20）各政治利益集团。

2. 经济环境（economical）

经济环境主要包括宏观和微观两个方面的内容。

宏观经济环境主要指一个国家的人口数量及其增长趋势，国民收入、国民生产总值及其变化情况以及通过这些指标能够反映的国民经济发展水平和发展速度。

微观经济环境主要指企业所在地区或所服务地区的消费者的收入水平、消费偏好、储蓄情况、就业程度等因素。这些因素直接决定着企业目前及未来的市场大小。

重要的经济环境变量有以下这些：

（1）GDP 及其增长率。

（2）向工业经济转变情况。

（3）贷款的可得性。

（4）可支配收入水平。

（5）居民消费（储蓄）倾向。

（6）利率。

（7）通货膨胀率。

（8）规模经济。

（9）政府预算赤字。

（10）消费模式。

（11）失业趋势。

（12）劳动生产率水平。

（13）汇率。

（14）证券市场状况。

（15）外国经济状况。

（16）进出口因素。

（17）不同地区和消费群体间的收入差别。

（18）价格波动。

（19）货币与财政政策。

3. 社会文化环境（sociocultural）

社会文化环境包括一个国家或地区的居民教育程度和文化水平、宗教信仰、风俗习惯、价值观念、审美观点等。文化水平会影响居民的需求层次；宗教信仰和风俗习惯会禁止或抵制某些活动的进行；价值观念会影响居民对组织目标、组织活动以及组织存在本身的认可与否；审美观点则会影响人们对组织活动内容、活动方式以及活动成果的态度。

重要的社会文化变量有以下这些：

（1）妇女生育率。

（2）人口结构比例。

（3）性别比例。

（4）特殊利益集团数量。

（5）结婚数、离婚数。

（6）人口出生、死亡率。

（7）人口移进移出率。

（8）社会保障计划。

（9）人口预期寿命。

（10）人均收入。

（11）生活方式。

（12）平均可支配收入。

（13）对政府的信任度。

（14）对政府的态度。

（15）对工作的态度。

（16）购买习惯。

（17）对道德的关切。

（18）储蓄倾向。

（19）性别角色。

（20）投资倾向。

（21）种族平等状况。

（22）节育措施状况。

（23）平均教育状况。

（24）对退休的态度。

（25）对质量的态度。

（26）对闲暇的态度。

（27）对服务的态度。

（28）对外国人的态度。

（29）污染控制。

（30）对能源的节约。

（31）社会活动项目。

（32）社会责任。

（33）对职业的态度。

（34）对权威的态度。

（35）城市、城镇和农村的人口变化。

（36）宗教信仰状况。

4. 技术环境（technological）

技术环境除了要考察与企业所处领域的活动直接相关的技术手段的发展变化外，还应及时了解以下四点：

（1）国家对科技开发的投资和支持重点。

（2）该领域技术发展动态和研究开发费用总额。

（3）技术转移和技术商品化速度。

（4）专利及其保护情况等。

# 案例分析 39-1　北汽蓝谷战略制定 PEST 分析

1. 政策环境分析（P）

为应对当前严峻的能源紧缺、环境污染等问题，全球各地开始积极推动新能源汽车技术研发与生产活动。我国也发布了多项支持鼓励新能源汽车产业发展政策："十四五"规划中明确提到"聚焦新能源汽车等战略性新兴产业"，提出"到 2035 年纯电动汽车成为新销售车型的主流"的期望；2022 年的《政府工作报告》也明确提到要大力促进新能源汽车消费，推动汽车产业数字化转型。此外，各地方政府相继实施鼓励新能源汽车发展的具体措施，如免税、优先汽车牌照获取、优先路权、公共出行优先使用新能源汽车等，并将充、换电站等新能源基础设施建设运营纳入整体规划。国家政策的有力支持与引导，在中长期内仍将助力新能源产业持续发展。

2. 经济环境分析（E）

进入 21 世纪以来，中国经济持续高速发展。面对突发的新冠疫情，世界各国经济都遭受了严重打击，但《世界经济展望》报告显示，中国是 2020 年实现经济正增长的主要经济体。在新冠疫苗接种等利好因素的推动下，中国经济的增速预计将超过全球经济的增速，这无疑也为汽车工业的发展提供了良好的经济条件。在经济高速发展的背景下，国内居民人均可支配收入持续提升，2020 年中国居民人均可支配收入达 3.22 万元，超过疫情暴发前两年的水平，这意味着中国居民消费能力得到提升，进而为汽车行业的发展提供了充足的动力。2022 年初，受国际局势动荡的影响，石油价格持续上涨，一句"95 加满"成为人们茶余饭后的谈资，促使大量汽车需求者将目光转向了新能源汽车。根据乘联会数据，2021 年我国新能源汽车渗透率达到 14.8%，同比增加约 9%，2022 年前两个月分别为 19.2% 和 21.8%，新能源汽车行业发展迅速。

3. 社会环境分析（S）

一方面，随着汽车的便利度越发被人们所认可以及各种优惠力度加持，汽车在国内越来越普及，甚至对于青年群体而言考取驾驶证成为必备技能，而青年群体更加在乎驾驶体验与科技感，因此科技感强的汽车潜在市场也在逐步扩大。另外，近年来国内二氧化碳排放量快速增长，居全球首位，而传统的汽车作为排放二氧化碳的主要载体，其排放的尾气造成了雾霾、酸雨、气候变暖等一系列的环境问题。另一方面，国内对原油需求的增长早已无法满足自给自足的局面，尤其在 2019 年，我国对外国原油的依赖度已突破 70%，这意味着中国汽车产业受外国影响的程度在不断加大，一旦出现供应减少、价格不断上涨的趋势，汽车行业将会遭受沉重的打击。因此，发展电能、氢能等替代能源，减少对石油的依赖，一定程度上也减轻了潜在的国际局势动荡给我国带来的负面影响。

4. 技术背景分析（T）

总体来看，在新能源汽车相关技术方面，我国已经取得了较好的成绩，随着汽车产业自主发展的能力不断增强，新的技术不断被研发出来，国内智能汽车的发展已经起步。目前，在互联网企业的自动驾驶技术、通信企业的车载通信系统和芯片等方面已经取得了较大进展。同时，我们也应该看到，汽车行业的发展已经不再局限于传统汽车技术领域，而是和通信、车路联网以及各种智能终端紧密联系的复杂产业体系，而国内目前缺乏核心技术与核心材料势必会对汽车行业产生重大的影响，因此，不断加大研发的力度，跨领域合作研究，都会促进汽车行业的良性发展。

资料来源：王晓雪. 企业战略分析——以北汽蓝谷为例 [J]. 商场现代化，2023（15）：116-118.


## 二、SWOT 分析法

SWOT 分析最早由安索夫于 1956 年提出，目前已经发展成为一个用于战略分析的实用方法。

SWOT 分析是一种综合考虑企业内部条件和外部环境的各种因素，进行系统评价，从而选择最佳经营战略的方法，其中的 S 是指企业的优势（Strength），W 是指企业的劣势（Weakness），O 是指企业外部环境的机会（Opportunity），T 是指企业外部环境的威胁（Threat）。

1. SWOT 分析步骤

（1）确认当前的战略是什么。

（2）确认企业外部环境的变化。

（3）根据企业资源组合情况，确认企业的关键能力和关键限制。

（4）将结果在SWOT分析图上定位（见图39-2）。

| 潜在资源力量 | 潜在资源弱点 | 公司潜在机会 | 外部潜在威胁 |
|---|---|---|---|
| ·有力的战略 | ·没有明确的战略导向 | ·服务独特的客户群体 | ·强势竞争者的进入 |
| ·有利的金融环境 | ·陈旧的设备 | ·新的地理区域的扩张 | ·替代品引起的销售下降 |
| ·有利的品牌形象和美誉度 | ·超额负债与恐怖的资产负债表 | ·产品组合的扩张 | ·市场增长的减缓 |
| ·被广泛认可的市场领导地位 | ·超越竞争对手的高额成本 | ·核心技能向产品组合的转化 | ·交换率和贸易政策的不利转换 |
| ·专利技术 | ·缺少关键技能和资格能力 | ·垂直整合的战略形式 | ·由新规则引起的成本增加 |
| ·成本优势 | ·利润的损失部分 | ·分享竞争对手的市场资源 | ·商业周期的影响 |
| ·强势广告 | ·内在的运作困境 | ·竞争对手的支持 | ·客户和供应商的杠杆作用的加强 |
| ·产品创新技能 | ·落后的 R&D 能力 | ·战略联盟与并购带来的超额覆盖 | ·消费者购买需求的下降 |
| ·优质客户服务 | ·过分狭窄的产品组合 | ·新技术开发通路 | ·人口与环境的变化 |
| ·优秀产品质量 | ·市场规划能力的缺乏 | ·品牌形象拓展的通路 | |
| ·战略联盟与并购 | | | |

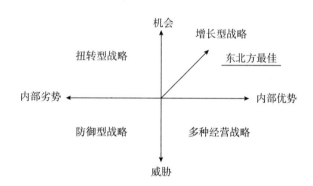

**图 39-2　SWOT 分析图**

或者用SWOT分析矩阵，将优势和劣势按机会和威胁分别填入对应位置（见图39-3）。

**图 39-3　SWOT 分析矩阵**

2. 优势与劣势分析（SW）

当两个企业处在同一市场或者它们都有能力向同一顾客群体提供产品和服务时，如果其中一个企业有更高的盈利率或盈利潜力，那么我们就认为这个企业比另外一个企业更具有竞争优势。换句话说，所谓竞争优势是指一个企业超越其竞争对手的能力，这种能力有助于实现企业的主要目标——盈利。但值得注意的是，竞争优势并不一定完全体现在较高的盈利率上，因为有时企业更希望增加市场份额，或者多奖励管理人员或雇员。

竞争优势可以指消费者眼中一个企业或它的产品有别于其竞争对手的任何优越的东西，它可以是产品线的宽度，产品的大小、质量、可靠性、适用性、风格和形象，或服务的及时、态度的热情等。虽然竞争优势实际上指的是一个企业比其竞争对手有较强的综合优势，但是要明确企业究竟在哪一个方面具有优势更有意义，因为只有这样才可以扬长避短，或者以实击虚。

由于企业是一个整体，并且由于竞争优势来源的广泛性，所以在做优劣势分析时必须从整个价值链的每个环节上，将企业与竞争对手做详细的对比。如产品是否新颖，制造工艺是否复杂，销售渠道是否畅通，以及价格是否具有竞争性等。如果一个企业在某一方面或几个方面的优势正是该行业企业应具备的关键成功要素，那么，该企业的综合竞争优势也许就强一些。需要指出的是，衡量一个企业及其产品是否具有竞争优势，只能站在现有潜在用户角度上，而不是站在企业的角度上。

企业在维持竞争优势过程中，必须深刻认识自身的资源和能力，采取适当的措施。因为一个企业一旦在某一方面具有了竞争优势，势必会吸引到竞争对手的注意。一般来说，企业经过一段时期的努力，建立起某种竞争优势；然后就处于维持这种竞争优势的态势，竞争对手开始逐渐做出反应；而后，如果竞争对手直接进攻企业的优势所在，或采取其他更为有力的策略，就会使这种优势受到削弱。

而影响企业竞争优势的持续时间，主要是三个关键因素：①建立这种优势要多长时间；②能够获得的优势有多大；③竞争对手做出有力反应需要多长时间。如果企业分析清楚了这三个因素，就会明确自己如何建立并维持竞争优势中的地位。

3. 机会与威胁分析（OT）

随着经济、社会、科技等诸多方面迅速发展，特别是世界经济全球化、一体化过程的加快，全球信息网络的建立和消费需求的多样化，企业所处的环境更为开放和动荡。这种变化几乎对所有企业都产生了深刻的影响。正因如此，环境分析成为一种日益重要的企业职能。

环境发展趋势分为两大类：一类表示环境威胁，另一类表示环境机会。环境威胁指的是环境中一种不利的发展趋势所形成的挑战，如果不采取果断的战略行为，这种不利趋势将导致公司的竞争地位受到削弱。环境机会就是对公司行为富有吸引力的领域，在这一领域中，该公司将拥有竞争优势。

对环境的分析也可以有不同的角度。比如，一种简明扼要的方法就是 PEST 分析，即从政治（法律）的、经济的、社会文化的和技术的角度分析环境变化对本企业的影响。政治的/法律的角度：垄断法律；环境保护法；税法；对外贸易规定；劳动法；政府稳定性。经济的角度：经济周期；GNP 趋势；利率；货币供给；通货膨胀；失业率；可支配收入；能源供给；成本。社会文化的角度：人口统计收入分配；社会稳定；生活方式的变化；教育水平；消费。技术的角度：政府对研究的投入；政府和行业对技术的重视；新技术的发明和进展；技术传播的速度；折旧和报废速度。

# 案例分析 39-2　北汽蓝谷战略 SWOT 分析

## 一、战略 SWOT 分析

1. 内部优势

（1）资金流通能力较好。企业信誉较好，较易取得来自银行和社会投资者的融资，资金流通状况良好。近几年，企业的流动资产占总资产的比例均达到 63% 以上，表明企业资金流通较好，偿债能力强，为企业研发技术提供了充足的资金支持。

（2）跨领域合作，协同技术优势。北汽蓝谷在近几年来与 ICT 领域专家华为合作联合打造首款车型"极狐"；与百度携手打造全球最大规模无人车测试车队。掌握先进智能技术才能在汽车行业的大环境下领先，而加强跨领域的技术合作，更有利于北汽蓝谷改变亏损的局面，成为智能联网技术的领先者。

（3）人力资源优势，研发队伍强大。2021 年研发人员较 2020 年有所精减，但研发人员数量占企业总人数比例较 2020 年提升 7.34%，为企业未来聚焦研发加速发展营造了有利条件。此外，在研发团队中，本科以上学历占全部人员的比例达到了 71.64%，高素质人才为企业的研发活动奠定了重要基础。

（4）灵活的企业治理方式。报告期内，企业明确战略方向、加强战略宣贯、推动三年突围计划实施，促进 23123 战略落地。人才培养方面，做好干部优化调整，全面开展"互联网+"职业技能提升专项；激励方面，进一步优化绩效管理方式，根据业务发展特点，采取了差异化绩效强制比例；专项激励方面，针对营销、研发和质量采购等部门，制定战功激励、悬赏激励等专项方案，更好地激发价值创造等。同时，对不胜任干部人才进行降级降薪或淘汰。

（5）全面的品牌建设体系。在品牌力建设层面，企业确立了"释放科技的包容心"

的品牌核心，聚焦品牌形象塑造与用户体验提升，围绕"生而破界、有何不可"的品牌主张，组织开展了一系列线上线下传播推广活动，通过持续挖掘营销热点和产品黑科技，增加与用户的话题互动，品牌声量与认知得到有效提升。

2. 内部劣势

（1）高度依赖 B 端市场，竞争力较低。2021 年北汽蓝谷销量为 26127 辆，较 2020年仅增加 213 辆，增速缓慢，低于行业主流水平。通过对北汽蓝谷的销售模式分析，可以发现，北汽蓝谷之所以能连续几年夺得新能源汽车的销售冠军，很大程度上是因为近年来网约车、出租车的蓬勃兴起，给企业带来了销量优势。但近几年，市场上的新能源汽车品牌、种类众多，加之受到新冠疫情冲击，网约车行业经济退化的同时，选择还增多，导致高度依赖 B 端市场的北汽蓝谷销量急速下降；而受企业目标市场定位的影响，北汽蓝谷在 C 端市场的产品缺乏竞争力，最终导致 2020 年的经营状况"大变脸"，亏损达 64.8 亿元，连续两年的亏损额共超百亿元。

（2）高端化转型成本较高，毛利不足以支撑成本。疫情突发、原材料价格上升、为推进高端化品牌投入巨额广告宣传费、研发投入费用等成本高昂，而企业的产销量未达到预期，利润不足以覆盖成本。

（3）品控较低，消费者信赖程度低。此前北汽 EX360 和 EU400 车型因电池安全问题被召回，此举使消费者对该品牌的信赖程度下降。此外，企业长期盘踞在网约车、出租车市场，使其绑定了低端的形象，想要重新树立高端品牌形象，在 C 端市场上占有一席之地，还有很长的路要走。

3. 外部机会

（1）政策引领市场态势。进入 2022 年，在"双碳"目标和绿色出行等利好政策的推动下，居民在新能源汽车市场的消费意愿增强，推动新能源汽车产业在未来仍能保持高速发展的趋势。

（2）消费者市场良好的经济环境。我国各地区各部门积极推动经济结构战略性调整，深入推进供给侧结构性改革，绿色发展深入人心，节能减排取得新成绩。物价形势稳定，居民消费水平持续上涨。消费者有足够的经济能力购买新能源汽车，这为新能源汽车的发展带来了良好的经济环境。

（3）市场潜力大。随着石油价格上涨，其互补品即传统的汽车销售受到了严重的打击，而作为替代品的新能源汽车的关注度与日俱增。另外，受人口基数大的影响，我国汽车保有量仍低于世界大部分地区的水平，这也意味着国内汽车行业发展具有较大的市场空间。

4. 外部威胁

（1）市场竞争压力大。2021 年，随着各种优惠政策和利好政策的颁布，汽车行业纷纷将目光转向了潜力巨大的新能源汽车,与市场潜力同步提升的,还有行业的竞争力。机遇总伴随着挑战,对于企业下一步的发展,必须做好战略计划,以助力企业在竞争激烈的市场谋求更好地发展。

(2)技术更新速度加快。随着世界各国都加大了对新能源技术的研发投入,技术的与时俱进就显得尤为重要,无论是外观设计,还是性能技术的提升,都面临着随时被超越、淘汰的可能。因此,技术更新过快也给企业带来了巨大挑战。

(3)核心资源短缺。新能源汽车行业持续高速发展,销量快速增长,但行业优质核心资源有限,一方面随着产业发展导致如芯片等核心资源短缺情况进一步加剧,可能对公司获取核心资源能力产生影响进而制约公司产品销量提升;另一方面对公司产品的持续高投入和核心零部件价格上涨也将考验公司的资金储备与盈利能力。

## 二、公司战略构想

### 1. 公司层战略

企业应选择多元化战略。产品开发方面,与互联网、通信等企业强强联合,在现有与华为、百度合作的基础上,扩大跨领域合作的范围,促进智能化新能源汽车的研发,加大研发投入提高技术的领先性;市场开发方面,企业应在现有对公市场的基础上,开发对私市场,开拓企业的高端产品市场,打开极狐等新能源汽车的高端市场。

### 2. 业务单位战略

采用差异化战略。由于企业研发投入金额较大,且向高端市场转型所需成本较高,因此,产品的成本一定程度上相较同类产品要高,需强化品质管控。围绕产品全生命周期质量管控,从产品设计方案到新车质量验证标准,建立以客户为中心的质量保证体系,不断展开用户调研、聆听客户声音,最终达到客户满意,赋予客户认可的价值。

此外,企业也应该控制高端市场的转型成本。精益管理方面,深化开源节流,通过全面降本与价值提升,增加主营业务贡献度,维护公司业务发展与资金储备之间的动态平衡;资本运作方面,构建"募—投—管—退"的全价值链闭环管理体系,实现存量资产的保值增值。

### 3. 职能战略

市场选择方面,北汽蓝谷应细分其产业市场,根据差异市场营销策略,选择自身的目标市场,根据不同的市场制定相应的价格策略。营销方面,打造高质量销售服务体验。从企业内部看,客户群体到产业链伙伴等多维度、多层次提供优化支持服务。首先,通过"线上+线下"活动,传播品牌故事,强调产品黑科技,着力打造科技智能化标签,稳固先行者品牌形象;其次,针对目标市场继续大力完善网络布局,加快直营、分销、交付中心建设，并做好店面能力培训与运营指导；最后，坚持以用户为中心的指导理念提升软实力，做好网络形象升级、技术能力升级、配件保障升级和销售能力升级等工作。人才资源方面，致力于人才创新培养，以提升人力效能、优化组织生态为目标，加大创新研发的投入，克服技术更迭速度过快带来的负面影响，研发新的核心资源替代品，弥补资源短缺带来的重大影响，全面助力公司软实力和竞争力提升。

## 三、公司战略保证措施

1. 组织保证措施

调整公司的组织机构。目前的经营战略为多元化的经营战略，为保证战略实施的效果，公司的组织结构也要进行相应的调整，逐步形成战略业务单位结构。根据不同事业部的职能分工管理，更好地提升企业管理效率，便于研发部与销售部、财务部等事业部更好地沟通，更快地知悉市场需求、价格定位等，更快跟上市场的脚步，加快创新研发的速度。

2. 企业文化建设

坚持"用卫蓝大爱书写企业公民的社会担当"的企业文化，宣扬绿色和环保的理念，为新能源汽车打造文化理念，将文化理念融入企业的产品设计，进而为企业创造价值。继续组织各种文体活动，提升员工对公司活动的参与力度，让员工更深入地理解公司的文化理念，从行为和理念方面逐步建立凝聚力和归属感。

3. 技术质量保证

（1）技术提升。电池技术方面，持续构建电池系统集成技术、电池性能集成技术、电池安全技术、电池仿真分析技术、电池管理控制技术、电池测试验证技术方面的竞争优势，攻坚高安全设计标准下极致提升电池能量利用率的技术难题，持续提升"续航、安全"两大核心性能，打造企业的技术优势。智能网联、辅助驾驶技术方面，与华为、百度等企业深度合作，协同推进车载高精度传感器、车规级芯片、智能操作系统、车载智能终端、智能计算平台等产品的研发和产品转化。

（2）技术团队建设。致力于人才创新培养，以提升人力效能、优化组织生态为目标，形成人力资源合力，全面助力公司软实力和竞争力提升。加快体制机制改革，努力破除深层次体制机制障碍，围绕现代企业治理建立完善长效机制，强化创新驱动，优化决策运营，创新人才激励，进一步增强企业活力。定期进行技术团队的培训宣讲，保证技术团队与时俱进，打造更具凝聚力、创新力的技术团队。

4. 质量控制

新车质量方面，强化风险管控，早期介入对标车、VTS（整车技术规范）、DTS

（尺寸技术规范）等评审、最佳式样/先期预告机制导入。同时，从客户角度出发，开展全工况、多环境的质量试验活动、新功能专项评审和 10 万公里耐久车拆解等工作，旨在持续提升产品质量。市场质量管控方面，以客户为中心全面统筹问题改进，通过批量主动处理、指标预警监控，最大限度避免客户抱怨。

资料来源：王晓雪. 企业战略分析——以北汽蓝谷为例 [J]. 经营管理，2023（15）：116-118.

## 三、价值链分析

1. 企业价值链含义

为了提升企业战略，美国战略管理学家 Porter（1985）第一次提出价值链分析的方法。该方法把企业内外价值增加的活动分为基本活动和支持性活动，基本活动涉及企业生产、销售、进料后勤、发货后勤、售后服务，支持性活动涉及人事、财务、计划、研究与开发、采购等，基本活动和支持性活动构成了企业的价值链。不同的企业参与的价值活动中，并不是每个环节都创造价值，实际上只有某些特定的价值活动才真正创造价值，这些真正创造价值的经营活动，就是价值链上的"战略环节"。企业要保持的竞争优势，实际上就是企业在价值链某些特定的战略环节上的优势。运用价值链的分析方法来确定核心竞争力，就是要求企业密切关注组织的资源状态，要求企业特别关注和培养在价值链的关键环节上获得重要的核心竞争力，以形成和巩固企业在行业内的竞争优势。企业的优势既可以来源于价值活动所涉及的市场范围的调整，也可来源于企业间协调或合用价值链所带来的最优化效益。图 39-4 为企业价值链示意。

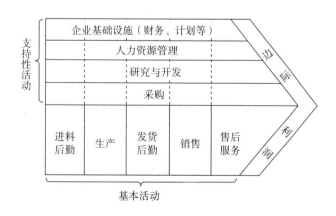

**图 39-4　企业价值链示意**

2. 企业价值活动

价值链列示了总价值并且包括价值活动和利润。价值活动是企业所从事的物质上和技术上的界限分明的各项活动，这些活动是企业创造对买方有价值的产品的基石。利润是总价值与从事各种价值活动的总成本之差。

价值活动分为两大类：基本价值活动和支持性价值活动。

（1）基本价值活动。基本价值活动是涉及产品的物质创造及其销售、转移买方和售后服务的各种活动，包括5种类型：

1）进料后勤活动。与接收、存储和分配相关联的各种活动，如原材料搬运、仓储、库存控制、车辆调度和向供应商退货。

2）生产作业活动。与将投入转化为最终产品形式相关的各种活动，如机械加工、包装、组装、设备维护、检测等。

3）发货后勤活动。与集中、存储和将产品发送给买方有关的各种活动，如产成品库存管理、原材料搬运、送货车辆调度等。

4）销售活动。与提供买方购买产品的方式和引导他们进行购买相关的各种活动，如广告、促销、销售队伍、渠道建设等。

5）售后服务活动。与提供服务以增加或保持产品价值有关的各种活动，如安装、维修、培训、零部件供应等。

（2）支持性价值活动。支持性价值活动是辅助基本活动，并通过提供采购投入、技术、人力资源以及各种企业范围的职能支持基本活动，包括4种类型：

1）采购与物料管理活动。指购买用于企业价值链各种投入的活动，采购既包括企业生产原料的采购，也包括支持性活动相关的购买行为，如研发设备的购买等；另外亦包含物料的管理作业。

2）研究与开发活动。每项价值活动都包含着技术成分，无论是技术诀窍、程序，还是在工艺设备中所体现出来的技术。

3）人力资源管理。包括涉及所有类型人员的招聘、雇用、培训、开发和报酬等各种活动。人力资源管理不仅对基本和支持性活动起到辅助作用，而且支撑着整个价值链。

4）企业基础制度。企业基础制度支撑了企业的价值链条，如会计制度、行政流程等。

对于企业价值链进行分析的目的在于分析公司运行的哪个环节可以提高客户价值或降低生产成本。对于任意一个价值增加行为，关键问题在于：①是否可以在降低成本的同时维持价值（收入）不变；②是否可以在提高价值的同时保持成本不变；③是否可以在降低工序投入的同时保持成本收入不变；④更为重要的是，企业能否可以同时实现前三条。

3. 企业价值链分析的步骤

价值链分析的框架是将链条从基础材料到最终用户分解为独立工序，以理解成本行为和差异来源。通过分析每道工序系统的成本、收入和价值，找到活动的成本差异，找到价值链上的"战略优势"环节。

（1）把整个价值链分解为与战略相关的作业、成本、收入和资产，并把它们分配到"有价值的作业"中。

（2）确定引起价值变动的各项作业，并根据这些作业，分析形成作业成本及其差异的原因。

（3）分析整个价值链中各节点企业之间的关系，确定核心企业与顾客和供应商之间作业的相关性。

（4）利用分析结果，重新组合或改进价值链，以更好地控制成本动因，产生可持续的竞争优势，使价值链中各节点企业在激烈的市场竞争中获得优势。

## 案例分析 39-3　小米基于价值链分析的战略管理

价值链分析是将企业创造价值过程中的各环节分解，分解后的每一部分都被更进一步地进行定性和定量分析，并进行最终的战略成本管理。价值链包括内部价值链和外部价值链。内部价值链旨在分析企业内部的价值活动，贯穿产品生命周期全过程。在内部价值链的研究中，分析各环节的成本构成并通过收集成本信息进行优化和升级，不断实现提升成本效率、降低企业成本的最终目标。外部价值链旨在服务企业内部的经营决策，从宏观角度将企业与其上下游和同行业的竞争者相比较，寻找自身优势并明确战略定位。

小米作为一家移动互联网及智能电子产品研发企业，在成立后的 8 年时间里实现业绩暴涨，并于 2018 年 7 月在香港主板上市，目前已成为全球五大手机厂商之一。小米坚持提供高性价比的产品与服务，采取战略成本管理模式，持续深化企业价值链管理并取得显著成效。

小米将价值链上各环节进行分解，针对互联网大环境下用户追求新奇的消费心理，并结合企业自身差异化与成本领先战略定位，最终通过整合内部价值链来减少非增值环节，通过提升价值作业效率来降低企业成本，创造更大的客户价值。小米成本构成主要表现在行政开支、销售及推广开支、研发开支和销售成本四方面，结合价值链理论，小米企业内部价值链包含研发、采购、生产、营销与售后环节，外部价值链包含以"供应商—公司—客户"为核心的纵向价值链和以竞争者为核心的横向价值链。小米在价值链各环节均确定了相应的战略成本管理具体措施。

1. 小米基于内部价值链的成本管理措施

小米的内部价值链分为基础活动和辅助活动。基础活动包括采购、生产、营销、售后服务等；辅助活动包括产品设计研发、人力资源管理等。小米摒弃传统模式中压缩制造成本的方式，将价值链中各环节进行分解，减少非增值作业，提升增值作业效率，最终达到用最低成本创造最大顾客价值和最高利润的目的。

（1）稳定的合作关系与零存货管理，降低采购成本。小米手机需要配置多种零部件器件，涉及多家供应商。基于成本领先战略，小米挑选行业中符合自身质量标准要求且"高性价比"的供应商进行合作。公司之间坚持利益共享原则，建立长期伙伴关系，并且在手机行业不断更新换代的过程中，以产品性能与产能升级促使零部件采购量增大与企业生产规模扩大。良好的供应商长期伙伴关系为小米提升议价能力和降低采购成本带来巨大优势。库存管理方面，小米采用零存货管理，在与供应商达成长期合作关系后，坚持随用随购，避免存货积压，从而降低存货采购成本与库存成本。

（2）生产外包与生产材料简化，降低生产成本。基于成本领先战略，小米将绝大多数自营产品组装外包给代工厂进行生产制造。小米以"投资+孵化"的方式构建生态链，实现协同研发与生产，最终生态链企业直接向小米提供产成品。小米利用代工厂进行大规模生产，避免了建设自有生产线所要发生的固定成本，同时降低了直接人工成本和产品单位成本。

为提升生产效率，小米与供应商共同优化生产工艺并简化生产流程。小米鼓励生态链企业采取节能减排措施，对能源进行精细化管理，实现对能源的高效、充分利用。小米 ES/RX 电视产品系列脚座加工工艺精简、生产流程优化，减少约 25% 的金属用量，平均降低约 20% 的生产成本；小米创新产品包装，推广无塑化及塑料包装减量，在保证包装质量的情况下最大限度地减少包装材料使用，比如 Redmi Note 系列手机产品包装取消了中框圆条，单位包装减重 5%～8%；43 寸以下电视产品包装使用的瓦楞纸由五层改为三层，全年包装用纸量减少约 130 吨，大幅降低了企业生产成本。

（3）互联网"口碑营销"与自有论坛，降低营销成本。基于差异化战略，小米利用非传统的营销渠道打造独有的营销策略。小米独有的小米社区为内部工作人员与消费者提供直接沟通平台。用户在社区中的讨论推动小米实现高效且低成本的"口碑营销"。小米利用微博、小红书等媒体平台和自有平台发布企业最新产品信息，深入消费者群体，近距离答疑解惑并进行产品推广。小米推出"红色星期二"活动，在产品热销前实施预约发货制，于每周二开放售卖，以此促进低成本但高效的营销。

（4）运输优化与产品回收计划，提升售后体验。小米通过循环利用物流包装、提高运输车辆满载率及优化配送路线等方式，全面提升了货运效率和资源利用效率。小米仓库的废品纸箱在外观和质量达标的前提下，对粘贴循环利用的标签进行二次利用。小米在2021年循环利用的包装箱约600万个，同时小米要求服务商用车辆满载率由60%提升至70%，并通过分析运输流向新增8条直发线路，全年运输总油耗降低约20%，行车距离减少约29万千米，二氧化碳排放量减少约220吨。

小米在全球实施产品回收计划，对回收产品开展以旧换新与旧款维修活动，以减少电子废弃物的产生，同时制定严格的产品报废管理办法，确保废弃物得到妥善处理。2021年，小米在全国范围内共回收手机超过65万件，重量约197吨，并对其中80%~90%的回收产品进行了处理；小米针对运输途中出现的破损产品制定了报废管控制度，安排专员在报废工厂全程监控。

（5）开放式研发平台与产品设计优化，降低研发成本。基于差异化战略并避免市场同质化趋势，小米在研发能力搭建基础上采取开放式的创新模式，让用户参与研发环节，可以节省企业研发成本。研发部门推出"橙色星期五"活动，即每周五进行MI-UI的更新与升级，由研发部门发布改进的新版本并进行用户测试。开放式的研发模式构建了庞大的粉丝基础和高效的研发平台，粉丝的集思广益为小米节约了引进创新人才的人力成本和产品开发等测试成本，同时避免了产品不符合市场需求导致的滞销风险，以及手机缺陷造成的售后损失。

在保证产品质量的前提下，小米通过优化产品结构来降低材料使用量，最大限度地实现材料再生与节能。小米旗舰机内部支架采用植物来源的生物基尼龙树脂，不同机型含量不同，大概占手机塑料部件总重量的20%~40%；金属器材天线铸模（MDA）中，可回收金属使用量占手机金属部件总重量的30%~45%。

2. 小米基于外部价值链的成本管理措施

小米外部价值链包括以"供应商—公司—客户"为核心的纵向价值链和以竞争对手为核心的横向价值链。

（1）纵向价值链。通过纵向价值链分析，小米可以明确自身在整个产业生态圈中的定位，了解自身在行业生态链中的合作伙伴和竞争对手，进一步明确企业战略及相应的目标市场，从而在纵向价值链业务中找到降低成本的途径。小米基于自身成本领先战略，对上游供应商的依赖度很高。小米与多家供应商达成长期合作关系，坚持双方利益共享原则并达成足够的信任前提，目的是寻求稳定的高质量零部件供应和低廉的购买价格。小米对于高端产品的零部件选择更加严格，找到符合条件的供应商难度很大且很难保持稳定，因此小米与供应商保持良好合作关系降低了企业采购成本。

小米成立早期优先选择中低端客户市场，主要目标群体是身处一、二线城市、喜欢体验新技术、收入中等的年轻人。小米遵循细分市场的营销策略，在经营前期以中低收入年轻人市场为主。经营稳定且生产规模扩大后，小米进一步向高端市场发展。小米利用自身平台优势了解客户喜好及市场需求，设计和生产顺应市场趋势的热门产品，避免因产品设计不符合市场需求而造成成本损失，从而降低营销成本。

（2）横向价值链。通过横向价值链分析，小米可以与同行业处于竞争地位的企业进行比较，从而改善自身成本战略。与其他企业比较来判定自身优劣势是相对的，小米通过关注竞争对手在价值链各关键环节的不同做法，可以比较企业间各环节竞争行为与彼此的产品定位优劣势。在国外竞争者中，苹果、三星等企业不只是小米的竞争对手，也是小米可以学习的标杆对象。小米手环让其一跃成为全球智能穿戴设备领域的"领头羊"，来自苹果的 iWatch 穿戴手表也备受市场青睐，小米与苹果在穿戴设备领域形成了紧密竞争关系。

在国内竞争者中，OPPO 和 vivo 两家企业同小米一样，依托强大的营销手段和线下渠道打出一片天地。如今，小米开启线下渠道，OPPO、vivo 两家企业加入线上销售，开始正面交锋。相较于 OPPO 和 vivo 来说，小米线上社区为其带来了巨大的营销成本优势。

在小米以价值链理论为前提进行战略成本管理的全过程中，高效的价值链整合为其带来强大的成本竞争优势。小米以战略定位为核心，利用价值链理论，在改变传统业务流程的同时，了解竞争对手的战略定位，通过整合全链条的资源来实现价值链中各环节的成本降低。例如，采购环节整合供应商资源，在提升零部件质量的同时降低采购成本；生产环节整合代工厂资源，在扩大生产规模的同时降低厂房生产线成本；营销环节整合客户和消费者资源，在提升品牌知名度的同时降低广告营销成本等。小米将全链条资源整合渗透到成本管理的各环节，最终达成价值链理论下的战略成本管理目标。

资料来源：刘晨，董美霞. 基于价值链理论的企业战略成本管理实践——以小米为例［J］. 财务管理研究，2023（9）：38-44.

## 四、波特五力分析

波特五力分析模型是迈克尔·波特（Michael Porter）于 20 世纪 80 年代初提出，用于企业竞争战略的分析，对企业战略制定产生全球性的深远影响。

波特五力模型主要从同行业竞争者竞争能力、潜在竞争者进入的能力、替代品的替代能力、供应商的讨价还价能力和购买者的议价能力这 5 个要素对竞争力进行分析（见图 39-5）。

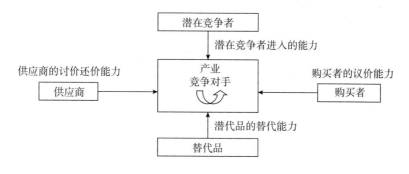

图 39-5　五力模型

1. 同行业竞争者竞争能力（Rivalry）

大部分行业中的企业相互之间的利益都是紧密联系在一起的，作为企业整体战略一部分的各企业竞争战略，其目标都在于使自己的企业获得相对于竞争对手的优势，所以在战略实施中就必然会产生冲突与对抗，这些冲突与对抗就构成了现有企业之间的竞争。现有企业之间的竞争常常表现在价格、广告、产品介绍、售后服务等方面，其竞争强度与许多因素有关。

一般来说，有四种情形会加剧行业中现有企业之间的竞争：

（1）行业进入障碍较低，势均力敌竞争对手较多，竞争参与者范围广泛，行业内企业由于面临的同行业企业太多，无法针对竞争对手实施市场营销策略，变为各自为战，会加剧行业内的竞争。

（2）市场趋于成熟，产品需求增长缓慢，企业间的市场竞争技术含量较低，而竞争的手段也较为单一，只能通过降低产品价格或提高营销预算做广告等促进销售的方式，企业间竞争会更加激烈。

（3）竞争者提供几乎相同的产品或服务，用户转换成本很低，会导致企业间竞争加剧。

（4）退出障碍较高。由于资产的专用性、退出的固定费用、战略上的相互牵制、情绪上的难以接受、政府和社会的各种限制等因素，导致企业难以退出行业，将会导致行业内企业竞争激烈。

2. 潜在竞争者进入的能力

潜在进入者可能给行业带来新生产能力、新资源。而市场已被行业内现有企业瓜分一空，潜在进入企业要想获得一席之地，就可能会与现有企业发生原材料与市场份额的竞争，最终导致行业中现有企业盈利水平降低，严重的话还有可能危及企业的生存。潜在进入企业的威胁由两方面因素决定：

（1）现有企业对新进入者的反应。预期现有企业对进入者的反应情况，主要是采取报复行动的可能性大小，取决于有关厂商的财力情况、报复记录、固定资产规模、行业增长速度等。总之，新企业进入一个行业的可能性大小，取决于进入者主观估计进入所能带来的潜在利益、所需花费的代价与所要承担的风险这三者的相对大小情况。

（2）潜在进入者进入新领域障碍大小与预期收益。进入壁垒主要包括规模经济、产品差异、资本需要、转换成本、销售渠道开拓、政府行为与政策等。

3. 替代品的替代能力（替代威胁）

替代品具有与现有产品或劳务相似的性能，能够满足客户相同的需要。两个处于同行业或不同行业中的企业，可能会由于所生产的产品是互为替代品，从而在它们之间产生相互竞争行为。

几乎任何产品都有自己的替代产品，只不过替代的程度不同而已。在替代品中最需要注意的是新技术和新产品的产生对原有需求的替代，有可能是原有的需求基本绝迹，如数码相机的产生，使胶片相片的市场需求消失。替代品价格越低、质量越好，用户转换成本越低，其所能产生的竞争压力就越强；而这种来自替代品生产者的竞争压力的强度，可以具体通过考察替代品销售增长率、替代品厂家生产能力与盈利扩张情况来加以描述。

4. 供应商的讨价还价能力

供应商主要通过其提高投入要素价格与降低单位价值质量的能力，来影响行业中现有企业的盈利能力与产品竞争力。供方力量的强弱主要取决于他们所提供给买主的是什么投入要素，当供方所提供的投入要素的价值构成了买主产品总成本的较大比例、对买主产品生产过程非常重要或者严重影响买主产品的质量时，供方对于买主的潜在讨价还价力量就大大增强。一般来说，满足如下条件的供方会具有比较强大的讨价还价力量：

（1）供方行业为一些具有比较稳固市场地位而不受市场激烈竞争困扰的企业所控制，其产品的买主很多，以致每一单个买主都不可能成为供方的重要客户。

（2）供方各企业的产品各具一定特色，以致买主难以转换或转换成本太高，或者很难找到可与供方企业产品相竞争的替代品。

（3）供方能够方便地实行前向联合或一体化（产业链纵向延伸的能力），而买主难以进行后向联合或一体化。

5. 购买者的议价能力

购买者主要通过压价与要求提供较高的产品或服务质量的能力，来影响行业中现有企业的盈利能力。一般来说，满足如下条件的购买者可能具有较强的讨价还价力量：

（1）购买者所购产品占企业产品销量的总体比重过大，无形中增加了其在商务谈判时讨价还价的话语权。客户是"上帝"，起决定作用的大客户就是"上帝"的"上帝"。

（2）卖方行业由大量相对来说规模较小的企业所组成。

（3）购买者所购买的基本上是一种标准化产品，同时向多个卖主购买产品在经济上也完全可行。

（4）购买者有能力实现后向一体化，而卖主不可能实现前向一体化。比如一家奶粉厂可以比较容易去实现收购牧场，而牧场不容易开一家乳品企业。

## 案例分析 39-4　一汽大众 B 级迈腾基于波特五力模型的竞争战略分析

### 一、五力分析

1. 现有竞争者竞争力强

提升品牌在 B 级车的市场竞争力的途径主要有产品换代、降价促销、提升产品和服务品质、定位年轻化等。从轿车市场的整体情况来看，将一汽大众迈腾的竞争对手分为核心竞品、辐射竞品和机会竞品，核心竞品主要有来自 B 级车市场的主要品牌竞争者，包括本田雅阁、丰田凯美瑞、上汽大众帕萨特等，辐射竞品主要包括奥迪 A4L、宝马 3 系、奔驰 C 级等车型，机会竞品主要来自于同价位不同细分市场的其他车型，如 SUV 市场。这三类竞争对手中以品牌竞争者与企业关系最密切、竞争力最强，是企业在进行营销策略时最需要关注的。在 2019 年，雅阁、帕萨特相继完成产品的更新换代，凯美瑞定位在更年轻、更具运动感的新一代消费者，核心竞品都在提升着自己的竞争力。其中，帕萨特与迈腾在定位、品牌、血统、配置等方面最为接近，对其用户抢夺最为激烈。综合来看，迈腾在其核心竞品圈中，市场销量大幅下滑，意向用户数量有所下降，用户口碑一般，竞争力有待提升。

2. 潜在进入者威胁小

B 级车是汽车企业品牌、产品综合实力的体现，B 级车市场存在进入成本高、产业壁垒高、准入门槛高、利润率低等特点，导致不具有足够实力的企业都处于观望状态。国产自主品牌在 SUV 市场销量不断提升，哈弗、比亚迪、吉利、荣威、红旗等品牌都有车型在各自细分市场占据领先优势，但自主品牌在 B 级车市场的销量数据惨淡。2019 年排名前十的 B 级车中，没有一款国产自主车型，都是合资车，说明国产自主品牌在 B 级车市场的产品力和品牌力都有待提升，目前对一汽大众迈腾产生的威胁较小。

3. 替代品威胁大

B 级车的替代品主要是产品形式竞争者、新能源汽车和二手车市场。消费者在购买汽车时的需求存在差异，因此，有可能选择任何一个细分市场的车型，同行业不同级别的其他车型就形成了一个替代关系。还有一类替代品即国家政策扶持力度较大的新能源汽车领域。随着国家新能源补贴免税延续、给予消费者购车"充电补助"等政策的出台，新能源汽车将进一步发展。不可忽视的替代品来自二手车市场，随着二手车交易平台、体系的逐渐完善，在购车时选择二手车也成为消费者的重要选择之一。综合以上三种替代品的实力，B 级车市场替代品威胁较大，对一汽大众迈腾形成较大的竞争压力。

4. 供应商讨价还价能力弱

汽车行业属于规模经济，整体行业利润依靠销量来维持，且零配件复杂多样，需要多个专业能力强、拥有核心技术的生产厂家作为供应商。B 级车属于轿车标杆车型，为提高整体品牌的品牌力并吸引更多黏性客户，对上游供应商的技术、产能、品质等多个方面必然提出高要求。一汽大众迈腾属于一汽大众公司旗下的车型，公司生产大众、奥迪和捷达系列乘用车及其零部件，拥有自己完整的产业链，实现一汽大众数字化转型，而 2020 款新迈腾开启了一汽大众智能汽车的新时代。因此，在历史悠久、技术优良、研发能力强且公司产业链完整的情况下，一汽大众迈腾供应商讨价还价的能力弱。

5. 买方议价能力强

汽车市场属于典型的买方市场，消费者可选择的品牌、细分市场众多，因此，消费者在市场选择上占据主动权。2019 年以来，整体车市销量情况不佳，汽车经销商选择以降价促销来带动库存销量，甚至某些品牌车型新品上市期间就大幅度降价以此来刺激销量，打压竞争对手，品牌竞争的加剧也使消费者可选择的范围变大。同时，车市环境已由初次购车用户占主体，逐渐转化为二次购车用户占主体。二次购车时，消费者存在两种情况，一是家庭新增车辆，考虑实用性或经济性；二是车辆置换升级，考虑品牌升级或性能升级。无论出于哪种购买动机，消费者购买 B 级车的欲望都在压缩减小，造成整体市场受到冲击。

## 二、一汽大众迈腾竞争战略

通过对一汽大众迈腾竞争情况分析发现，一汽大众迈腾车型面临着品牌竞争压力巨大、行业内产品形式也形成较大威胁，消费者年轻化、个性化特征明显等市场现状。2019年 12 月上市的迈腾有着基于新平台生产的优质性能、外形设计更年轻化、内饰和电子配置更有质感等产品特点，需要更稳步、更扎实、更全面的营销策略进行产品推广。

1. 洞悉客户需求，实行精准营销策略

一汽大众迈腾的用户一般为 25～35 岁、追求社会地位和生活品质、年轻有为的商务人士和中高层管理人员，消费时以理性购买动机为主，定位在新时代商业精英这一群体。在制定营销策略时，凸显商务精英的偏好特征需求，结合这类人群常见的情境和场所进行精准营销，如大型商务会议服务用车、赞助大型商务活动等。

2. 提升产品力，加入产品感性认知

年青一代消费者在购车时注重产品的个性化属性，即在外观、空间、动力输出、舒适性、操控性、安全性等基础上，希望有更鲜明的态度主张、更感性的沟通内容，以期达到"人车合一"的境界。一汽大众迈腾的潜在客户群体作为社会中坚力量，具有浓厚的社会责任感和家国情怀，追求成就感，因此，在产品个性化属性设置时加入身份认同、家国情怀等感性认知要素，提升基于产品的感受力。

3. 强化品牌优势，提升产品核心竞争力

一汽大众在国内品牌知名度高，拥有纯正德系血统，且拥有丰富的产品矩阵，包括奥迪、大众、捷达三大品牌，品牌的保值率高。2020款迈腾推出智能、互联、清洁、共享的新四化理念，通过升级车内的智能互联设备、迭代外观设计，更加潮流化，搭载自动驾驶技术，提升用户的驾驶体验感，以智能互联加持，全面提升产品核心竞争力。

4. 针对二次购车用户，制定多元化的促销策略

二次购车用户是未来车市面临的主流消费人群，具有品牌忠诚度高、核心购买需求明确、受他人影响较小、购买决策时间短等特点。针对二次购车用户的理性购买动机，在品牌力和产品力强化的基础上，在零售终端辅以相应的促销方式，将促进消费者的购买行为。汽车经销商常见的促销手段有降价、赠送、优惠促销等方式，一汽大众迈腾可采用"理性+情怀"结合的促销手段，理性即给消费者带来实际的利益，如置换优惠、降价促销、以老带新促销优惠、购车礼等，情怀即符合商业精英的购车情境，如定期举行车友会、与"80后"及"90后"人群记忆特征相关的主题活动等。

资料来源：陈红. 基于波特五力分析模型的B级车竞争战略分析——以一汽大众迈腾为例 [J].
内燃机与配件，2020（12）：197-198.

## 五、鱼骨图分析法

1. 鱼骨图简介

鱼骨图是日本管理大师石川馨于1953年提出的，又名石川图。鱼骨图分析法是一种发现问题、追踪根本原因以及针对原因找出相应对策的系统分析方法，它也可称之为因果图。鱼骨图原被用于质量管理，后被广泛应用在项目管理、企业管理中，取得了良好的效果。

鱼骨图是一个定性、非定量的分析工具，它可以帮助我们找到真正的问题并追踪到问题的根本原因。一般情况下，问题的特性总是受到一些因素的影响，通过头脑风暴或者建立判断矩阵找出这些因素，并将它们与特性值联系在一起，按特性值的相互关联性整理成层次分明、条理清楚并标出重要因素的图形就叫特性要因图，因其形状如鱼骨，所以又叫鱼骨图，它是一种透过现象看本质的分析工具。

鱼骨图又称为"5M因素分析法"，5个因素是：人、机、物、法、环，依据这5

个因素，依次找出每个因素中可能出现的原因。"人"指的是问题产生的人为因素有哪些。"机"通俗来说就像战斗的武器，指软、硬件条件对于事件的影响。"物"就如武器所用的子弹，指基础的准备以及物料。"法"指与事件相关的方式与方法是否正确有效。"环"指的是内外部环境因素的影响。

2. 鱼骨图的绘制过程

鱼骨图作图过程一般由以下几部分组成：

（1）由问题的负责人召集与问题有关的人员组成一个工作组（work group），该组成员必须对问题有一定深度的了解。

（2）问题的负责人将拟找出原因的问题写在黑板或白纸右边的一个三角形的框内，并在其尾部引出一条水平直线，该线称为鱼脊。

（3）工作组成员在鱼脊上画出与鱼脊成 45°角的直线，并在其上标出引起问题的主要原因，这些成 45°角的直线称为大骨。

（4）对引起问题的原因进一步细化，画出中骨、小骨等，尽可能列出所有原因。

（5）对鱼骨图进行优化整理。

（6）根据鱼骨图进行讨论。

完整的鱼骨图如图 39-6 所示，由于鱼骨图不以数值来表示并处理问题，而是通过整理问题与其原因的层次来标明关系，因此能很好地描述定性问题。鱼骨图的实施要求工作组负责人（即进行企业诊断的专家）有丰富的指导经验，整个过程负责人尽可能为工作组成员创造友好、平等、宽松的讨论环境，使每个成员的意见都能完全表达，同时保证鱼骨图正确作出，防止工作组成员将原因、现象、对策互相混淆，并保证鱼骨图层次清晰。负责人不对问题发表任何看法，也不能对工作组成员进行任何诱导。

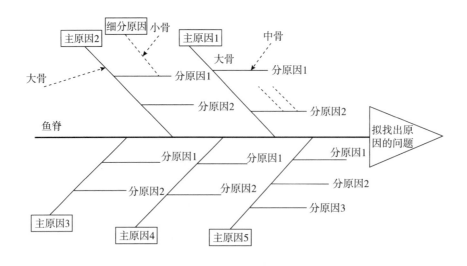

图 39-6　鱼骨图

以某化工企业为例，在分析产品裂纹时绘制的鱼骨图如图 39-7 所示。

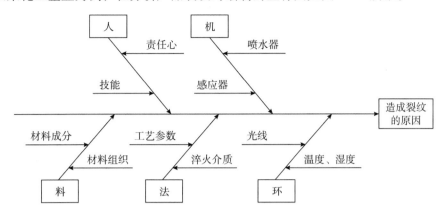

**图 39-7　某化工企业产品裂纹问题查找分析图**

## 六、PDCA 循环

1. PDCA 循环的含义

PDCA 循环管理思想最早由美国学者提出，后来由戴明教授进一步完善和推广。因此，这个循环概念也被称为"戴明环"。

如图 39-8 所示，PDCA 中的四个字母 P、D、C、A 是四个英文词汇中的首字母，P 为 Plan，词义为计划，包括方针的制定、需要达成的目标、制定活动计划等；D 为 Do，词义为执行，执行就是要去运作，通过一些方法手段去实现 P 阶段计划中的内容；C 为 Check，词义为检查，就是要对 D 阶段得到的结果进行查验，通过一系列的验证措施，判定 D 阶段得出的结果是否符合设定的目标要求；A 为 Action，词义为行动或者处理，对经过验证确认的结果采取一定的措施，对积极正面的结果加以肯定，并将一些流程、操作手法制定成作业指导书，以便后续开展工作时遵循，而对失败的项目也要总结经验教训，以免后续再犯同样类似的错误。对于在 PDCA 过程中遇到的一些次要的问题或者一些新问题，可以作为新的 PDCA 循环要解决的目标。

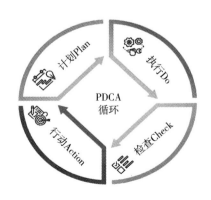

**图 39-8　PDCA 循环**

在实际工作中的每一项工作都是一个 PDCA 循环，都需要计划、实施、检查结果，并进一步改进，同时进入下一个循环。只有在日积月累的渐进改善中，才可能会有质的飞跃，才可能做好每一项工作，完善自己的人生。

2. PDCA 循环的特点

（1）大环套小环。若将整个企业战略管理环节比作一个大环，那么大环能带动每个小环的驱动，为各小环的管理环节提供保障，二者相互正向影响，适应企业可持续发展战略目标，以小环协同大环朝一个方向努力，为企业创造价值。PDCA 循环法大环套小环的示意如图 39-9 所示。

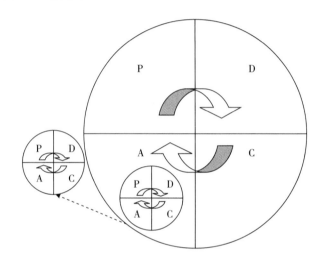

**图 39-9　PDCA 循环大环套小环**

（2）阶梯式上升。PDCA 循环是一个呈阶梯式不断上升的循环，PDCA 循环每循环一次就能解决一些问题，持续不断地对决策进行优化，取得新的结果，新的一轮循环在新的阶梯上进行，如此反复，解决新问题，有效提高管理效率。PDCA 循环阶梯式上升特点如图 39-10 所示。

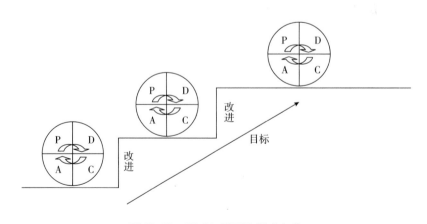

**图 39-10　PDCA 循环阶梯式上升**

# 案例分析 39-5　PDCA 循环在班组安全管理上的应用

在 PDCA 实际应用中，成立 PDCA 专项管理小组，负责统筹 PDCA 循环管理模式在各班组中推行。将 PDCA 循环的四个阶段分为八个步骤，即分析现状、查找原因、确认要因、制定措施、实施计划、检查效果、成功经验推广和失败教训总结。

1. 计划阶段（P）

在 P 阶段有如下主要步骤：分析班组的安全管理现状，细化有害因素，绘制安全管理目标，分析影响目标的原因，确定引发事故的要因，制定对应的措施计划。

按照现代事故致因理论的观点，导致伤害事故的发生主要是四个方面的原因：人的不安全行为、物的不安全状态、环境的不安全因素和管理的缺失。所以运用"4M"分析法，既人（Man）、机器设备（Machine）、环境介质（Media）和管理（Management）作为指标对班组现状进行有害因素分析。具体操作中首先应用关联图、因果图对以前发生的事故进行统计分析，找出有害因素，确定要因，然后从人、机、环、管四个方面针对有关要素进行指标的细化量化，最后根据量化的指标制定切实可行的安全目标和计划措施。

2. 实施阶段（D）

当班组的安全目标和具体措施制定后，实施就是循环中重要的环节。在该阶段，班组中的班组长、班组成员、特种工作人员按照在 P 阶段制定的计划进度按部就班进行落实，也可以根据自身的任务需求和实际工作情况，采取多变的工作方法，在自身所负责的工作范围内创造新的 PDCA 循环。这种逐级落实实施能够使安全管理更具计划性，更好地实现大环套小环的管理优点。同时，PDCA 循环管理小组会不定期召集每个班组计划的负责人进行汇报，严格监督执行情况，及时发现循环实施过程中存在的不安全因素，对其进行预防消除。

3. 检查阶段（C）

该阶段只有一个步骤，即根据 P 阶段制定的计划进行检查，将 D 阶段具体实施情况与安全目标进行对比，检查计划执行效果。针对传统安全检查存在的自身局限性、缺乏重点、缺少科学性问题，在 PDCA 循环模式中的班组检查内容要做到细化、量化，在采取岗位自检、互保互检、班组长检查等基础方式上，PDCA 循环管理小组会针对循环计划进行专项检查。适当减少预约检查，注重行业安全专家检查，增加对实施过程的动态检查比例，提高检查阶段工作的真实性，针对问题追溯到班组生产的每一道工序、每一个班组成员，下发限期专项整改通知，要求班组在规定的时间内完成，不达标不得进入循环的下一阶段。建立动态反馈机制，保证计划顺利实施，达到标本兼治的目的。

4. 处理阶段（A）

处理阶段也常常被称为"改进环节"。在 A 阶段，PDCA 循环管理小组会召集各个班组的负责人对本轮次 PDC 阶段的工作情况进行讨论、研究。总结成功班组的经验并给予肯定，将其系统化、模式化和标准化，加入班组现有的日常管理规章制度之中，并在其他班组或企业内部进行推广、优化。同时讨论失败的原因，纠正在检查阶段存在的问题和不足，并进行针对性的分析。另外根据生产、工艺、设备、环境的变化去识别新的问题，将这些没有解决的或遇到的新问题纳入到下一轮 PDCA 循环中。

资料来源：李鹏飞，管恩强，刘祖德. 基于 PDCA 循环的冶金企业班组安全生产管理研究 ［J］. 现代商贸工业，2014，26（16）：175-176.

## 七、精益管理

1. 精益管理的起源与发展

精益管理最初由精益生产发展而来，精益生产是一种源于丰田生产过程的管理理念，James P. Warmack 等通过调研全球 17 个国家约 90 余家汽车生产商，比较分析其生产管理状况，形成了研究报告，在此基础上以日本丰田生产方式为原型，撰写了《改变世界的机器》，主题为"精益生产方式"（Lean Production），对精益生产方式进行了概括和提炼。

精益生产的盛行与"二战"后工业生产特点的变化密不可分。"二战"前大规模生产方式以批量大和标准化来降低生产成本、提高效率。而"二战"后转换多品种、小批量生产特点，精益生产优势日渐显现。精益生产是一种高效管理模式，以降低成本、提高效率为目标，将市场供需关系由推动式变为拉动式，倡导持续改进、杜绝浪费，从而使企业能从容应对市场变化，在竞争中胜出。

精益管理在日本企业取得成功后，美国通用电气公司、德国大众公司等也纷纷展开对精益管理的学习与应用，欧美国家的精益管理实践首先也是在汽车行业，进而发展到其他行业。我国对精益管理概念的认知和实践开始于 20 世纪 80 年代，一汽到日本丰田考查后进行精益实践活动，一汽集团在推行精益方面的成功使国内其他企业认识到精益管理的优势，在电子、医疗器械、机械、钢铁、造纸等行业都陆续导入精益生产体系，吸纳精益管理的理念和精髓，形成独具一格的现代化生产管理模式，取得了显著效果。

2. 精益管理的理念

精益管理理念经过多年的发展，逐渐形成了企业生产经营中约定俗成的一些理念。

（1）团队协作理念。精益管理遍及产品全价值链流程，任何一个环节出现问题会影响到整个企业的精益管理的实现。精益是全员化的精益，人的因素尤为重要，企业实行精益管理，首先要打造精益团队，提高员工的自觉性、创造性、凝聚力，增强员工对落实精益文化的自主行动力。

（2）显露问题理念。精益管理要求企业正视缺点，分析缺点所产生的影响。精益管理强调发现问题、暴露问题，通过管理行为的实施，将潜伏着的问题点全都挖掘出来做进一步改善。如库存管理中，精益管理的本质是要追求最少的库存来保障生产，而探寻企业高库存现象背后的原因，不能简单归为企业为了保障生产的连续性必须持有一定量库存，或是对市场所需产品数量的数据分析存在失误等，而要从企业产品生产率低、机器容易出故障、团队合作不顺畅、维护维修不及时以及生产准备时间长等深层次问题来看，着眼于使企业存在的根本性问题暴露出来，然后提出解决对策。

（3）现场管理理念。精益管理重视现场，现场是产生第一数据的地方，要在现场及时发现问题，提出改进方案。精益管理的主管部门不在于对现场直接管理，生产上存在的问题只有车间一线员工才能发现并提出建设性意见，因而管理部门是要为一线员工提供良好的工作环境与氛围。

（4）以人为本理念。精益管理注重以人为本，提倡一切以员工为出发点，一切以员工作为最终目的，生产管理的主体是全体员工，以人为本强调的是全员参与精益管理的文化理念。

（5）持续改善理念。精益生产管理理念主要体现了一种持续性原理，在事物发展过程中要持续发力，发现问题、解决问题，再次发现新问题、解决新问题，从而螺旋式上升、持续性改善。当一个项目通过精益管理得到改善后，要以标准化的形式固定下来继续实施，并在实施的过程中发现新的问题，进行下一轮的管理变革。

3. 精益管理的要素

精益管理的六大要素是生产效率（Productive）、产品质量（Quality）、产品成本（Cost）、交期（Delivery）、安全管理（Safety）、士气（Morale）。

（1）生产效率。提高生产效率是每一个企业在生产管理中孜孜以求的目标，制造业生产效率的提高，能同时带动产量管理、成本管理提高到一个新的台阶。

（2）产品质量。产品质量是企业生存的核心，也是核心竞争力所在，当前市场端顾客的需求和个性化要求越来越高，产品质量的稳定是企业生产管理中一个非常重要的环节，也可以说质量是企业安身立命的根本所在。

（3）产品成本。以成本管理作为企业的驱动，成本市场经济管理越来越合理，企业追求可控的生产成本，而非过去粗放式管理。

（4）交期。这里的交期主要有两个层面的理解，一是生产的产品给到客户的交期，二是生产过程中各个工艺环节上的交期管理，两个交期是价值链中重要的环节，缺一不可。

（5）安全管理。安全生产是所有生产活动的前提，尤其是在制造企业中安全管理是日常管理的重中之重，对于合格的制造企业来说，在企业年度运营情况的优良评价中，安全管理具有一票否定的作用。

（6）士气。这是企业的文化、精神、灵魂所在，若是一个企业没有了士气，工作环境沉闷，对团队和企业的文化建设非常不利，精益管理中特别重视企业文化建设。

4. 精益管理的实践

精益管理源于精益生产，以低成本、高效率、高质量、快流程、顾客满意、改善资本投入为核心，逐步上升为战略管理理念，从最初的具体业务管理方法延伸到企业的所有管理业务。

精益管理企业运用"精益思维"（Lean Thinking）从事各项生产经营活动，无论人力资源、机器设备，还是物流供给、资金投入都尽量保证以最小单元投入，尽可能创造出更多的产出，为顾客供应满意的新产品，提供及时服务。

企业精益管理可以概括为：消除浪费，提高顾客满意度。企业有以下七大常见的浪费情况：

（1）品质不良浪费：生产的产品质量或提供的服务达不到客户的要求。

（2）库存浪费：超出生产需求的原材料以及不能及时卖出的产品造成的积压和多余库存。

（3）过度加工浪费：超出客户需要而客户不会额外付费的加工和程序。

（4）搬运浪费：不必要的人或物品的移动。

（5）等待浪费：因上游工序不能按时交货或提供服务而造成人或机器设备的等待。

（6）动作浪费：人员在工作中多余的动作或过大幅度动作造成体力精力的过多消耗。

（7）过量生产浪费：生产或提供超过客户订单需求量的产品或服务。

努力消除这些生产经营过程中的无价值活动、浪费现象是精益管理最重要的内容。

5. 精益管理的主要工具

（1）6S 管理。6S 是在 5S 的基础上加入安全（Safty）演变而成的，是制造企业广泛应用且卓有成效的现场管理工具。6S 概念的内涵如下：

1）整理：对生产现场所有物品进行区分，根据使用频率分类，将常用的保留在现场，将不常用的或不用的清除现场，或转移别处存放、转作他用，直接废弃转卖处理，目的是让现场空间最大化，不再杂物充陈。

2）整顿：对整理之后留存在现场常用的物品进行定置存放，固定存放位置、做好标志、指定管理负责人等，使现场物品摆放有规律，管理明确，拿取方便。

3）清扫：对现场环境、设备等进行彻底并常规性的卫生清扫，在此过程中注意发现漏水、漏油、漏气等问题，通过无死角的清扫擦拭，及时发现生产现场不良现象及设备故障、安全隐患，从而能及时处理。

4）清洁：对前三个"S"的成果进行固化，主动制定相关标准去支持前3个"S"的常态化，不使其成果倒退，同时用总结的经验标准去指导和检验前三个"S"的持续进行，使现场管理达到一目了然的程度。

5）安全：在现场管理过程中及时主动发现可能的安全隐患并及时处理。

6）素养：通过前面几个"S"的长期开展，使员工养成守标准、按流程工作的良好职业习惯，从而打下良好的管理基础。

6S是精益管理活动的基础工具，6S的推行有助于员工养成良好的职业素养，保证最终实现各项管理活动的有效落实。

（2）精益六西格玛管理。精益六西格玛管理不是精益生产和六西格玛的简单相互叠加，而是有机结合，通过降低产品质量的变异，有效消除生产中的浪费，提高生产效率，实现企业高质量发展的目标，并且极大地提升产品和企业的精益品牌形象和竞争优势。

精益六西格玛管理重视文化建设，现代的生产管理是一个非常复杂的系统，个人力量有限，只有企业全员参与，才能最大限度发挥企业潜能。精益六西格玛的文化核心是持续改进、追求完美、全员参与。精益六西格玛管理是以流程为中心，分析整个价值链中哪些是产生价值的，哪些是浪费，并对此进行高效的管理。精益六西格玛需要处理和解决的问题非常复杂，需要与不同的部门进行沟通，得到更多资源的支持，企业管理层也要参与其中，才能发现问题，有力地推动精益六西格玛管理。基于精益的六西格玛管理的主要优点，就是对系统和整体的流程设计的优化和管理。

精益生产与六西格玛的管理结合，能更好地整合和集成各种的管理工具，采用定量工具和技术方法直接进行分析，解决较为复杂的生产管理问题。如以满足客户需求、服务客户为导向，精准分析定位目标客户的方法，以期获得低成本高产出的最佳收益。同时对利益相关者进行综合的考量，及时与数字化精益推行中相关的、利益可能受到重大影响的各职能方交流沟通，协同一致，以保障方案实施顺利。

## 案例分析 39-6　BH 公司数字化精益管理改进

BH 公司成立于 20 世纪 90 年代中期，主营制浆造纸业务，目前公司在 A 股市场上市，曾位列中国民营企业 500 强。2020 年被世界跨国公司 JGJT 收购，成为一家外资企业。BH 公司集纸张的研、产、销于一体，主要产品包括白卡纸、文化纸、箱板纸、石膏护面纸、造纸木浆等，是国家科技部认定的国家级高新技术企业。公司在全国 30 多个省、自治区、直辖市设有办事机构，产品出口东南亚等多个国家和地区，在国内外均有较高的知名度。

公司的产能主要分布在山东、江苏等地，公司主要生产的白卡纸、文化纸、箱板纸、石膏护面纸等机制纸年产能已达 300 多万吨，其中白卡纸年产能 200 多万吨。另生产化机浆 100 万吨，生产规模行业领先。

BH 公司为在公司内实施数字化精益管理项目，在组织架构中设立了精益改善处，着手开展数字化精益管理。

1. 确定数字化精益管理目标

数字化精益管理的本质是用最优的工作流程设计、最少的投入在客户要求的时间生产出满足客户需要的最优商品，主要目的是消除管理上的浪费，使生产效益最大化。准时生产、全员积极参与改善的特征，对企业内部管理提高、增强市场竞争力等十分有益。基于此，BH 公司确立了自己的数字化精益管理总目标。

总目标：着力打造公司的数字化精益管理体系，塑造精益管理文化，形成特有的精益管理模式。以 5 年为期，经过数字化精益管理的实施，要使公司的最终产品成本低于主要竞争对手 100 美元/吨。数字化精益管理推动公司建设成为智能化制造企业，具有国际竞争力的大型企业集团。总目标分解为以下几个短期目标：

（1）1 年内：全公司建立起数字化精益推行的良好氛围，完成员工心态转变，全体员工按要求掌握数字化精益管理的有关应用工具，全公司价值链范围内实施 6S 与 TPM，并选择合适的部门开展数字化精益改善项目的推行工作，力争第一年有 10 个及以上成功的数字化精益改善项目，年产生效益 500 万元。

（2）2~3 年：全面建立起数字化精益管理体系，包括持续改善项目管理体系，个人建议系统管理体系，个人改善建议参与率 100%，持续改善项目参与率 80%，一线主管及以上管理人员全部参与到持续改善项目中，中层管理人员每人每年必须完成至少一个精益改善项目，年平均产生效益 5000 万元。

（3）4~5 年：建立起良好的数字化精益管理文化、完善的数字化精益改善系统、数字化管理平台，基本实现无纸化办公，建立起一支具有高精益管理水平的管理队伍，一支由数字化精益管理理念武装起来的员工队伍，一线主管级（班组长）及以上管理人员均能独立做持续改善项目组长，主要部门负责人成为6Σ绿带，部分高管及精益推行负责人成为6Σ黑带或黑带大师。数字化精益管理理念与行为充斥于公司日常经营管理工作中，年均产生效益1亿元以上。

2. 建立健全组织架构和职责分工

公司成立数字化精益推行委员会，下设精益与持续改善部和数字化转型办公室，联合开展精益管理与数字化转型的全面推进与有机融合。

数字化精益推行委员会主任由公司总经理担任，各分管副总为副主任，分管精益与持续改善工作的副总为兼任执行主任，各部门经理均为委员，精益与持续改善部经理、数字化转型办公室主任为副执行主任。数字化精益管理组织架构如图 39-11 所示。

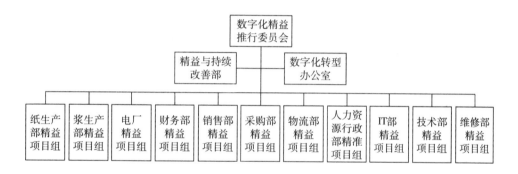

**图 39-11　BH 公司数字化精益管理组织架构**

数字化精益推行委员会工作职责如下：

（1）数字化精益推行委员会是公司数字化精益推行的最高权力者，负责公司数字化精益推行目标的设定、战略规划、过程管控与结果评估以及数字化精益管理文化的塑造，为数字化精益推行提供支持、指导、动员和激励。

（2）数字化精益执行委员会包括精益与持续改善部、数字化转型办公室，落实管理委员会确定的精益管理目标和战略规划，制定相应管理制度、考核制度，推动各部门具体开展数字化精益管理活动，并进行过程监控、考核与评估，为各部门推动数字化精益活动提供方法论方面的支持和培训。

（3）各部门负责公司数字化精益管理目标在本部门内的落实，负责本部门数字化精益管理工作的推行、考核与评估，负责本部门精益与持续改善项目的确定和执行。

3. 完善数字化精益管理制度

根据数字化精益管理目标和职责分工，制定数字化精益推行管理制度，明确机构设置、职责权限、管理流程、考核评估及人才育成机制。

制度明确公司成立数字化精益管理推行委员会作为公司数字化精益管理推行最高权力机构，总经理兼委员会主任，各分管副总、部门经理为委员。委员会负责公司数字化精益推行活动的总方针与总规划，监控、支持与评估数字化精益推行活动。数字化精益管理推行委员会包括精益与持续改善部和数字化转型办公室，作为数字化精益推行常设机构，具体负责项目各项工作。各部门相应成立推行机构，部门负责人兼任推行负责人，上下一盘棋联动工作。

制度明确数字化精益管理推行的战略规划、时间节点、主要流程与方法、月度跟踪与年度评估办法以及奖惩办法等，对整个数字化精益推行起到统筹指导的作用。

强调精益推行与人才培养的相互关系，不断完善精益人才培育机制，打造聚智共享的精益人才平台，促进精益人才成长，在推行数字化精益过程中培养数字化精益人才，有了数字化精益人才，才能更好地持续推动数字化精益改善活动，将公司数字化精益管理的软硬件放在同样的位置，一体推进。

4. 规范数字化精益管理流程

精益与持续改善部协同数字化转型办公室、IT 部、财务部，建立内部精益与持续改善在线系统，本系统包含个人建议系统与改善项目系统，从改善项目（改善建议）的立项、审批、执行过程监控、效果评估到最终项目终结评分、奖励颁发等，确定系统化在线管理流程。

由精益与持续改善部建立持续改善管理流程，由数字化转型办公室和技术部建设软硬件平台，使流程实现在线管理。改变原有的流程不清晰、表格不固定、审批权限随意变动、评估标准因人而异等造成的流程问题和评估矛盾，统一线上流程，统一标准，线上审批评估均留有痕迹，有可追溯性，既可以方便各部门、员工按流程注册项目和改善建议，随时查看审批和评估流程进展，又方便各级审批人员、评估人员标准化操作，不产生歧义，同时整个流程一目了然，方便相关领导随时在线查看全公司各项目、各改善建议进展、收益等情况，管理更加简洁化、快速化。

5. 营造精益文化氛围

任何变革思想先行，此为实施数字化精益管理改善的第一步。BH 公司营造精益文化氛围，开展数字化精益管理思想认知与统一系列工作：

（1）组织高层领导赴数字化精益管理标杆企业参观学习，如丰田公司在中国的企业、浆纸行业中的有关标杆企业、JGJT 内部数字化精益标杆企业。了解先进制造业在数字化精益管理方面的做法和成就，认识到精益管理和数字化转型是企业发展的必由之路，数字化精益管理是企业未来在市场竞争和立足的关键因素，了解当前数字化精益管理的紧迫性，只有尽快推行数字化精益管理才能解决 BH 公司内部一些发展的瓶颈和问题，从而在高层形成共识。

（2）召开公司级"数字化精益管理推行启动大会"，基层管理人员全部参加，总经理与各分管副总及直管经理现场签署"数字化精益管理推行责任状"。

（3）组织高层领导签署"推动数字化精益管理宣言书"，以誓言的形式承诺积极参与推动数字化精益管理，将其作为自己长期工作的重心之一，传达到各部门，向公司员工及客户展示出推动数字化精益管理的决心。

（4）精益与持续改善部、数字化转型办公室在各部门召开数字化精益管理动员会，传达公司关于数字化精益转型的工作目标与战略规划，宣贯数字化转型相关理念与思想。

（5）公司文宣部门配合精益与持续改善部、数字化转型办公室，在公司各部门办公场所张贴数字化转型的相关标语、口号及主要内容和框架，营造数字化精益管理的公司氛围。

6. 全员培训与技能提升

贯彻以人为本的精益文化，"以人为本"乃企业发展之根本，认识到人在精益项目中的作用，尽可能激发人的积极性，调动主观能动性，信任和训练员工，提高员工能力。开展全员参与的数字化精益管理相关培训，分层级开展形式多样的培训与学习。

（1）聘请外部专家对中高层领导分批进行数字化精益管理领导力培训，系统阐述数字化精益管理的内涵，数字化精益管理的理念与模型结构、推行的方法与步骤，数字化精益管理推行的组织管理方法体系以及数字化精益管理推行的战略规划等。

（2）为中层及以上管理人员采购精益管理及数字化管理书籍，管理人员自学并组织读书分享会，交流学习，持续补充数字化精益管理知识理念。

（3）制定培训计划，组织中基层管理人员、工程师系统学习精益管理知识，包括6S、TPM、七大浪费、QC 七大手法、目视化管理等。选择有一定专业基础且有做讲师资质的中层主管充当内训师，经培训之后再将相关精益培训内容在各部门转训，全员参加学习，并进行相应的理论考试，以保证培训效果，从而更好地推动员工利用精益管理的方法去实现持续改善，从而推动整个公司发展。

7. 建设数字化精益管理信息平台

数字化精益推行委员会下设数字化转型办公室，会同精益与持续改善部、IT 部门，以精益管理的思维组织各部门开展数字化转型工作。

数字化转型办公室根据集团领导战略规划，参考标杆企业做法，对接集团数字化建设规划，以 A+自动化系统建设为中心，规划出数字化建设的目标和方向。IT 部在集团总部的大力支持下成立技术团队，引进外部专业团队支持，进行系统平台建设和软件开发。各部门根据精益管理思维，认真思考现有流程删减、去除、合并、简化的可能性，梳理和优化自己部门的各项工作流程，提出用户需求，IT 技术团队进行设计研发，各业务部门派人专职全程参与，反复修改测试，优化梳理上千个流程，保障全流程实现在线操作，并持续优化进行。

工作流程主要包括采购流程系统、物流销售流程系统、生产管理系统、备品备件管理系统、质量监控反馈系统、成本收益系统、人力资源管理系统等，全方位建设数字化、信息化管理平台。

构建数字化精益制造平台，进行实时全面的数据采集，实现自动问题报警以及瓶颈分析数据驱动的持续改善闭环。一方面不断推进流程的数字化和优化，另一方面通过数据收集分析功能，使生产、物料、销售、成本、人力资源等数据得以系统化管理、分析，运用大数据管理，随时输出大量可靠而及时的数据信息，供决策层经营决策参考。各部门、员工均有自己的个人工作账号接口、个人工作提报审批账号接口、个人请假报销等人力资源账号接口，大大提升了工作效率，删除、简化、优化了大量流程，工作效率大幅提升，为精益目标的达成提供技术支持，以数字化促进精益管理持续升级完善。

8. 推行持续改善项目

（1）确立年度持续改善工作目标。根据公司年度平衡计分卡（BSC）中的关键业绩指标（KPI）进行目标分解，确定日常工作达成目标、持续改善达成目标、投资扩建或投资改造达成目标，并将各项指标按职能分解到各部门。部门根据公司分解目标，确定本部门的年度 KPI 指标，如产量目标、质量目标、成本目标、销售部门的业绩目标、销量目标、市场占有率目标、客户满意度目标，各职能部门的成本目标、效率目标及全公司各部门的人才育成目标等。

（2）确定持续改善项目。各部门持续改善项目确定的来源有两个：一是目标分解中确定的需要由持续改善项目来完成的，根据此目标要求可分解成若干小的改善项目。如生产车间成本节降目标，可分解为原材料节降改善项目、水电气成本节降改善项目、人工成本节降改善项目等。提升产量改善目标可分解为提升车速改善项目、减少非计划停机改善项目、优化排产改善项目等。二是根据现场七大浪费情况分析确定的，比如现场存在设备物料搬运浪费、流程中等待时间的浪费、原材料及产品的库存过多、工艺流程中的过度加工、产品生产过多、品质不稳定等，可通过持续改善项目进行完善。

（3）建立全员参与的改善建议提报系统。全员参与的改善建议提报系统称为个人建议系统，是员工基于个人工作范围和职责范围提出，由本人去执行完成的改善计划，一般涉及范围相对较小，个人可以独立完成，用时比较少，效果立竿见影，相对产生的经济效益和改善效果要小于持续改善项目。改善建议是基于全员参与的理念、二八法则与长尾理论，用改善项目去集中解决20%能影响80%效果的因素，而改善建议就是发动个人针对剩余20%的因素持续做出数量众多的小改善。同时，个人改善建议系统也是培养全员改善意识和改善动手能力的重要途径。

（4）规范持续改善项目的流程。

1）建立持续改善项目（改善建议）的八个步骤，改善活动均按统一的流程进行，使用统一的改善方法、统一的评价标准、交流学习标准，也便于将持续改善活动固化下来。基于流程管理的四个阶段，分别是：

P（计划）阶段的4个步骤：确定改善主题；分析原因；寻找根因；制定改善计划。

D（执行）阶段的1个步骤：执行改善计划活动。

C（检查）阶段的1个步骤：检查改善结果（如果没达成目标，制定纠正措施并回到第三步）。

A（行动）阶段的2个步骤：标准化；寻找下一个改善主题。

2）将QC七大手法融入持续改善的八个步骤中，用于对问题的分析、数据的分析和根本原因的寻找，形成持续改善的有效利器。

（5）阶段性项目评审。

1）每季度开展一次精益改善周活动。精益改善周期间，各部门集中开展数字化精益改善项目，并在改善周会议上汇报交流，接受领导及同事的指导建议与挑战。首先各部门进行汇报，内容包含改善主题、改善团队成员介绍、改善目标、项目背景介绍及初步项目计划，在PDCA八个步骤中要做到第二步，也就是原因初步分析。其次集中汇报结束之后各项目小组在一周内集中进行项目讨论、数据分析、假设与实验等，活动期间每天下午各项目小组自行开会总结当天的项目进展情况，精益与持续改善部人员全程分头跟踪并指导，各分管副总分头参加各小组的讨论。周五下午再次集中汇报进展，各小组将一周来集中开展的改善活动进展进行PPT汇报，项目小组成员、各部门负责人及公司高层领导均要参加，现场汇报进程中进行随时提问与指导建议。

2）年中开展上半年精益与持续改善项目评比大会。由各部门选出本部门已完成的改善项目和改善建议进行分享报告，由公司高层领导组成评委进行现场打分评比。评比分为改善项目（包括小组活动项目和跨部门合作项目）和改善建议两类，分别评选出一、二、三等奖，设立奖项和奖杯，作为一种激励方法促进各部门积极推动改善活动。同时再次强化比学赶帮超的氛围，创造一个全员学习交流的平台。

3）年末举行精益改善大会。会议由各部门经理汇报本年度精益改善工作总结，由参与评比的各精益改善小组进行优秀改善项目或改善建议汇报，高层领导组成的评委打分评选，并进行现场颁奖。在年度精益改善大会上，除了对优秀改善项目和改善建议进行评比颁奖之外，还要对各部门推行 6S、TPM 的情况进行总结和评比，根据每月考核情况由精益与持续改善部提前汇总选出一、二、三等奖，一并颁奖。

资料来源：李敏.BH 公司数字化精益管理问题研究［D］.哈尔滨：东北农业大学，2023.


## 八、邯钢经验

### 1. 邯钢经验简介

从 1991 年开始，邯郸钢铁总厂在企业内部推行"模拟市场核算，实行成本否决"的管理方法，创造了邯钢经验。

邯钢经验把企业成本看作一个市场过程，企业必须树立以市场为中心的成本观念。首先，成本必须为市场所承认。所谓模拟市场核算就是用市场价格去求解企业的成本，企业的成本是否降低，必须为市场检验。只有市场承认的成本，才是能给企业带来经济效益的有用成本。其次，邯钢经验所要求的成本是增强企业市场竞争力的成本。企业经济效益的提高，在市场价格一定的情况下，必然要求企业降低成本。最后，邯钢经验以市场价格为基础，决定企业各生产组织和部门的成本控制指标，大到以吨为单位计量的矿石，小到车间乃至班组个人办公用的纸张等都有耗费的指标。围绕成本统率企业各方面的经营与管理，给每个人、每个岗位、每道工序和活动制定和下达成本控制指标，并把个人薪酬包括奖金同成本控制指标和水平紧密挂钩，完不成成本控制指标，则不发放奖金，实现成本否决奖金机制。邯钢经验实行普遍成本控制，在正常流程中抓物耗成本，在质量上抓质量成本，在技术创新上抓技改和开发成本，在建设项目上抓时间成本，在决策上抓决策成本等，坚决实行成本否决奖金的机制，最大限度地提高成本效益。

### 2. 邯钢经验的实践方法

邯钢经验的实践，具体经过目标成本确定，目标成本分解，责任分解与责任体系建立，关键成本制约因素治理，成本考核、评价、奖惩，管理信息反馈，成本改进等步骤与环节。

（1）目标成本的确立。

1）在市场调查的基础上确定企业所要生产产品的市场价格。这需要掌握市场同类产品和相关产品的市场价格水平，并对未来的价格走势有一个基本正确的判断。如果是新开发产品，还需要根据市场需求和消费者可能接受的价格来确定市场价格。

2）确定企业的目标利润。目标利润的确定，一般根据企业当年度的生产经营方针和生产纲领、市场竞争与资本增值要求以及企业上年度利润水平来确定。

3）目标成本的确定。

目标成本＝产品市场价格－产品目标利润－产品应税金额

目标成本的确定，实质上是一个市场分析过程，确定目标成本在于形成企业自身的成本优势。模拟市场，不仅在于确定自身的目标成本，更重要的是要确立企业在同行业的相对成本优势地位，有效地规避市场风险，避免企业不必要的生产，减少生产的盲目性和无效生产。

（2）目标成本的分解。

目标成本确定以后，重要的是进行目标成本分解。邯钢经验的方法是逆着产品价值链的方向倒推分解，即沿着产品形成工艺过程的逆方向，确定每个价值形成过程的成本数量。

邯钢经验分解目标成本的特点有如下五点：

一是普遍成本原则。即把目标成本分解到生产的主流程、辅助产生过程和管理过程，用大量成本节约的涓涓细流来控制成本，挤出效益，提高效益。

二是一致性原则。即无论生产的主流程，还是辅助流程或管理过程，都必须确立成本节约原则，全部都有成本指标，不能强调工作特点，忽视成本原则，在成本节约的原则下，把工作开展起来。

三是先进原则。即以国内外先进水平或本企业历史最好水平和目标成本的要求，确定成本水平。有了先进原则，就可以看到企业挖掘潜力的目标和深度。达到了先进水平，还要看市场价格竞争要求，以此建立起全企业的成本优势。

四是实物成本和价值成本相结合原则。即将物料消耗的数量的实物成本指标分解，必须有价值指标，使操作者和管理者明确实物成本节约的价值所在，心中牢牢树立起价值观点。

五是成本控制数量明确原则。即成本控制上限明确，操作和管理成本上限不得突破。不用含糊的、数量界限不清的词语表达指标和任务，使成本承担者一目了然，避免歧义。真正做到企业成本控制的千斤重担大家挑，人人头上有指标，人人身上有压力，人人身上有动力。

（3）建立责任体系，分解责任。

1）明确成本降低和控制的内容及其边界。内容，就是成本控制和降低的载体，就是降低哪一方面成本，或者说在哪里降低成本。边界，即成本活动的边界，一是按成本技术活动的完整性确定成本边界，二是按一个人或一群人或一个组织的能力界定成本活动边界。确定成本活动和内容边界，在于确定责任界限。

2）根据成本内容和边界来确定组织构成，是指用什么组织形式来承担一定边界内的成本内容。一般地，由能够胜任完成成本指标的具有专门技能的组织来完成。

3）在组织内，将成本内容和边界转化为组成成员的工作内容。工作内容和成本内容相匹配，将工作内容转化为一定的成本责任及责任之间的联系规则，将成本责任落实到工作内容承担者身上。

4）确定成本利益。责任和利益是一个共生体。在确定成本责任时，将成本利益一并分解到相应的组织和个人身上。

邯钢经验把责任通过利益来调整，成本否决的对象是每一个具体的部门和个人。每一个成本项目明确了责任人，规定完成目标成本的奖金指标即分配方法，使每一个组织和个人明确工作内容、成本内容、成本边界、奖金利益。

（4）关键成本制约因素治理。

邯钢经验把成本划分为结构性成本和执行性成本。通过企业战略管理质量结构性成本，对执行性成本进行控制，通过严格的组织调整和制度约束、更加完善的操作规程和定额管理提高管理和操作效率，消除非增值活动。

（5）考核、评价、奖惩。

邯钢经验根据成本指标和其他经济技术指标，规定和分解到哪里，就把考核体系延伸到哪里。

1）在各级纵向组织建立考核体系。沿着总厂—分厂—车间—工段—班组—职工个人的纵向组织，在每一级建立考核机构，负责对下级组织的考核。每一级组织内建立考核机构，对组织自身进行自我考核。上级考核侧重于执行结果的考核、评价、奖惩，根据组织内部侧重于执行过程的考核，是控制性的经常性考核，同时负责向上级考核部门呈报本级组织的自我考核报告，接受上级组织的考核。

2）根据业务关系建立专业考核体系。具体就是根据资源、财务、计划、薪酬、供应、销售、质量等专业管理的需要，建立起职业考核体系。其主要考核职能是考核各生产经营组织之间的资源状况，财务指标执行状况，生产能力协调状况，供应、生产和销售衔接与平衡状况，计划完成进度状况，薪酬效益状况等。在此基础上，综合分析成本状况及其成本组成要素波动趋势。

3）根据业务流程建立考核体系。在执行"模拟市场核算，实行成本否决"的过程中，在企业内部建立起以市场价格为基础的内部市场机制，各生产经营组织之间的结算关系构成市场买卖关系，也构成了相互的考核和被考核的关系。上一流程的计算价格构成了下一流程的成本，二者之间构成了很强的约束和监督关系，上一流程的输出成本受到了下一流程是否接受的约束，由此流程之间建立起以成本为主要内容的考核机制，形成全企业的内部考核体系，是自我主动考核机制。

4）严格执行成本否决，奖惩分明。成本否决是邯钢经验的基石。所谓成本否决，就是各单位在所承担的经济技术指标中，成本指标具有否决权。邯钢把各单位和职工的奖金分配同所承担的成本责任相联系，即使其他经济技术指标都完成了，如果成本指标没有完成，也不能发放奖金。由此，把成本同职工的切身利益紧密联系起来，成本的不断下降和控制是企业的利益所在，也是职工的利益所在。在执行成本否决的过程中，坚持"三不"原则，即不迁就、不照顾、不讲客观，对完不成成本指标的单位和个人的奖金发放实行坚决的否决，确立了成本在企业经营管理中的中心活动权威地位。

## 九、标杆管理法

标杆管理法由美国施乐公司于1979年首创，是现代西方发达国家企业管理活动中支持企业不断改进和获得竞争优势的最重要的管理方式之一，西方管理学界将其与企业再造、战略联盟一起并称为20世纪90年代三大管理方法。21世纪以来，标杆管理逐渐向数字化和智能化方向发展。随着信息技术和大数据技术的发展，标杆管理可以更加快速、准确地获取数据，实现更加精准的比较和分析。标杆管理方法较好地体现了现代知识管理中追求竞争优势的本质特性，因此具有巨大的实效性和广泛的适用性。在企业管理中逐渐将其作为一种常用的管理方法，主要体现在以下几个方面：

一是开展绩效评价。标杆管理可以作为一种有效的绩效评价方法，通过将企业的业绩与同行业其他企业进行比较，发现问题，寻找改进空间。

二是应用于经营决策。标杆管理可以作为一种有效的决策依据，通过对同行业其他企业的业绩和管理经验进行分析，为企业的经营决策提供参考依据。

三是用于绩效改进。标杆管理可以帮助企业找到自身的短板，以及与同行业其他企业相比的差距，通过改进和提升来不断提高企业的绩效。

四是开展行业竞争。标杆管理可以帮助企业了解同行业其他企业的优势和劣势，提高自身的竞争力。

1. 标杆管理类型

按照对标的对象不同，标杆管理可以分为内部标杆管理、竞争标杆管理、职能标杆管理、流程标杆管理、通用性标杆管理。

（1）内部标杆管理，指在企业内部选定"标杆"，通常是内部的部门或者是业务相近的各单元之间进行对标分析。它是日前最简单且容易操作的标杆管理方式之一。通过内部标杆的选定过程，可以辨识优秀绩效的标准，从而做到企业内信息分享及共享。内部标杆管理展示企业内部发展的不均衡状况，是实现落后赶超先进的有效手段。

（2）竞争标杆管理，也称外部标杆管理，是在行业内或竞争对手之间开展标杆管理。竞争标杆管理是明确企业在行业中的位置及目标的重要抓手。

（3）职能标杆管理，一般选取行业中的优秀公司的优良智能进行对标，既可以是同行业内的，也可以是跨行业的。如沃尔玛的物流职能曾一度成为全球所有公司对标和借鉴的典范。

（4）流程标杆管理，一般要求企业对整个工作流程和操作有十分详细的了解和把握，能够甄别出造成流程差异的根本原因。

（5）通用性标杆管理，选取的标杆伙伴是不同行业具有不同功能、流程的组织，将各种标杆管理方式根据企业自身条件和标杆管理项目的要求相结合，取长补短，以取得高效的标杆管理。

另外，根据标杆管理的具体形式及其作用范围的不同，还可将标杆管理分为战略性标杆管理与业务能力标杆管理。战略性标杆管理主要是在企业主要经营领域中进行的标杆管理，通过寻找同一领域中的成功公司作为典范，学习其成功的战略与商务模式来改善自身；业务能力标杆管理是指在企业既有的经营发展战略蓝图下，开展某项或多项业务能力的对标活动，通过对比人员、流程、工艺技术等，寻找到最佳操作的方法。战略性标杆管理的结果能够直接指导一个企业的经营策略的拟订或者调整；而业务能力标杆管理则能帮助企业将经营策略更有效地执行与落实。

2. 标杆管理实施的步骤

具体说来，一个完整的内外部综合标杆管理的程序通常分五步：

（1）计划。主要工作有：

1）组建项目小组，担当发起和管理整个标杆管理流程的责任；

2）明确标杆管理的目标；

3）通过对组织的衡量评估，确定标杆项目；

4）选择标杆伙伴；

5）制定数据收集计划，如设置调查问卷、安排参观访问、充分了解标杆伙伴并及时沟通；

6）开发测评方案，为标杆管理项目赋值以便于衡量比较。

（2）内部数据收集与分析。主要工作有：

1）收集并分析内部公开发表的信息；

2）遴选内部标杆管理合作伙伴；

3）通过内部访谈和调查，收集内部一手研究资料；

4）通过内部标杆管理，可以为进一步实施外部标杆管理提供资料和基础。

（3）外部数据收集与分析。主要工作有：

1）收集外部公开发表的信息；

2）通过调查和实地访问收集外部一手研究资料；

3）分析收集有关最佳实践的数据，与自身绩效数据相比较，提出最终标杆管理报告，标杆管理报告揭示标杆管理过程的关键收获，以及对最佳实践调整、转换、创新的见解和建议。

（4）实施与调整。这一步是前几步的归宿和目标之所在。根据标杆管理报告，确认正确的纠正性行动方案，制定详细实施计划，在组织内部实施最佳实践，并不断对实施结果进行监控和评估，及时做出调整，以最终达到增强企业竞争优势的目的。

（5）持续改进。标杆管理是持续的管理过程，不是一次性行为，因此为便于以后继续实施标杆管理，企业应维护好标杆管理数据库，制定和实施持续的绩效改进计划，以不断学习和提高。

## 案例分析 39-7　华润燃气学标杆管理实践

华润燃气控股有限公司（以下简称"华润燃气"）成立于 2007 年 7 月，是华润集团主要业务单元之一。公司主要经营业务包括城市燃气、管道设施建设及运营、车船用气、冷热电综合能源、燃气综合服务等。

面对内外部发展挑战和企业战略转型的需要，华润燃气亟须找到一种有效衡量企业内部管理水平的工具，引导成员企业聚焦业务、认识差距。通过内外部学习交流，华润燃气最终将视线聚焦在了学标杆上。

2011 年，华润燃气启动学标杆实践探索，十余年来，学标杆工作根据公司的发展战略适时调整，共历经了国内行业对标、公司内部对标、外部世界一流企业对标三个阶段（见图 39-12）。华润燃气以"标杆环"为方法论，按照"立标、对标、达标、创标"四个对标管理阶段推动学标杆工作（见图 39-13）。

图 39-12　华润燃气学标杆工作历程

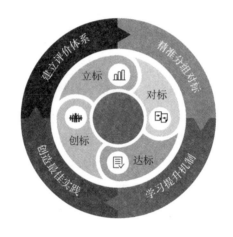

图 39-13　华润燃气对标管理的"标杆环"

在学标杆实践中，华润燃气以"立标"来建立标准，确定标杆；以"对标"来寻找差距，拟定目标；通过"达标"来采取行动，争取达到标杆水平，实现管理提升；通过"创标"来对标杆成效进行评估，结合管理创新，固化形成高效的、适合自身发展的管理模式。"立标、对标、达标、创标"的闭环管理、循序推进，推动企业不断超越自我，持续改善经营管理。

（一）立标：聚焦关键，量化评价

立标是学标杆管理的起点，立标包含立标准和定标杆两层含义：立标准，推动公司聚焦关键管理环节，搭建系统性评价维度，动态优化；定标杆，树立量化评价意识，推动管理制度流程向数据化、可视化演进。

2014年，华润燃气启动学标杆指标体系梳理工作。通过对标同行优秀企业，结合内部历年管理实践经验，围绕行业特征、核心指标构成、行业环境变化，聚焦关键立标准量化评价定标杆，华润燃气通过建立动态调整机制，持续聚焦、优化调整，既关注业绩，又关注业绩的驱动因素，学标杆指标从"多而全、全职能"转向"少而精、导向准"。

（二）对标：找准问题，揭示差距

对标的核心是标杆对得准、对得实，通过指标对标，发现管理中存在的差距和问题，深层次寻找差距背后的原因，制定改进措施，持续推动管理提升。

1. 标杆对得准

（1）建立分组对标机制，对标对象准。为了让学标杆工作更有效，对标更精准，参照举重、拳击等体育比赛中按照体重划分级别的方式，华润燃气建立了分组对标机制，综合考虑经营规模和管理难度，将成员企业划分为不同的对标考核小组，按照营业额、销气量、管理民用户数将区域公司划分成大中小 3 个考核评价大组和 9 个对标小组（见图 39-14）。同一小组的公司间规模差异小，业绩增速及当前面临的管理难题相似，公司之间找标杆更精准、学标杆更有效。

**图 39-14　华润燃气对标管理企业分级标准**

（2）实行效益分等管理，提升方向准。2018 年，华润燃气以学标杆分组为基础，对 80 家区域公司开展效益分等管理。通过效益分等评价，促进各企业找准位置，有针对性地突破发展规模限制和管理效益的不足，助推企业高质量发展。效益等级划分时，按照"一个导向、两个重点"来选定评价指标。"一个导向"即业绩导向，重点考察企业盈利能力、盈利效率和人均效率；"两个重点"即围绕行业特点，明确"客户服务"和"安全管理"两个重点，分别提取客户满意度指标和安全指标，反映其管理水平。效益评价指标设置相应的权重及评分标准，通过评价得分将成员企业划分为 5 个效益等级。

2. 标杆对得实

（1）设立"双对比"规则，目标管理实。华润燃气并不鼓励成员企业在找标杆的过程中一味求好求快，而是以实事求是为原则，立足企业实际，循序渐进、扎实对标。为了使企业确定的目标值更科学、更具挑战性，华润燃气设立"双对比"规则，制定指标三级目标。所谓"双对比"，即"与历史比进步，与同类企业比水平"（见图 39-15）。

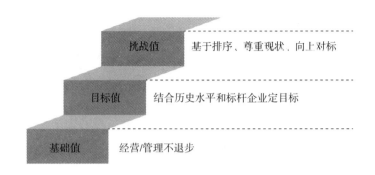

**图 39-15　华润燃气三级目标确定原则**

成员企业以上年度指标水平作为基础值，确保经营质量和管理水平不退步；将大组中高于本公司 10 分位的公司的指标实际完成值定为该指标挑战值，以挑战值和基础值的平均数确定该指标的目标值。目标制定既尊重企业现状、避免不切实际，又体现向上对标的导向，有效保证了挑战难度。例如，华润燃气在与成员企业签署业绩合同时不再限定指标的目标值，而是根据公司年底指标完成值在组内的排序评分。总部每年年底按照大、中、小三个大组对所有指标进行排序，计算各组指标的平均值、良好值（平均值之上再平均）和较差值（平均值之下再平均），根据这三个关键概念值将企业的指标划分成优、良、中、差四个等级。指标处于"优"等级得 100 分，处于"差"等级得基础分 60 分，处于"良"和"中"等级的指标，若指标在大组排名较上年度排名上升 10 个分位及以上得 100 分，否则按照插值法在 60～100 分插值计算分数（见图 39-16）。

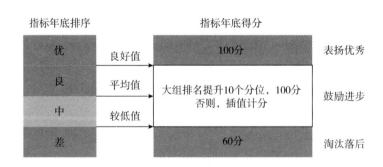

**图 39-16　华润燃气业绩合同评价规则**

（2）与高管薪酬强挂钩，结果应用实。2018 年，华润燃气对成员企业开展学标杆分组分等管理，并将分组分等评价结果和业绩合同考核紧密结合，共同评价企业。企业分组，关注经营规模和管理难度，确定薪酬区间及基本工资，企业规模越大，分组越靠前，薪酬区间越大，经理人的基本工资越高。企业分等，关注管理效率和长期发展质量，分等结果确定年度绩效奖金标准，效益越好，等级越高，奖金标准越高。在分组分等确定薪酬标准基础上，根据企业业绩合同成绩和高管考核盘点评价结果核定高管年度奖金系数，将学标杆考核结果与高管薪酬挂钩，切实做到"业绩升、薪酬升，业绩降、薪酬降"，激励干部勇担当、善作为。

（三）达标：上下同欲，争做标杆

达标旨在打造反思型、学习型的组织，推动指标层层分解、层层落实，全面提升管理水平。在学标杆实践中，华润燃气从公司学标杆、职能学标杆和人人学标杆三个层面，让标杆管理层层渗透，调动全员参与，激发全员活力。

1. 公司学标杆

以标杆为基准，推动公司达标是标杆管理的核心。在日常对标方面，各成员企业通过指标层层分解，将管理要求落实到基层一线；总部每年组织召开学标杆分组会，为企业对标学习搭建平台。

（1）层层落实，融入日常。指标数据的提高，管理能力的提升，关键在于一线、在于基层。每年年初，华润燃气与各区域公司签订年度业绩合同，明确考核内容；区域公司通过召开重点工作分解会，将业绩合同指标逐层分解，落实到部门、班组、个人，让学标杆和日常工作紧密结合，务求实效。

在指标的具体分解上，公司层级指标逐层分解至副总经理、部门、分子公司等，再由部门负责人分解到班组、员工的个人业绩合同中，形成各层级KPI指标，并制定行动方案，定期跟进，责任到人。各区域公司通过季度商业计划检讨会、月度工作例会等形式，跟进业绩合同执行及完成情况。

（2）走出去学习，请进来帮扶。很多成员企业受制于现有管理模式的束缚，虽然发现了自身的管理短板，但难以找到破解难题的方法，这就需要走出去学习、请进来帮扶，通过对标学习快速提升。

华润燃气每年组织召开的学标杆分组会如同一年一度的"博览会"，优秀经验的分享、思想火花的碰撞，让各企业相互了解、取长补短，找到对标学习的对象。对标学习具体"学什么、怎么学"，需要公司管理团队因"病"施策。走出去对标学习首先要选对群体，主要让业务骨干参与，正如华为任正非所说"让听得见炮声的人呼唤炮火"；其次要聚焦重点、对症下药，成员企业管理团队要提前设计好对标主题，对标要多问怎么做、为什么，深挖标杆对象管理实践的背后逻辑，往往比学习业务表单、制度文件更为重要；最后要落实对标成果，形成"谁发起对标，谁跟进落实"的机制，真正将对标成果落到实处。

2. 职能学标杆

职能学标杆以总部部室推动为主，通过建立总部和大区两个标杆工作组、打造职能标杆基地等方式，推动区域间优秀经验与资源的分享，促进职能管理水平提升。

（1）建立两个标杆工作组。华润燃气在每一职能板块组建总部和大区两个标杆工作组。总部标杆工作组由总部部室人员及各大区对应职能标杆工作组组长组成，大区标杆工作组由大区标杆工作组组长及区域公司对应职能分管领导组成。其中，大区职能组长由大区内负责该职能的业务能手（成员企业中层及以上人员）担任，集大区总经理的助手、总部部室的推手、企业总经理的帮手和大区标杆组的扶手四个角色于一身。大区职能组长贯穿总部与基层，传达总部职能工作要求，帮助成员企业发现问题、解决问题，打通公司间横向边界和总部与基层的纵向边界。

为确保总部、大区两个职能标杆工作组有效运行，华润燃气从目标管理、定期会议组织、职能诊断、重点帮扶、考核盘点与激励等方面建立工作机制，推动集团战略落地。

（2）打造职能标杆基地。华润燃气总部部室在每个大区选取 1~2 家公司作为本部室职能管理的实验田，打造职能标杆基地。总部标杆工作组与企业共同制定职能标杆基地建设方案，总结提炼经验，供各区域学习、借鉴。总部人员深度参与到标杆基地的建设工作中，一方面弥补总部人员年龄较为年轻、业务经验不足的短板；另一方面与企业共同制订职能标杆基地建设标准并参与建设，有助于总部制定的政策更接地气、可落地。

大区职能标杆工作组推动大区内成员企业向标杆基地学习，发挥标杆辐射作用。大区共同参与标杆基地建设，一方面，公司相关人员在项目实战中学习经验，提升自身专业能力；另一方面，大区组织各公司相关职能部室向标杆基地学习，各公司对照标杆找差距，围绕标杆学经验，共同提升职能管理水平。

通过标杆基地建设，总部各职能部室能够精准评价和区分各公司的职能管理水平，区域公司每年结合自身管理短板提升一到两项关键职能，职能管理的针对性和有效性得到进一步强化。

3. 人人学标杆

人人学标杆以成员企业推动和管理为主，关注员工自我成长和能力提升。经理人层面，推动经理人深入基层开展蹲点，解决企业发展难题；员工层面，推动一线员工技能应知应会达标认证，选拔技术能手，树立标杆员工。

（1）经理人学标杆。总部层面，蹲点工作紧抓"三个核心"，即推动核心团队到核心公司解决核心问题。以总部经理人蹲点为例，总部确定管理团队成员每人蹲点 1 家公司，同时为每位蹲点领导配备行动学习催化师，借助行动学习，聚焦核心问题，制定有效改善措施并推动执行。

成员企业层面，中高层管理人员打破组织壁垒、采用交叉蹲点，深入部门、班组，解决一线1~2个实际问题。蹲点是连接总部和基层的纽带，也是理论联系实践的最佳方式。从管理人员的角度来看，通过深入基层，可以更直观地了解一线业务，有助于个人管理能力的提升；从被蹲点的单位来看，一些难以通过内力破解的核心问题可以借助外部管理人员蹲点，快速找到突破口。

（2）一线员工学标杆。由于成员企业发展阶段和管理水平的差异，一线员工的技能素养参差不齐。因此，华润燃气把推动一线员工岗位技能达标认证提上学标杆工作日程。

为推动一线员工对标达标，华润燃气开发了近50份配套学习资源，包括教学PPT、实操视频、考试题、实操评分标准等。对照岗位标准，成员企业开展员工岗位技能普查，并采用线上学习理论知识、线下"师带徒、老带新"学习实操技能的方式，弥补理论知识与实践技能上的不足，提升员工岗位胜任能力。截至2021年底，华润燃气针对安全、输配板块一线员工的考核认证已覆盖25823人次，整体通过率达到97%以上。对于考评认证不达标的员工，或回炉再造，或调岗离岗，有力确保一线队伍的整体素质满足岗位要求。2022年，华润燃气以国家职业技能标准为基础，结合实际业务需求，建立华润燃气职业技能标准，开展职业技能等级试点认证工作，打造高素质技能人才队伍。

（四）创标：争创新标杆，营造比学赶帮超的氛围

华润燃气通过总结标杆企业的最佳管理实践，并在集团内部进行推广，实现管理同步提升。在达标的基础上，成员企业通过对标杆管理实践进行创新，从而达到更高的水平，争创新标杆，在集团内部营造比学赶帮超的良好氛围。

1. 总结经验，推广最佳实践，实现共同提升

通过学标杆评比，各项职能管理优秀的标杆企业在华润燃气内部不断涌现。为了实现优秀管理经验复制落地、达到共同进步的目标，总部推动标杆企业总结提炼经验，整理形成一套可推广、可复制的业务标准或管理实践，在集团内部进行宣贯推广，从而提升集团整体的运营管理水平。以职能学标杆为例，总部各职能部室已打造48个标杆基地，通过对学标杆过程中输出的管理标准和成果进行归纳总结，输出了9项职能管理工作标准。

2021年，华润燃气紧抓碳排放总量和强度"双控"契机，启动市场开发"工坚战"行动，着力提升工商业存量用户开发能力。总部以学标杆为抓手，按月度晒市场开发"工坚战"行动成果，并持续挖掘标杆企业管理内涵，针对6大产业类别、22个工业行业，汇编典型工业项目开发案例，印发市场重点行业开发手册，形成可复制、可推广的行业开发经验。后续，通过不断推广这些最佳管理实践，华润燃气整体市场开发能力有了极大提升，全年新增工商业用户45000户，销气量增速达到17%，远超

行业平均水平。

2. 超越自我，争创管理新标杆

华润燃气在不断对标过程中，营造了"比学赶帮超"的氛围。在达标过程中，从公司到部门再到员工，各个层级都有一套明确的对标管理体系，目的是提升管理指标，同时也提升了个人的能力，这样大家才能争做标杆。华润燃气持之以恒推动学标杆，与时俱进开展创新变革，形成了一个从立标、对标、达标到创标的良性循环，成功探索出了一条适合自身发展的标杆管理模式。

资料来源：王传栋等．华润燃气学标杆管理实践．国企管理，2023（8）．

## 十、OEC 管理法

1. OEC 管理法含义

OEC 管理法（Overall Every Control and Clear），也称全方位优化管理法，是海尔集团于 1989 年创造的企业管理法。该法为海尔集团创造了巨大的经济效益和社会效益，获得国家企业管理创新"金马奖"、企业改革"风帆杯"，朱镕基总理曾批示在全国推广这种管理经验。

OEC 是下列英文单词的缩写：

O—Overall，海尔称其为全方位。

E—①Everyone，指每个人。

②Everything，指每件事。

③Everyday，指每一天。

C—①Control，控制。

②Clear，清理。

OEC 管理法也被称为日清管理法，可表示为日事日毕、日清日高，即每天的工作每天完成，每天的工作要清理并要每天有所提高。用海尔的话来讲就是"总账不漏项、事事有人管、人人都管事、管事凭效果、管人凭考核"。

2. OEC 管理法的思想基础

OEC 管理法的思想基础是斜坡球体论，即企业在市场中的位置如同斜坡上的小球，要使小球不下滑就必须对小球有个止动力，止动力就是基础管理；仅有止动力，也不一定发展，发展需要上升力，上升力来自于差距，而差距取决于目标在质和量方面的不断提高，也就是说上升力来自于创新。明确了目标，认清了差距，也就产生了缩小这种差距的动力。OEC 管理法就是根据市场竞争，不断调整提高的目标，不断强化基础管理，使企业在市场竞争中取胜。通过实施 OEC 管理法，逐步实现"事事有人管、人人都管事"，"人尽其才、物尽其用、钱用其值"的管理目标。

## 阅读专栏 39-1　斜坡球理论

斜坡球理论，也称斜坡球定律，是海尔集团强化内部基础管理的理论，也是重要方法之一，是指企业在市场上所处的位置，就如同斜坡上的一个球体，它受到来自市场竞争和内部员工惰性而形成的压力，如果没有止动力，就会下滑，为使海尔在斜坡（市场）上的位置保持不下滑，就需要强化内部基础管理这一止动力。斜坡球体论是 OEC 管理法产生和运用的一个非常重要的思想基础，其示意图如图 39-17 所示。

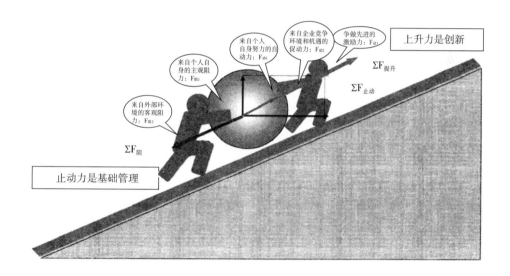

**图 39-17　斜坡球理论示意**

斜坡球体论的公式是：$A = \dfrac{\left(\sum F_{动} - \sum F_{阻}\right)}{M}$

A 代表企业发展的加速度，$F_{动}$ 代表企业发展的动力之和，$F_{阻}$ 代表影响企业发展的阻力之和，M 代表企业的规模，即企业发展的加速度与企业发展动力之和与阻力之和的差值成正比，与企业的规模成反比。

一般来说，企业的动力有三个：一是来自个人自身努力的自动力 $F_{动1}$；二是来自企业竞争环境和机遇的促动力 $F_{动2}$；三是争做先进的激励力 $F_{动3}$。而企业发展的阻力有两个：一是来自个人自身的主观阻力 $F_{阻1}$；二是来自外部环境的客观阻力 $F_{阻2}$。

OEC 管理中的"日事日毕"解决基础管理的问题，使 $F_{动1} > F_{阻1}$，"日清日高"解决加速度的问题，使 $(F_{动2} + F_{动3}) > F_{阻2}$。

由此可见，斜坡球理论对企业在管理方面有如下三点重要的启示：一是 OEC 管理法的基础管理是企业成功的必要条件，没有管理，没有止动力（基础管理），企业就会下滑，就不可能成功；二是抓管理要持之以恒，管理工作是一项非常艰苦而又细致的工作，管理水平易反复变化，也就是说止动力自己也会松动下滑，需要不断地加固，此外，管理是一项笨功夫，没有一种一劳永逸的办法，只有深入细致地反复抓，才能不滑坡、上档次；三是管理是动态的、永无止境的，企业向前发展，止动力也跟着提高，管理无定式，需要根据企业的目标调整，根据内外部条件的变化进行动态优化，而不能形成教条，海尔的口号是"练为战，不为看"，一切服从于效果。

海尔集团在企业管理中遇到的问题是"一种标准的贯彻或者一种规章制度的要求，今天达到了，明天可能就达不到"，简单来说就是"要求你将桌子擦干净，今天你擦干净了，明天就差点，后天可能就不擦了"，因此就必须不停地"反复抓，抓反复"。

斜坡球理论形象地来说就是，每个人的基础工作稍微差一点，整个系统就会产生巨大差异，其产品质量就无从保证。斜坡球理论在海尔被奉若神明，大家称其为"海尔发展定律"，它也道出了企业发展的一般规律。

### 3. OEC 管理法的三个基本原则

OEC 管理法又被称为"日清日高，日事日毕"管理法，它包含着三个基本原则：

一是闭环原则，即凡事都要讲究善始善终，都必须有一个 PDCA 循环（即计划—实施—检查—总结）的过程，达到螺旋式上升的目的。

二是比较分析原则，纵向与自己的过去比，横向与同行业比、与同类企业比、与相关部门比、与其他员工比，认识到没有比较就没有发展的道理。

三是不断优化原则，根据木桶理论，找出薄弱项，并及时整改，以期提高全系统的水平。

管理工作的难点在于如何做到持续的实施和改进。坚持是一种美德，也是一种素质的体现，它可以通过自身有意识地培养和团体成员之间不断地互相督促以及施以外力强化来得到。

### 4. OEC 管理法的六个方法

OEC 管理法的六个方法是岗位管理工作法、班组管理工作法、分厂管理工作法、职能部门工作法、经营决策工作法、全员激励工作法。

（1）岗位管理工作法。岗位实行动态、轮岗管理，即所有的岗位均是根据市场需求而设置的，不是固定不变的，如果市场需要，则岗位存在，反之就取消市场不需要的岗位；人员上岗通过竞聘，能者上，庸者下，岗位届满要轮换，但轮换的前提是竞聘。

（2）班组管理工作法。班组实行分级、动态转换制，将班组分为合格班组、信得过班组、免检班组、自主管理班组、自主创新班组五个等级，符合相应条件的转为相应等级班组，且每月动态转换，不同等级的班组享受不同的待遇。

（3）分厂管理工作法。分厂作为生产实体，负责不同产品的制造，其内部设置分为生产、质量、物耗（成本）、现场、车间等部门，其职能互相配合，共同推进订单的执行。

（4）职能部门工作法。职能部门位于企业市场链同步流程中的支持流程中，其重要职责是服务、推进订单的执行。

（5）经营决策工作法。经营决策位于企业市场链同步流程中的创新订单流程中，创造市场需求、创造订单，并起宏观调控作用，确保市场链流程的高速有效运转。

（6）全员激励工作法。每个人都是一个创新的 SBU，起点相同，但加速度不同，速度快、方向正的均会享受相应的激励，如三工转换①、升迁、发明奖励等。

# 案例分析 39-8　海尔 OEC 管理法的实施

## 一、建立 OEC 管理法目标体系

目标体系是 OEC 管理法的前提和基础。OEC 管理法必须有完善的目标体系，才能加强彼此之间的联系，发挥出整体力量。将企业总目标、部门目标、个人目标按照企业组织结构的层级串联起来，就形成了各个目标息息相关的目标体系图（见图 39-18）。

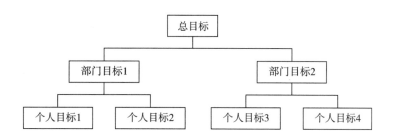

**图 39-18　目标体系图**

---

① 在全员合同制的基础上，将员工分为优秀员工、合格员工和试用员工三类，每类员工的待遇都不一样。而且根据员工的表现，进行动态转换。表现好可以上转，表现不好要下转，上转和下转均有严格的标准。试用员工做得好，达到标准，可以上转为合格员工，同样，合格员工也可以上转为优秀员工。如果表现不好，优秀员工可以下转为合格员工，合格员工可以下转为试用员工。如果表现特别差，优秀员工甚至可以直接下转为试用员工。

1. 确定目标原则

（1）目标具体，可以度量。目标必须写出来，目标必须明确，不能模棱两可，目标必须尽可能量化，定性要准确，目标必须具有完成期限。

（2）目标是互认的、达成共识的。首先，目标的制定必须全员参与；其次，目标必须让员工认同。目标制定，要自上而下和自下而上进行反复的论证，就各方意见和看法对目标进行调整和修改，直至确立一个大家都认可的目标，便于目标的有效执行。

（3）目标要有竞争力。目标的制定必须有科学的依据及参照坐标。目标的制定是建立在对内外部环境充分调查和分析的基础之上，使目标尽量接近现实，而不是过高或过低。

2. 目标制定的程序

以集团公司为例：

第一步，自下而上。分公司先制定出方针目标的初稿，一般由分公司方针目标的主管部门及相关职能部门，从每年的1月开始收集信息，进行相关的准备工作，12月拟定初稿，形成分公司《年度方针目标一览表》（见表39-1），内容包括能力目标、效益目标、管理目标等，并编制分公司《年度方针目标展开实施对策表》（见表39-2），对各项目标按项目、目标值、现状及问题点、实施对策、工作标准、实施进度、责任人、配合部门、见证性材料等项目展开。组织各部门负责人进行论证，重点论证目标的合理性和实施对策的可行性。论证通过后，由分公司负责人批准，上报集团方针目标职能管理部门。

### 表39-1　年度方针目标一览表

年　　月　　日

| 方针 | | X-1年 | | | X年 | | X+1年 | | |
| --- | --- | --- | --- | --- | --- | --- | --- | --- | --- |
| | | 对比项目 | 目前国内外最高水平 | | _____公司情况 | | | | |
| | | | 水平 | 厂家 | X-1年 | X年 | 增幅（%） | X+1年计划 | 增幅（%） |
| 目标 | 能力 | 产量（万台） | | | | | | | |
| | | 品种 | | | | | | | |
| | 效益 | 销售额（亿元） | | | | | | | |
| | | 利润（亿元） | | | | | | | |
| | 生产率 | 实物劳动生产率（台/人/年） | | | | | | | |
| | | 人均利润（万元/人/年） | | | | | | | |
| | | 人均收入水平 | | | | | | | |

续表

| 方针 | | | | X-1年 | | X年 | | | X+1年 | |
|---|---|---|---|---|---|---|---|---|---|---|
| | | | | 目前国内外最高水平 | | _____公司情况 | | | | |
| | | 对比项目 | | 水平 | 厂家 | X-1年 | X年 | 增幅（%） | X+1年计划 | 增幅（%） |
| 目标 | 管理 | 质量 | | | | | | | | |
| | | 三项制度改革 | | | | | | | | |
| | | 基础管理 | | | | | | | | |
| | 市场 | 市场产品 | A类产品 | | | | | | | |
| | | | B类产品 | | | | | | | |
| | | | C类产品 | | | | | | | |
| | | | D类产品 | | | | | | | |
| | | 目标市场 | | | | | | | | |
| | | 在名牌战略指导下的市场地位 | | | | | | | | |
| | 发展 | 科技 | | | | | | | | |
| | | 新项目 | | | | | | | | |
| | | 领域 | | | | | | | | |

**表 39-2　年度方针目标展开实施对策表**

部门：　　　　　　　　　　　　　责任人：

部门工作方针：

| 序号 | 项目 | 目标值 | 现状及问题点 | 实施对策 | 工作标准 | 实施进度 | | | | | | | | | | | | 责任人 | 配合部门 | 见证性材料 | 审核办法 |
|---|---|---|---|---|---|---|---|---|---|---|---|---|---|---|---|---|---|---|---|---|---|
| | | | | | | 1 | 2 | 3 | 4 | 5 | 6 | 7 | 8 | 9 | 10 | 11 | 12 | | | | |
| | | | | | | | | | | | | | | | | | | | | | |
| | | | | | | | | | | | | | | | | | | | | | |
| | | | | | | | | | | | | | | | | | | | | | |
| | | | | | | | | | | | | | | | | | | | | | |
| | | | | | | | | | | | | | | | | | | | | | |
| | | | | | | | | | | | | | | | | | | | | | |

　　第二步，自上而下。集团职能管理部门负责牵头组织集团的各个职能部门对分公司上报的方针目标进行审核，审核的重点是制定的目标是否符合集团发展要求、是否具有竞争力等。

　　第三步，反复沟通。分公司根据集团各职能部门提出的修改意见对方针目标进行修改，再报集团职能管理部门审核，这样反复多次沟通，直到双方达成一致意见。

　　第四步，充分论证。沟通达成一致意见后，由集团职能管理部门牵头组织召开集团的方针目标论证会。集团领导、分公司负责人和职能管理部门负责人都要参加。根据事先排出的论证时间和顺序，对各单位的方针目标逐个进行论证。论证时，被论证单位负责人先进行讲解，然后由各参加论证人员提出意见，并填写《方针目标论证评价表》（见表39-3），评价的内容主要有以下几点：

（1）同比提高速度是否符合集团规划发展速度；

（2）与国际先进水平差距的缩短是否大于集团规划发展速度；

（3）分阶段目标制定的合理性；

（4）实施对策的可行性。

论证结束后，各分公司要针对论证中的问题立即进行修改，修改较大的，必要时要进行再次论证，直到最终通过论证。论证通过后，由分公司负责人批准，下发本公司各部门执行。

### 表39-3　方针目标论证评价表

部门：　　　　　　　　　　　　　　　　　　　　责任人：

| 论证时间 | | 论证地点 | | 被论证单位 | | 评价人 | |
|---|---|---|---|---|---|---|---|
| 序号 | 评价项目 | 同比提高速度是否符合集团规划发展速度 | 与国际先进水平差距的缩短是否大于集团规划发展速度 | 分阶段目标制定的合理性 | 实施对策的可行性 | 评价意见 | 调整意见 |
| | | | | | | | |
| | | | | | | | |
| | | | | | | | |
| | | | | | | | |
| | | | | | | | |

**3. 目标分解**

目标分解的原则有以下四点：

（1）自上而下，由大到小。目标管理是通过目标网络，层层分解下达目标，使任务到人、责任到岗。这项工作从企业的最高主管部门开始，然后由上而下地逐级确定目标，上下级的目标之间通常是"目的—手段"的关系。某一级的目标，需要用一定的手段来实现，这些手段就成为下一级的次目标，按级顺推下去，直到作业层的作业目标，从而构成锁链式的目标体系。

（2）员工共同参与。与目标制定一样，目标分解也需要全员参与。这个目标能不能实现、存在的问题是什么、需要配备的人员和资源是什么，这些问题上下级都要弄清楚。例如开拓某个地区市场，领导的期望值是什么，实现这个目标可能需要的资金投入是多少，同时还需要多少人员才能完成目标，需要配备多少人，需要配备什么样的人，人员是否合得来等。这些都需要上下参与、上下互动，共同努力，保证目标的实现。

（3）坚持责任到人。也就是说，目标分解时要做到总账不漏项、事事有人管、人人都管事。把企业内部所有事和物建立总账，使企业正常运行过程中所有的事（软件）与物（硬件）都能在控制网络内，确保体制完整无漏项。总账内的各项工作都按标准进行，明确规定主管人、责任人、配合人、审核人、工作程序、见证材料、工作频次，从而做到企业内部的每件事都由专人负责，而不是由几个人一起负责或由部门来负责，必须明确第一责任，这样使目标考核有人可考、有据可查。所有的人均有管理、控制内容，并依据工作标准对各自控制的事项，按规定的计划执行，每日把实施结果与计划指标进行对照、总结、纠偏，达到对事物发展过程日日控制、事事控制的目的，确保事物向预定的目标发展。由于每个人的工作指标明确，工作中既有压力又有相对自主权，所以可以更好地发挥其主观能动性及自主管理的作用，调动员工积极性，开发其智力，发挥其创造性。

（4）要有完成目标的具体措施。没有制定完成目标的具体措施，即使目标已分解到每人、每天、每事，也不能叫目标分解。例如，某企业总目标是今年的销售额要增长 30%，那么分解的思路是要想达到销售额增长 30% 的目标，应从以下几方面着手：

第一，增加销售渠道；

第二，增加新产品；

第三，有一定的人员配置；

第四，有资金。

这样来看前两个一个是销售部门的问题，另一个是研发部门的问题，后两个是资源配置的问题，一个是人力资源的目标，另一个是财务部门的目标。

第一是增加渠道，这很自然就是销售部门的目标。由销售部门去考虑制定具体措施：怎么样增加渠道、增加多少渠道、增加什么样的渠道、什么时候增加等。

第二是增加新产品，这是研发部门的目标，而且跟生产部门相关联。不少部门有关联性，不是一个部门能解决的，需要集体参与制定措施。

第三是人员配置，具体的措施由人力资源部门制定：是内部人员调配还是招聘新人、培训怎么做等。

第四是资金。由财务部门负责拿出具体的解决措施，是增加贷款、上市，还是联营？拿出具体的解决措施。

就这样将公司整体目标层层分解到各个部门、各个成员。各个部门在承接小目标的同时，都制定出详细的解决措施，各项措施落实到位了，公司目标也就实现了。

4. 目标分解程序

总目标确定后，各部门根据总目标和各自的职能建立或修订相应的组织网络。

根据总目标，各部门分解并制定本部门的方针目标、实施对策，编制部门《年度方针目标展开实施对策表》，将本部门年度的主要工作和目标分解细化到部门内的每个人，经上级领导批准后实施。结合部门方针目标，制定各岗位的《岗位职责书》《作业指导书》。根据部门方针目标分解情况及各岗位工作职责、工作指标，与各岗位签订项目责任书，把单位的方针目标落实到每一个岗位，制定出每项工作的质量责任价值标准并成文、公布，以明确质量控制相关人员的责任。

各部门根据方针目标、岗位职责，建立部门内各级人员的《总目标 OEC 控制体系表》，经批准后实施及受控；如有必要，则对单项工作建立《OEC 作业计划表》或《OEC 工作活页》，进行目标实施控制。

## 二、建立 OEC 管理日清体系

1. 日清的内容

日清有两项内容：

第一项内容是员工的自评，即自我日清，针对自己当天的工作实际给自己作一个评价。

第二项内容是复审，即对员工自我日清结果的考核确认。复审由日清者的直接上级领导来进行，对照日清者当天的实际工作，对其日清作一个重新评价。

在具体操作上，分为管理人员的日清、生产一线人员的日清和生产现场的日清三大类。

2. 管理人员的日清

（1）日清实施内容。每月月底找出现状与目标差距最大的工作项目，即最薄弱项，分析应采取的创新措施，结合《总目标 OEC 控制体系表》，找出下月应重点开展的工作，制定下月的《OEC 控制总台账》，如有临时性任务随时填入其中。将本月重点工作的实施情况及进度每日填入《日清表》（见表 39-4）、《OEC 控制总台账》中，每日控制。

### 表 39-4 日清表

姓名：　　　　　　　　　　　　部门：　　　年　月　日

| 计划工作项目 | 月度目标 | 当日计划 | 当日实际 | 差异分析 | 解决措施 | 责任人 | 期限 |
|---|---|---|---|---|---|---|---|
|  |  |  |  |  |  |  |  |
|  |  |  |  |  |  |  |  |
|  |  |  |  |  |  |  |  |

续表

| 临时工作项目 | 目标 | 当日计划 | 当日实际 | 差异分析 | 解决措施 | 责任人 | 期限 |
|---|---|---|---|---|---|---|---|
| | | | | | | | |
| | | | | | | | |
| 呈报问题 | | | | | | | |
| 明日重点 | | | | | | | |
| 自评 | | | A□ | B□ | C□ | | |
| 复审意见： | | | A□ | B□ | C□ | 签字： | |

每个管理岗位每周末根据《日清表》及本周最短板（即最薄弱项），分析制订出下周工作计划，并于下周末对计划完成情况进行总结和分析，分别填写《周工作计划及考核表》，报上级领导确认和复审。运行过程中对未达目标值或比上期下降的重点问题情况记入《OEC控制总台账》，同时填写《OEC日清控制纠偏单》，与责任人会签后，报审并及时纠偏，同时对上期纠偏情况进行复审。

（2）日清实施流程。管理人员的日清分班前、班中和班后三段进行，日清的结果体现在《日清表》中。具体流程如图39-19所示。

班前明确目标：每天以科室为单位召开班前会，明确当日的工作目标及要求。班中实施控制：班中员工按预定的当日工作及标准开展工作，并按照5W3H1S[①]，从事瞬间控制。班后总结清理：每位员工将当日的各项工作逐项进行清理，与目标进行对照、总结，找出差异，提出相应的改进措施，填写《日清表》，并对自己当天的工作进行综合自评，自评分为A、B、C三个等级，标准如下：

A：有创新或提前、超额完成当天工作；

B：按计划完成工作；

C：未完成或拖期，给工作或公司造成负面利益或影响。

《日清表》要在下班前报部门负责人复审。

为了使班后总结清理达到更好的效果，可以通过班后会来进行当天的日清。班后会又称日清会，由部门负责人组织主持，部门全体成员参加。在日清会上，各个成员轮流说出当天工作出现的问题，并集思广益，通过互动提出创新的解决问题的办法。

除了班后即时总结，每项重要工作及例行工作完成后每个月末也要进行总结。比较目标完成情况，分析完成情况较差项目的原因，找出工作中的最薄弱项，拟定采取的措施，记入下月《OEC控制总台账》中。对完成目标的项目，及时提高其目标值，修改每月的《OEC控制总台账》，并完善配套的操作办法、台账、表格、激励办法等。

---

① 5W3H1S 即一是 What_标准；二是 Where-地点；三是 When-进度；四是 Who-责任人；五是 Why-目的；六是 How-方法；七是 How much-量；八是 How much cost-成本；九是 Safety-安全。

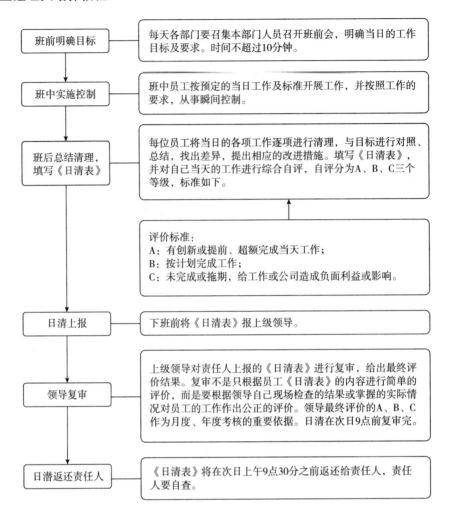

**图 39-19 日清体系实施流程**

每季度对方针目标完成情况进行一次检查和总结，及时调整采取的措施或提升目标、指标。各单位、各部门每季度对本部门方针目标完成情况进行自查，形成自检报告，提交上级主管单位进行互检或总结。

每季度各单位召集相关人员，对本季度方针目标完成情况进行一次论证，及时调整相应措施或提升目标、指标，确保年度方针目标的顺利实施和完成。各单位各部门每年对当年方针目标的完成情况进行一次分析总结，为下一年方针目标的制定提供依据。

领导复审：上级领导对责任人上报的《日清表》进行复审，给出最终评价结果。复审不是只根据员工《日清表》的内容进行简单的评价，而是要根据领导自己现场检查的结果或掌握的实际情况对员工的工作作出公正的评价。领导最终评价的 A、B、C 的考核结果直接与员工的收入挂钩，真正做到公平、公正。

3. 生产一线人员的日清

生产一线人员日清实施流程分三段九步来进行。

（1）第一段：班前明确任务及要求，班中实施及控制。

1）班前会：每天开始生产前，以班组为单位召开班前会，明确当日的目标及要求。

2）工作：员工按预定的目标和计划开展工作，并按照5W3H1S的要求，从事瞬间控制。

3）填《日清表》：将当日完成情况记入日清栏。

（2）第二段：班后清理，分为五步，按组织体系进行纵向清理。

1）自清：每位员工将当日的每项工作逐项进行清理，与目标进行对照，找出差异，并分析原因。

2）计酬：按照事先确定的计酬办法进行自计酬。

3）考核：由市场闸口部门对该员工当日的实际工作市场效果进行确认，并将确认的结果提供给被考核者的资源提供者（班组负责人），由资源提供者（班组负责人）综合各市场闸口部门的考核结果及资源增值情况按照A、B、C三个等级给予评价。

4）填写3E卡（见表39-5），将考核结果及市场确认的报酬记入3E卡中。

5）审核：由上一级资源提供者（部门负责人）根据当日各班组的实际市场效果，复核各班组的3E卡，并逐级将职能范围内当日出现的问题点、解决的措施、遗留的问题及拟采取的措施汇总上报，直至单位最高层。

（3）第三段：整改建制。由各市场闸口部门或职能服务部门会同有关单位根据日清中反映出的问题，进行分类分析，在提出解决措施的基础上，制定和完善相应的管理制度，提高薄弱环节的目标水平，并作为下一循环的依据。

4. 生产现场的日清

生产现场的日清包括质量、生产计划、物耗、工艺、设备、文明生产、安全以及OEC综合考评八大项，由所有相关职能部门和人员共同完成，环环相扣，形成闭环。每一项均有相应的程序文件和日清栏，在每个车间生产现场设立OEC管理看板，在OEC管理看板上张贴以上八个方面的日清栏。

根据生产厂的《OEC控制总台账》及生产计划，将目标、指标分解至每日，实行日清控制。每日由相关责任人根据规定现场控制各项目标，针对完成情况及差异，现场制定解决措施，跟踪效果并记录在相应的日清控制栏上。审核人员每日巡检，审核现场状况及问题解决的有效性、记录的真实性等。所有日清控制栏均要求保存，作为可追溯的见证性资料。

表 39-5　3E 卡

姓名：　　　　车间：　　　　班组：　　　　岗位：　　　　员工：

编号：

填表人：　　　　审核人：　　　　复审人：

| 项目 | 计划<br>型号<br>日期 | | | 1 | 2 | 3 | 4 | …… | 29 | 30 | 31 | 合计 | 闸口确认 |
|---|---|---|---|---|---|---|---|---|---|---|---|---|---|
| | 型号 | 点数 | 单价 | | | | | | | | | | |
| | | | | | | | | | | | | | |
| | | | | | | | | | | | | | |
| | | | | | | | | | | | | | |
| | 产品计酬 | | | | | | | | | | | | |
| 质量考核 | 价值券 | | | | | | | | | | | | |
| | 市场链 | | | | | | | | | | | | |
| | 工艺 | | | | | | | | | | | | |
| | 社会反馈 | | | | | | | | | | | | |
| 设备考核 | | | | | | | | | | | | | |
| 安全考核 | | | | | | | | | | | | | |
| 物耗考核 | | | | | | | | | | | | | |
| 文明生产考核 | | | | | | | | | | | | | |
| 其他奖罚 | | | | | | | | | | | | | |
| 自计日薪 | | | | | | | | | | | | | |
| 当日考评 | | | | | | | | | | | | | |
| 个人签字 | | | | | | | | | | | | | |

（1）质量日清。由质量相关责任人负责每日对生产过程中出现的质量问题及时分析原因，制定解决措施，处理完毕后填写在《质量日清栏》（见表 39-6）中。质量日清负责从问题处理进行审核，确认发现处理不当或其他问题及时反馈、处理。

（2）生产计划日清。由生产计划相关责任人对每一阶段的生产计划及实际完成情况进行清理，对欠产原因进行分析，找出有效解决措施，确保在下一个时间段内不重复发生，并对欠产的责任落实到位，填写《生产计划日清栏》（见表 39-7），由生产负责人进行审核、确认。

**表 39-6 质量日清栏**

| 日期：　月　日<br><br>车间： | 质量日清栏 | | | | | | | 表号：<br>第　次修改<br>生效期： | | |
|---|---|---|---|---|---|---|---|---|---|---|
| 目标完成分析 | 指标名称 | 上月实际 | 本月目标 | 昨日完成 | 累计计划 | 累计完成 | 前三位问题分析及责任者 | 昨日优劣考评 | 分类 | 被考评人 | 激励 |
| | | | | | | | | | 优 | | |
| | | | | | | | | | | | |
| | | | | | | | | | 劣 | | |
| | | | | | | | | | | | |

| 序号 | 指标名称 | 计划值 | 9：00~11：00 | | | 11：00~13：00 | | | 13：00~15：00 | | | 15：00~17：00 | | | 合计 | 差异分析及措施 |
|---|---|---|---|---|---|---|---|---|---|---|---|---|---|---|---|---|
| | | | 不良品 | | 责任落实 | 不良品 | | 责任落实 | 不良品 | | 责任落实 | 不良品 | | 责任落实 | | |
| | | | 明细 | 数量 | | 明细 | 数量 | | 明细 | 数量 | | 明细 | 数量 | | | |
| | | | | | | | | | | | | | | | | |
| | | | | | | | | | | | | | | | | |
| | | | | | | | | | | | | | | | | |
| | | | | | | | | | | | | | | | | |
| 技术人员对不良品是否准确落实确认 | | | | | | | | | | | | | | | | |
| 检验人员对不良品数量清理到位确认 | | | | | | | | | | | | | | | | |

填表人：　　　　　　　　　　　　　　　　审核人：

注：每一个时间段，只要出现差异均应在“差异分析及措施”栏中分析原因、责任及措施。

（3）工艺纪律日清。由工艺相关责任人每日对生产现场的工艺执行情况进行巡检，对问题点落实责任人并进行纠偏，填写《日清栏（工艺、设备等）》（见表39-8）。工艺负责人负责进行审核、确认。

（4）设备日清。由设备相关责任人每日对管辖区域内运行的设备使用情况进行巡检，了解有无故障及原因分析，制定预防措施，对设备进行维护保养等，填写《日清栏（工艺、设备等）》，设备负责人进行审核。

表 39-7 生产计划日清栏

| 编号： | | 生产计划日清栏 | | | | | | | 表号： | |
| | | | | | | | | | 第　次修改 | |
| | | | | | | | | | 生效期： | |
| 时间 | 工作名称 | 单位 | 计划 | | 实际 | | 超欠（+或-） | | 原因 | 责任 | 解决措施 | 备注 |
| | | | 本期 | 累计 | 本期 | 累计 | 本期 | 累计 | | | | |
| | | | | | | | | | | | | |
| | | | | | | | | | | | | |
| | | | | | | | | | | | | |
| | | | | | | | | | | | | |
| | | | | | | | | | | | | |
| | | | | | | | | | | | | |
| | | | | | | | | | | | | |
| | | | | | | | | | | | | |
| | | | | | | | | | | | | |
| | | | | | | | | | | | | |
| | | | | | | | | | | | | |

填表人：　　　　　　　　　　　　　　　　　　审核人：

注：①本栏必须严格按规定时间、内容及要求填写，不得缺项、空项、漏项。

②如时间段中出现欠产，必须详细填明原因、责任及采取的解决措施。

③每日生产结束后，将此表报送生产调度（或生产厂长）进行日清并存档。

表 39-8 日清栏（工艺、设备等）

| 日期：__月__日 车间： | ___日清栏（工艺、设备等） | | | | | 表号： | |
| | | | | | | 第　次修次 | |
| | | | | | | 生效期： | |
| 时间 | 本日计划及标准 | | 巡检区域或工位 | 问题分析（责任到人） | SST 兑现 | 整改措施 | 审核 | |
| | 本车间共有___项目（区域、设备、工艺、工位），巡检期次为___次/（　）年（　）月（　）日 | | | | | | 少发现问题索赔 | 签字 |
| 9：00~11：00 | 本时间段计划巡检___项目，发现问题___项 | | | | | | | |
| 11：00~13：00 | 本时间段计划巡检___项目，发现问题___项 | | | | | | | |
| 13：00~15：00 | 本时间段计划巡检___项目，发现问题___项 | | | | | | | |

| 日期：__月__日<br>车间： | ___日清栏（工艺、设备等） | | | 表号：<br>第　次修次<br>生效期： | | | |
|---|---|---|---|---|---|---|---|
| 15：00~17：00 | 本时间段计划巡检____项目，<br>发现问题____项 | | | | | | |
| 昨日小结：本月计划巡检____项目，发现并解决问题____项；截至昨日应巡检____项目，发现并解决问题____项；实际累计巡检____项目，发现问题____项，解决问题____项；未解决项内容及今日对策： | | 内容<br>昨日<br>考评 | | 班组 | 角度 | 责任人 | 激励 |
| | | | 优 | | | | |
| | | | 劣 | | | | |

填表人：　　　　　　　　　　　　　　　　　　　审核人：

注：①此表通用于工艺、设备、文明生产、安全（人员状态）等项目的车间日清。

②发现的问题点按合同及市场链条款索赔责任人。

③管理人员少发现问题则按原价值的双倍由审核人索赔到位。

④右下方的表格中根据日清栏的功能选填。

⑤"本日计划及标准"栏中设定"项目"有 X 个，日频次为 Y，则 X、Y 的乘积为本日四个时间段"计划巡检项目"的累加。

⑥"发现问题____项"一栏必须发现问题，可根据不同的项目由管理者事先确认后执行。

⑦"SST"指海尔市场链的索酬、索赔、跳闸机制。


（5）材料物耗日清。由材料核算相关责任人在规定时间前，将前一天退库废品按质量、设备、模具、原材料等分类落实内、外部责任，填写《物耗日清栏》（见表39-9），由财务负责人进行审核。每月月底由材料核算相关责任人将本月物耗情况进行汇总、统计分析，作为下月重点监控项目。

表39-9　物耗日清栏

| 日期：__月__日<br>车间： | | 物耗日清栏 | | | | | | 表号：<br>第　次修改<br>生效期： | |
|---|---|---|---|---|---|---|---|---|---|
| 上月<br>实际值 | 本月<br>目标值 | 昨日<br>计划 | 昨日<br>实际 | 累计<br>计划 | 累计<br>实际 | 差异<br>分析 | 责任<br>及兑现 | 对策 | 今日<br>计划 |
| | | | | | | | | | |

填表人：　　　　　　　　　　　　　　　　　　　审核人：

（6）文明生产日清。由文明生产相关责任人负责对定置管理、物品放置、工位器具存放、劳动纪律等情况进行检查，发现问题，对责任人给予处理并对效果进行复审，填写《日清栏（工艺、设备等）》。生产负责人进行审核。

（7）安全日清。由安全相关责任人负责对安全生产情况进行检查，发现问题，对责任人给予处理并对效果进行复审，填写《日清栏（工艺、设备等）》。生产负责人进行审核。

（8）日清栏综合考评。由现场相关责任人每日对各日清栏负责人的日清情况进行综合考评，填写《OEC综合考评栏》（见表39-10）。考评内容主要有：①是否按时填写；②是否符合实际；③问题是否落实到责任人；④解决措施是否彻底。

根据以上内容，综合考评出 A、B、C，由生产负责人审核。考评标准为：

A：在 B 的基础上能发现隐患，并创新性地解决问题。

B：能发现问题，落实责任到位并解决。

C：不能发现问题，日清不及时、不规范，或结果不真实。

表 39-10　OEC 综合考评栏

| 日期：__月__日<br>车间： | OEC综合考评栏 | | | | 表号：<br>第　次修改<br>生效日期： | | | |
|---|---|---|---|---|---|---|---|---|
| 序号 | 项目 | 责任人 | 昨日 ABC 考评 | 昨日 SST 公布 | 9：00~13：00 | | 13：00~17：00 | 综合考评 |
| | | | | | 评价 | 存在问题 | 评价 | 存在问题 | 按三个 1/3 评出 ABC |
| 1 | 订单 | | | | | | | | |
| 2 | 质量 | | | | | | | | |
| 3 | 设备 | | | | | | | | |
| 4 | 物耗 | | | | | | | | |
| 5 | 工艺 | | | | | | | | |
| 6 | 文明生产 | | | | | | | | |
| 7 | 人员状态（安全） | | | | | | | | |

填表人：　　　　　　　　　　　　　　　　　　　　　　　　审核人：

注：①每时间段考评为 A、B、C 评价，评 A：+5 元；评 C：-5 元。

②评价标准 A：在 B 的基础上能发现隐患，并创新性地解决问题；B：能发现问题，落实责任到位并解决；C：不能发现问题，日清不及时、不规范，或结果不真实。

## 三、建立 OEC 管理法激励体系

OEC 管理法激励体系建立流程如图 39-20 所示。

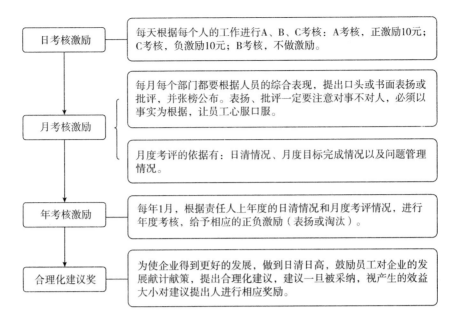

**图 39-20　OEC 管理法激励体系建立流程**

1. 激励的原则

（1）三公原则，即公开、公平、公正。公开就是透明化。OEC 管理法中，管理人员每天的日清考核结果都在本部门公布，生产一线人员根据 3E 卡可以算出当日工资，所有这些都是透明的。公平就是具有相同的考核标准而且坚决按其执行，减少了随意性，能够做到相对公平。公正就是要有合理的计算依据。如生产一线人员实行的点数工资，至少要从 10 个方面对各岗位进行综合评价而确定工资标准，使之尽可能合理。这 10 个方面分别是：

1）定额节拍要求；

2）操作复杂程度；

3）上岗技能要求；

4）上岗体力要求；

5）对产品成本所负的责任；

6）对产品质量所负的责任；

7）所负的设备责任；

8）工作环境；

9）人心流向；

10）工作安全程度。

（2）即时性原则。激励一定要即时。当天表现好，当天给予奖励；当天表现不好，当天给予处罚，而且要兑现到位。即时激励可以即时纠偏，可以最大限度地鼓舞士气，即时的小奖励可能比月末的大奖励的效果更佳，而且这种方式最能体现企业的信誉和快速行动的工作作风。

（3）效果导向原则。在工作过程中，要效果，不要借口。已经确定的目标，对责任人来说，就是刚性的目标，后边的激励考核按照实际效果来进行。也就是说，管事凭效果，管人凭考核。任何人在实施过程中，必须依据公司的要求和既定目标，日事日毕、日清日高地开展本职范围内的工作。

在目标明确之后，使每个人在相对的自由度下可进行创造性的能力发挥，力求在期限内用最短的时间，完成各自标准甚至高于标准的各项工作。后面的考核完全依据目标完成情况即实际工作效果进行。对管理人员用月度台账加《日清表》来进行控制，即每天一张表，明确一天的任务，下班时交上级领导考核，没有完成的要说明原因以及解决的办法；对生产一线人员是 3E 卡控制，每日终了，将结果与标准一一对照落实，并记录标记。通过自我审核后，附上各种材料或证明工作绩效的证据，报上一级领导复审。上一级领导按其工作进度、工作质量等标准对比，进行 A、B、C 分类考评。复审不是重复检查，而是注重实际效果，并记录标记。通过对过程中某些环节规律性的抽查，来验证系统受控的程度。一天结束后，生产一线人员一天的工作成绩及一天的报酬也就显示出来了。工资每天填在 3E 卡上，月末凭 3E 卡兑现工资。

（4）差异化原则。在企业组织中，激励的对象是若干相互独立的员工个体。个体之间在需求结构、价值观、个性特征、能力素质等方面都存在不同程度的差异。随着企业内外环境的变化和时间的推移，员工的需求内容、认识水平和思想观念也会相应改变。为适应这一复杂局面，在激励中必须坚持差异化原则，根据对象和环境的差异采取相应的激励效果。按能力和心态划分，所有类型企业的员工都可以分为四个级别，在采取激励措施时应因级别而异。

2. 物质激励是基础

（1）薪酬形式。在激励方面，物质激励是最根本、最基础的方法。在 OEC 管理法中，物质激励包括很多内容，有很多方式方法。企业也可以对企业中的不同群体采用不同形式的薪酬制度，如对生产员工实行点数工资这一公正透明的工资计算方法；对研发及销售人员采用市场业绩衡量的绩效联酬办法；对管理人员实行市场链工资等。

（2）日清考核。每天根据每个人的工作进行日清考核，评出 A、B、C 级，并将考核结果与个人的工资挂钩。每个部门都设立部门人员日清考核台账，公布每个人每天的 A、B、C 考核结果，月底汇总计算工资。以 B 为标准，A 和 C 按 1A = 1.5B，1C = 0.5B 进行折算，每月将每天的 A、B、C 考核结果全部折算成 B，作为实得 B 数，当月的标准工作天数作为应得 B 数，则工资计算公式如下：

月工资 = 实得 B 数/应得 B 数 × 月工资标准

根据日清结果及时进行激励，完成了计划且工作效果突出、有创新，给予正激励；未完成计划、工作效果不好，给予负激励。

（3）月度考评。每月根据员工全月的日清情况、月度目标完成情况、问题管理情况、自我提名情况等对员工进行考评。月度考评可分为绩效考评和导向考评。绩效考评是根据业绩和目标完成情况进行考评，导向考评是根据工作状态、工作作风和理念认同情况进行考评。月度考评等级包括书面表扬、口头表扬、书面批评、口头批评，每一等级都对应相应金额的正负激励。月度考评结果可以在月度例会上进行公布并进行讲评。

（4）价值券激励。把以往生产过程中出现过的所有问题，整理分析汇编成《质量责任价值手册》，并制作出标注相应面值的价值券，价值券分为两种颜色：一种是黄色，做负激励用；另一种是红色，做正激励用。针对每一个缺陷，明确规定自检、互检、专检三个环节应负的责任价值，明码标价，每人每天的工作质量都有据可查、有价值可计。同时，价值券要在规定时间内到财务部门兑现。

相关检验人员检查发现缺陷后，当场撕价值券，由责任人签收，每个缺陷扣多少分全都印在《质量责任价值手册》上。对员工互检发现的缺陷，经相关职能负责人确认后，当场予以正激励，同时对缺陷责任人和审核人进行负激励。例如，某工序有缺陷的产品，流入下道工序，被下道工序人员互检发现，要对上道工序按《质量责任价值手册》中规定的标准进行负激励，撕黄色价值券。同时，要对互检发现问题的互检人员进行正激励，发红色价值券。通过红黄券激励，将每天生产过程中产生的质量问题，随时进行考核、激励，做到即时激励，极大地增强了员工的自互检意识，使上下工序建立起严格的质量监督机制，上下工序形成一种咬合关系，确保不合格产品不流入下道工序，质量指标日益提高，真正体现了"下道工序就是用户"的市场理念。

3. 晋升激励定方向

在 OEC 管理法推行过程中，企业可结合自身情况进行创新，设计出更有效的晋升激励方法。

（1）三工并存、动态转换。在全员合同制的基础上，将员工分为优秀员工、合格员工和试用员工三类，每类员工的待遇都不一样。而且根据员工的表现，进行动态转换。表现好可以上转，表现不好要下转，上转和下转均有严格的标准。试用员工做得好，达到标准，可以上转为合格员工，同样，合格员工也可以上转为优秀员工。如果表现不好，优秀员工可以下转为合格员工，合格员工可以下转为试用员工。如果表现特别差，优秀员工甚至可以直接下转为试用员工。每个月每个部门都要公布本月各类员工转换的情况。

（2）赛马不相马。在职务升迁方面，要采用赛马不相马的竞聘上岗方式，这样可以最大程度地对人才和人的潜能进行激励和挖掘。通过赛马，可以使能者上、庸者下、平者让，员工管理永远处于一种动态的管理机制下，使不同能力和业绩的人得到不同的激励。赛马要坚持两条原则：一是公平竞争，任人唯贤；二是职适其能，人在赛马过程中，可以采用后备人才库等方式，以保证有更高的人才质量和更好的赛马效果。

（3）轮岗制度。根据 OEC 管理法的岗位管理工作法，岗位要实行动态、轮岗管理，岗位届满要轮换，但轮换的前提是竞聘。充分发挥企业内部人才市场的作用，健全岗位轮换制度使员工能更加充分、主动地选择具有挑战性的工作，从而使工作内容横向丰富化和纵向扩大化。这样，工作产生的乐趣和挑战性就成了工作本身对员工的激励。轮岗时间及频率根据企业实际情况来定。

（4）绿色工位认证。在企业管理看板上写上每位员工的名字，名字下面贴着一张黄色、绿色或红色的标签。标签是绿色，说明该工位处于正常状态；若出现黄色，则说明该工位有偏差，需尽快纠偏；而如果出现红色，就说明该工位工作质量与标准差距很大，需要下岗整顿了。绿色工位认证不仅使车间主任和职能管理人员能一目了然地了解各工序工位的状态，便于有针对性地加强管理，而且也激励了广大员工寻找差距不断创新的积极性，以使工作做得更好。

（5）班组升级制度。为发挥员工的源头活水作用，激发员工的自主管理意识，提高班组的 OEC 管理水平，使班组成为具有活力的学习型的团队组织，实行对班组的升级达标活动，将所有班组划分为五个级别，分别是合格班组、信得过班组、免检班组、自主管理班组、自主创新班组。各个级别的班组都有相应的升级标准和待遇，每月由相关职能部门牵头组织对班组进行评比，动态转换。

4. 精神激励创文化

精神激励包括很多内容，也有很多方式方法，主要有以下四类：

（1）年度综合奖励。年度综合奖励一般在当年的年底或下一年的年初进行。年度综合奖励内容包括公司奖（分为金奖、银奖、铜奖，公司奖可以以公司的名字命名）、先进、标兵、岗位明星等。评定结果可以在企业年终总结大会上公布，进行现场授奖，以起到更好的激励和宣传作用。年度综合奖励要通过事先制定的标准，由相关职能部门或组织进行申报评定。评定标准一定要合理、客观，评定过程一定要公平、公正、公开。

日清考核、月度考评等平时的考核分数要作为年度综合奖励评定的主要依据。所以，从严格意义上说，年度综合奖励不是评出来的，而是考核出来的。"评"字带有浓厚的主观感情色彩，评委的个人感情势必影响结果的公正，而"考核"是客观的、公平的。"年度综合奖励是考核出来的"旨在告诉员工：你的得奖与否不取决于某一个人的喜好，也不取决于某一时刻的表现，而是取决于你全年每一天的表现和业绩。

（2）分类奖励。分类奖励是指企业的工会、妇联、党委（或党支部）、共青团、生产安全部门等评出的劳动模范、工作积极分子、三八红旗手、优秀党员、团员、安全标兵等。分类奖励也要通过事先制定的标准，由相关职能部门或组织进行申报评定。评定标准一定要合理、客观，评定过程一定要公平、公正、公开。

（3）合理化建议奖励。合理化建议与课题攻关工程，参与程度是影响员工主观能动性发挥的现实激励因素之一，每个员工都有自尊，希望得到他人（包括上级）的理解和平等的对待，希望自己对工作的看法和建议有人倾听并被采纳。为使企业得到更好的发展，做到日清日高，要鼓励员工对企业的发展献计献策，提合理化建议。每个员工都可以提，并有专门的部门负责收集、落实这些建议，建议一旦被采纳，视产生的效益大小对建议提出人进行奖励。而且员工一年内提出的合理化建议被采纳的数量达到一定程度后，员工类别可以上转。每年要评出合理化建议明星，对提合理化建议方面的优秀员工给予鼓励。

（4）员工发明奖励。为了鼓励员工发明创造，将员工的发明创造以他们自己的名字加以命名，企业用这种"以名命名"的方式对员工自我价值的承认给了他们更大的动力，员工们都十分珍惜这种荣誉，这是一种很有效的激励方式。

资料来源：海尔 OEC 管理方法．中国企业质量管理创新实践（第一辑），《中国会议》·工程科技Ⅱ辑，2012.

# 第二节　信息化管理工具

## 一、ERP（企业资源计划）

ERP（Enterprise Resource Planning，ERP）即企业资源计划，是建立在信息技术基础上，以系统化的管理思想，为企业决策层及员工提供决策运行手段的管理平台，由美国计算机技术咨询和评估集团 Gartner Group 公司于 1990 年提出。企业资源计划是MRPⅡ（企业制造资源计划）下一代的制造业系统和资源计划软件。除了 MRPⅡ已有的生产资源计划、制造、财务、销售、采购等功能外，还有质量管理，实验室管理，业务流程管理，产品数据管理，存货、分销与运输管理，人力资源管理和定期报告系统。在我国，ERP 所代表的含义已经被扩大，用于企业的各类软件已经统统被纳入ERP 的范畴。它跳出了传统企业边界，从供应链范围去优化企业的资源，是基于网络经济时代的新一代信息系统。它主要用于改善企业业务流程以提高企业核心竞争力。

ERP 是由美国计算机技术咨询和评估集团 Gartner Group 公司提出的一种供应链的

管理思想。企业资源计划是指建立在信息技术基础上，以系统化的管理思想，为企业决策层及员工提供决策运行手段的管理平台。

1. 企业资源计划系统的演变历程

ERP 系统的形成与发展大致经历了 6 个阶段：库存控制订货点法、时段式物料需求计划（MRP）、闭环物料需求计划（闭环 MRP）、制造资源计划（MRP Ⅱ）、企业资源计划（ERP）、企业资源计划 Ⅱ（ERP Ⅱ）。

（1）库存控制订货点法。在 20 世纪 40 年代计算机技术应用普及之前，发出订单和进行催货是一个库存管理系统在当时所能做的一切。为改变这种被动的情况，用过去的经验预测将来的物料需求情况的订货点法应运而生。订货点法为每种物料事先预设最大库存量、安全库存和供货周期。一旦库存的储备低于预先安全库存的数量即订货点，则要求立即进行订货来补充库存。订货点的计算公式是：订货点 = 单位时区的需求量×订货提前期+安全库存数量。

（2）时段式物料需求计划（MRP）。随着市场及客户需求的变化，企业的管理者们清楚地认识到，真正的需求是有效的订单交货日期，产生了对物料清单的管理与利用。20 世纪 60 年代中期，美国 IBM 公司奥列佛博士首先提出物料需求计划（Material Requirements Planning，MRP）方案。MRP 强调"在需要的时候提供需要的数量"。MRP 基本原理是：在确定主生产计划的条件下，可通过客户订单与市场预测制定出的各产品的生产计划及产品物料清单或产品结构、产品交货期及库存状态、制造工艺流程等信息，由计算机编制出各个时间段及各种物料的生产及采购计划。

（3）闭环物料需求计划（闭环 MRP）。事实上生产管理不仅受物料需求影响，同时受生产能力的约束，因此在 20 世纪 70 年代闭环 MRP 应运而生。这个系统的特点是：以整体生产计划为系统流程的基础，主生产计划及生产执行计划的产生过程中均包括能力需求计划，这样使物料需求计划成为可行的计划；具有车间现场管理、采购等功能，各部分相关的执行结果均可立即取得和更新；不是等到短缺发生时才给予解决，而是事先进行计划；增加生产能力计划、生产活动控制、采购和物料管理计划三方面的功能。

（4）制造资源计划（MRP Ⅱ）。20 世纪 80 年代初，闭环 MRP 经过发展和扩充逐步形成了制造资源计划的生产管理方式。制造资源计划（MRP Ⅱ）是指以物料需求计划 MRP 为核心的闭环生产计划与控制系统，它将 MRP 的信息共享程度扩大，使生产、销售、财务、采购、工程紧密结合在一起，共享有关数据，组成了一个全面生产管理的集成优化模式。MRP Ⅱ 是以生产计划为主线，对企业制造的各种资源进行统一和控制的有效系统，也是使企业物流、信息流、资金流畅通的动态反馈机制，MRP Ⅱ 成为制造业所公认的管理标准系统。

（5）企业资源计划（ERP）。ERP 概念由美国著名的咨询公司 Gartner Group 提出，由于它反映了 MRP Ⅱ 的发展特点和要求，所以立即得到广泛的认同。与 MRP Ⅱ 相比，ERP 除包括和加强了 MRP Ⅱ 各种功能之外，更加面向全球市场，功能更为强大，所管理的企业资源更多，支持混合式生产方式，管理覆盖面更宽，并涉及了企业供应链管理，从企业全局角度进行经营与生产计划，是制造企业的综合集成经营系统。ERP 所采用的计算机技术也更加先进，形成了集成化的企业管理软件系统。ERP 的核心思想主要有两点：一是实现两个集成，内部集成包含产品研发、核心业务、数据采集集成等，外部集成包含企业与供需链上所有合作伙伴的集成；二是实现管理整个供需链的设计、监控与优化等，实现增值与共赢。

（6）企业资源计划 Ⅱ（ERP Ⅱ）。自 2000 年以来，Gartner Group 公司在原有 ERP 的基础上扩展后，提出 ERP Ⅱ 的新概念。ERP Ⅱ 是通过支持和优化企业内部和企业间的协同运作和财务过程，以创造客户和股东价值的一种商务战略和一套面向具体行业领域的应用系统。为了区别于 ERP 对企业内部管理的关注，引入了"协同商务"的概念。协同商务是指企业内部人员、企业与业务伙伴、企业与客户之间的电子化业务的交互过程。为了使 ERP 流程和系统适应这种改变，企业对 ERP 的流程及外部的因素提出了更多要求，这就是 ERP Ⅱ。

2. 企业资源计划系统在企业中的应用

ERP 系统构成如图 39-21 所示。ERP 的主要功能分为四大模块：财务管理模块、生产控制管理模块、物流管理模块、人力资源管理模块。

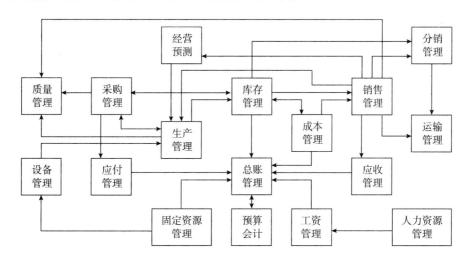

**图 39-21　ERP 系统构成**

（1）财务管理模块主要包括总账管理、固定资产管理、报支管理、应收款项管理、应付款项管理、产副品账务管理、厂务会计、成本管理及预算管理模块，企业可根据自身情况选择其所需安装的模块。

（2）生产控制管理模块包括生产计划、物料需求计划、能力需求计划、车间控制、制造标准。以计划为导向，通过整合整个生产过程，将各个生产环节自动连接，前后连贯，从而达到高能、高效的生产力。

（3）物流管理模块包括以下3个子模块：销售与客户管理、采购与供应商管理、库存管理。

1）销售与客户管理主要包括管理客户信息、销售订单、分析销售结果。通过建立健全的客户信息档案，进行有针对性的客户服务，以获得更多的客户资源；通过对销售订单的管理，合理安排产品生产计划；通过对销售统计与分析，评估出合理的销售方案、生产方案等，以便达到公司收益最大化。

2）采购与供应商管理包括供应商管理、采购订单管理、采购统计与分析。可达到以下功能：①确定订货量、甄别供应商和产品的安全；②随时提供订购、验收信息，跟踪、催促外购或委外加工物料，保证货物及时到达；③建立供应商档案，通过最新成本信息调整库存超市管理成本。

3）库存管理包括为所有的物料建立库存，管理检验入库、收发料等日常业务。库存管理是动态、真实的库存控制系统，能结合部门需求随时调整库存，并精确地反映库存现状，为正常生产提供保障，同时使成本占用最小化。

（4）人力资源管理模块主要包括人力资源规划的辅助决策体系、招聘管理、工资核算、工时管理、差旅核算等。人力资源管理模块使碎片化数据得到集中，形成信息集成优势，促进所属单位组织调整及划转、人事调配、人工成本管控、统计分析等业务的整合，实现人工成本与财务管理的紧密集成，并为其他模块运行提供组织机构和人员信息等支持保障，助力企业健康发展。

3. 企业实施企业资源计划系统需要注意的问题

（1）建立ERP系统管理小组。ERP系统既能管理企业内部又能管理企业关系，功能十分强大，如今ERP系统在企业中的应用并未完全发挥其功能，因此企业要想充分发挥该系统的管理功能，需组建专门管理小组，参与并监督企业ERP系统的建设。根据企业运行目标和方向的变化，及时对ERP系统项目进行调整，确保企业整个业务流程的顺利开展。

（2）制定ERP的总体目标和阶段性目标。企业要想充分发挥其重要功能，必须制定明确的发展规划和目标，在开发引进ERP系统时便明确今后运用领域、预期目标，并将目标细化为阶段性目标和整体性目标，以阶段性目标作为企业ERP系统功能发挥程度的检验指标。

对于企业来说，ERP系统不仅是一种管理方法的革新，更是一种创新精神的代入，这是一个庞大复杂的系统工程，涉及面广，需要企业投入大量的人力、物力、财力。

合理利用 ERP 不仅能提升企业自身竞争力，而且可以促进企业有效、可持续发展。

## 二、CRM 客户管理系统

1. CRM 系统概述

自 20 世纪 90 年代开始，现代企业经营思想逐渐从"以产品为中心"向"以客户为中心"进行转变，强调围绕"客户"来重新整合、调度、优化企业资源和流程，借此提高客户满意度，最终达到提高企业利润的目的。客户关系管理（Customer Relationship Management，CRM）是指企业为提高核心竞争力，利用相应的信息技术以及互联网技术协调企业与顾客之间在销售、营销和服务上的交互，从而提升其管理方式，向客户提供创新的个性化的客户交互和服务的过程。其最终目标是吸引新客户、保留老客户以及将已有客户转为忠实客户以扩大市场。

CRM 是一种以客户为中心的管理方式，围绕客户生命周期的发生、发展，通过销售、市场营销和客户服务的业务流程重组和协同工作，为不同价值分类的客户提供满足个性化需要的产品和服务，其核心是以客户满意度为目标的协同管理思想。CRM 系统是指利用软件、硬件和网络技术，为企业建立一个客户信息收集、管理、分析和利用的信息系统。CRM 系统以客户数据的管理为核心，记录企业在市场营销和销售过程中与客户发生的各种交互行为以及各类有关活动的状态，提供各类数据模型，为后期的分析和决策提供支持。

2. CRM 系统在企业中的价值

CRM 系统致力于帮助企业打造知情、卓越的客户体验，建立牢固、高效、忠诚的客户关系，目标是通过卓越的客户体验来吸引回头客，从而提高获客率和保留率。其在企业中的价值主要有以下四点：

（1）辅助战略决策。通过 CRM 系统帮助企业了解重要客户特征、订单分布行业、销售收入预算、产品销售占比、市场如何投放、影响客户满意度的因素等信息，协助企业战略决策。

（2）强化业务管控。通过 CRM 系统进行业务管控，防止客户资源流失、客户资料填写不全、销售人员工作松懈、销售占有资源却不作为、合同评审混乱、售后服务无流程化等问题，强化企业业务管控能力。

（3）提升业务执行。通过 CRM 系统实时了解客户跟进情况、销售人员日常行为管理、项目跟进情况，定制合理的销售策略、工作计划与执行情况、售后服务进度等，提升企业业务执行能力。

（4）提高工作效能。通过 CRM 系统快速录入与查询所需信息，可以在手机端移动办公，自动生成数据报表，多部门协同办公，免去各个系统数据的重复录入，从而提高员工工作效能。

3. CRM 系统的主要功能特点

（1）易用性。易用性是 CRM 系统最重要的特性，主要体现在易于操作使用，具有直观的界面、充足的文档和良好的用户支持。毕竟拥有 CRM 系统是为了提高效率而不是浪费时间，并能更好地帮助团队提高生产力。

（2）易于集成。CRM 系统支持多种集成方法，具有很强的集成性。例如，它能够无缝和 ERP、财务系统、人事管理系统等进行集成，从而确保不浪费时间，更好地开展业务。

（3）适应性。一个好的 CRM 系统的功能特征是具有很强的适应性，它会随着企业发展壮大，灵活地满足企业当前和未来的需求，其中包括多种模块、功能的整合。

（4）创造更好的客户体验。CRM 系统的核心在于维持积极的客户关系，能够将潜在客户转化为客户，并让企业与客户随时保持关联，从而为客户提供更好的服务。

（5）帮助管理者做出更好的战略决策。CRM 系统收集客户的所有重要数据，为企业提供大量的数据以进行分析和评估，有助于获得更高的客户满意度并提高业务利润，同时这些数据对于做客户分析来制定未来的商业战略很有用。

## 三、管理驾驶舱

在当今竞争激烈的商业环境中，企业管理者面临着日益复杂的挑战。他们需要快速准确地获取和分析大量的业务数据，以便做出明智的决策。同时，他们还需要能够及时调整和优化企业运营，以适应市场的变化。在此背景下，管理驾驶舱作为一种集成管理工具应运而生。

1. 管理驾驶舱的概念

管理驾驶舱是一种通过集成和展示关键业务指标和数据的仪表盘，它可以帮助管理者实时了解企业的运营情况，并进行数据分析和决策。管理驾驶舱可以从多个数据源中汇集数据，并将其以图形化和易于理解的方式展示出来。通过管理驾驶舱，管理者可以快速了解企业的绩效和运营状况，识别问题和机会，并做出相应的决策。

管理驾驶舱的展示大多有一个特定的主题或是分类，按不同层级大致分为三类：战略型驾驶舱、分析型驾驶舱、操作型驾驶舱。

（1）战略型驾驶舱的作用是快速掌握企业的运营情况，监控企业经营情况，并以此制定经营决策，使用者通常是企业高层。比如根据业务需求开发出高管层面所需要的公共通用的管理驾驶舱，从宏观上满足日常管理、经营分析、专项业务分析的需要。还有对高管所负责的整体业务、KPI 和数字（如负债、利润、营收）的结果进行查看。

（2）分析型驾驶舱的重点在于分析，除去表层的核心指标数据，还可以深入探究表层现象发生的原因。技术上通过钻取联动过滤等操作，从现象出发，沿着数据的脉络去寻找原因。比如销售业绩为什么下降，回款时间长的原因又是什么。因此，分析型驾驶舱更多的是为落实战略到战术执行层面的中层管理人员服务，这部分需要更多体现的是问题直接显性化、优先级排序、直接采取行动的方式。

（3）操作型驾驶舱强调持续、实时的信息汇报，所以对数据的时效性要求比较高。操作型驾驶舱用于监控每日进度和产出，以保证预期计划和实际达成业绩的相符，也就是保证战略目标分解到每一天的完成度。比如 KPI 的数值监控、绩效达成情况；又如阈值预警，生产原料不足会发出警报；再如一些实时数据监控，有些行业的驾驶舱需要对关键指标进行实时监控，如交易所成交量监控、航班监控、地铁线路运行监控等。

2. 管理驾驶舱的功能

（1）数据集成和展示。管理驾驶舱可以从多个数据源中获取数据，并将其整合到一个统一的仪表盘中展示，这使管理者可以在一个界面上同时查看多个业务指标和数据。

（2）实时监控和分析。管理驾驶舱可以实时获取数据，并对其进行监控和分析。管理者可以通过仪表盘了解业务的实时状态，并及时采取行动。

（3）可视化分析。管理驾驶舱通过图表、图形和可视化方式展示数据，使复杂的数据变得直观和易于理解。管理者可以通过这些可视化工具进行数据分析和趋势预测，从而更好地理解企业的运营情况。

（4）决策支持。管理驾驶舱提供了数据和分析工具，可以帮助管理者做出明智的决策。管理者可以通过仪表盘获得准确的信息，并基于这些信息做出相应的战略调整。

3. 管理驾驶舱的构建方法

（1）设定关键业务指标。在利用管理驾驶舱之前，企业需要明确其关键业务指标。这些指标应与企业的战略目标相一致，并能够全面反映企业的绩效和运营情况。通过设定明确的关键业务指标，管理者可以在管理驾驶舱中监控和分析这些指标，及时发现问题并采取相应的措施。

（2）数据源的整合和准确性。管理驾驶舱的有效性取决于数据的准确性和完整性，因此企业需要确保数据源的整合和质量控制。数据可以来自企业内部的各个部门和系统，如财务、销售、生产等；同时，也可以整合来自外部的市场数据和行业趋势。确保数据的准确性和及时性对于管理驾驶舱的有效运行至关重要。

（3）设计用户友好的仪表盘。管理驾驶舱的设计应该简洁、直观和用户友好。仪表盘应该能够以图形化和可视化的方式展示数据，使管理者可以快速理解和分析。同时，应该提供交互性功能，允许管理者根据需要进行数据筛选、对比和深入分析。通过设计用户友好的仪表盘，管理者可以更好地利用管理驾驶舱进行数据驱动的决策。

（4）实时监控和预警机制。管理驾驶舱应具备实时监控和预警机制，以便管理者及时了解业务的变化和异常情况。通过设置预警指标和阈值，管理驾驶舱可以在关键业务指标达到或超过预设阈值时自动触发警报，提醒管理者采取行动。这有助于管理者快速识别问题和机会，并及时采取相应措施。

（5）数据分析和洞察力提升。利用管理驾驶舱进行数据分析是提升企业管理水平和竞争力的关键一环。管理者应该具备数据分析的能力，并利用管理驾驶舱提供的工具进行深入分析和趋势预测。通过对数据的洞察和理解，管理者可以发现潜在的问题和机会，并制定相应的战略和决策。

## 四、商业智能决策支持系统（BI）

### 1. 商业智能（BI）概述

商业智能（Business Intelligence，BI），又称商业智慧或商务智能，指用现代数据仓库技术、线上分析处理技术、数据挖掘和数据展现技术进行数据分析以实现商业价值。其概念最早由 Gartner Group 公司于 1996 年提出，Gartner Group 公司将商业智能定义为：商业智能描述了一系列的概念和方法，通过应用基于事实的支持系统来辅助商业决策的制定。商业智能技术提供使企业迅速分析数据的技术和方法，包括收集、管理和分析数据，将这些数据转化为有用的信息，然后分发到企业各处。商业智能通常被理解为将企业中现有的数据转化为知识，帮助企业做出明智的业务经营决策的工具。这里所谈的数据包括来自企业业务系统的订单、库存、交易账目、客户和供应商等数据，来自企业所处行业和竞争对手的数据，以及来自企业所处的其他外部环境中的各种数据。而商业智能能够辅助的业务经营决策，既可以是操作层的，也可以是战术层和战略层的。为了将数据转化为知识，需要利用数据仓库、联机分析处理（OLAP）工具和数据挖掘等技术。因此，从技术层面上讲，商业智能不是什么新技术，它只是数据仓库、OLAP 和数据挖掘等技术的综合运用。

因此，把商业智能看成是一种解决方案应该比较恰当。商业智能的关键是从许多来自不同企业运作系统的数据中提取出有用的数据并进行清理，以保证数据的正确性，然后经过 ETL 过程，合并到一个企业级的数据仓库里，从而得到企业数据的一个全局视图，在此基础上利用合适的查询和分析工具、数据挖掘工具、OLAP 工具等对其进行分析和处理（这时信息变为辅助决策的知识），最后将知识呈现给管理者，为管理者的决策过程提供支持。商业智能的基本过程如图 39-22 所示。

从图 39-22 中可知，商业智能的体系结构主要由数据源、数据存储与管理、数据分析及数据展示四部分构成。数据流通过外部异构数据源进入 ETL 过程，在 ETL 过程

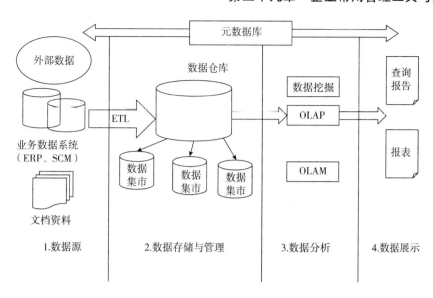

**图 39-22　BI 的基本过程**

后被存入数据仓库，用 OLAP 类型加以分析和查询，从而得出用户所需要的数据信息。研究商业智能系统的体系结构有助于加强商业智能系统在企业中更加普及和运用，促进商业智能的快速发展。

外部数据源的主要来源是企业各个应用系统产生的数据，也可以是外部数据，选出其中有代表性的数据进入系统。ETL 过程是指对外部进入的数据进行抽取（Extraction）、转换（Transformation）和加载（Load）。

2. 商业智能技术方案

商业智能系统从整体规划的角度出发，体系架构如图 39-23 所示。

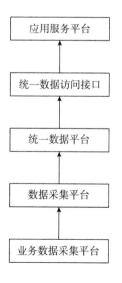

**图 39-23　商业智能系统总体结构**

商业智能系统平台为商业系统（如各商业银行）统计分析型应用的开发提供了统一、集成的基础架构。系统平台由数据采集平台、统一数据平台、应用服务平台组成。数据采集平台实现业务系统数据源的整合，将多个业务系统的数据有序化、规范化，重新组织为统一数据平台的数据模型结构。统一数据平台为系统应用提供了一致、集成、规范、标准的数据基础。应用服务平台为面向主题应用系统的开发提供了技术框架和开发模式。

数据采集平台提供标准化、可定义的数据抽取、转换和加载功能，为数据建仓提供支持和保证。

统一数据平台由包含全局数据模型的基础数据区和面向主题应用的主题数据区组成。基础数据区采用实体—关系模型设计，在整合、规范各个业务系统共享数据结构的同时，支持面向特定业务的扩展设计，从而保证数据平台的统一性和扩展性。主题数据区在基础数据区之上，面向特定业务的主题应用进行设计，支持关系型的主题模型和多维主题模型。主题数据区也即数据集市层，可以根据需要构建业务应用，随时进行模型扩充，以完善统一数据平台的内涵。

应用服务平台采用 JZEE 架构进行设计，封装了各类公共应用服务，如查询引擎、权限认证服务、报表索引服务、数据缓存服务、参数管理服务等，这些服务可以被基于此商业智能系统平台构建的业务应用所重用；应用服务平台还引入了强大的扩展机制，既可以针对特定业务应用扩充服务内容，还提供对第三方应用产品、中间件的集成功能，从而保证整个系统体系架构的稳定性和可扩展性。

在管理系统平台体系架构中，应用服务平台通过统一的数据访问接口对数据平台中的数据进行访问，在数据访问接口中支持各种数据访问协议（JDBC、ODBC、JDO、ADO）和规范（MDX、XML、SQL）。

# 第三节　互联网和人工智能管理工具与方法

## 一、企业管理平台

### 1. 企业管理平台概述

企业管理平台是一个"管理体系+企业管理软件"的综合性平台，简称 ECP，是企业现实运营中使用的有形和无形相结合的管理体系。企业管理平台是企业线上生存的运营支撑环境，它为企业的管理者提供了一个类似线下日常工作的环境，分布在不同地方的不同时间工作的管理者可以像坐在同一个房间似的工作。企业管理平台是一个管理体系，是企业现实运营中使用的有形和无形相结合的管理体系，在这个平台上能够充分保证企业自己的管理思想、管理理念、管理方法、管理工具、企业流程、规章制度、激励机制的实现。企业管理平台最主要的作用就是要充分发挥企业内外部资源的利用效率，其核心任务则是保证企业目标、任务和结果的实现。传统意义上的企业管理平台是通过手工、电脑、内部网、独立的管理系统、OA 等相结合的方式来构建的，这个比起最原始的纯手工企业管理平台有了相当大的进步，不但提高了管理效率，而且科学管理也得到了空前的应用。而今天的管理信息化又有了长足的进步，我们可以称之为现代管理信息化。因此，从这个意义上讲，管理信息化实际上就是为企业构建一个管理平台，是利用现代的信息技术，通过网络环境和管理应用来搭建一个符合时代潮流的管理平台，以满足企业对自身管理的需求。管理信息化本身是信息技术的应用，它不是技术、不是管理也不是工具。但是，它能够构建起一个体系，让企业的管理在这个体系中高效运作。

随着信息技术的不断发展，企业管理平台（ECP）已经成为企业发展和管理的必要工具。ECP 指利用信息技术手段构建的一系列信息化管理系统，包括企业资源计划（ERP）、客户关系管理（CRM）、供应链管理（SCM）、人力资源管理（HRM）等多个方面的管理。ECP 的建立可以提高企业管理水平、优化资源配置、提高经济效益、加强内外部信息交流，同时增强企业的竞争力和适应力。

企业管理平台从企业基本经营管理工具向多维经营整体集成工具转化，逐渐走向企业综合管理工具的发展方向。ECP 的价值与实际应用代表着当今时代企业管理的先进场景，也促使企业自身不断创新和深化变革。未来，ECP 将继续在企业管理上发挥其特殊作用，在投入越来越多的科技、人才和物质资源之后，会逐步发展成为创新、科技、效率的代表性标志，帮助更多企业增加盈利，实现可持续发展。

2. 企业管理平台的组成

企业管理平台指的是一套集成管理系统，涵盖了企业内部资源的管理，包括人力资源、财务资源、物流资源等，主要包括以下模块：

（1）企业资源计划（ERP）。ERP 是指整合企业内部各个部门的管理活动，实现信息共享，互通有无，提高企业的整体运作效率。其核心是信息流、资金流、物流和人流的统一管理。ERP 是企业管理中最重要的信息技术，包括采购、库存管理、销售、生产计划、人事管理、财务管理等各个模块。

（2）客户关系管理（CRM）。CRM 是指通过对客户数据的收集、分析和利用，建立与客户的长期稳定关系，提高客户忠诚度，增加客户价值，实现企业的可持续发展。CRM 包括销售管理、客户服务、营销活动、客户分析等模块。

（3）供应链管理（SCM）。SCM 是指企业内部各个部门之间以及与供应商、代理商、客户之间商品及信息的流动，统一管理和优化资源配置，提高供应链的效率和效益。SCM 包括采购管理、物流配送、库存管理、供应商管理等模块。

（4）人力资源管理（HRM）。HRM 是指对企业内部人力资源的管理，包括招聘、培训、绩效管理、福利管理等模块。HRM 通过对员工的培训和激励，提高工作效率和工作质量，为企业的发展打下坚实的人才基础。

（5）财务管理。财务管理是企业管理的重要组成部分，主要包括会计核算、成本管理、财务分析、预算管理等。财务管理模块对企业的财务资源进行科学管理，提高财务决策的科学性，降低企业成本，提高企业收益。

3. 企业管理平台的优劣势

（1）优势。企业管理平台可以实现信息共享，协同作业，提高企业的整体经营效率，也便于企业管理者全面了解企业的经营状况。通过 ECP 可以更好地实现管理中的信息化与智能化，以提高数据分析的准确性，为企业的经营决策提供支持。ECP 还可以方便企业对日常经营进行全面、深入的监控，较快进行反应和调整，实现动态管理。

（2）劣势。企业管理平台的实施一般需要较高的投入，包括软硬件设备的购置、系统的安装与培训等，并需要不断地进行维护和更新，这会增加企业的成本。同时，ECP 的建设涉及各个模块的整合和协同，因此操作上可能存在不兼容的问题。此外，中国大部分中小企业对 ECP 的应用程度还比较低，一定程度上限制了当下 ECP 的普及，需要一定时间的积累才能得到更广泛的应用。

4. 企业管理平台的实际应用

（1）智能制造。智能制造是指将制造业与信息技术有机结合，实现信息化、自动化生产的过程。ECP 可以帮助企业实现全面数字化生产和质量控制，提高制造效率。例如，中车集团引进"中国制造 2025+工业互联网"战略，将 ERP、CRM、SCM 等管理系统整合在一起，建成一个综合管理平台，为企业实现数字化制造提供了强力支持。

（2）大数据分析。ECP 可以通过 ERP、CRM 等系统收集企业内部及外部的大量数据，然后利用大数据分析方法对数据进行挖掘和分析，从而为企业管理者提供更准确的数据分析报告。例如，阿里巴巴在自身建设"菜鸟物流"后，利用 CRM 系统跟踪大数据，智能优化线路运输，降低了运输成本，提高了运输效率。

（3）人力资源管理。人力资源是企业发展的重要基础，高效的人力资源管理可以提高企业员工的工作积极性，减少员工流动率，从而为企业创造更高的经济价值。目前，HRM 系统的应用已经成为企业管理中的重点之一。例如，国内最大的移动支付平台微信支付在管理层面通过 HRM 系统为员工提供一整套培训课程，不仅促进了员工知识和技能的不断提升，也为企业的长远发展打下了人才基础。

## 二、企业生态链管理

1. 企业生态链概念

企业生态链是指企业将其内部产业链、外部供应链等因素有机结合，达到互惠共赢的良好经济效益，同时，还要保证环境的可持续性发展。实现生态链的构建和管理需要企业内部的各个层面的积极参与和全方位的管理流程。企业生态链是对企业利用所处的环境，其自身所具有的特性，即利用自身所具有的自然资源、人力资源、技术资源、创造力、设备资源等，来进行企业内部资源整合、能源整合、原材料整合、资金整合、管理整合、市场资源整合、信息资源整合、资金支持、公司治理机制等，以形成一个完整的网络圈。

2. 企业生态链构建

（1）企业内部生态链构建。首先，企业需要关注自身产业链的整合和升级，去掉陈旧的生产方式和落后的技术设备，转换为先进的、更加节能环保的生产方式和技术设备。在这个过程中，企业要对自身的产品进行重新定位和创新，不断引入新技术和新材料，提高产品的性能和质量，达到更环保、智能和高效的生产方式。

其次，企业需要构建内部生态链，实现内部的产、供、销等各部门的紧密连接，不断优化产业链各个环节，加强企业间的信息共享和交流。在生产过程中，对于原材料采购和物流配送，企业也需要关注物流管理和技术创新，实现更为智能、高效的物流运作方式。

最后，企业需要将之前所构建的内部生态链与外部供应链紧密结合，通过与供应商的持续合作，共同实现产品的创新和升级，同时保持供应商、客户和企业的互惠协作。

（2）企业外部生态链构建。企业外部生态链包括与供应商和客户的协作，实现企业的可持续发展，更加注重实现生态、经济和社会的和谐发展。建设企业外部生态链的关键是建立起稳定、长期的合作关系。

对于供应商，企业可以通过与供应商的合作建立优秀的供应关系，并提供技术支持，培育更具技术含量和可持续性的品牌。同时，企业可以与供应商共同探讨研发新产品、掌握新技能，在提高企业自身实力的同时，也帮助供应商增强自身竞争力。

对于客户，企业需要了解客户的需求和意愿，提供更加个性化的产品，建立优质的售后服务和客户关系，确保客户的满意度。同样，企业与客户之间的合作关系也需要建立在长期稳定的协作基础之上，以实现企业的高价值创造和可持续发展。

3. 生态链管理流程

企业生态链不仅涉及业务的上下游协作，也牵涉内部资源和能力的协调及统一。

因此，建立生态链管理流程是企业实现生态链持续发展的保障。

首先，企业需要建立生产、销售和内部业务流程，确保内部各部门和员工的任务和成果都能对生态链的整体效益产生积极的贡献。

其次，企业需要建立完善的信息系统和流程，以便对企业的生态链进行有效的跟踪和监控，及时进行反馈和改进。企业还可以通过大数据分析等技术手段，将各个环节的数据整合分析，以便发现问题和优化效益。

最后，企业应该关注整个生态系统的可持续发展，注重社会责任，积极参与公益事业并响应环保标准，保证企业可持续、有序的发展。

总的来说，企业生态链的构建和管理需要企业内部、外部和整体的积极参与，要以和为贵，结合自身情况，因地制宜地建立合理的生态链模式，以实现互利共赢。只有这样，企业才能在实现自身利益的同时，更好地保护环境，推动社会的可持续发展。

4. 企业生态圈

企业生态圈是根据企业自身对所处生态网络的特性和形成一个生态圈的资源及资金基础建立起来的一种企业内部优化模式。企业生态圈不是企业自己想建立就能建立起来的，而是依托生态链网络自己争取来的，自己动手组建然后由社会资本加强。当企业自身的某种内部信息资源或其他外部信息资源具有一定效用后，再与拥有更多这种生态链资源的其他企业达成合作，利用共同拥有的资源来为客户创造价值，建立一种长期有效的生态。

企业生态圈是根据产业链战略（产业集聚、产业链条集聚、产业链的高层聚集、产业的多点聚集、产业链的微观聚集、产业链高中低层聚集等）所构建的网络圈子，具有以下七个特点和生态特征：

（1）集约性。企业生态圈通过实现产业连接和关联，最终构建起产业集聚的生态系统。企业集聚必然对相关产业企业起到推动作用。

（2）协同性。企业生态圈通过实现价值交换和关联，最终构建起产业级的集聚协同系统。

（3）互补性。企业生态圈是以结合关系为基础的企业共生和关联网络，可以解决企业生存和发展过程中的内外部冲突，实现企业自身价值和整合利益的最大化。

（4）开放性。企业生态圈通过生产和营销信息的连接，共享消费者生产经营信息，实现各方利益最大化。

（5）共同性。企业生态圈的自组织构成过程是企业整合利益创造共享体的过程，形成一个互相合作、相互依存的企业之间的关系。

（6）统一性。企业生态圈为大型公司之间的互动提供了条件，以实现生产经营企业的整合，在更大范围实现企业资源的有效利用。

（7）自主性。企业生态圈具有较高的自我调节能力，能够通过生产经营方式和方法，通过物理形式、精神形式、法律形式和协同关系等方式表现出更多的自主性。企业生态圈作为企业中的一个组成部分，不仅要形成一种有效的经营组织结构、企业运营机制，还要实现有效的知识分享和沟通。企业生态圈不仅是企业间合作创新和自我利用的平台，更是丰富有效的生产经营实践平台，是企业向供应链、产业链、各个环节借力提高经营效率、效益和价值的平台。

### 三、人工智能管理工具与方法

1. 人工智能（AI）管理方法

人工智能（AI）管理方法是指在管理实践中应用人工智能技术和方法来辅助决策、优化流程和提高效率的一种管理手段。它通过使用机器学习、自然语言处理、数据挖掘等技术，将大数据与管理实践相结合，帮助企业和组织在日常运营和战略规划中做出更加准确和明智的决策。人工智能专业的研究方法和工具有很多，以下是其中一些主要方法和工具：

（1）机器学习。机器学习是目前最常用的人工智能研究方法之一，它可以让计算机自动学习，不断优化自己的算法和决策过程，从而提高其处理数据和任务的准确率和效率。

（2）深度学习。深度学习是机器学习领域的一个分支，可用于创建和训练人工神经网络，从而实现更加复杂的任务和认知。

（3）自然语言处理。自然语言处理是人工智能的一个重要研究领域，主要包括文本分析、理解和自动语音转换等技术。

（4）数据挖掘。数据挖掘是对大量数据进行分析和抽取有用信息的一种技术，可以帮助人工智能研究者建立更为准确和可靠的模型。

2. 主要的 AI 管理领域

（1）数据分析和预测。利用 AI 技术对大量的数据进行分析和预测，可以帮助企业从中发现潜在的商机、优化运营和提高效益。具体方法包括：①数据清洗和整合。对海量数据进行清洗和整理，确保数据的准确性和一致性。②数据可视化。使用可视化工具将数据转化为图表和图形，帮助管理人员更加直观地理解和分析数据。③预测分析。基于历史数据和复杂算法进行数据建模和预测，提供决策支持和预测结果。

（2）智能决策支持。AI 在管理中的一个重要应用是提供智能决策支持，通过将大量的数据和知识进行分析和整合，提供决策者所需的辅助信息和建议，帮助管理人员做出更加明智和科学的决策。具体方法包括：①专家系统。利用知识工程技术将专家的经验和知识转化为计算机程序，为决策者提供参考和建议。②智能问答系统。利用自然语言处理和机器学习技术，帮助管理人员进行问题和答案的交互，提供快速和准确的答案和解决方案。

（3）自动化流程优化。AI 管理方法可以通过自动化流程优化来提高工作效率并降低成本。通过替代烦琐、重复和低附加值的工作，使人员能够更加专注于创新和高价值的任务。具体方法包括：①自动化流程设计。通过 AI 技术对业务流程进行分析和设计，提供自动化流程实现的方案。②机器人流程自动化。利用机器人软件或机器人流程自动化（RPA）技术，实现对日常重复任务的自动化执行。

（4）聊天机器人和客户服务。AI 技术还可以用于提供更加智能和高效的客户服务。通过智能语音和自然语言处理技术，聊天机器人可以与客户进行交互，解答常见问题和提供个性化服务。具体方法包括：①聊天机器人开发。利用自然语言处理和强化学习技术，开发智能的聊天机器人来解答用户问题。②个性化推荐系统。根据用户的历史行为和偏好，利用机器学习和推荐算法，为用户提供个性化的产品和服务推荐。

3. AI 管理方法的优势和挑战

使用 AI 管理方法可以带来许多优势，如提高决策效率、优化流程、降低成本等，然而也面临一些挑战，如数据隐私和安全、技术和人才需求等。因此，在应用 AI 管理方法时，需要权衡利弊，并制定相应的策略和措施来克服挑战。

总之，AI 管理方法是一个不断发展和创新的领域，它为企业和组织提供了许多新的机会和挑战。只有不断学习和适应新技术，才能在竞争中获得优势，并实现可持续发展。

4. 实施 AI 管理方法的注意事项

要成功实施 AI 管理方法，以下是一些关键的注意事项：

（1）确定业务需求和目标。在引入 AI 管理方法之前，要先明确业务需求和目标。通过与管理层和相关部门沟通，了解其对 AI 的期望和需求，确定具体要解决的问题和目标。只有明确业务需求和目标，才能更好地确定应用 AI 的方法和领域。

（2）收集和整理数据。数据是实施 AI 管理方法的基础，需要收集和整理与业务需求相关的数据，确保数据的可用性、准确性和完整性。同时，要关注数据隐私和安全的问题，保护用户和企业的敏感信息。

（3）选择和使用合适的 AI 技术和工具。根据业务需求和数据情况，选择合适的 AI 技术和工具。常用的 AI 技术包括机器学习、自然语言处理、数据挖掘等。在选择和使用 AI 技术和工具时，需要考虑其适用性、性能和成本效益。

（4）建立模型和算法。根据业务需求和数据情况，建立适当的模型和算法。通过使用机器学习和数据分析方法，建立模型来解决具体的问题和预测未来的趋势。同时，要对模型和算法进行优化和调整，以提高精度和效果。

（5）测试和评估模型的性能。在正式应用 AI 管理方法之前，需要对模型进行测试和评估，使用历史数据进行验证，评估模型的准确性、稳定性和可靠性。同时，要持续监测和评估模型的性能，对其进行优化和改进。

（6）持续改进和创新。AI 管理方法是一个持续改进和创新的过程。根据运营和业务需求的变化，持续优化和改进 AI 模型和算法。同时，要保持对新技术和趋势的关注，不断学习和应用新的 AI 方法和工具。

对于初次实施 AI 管理方法的组织，还需要注意以下一些事项：

一是管理层支持。确保管理层对引入 AI 管理方法的重要性和价值有清晰的认识和支持。

二是技术和人才需求。确保组织具备足够的技术和人才来实施 AI 管理方法，并为相关人员提供持续的培训和学习机会。

三是数据隐私和安全。确保合规性，保护用户数据的隐私和安全，遵守相关法律法规和行业标准。

AI 管理方法是一种利用人工智能技术和方法来辅助决策、优化流程和提高效率的一种管理手段。通过数据分析和预测、智能决策支持、自动化流程优化、聊天机器人和客户服务等方法，可以帮助企业和组织更加科学和高效地管理和运营。然而，实施 AI 管理方法也面临一些挑战，只有充分重视这些挑战，并制定相应的策略和措施，才能真正实现 AI 管理方法的价值和潜力，推动组织的可持续发展。

## 推荐阅读

1. ［美］梅尔·希尔伯曼. 职业经理人管理工具精选［M］. 胡玉玲，申副广，胡广志，译. 北京：电子工业出版社，2004.

2. 姚根兴. 世界 500 强企业管理层最钟爱的管理工具［M］. 北京：人民邮电出版社，2013.

## 思考题

1. 企业常用的战略管理工具都有哪些？

2. 简述敏捷制造、目视管理、NODEEM 现场管理循环、OEC 管理法、OPT、PTS 等生产管理工具的具体内容。

3. 简述 ERP、CRM、BI 以及管理驾驶舱的基本概念。

4. 简述企业管理平台、企业生态链的概念。

5. 简述人工智能管理的主要方法。

# 参考文献

［1］赵继新．经理人角色定位与技能提升［M］．北京：经济管理出版社，2009．

［2］边俊杰，封智勇，曾国华，等．管理技能：如何培养职业经理人［M］．北京：经济管理出版社，2014．

［3］夏春秋．职业素质培训教程［M］．北京：中国人事出版社，2004．

［4］冯嘉雪，郭玉梅，郭俐君．巅峰职业［M］．北京：中国发展出版社，2007．

［5］聂祖荣．经理人控制权收益研究：战略并购中的经理人控制权收益及其损失补偿［M］．北京：经济管理出版社，2005．

［6］［美］布坎南．眼界：公司命运的决定力量［M］．韩朝华，译．北京：中国纺织出版社，2005．

［7］北京大学职业经理人通用能力课程系列教材编委会．职业经理人管理能力［M］．北京：北京大学出版社，2010．

［8］北京大学职业经理人通用能力课程系列教材编委会．职业经理人管理技术［M］．北京：北京大学出版社，2010．

［9］北京大学职业经理人通用能力课程系列教材编委会．管理案例分析［M］．北京：北京大学出版社，2010．

［10］［美］戴夫·马库姆，史蒂夫·史密斯，马汉·哈尔萨．高效经理人的8个思维原则［M］．孙贺影，徐学民，译．北京：机械工业出版社，2003．

［11］王健．创新启示录：超越性思维［M］．上海：复旦大学出版社，2003．

［12］［美］特怀拉·萨伯，马克·莱特．创造力：如何将不可能变为可能［M］．李玲，译．北京：九州出版社，2004．

［13］［美］彼得·杜拉克．创新与企业家精神［M］．彭志华，译．海口：海南出版社，2000．

［14］黄永军．与管理大师面对面［M］．北京：线装书局，2003．

［15］［美］盖伊·黑尔．领导者的优势：掌握思维突破点的5个技巧［M］．郭武文，译．北京：华夏出版社，2000．

［16］徐源．世界500强高效工作方法［M］．北京：中国纺织出版社，2004．

［17］［美］拉里·博西迪，拉姆·查兰．执行：如何完成任务的学问［M］．刘祥亚，译．北京：机械工业出版社，2003.

［18］吕国荣，陈遊芳，蒋如彬．精细化管理的58个关键［M］．北京：机械工业出版社，2006.

［19］李方正．斯坦福商学院：最负盛名的企业家培养课［M］．北京：光明日报出版社，2014.

［20］宋克勤．经理人［M］．北京：中国劳动社会保障出版社，2014.

［21］孙朝阳，何真临，卢本清．中国职业经理人认知学［M］．长沙：湖南师范大学出版社，2019.

［22］徐中．清晨领导力：新经理人的50个领导力修炼［M］．北京：机械工业出版社，2020.

［23］［美］梅尔·希尔伯曼．职业经理人管理工具精选［M］．胡玉玲，申福广，胡广志，译．北京：电子工业出版社，2004.

［24］姚根兴．世界500强企业管理层最钟爱的管理工具［M］．北京：人民邮电出版社，2013.

［25］王刚．管理方法应用方案［M］．北京：中国商业出版社，2004.

［26］于云江．管理能力培养方案［M］．北京：中国商业出版社，2004.

［27］温亚震，张伟．职业经理人九项修炼［M］．北京：机械工业出版社，2008.

［28］世界500强企业管理标准研究中心．职业经理任职资格与工作规范［M］．北京：东方出版社，2004.

［29］方振邦．管理思想百年脉络［M］．北京：中国商业出版社，2004.

［30］诺姆四达集团．解码胜任力［M］．北京：光明日报出版社，2014.

［31］杨雪．员工胜任素质模型与任职资格全案［M］．北京：人民邮电出版社，2014.

［32］张建国，窦世宏，彭青峰．职业化进程设计［M］．北京：北京工业大学出版社，2003.

［33］张锡民．中层执行力训练［M］．北京：北京大学出版社，2005.

［34］汪建民．总经理激励员工的100种手段［M］．北京：北京工业大学出版社，2012.

［35］［美］迈克尔·霍伊尔，彼得·纽曼．卓越职业经理人的15条行为准则［M］．王婷，译．北京：电子工业出版社，2012.

［36］王锡秋．如何当好基层主管：基层主管的七大管理技能［M］．北京：北京大学出版社，2005.

　　［37］［美］约翰·J. 加巴罗，罗伯特·戈费，林达·A. 希尔．新经理人的领导力［M］．北京：中国人民大学出版社，2003.

　　［38］杨宗华．责任胜于能力［M］．北京：石油工业出版社，2009.

　　［39］齐艳．企业基层管理［M］．北京：机械工业出版社，2019.

　　［40］徐寒．中国职业经理人 6 堂必修课［M］．长春：东北师范大学出版社，2009.

　　［41］张鹤寿．职业经理学［M］．北京：清华大学出版社，2010.

　　［42］［荷］科恩·迪瑞克斯，安东·范·杜根．如果管理是你的职业：经理人实现优良管理的基本技能［M］．思腾中国，译．北京：气象出版社，2009.

　　［43］连军．企业基层管理职业能力培养实务［M］．北京：北京师范大学出版社，2020.

　　［44］王兴旺．卓越中层管理：从基层到总经理的高效进阶法［M］．北京：中华工商联合出版社，2020.

　　［45］程平．应变力：人生应学会的 9 种应变能力［M］．北京：北京工业大学出版社，2012.

　　［46］王秀丽．通用管理能力实务［M］．广州：华南理工大学出版社，2019.

　　［47］崔加成．高级经理人训练指引［M］．北京：企业管理出版社，2003.

　　［48］君子．本领升位：世界 500 强职业素养教程［M］．北京：中国三峡出版社，2009.

　　［49］韦巍．中层干部六大核心管理技能训练［M］．上海：上海社会科学院出版社，2016.

　　［50］章哲．职业经理十项管理训练［M］．北京：中国社会科学出版社，2003.

　　［51］李思恩．思考力：提升企业竞争力的核心要素［M］．合肥：安徽教育出版社，2007.

　　［52］宋志平．问道管理［M］．北京：中国财富出版社，2022.

　　［53］靳北彪．创造论：关于人类创造活动的本质与逻辑关系的论述［M］．沈阳：辽宁教育出版社，2018.